淳安年鉴

郭仲选题

（2020）

淳安县地方志编纂委员会　编

方志出版社
Publishing House of Local Records

图书在版编目(CIP)数据

淳安年鉴．2020 / 淳安县地方志编纂委员会编．--北京:方志出版社，2020.9

ISBN 978-7-5144-4398-1

Ⅰ．①淳… Ⅱ．①淳… Ⅲ．①淳安县-2020-年鉴 Ⅳ．①Z525.54

中国版本图书馆CIP数据核字(2020)第195836号

淳安年鉴(2020)

编　　者：淳安县地方志编纂委员会

责任编辑：王　品

出 版 者：方志出版社

地址　北京市朝阳区潘家园东里9号（国家方志馆4层）

邮编　100021

网址　http: //www.fzph.org

发　　行：方志出版社图书经销中心

电话（010）67110500

经　　销：各地新华书店

印　　刷：浙江新华印刷技术有限公司

开　　本：787×1092　1/16

印　　张：26.75

字　　数：562千

版　　次：2020年9月第1版　　2020年9月第1次印刷

印　　数：001～800册

ISBN　978-7-5144-4398-1　　定价：120.00元

淳安县地方志编纂委员会

主　　任　张鸿斌

副 主 任　郑志光　赖明诚　余红英

成员单位　县委办　县政府办　县委党史研究室

　　　　　　县财政局　县档案局

《淳安年鉴》编辑部

主　　编　朱华民

副 主 编　吴丁红　程中青

编　　辑　刘东山　徐华健　方红娟

编　　务　刘东山　袁慧鸿

编 辑 说 明

一、《淳安年鉴》是中共淳安县委、淳安县人民政府主办，淳安县地方志编纂委员会编纂的综合性地方年鉴。1998年首次出版，《淳安年鉴（2020）》为第22卷。

二、《淳安年鉴（2020）》以马克思列宁主义、毛泽东思想、邓小平理论、“三个代表”重要思想、科学发展观、习近平新时代中国特色社会主义思想为指导，坚持辩证唯物主义和历史唯物主义的立场、观点、方法，全面、系统地记载淳安自然、政治、经济、文化和社会等方面的基本情况。记述时限为2019年1月1日至2019年12月31日。个别事件为反映其本末因果，时限上有所突破。

三、本书采用分类编辑法，设28个类目，类目下设分目，分目下设条目。条目是反映情况和动态的主要形式。

四、先进名录收录标准：县委、县政府表彰的先进集体和先进个人；市级以上先进单位、先进个人、科技奖励、文艺奖励等。

五、资料均由淳安县各乡镇和县级机关各部门（县一级公司）提供，并经各级领导审核，主要数据以县统计局提供为准。文后署作者姓名。

2019年9月16日，中共淳安县委旧址启用仪式在王阜乡闻家村板桥自然村举行。图为县委书记黄海峰（左），县委副书记、县长董毓民为旧址揭牌（王阜乡　供稿）

2019年4月23日，2020杭州亚运会淳安亚运分村举行开工仪式（旅游度假区管委会　供稿）

溧阳至宁德国家高速公路浙江省淳安段建设加速推进　　（县交通运输局　供稿）

2019年8月2日，国道330线淳安临岐至临安湍口段改建工程淳安段、临安段同步交工并通车

（县交通运输局　供稿）

2019年8月，千岛湖镇第七小学建设项目完工
（千岛湖建设集团　供稿）

2019年9月，青溪小学新校区建成并投入使用
（县教育局　供稿）

2019年12月19日，千岛湖银泰城建成使用。图为银泰城夜景　（县住房和城乡建设局　供稿）

建设中的2020杭州亚运会淳安场地自行车馆
（旅游度假区管委会　供稿）

2019年3月12—13日，浙江省副省长王双全（左三）到淳安督导全国“两会”维稳安保并调研公安工作

（县公安局　供稿）

2019年12月10日，县委书记黄海峰（左二）、副书记郑志光（右二）到县人民检察院调研　　（钱波波　摄）

2019年1月24日，淳安县行政复议局成立

（钱　玲　摄）

2019年4月16日，县公安局汾口派出所新营房揭牌并投入使用　　（县公安局　供稿）

2019年11月13—14日，浙皖毗邻县（市、区）建设平安边界论坛暨第十三次联席会议在淳安召开。图为10个毗邻县（市、区）委政法委常务副书记宣读《共同宣传》　　（县委政法委　供稿）

县委第三巡察组巡察千岛湖旅游度假区情况反馈会

（方　琦　摄）

2019年7月16日，县人民法院法官带着国徽，乘坐接驳船到鸠坑乡中联村开展巡回审判

（县人民法院　供稿）

2019年9月30日，县人民法院执行干警将执行到的工资送到16位村民手中　（县人民法院　供稿）

2019年12月4日，县司法局开展国家宪法日大型展会、咨询服务等普法活动　（钱　玲　摄）

加强医保管理工作，打击欺诈骗保宣传

（县医疗保障局　供稿）

2019年11月28日，县应急管理局开展森林消防实战演练

（县应急管理局　供稿）

2019年1月17日，淳安县文化和广电旅游体育局正式挂牌成立　　（县文化和广电旅游体育局　供稿）

2019年3月14日，举办杭黄高铁暨千岛湖旅游产品及优惠政策发布会

（县文化和广电旅游体育局　供稿）

2019年3月27日，2019杭州千岛湖香港旅游推介会暨淳安旅港同乡会年会在香港举行

（县委统战部　供稿）

2019年4月11日，千岛湖高铁旅游(宁波)推介会举行　　（县文化和广电旅游体育局　供稿）

2019年3月13日，“百业百匠”宾馆饭店服务技能大赛在千岛湖镇举行

（县文化和广电旅游体育局　供稿）

2019年6月6日，骑龙巷的非遗文化交流活动

（县文化和广电旅游体育局　供稿）

2019年11月29日，秀水街举办文化踩街活动　　（县文化和广电旅游体育局　供稿）

2019年7月27日，中洲镇被评为全国红色旅游摄影根据地　　（中洲镇　供稿）

2019年6月18日，屏门乡村旅游推介会在上海举行　　（屏门乡　供稿）

2019年7月20日，石林运动营地开营仪式之夏季清凉亲子运动会举行　　（石林镇　供稿）

2019年8月18日，第五届杭州·千岛湖王阜乡纳凉节举行　　（王阜乡　供稿）

2019年9月29日，姜家镇举办“7060，年轻狮城”系列活动　　（姜家镇　供稿）

2019年10月19—20日，左口乡举办首届心宿左口乡村体验节（左口乡　供稿）

2019年10月24日，浙江淳安·威坪“来了就威风”乡村文化旅游节举行（威坪镇　供稿）

2019年4月28日，坐落于金峰乡的千岛湖景澜返里度假酒店开业（方建才　摄）

枫电旅游综合体

（千岛湖农业发展集团公司　供稿）

民宿产业方兴未艾。图为淳六味·东篱菊民宿

（临岐镇　供稿）

宋村乡"鱼儿的家"民宿被评为2019年度省级白金级民宿

（宋村乡　供稿）

骑龙巷慢生活休闲街区夜景　（建设集团　供稿）

里商集镇一条街　（金熙林　摄）

整装待发的淳安邮政寄递　（县邮政局　供稿）

石林运动小
的龙舟赛
（石林镇　供稿

2019年7月25日，2019中国·杭州桃产业技术高峰论坛在杭州举行

（县农业农村局　供稿）

2019年7月24日，淳安县首届雷力杯优质鲜桃评比大赛举行。图为比赛现场　（县农业农村局　供稿）

临岐镇中药材基地

（临岐镇　供稿）

大墅镇有机茶园

（大墅镇　供稿）

浪川乡沪阳农业的“千岛俏菇” （浪川乡 供稿）

新建的华屏中药材厂 （屏门乡 供稿）

庆丰收 （中洲镇 供稿）

临岐镇淳六味农产品交易中心 （临岐镇 供稿）

威坪特色农产品展示活动 （威坪镇 供稿）

“中洲味·十三道”系列推广活动 （中洲镇 供稿）

收茧季 （浪川乡 供稿）

2019年10月24日，淳安县市场监管综合行政执法队成立　　（王　潇　摄）

2019年11月20日—21日，国家审计署人员到淳安调研政府投资项目审计转型有关工作　　（县审计局　供稿）

县规划资源局为企业解决历史遗留问题，营造良好营商环境　　（县规划资源局　供稿）

2019年5月21日，县工商联在杭州电子科技大学举办全县新生代企业家管理创新高级研修班　　（方雅倩　摄）

2019年9月20日 县市场监管局党员到县重点建设项目银泰城开展服务　　（陈静波　摄）

县统计局组织人员到企业开展调研　（县统计局　供稿）

县供电公司全力保障淳安亚运分村项目用电安全

（蒋哲峰　摄）

台州银行淳安支行为小微园区授信3000万元

（江　琦　摄）

开展城市管理政策宣传　（县城市管理局　供稿）

城管人员在高铁站值勤　（县城市管理局　供稿）

2019年10月3日,淳安县生态环境保护综合行政执法队挂牌成立 (杭州市环保局淳安分局　供稿)

杭州市环保局淳安分局环境监察人员在烈日下开展双随机检查并采水样

(杭州市环保局淳安分局　供稿)

垃圾分类在全县铺开 (县城市管理局　供稿)

文昌高铁航拍图 (夏利新　摄)

临岐镇夜景。 (程海波　摄)

里商风情 （王建才　摄）

田园风光 （汾口镇　供稿）

和谐乡村 （大墅镇　供稿）

浪川新桥的“荷塘月色·廉政公园”基地 （浪川乡　供稿）

彩色稻田 （王建才　摄）

文昌镇西河精品村 （文昌镇　供稿）

美丽的滨湖村富山村
（王建才　摄）

2019年1月17日,淳安县医保局挂牌成立　　(县医疗保障局　供稿)

2019年12月30日,杭州市第34帮扶集团到安阳乡开展联乡结村活动

(余奇峰　摄)

2019年4月18日,全县民政工作暨城乡低保规范化管理工作会议召开

(县民政局　供稿)

2019年10月16日国家扶贫日,县农业农村局举办精准帮扶产业培训班

(县农业农村局　供稿)

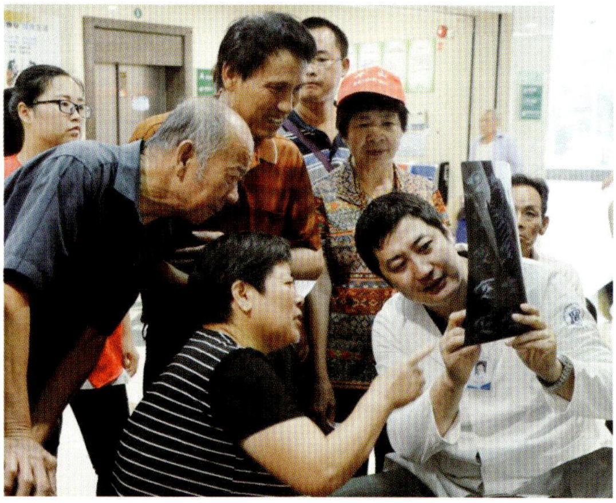

浙江省人民医院派驻专家为患者及家属讲解病情和治疗方案（县卫生健康局　供稿）

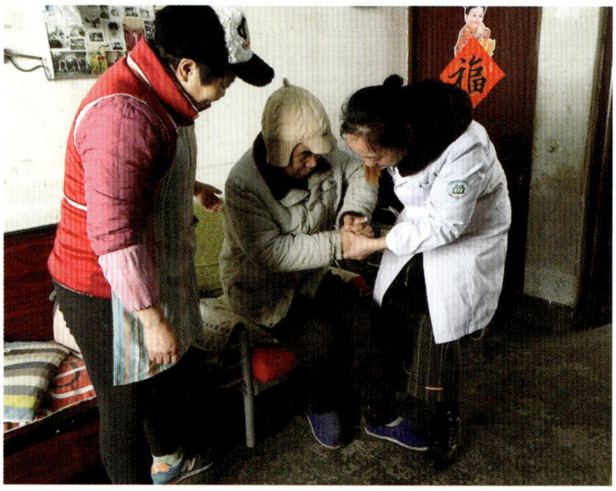

千岛湖镇家庭康复医生上门为残疾人做康复训练（叶善红　摄）

淳安县残疾人运动员在2019年度杭州市残疾人田径、游泳锦标赛上取得优异成绩

（汪文平　摄）

图为2019年5月29日，中国人寿淳安县支公司人员将赔款送到受灾户手中

（中国人寿淳安县支公司　供稿）

保险知识进社区。图为2019年7月5日，中国人寿淳安县支公司走进李家坞社区

（中国人寿淳安县支公司　供稿）

金融知识进社区。图为广发银行淳安支行在社区宣传（广发银行淳安支行　供稿）

金融知识进社区。图为中银富登银行在社区宣传　　（方永辉　摄）

查处中小学周边无证户，净化学校周边环境　　（县烟草公司　供稿）

县发改局组织开展节日粮油市场检查　　（县发改局　供稿）

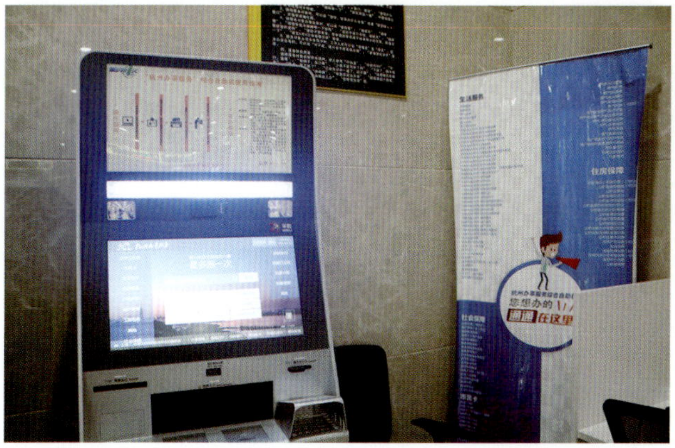

县行政服务中心配备杭州办事服务综合自助服务机，方便群众办事　　（县审管办　供稿）

2019年,县人社局实行了一窗通办　　（杨建朝　摄）

2019年1月3日,淳安县第一人民医院医共体威坪分院血透病区启用仪式暨省人民医院专家新年义诊活动

（县卫生健康局　供稿）

2019年,完成千岛湖镇塘边弄老旧小区改造

（县住房和城乡建设局　供稿）

2019年,老旧小区加装电梯工作稳步推进

（县住房和城乡建设局　供稿）

2019年12月界首乡施家坪农民集聚区一期建设完成

（胡懿鹏　摄）

文昌镇居家养老服务中心　　（文昌镇　供稿）

2019年5月30日，淳安县融媒体中心（淳安县千岛湖传媒集团）成立　（县融媒体中心　供稿）

2019年8月14日，淳安老干部艺术团举行成立大会

（叶学俭　摄）

2019年9月19日，"读中国，读姜家"活动在文渊狮城举行　（汪永明　摄）

2019年9月20日，淳安县举行"读中国　诵淳安"大型诵读活动　（蒋奇　摄）

2019年11月9日，庆祝中华人民共和国成立70周年"秀水吟"中国画全国名家作品展在千岛湖镇举行

（县文联　供稿）

2019年12月27日，举行第十二届淳安优秀文艺作品"秀水奖"颁奖大会　（王建才　摄）

2019 年 8 月 17 日，《王阜乡志》评审会召开

（王阜乡　供稿）

2019 年 11 月 8 日，淳安县第六届老干部金秋艺术节汇演

（叶学俭　摄）

2019 年 1 月 12 日，淳安县第二届“文化礼堂我的家·我们的村晚”在界首乡严家村文化礼堂举行

（邵　敏　摄）

2019 年 11 月 16 日，安阳乡登山文化节暨第二届农民运动会举行

（余奇峰　摄）

2019 年 11 月 9 日，千岛湖·梓桐第五届书画节在梓桐镇举行

（梓桐镇　供稿）

千名大学生到梓桐写生

（梓桐镇　供稿）

2019年11月1日，举行第二届中国·杭州千岛湖屏门睦剧文化旅游节，屏门乡被授予“中国睦剧小镇”称号。 （屏门乡　供稿）

2019年11月18日，汾口镇举办第三届“汾情万种”民俗文化体验节暨首届稻香节 （汾口镇　供稿）

县融媒体中心开展“新农村 微广播”线下宣讲交流 （陈泽华　摄）

2019年9月29日，国际泳联马拉松游泳世界系列赛在千岛湖举行

（县文化和广电旅游体育局　供稿）

2019年10月19日，第十三届环千岛湖国际公路自行车赛在千岛湖畔举行

（县文化和广电旅游体育局　供稿）

运动小镇的皮划艇运动 （石林镇　供稿）

2019年10月17日，县级离退休老干部赴中共淳安县委旧址悟初心 （叶学俭　摄）

2019年12月24日，淳安县首届“最美退役军人”颁奖典礼举行 （县退伍军人事务局　供稿）

中国移动淳安分公司党支部与横路村党支部开展党建和创签约仪式 （中国移动淳安分公司　供稿）

2019年3月13日，“百业百匠”技能比武启动 （李虹　摄）

2019年4月29日，县委表彰2018年度淳安县五一劳动奖章获得者 （程爱香　摄）

2019年6月9日，县档案馆开展“庆祝新中国70华诞，纪念6·9国际档案日”档案宣传专场活动

（杜　莹　摄）

2019年3月29日，中科院上海分院开展“拥抱科学”科普进校园活动

（县科协　供稿）

2019年5月20日，中科院老科学家淳安校园行活动现场

（县科协　供稿）

2019年4月1日，淳安县税务局开展税务春风只“樱”为你税宣活动

（县税务局　供稿）

2019年5月22日，中国人民银行淳安县支行召开全县金融机构负责人座谈会

（李思蔚　摄）

2019年10月15日，中国人民银行淳安县支行组织开展金融系统现金业务知识竞赛

（李思蔚　摄）

2019年8月6日，“浪漫七夕遇见团缘”活动现场

（叶其臻　摄）

2019年7月18日，千岛湖国际夏令营在石林运动小镇举行

（石林镇　供稿）

2019年7月21—27日，中国长三角青年生物多样性夏令营在千岛湖大峡谷举行

（大墅镇　供稿）

目 录

特 载

大事记

县情概览

中国共产党 淳安县委员会

中国共产党淳安县纪律检查委员会 淳安县监察委员会

淳安县人民代表大会

淳安县人民政府

政协淳安县委员会

社会团体

法　治

军　事

平台·园区

农　业

生态·环保

国有企业

商务·贸易

交通运输·邮政

通　信

财政·税务

银行·保险

综合管理与监督

城市建设与管理

教　育

文化·旅游·体育

卫生健康

社　会

乡　镇

重要名录

特　载

共建特别生态区　共享康美千岛湖
奋力开创具有淳安特点的县域发展新路子

——县委十四届八次全体(扩大)会议报告摘要

黄海峰

(2020 年 1 月 3 日)

这次全会的主要任务是:深入贯彻落实党的十九届四中全会和省市委全会精神,回顾总结以往工作实践,研究分析当前面临形势,部署安排新一年目标任务,进一步动员全县上下坚守初心强定力、破旧立新再出发,积极探索,担当作为,奋发进取,共建特别生态区、共享康美千岛湖,奋力开创具有淳安特点的县域发展新路子。

一、回顾接续奋斗的探索实践,更加坚定建设特别生态功能区的信心与决心

2019 年是淳安历史上承前启后的关键性一年,承前在于临湖地带综合整治取得重大成果,启后源于特别生态功能区建设拉开序幕。一年来,县委团结带领广大干部群众,以"六大攻坚战"为主载体,坚决破旧立新,聚力破难攻坚,无惧风雨,砥砺奋进,经济社会各项事业平稳有序推进。预计全年服务业增加值增长 6.5%,地方财政收入增长 8.2%,城乡居民人均可支配收入分别增长 7.5% 和 8.5%。

1. 生态保护坚定坚决,淳安生态本底更为牢固。坚定不移推进"共抓大保护、不搞大开发",以强烈的政治责任和使命担当,举全县之力实施临湖地带彻整彻治,"四张清单"项目整治基本完成,整治成果得到中办督查室、主题教育中央第二指导组和省市的充分肯定,实现政治效果、法治效果、生态效果和民生效果有机统一。全面拉高生态保护标杆,修编《淳安(千岛湖)环境质量管理规范》,举办首届千岛湖论坛,组建高端智库和专家援助团,成立千岛湖水环境研究所,在全国率先设立湖泊水质水华预测预警系统,上下游联动保护机制持续深化，全域节水型社会建设创国标通过验收，“全领域、全过程、全地域”保护体系更加健全完善。特别生态功能区建设正式启动，框架方案和管理办法制定出台，2020年度市级政策措施支持清单形成下发，三年行动计划全面实施。积极推动国家“山水林田湖草”生态保护修复工程试点，制定农业、林业、工业、生活四大污染防治方案，“污水零直排区”建设、农业面源污染治理等工程深入推进，农药化肥使用量同比分别减少13.1%和12.1%，肥药双控工作排名全省第一。全县84条河道水质保持稳定，千岛湖配供水工程正式通水；空气优良率达到92.1%，PM2.5为23微克/立方米，较2018年26微克/立方米下降明显，成为全省首批清新空气示范区，淳安被授予“美丽浙江”建设工作考核优秀县。

2. **新型业态崭露头角，产业转型步伐更加坚实。**实施生态系统生产总值(GEP)核算试点，加快空间腾笼换鸟、产业转型升级，标普健康、大可智能家居等一批闲置资源再利用项目顺利推进，嘉鸿酒店、卓尔大厦、汤鼎一号等一批停滞项目全面复建，骑龙巷休闲街区、千岛湖银泰城等一批特色项目建成投用，淳瑞机器人研究院、修正健康产业园、永通迁扩建等一批生态制造和科技型项目快速推进，新引进总部创投类项目585家，总部经济实现税收8.2亿元。深入推进全域旅游发展，新版《水之灵》、啤酒小镇等城市旅游产品精彩亮相，鲁能胜地、千岛湖球山山地探险公园等项目进展顺利，成功举办秀水节系列活动，实现旅游1890.9万人次、经济总收入226.1亿元，分别增长10.9%、18.0%；全县累计建成民宿民居1061家，实现乡村旅游1446.1万人次、收入14.2亿元，分别增长12.0%、15.6%，入选中国县域旅游竞争力百强县、浙江省首批全域旅游示范县。“千岛湖智谷”建成运营，大江东前进(跨境)电商产业园、新塘综合楼等项目启动实施，西湖区消薄飞地、钱塘新区新供土地加快落地，淳安-西湖生态旅游文化产业园被确定为省级产业园，“飞地”经济迈出实质性新步伐。全面落实减税降费政策，全年累计达5.4亿元；积极培育新兴市场主体，全年新增616家、增长54.0%，营商环境不断改进提升。

3. **乡村振兴百花齐放，美丽城乡建设更具魅力。**实施农村人居环境高品质提升三年行动计划，开展美丽村镇、美丽公路、美丽河湖、美丽田园、淳派民居示范带等建设，杭淳开高速淳安段完成规划方案论证，千黄高速淳安段、枫常公路改造等项目提速推进，05省道丰茂连接线建成通车，成功创建“四好农村路”全国示范县，淳杨线被命名为“2019全国美丽乡村路”。水果、民宿、运动、中药材等示范源展露新姿，运动石林、书画梓桐、乐水姜家、百草临岐等特色小镇迸发活力，培训、养生、文创、体验等新元素日益呈现，老村镇华丽转身为“新网红”。出台实施新一轮低收入农户增收政策，成立县级乡村振兴公司，完善村经济合作社股权投资平台，探索推行党建消薄、抱团消薄、产业消薄以及生态公益林补偿收益权质押融资等“六招”“六法”，提前完成年度“3010”消薄任务，美丽乡村既具颜值更增产值。组建大下姜乡村振兴联合体，大力推进平台共建、资源共享、产业共兴、品牌共塑，创新村民入股联营、职业经理人等机制，一批社会投资项目建成开业，青年人才返乡创业成为新时尚，下姜村作为乡村振兴典型亮相新中国成立70周年大型成就展。

4. **民生事业持续进步，群众生活改善更显成效。**将民生事业作为特别生态功能区建设的重中之重，大力推动电力、水利、通信等城乡基础设施建设，实施老旧小区综合改造，推行垃圾分类新模式，完成住宅加装电梯、养老服务机构改造提升等民生实事，强化老年食堂、小学学后托管、困难家庭危房改造即时救助等民生保障举措，加快推进农村饮用水达标提标工程，青溪小学正式投用，第七小学已经建成，第八小学启动建设，民生项目投资完成年度计划的116.6%，群众获得感更加明显。高考创出新高考改革以来最好成绩，公立医院综合改革目标考核连续三年获全市第一，“最多跑一次”改革以及刷脸入园住店、“先看病后付费”等城市大脑应用让生活更便捷，群众幸福感更为真切。深化“平安千岛湖”建设，开展扫黑除恶专项斗争，推进互联网金融风险专项整治，深化“六和塔”社会治理工作体系建设，建成县级社会矛盾纠纷调处化解中心（信访超市），创新信访“流动代办”服务，全面排查化解全县重大风险隐患，“1998.11.12”积案和“12.19”案件成功告破，整体发案率创历年新低，有望连续15年获评省“平安县”，群众安全感更具保障。

5. 党的建设全面加强，干事创业活力更趋强劲。深入开展“不忘初心、牢记使命”主题教育，以“三破三立”为载体，抓实学习教育、调查研究、检视问题、整改落实等各个环节，实施“9＋1”专项整治，深化“走亲连心三服务”，推动全县党员干部守初心、担使命。全面完成党政群机构改革和人员转隶，制定实施专业岗位领导干部遴选、县管领导干部家庭困难关爱交流、发挥退出领导岗位干部作用等制度，组织开展“六大攻坚战”大比武、“党建双强”比拼、乡镇村擂台赛等行动，推动党员干部担当作为、爱民为民。积极稳妥推进纪委监委派驻机构改革，探索推进监察职能向基层延伸，深入开展“基层减负年”监督执纪问责，有序推进违规房产交易、违规借贷等问题专项整治，实施三轮常规巡察和第二轮村级巡察暨扶贫领域专项巡察，推进“破网打伞”，严肃查处了一批群众身边不正之风和腐败问题。召开县委人大、政协工作会议，更强发挥人大、政协在围绕中心、服务大局、为民惠民中的职能作用。推动宣传、统战、人武等工作发挥更大作用，加强和改进意识形态工作，深入开展“破旧立新、思想解放”大讨论、“庆祝新中国成立70周年”主题宣传系列活动，完成融媒体改革，健全乡贤名录库，团结干事氛围进一步浓厚。

透过一年看三年，难题的破解并非一蹴而就，成果的收获也并非一时之功。回首过去的三年，是淳安历史上极不简单极不平凡的时期，既肩负解决历史遗留问题的重大使命，又面对深刻转型重塑的阵痛考验，更承担开启发展新局的“赶考”挑战。三年的披荆斩棘、爬坡过坎，全县广大党员干部在担当中作为，在探索中实践，在压力中前进，不仅淬炼了思想、锻炼了能力、锤炼了作风，更推动淳安化危为机、迈上新程。三年来，我们推动了思想理念重大转变，始终不渝推进破旧立新、思想解放，打破路径依赖、经验桎梏，“共抓大保护、不搞大开发”已成共识，偏重临湖资源、土地驱动轻视存量盘活、腾笼换鸟以及“先上车后买票”等陈旧做法成为过往，新机制、新方法、新模式探索渐入人心，淳安正在重大历史变革期中思变行变。我们破除了历史遗留重大问题，以“新官理旧账”的政治担当和“功成不必在我”的胸怀境界，坚定坚决实施千岛湖临湖地带综合整治，开展项目手续完善、景观整治提升，组织风险隐患大排查大化解，激励引导乡镇部门树立正确政绩观，着力攻坚破解历史遗留问题，为未来扫清了障碍，为发展卸下了旧包袱，为干事注入了新动能。我们实现了瓶颈制约重大突破，千岛湖水功能区水环境功能区优化调整方案历时三年获批实施，“多规融合”全面启动，环境质量管理规范修编完成，千岛湖保护立法已在前期准备，杭黄高铁建成通车，千黄高速提速推进，杭淳开高速正加快前期进程，困扰淳安多年的规划、空间、交通等制约因素实现重大突破。我们深化了干部交流重大探索，破除惯性思维和传统模式，注重上下联动、城乡融合，探索干部交流选任新机制,积极推动干部城乡融通、向上流动,并建立健全了一系列关心关爱、规范管理机制,进一步激发了干部队伍活力。我们取得了改革发展重大成果,历时15年的异地发展政策落地见效,智谷“飞地”项目建成运营,钱塘新区“一楼三点”拉开框架,工业飞地、科创飞地、消薄飞地、合作产业园相继建立;培育形成一批特色小镇、百源经济,新经济新业态茁壮崛起;破旧立新引发大变革大创新,改革举措、创新做法、特色亮点竞相涌现,尤其是特别生态功能区改革试点的全面实施,开启了淳安各项事业的新征程,迈入了县域发展的新时代。我们积累了干事创业重大经验,就是要登高望远谋势布局、求真务实干事成事,科学把握并正确处理保持定力与破旧立新、生态优先与绿色发展、彰显优势与弥补短板、依法依规与改革创新、临湖严控与腹地盘活、自力更生与争取支持、经济提质与民生服务的重大关系,顺应新形势,找准突破口,抓实着力点,在保护优先、绿色发展、生态富民、科学跨越的创新实践中展现才华、贡献力量。

二、直面中流奋楫的历史大考,持续增强特别生态功能区建设的思想自觉和行动自觉

综观宏观大势和我县发展趋势,2020年是极为关键和特殊的一年,既是收官“十三五”规划、高水平全面建成小康社会之年,更是纵深推进淳安特别生态功能区建设、实现重大历史变革的攻坚突破之年。站在历史交汇点,面对“不进则退”的考验,每位同志都要深入思考和自省,在特别生态功能区建设的“赶考”中,我们能否乘势而为、迎难而上?能否真正考出站位、担当、作为和业绩?

1. 面对特别的阶段和时期,我们是否有坚定坚守的战略定力?当前以及今后较长一段时间,淳安都将处于“三期叠加”重大历史变革时期,新旧动能转换需要积累,破立衔接磨合需要探索,政策红利释放需要过程。面对转型中的阵痛、压力下的艰难乃至摸索时的挫折,有些同志变得彷徨、迷茫,定力在动摇,信心在削弱;有些单位变得悲观、疑惑,看不清方向,提不起精神。县委提出思想大彻大悟、实践大整大治、发展大破大立,是基于对淳安所处阶段深入研判后作出的重大决策,是县委十四次党代会精神内核的升华和递进,但“三个在”的方位判断始终没变,“坚定秀水富民路、建设康美千岛湖”的战略一以贯之,打造“五个千岛湖”的方向坚定不移。全县上下要以发展的眼光、全面的视野、辩证的思维看待当前形势,既要看到经济基础薄弱、产业结构脆弱、资源要素有限、发展质效不高等短板,更要看到县域经济深度调整、落后产能加速出清、特色产业日益兴起、总体发展稳中趋好的全局;既要看到生态保护提标提档、增长动能新旧转换、遗留问题化解处置等带来的压力,更要看到长三角一体化战略启动实施、特别生态区建设大力推进、交通“动脉”贯通等重大机遇;既要看清破难题、调结构、推转型、育新业、蓄能量、打基础的当下,更要看到生态更优、发展更好、生活更幸福的前景。我们不能因一时困难而退缩,不能因遇到挫折而动摇,要保持“千磨万击还坚劲,任尔东西南北风”的坚强定力,以“长风破浪会有时,直挂云帆济沧海”的信心描绘康美千岛湖宏伟蓝图。

2. 面对特别的挑战和考验,我们是否有干事成事的素质本领?特别的事业需要特别有本领的干部,特别的征途也呼唤特别有能力的战士。随着形势快速发展变化,现阶段干部队伍中思维眼界、专业知识、本领才干、执行落实等短板越发凸显,迫切需要改进、增强和提升。要大兴学习之风,主动学政治理论、悟上级精神、钻业务知识、思发展新路,注重带着问题、联系实践学,坚持真学真信、真懂真用,在学习中开阔眼界格局、增进综合素养、培养专业技能，克服本领恐慌，保持先进本色。要大兴调研之风，既眼睛向下，深入村庄农户、街坊里弄、企业车间、项目现场、田间地头，听民声、察实情，又眼睛向外，学习先进经验、创新做法、改革创举，不做“井底之蛙”“笼中之鸟”。要大兴落实之风，增强“坐不住”的责任感、“等不起”的紧迫感、“慢不得”的危机感，一天当作两天用，一年当作两年干，争分夺秒、夜以继日，定则快干、干则必成，在狠抓落实、高效执行中，争当引领、推动保护与发展的排头兵、先行者。

3. 面对特别的定位和要求，我们是否有敢闯敢试的改革劲头？特别生态功能区建设是重大改革课题，是全新探索创新，没有现成经验可以复制，也没有既定模式可以照搬，必须解放思想、敢闯敢试，在改革中走出新路、开创新局。正基于此，县委大力推进破旧立新，并取得了较好成效，涌现了一批特色亮点，但仍存在不平衡、不深入、不扎实的问题。有的怕碰触利益不敢改，有的因思想陈旧不愿破，有的缺攻坚劲头不想立，导致破旧立新在一些乡镇部门流于形式、浮于表面，或者只改了简单的事，未深层次突破。我们要切实改到痛处，进一步增强自我革命的勇气，瞄准部门利益等藩篱、“中梗阻”等顽疾，坚持刀刃向内，以“最多跑一次”改革的理念，坚决清除僵化的制度、陈旧的观念、怠惰的作风。要坚决改到深处，进一步增强先行先试的胆魄，强化前列意识、主动意识、创新意识，工作少一些守陈、多一些出新，少一些复制、多一些原创，少一些“跟跑”、多一些“领跑”。要奋力改到实处，进一步增强一抓到底的韧劲，针对推进中存在的打空锤、要软拳以及“最先一公里”“最后一公里”等问题，心无旁骛、紧盯不放、一抓到底，不断创造淳安经验、发出淳安声音、增添淳安光彩。

4. 面对特别的责任和使命，我们是否有担当作为的硬实作风？从总体上看，淳安干部队伍是能担当、敢作为、善成事的团队，但在担当的勇气、作为的士气、攻坚的锐气方面也还有诸多薄弱之处，有些甚至表现得比较突出。有的干部习惯于当太平官，不犯错但也不干事；有的干部迷恋于做老好人，碰到难题绕着走，看到矛盾往后躲；有的干部满足于一般化，缺乏精气神，干事低标准；有的干部形同于机械人，不推不动、大推小动，不主动思考，不尽职担责。要坚决反对“为官不为”的散漫，杜绝形形色色的形式主义、官僚主义，自觉站在事业发展的大局考虑问题、勇挑重担。要大力弘扬“自力更生”的传统，在积极争取上级支持、充分释放政策红利的同时，始终保持自力更生、艰苦奋斗的优良传承，以“十年磨一剑”的执着、“日拱一卒”的毅力、“一锤一锤钉钉子”的精神，充分展现淳安党员干部蓬勃向上的新风貌。要不断强化“全县一盘棋”的大局观，坚持“局部利益服从整体利益、小道理服从大道理”，看问题多从长远上想一想，推工作多从大局上问一问，抓落实多从整体上量一量，以“舍我其谁”的胆魄和“功成必定有我”的志气，拼搏进取，奋力冲刺，共同形成主动担当的强大合力。

三、保持改革创新的奋进姿态，奋力争创特别生态功能区建设新局面和新业绩

新一年总的指导思想是：贯彻落实党的十九届四中全会、中央和省委经济工作会议、省市委全会精神，坚持稳中求进总基调，践行新发展理念，深化破旧立新，强化担当作为，加快推进高标准保护、高质量发展、高品质生活、高水平创新，共建特别生态区、共享康美千岛湖，奋力开创具有淳安特点的县域发展新路子。

建议新一年发展的指标按三类进行设定，生态环境类指标：千岛湖出境断面和国控断面水质保持为优，县域内35条主要入湖溪流优秀率保持100%，其中Ⅰ类水质占比稳定在60%以上，万元GDP水耗下降6%以上。

绿色发展类指标:服务业增加值、农业增加值分别增长8%、2.5%,规上工业增加值增长5%;社会消费品零售总额增长8%;固定资产投资增长6%;地方财政收入增长8%。社会民生类指标:城乡居民人均可支配收入分别增长8%和9.5%,其中低收入农户人均可支配收入增长12%以上,城镇登记失业率控制在3.5%以内,全面完成消薄增收任务。

1. 实施高标准保护,建设人与自然和谐共生的饮用水源保护区。一要持续提升点源治理能力。开展“污水零直排县”创建,实施临湖农村无动力污水处理设施提标改造等建设,深化污水处理厂配套人工湿地等举措,稳妥推进饮用水水源保护区内工业企业退出,努力实现设施全覆盖、污水全收集、处理全达标,全年完成城区51个生活小区“污水零直排区”创建。坚持“节水就是减排”,开展全民节水行动,推进中水回用工程,打造丰水地区的节水型社会样板。二要系统推进面源防控治理。按照“源头削减、过程拦截、净化功能提升”的流域面源污染综合管控原则,全面实施农业、林业等污染专项防治方案。优化种养业发展方式,有序推进108米高程以下无证土地休耕还湿、高陡坡山核桃林退耕,全面提升耕地、经济林、果园、景观绿化等肥药双控水平,废弃农药包装物回收率达到90%以上,实现化肥农药使用量负增长。加强林相改造、林下套种、水上森林建设,实施上梧溪、梓桐溪等5个重点流域的森林生态系统修复,完成汾口二期水上森林建设,增强山体水源涵养功能。合理调控鲢鳙鱼养殖比例和规模,增殖放流土著鱼类4000万尾以上,科学保护千岛湖水生态系统。深化中小流域综合治理,推进临湖生态缓冲带、入湖口人工湿地建设,控制营养物质直接入湖。三要不断加强法治化智慧化保护水平。落实特别生态功能区管理办法政府规章及新版环境质量管理规范,配合开展千岛湖保护立法工作,创设千岛湖环境资源法庭,深化生态环境公益诉讼,切实提升法治化保护水平。严格执行党政主要领导自然资源资产责任审计、党员干部任前“绿色谈话”、环境破坏责任追究等制度,认真落实河(湖)长制、林长制,确保生态环保责任到底到边。推进全域生态环境数字化治理,新建一批流域高频水质自动监测站,发挥千岛湖水质水华预警平台作用,进一步提升流域水质监测预警能力。深化跨省上下游流域生态环境的共建共保合作机制,促进上游地区来水水质稳中有升。

2. 推动高质量发展,建设“两山”理念的实践区。一要大力发展深绿产业。做大“旅游+”产业,以中高端旅游为重点方向,在“三化四全”上下功夫,加强特色化、融合化、品牌化项目培育以及全域、全季、全时、全链产品打造,加快旅游国际化发展步伐,主动参与杭黄省际旅游合作示范区建设,积极争创国家全域旅游示范区,游客人均消费增长8%,国际游客人数增长5%,旅游休闲产业增加值增长13%;全力推进文旅、农旅、工旅、体旅、会旅、学旅、养旅深度融合,加快国际会议会展中心等项目规划建设,提速发展会议会展、团建培训、运动休闲、研发文创等产业;打造环千岛湖生态金融资本圈,大力引进基金型、培训型、科研型、销售型、财务型及实体型总部经济,总部经济税收实现5亿元以上。做优生态制造业,制定实施生态制造业行动计划,加快推进腾笼换鸟转型升级,引导县域传统优势企业拓展新技术、新工艺、新产品,加强产业链上下游配套企业引育,培育更精、更优、更强的生态制造业集群;加快发展数字经济,积极推进一批产学研项目落地,培育打造无污染、小空间、低能耗、新科技、高效益的新制造业,高新技术产业增加值增长6%以上。做强品牌农业,开展省农业绿色发展先行县、现代农业示范乡镇等创建,建立农产品溯源机制和政府信用背书机制,坚持“茶、果、菜、药、蜜”等特色发展，做大千岛湖区域公用品牌、绿色农产品品牌，进一步促进农产品的优质优价，绿色优质农产品比例提高到57.5%。二要提升平台发展能级。平台企业亩均税收增长8%。江东杭千开发区要充分发挥招商引资、招才引智的桥头堡和排头兵作用，实施五年行动计划，筹建数字经济产业引导基金，加大“智谷”招商运营力度，加快西湖双浦、钱塘新区“飞地”的落位建设和招商运营，并探索在嘉兴新建飞地，争取利用5年时间再造一个高质量发展的“新淳安”，成为全省“飞地”经济发展示范县。经济开发区要发挥主平台作用，坚持腾笼换鸟、创新驱动、项目为王，加快农夫山泉扩迁建、修正健康产业园拓建、标普健康续建以及阿尔法城、银泰二期等项目建设，努力推动珍珠半岛停滞服务业项目复工建设，推进汾口浪川产业区科学利用；出台高尖项目高端人才新政，发挥科创园和科技大厦平台支撑作用，吸引一批高端制造、研究院所项目落地，打造产业特色鲜明、产城人相融合的创新平台。旅游度假区要丰富旅游业态，加快推进亚运场馆、亚运分村以及鲁能胜地等项目建设，带动面上实施亚运会淳安赛区三年行动计划，开展温泉酒店、滑雪场馆项目前期工作，加大总部经济招商力度，努力争创国家级千岛湖旅游度假区。高铁新区要擦亮“千岛湖第一门户”招牌，高起点规划布局数字经济、文创经济、总部经济业态，努力打造成为千岛湖精美窗口和新经济特色小镇。姜家产业区块要建成开放千岛湖球山山地探险公园，启动并推进千岛迷宫、墨香湖港湾慢生活等项目建设，争创3个国家AAAA级旅游景区，进一步强化全域旅游新中心功能。三要不断优化营商环境。研究建立淳安营商环境评价指标体系，常态化开展服务项目、服务需求、服务难题“三服务”活动，巩固提升减税降费成果，推广应用杭州金融综合服务平台，深化投资项目审批代办，系统提供土地、审批、金融、人才等全链条服务。全力推进信用淳安建设，完善守信联合激励、失信联合惩戒、重整企业信用修复等机制，保护好各类市场主体的合法权益，营造法治、诚信、公平的良好发展环境。

3. 着眼高品质生活，建设城乡融合生态富民的示范区。一要全面推进美丽建设。全域化推进城乡人居环境整治提升，持之以恒打造点上精致、线上出彩、面上美丽的城乡风貌。进一步加强临湖一公里范围规划管控、城市建设风貌把控，加快推进整治类项目后续处置和管控类项目整改提升，深入实施老旧小区改造、南山片区有机更新等工程，持续推进生活垃圾分类、“最多挖一次”等改革，优化调整新安大街业态布局，打造独具韵味和魅力的美丽小城市。围绕“宜居宜业宜游、千岛湖味道”目标，深入推进威坪、汾口等美丽城镇建设试点，做响运动石林、乐水姜家、水墨威坪、田园汾口、百草临岐、书画梓桐、红色中洲、茶乡鸠坑等特色小镇品牌。全面开展精品村以及美丽宜居、产村融合、淳派民居、森林村庄等示范村创建，统筹公路、田园、河道、村庄、庭院、绿道等“美丽系列”建设，打造新时代美丽乡村升级版。全年完成14个区块、41万平方米的老旧小区改造，打造省市美丽示范镇3个以上，争创市级精品村10个以上。二要办好为民实事工程。加快民生事业提档升级，提高养老、医保、低保、残保等补助标准，力争用两年时间达到杭州市平均水平。着力建设健康淳安，推进县一医院和县中医院“三乙”创建，深化“医共体”“医联体”建设，持续推进“六医”联动改革，县域就诊率达到90%、基层就诊率保持在65%以上，国家卫生乡镇创建实现全覆盖。启动全国义务教育优质均衡县创建，加大公办幼儿园建设力度，有序推进小学、初中、普高学校优化布局，建成千岛湖第八小学，新开办一所城区初中，启动培智学校异地迁建工程，稳妥推进乡村寄宿制学校改革,努力办好人民满意教育。加快交通基础设施互联互通步伐,全力推进330国道淳安段、屏三公路东方大桥至唐村段改建等工程以及杭淳开高速项目前期,加快建成千黄高速、枫常公路改造等项目,深入实施农村"四好公路"三年行动计划,持续提升城乡交通现代化水平。同时,聚焦民生需求,优化"菜篮子"工程、公租房建设运营管理,深化农村饮用水达标提标行动,加强城乡电网、通信基础设施布局优化和改造提升。三要推进县域社会治理现代化。强化县级社会矛盾纠纷调处化解中心作用发挥,提升基层治理"四平台"统筹功能,深化"信访代办"制及"热线一体化"建设,持续推进疑难信访化解攻坚。建立健全县级公共安全视频图像信息共享平台,加快完善风险监测研判化解机制和社会治安防控体系,加大"智慧警务""雪亮工程""智安小区"等建设力度,深入推进扫黑除恶专项斗争、交通安全综合整治、应急管理能力提升等专项行动。强化"三治融合"基层治理模式,创新打造社会治理共同体,积极探索新时代文明实践中心建设,持续深化城乡移风易俗,实现500人口以上行政村文化礼堂建设和县级文明镇创建全覆盖,县级文明村创建率达90%以上。

4. 深化高水平创新,建设生态文明制度改革创新的先行区。一要抓重点,以"最多跑一次"改革牵引全面深化改革。坚持拉高标杆、刀刃向内、提质扩面,努力全面实现个人和企业全生命周期"一件事"全流程办理,积极推进"最多跑一次"改革向社会治理、机关内部、公共服务、司法服务、中介服务等各个领域拓展延伸。以"最多跑一次"改革理念推进政府管理等重点领域改革,巩固党政机构改革成果,扎实推进事业单位改革,推进"掌上办事、掌上办公"等政府数字化治理体系建设,不断优化服务管理的职责与效率。二要出亮点,加快"两山"转化制度创新。加快推进"多规合一"空间规划编制,建立健全国土空间规划体系,守住生态保护红线、资源利用上线、环境质量底线。完成县级生态系统生产总值核算,积极开展自然资源资产产权交易研究和试点,实现生态资源可量化收益。深化乡村振兴发展改革创新,创新探索载体机制,推进农村闲置宅基地复垦,推广"大下姜"乡村振兴联合体发展模式,探索农村人口在杭州市区的积分落户、优先落户制度,进一步激发农村发展活力。加快"数治淳安"建设,积极推进"城市大脑"和5G应用,提升智慧环保、智慧城管、智慧医疗、智慧教育等水平,力争在大旅游等特色领域应用方面走在前列。三要攻难点,强化人才政策机制改革。坚持政策惠才、平台聚才、产业引才、服务留才,出台高层次人才享受杭城同待遇政策,实施青年人才科技人才返乡创业和淳籍人才回归工程,发挥高端智库、专家委员会智力支撑作用,推动公共服务领军人才和产业发展高端人才来淳创新创业,为淳安发展不断注入新活力,全县高技能人才、专业技术人才分别达到7000人和3.1万人。

四、培育忠诚担当的康美团队,汇聚特别生态功能区建设的强大智慧和力量

建设特别生态区、打造康美千岛湖,需要全县上下以党的政治建设为统领,着力深化理论武装,着力强化能力提升,着力夯实基层基础,着力推进正风肃纪,锤炼思想解放、敢破善立、勤于作为、勇于担当、素质过硬的一流干部队伍。

1. 聚焦强基固本,夯实坚强组织根基。始终把党的政治建设放在首位,深入学习贯彻党的十九届四中全会精神,全面落实"不忘初心、牢记使命"长效机制,不断增强"四个意识"、坚定"四个自信",做到"两个维护",自觉用习近平新时代中国特色社会主义思想武装头脑、指导实践、推动工作。深化"党建双强"、"红色筑基、绿色发展"季度攻坚等比拼载体，探索组建片区产业党委，研究谋划、稳妥推进行政村规模调整、村级组织班子建设等工作，提升并发挥好党群服务中心阵地作用，促进基层党建全域提升、全面过硬。

2. 聚焦本领提升，锻造过硬干部素质。跟踪培养“123 序列”储备人选，健全综合比选、动态建库使用机制，探索城乡干部“双向评价”“双向交流”机制，实施县内部门与省市部门专业干部交换挂职“双向锻炼”，形成多载体、梯队化的干部培养体系。深化“健康1＋1”和“家庭 1＋1”干部关爱机制，探索“四必谈”干部谈心机制，加强组织关爱；创新开展各类比学赶超大比武活动，深化“四种人”标兵选树机制，推行公务员职级晋升“量化＋统筹”双轨激励机制，强化担当优先的晋升理念；优化完善保护担当、容错免责机制，精准落实“三个区分开来”，造浓干部大胆创新、主动作为的氛围。

3. 聚焦康美形象，营造良好舆论氛围。严格落实党管意识形态工作责任制，持续深化融媒体改革，提升媒体融合发展水平，完善中央厨房指挥系统应用与网络空间舆论导控体系，提高县域网络安全防范防御系统能级。深化“脚力、眼力、脑力、笔力”教育实践活动，突出全媒体新闻人才、乡土文化人才和网络大Ｖ人才培养，在生态保护、深绿发展、改革创新、党的建设等方面为康美千岛湖共同发声。巩固“不忘初心、牢记使命”主题教育成果，开展经济社会发展成就主题宣传，推进党员干部参与意识形态专题宣讲活动，进一步凝聚人心思齐、人心思进、人心向党的正能量。

4. 聚焦清正廉洁，锤炼务实工作作风。建立健全全面从严治党主体责任落实闭环机制，深入推进干部工作薄弱环节五项专项整治，扎实开展第三轮村级巡察暨扶贫领域专项巡察，紧盯营商环境打造、重大项目推进等重点领域进行专项监督，实现巡察全覆盖、监督全天候。一体推进“清廉村居”“清廉国企”“清廉医院”“清廉学校”等建设，深化“破网打伞”攻坚，强化不敢腐、不能腐、不想腐的长效机制。加快“审计全覆盖”，强化经济责任审计、绩效审计、民生审计和自然资源资产审计。全面推进“基层减负”工作，持续开展监督检查及问题整治“回头看”，时刻严防“四风”隐形变异、反弹回潮。

5. 聚焦凝心聚力，增强干事创业合力。坚持党委总揽全局、协调各方，加强党对人大、政协工作的领导，深入落实县委人大、政协工作会议要求，健全完善监督、协商机制，提升民主法治建设水平。加强和改进统战工作，完善县乡两级“同心乡贤库”建设，推进基层统战品牌打造，健全党外代表人士队伍建设制度，凝聚港澳台侨力量，全面落实党管武装政治责任，积极推进新时代退役军人工作，深化群团协作，抓好老干部工作，不断凝聚创新创业强大合力。

淳安县人民代表大会常务委员会工作报告

在淳安县第十六届人民代表大会第三次会议上

淳安县人大常委会主任　余永青

(2019年2月16日)

2018年主要工作

2018年是改革开放40周年,也是淳安发展史上极不平凡的一年。一年来,县人大常委会在中共淳安县委的坚强领导下,在省市人大的监督指导下,深入学习贯彻习近平新时代中国特色社会主义思想和党的十九大精神,坚持党的领导、人民当家作主、依法治国有机统一,紧紧围绕中央和省市县委重大决策部署,依法行使宪法和法律赋予的各项职权,为康美千岛湖高水平转化高质量发展和民主法治建设作出了积极贡献。全年共听取和审议"一府两院"工作报告29个,作出决议决定17项,开展视察调研、执法检查24次,任免国家机关工作人员22人次,顺利完成县十六届人大二次会议确定的各项目标任务。

一、围绕共抓大保护,着力夯实康美千岛湖基础

坚决贯彻习近平生态文明思想,紧紧围绕"共抓大保护、不搞大开发"要求,根据县委加强生态环境保护的决策部署,持续加大千岛湖保护监督力度,推动康美千岛湖建设迈上新台阶。

积极参与临湖综合整治。牢固树立"绿水青山就是金山银山"理念,及时传达学习省市主要领导到淳安调研检查指示精神,将思想统一到中央和省市县委的重大决策部署上来。积极参与综合整治工作,专题调研考察外地整治经验,形成书面报告,提出意见建议,为县委决策提供参考。按照县委要求,常委会领导联系整治项目,深入现场开展调研,帮助制定整治方案,监督推动整治工作,为千岛湖临湖地带综合整治贡献智慧和力量。

持续推进千岛湖保护。跟踪监督千岛湖保护、美丽杭州实验区建设、环千岛湖绿道保护等决议决定及千岛湖环境质量管理规范、生态保护红线贯彻落实情况。全面推行环境状况和环境保护目标完成情况报告制度,开展水污染防治法执法检查,积极参与省市县联动的固废污染防治"一法一条例"执法检查,组织实施污水处理设施运维工作督查,建议县政府进一步完善城乡污水管网设施建设,加强农业面源污染防治,严格临湖项目管控,优化千岛湖保护体系。县政府着手修订千岛湖环境质量管理规范,制定临湖地带建设管控办法,开展临湖地带项目大整大治、"污水零直排区"建设、畜禽养殖废弃物资源化利用等工作,持续加大千岛湖综合保护力度。

有效推动城乡环境综合治理。专题调研

城市有机更新工作，推动县政府制定城市有机更新三年行动计划，加快青溪新城和城北区块城市有机更新步伐，全力推进撤村建居地块国有土地征迁及05省道快速路建设，提升千岛湖城市发展格局。开展城市管理、乡镇创卫工作视察和小城镇环境综合整治工作督查，要求优化城乡环境建设管理体系，科学运用智能管理技术，着力解决背街小巷脏乱差、违规养犬遛犬、城区道路车辆乱停乱放等突出问题。县政府及职能部门进一步加强城管执法力量，开展城区背街小巷乱堆乱放、餐饮油烟污染专项治理，推出犬类芯片管理、人行道序化等措施，高分通过第四轮国家卫生县城复评，全面完成小城镇环境综合整治，实现乡镇创卫全覆盖，有力推动城乡环境整体提升。

二、聚焦转型升级，全力推进康美千岛湖高质量发展

紧紧围绕"六大攻坚战"等重点工作任务，积极履行监督职责，打好监督"组合拳"，全力服务保障康美产业持续健康发展。

助力项目建设。审查并票决通过3000万元以上的政府投资项目，视察高铁场站、水之灵新剧院、骑龙巷慢生活休闲街区等重点工程，专题审议全县重点项目推进情况，依法批准政府投资项目调整计划和概算方案，积极参与"六大攻坚战"，建议进一步优化项目结构，精准谋划前期，积极破解审批、用地、资金等瓶颈制约。县政府认真落实审议意见，集中开展重点项目服务保障和"企业项目双服务"专项行动，建立健全多规审查、项目创建等机制，营造项目建设浓厚氛围。持续督察"最多跑一次"改革，专题询问审管办、人社局、国土资源局等16个单位审批改革服务情况，推动职能部门提高公共服务效率和效果。

强化财政监督。深化全口径预决算审查监督，听取和审议财政决算、预算执行、审计工作等报告，审查批准2017年财政决算、2018年地方政府债务限额和新增债券资金预算调整方案，强化部门预算精细化管理，跟踪督促审计查出问题的整改落实，有序推进财政预算联网监督工作。督促财政局、审计局进一步深化专项资金和政府投资项目绩效评价工作，调查政府投资项目竣工决算、入库登记情况，推动政府及相关部门提高财政资金使用绩效。听取和审议"十三五"规划纲要中期评估报告，建议县政府深入贯彻新发展理念，落实工作举措，努力完成规划提出的目标任务。

服务产业发展。开展城市新经济新业态专题调研，提出相关意见建议，引起县委县政府高度重视。深入调研农旅融合产业发展情况，建议县政府编制农旅融合发展规划，建立统筹协调机制，破解要素制约，夯实乡村振兴基础。视察百源经济发展情况，专题调研小农场、小农庄发展，推动产业扶持政策落地见效，调动农民发展特色产业的积极性。视察混改后茧丝绸有限公司发展情况、农村宅基地及房屋确权发证工作，提出合理化建议。

三、回应社会关切，努力促进民生福祉持续增进

坚持把保障和改善民生作为人大工作的出发点和落脚点，积极回应社会关切，助力解决人民群众最关心最直接最现实的利益问题，不断提升人民群众的幸福感和满意度。

全程监督民生实事。按照县委《关于开展民生实事项目代表票决制工作的实施意见》要求，常委会周密部署、稳步推进，县乡两级政府民生实事项目代表票决制实现全覆盖。建立7个代表监督中心组，坚持定向监督与属地监督相结合，开展"一月一检查、一季一督查、半年一报告、年度一测评"监督活动，对民生实事项目进行全程监督、跟踪问效。听取和审议县政府民生实事项目实施情况报告，开展项目成效问卷统计调查，进行满意度测评，全力推动民生实事项目保质保量完成。在县政府和各乡镇各部门的共同努力下,农村饮用水保障、农村公路大中修、农民建房品质提升、乡村卫生院医疗环境改善、中小学幼儿园教学食宿条件改善等民生实事项目得到较好落实,提升了人民群众的获得感。

推动农村"消薄增收"。听取和审议消除集体经济薄弱村工作推进情况报告,与市人大联动开展低收入农户增收视察活动,建议县政府摸清底子,拓展思路,通过盘活资源、异地抱团、深化结对帮扶等方式增强村集体经济造血功能。县政府制定消除集体经济薄弱村实施方案,组建乡村振兴工作队,建立健全部门、企业和薄弱村结对机制,积极探索投资参股经营、发展物业经济、盘活闲置资源等多种措施,全面完成"消薄增收"年度目标任务。

重视社会事业发展。听取和审议教育现代化县建设情况报告,建议县政府健全创建工作机制,科学谋划学校布局,加大财政投入,注重各类教育协调发展,不断满足人民群众对优质教育的需求。视察学校食品安全工作,要求深化学校食堂标准化管理,加强学校周边食品安全常态监管,确保学校食品安全。专题调研农村饮用水管理体制改革情况,视察农村历史建筑保护、残疾人精准康复服务、乡镇敬老院建设、档案管理等工作,提出意见建议。

四、维护公平正义,扎实推进法治淳安建设

坚持把全面推进依法治县作为重要职责,切实加强对"一府两院"依法行政、公正司法的监督,积极支持监察委员会工作,切实增强人民群众的安全感。

推进依法行政。开展道路交通安全法执法检查意见落实情况"回头看",持续推动电动车编码和第三者责任保险,全县累计编码保险 8.7 万余辆,电动车行驶秩序明显好转,事故发生率明显下降。开展宗教事务条例贯彻实施情况执法检查,督促政府及有关部门提高依法管理宗教事务意识,健全宗教工作机制,更好促进社会和谐稳定。开展行政首长出庭应诉工作监督,督促提高行政机关负责人出庭率和应诉能力。依法对县政府报送的渔业管理、加强食用农产品质量安全入市管理等 19 件规范性文件进行备案审查。

力促公正司法。听取法院执行工作报告,组织代表旁听案件审理,开展执行法官履职情况检查,要求加强多元化纠纷解决机制建设,强化立审执"一盘棋"思想,健全执行查控体系,深入开展反规避、反抗拒执行整治和终结本次执行积案集中清理行动,努力破解执行难问题。县法院高度重视,认真研究出台措施,进一步健全协调配合机制,完善联合信用惩戒制度,扎实推进智慧法院、执行规范化建设,努力提高执行质量和效率。听取检察院工作报告,建议加大对套路贷、虚假诉讼、非法集资、电信诈骗等违法犯罪行为的打击力度,拓展法律监督渠道,不断提升司法公信力。加强信访工作,高度重视涉法涉诉信访,全年共受理来信来访 55 件次,督促相关部门依法办理。

夯实法治基础。听取"七五"法治宣传教育工作报告,提出进一步落实普法责任、突出普法重点、创新普法方式、提高普法实效等建议。视察"平安千岛湖"建设工作,建议县政府及相关单位健全工作机制,加大督查力度,补齐短板弱项,夯实创建基础。坚持党管干部和人大依法任免有机统一,落实任前法律知识考试、颁发任命书、宪法宣誓等制度,依法规范做好人事任免。举办新修订宪法、固废污染防治法、扫黑除恶等专题讲座,组织学习监察法等法律法规,进一步提高常委会组成人员和政府工作部门负责人依法履职能力。配合省市人大做好浙江省固废污染防治条例、杭州市公共场所控制吸烟条例等立法调研和法规修订征求意见工作。

五、优化服务保障，有效激发代表工作活力

牢固树立代表主体意识，积极拓宽代表活动载体，强化服务保障，密切沟通联系，不断提升代表工作制度化规范化水平。

服务代表依法履职。组织代表开展专题培训，深入学习习近平新时代中国特色社会主义思想和党的十九大精神，提升代表的政治理论水平和业务能力。以省委书记、省人大常委会主任车俊来淳安代表联络站接待人大代表活动为契机，制定出台进一步发挥代表联络站作用实施意见，在千岛湖、汾口、威坪、临岐4个镇试点设立14个代表接待室，建立县级领导干部代表进联络站“活动月”制度，完善代表联系选民办法，全年开展代表接待活动131次，参加代表1815人次，接待选民3324人次，梳理反映问题1063个，督促解决860个。邀请代表列席常委会会议，组织代表参加政情报告会及常委会视察调研活动，保障代表依法履职。

丰富代表监督活动。围绕“六大攻坚战”，深入开展“践行‘四种人’，代表展风采”主题活动，组织代表开展污水处理设施运维、小微水体整治、小城镇环境综合整治、“厕所革命”、固废污染防治等五项专项督查，成立6个督查组深入乡镇明察暗访，共检查72个行政村213个点位，发现问题105个，提出意见建议78条，督促解决问题42个。组织代表中心组监督政府民生实事项目建设，开展专业代表小组视察食品安全、城市管理等工作，推进社会事业发展。

强化代表建议督办。加强代表建议质量把关，坚持重点建议县政府领导领办和常委会领导督办制度，开展建议中期督办、专题审议，实行办理情况网上公开，创新县级领导干部进联络站督办建议、代表小组集体评议建议办理等机制，进一步提高代表建议办理实效。县十六届人大二次会议代表提出的167件议案建议均在法定期限内办结，解决率达61%，创下历年新高。农村饮用水建设管理、城区停车收费管理、老旧小区消防安全提升等10件重点建议得到较好解决。

六、注重自身建设，不断提升人大工作整体水平

主动对标新时代党的建设总要求，全面加强人大机关党的建设和队伍建设，强化理论武装，完善制度机制，持续改进作风，着力提升依法履职能力。

突出思想政治建设。坚持把政治建设摆在首位，建立健全常态化学习交流制度，深入学习贯彻习近平新时代中国特色社会主义思想和党的十九大精神，认真学习领会习近平总书记关于坚持和完善人民代表大会制度的重要思想，及时组织学习习近平总书记在全国生态环境保护、庆祝改革开放40周年等大会上的重要讲话精神和对浙江工作重要指示精神，在政治上思想上行动上同以习近平同志为核心的党中央保持高度一致，进一步树牢“四个意识”，坚定“四个自信”，坚决做到“两个维护”，自觉用习近平新时代中国特色社会主义思想武装头脑、指导实践、推动工作。坚持党对人大工作的领导，建立机关党组，严格贯彻执行县委重大决策部署，主动向县委请示报告工作中的重大问题和重大事项，切实把党的领导贯穿到人大工作全过程、各环节。

深化纪律作风建设。贯彻“清廉淳安”建设要求，压紧压实常委会党组党风廉政建设主体责任，从严执行中央和省市县委作风建设各项规定，支持和保障派驻纪检监察组工作，强化队伍监督管理。主动服务全县发展大局，三位主任会议成员兼任“六大攻坚战”指挥部总指挥、副总指挥，两位主任会议成员兼任县委重点工作督查组组长，依法服务保障机构改革，积极参与千岛湖临湖地带综合整治、“企业项目双服务”等工作。以“感恩总

书记，奋进新时代”主题教育实践活动为载体，扎实开展“百千万”“进访解”等各项活动。注重调查研究，完成县委交办的多项重点课题调研，扎实做好常委会审议前工作调研，一些具有针对性操作性的建议转化为县委县政府决策依据和政策措施。

加强能力素质建设。建立健全宪法宣誓、主任会议成员和委员联系代表、代表联系选民等制度，优化主任会议成员工作分工，进一步推进常委会工作规范化建设。充分发挥法制内务司法委员会、财政经济委员会、专业代表小组的作用。自觉接受省市人大指导监督，注重学习借鉴外地人大经验做法。统筹做好人大信息宣传工作，推进常委会工作公开。召开乡镇人大工作研讨会、交流会，组织乡镇人大主席专题培训，指导乡镇依法规范人代会程序、民生实事项目票决、生态环境状况报告、乡镇财政监督、集体约见询问等工作，提升全县人大工作整体水平。

过去的一年，县人大常委会不忘初心、牢记使命、认真履职，各方面工作都取得了新进展、新成效。这是县委坚强领导和省市人大精心指导的结果，是县政府、县政协、县监委、县法院、县检察院和各乡镇各部门各单位积极配合的结果，是社会各界和全县人民关心支持的结果，是全体人大代表共同努力的结果。

在总结成绩的同时，我们也清醒地认识到，常委会工作还存在一些差距和不足：调研视察和执法检查还不够深入，监督的针对性和实效性需要不断增强；联系代表和群众还不够密切，代表作用发挥有待进一步拓展创新；常委会及机关履职能力与新时代要求还不完全适应，尚需不断提升。我们将虚心听取代表和各方面意见，自觉接受监督，切实加以改进。

2019 年主要任务

党的十八大以来，习近平总书记就坚持和完善人民代表大会制度、发展社会主义民主政治发表了一系列重要论述，习近平总书记关于坚持和完善人民代表大会制度的重要思想，是习近平新时代中国特色社会主义思想的重要组成部分，我们在深入学习贯彻习近平新时代中国特色社会主义思想和党的十九大精神的同时，要把学习研究宣传贯彻习近平总书记关于坚持和完善人民代表大会制度的重要思想摆在突出位置，在学懂弄通做实上下功夫，进一步加强理论武装，提高政治站位，增强工作能力，更好发挥国家权力机关作用，推动人民代表大会制度和人大工作与时俱进、完善发展。

今年是新中国成立 70 周年，是全面建成小康社会的关键之年，是淳安高铁时代的起始之年，也是加强人大工作和建设的重要一年，新形势新任务对人大工作提出了新的要求。常委会工作的指导思想是：深入贯彻落实习近平新时代中国特色社会主义思想和党的十九大精神，深刻学习领会习近平总书记关于坚持和完善人民代表大会制度的重要思想，紧紧围绕县委十四届六次全会的决策部署，坚决破旧立新、坚持两高发展，切实担负起宪法法律赋予的各项职责，充分发挥人大及其常委会的职能作用，依法履职，担当作为，努力推动人大工作与时俱进，不断提高服务大局的能力和水平，为开创康美千岛湖高水平转化、高质量发展新局面作出更大贡献。

一、紧扣县委重大决策部署，强化精准监督、增强监督实效。紧扣改革发展新形势、社会主要矛盾新变化和人民群众普遍关注的热点难点问题开展监督，创新工作方式，强化监督实效，全力助推特别生态功能区建设。围绕“护好水”，深入学习贯彻习近平生态文明思想，全面落实“共抓大保护、不搞大开发”“确保水质不下降、景观不破坏”的要求，持续监督千岛湖保护决议、美丽杭州实验区建设决定、环千岛湖绿道保护决定的贯彻落实情况，审议新修订的千岛湖环境质量管理规范，跟踪推进千岛湖临湖地带综合整治工作，听取千岛湖城区沿湖生态修复与景观提升工作报告，视察城市有机更新工作，专题调研农业面源污染防治情况，继续关注“污水零直排区”、乡镇“国卫”创建等工作，努力推动全国饮用水源地示范区打造。围绕“管好钱”，听取计划执行、预算执行、审计、重点项目建设、国有资产运营情况报告，批准财政决算，票决政府重大投资项目，加快推进预算联网监督，关注政府债务风险防范、政府购买服务、专项资金绩效等工作，跟踪“最多跑一次”改革专题询问意见落实，着力推动财政经济健康运行。围绕“盯住法”，开展治安管理处罚法、大气污染防治“一法一条例一规定”、浙江省学前教育条例执法检查，听取监委专项工作报告、法院工作报告，审议检察院公益诉讼工作，举办常委会法制讲座，加强政府规范性文件备案审查，做好来信来访工作，配合省市人大做好立法调研和法规修订征求意见，着力推动民主法治建设。围绕“促增收”，听取乡村振兴战略实施情况报告，关注民营经济、中药材产业、城市旅游产业发展，跟踪消除集体经济薄弱村审议意见、百源经济发展视察意见落实情况，着力推动产业绿色发展、群众持续增收。围绕“保民生”，专题询问医共体工作，深化民生实事项目监督，视察农民饮用水保障工程、居家养老服务情况，对教育现代化县建设审议意见落实情况进行“回头看”，关注基层公共文化服务体系建设、低收入农户增收等工作，着力推动康美生活改善。

二、深化和拓展代表工作，充分发挥代表主体作用。组织代表学习习近平新时代中国特色社会主义思想，开展法律法规和业务知识培训，提高履职能力和水平。深入推进代表联络站和代表接待室规范化建设，坚持县领导进联络站“活动月”制度，充分发挥联络站和接待室功能。优化民生实事项目监督方式，支持代表开展集体询问、代表问政等工作，邀请代表参与常委会活动，充分发挥代表中心组和乡镇人大主席团的作用，丰富闭会期间代表活动内容。健全代表履职测评、向选民述职等制度，完善代表履职登记，加强代表监督管理，培育一批骨干代表，树立人大代表良好形象。严把议案建议质量关，坚持重点建议领办督办制度，狠抓议案建议解决率，进一步提高议案建议办理质量。

三、适应新时代要求，切实提高常委会依法履职能力。全面贯彻落实习近平新时代中国特色社会主义思想、党的十九大精神和习近平总书记关于坚持和完善人民代表大会制度的重要思想，自觉增强对习近平总书记的政治认同、思想认同、感情认同，坚决做到“两个维护”。认真贯彻民主集中制，更好发挥常委会党组和机关党组的重要作用。按照县委统一部署，认真开展“不忘初心、牢记使命”主题教育，深入践行“四种人”要求，从严履行党风廉政建设主体责任，高标准落实八项规定精神，始终保持与人民群众的血肉联系，着力打造高素质人大干部队伍。配合县委做好人大工作会议筹备工作。完善常委会及机关工作制度，更好发挥专门委员会、工作委员会、专业代表小组的作用。统筹做好新闻宣传、信息公开、信访等工作。加强对乡镇人大工作的联系指导，鼓励开展实践创新，进一步提高人大工作整体水平。

回眸过去，我们不辱使命勤勉履职；展望未来，我们不忘初心继续前进。让我们更加紧密地团结在以习近平同志为核心的党中央周围，全面贯彻落实习近平新时代中国特色社会主义思想和党的十九大精神，在中共淳安县委的坚强领导下，求真务实、依法履职，与时俱进、开拓创新，为奋力推动“两山”高水平转化、康美千岛湖高质量发展而努力奋斗！

政府工作报告

在淳安县第十六届人民代表大会第三次会议上

淳安县人民政府县长　董毓民

2019年2月15日

一、2018年工作回顾

2018年是极不简单、极不平凡的一年,难事与喜事交织,挑战与机遇并存,困难与希望同在。一年来,县政府在杭州市委、市政府和县委的正确领导下,在县人大、县政协的监督支持下,坚持以习近平新时代中国特色社会主义思想为指导,紧紧围绕"两山"高水平转化、康美千岛湖高质量发展,坚定不移贯彻"共抓大保护、不搞大开发"要求,全力推进千岛湖临湖地带综合整治,聚力打好"六大攻坚战",克难前行,负重奋进,较好地完成了县十六届人大二次会议提出的目标任务。

据初步统计,2018年,全县实现生产总值243.19亿元,按可比价格计算,增长4.2%;财政总收入34.37亿元,其中地方财政收入19.50亿元,分别增长11.2%、12.9%;服务业增加值139.38亿元,增长8.8%;社会消费品零售总额97.14亿元,增长9.6%;城镇常住居民人均可支配收入43611元,增长8.3%;农村常住居民人均可支配收入19316元,增长9.0%。全县88条主要溪流Ⅰ类水占比达到70.5%,游客人均消费增长10.1%,乡镇地方财政税收增长38.1%,低收入农户人均可支配收入增幅高于农村居民人均可支配收入增幅。

(一) 保护水平再上新台阶

综合整治坚定坚决。深刻认识实施千岛湖临湖地带综合整治,不仅是生态问题,更是政治问题,不仅是对历史负责,更是对当下和未来负责,形成思想共识,毅然决然抓整治。对位于饮用水源保护区内建设项目全面排查,列出四张清单,制定实施办法和分类实施方案,开展"拆、退、改、整、控",确保不留余地、不留死角、不留尾巴。举一反三,自我加压,对虽位于饮用水源保护区外但有污染风险、有碍观瞻的项目进行整治,努力追求还湖于民、还绿于民、还生态于民。注重整治后的植树增绿、生态修复,提升沿湖沿线景观。对217个项目分类分批实施综合整治,拆除各类生态敏感点及环境不协调建筑31.8万平方米,完成整治项目116个。与此同时,完成中央环保督察转办58件信访件办理"回头看",扎实开展集中式饮用水源地环境保护专项行动。

生态基础更加扎实。深化开展"五水共治",全力打好环境风险防范和治理攻坚战,千岛湖出境断面水质持续保持Ⅰ类,县域环境质量保持优良。开展城区污水管网查漏补缺,城区污水处理率达到95.4%。完成104个农村治污设施提升改造,新建成20个运维精品示范村,农村治污运维管理考核位列全省第一。完成经济开发区和石林镇、左口乡等4个乡镇、10个居民小区“污水零直排区”建设。深化完善河（湖）长制，推进“美丽河湖”建设，枫林港被评为省级“美丽河湖”。完成85公里农村河道综合整治，山塘水库除险加固25座，河道清淤34.55万方。建成4条氮磷生态拦截沟。实施统防统治10.15万亩，高毒高残留农药全面禁用，22种限用农药退市，农药使用量同比减少12.0%。推广有机肥2万吨，化肥使用量同比减少11.4%。全面开展土壤污染状况详查。城乡垃圾分类处理扎实开展，光大环保能源项目一期投入运行。

保护体系不断完善。全力争取省市支持，按照“临湖做减法、内陆可优化”和“多规合一”的原则，开展水功能区水环境功能区划分方案修编，目前优化调整方案已上报省市评审，批复后将为更加精准、科学保护千岛湖提供有效保障。生态保护红线获省政府发布。出台《千岛湖临湖地带建设管控办法》。新安江流域跨省生态补偿第三轮试点启动实施，1.2亿美元千岛湖水资源与生态环境保护项目世行贷款签约落地。建成小金山、三潭岛和大坝前国控断面水质自动监测站，三潭岛藻类剖面浮标投入使用。千岛湖“保水渔业”模式入选中央党校“两山”理论教学案例。

（二）转型发展取得实效

腾笼换鸟稳步推进。深化“亩均论英雄”，实现工业企业综合评价全覆盖，规上工业企业亩均税收增长6.7%。全年盘活闲置土地及低效用地786.69亩，新增建设用地1333.8亩。经济开发区完成新一轮产业规划编制，修正健康产业园、大白鲸文化主题乐园、玉郎文创园等重点项目扎实推进，大可新材料智能家居生产项目实质性落地。《千岛湖旅游度假区总体规划修编》获省政府批复，亚运会千岛湖场馆启动建设，鲁能胜地项目有序推进，万马集团等总部入驻园区。高铁配套建设项目全面完工，康美小镇发展规划完成编制。姜家镇成功创建首批省级“旅游风情小镇”，龙川湾提升改造等项目顺利推进。江东杭千（扶贫）开发区明浦供应链项目竣工投产，千岛湖智谷项目主体结顶。

改革创新迸发活力。深化“最多跑一次”改革，进驻行政服务中心审批事项实现100%，279项事项实现凭身份证通办，342项事项实现就近办。推行商事登记制度改革，新增市场主体6239家，增长39.5%。深化投融资体制改革，成立县投融办，威坪客运中心新建及交通基础设施工程PPP项目启动实施，G330国道PPP项目列入财政部项目库。强化招商引资三级协调服务，引进杭钢再生资源等总部税源项目1128个，实现税收6.5亿元，新增阳光大厦、度假区总部经济园2家税收亿元楼。组建国企外派监事会，出台国有企业重大事项、资产出租管理等系列制度。新安江开发总公司公司制改革扎实推进。浙江千岛湖旅游股份有限公司顺利挂牌。

产业发展优质高效。旅游经济全面提升，全年共接待国内外游客1705.31万人次，实现旅游经济总收入191.58亿元，分别增长10.7%、21.5%。高分通过省级全域旅游示范县创建评审，被评为“首批国民休闲旅游胜地”和“浙江省优质旅游经典景区”。举办系列高铁旅游推介会，开通“千岛湖号”旅游专列。推进月光岛等景点改造提升。银泰城项目完成形象进度60%，骑龙巷慢生活休闲街区招商完成96.4%，建成南景路鲜花街，新增新安书屋6家，城市旅游氛围逐步浓厚。新增里商民之宿、金峰观沚等10家精品民宿。茶园风情小镇加快建设，36都摄影主题酒店建成营业。大墅胡家田蒲美丽渔村完成建设。梓桐镇杜井村、中洲镇厦山村等13个村被认定为浙江省AAA级景区村庄。生态工业转型升级，全年实现规上工业增加值23.79亿元。农夫山泉、千岛湖啤酒、国茶健康等重点水饮料企业稳步发展，乡情山泉建成投产。实施永通电缆迁扩建等重点工业投资项目7个，完成“零土地”技改项目投资3.13亿元，培育10家“小升规”优质企业。瑞淳机器人研究院、中控人工智能等项目签约落地，实现招院引所“零”的突破。新增市级以上高新技术企业9家，实现高新技术增加值4.9亿元。鼓励“企业上云”，实现信息经济增加值14.03亿元，增长4.4%。绿色农业提质发展，实现农业总产值50.85亿元，增长5.0%。成功创建省级农产品质量安全放心县，被确定为浙江省农业绿色发展先行县创建单位。完成土地流转5155亩，培育县级以上农业龙头企业8家，发展县级以上新型农业经营主体20家，建成5个现代农业园区，发展林下经济1.16万亩。“千岛湖茶”区域公用品牌跻身中国茶叶区域公用品牌50强，品牌价值达到16.12亿元。千岛湖品牌农产品馆实现销售额1200万元。覆盆子、前胡、三叶青入选“新浙八味”。完成无公害农产品认证39个，新增有机认证企业12家。创办全省首家实体茶叶专科医院。

（三）城乡融合程度更深

城市品位有力提升。以高铁新区、城北片区、青溪新城等为重点，全面打响城市有机更新攻坚战。斋上区块、新城睦州大道沿线等征迁和环境整治提升基本完成，一家山水至汽车北站等路段业态改造扎实推进。完成塘边弄等老旧小区改造。实施城区重要路段亮化、景观照明改造提升工程，新安北路光影街秀成为网红“打卡点”。强化城市精细管理，实施“非接触性”执法试点，开展城区餐饮油烟专项治理，完成新安东路、清波美食街等背街小巷、餐饮后厨整治，实现常态化监管。开展工程车扫盲和重点路段拥堵专项整治行动。成立物业管理协会，加强物业服务管理考核。

乡村振兴开局良好。下姜村及周边地区“1+4”规划全面实施，旅游、农业、交通、村庄建设等各项事业发展齐头并进。创新林权质押贷款股权投资模式，助推消薄增收，2018年消薄增收任务全面完成，近三分之一的行政村提前达到2019年目标。小城镇环境综合整治在全省率先实现“三年任务两年完成”，新增汾口镇、瑶山乡等5个省级样板乡镇。临岐镇高分通过省级中药材特色农业强镇创建验收，威坪镇列入2018年省级特色农业强镇建设名单，石林港湾运动小镇精彩亮相纽约时代广场。美丽乡村建设持续扩面，新培育精品村12个，打造精品示范线2条。“百源经济”初显成效，汪家源、雪坑源等10条重点源完成投资项目97个，投资额2.55亿元。区县协作到位资金1亿元。完成6.4万户农房发证，土地确权通过省市综合验收。农村电商物流班车实现村村通。成功举办中国首届农民丰收节分会场活动。

基础建设步入新时代。杭黄高铁正式通车，千岛湖站成为“复兴号”列车首发的县级站，被誉为“最美景区式高铁站”。千黄高速淳安段完成形象进度35.8%，杭淳开高速公路列入省高速公路规划。枫常公路淳安段改建工程全线开工，昌文公路临岐至紫槽岭段、丰茂半岛连接线工程顺利推进，潭唐公路屏门至郑中段、05省道快速路建成通车。拆除05省道收费站。成功创建省级“四好农村路”示范县，淳杨公路成为全国首条以“绿色公路”命名的最美农村路。220千伏浪川变启动建设。完成53个省级地质灾害隐患点治理，提前完成省市城乡危旧房治理两年计划。深入推进“厕所革命”，新改建公厕926座。

（四）社会民生不断改善

公共服务更加优质。成功创建省教育基本现代化县。全县高考一段上线率达31.4%，淳安中学一段上线率列七县(市、区)同类学校前列。提升发展特殊教育、职业教育。实施“县管校聘”改革，探索农村小规模学校发展新模式，富文中心小学成为既有颜值担当又有教育内涵的乡村教育网红学校。省级医共体建设试点取得阶段性成效，县域就诊率、基层就诊率分别达到87.3%和64.5%。顺利通过国家卫生县城复评和全国基层中医药工作先进单位复审，国家基本公共卫生服务项目考核位列全国第一。健康淳安建设扎实推进，省级卫生乡镇实现全覆盖，国家卫生乡镇创建全省领先。成功举办第七届全民运动会。优生优育服务不断提升。淳安博物馆开馆，县图书馆被评为国家一级图书馆。成功创建浙江省“诗词之乡”，睦剧《心愿》获杭州市“五个一工程”奖。县广播电视台荣获改革开放40年全国百佳县级广播电视台，千岛湖传媒中心媒体融合项目获评中国报业融合发展优秀案例。

民生保障更加有力。10项民生实事项目全面完成。出台基本医疗保险实施细则，实施慢性病门诊长处方制度，累计受惠群众12.12万人次。在浙江大学等5所高校组建淳籍大学生联络站，引进“双一流”高校毕业生33名，新增省级博士后科研工作站1家。实施百场精准化人才就业招聘，新增就业3587人，城镇登记失业率在2.88%以内。启动“社银合作”，社会保险精准扩面。省级“无欠薪县”创建有序推进。建成医养融合一体化照料中心12家、三星级以上照料中心222家，老年人助餐、配送餐服务实现乡村与社区全覆盖。开展城乡低保专项整治，建立帮扶信息平台，实施精准救助。城乡低保标准由每人每月665元提高到764元。残疾人社区精准康复服务试点建设全面推进。殡葬综合改革试点有序实施。圆满完成对口帮扶贵州省剑河县年度任务。

社会秩序更加和谐。推行新时代“枫桥经验”，群众安全感满意率列全省第一。圆满完成重点敏感时期信访安保维稳工作，成功创建省“无积案县”。推进治安防控体系建设，扫黑除恶专项斗争取得阶段性成效。深入开展重点领域安全生产整治，强化消防、食品药品、公共安全监管。基本完成农业“大棚房”专项清理整治。有效防控非洲猪瘟和登革热。创建杭州市田园社区示范点10个，培育社会组织98家。推进双拥优抚安置，完成退役军人和其他优抚对象信息采集。与此同时，档案、民宗、外事、气象、人民武装、国防动员、人民防空、住房公积金等工作得到加强，工青妇、科协、文联、红十字、关心下一代等事业健康发展。

（五）自身建设持续加强

深入开展“感恩总书记、奋进新时代”主题教育实践活动，县政府党组理论学习常态化开展。举办干部美学、经济金融等专题培训班7期。扎实推进重点领域改革，深入开展“三服务”行动，优化政务环境和营商环境。聚焦聚力“六大攻坚战”，主动担当作为，努力破难攻坚。严格落实县政府常务会议学法制度，自觉接受人大依法监督、政协民主监督，广泛听取社会各界意见，认真办理人大建议、政协提案。法治政府建设第三方评估列全省第一。严格落实党风廉政建设责任制，主动接受监察机关监督，强化审计监督，严厉查处各类违纪违法行为，政府系统廉政建设不断加强。

过去的一年，在千岛湖功能发生历史性转变的大背景下，取得的成绩十分不容易。这是在市委、市政府和县委的正确领导下，全县上下勠力同心、担当破难、不懈奋斗的结果。在此，我谨代表县人民政府，向所有理解、关心、支持和参与淳安经济社会发展，为淳安建设作出积极贡献的同志们、朋友们，表示衷心的感谢和崇高的敬意！

同时，我们要更加清醒地认识到政府工作还存在一些困难和挑战。主要表现在：临湖地带综合整治任务依然艰巨，越向纵深推进,困难会越多;面对千岛湖作为饮用水源地的高标准保护要求,生态环境综合保护的压力进一步加大;随着高铁时代的到来,虹吸效应日渐凸显,对各领域、各行业服务能力和服务水平提出了更高要求;少数公职人员适应新时代的发展信心不够足,能力不够强,作风不够实,缺乏担当克难的干劲和勇气。

瀑布之所以壮观,是因为没有退路;喷泉之所以美丽,是因为有了压力。艰难困苦,玉汝于成,面对困难和问题,只要全县上下共克时艰,同向发力,就一定会化危为机,勇开新局。

二、2019 年工作指导思想和总体要求

2019 年是新中国成立 70 周年,是高铁时代的起始之年,也是本届政府的中期之年,承上启下,继往开来。根据县委十四届六次全会精神,2019 年政府工作的指导思想是:深入贯彻习近平新时代中国特色社会主义思想,深刻领会庆祝改革开放 40 周年大会、中央和省委经济工作会议、市委全会等系列会议精神,深度落实省市领导对淳安工作的批示指示要求,进一步凝聚思想共识,汇聚行动合力,坚决破旧立新,坚持“两高”发展,把“共抓大保护、不搞大开发”进行到底,众志成城拥抱新时代,砥砺奋进展现新作为,不断开创康美千岛湖高水平转化、高质量发展新局面,争当全国践行“两山”理论的标杆县。新一年工作要坚决做到“四个必须”。

必须以保护为先。千岛湖是淳安的眼睛,生态是淳安的生命。保护好千岛湖就是最大的政治担当、最大的民生和最大的生产力,保护好是本职,保护不好就是失职。要切实把践行习近平生态文明思想、贯彻落实总书记对淳安重要指示精神的政治自觉转化为保护的行动自觉,确保水质不下降、景观不破坏。要不折不扣完成千岛湖临湖地带综合整治,不获全胜不收兵;要精心呵护好一湖秀水,不到极致不罢休,努力打造全国饮用水源地示范区。

必须以发展为要。发展是解决一切问题的基础和关键,当下的淳安不是不要发展,而是要底气十足地唱响高质量发展的最强音。要坚持留白也是担当,精致才是真本领,特色方为优势,发挥杭黄高铁顺利通车、千黄高速如期推进、杭淳开高速被列入省高网的基础设施新优势,紧抓省、市拟设立千岛湖特别生态功能区的体制新机遇,积极探索发展新产业、新模式和新业态,形成深绿发展模式,不断拓宽“两山”转化路径,争当高质量发展先行区。

必须以民生为本。民生没有到此为止的终点站,只有连续不断的新起点。在经济下行压力加大、债务风险管控趋严、临湖地带整治任务繁重的背景下,政府必须过紧日子,但绝不能影响百姓过好日子。要竭尽全力保基础、保民生,用心办好医疗、教育、养老等领域内一件件关键小事,集中力量办好交通、水利、用电等一件件长远大事,想方设法办好消薄、增收、致富等一件件头等要事,确保民生不低于全市平均水平,真正让人民过上康美生活。

必须以改革为重。旧船票不能登上新客船,深化改革是淳安步入新时代的必然选择。要勇于面对成长中的烦恼,千方百计破旧立新,大力推进观念转型、定位转型、平台转型和区域转型。主动适应千岛湖功能变化,转变“小县大城”历史路径,控制新增房地产项目和县城人口总量。以构建与千岛湖特别生态功能区相适应的体制机制为目标,进一步深化重点领域、关键环节改革,保障康美千岛湖高水平转化、高质量发展。

三、2019 年工作预期目标和主要任务

按照上述工作指导思想和总体要求,2019 年我县“两高”发展的主要指标按三类进行设定,生态环境类指标:千岛湖出境断面水质始终保持Ⅰ类,全县 88 条主要溪流Ⅰ类

水质占比70%以上,农药化肥使用量减少12%。绿色发展类指标:服务业增加值、农业增加值分别增长10%和2.5%,规上工业增加值增长3%,社会消费品零售总额增长10%,地方财政收入增长8%,其中乡镇(平台)增长20%,游客人均消费、国际游客人数分别增长10%和5%。社会民生类指标:城乡居民人均可支配收入分别增长8%、9.5%,低收入农户收入增幅高于农民人均可支配收入增幅,城镇登记失业率控制在3%以内,义务教育标准化学校率100%。重点抓好以下四个方面工作。

(一)坚持高水平保护生态,让“世界山水公园、东方休闲名湖”的生态底本更加靓丽

坚持像保护西湖一样保护千岛湖,切实加强高水平保护和依法有效管控,努力使千岛湖成为践行习近平生态文明思想的标志地。

确保水质不下降。注重精准保护。推进南山、坪山污水处理厂提标改造,提升城区污水处理清洁化排放水平。完成宋村乡、界首乡等12个乡镇、48个生活小区和旅游度假区“污水零直排区”建设。加大农村治污设施提标改造力度,完成文昌镇下潘村、安阳乡五堡村等21个运维精品示范村建设。深化“肥药双控”,全面推进化肥农药销售“实名制”,农药包装物回收率达到90%以上、无害化处置率达到100%。全年推广应用商品有机肥2万吨,配送液肥2万吨,实施农业统防统治面积10万亩。注重联动保护。主动对接千岛湖保护立法,积极争取设立千岛湖特别生态功能区。加强与上游安徽联动保护,推动上游提升来水水质。深化河(湖)长制,完成武强溪、郁川溪、六都源等流域和农村河道综合治理。建立健全城乡生活垃圾分类收集处理体系,高水平推进生活垃圾减量化、资源化、无害化处理。注重科学保护。加强与科研机构合作,组建千岛湖水环境研究院。发挥中科院大水面生态净水渔业研究中心作用,科学推进生物治水。按照覆盖“全领域、全过程、全地域”的要求,修订千岛湖环境质量管理规范。提升智慧环保平台,建立健全水质监测体系,建成梓桐源等6个水质自动监测站。

确保景观不破坏。加大综合整治。按照“不留余地、不留死角、不留尾巴”要求,继续抓好千岛湖临湖地带综合整治,确保顺利通过省市联合验收。扎实推进生态修复、植树增绿、立面整治和景观提升,建成青溪新城等区块景观飘带,推动还湖于民、还绿于民、还生态于民。高标准做好中央环保督察“回头看”迎检工作。强化规划控制。完成水功能区水环境功能区优化调整,有序推进生态保护红线勘界定标。编制临湖“一公里”区域国土空间规划,完善千岛湖中心城市详细规划,推动“多规融合”。编制《千岛湖城市建筑色彩规划》,修编《淳安县城乡规划管理技术规定》,出台县城和集镇建筑高度专项管控办法,守好天际线、山脊线和湖岸线。建成临湖地带项目管理信息共享平台。高标准落实建筑建设管理规范,严管文明施工。推进全域共治。将临湖“一公里”管控线范围纳入“一巡多功能”巡查范围,加大沿湖沿线巡查管控力度。完成淳安县境内新安江水库(千岛湖)管理与保护范围划定。深入开展农村人居环境提升工程,深化清洁乡村、美丽庭院等工作。建立健全小城镇环境综合整治长效管理办法,落实商户、居民群众主体作用,巩固整治成果,确保乡镇集镇美丽常驻。深化推进农民建房带方案审批,严控形态、用材和色彩,持续开展“最美农房”评比,打造农房风貌管控示范带。

(二)坚持高质量绿色发展,让“绿水青山就是金山银山”的发展路子更加宽广

加快“两山”转化,进一步提升产业发展质效,推进县域经济向更高质量发展。

全域旅游要坚持高端。紧盯高端市场，深化旅游产品供给侧结构性改革，使千岛湖游客的巨大流量变成新消费的巨大增量。加快湖区景点转型提升，啤酒小镇、骑龙巷等一批城市旅游项目建成开放，推进智慧旅游应用，完善白小线、千威线绿道标识标牌。培育“两时”经济。紧盯全时旅游短板，发展“月光”经济和“冬天”经济，吸引更多“过客”成为“顾客”。打造月光岛夜游产品，提升城中湖、中心湖区夜游项目，推出新版《水之灵》，力争过夜游客增长8%以上。积极推动浪川大连岭冰雪运动休闲项目签约落地。推动“两业”经济。大力发展会议会展业和运动休闲业，充分发挥演艺中心功能和高星级酒店集群效应，积极对接品牌会展企业，争取西博会、休博会等部分品牌会议会展项目落户千岛湖。加快推进亚运场馆建设，大白鲸文化主题乐园、玉郎文创园项目主体完工，精心举办秀水节系列活动和高端精品体育赛事，彰显运动活力之城的独特魅力。要精准营销，优化服务，使游客的视觉、嗅觉、味觉、听觉和心灵感觉成为我们的行动自觉，不断提高全域旅游国际化水平。

绿色农业要立足高质。打造绿色环境，推广绿色技术，培育绿色产品，加快农业转型提质，开展国家级千岛湖“保水渔业”产业示范区、省农业绿色发展先行县和省茶叶产业“机器换人”示范县创建。积极培育农业龙头企业，新流转土地4550亩，新发展林下经济7000亩、中药材1万亩，新启动5个现代农业园区建设。实施粮食生产功能区提标改造工程，开展种植业“五园”省级示范基地创建。实施特色水果、道地药材良种保护和开发，推进鸠坑种优良单株推广，积极推动农产品地理标志认证和有机产品认证，开展国家生态原产地产品保护示范区创建。深化农产品电商公共服务，扶持壮大千岛湖品牌农产品馆，推动农产品销售线上线下融合互动。扩大农产品销售渠道和方式，充分接轨高铁、高速，发挥千岛湖农产品的“生态”卖点，让淳安的农产品声名远扬、畅销四方。

生态工业要聚焦高新。明确产业导向，重点发展水饮料、高新技术、数字经济、金融资本等产业。持续打造百亿水饮料产业，积极推动农夫山泉迁扩建、修正健康园等重点项目建设，鼓励发展母婴水、化妆水等高端项目。推进研发中心及科创园建设，变“资源驱动”为“创新驱动”，新增市级以上高新技术企业不少于6家，实现高新技术增加值增长3%以上。抢抓杭州打造“数字经济第一城”战略机遇，推进旅游、环保、城管等领域智慧化、数字化、一体化，建设“城市大脑”。打造千岛湖生态资本金融圈，积极引进总部等税源经济项目，实现总部经济税收3亿元。深化亩均论英雄，强化企业综合评价结果应用，推进“小升规”专项行动，新增规上工业企业10家。淘汰落后产能5家。优化招商引资服务，深入实施淳商回归工程。

各大平台要持续高效。扎实推进经济开发区“腾笼换鸟”和创新驱动，完成控规修编，加快“退二进三”和业态改造步伐，科学推进汾口浪川城乡统筹产业园开发，专注深绿发展，成为产业特色鲜明、产城人融合的特色平台。加快旅游度假区存量资源盘活，加大休闲度假和会议会展产业培育力度，争创国家级旅游度假区。发挥高铁新区交通和区位优势，科学推进生态产业园区整体开发。持续推进姜家产业区块集镇业态升级改造，打造产业兴旺的特色小镇升级版。江东杭千(扶贫)开发区要争取“飞地”政策落位，推进江东、敏迪和新塘三大区块协同发展，建成千岛湖智谷项目。

(三) 坚持高标准建设城乡，让“美丽大花园示范区”建设的独特韵味更加彰显

按照“精致、精细、精品”的理念，全面提升城乡品味，使千岛湖成为独特韵味的大花

园建设标杆。

打造小而精的县城。此心安处是吾乡，淳安之美美在小家碧玉。要聚焦规划引领，围绕接轨长三角、拥江发展、提升国际化等战略，深化完善县域总体规划，科学划定各类控制线，全面优化城乡发展空间。开展千岛湖城区交通专项规划编制，持续推进城区交通治堵。完成移动公司国有土地房屋征收，加快推进城中村改造，继续实施老旧小区提升和背街小巷改造工程。提升阳光路景观绿化，打造鲜花特色街，加快城市绿道成网成景。持续推进城北、南山等区块功能培育和品质提升。完成阳光路沥青路面大修工程、千岛湖镇一小消防通道改造工程。城市管理从精致到极致，充分利用"非接触性"执法系统，深入治理城市"阴面"环境卫生。加强户外广告规范管理提升，探索实施出店经营试点。深化市容管控"淳安标准"，实现乡镇精细化管理全覆盖，打造高铁新区城市管理示范区。启动全国县级文明城市创建。

建设美而富的乡村。深入实施乡村振兴战略，积极推动科技进乡村、资金进乡村、青年回农村、乡贤回农村。推进下姜村及周边地区全面振兴，打造全国典范。深化院县合作，强化科技兴农。积极推进临岐国家级农业产业强镇、威坪省级特色农业强镇创建。深入开展消薄攻坚，确保全县80%的村总收入达到30万元，所有村经营性收入达到10万元。大力发展民宿民居、来料加工等富民产业，加快低收入农户增收。持续实施"百源经济"。整合乡村资源，积极引进社会资本，鼓励外出务工人员返乡创业，丰富农村业态，助力农民增收。争创省级美丽乡村示范县，实施精品村、精品示范线、风情小镇、历史文化村落等美丽乡村项目建设。扎实做好防违控违工作，确保通过"无违建县"省级复评和"无违建乡镇"市级复评。

提升实而优的基础。加快推进千黄高速建设，推动杭淳开高速项目前期，完成丰茂半岛连接线、昌文公路临岐至紫槽岭段改建。推进威坪客运中心建设。加快枫常公路枫树岭至界牌段、G330国道千岛湖大桥至临岐段、屏三公路东方大桥至唐村段等改建工程项目建设。完善环湖"五位一体"智能交通体系建设，打造"最美旅游公路"。建成农村联网公路27.6公里，争创全国"四好农村路"示范县。实施乡镇综合文化站改造提升，推进文化礼堂建设。深化农村饮用水安全提升，完成王阜、叶家等自来水厂建设，开展武强溪等农村河道综合整治工程。推进汾口镇湖德塘公园建设。完成杭黄高铁淳安段沿线环境综合整治。实施森林彩化和生态系统修复工程，科学防治松材线虫病。启动110千伏毛演变、燕山变建设。

（四）坚持高品质改善民生，让"以人民为中心"的价值追求更加务实

以更大力度、更实举措保障和改善民生，持续提升群众的获得感、幸福感和安全感。

优化公共服务。启动国家义务教育优质均衡县创建。优化城区教育资源布局，完成青溪小学迁建、第七小学新建工程，加快推进第八小学、培智学校、千岛湖镇中心幼儿园建设。深化综合医改，继续推进医共体建设，全力推进等级医院创建。县二医院后勤综合楼主体完工，推进县一医院二期、中医院病房楼、妇保院综合楼建设。深化健康淳安建设，扎实推进国家卫生乡镇创建。提升计生服务能力，优化人口结构。持续开展"百千万"送文化下乡和"文化五进"活动，弘扬传统民间工艺，完成农村历史建筑修缮12处。新建新安书屋6处，打造书香城市。启动省体育现代化县创建。

加强民生保障。完善就业创业政策，做优线上线下信息交流平台，提供精准就业服务。深入实施人才引育工程，加强淳籍人才、高端人才、专技人才的引进和培养。深化"社

银合作”“政保合作”,全面完成市民卡升级换卡工作。开展企业健康体检,完善防欠薪体系建设,全力争创省级“无欠薪县”。巩固养老服务业综合改革成果,实施城乡养老服务机构改造提升。推进医养融合,开展“医、养、护”一体化服务。强化城乡低保动态监管。加强残疾人精准康复工作。

维护社会稳定。深化“平安千岛湖”建设,持续加大矛盾纠纷排查化解力度,确保实现“平安县”十四连冠。深入推进扫黑除恶专项斗争,强化治安风险防范化解和隐患排查治理,切实守护公共安全。深化信访“五访”工作,推进信访事项依法分类处理。抓好登革热、非洲猪瘟等疫情防控。加强市场诚信体系建设,强化食品安全风险监测,成功创建省级食品安全县。完善“1+X”安全责任体系,深化重点领域专项整治,提升应急管理水平和防灾救灾能力。深化双拥共建活动,加强人民武装和国防教育,认真抓好征兵、优抚安置、人民防空、民兵、预备役工作,推动军民融合。积极做好档案、民族宗教、外事、港澳台侨事务、工青妇、科协、文联、红十字、关心下一代等工作。

为民办实事是县政府长期坚持的一项制度。前期,县政府按照民生实事项目代表票决制要求,在各乡镇、各部门和党代表、人大代表、政协委员、商会、市民等层面,广泛征集政府民生实事项目。经充分论证和遴选,确定了打造“四好农村路”、提升农村饮用水设施、改造城区老旧小区、建设“污水零直排区”、白内障患者免费复明、小学学后托管、建设农产品自产自销点、建设农村文化礼堂、改造提升养老服务机构、提升城乡公厕品质、增设应急救生设备、建设农村老年食堂等12项民生实事候选项目,提交大会请各位代表审议。对代表票决确定的10项民生实事项目,县政府将认真抓好落实,确保把实事办好、好事办实。

四、切实加强政府自身建设

新的一年,面对破旧立新、“两高”发展的新形势、新要求,不观望不等待,不迟疑不畏惧,要有大格局和新活力,同时更加担当,持续打造“法治、创新、阳光、绩效”政府。

要有大格局。保护松不得,千岛湖不仅是淳安的,更是全国全世界的,要站在“两个维护”的政治高度,增强历史定力,使出绣花功夫,外化于行、内化于心、强化于责,全力以赴推进千岛湖高水平综合保护。发展急不得,有限的资源是无价的奢侈品,要树立正确的政绩观,坚持有所为有所不为,不符合“多规合一”的项目坚决不要,叫好不叫座的项目坚决不要,达不到高质量发展要求的项目坚决不要。品质粗不得,千岛湖天生丽质,更要做到“淡妆浓抹总相宜”,树立“出手必精品”的意识,大力培育工匠精神,让乡有乡愁,城有城味。

要有新活力。机构运行要有活力,深化政府机构改革,努力解决一批长期存在的权责不清、体制不顺、政出多门等顽疾,形成新的“部门职责清单”。将“最多跑一次”改革进行到底,打造运行有序、高效便捷的政务环境。加大精准扶持力度,落实减税降费政策,用暖心的服务换取民营企业安心的发展。法治政府要有活力,增强自觉接受人大和政协监督的刚性。强化县政府常务会议学法制度的执行。推进重大事项合法性审查。加大普法力度,引导群众信法不信访,知法更守法。改革创新要有活力,全力落实好国有资本集聚优化,推进政企分开。彻底实施国企三项制度改革。稳妥有序推进千岛湖生态旅游上市。

要有真担当。适应紧日子,加强预算精准化,大力削减一般性支出。坚持支出绩效化,决不允许以“大包大揽”惯养“大手大脚”。严肃查处政府工程领域打招呼、转包分包、违规发包等违纪违法行为,强化绩效评估,确保每一分钱都用在刀刃上。敢于抽鞭子，大力整顿“政令不出大院、落实不见回音、多头负责无人拍板”以及“开起会来好说，干起事来难办”等阳奉阴违、落而不实、不敢担当的行为，形成担负应担、立说立行的干事氛围。力戒花架子，坚决反对应付思想，进一步统筹规范督查检查考核工作，持续减少督查、会议、文件数量，杜绝过度依赖过程留痕，防止指尖上的形式主义。

长风破浪会有时。我们作为时代的答卷人，唯有苦干实干才能不负重托，唯有担当作为才能共克时艰，唯有破旧立新才能成就梦想。让我们紧密团结在以习近平同志为核心的党中央周围，在市委、市政府和县委的坚强领导下，紧紧依靠全县人民，牢记使命，奋发作为，为不断开创康美千岛湖高水平转化、高质量发展新局面，争当全国践行“两山”理论标杆县而努力奋斗！

名词解释：

1. **污水零直排区**：指通过城镇污水处理厂和管网建设以及全面彻底的污水纳管和严格的雨污分流等，实现区域雨污管网全覆盖、污水全收集、雨污全分流、处理全达标。

2. **亩均论英雄**：指通过企业亩均效益综合评价，实行资源要素的差别化配置，推动实现企业高质量发展。

3. **企业上云**：指企业利用网络便捷地获取云服务商提供的计算、存储、软件、数据服务，以此提高资源配置效率、降低信息化建设成本。

4. **四好农村路**：即把农村公路建好、管好、护好、运营好。

5. **“县管校聘”改革**：指对公办义务教育学校教师和校长实行县级政府统一管理，打破教师和校长交流的管理体制障碍，积极引导优秀教师和校长向农村学校、薄弱学校流动，促进师资均衡配置，推进教育公平。

6. **“五园”省级示范基地**：指生态茶园、精品果园、放心菜园、特色菌园、道地药园省级示范基地（种植业高质量发展样板）。

政协第九届淳安县委员会常务委员会工作报告

在政协第九届淳安县委员会第三次会议上

政协第九届淳安县委员会主席　刘小松

(2019年2月14日)

2018年工作回顾

2018年是淳安历史上极不简单极不平凡的一年,也是县政协与县委、县政府同舟共济、携手共进的一年。一年来,在中共淳安县委的坚强领导和县政府的大力支持下,县政协常委会坚持以习近平新时代中国特色社会主义思想为指引,坚决贯彻落实中共淳安县委的决策部署,紧紧围绕全县中心工作,紧密团结全县各界人士,同心同德、群策群力,勤勉履职、共克时艰,为共抓大保护、不搞大开发,加快推进康美千岛湖高水平转化高质量发展作出了积极贡献。

一、始终坚持党的领导,确保政协正确政治方向

常委会始终把坚持党的领导作为政协履职的根本,围绕主轴、增强定力,确保政协工作的正确政治方向。

持续强化理论武装。深入学习贯彻中共十九大精神和习近平总书记系列重要讲话精神,不断增强"四个意识"、坚定"四个自信",坚决做到"两个维护"。认真贯彻落实习近平总书记关于加强和改进人民政协工作的重要思想,及时组织学习中央和省市县委重要会议精神,邀请专家学者为全体委员作宪法修正案、新修订政协章程专题辅导报告,不断夯实团结奋斗的共同思想政治基础。一年来,常委会共组织党组和主席会议成员学习19次,常委会专题学习5次,举办委员培训班3期,共培训600余人次。

切实提高政治站位。积极响应县委工作部署,主动把政协工作融入县委全局工作,做到重大问题及时向县委请示汇报,重要活动认真听取县委意见,始终确保政协履职与党政决策部署合拍共振。充分发挥政协党组在政协工作中把方向、管大局、保落实的领导核心作用,严格落实"一岗双责",确保党的领导贯穿于政协工作的全过程。一年来,县委总揽全局、协调各方,注重发挥政协作用,大力支持政协依法遵章履职。县委、县政府主要领导每月听取政协工作情况汇报,多次交办调研课题,积极吸收采纳政协提出的意见和建议。

广泛凝聚思想共识。坚持以团结汇聚力量,以民主凝聚共识,致力营造团结奋进的良好氛围。坚决拥护县委"共抓大保护、不搞大开发"的科学决策,及时组织学习,深刻领会精神,切实把广大委员、各界代表人士的思想和行动统一到县委的重大部署上来,把智慧

和力量汇聚到推进康美千岛湖高水平转化高质量发展的战略目标上来。充分发挥政协联系广泛的独特优势，深入做好宣传政策、解疑释惑、理顺情绪、化解矛盾的工作，进一步引导社会各界共同致力新时代淳安的改革和发展。一年来，常委会认真组织召开政情通报会，积极举办新年茶话会、中秋茶话会和委员联欢会，组织卫生、教育、企业等界别委员开展约谈，不断为全县中心工作增进最大共识度、画出最大同心圆。

二、始终坚持服务大局，全力展示政协应有作为

常委会坚持把助推康美千岛湖建设作为协商议政的重中之重，紧扣中心、积极建言，唱响履职“好声音”。

为科学民主决策尽责建言。面对千岛湖核心功能的根本变化，县委、县政府未雨绸缪，前瞻性地提出了“千岛湖功能变化后淳安高质量保护与发展对策研究”和“设立千岛湖特别生态功能区”两大课题。对此，政协根据县委工作部署，先后牵头组成联合调研组和工作专班，深入乡镇、部门、企业开展了为期5个月的调研活动，在反复论证、集思广益的基础上，形成了高质量的调研成果。在县委、县政府的高度重视下，课题调研组和工作专班报送的“关于设立千岛湖特别生态功能区的设想”等4篇专题报告，得到了市委主要领导的批示肯定。为推进我县农旅融合发展，常委会采取走访座谈、问卷调查、外出考察等多种方式开展调研，形成了《关于推进农业示范园区景区化的建议》，得到了县委、县政府领导的充分肯定。围绕数字经济发展、高铁新区建设、城乡生活垃圾分类处理等课题，相关委组深入调研，共形成调研报告12份，有关对策建议在协助党政决策科学化方面发挥了积极作用。

为重大战略实施尽智献策。政协九届二次全会期间，委员们围绕乡村振兴、消薄增收、五水共治等重大战略，就打造“红色下姜”、建设特色医共体、推进城市有机更新等内容，广泛进行协商，积极建言献策。会上，40名委员进行了大会发言。会议还以《协商意见专报》的形式，及时对委员讨论发言所提的意见建议进行汇总，报送县委、县政府。围绕政府投资建设项目安排、民生实事项目安排等重大事项进行深入调研协商，相关意见建议被县委、县政府采纳并予以落实。

为重点工作推进尽心出力。按照县委要求和有关部署分工，常委会领导积极投身千岛湖临湖地带综合整治、“六大攻坚战”、江东杭千(扶贫)开发区建设、“两高”建设、信访维稳等全县重大工作，全力配合县委、县政府攻克重点难点问题。围绕“小微水体整治、农村治污运维、小城镇环境综合整治、厕所革命”四项重点工作，常委会组织省市县三级政协委员、成立12个视察组，开展了专题视察监督，向县委、县政府及有关乡镇部门反馈问题107项。深化主席会议成员联系商会机制，继续促进商会建设，助推“淳商回归”工程。积极参与乡村振兴工作队、城乡组团竞赛、企业项目“双服务”等中心工作，切实发挥“一线”作用、彰显“一线”作为。

三、始终坚持履职为民，积极发挥民主监督作用

常委会注重选择民生热点问题开展民主监督，创新形式、丰富载体，着力促进民生改善和社会事业发展。

深入推进提案办理监督。积极完善提案收集、办理、督办、反馈、评价等工作机制，扎实推进提案网上办理平台建设，不断提高提案工作水平。县政协九届二次会议立案的207件提案全部得到办复，已经解决和部分解决的提案占86%，特别是县委、县政府领导领办的“整合医疗资源，打造淳安特色医共体”“利用商会平台促销千岛湖土特产”等重点提案，都得到了较好落实。

精心组织民主评议监督。在县委重视和县政府的支持下,对县人社局社会保障工作进行民主评议,重点就社保政策贯彻执行、社保窗口服务、社保基金运行等方面进行全面评议。在4个多月的民主评议中,坚持问题导向,通过问卷调查、座谈交流、实地走访等形式,共收集意见建议十大方面718条次。通过认真整改,人社部门的工作作风进一步改善,社会保障工作水平进一步提高。

不断强化专项检查监督。按照省市政协统一部署,深入开展"城乡生活垃圾分类处理""城中村改造提升暨小城镇环境综合整治""助推生态环境保护与中央环保督查整改""'六大行动'比学赶超"等专项集体民主监督工作,组织180多名政协委员共同参与活动,开展明察暗访活动21次,提出意见建议160多条。委员们还就"食品安全示范县"创建、千黄高速建设、"污水零直排区"创建、打响红色旅游品牌、法律援助等工作开展视察监督,形成视察调研报告6份。继续向15家事关全县经济社会发展和民生事业保障的重要部门派出民主监督组,先后形成"加强农村生活污水治理工作""提升城市公交运行服务质量"等9份民主监督建议书。同时,常委会还先后选派13批次68名委员参与基层党建述职评议等活动,充分发挥政协民主监督的独特作用。

四、始终坚持团结民主,大力营造和谐干事氛围

常委会充分发挥人民政协大团结、大联合的组织优势,不断凝聚社会共识,广泛汇聚各方合力。

民意渠道更加畅通。建立健全社情民意汇集和落实机制,鼓励支持委员利用网络平台倾听群众呼声,疏导群众情绪,凝聚网络正能量。一年来,共收集政协委员社情民意信息391条,经整理编辑向县委、县政府编报《社情民意反映》专刊23期、增刊4期,转送部门23条,不少意见建议已被相关部门采纳或列为工作参考。有关"加强禁渔期非法捕捞管理""高度重视农村建房欠薪问题"等建议,得到了县委、县政府主要领导的高度重视。

团结联谊更加广泛。注重与新经济组织、新社会组织和新社会阶层代表人士的交往交流,切实把各方面的积极性、主动性、创造性引导到全县中心工作中来。充分发挥政协之友联谊会、政协企业家联谊会、政协书画院在团结联谊中的重要作用,不断增进各界群众在共同目标和共同事业下的团结协作。切实加强与上级和兄弟县市政协的联谊交流,成功举办皖浙赣三省十一县(市、区)政协工作交流会议,围绕"加强新时代政协系统党的建设"主题,深入交流经验,推动共同发展。

文史功能更加增强。精心征集、编辑《淳安村落》《淳安印迹》《当代淳商》等文史资料,扎实推动淳安重要人物、重大事件的资料征编工作。积极推进政协历年文史资料电子化建档工作,不断增强存史资政、团结育人功能。深入开展"亲历者说—纪念改革开放40周年"征文活动,组织政协书画院先后与商会、乡镇、部门联合举办以"纪念改革开放40周年"和"弘扬徐遂精神"为主题的书画交流活动,进一步营造砥砺奋进的创新创业氛围。

五、始终坚持固本强基,不断提升政协履职能力

常委会紧扣打造"有为、活力、和谐"政协的目标,切实加强政协自身建设,不断推动政协工作高质量发展。

全面加强政协系统党的建设。认真开展"感恩总书记,奋进新时代"专题学习教育活动,扎实推进"大学习大调研大抓落实""进访解"等专项行动,深入宣讲《心无百姓莫为官》和徐遂同志先进事迹,进一步引导激励广大委员和政协工作者新时代新担当。在县委重视下,新成立政协机关党组和6个专委会党支部、10个党小组，不断加强政协系统政治、思想、组织、作风、纪律建设。认真贯彻中央八项规定及实施细则，积极支持县纪委监委派驻第一纪检监察组履行监督执纪问责职责，先后4次邀请县纪委监委领导为政协机关干部讲授党纪党规和廉政建设党课。及时修订《政协党组工作规则》《政协常委会加强自身建设的意见》，制定出台《关于在政协履职中充分发挥中共党员委员模范作用的意见》等制度文件，逐步提升政协党建工作水平。

充分发挥政协委员主体作用。专门制定《县政协全体会议工作规则》《县政协常务委员会工作规则》《委员履职考核管理办法》，出台委员年度履职量化计分细则，推进委员履职电子化管理，进一步强化委员履职担当。加强和改进委员学习培训，先后到杭州、上海等地举办委员专题培训班，有效提升委员履职能力。积极组织委员深入开展“委员活动月”活动，共举行民情恳谈、科普宣传、医疗服务、帮扶救困等便民服务活动60场次。加强政协微信公众号、委员风采等宣传阵地建设，进一步展现委员履职成果，展示委员良好形象。程必腾委员荣获县级劳模称号，汪强、郑丽君等30名委员荣获优秀委员称号。

有效提升政协机关服务水平。主动适应新时代改革发展的要求，以改革思维、创新理念、务实举措推进履职能力现代化建设。加强专委会建设，不断夯实政协履职基础。深化政协理论与实践问题研究，先后在全省政协“习近平总书记关于加强和改进人民政协工作的重要思想”专题理论研讨会和市委政协工作会议上，作“推进四种能力建设，打造担当有为政协”“发挥六大机构功能，合力推进两高发展”典型发言。注重机关年轻干部的锤炼，重视老干部工作，加大新闻宣传力度，不断彰显政协工作的生机活力。

一年来，我们深刻体会到做好政协工作，必须牢牢坚持以习近平新时代中国特色社会主义思想为指引，毫不动摇坚持中国共产党的领导，始终与县委同心同向、同轴共转，充分发挥政协特色优势，凝聚各方共识，贡献政协智慧。一年来，我们深刻感受到县委、县政府对政协工作的重视与支持，县委黄海峰书记、县政府董毓民县长多次出席政协重要会议和活动，通报情况，听取意见，提出希望和要求。在过去一年里，县委、县政府领导先后出席政协各类协商会议和活动26次，领办政协提案14件，对政协履职成果批示79件次，充分体现了对政协工作的高度重视和对政协委员的充分尊重，有力推动了淳安政协事业的高质量发展。

2018年县政协各项工作成绩的取得，是中共淳安县委坚强领导和杭州市政协有力指导的结果，是县人大常委会、县政府大力支持的结果，是全县各乡镇、各部门和社会各界积极配合的结果，是全体政协委员和广大新老政协工作者共同努力的结果。在此，我代表县政协常委会表示衷心的感谢！

在肯定成绩的同时，我们也清醒地认识到工作中还存在不少问题和不足。主要表现在：政治协商主观能动性还需进一步增强，理论知识学习还需进一步加强，视察调研还需进一步深入，团结联谊的广度和深度还需进一步拓展等。这些都要认真对待，深入研究，努力改进。

2019年工作任务

2019年是新中国和人民政协成立70周年，也是淳安迈向破旧立新、科学跨越崭新时代的关键之年。今年县政协工作的总体要求是：深入学习习近平新时代中国特色社会主义思想，认真贯彻落实中央和省市县委重要会议精神，在中共淳安县委的领导下，始终贯穿“破旧立新”这一主题主线，坚定战略方向不动摇,紧扣"四个加快"不松懈,进一步凝聚思想共识,汇聚行动合力,努力在履行政治协商、民主监督、参政议政职能中发出好声音、增添正能量、展示新形象,为奋力推进"两山"高水平转化、康美千岛湖高质量发展作出更大贡献。

一、把握时代要求,在凝聚思想共识中履行新使命

坚持把习近平新时代中国特色社会主义思想作为加强思想政治建设引领的主线和灵魂,增强"四个意识",坚定"四个自信",切实内化为思想共识,外化为行动自觉。毫不动摇坚持中国共产党的领导,把"两个坚决维护"贯穿到政协工作的各方面,把党的决策部署贯彻到履职尽责的全过程,确保与县委政治同向、思想同心、工作同步。把学习贯彻落实习近平总书记对浙江工作作出的重要指示精神和省市委对淳安工作的要求,与贯彻落实省市县党代会和县委全委会精神结合起来,明确工作重点,找准履职基点,切实扛起新时代政协工作的使命担当。

二、倾力服务大局,在助推康美事业中续写新篇章

紧扣"高铁时代"到来和"千岛湖特别生态功能区"建设两大历史性机遇,精心调研、精准建言,切实发挥政协咨政机构功能。

充分发挥政协重要协商渠道作用,紧紧围绕"高标准生态保护、高水平'两山'转化、高质量绿色发展、高品质康美生活"广泛开展专题协商、对口协商和界别协商,进一步为党委政府科学决策贡献政协智慧。加强提案立案前协商,加大同类提案归并力度,完善提案网络协商平台,不断提高提案工作质量。

充分发挥政协民主监督的独特优势,积极运用会议协商监督、派驻小组监督、委员视察监督等方式,促进县委、县政府决策部署落到实处。持续关注"污水零直排区"创建、"最多跑一次"改革等事关全局工作和人民群众利益的问题,开展专项集体民主监督。继续组织政协委员对重点工作开展民主评议,对民主评议社会保障工作进行"回头看",进一步促进惠民政策的落实。扎实推进民主监督制度化、规范化、程序化建设,加强与省市政协民主监督的协同联动,更好发挥人民政协民主监督作用。

全力助推全县中心工作,始终在贯彻落实县委、县政府重大决策部署中走在前面。积极配合省市政协关于"千岛湖特别生态功能区"重点课题调研活动。围绕实施"三乡"工程、发展深绿产业,深入开展常委会课题调研,不断助推打造"全国饮用水源地的示范区、生态价值实现的实验区和高标准保护、高水平转化、高质量发展的先行区"。围绕"水质不下降、景观不破坏"的目标,积极在千岛湖沿湖地带综合保护和整治等方面参政议政,为打造"美丽杭州"实验区和全省大花园建设示范区建言献策。

三、顺应群众期待,在践行履职为民中贡献新作为

准确把握人民群众对美好生活的新期待,多谋利民之策,多做惠民之事,积极助推不平衡不充分发展问题的解决。把民生热点问题作为履职重点,围绕千黄高速淳安段建设、"最美系列"创建等开展重点视察;围绕综合医改、国家义务教育优质均衡县创建和城区行车难、停车难等开展调查研究。持续聚焦乡村振兴战略实施,重点围绕消薄增收、打好帮扶组合拳等问题,认真调查研究,深入协商讨论,努力为党委政府提供决策参考。继续完善"委员活动月"机制,创新委员履职平台,实施委员"双岗建功"活动,充分彰显"人民政协为人民"的情怀。

四、坚持团结联谊,在寻求最大公约数中汇聚新合力

牢牢把握大团结大联合主题,不断增进统一战线各个层面的团结合作,为淳安破旧立新、科学跨越汇聚强大的正能量。扩大社会各界的有序政治参与，让各界群众的意见和建议在政协这个平台上表达出来。认真做好团结联谊工作，引导各界人士关心、支持、帮助淳安建设和发展。深入实施政协主席会议成员联系异地淳安商会制度，构建“亲”“清”新型政商关系，助推人才引进和“淳商回归”。支持政协之友联谊会、政协企业家联谊会、政协书画院依照协会章程开展工作。继续编辑出版《淳安村落》《政协志续编》《当代淳商》《千岛湖书画拾萃（第二册）》等文史资料。深入开展庆祝新中国和人民政协成立70周年、淳安政协成立35周年系列活动，进一步唱响主旋律，汇聚正能量。

五、突出党建引领，在强化自身建设中树立新形象

党建强，则委员强；委员强，则政协强。要始终坚持以党建为引领，大力加强政协自身建设。全面落实中共中央办公厅《关于加强新时代人民政协党的建设工作的若干意见》，深入抓好全县政协系统党建工作，全面实现“党的组织对党员委员的全覆盖、党的工作对政协委员的全覆盖”。继续加强政协常委会建设，更好地发挥在政协履职中的领导和示范作用。突出专委会的特点和功能，深化与对口部门的协商合作，不断优化对界别委员的组织和服务。深入践行“四种人”要求，引导政协委员和政协机关干部在破旧立新中体现新作为，在“两高”发展中再创新佳绩。协助县委召开全县政协工作会议，总结经验、完善制度，推动政协工作高质量发展。

破旧方能立新，奋斗才有幸福。让我们紧密团结在以习近平同志为核心的中共中央周围，在中共淳安县委的坚强领导下，坚决破旧立新，坚持“两高”发展，以更加坚定的信念、更加饱满的热情、更加创新的精神、更加务实的作风，不忘初心、不辱使命，为奋力推进康美千岛湖高水平保护高质量发展而努力奋斗！

大 事 记

1月

1月3日，县政府召开水功能区水环境功能区调规工作专题研究会议。

是日，淳安县首个乡镇卫生院血透室在威坪启用。

1月5日，杭黄铁路正式开通。首趟“千岛湖号”品牌冠名列车从上海出发，经过两个小时车程后到达千岛湖站。京千高铁首发G31次列车从北京出发，历时5小时55分到达千岛湖站。

是日，副市长缪承潮到淳安就市《政府工作报告》(征求意见稿)征求意见。

1月9日，县政府召开第25次常务会议，就县政府工作报告，2018年国民经济和社会发展计划执行情况与2019年国民经济和社会发展计划，2019年度政府投资项目计划以及政府投资项目2018年县本级收支执行和2019年收支计划，2018年财政预算执行情况和2019年财政预算草案以及一般公共预算、政府性基金预算、国有资本经营预算、社会保险基金预算，2018年度环境状况和环境保护目标完成情况，2018年民生实事项目完成情况和2019年民生实事候选项目情况等进行了研究和审议。

1月14日，国家税务总局浙江省税务局党委书记、副局长龙岳辉，党委委员、总经济师刘炳荣，党委委员、国家税务总局杭州市税务局党委书记、局长许祖原到淳安开展基层调研和年初慰问税务干部等工作。

1月15日，全县机构改革动员大会召开。

1月17日，新组建部门县农业农村局、县文化和广电旅游体育局、县卫生健康局、县退役军人事务局、县应急管理局、县医疗保障局、县千岛湖生态综合保护局、县生态产业促进和服务局正式挂牌。

是日，淳安县被评为2018年度浙江省小城镇环境综合整治工作优秀县。

1月20日，县规划和自然资源局、杭州市生态环境局淳安分局正式挂牌。

是日，淳安县农村饮用水管理体制改革获评“浙江地方水利改革创新2018年度十大典型经验”。

1月24日，县司法局(行政复议局)正式挂牌。

1月31日，淳安县列入第一批全省大花园典型示范建设培育单位。

2月

2月2日，淳安县农村治污运维管理工作获2018年度省级考核第一名，这是该县连续三年以全省第一名的成绩荣获“浙江省农村生活污水治理设施运维维护管理工作优胜县”。

2月13日，2019淳安“‘两高’助康美就业惠民生”就业创业人力资源交流大会在千岛湖广场举行，这是淳安县连续十二年举办正月初九招聘会。

2月13—18日，淳安县十六届人大三次会议和县政协九届三次会议召开。

2月14日，淳安县获浙江省全域旅游示范县称号。

2月22日，县政府第三次全体（扩大）会议暨千岛湖临湖地带综合整治推进会召开。

3月

3月1日，县政府召开第26次常务会议，就龙眼岛、天鹅山EF项目综合整治方案，蚕桑种业地块、鲟龙科技地块收购方案，千岛湖壹号项目、东方海岸项目评估报告、审核报告等进行研究和审议。

3月5—7日，省委常委、市委书记周江勇到淳安开展“走亲连心三服务”蹲点调研活动，并督查千岛湖临湖地带综合整治工作。

3月7日，淳安县被评为2018年度全省农村公厕改造工作考核优秀县。

3月9日，由浙江省林业局、浙江广播电视集团联合主办的“打赢蓝天保卫战　我为汽车种棵树”植树护绿大型公益行动在淳安启动。

3月11日，淳安县被评为第一批浙江省清新空气示范区。

3月14日，淳安县召开杭黄高铁暨千岛湖旅游产品及优惠政策发布会。

3月15日，全县农村工作暨美丽乡村示范县创建推进会召开。

3月22日，中科院水生生物研究所、中国城市建设研究院等单位到淳安开展水生态环境保护调研并召开座谈会。

3月25日，全县“两高”发展暨“六大攻坚战”深化推进大会召开。

是日，淳安县出台《关于新增城市化管理范围的通知》。

3月27日，淳安县在香港举办2019杭州千岛湖旅游推介会和淳安旅港同乡会成立三周年庆典。

4月

4月1日，淳安县举办2019年度支农惠农服务活动启动仪式暨淳安县供销农业科技服务有限公司挂牌仪式。

4月1—2日，市人大常委会主任于跃敏、市人大常委会副主任陈红英、副市长胡伟一行到淳安调研千岛湖保护立法工作。

4月5—7日，清明假期全县共接待游客33.56万人次，实现经济收入4.41亿元，同比分别增长20.76%和22.84%。其中乡村旅游接待13.83万人次，实现乡村旅游收入2054.06万元，同比增长24.37%和26.30%。

4月10日，省委常委、统战部部长熊建平到淳安调研下姜村及周边地区振兴发展规划情况。

是日，县政府召开第27次常务会议，就兴海地块项目、富文乡原初级中学商住地块（苏格拉蒂）项目、阳山岛项目综合整治方案，黄智山地块收购方案，淳安县最低生活保障实施办法，落实困难企业社保费返还政策，淳安县低收入农户高水平全面小康计划（2018—2020年），2019年度化肥农药双减实施方案，扫黑除恶专项斗争推进情况和配合督导工作流程及准备情况等议题进行了研究和审议。

4月11日，2019杭州千岛湖高铁旅游宁波推介会在宁波举行。

4月13日，2019千岛湖茶博会暨鸠坑有机茶小镇推介会在杭州运河文化广场举行。

4月15—17日，世行代表团一行到淳安检查指导世行贷款项目执行情况。

4月16日，省人大检查组一行到淳安开展海洋环境保护法“一法一条例”和水污染防治法执法检查工作。

是日，省国资委书记、主任冯波声一行到

淳安开展进企业、进基层、进农村走访调研活动。

同日,淳安县林业总场被中国林场协会授予2018年度“全国十佳林场”荣誉称号。

4月19日,县政府召开第28次常务会议,就秀水山庄项目整治工作方案、淳安县媒体融合工作实施方案等议题进行了研究和审议。

是日,杭黄高铁战略联盟成立仪式在淳安举行。

4月20日,由《乡读》平台、北京大学出版社、淳安县人民政府共同主办的首届千岛湖乡读节在威坪镇安川村举办。

4月21日,2019千岛湖国际铁人三项赛事举行。

4月23日,杭州亚运会淳安亚运分村开工仪式在淳安举行。

4月24日,首台既有住宅加装电梯交付仪式暨既有住宅加装电梯工作推进会举行。

4月26日,市委常委、组织部部长毛溪浩率队到淳安开展“走亲连心三服务”帮扶活动。

4月29日,淳安县召开庆祝“五一”暨社会主义劳动竞赛誓师大会。

4月30日,2019千岛湖城市旅游主题周启幕暨骑龙巷开街仪式举行。

5月

5月1—4日,全县共接待国内外游客63.05万人次,实现旅游经济收入7.34亿元,同比分别增长85.71%和86.77%。

5月2日,中央电视台第一频套《新闻联播》、浙江卫视《浙江新闻联播》、杭州电视台第一频套《杭州新闻联播》《新闻60分》等栏目对淳安县骑龙巷开街和城市旅游进行了宣传报道。

5月5日,县政府出台《淳安县2019年度化肥农药双减工作实施方案》。

5月6日,由中国图书馆学会学术研究委员会主办的新时代公共图书馆文旅融合发展浙江现象研讨会在枫树岭镇下姜村召开。

5月11日,中国千岛湖第五届覆盆子节暨第三届乡村振兴产业发展论坛开幕式在临岐镇举行。

是日,国家自然科学基金第六届气动力学与流体机械青年学者研讨会在淳安召开。

5月12日,2019斯柯达HEROS中国自行车系列赛千岛湖站开赛。

5月14—15日,省政协主席葛慧君带队到淳安开展淳安特别生态功能区建设专项民主监督。

5月19日,信息协会信用专业委员会和竞争力智库等机构联合发布《2018中国县域旅游竞争力报告》,淳安县成功入选2018中国县域旅游竞争力百强县,成为杭州市唯一入选县(市、区)。

5月21日,市委副书记张仲灿赴淳安农业企业开展“走亲连心三服务”活动。

5月23日,全市消薄增收工作现场推进会在淳安召开。

是日,淳安县与长春市莲花山生态旅游度假区管委会签订了双边合作框架协议。

5月24日,市委常委、统战部部长陈新华一行到左口乡人大代表联络站,开展联系基层代表和人民群众活动。

5月26日,2019中国·千岛湖水上(赛艇、皮划艇)马拉松公开赛举行。

5月27日,国家统计局能源司调研组调研淳安县生态保护补偿机制建设及千岛湖综合治理工作。

5月30日,淳安县融媒体中心揭牌成立。

5月31日,县政府出台《关于进一步加强农民建房管理的通知》。

6月

6月1日，2019中国杭州千岛湖生态水果采摘季推介会在杭州运河文化广场举行。

6月2日，宁波大学校长沈满洪到淳安调研深绿产业发展情况。

6月4日，2019年“全国放鱼日”暨浙江省水生生物增殖放流活动在淳安举行。

6月6日，2019淳安县“文化和自然遗产日”系列活动暨淳安、歙县大型非遗交流活动在淳安开幕。

6月7日，2019年普通高校、高职招生考试开考，全县共有2411名考生参加考试。

6月10日，淳安县县管正职领导干部学习贯彻习近平新时代中国特色社会主义思想暨特别生态功能区建设专题研讨班在省委党校开班。

6月12日，县政府召开第29次常务会议，就千岛湖环境质量管理规范(修编)，淳安县工业污染防治实施方案，淳安县农业面源污染防治实施方案，淳安县林业生态安全和面源污染防治实施工作意见，淳安县水质保护生活污染防治实施方案，停止执行“杭州千岛湖品湖度假村”等6个项目责令关闭决定书情况，“望千岛”地块、逸和源—杭州千岛湖颐养中心项目、千岛湖宋家渔村(陆上)项目、大千古街、碧水湾项目综合整治情况，启德机场项目综合整治方案，2018年度考核优秀教师记三等功和给予嘉奖相关事宜，进一步完善淳安县被征地农民社会保障实行“人地对应”的实施意见等议题进行了研究审议。

6月14日，全国第十届残运会暨第七届特殊奥林匹克运动会赛艇皮划艇比赛在千岛湖国家水上训练基地开赛。

6月17日，淳安县第一人民医院被国家机关事务管理局、国家发展改革委、财政部授予“公共机构能效领跑者”“浙江省首批节能自愿承诺单位”称号，成为浙江省卫生健康系统首家、杭州市唯一一家获此殊荣的单位。

是日，健康浙江建设领导小组办公室公布2018年度健康浙江建设试考核结果，淳安县获“2018年度健康浙江建设优秀县”称号。

6月22日，2019年浙江高考分数线公布，淳安县一段上线661人，一段上线率再创新高。

6月25日，县政府与中国移动杭州分公司正式签订战略合作协议，共同加快推进5G赋能数字经济发展。

6月28日，县政府召开第30次常务会议，组织学习《中华人民共和国安全生产法》，就望湖宾馆地块国有土地房屋征收工作情况及补偿方案，淳安县农村困难家庭危房改造即时救助工作实施意见，2019年相关消薄资金使用的情况，浙江省食品安全县创建情况，淳安县行政规范性文件管理规定，淳安县行政机关负责人应诉管理办法，道路建设项目占用水域情况，农村饮用水项目计划调整情况，农夫山泉扩迁建坪山一期项目地块上建(构)筑物拆除情况等议题进行了研究审议。

6月29日，2019千岛湖乡村旅游杭州嘉年华活动在杭州万达广场举行。

7月

7月1—2日，省委书记车俊，中央第二指导组组长陈际瓦、副组长龙新南，省委常委、省委秘书长陈金彪一行到淳安调研。

7月3日，县政府出台《淳安县小水电清理整改工作实施方案》。

7月4日，威坪镇洞源村、梓桐镇练溪村、汾口镇赤川口村等9个村入选第五批中国传统村落名录。

7月8日，2019“智汇康美”百名浙大硕博士助力康美千岛湖建设工程正式启动。

7月10日，淳安县出台《淳安县农村困难

家庭危房改造即时救助工作实施意见》。

7月11日,副省长王文序到淳安调研职业技能培训、就业创业等工作。

7月16日,西湖区一淳安县山海协作联席会议暨签约仪式在淳安举行。

7月17日,副市长柯吉欣到淳安调研经信、科技工作。

是日,县政府出台《淳安县行政机关负责人应诉管理办法》和《淳安县行政规范性文件管理规定》。

7月20日,浙江省避暑气候胜地发布仪式暨千岛湖·石林运动营地开营仪式在淳安举行,千岛湖石林风景区和千岛湖大峡谷入选浙江省避暑气候胜地。

7月22日,淳安县入选“浙江省民间文化艺术之乡”。

7月23日,副市长陈卫强到淳安调研亚运场馆建设并开展“三服务”走访。

7月24日,市委常委、纪委书记陈擎苍到中洲镇开展走访调研活动。

7月28日,枫树岭镇下姜村入选“全国乡村旅游重点村”。

7月31日,淳安县召开《特别生态功能区管理办法(草案)》征求意见座谈会。

8月

8月6日,省水利厅公布2018年度全省最严格水资源管理考核结果,淳安县获评优秀等次,位列杭州地区第一。

8月13日,召开淳安县·剑河县东西部扶贫协作工作联席会议。

8月14日,省审计厅厅长朱忠明到淳安调研工作。

8月15日,省生态环境厅厅长方敏调研千岛湖临湖地带综合整治工作。

同日,省交通运输厅副厅长夏炳荣调研千岛湖航区美丽航道及智慧千岛湖项目工作。

8月17日,第五届杭州·千岛湖王阜纳凉节暨仰望星空音乐节在王阜乡举行。

8月19日,水利部发展中心到淳安调研,并召开座谈会。

8月20日,屏三公路东方大桥至唐村段改建工程开工建设。

8月27日,临岐镇获“全省人民调解工作先进乡镇”称号。

8月28日,县政府召开第32次常务会议,就县政府重大决策出台前向县人大报告制度、关于进一步完善淳安县被征地农民基本生活保障制度的实施意见、原机关事业单位养老保险统筹参保人员养老保险关系衔接处理意见等议题进行了研究和审议。

8月30日,县政府召开“十四五”规划编制工作会议。

9月

9月2日,淳安县一九寨沟县友好县合作协议签约仪式在淳安举行。

9月4—5日,省“三改一拆”办副主任、省住建厅副厅长张清云一行到淳安检查指导省“无违建县”复评工作。

9月4日,县政府出台《淳安县人民政府重大决策出台前向县人大报告制度的通知》。

9月5日,淳安县召开淳安县一剑河县东西部扶贫协作联席会议。

9月6日,淳安县被省城乡环境整治工作领导小组评为2018年小城镇环境综合整治工作优秀县。

9月10日,全国大水面生态渔业现场推进会在淳安召开。

9月11日,淳安县首个“国家卫生镇”姜家镇顺利通过首轮省级复审。

是日,《淳安县人民政府林区禁火令》发布。

9月18日，“2019中国杭州大学生旅游节”开幕式在淳安举行。

9月20日，2019中国·杭州千岛湖秀水节开幕式暨国际精酿啤酒狂欢季在千岛湖镇举行。

9月27日，以红色文化、红色旅游为主题的翰红墨香馆开馆。

9月29日，淳安特别生态功能区建设推进大会暨千岛湖配供水工程通水活动在淳安举行。

是日，2019年国际泳联·华体集团马拉松游泳世界系列赛(中国·千岛湖站)在淳安举行。

9月30日，淳安县举行烈士公祭日活动。

10月

10月1—7日，全县共接待国内外游客117.84万人次，实现旅游经济收入14.06亿元，同比分别增长10.68%和17.19%。

10月11日，淳安县召开全县教育发展大会。

10月13日，2019淳安人力资源交流大会举行。

10月16日，县政府召开第34次常务会议，专题学习《浙江省农村住房建设管理办法》并就有关议题进行研究审议。

10月18日，淳安县入选“国家级电子商务进农村综合示范县”。

是日，浙皖两省“共护清流·共享秀水”河长先遣队出征活动在淳安举行。

10月19日，第十三届环千岛湖公路自行车赛举行仪式。

10月21日，2019中国名优茶加工全程智能化、连续化生产线技术研讨及现场演示会在淳安召开。

10月22日，县政府出台《关于印发〈淳安县国三柴油车淘汰补助实施细则〉的通知》《关于印发〈淳安县城镇小区配套幼儿园治理工作方案〉的通知》。

10月23日，淳杨线荣获“2019全国美丽乡村路”称号。

10月24—26日，2019第十一届中国(杭州)城市会展发展大会在淳安召开。

10月26日，全国青少年电子信息智能创新大赛浙江赛暨浙江省青少年创客大赛在淳安举行。

10月27日，2019仙活石林·和邑杯国际桨板公开赛在石林镇举行。

10月30日，杭州市政府工作报告起草组到淳安调研。

11月

11月4日，淳安县获“全省公益林建设成绩突出集体”称号。

是日，第19届亚运会淳安赛区组委会成立。

11月5日，县政府召开第35次常务会议，学习地方政府性债务管理政策解读，并就淳安县老旧小区综合改造提升工作实施方案(2020—2022年)、关于深化推进城区生活垃圾分类工作的通知、关于进一步加强专职社区工作者队伍建设的实施意见、淳安县政府投资项目安防建设工作暂行办法、关于淳安县行政规范性政策文件清理结果的汇报等议题进行了研究审议。

11月7日，淳安县成功创建“四好农村路全国示范县”。

11月9日，淳安县举办首届“千岛湖论坛”。

是日，千岛湖水质水华预测预警系统正式启用。

11月12日，县野生动植物保护管理总站获“全国保护森林和野生动植物资源先进集体”称号。

是日,县政府出台《关于推进企业利用资本市场的实施意见》。

11月14日,中国湿地保护协会第五届常任理事会在淳安召开。

11月17日,第五届乡村旅游节暨第十二届柑橘文化节在杭州运河广场主会场和界首严家广场分会场同步举行。

11月18日,千岛湖智谷大厦揭牌投用。

11月20日,千岛湖茶入选中国农业品牌目录2019全国农产品区域公用品牌。

11月22日,县政府与国网杭州供电公司签订战略合作协议。

11月26日,县林业局获“中国林业产业突出贡献奖”。

是日,县政府出台《关于印发〈淳安县老旧小区综合改造提升工作实施方案(2020—2022年)〉的通知》。

11月29日,2019中国·杭州千岛湖秀水节闭幕式暨文化踩街活动举行。

是日,县政府出台《关于加强行政裁决工作的通知》。

12月

12月1日,2019千岛湖马拉松赛举行。

12月5日,省委常委、市委书记周江勇到淳安开展“联乡结村”活动。

是日,县政府出台《关于印发〈淳安县突发公共卫生事件应急预案(2019年版)的通知〉》。

12月7日,淳安中学建校90周年纪念活动在淳安中学举行。

12月8日,由北京大学出版社、北大博雅讲坛、乡读平台、淳安县人民政府共同主办的“乡情乡亲乡愁感读会暨《乡读手记》首发式”在北京大学举行。

12月13日,县养老服务中心荣获“全省民政系统先进集体”称号。

12月13—14日,新华社、《人民日报》《浙江日报》《杭州日报》及《今日头条》等数十家中央、省、市级媒体到淳安开展2019年度拥江发展媒体联合采风活动。

12月13—15日,2019年第十届长三角地区城乡规划研讨会在淳安召开。

12月18日,全县第二十次“春风行动”动员大会召开。

12月19日,千岛湖银泰城正式开业。

12月24日,首届“最美退役军人”颁奖典礼举行。

12月28日,2019杭州千岛湖高铁旅游节开幕式举行。

同日,浙江首家金牌全食有机餐厅在淳安开业。

12月31日,县政府召开第36次常务会议,就关于表彰叶坤焕见义勇为行为的情况汇报、关于做好全县烟花爆竹安全管理工作的通知、淳安县餐厨垃圾处理项目洽谈情况报告、2020年民生实事项目征集工作情况汇报、淳安县2020年度政府投资项目计划、政府投资项目县本级2019年收支执行情况和2020年收支预计情况、一般公共预算、政府性基金预算、国有资本经营预算、社会保险基金预算情况汇报等议题进行了研究审议。

是日,县政府出台《关于印发〈淳安县政府投资项目安防建设工作暂行办法〉的通知》。

(编辑　刘东山)

县情概览

·地理位置·

淳安县位于浙江省西部，地处北纬29°11′～30°02′，东经118°20′～119°20′之间。东邻桐庐、建德，南连衢江区、常山，西南与开化接壤，西与安徽休宁、歙县为邻，北与临安毗连。全境东西长96.80千米，南北宽94.40千米，面积4427平方千米，占全省总面积4.35%，是浙江省地域面积最大的县。属杭州市，距杭州市区151千米。是著名国家AAAAA级旅游景区千岛湖所在地，又是浙江省政府批准的革命老根据地县。

·建置沿革·

淳安县历史悠久。在新石器时代就有人类活动。春秋属吴、越，战国属楚，秦时为歙县辖地。东汉建安十三年(208年)，孙权遣威武中郎将贺齐击山越，分歙县东之叶乡置始新县，治所在今淳安县威坪镇南3.5千米水域。又分歙县南之武强乡置新定县。治所在今淳安县西南仙居村附近。此为淳安、遂安建县之始。西晋太康元年(280年)改新定县为遂安县。隋开皇九年(589年)改始新县为新安县，并遂安、寿昌县入新安县。仁寿三年(603年)，遂安县从新安县分出复立。唐武德四年(621年)遂安县移治狮城(今淳安县西千岛湖五狮岛)。隋大业三年(607年)改新安县为雉山县。唐文明元年(684年)，复改雉山县为新安县。移治今淳安县西。开元二十年(732年)改新安县为还淳县，永贞元年(805年)，避宪宗李纯名讳，改还淳县为青溪县。北宋宣和三年(1121年)，改青溪县为淳化县。南宋绍兴元年(1131年)改淳化县为淳安县。1958年10月，淳安、遂安两县合并为淳安县，县政府驻排岭镇。

三国吴置新都郡，以始新县治为郡治。西晋太康元年(280年)，易新都郡为新安郡，始新县县治仍为郡治。隋开皇九年(589年)废郡置州，属婺州。仁寿三年(603年)置睦州，县为州治并属之。北宋属严州，南宋属建德府。元时，淳安、遂安属建德路；明、清属严州府；民国元年(1912年)属浙江省；民国3年(1914年)属金华道；民国24年(1935年)属第五行政督察区；后又多次变更，至1949年，淳安、遂安两县改隶第四行政督察区。1949年5月两县解放，初属建德专署。1950年撤建德专署，改属金华专署。1955年划归复设的建德专署。1958年撤建德专属，淳安属金华专属。1963年，淳安县划属杭州市。

·行政区划·

2019年年末，全县设23个乡镇，其中11个镇、12个乡，423个行政村，15个社区。全县总户数14.69万户，常住人口35.4万人，户籍人口45.97万人。在户籍人口中，男性231966人，女性226703人。全县人口出生率8.65‰，人口自然增长率1.98‰。

2019年淳安县行政区一览表

表1

乡镇名称	面积(平方千米)	人口(人)	村委会		社区		居委会	
			个数(个)	名称	个数(个)	名称	个数(个)	名称
千岛湖	356	84553	20	屏湖、茂畈、井塘、东汉、金家、进贤、青溪、周坑、宋家坞、马路、云村、富城、联丰、汪家、宕里、坪山、前坞、富泽、农林、淡竹	12	西园、江滨、新北、南山、南苑、望湖、李家坞、施家塘、火炉尖、城东、阳光、新城	—	—
石林	144	5024	8	茶园、千岛湖、富德、棠高、双西、岭足、玳瑁、西岭	—	—	—	—
文昌	221	14590	16	东树坑、卢家庄、西河、潭头、下潘、王家源、丰茂、栅源、文屏、浪洞、西阳、市畈、文昌、小西坞、富山、光昌边	—	—	—	—
里商	276	11363	16	塔山、燕窝、江村、村坑、里阳、鱼泉、架子岭、向阳、武源、五兴、里商、郎范、大叶、洞坑口、石门、石湾	—	—	—	—
富文	151	8377	10	青田、富文、漠川、聚璧、燕坑、章坑、方家畈、查林、重坑、六联	—	—	—	—
左口	175	11679	11	桥西、瑶村、显后、左口、田里、方家、芳桥、塘边、雌龙源、石岭后、龙源庄	—	—	—	—
金峰	150	6070	11	金源、景山、金峰、殿峰、百照、锦溪、五龙、山后、蒋岭上、朱家、安上	—	—	—	—
临岐	222	20592	17	范村、叶家畈、临岐、梅口、吴峰、仰韩、新华、高峰、新溪、里口、审岭脚、夏中、半夏、右源、左源、溪口、五庄	1	望溪	—	—
屏门	163	12423	15	将坑、屏门、佛岭后、堪村、项家、丁家畈、齐坑、童家坪、金陵、秋口、屏前、小陵、秋源、上中、隐将	—	—	—	—
瑶山	112.4	9638	11	琅坑源、爱国、张家、琅洞、幸福、贡坑、何家、富岩、双共、天坪、岭后源	—	—	—	—
威坪	301	47428	44	合富、黄石潭、流湘、横石、新茂、西山、长岭、五星、楼厦、新联、笔峰、唐村、坑下、凤凰、河村、茶合、洞源、妙石、贤茂、叶家、三坦、安川、杨家畈、岭脚、洪圻、旗山、琴坑、横塘、五丰、株林、三洲、邵宅、方宅、青山、联合、厚屏、蔗川、考川、杜川、黄金、汪川、屏村、蜀阜、驮岭脚	1	虹桥	—	—
鸠坑	104	7608	9	中联、乳洞、星光、赋置、青苗、金塔、严村、翠峰、常青	—	—	—	—
王阜	168	17677	18	金紫、龙头、管家、长川、柳塘、何坪、郑中、新畈、华坪、王阜、山川、马山、新合、荷花坪、横路、金家岙、闻家、胡家坪	—	—	—	—
宋村	80.16	6962	8	硖石、青山口、胡家畈、镜洪、宋村、白云溪、常锦里、云港口	—	—	—	—

续表

乡镇名称	面积（平方千米）	人口（人）	村委会		社区		居委会	
			个数（个）	名称	个数（个）	名称	个数（个）	名称
姜家	206	26374	28	球山、双溪、上玉泉、桂溪、黄村桥、霞社、姜家、龙川、狮石、银峰、郭村、霞五、赤城、浮林、章村、沈畈、伊家坞、木旺、炉形、石颜、下玉泉、孙家坞、巨源、庄源村、潘家、夫畈、双溪口、白坪	—	—	1	姜家
梓桐	156	18786	19	西湖、练溪、慈溪、并峰、富石、叶家庄、黄村、杜井、杏富、常宁、胡江、姜桐、唐家、卢家、结蒙、河联、三联、程家源、尹山	—	—	—	—
浪川	105.1	20234	19	源峰、汇源、狮古山、浯溪、裕丰、鲍家、大联、联欢、峰川、大塘、杨家、新桥、马石、桃源、占家、洪家、芳梧、芹川、全朴	—	—	—	—
界首	121	9519	13	姚家、康源、新燕、鳌山、周家、严家、坎脚、桐子坞、施家坪、松源、燕上、洋田、玛璜	—	—	—	—
汾口	237	55392	51	山头、赤川口、龙门、三渡、富占源、强川、红星、天林庄、舒翠、杨旗坦、祝家、汾口、章姚、仙居、翁川源、龙山、射墩、茅屏、云林、鲁村、桃林畈、龙姚、栗园里、毛家、百亩畈、岭后、荷塘、龙源、红旗、富塘、石峰、峰溪、交界、宏鲍、汪家桥、汪家、三底、经门、简门、郑家、宋祁、寺下、石畈、西村、三畈、程店、巧塘、横沿、陆乡、宋京、湛川	1	杨旗	—	—
中洲	166.3	20253	19	叶村、徐家、中洲、余家、樟村、苏家畈、长埂、左川、乘风源、厦山、霞童、李家畈、畈头、札溪、洄溪、双许、木瓜、枫林坞、南庄	—	—	—	—
大墅	163	14025	17	上坊、寺林、老岭、桃林、岭干、儒洪、桃源凌家、栗月坪、凤山、高山、下坑、洞坞、大墅、大坞、殊塘、西园、孙家畈	—	—	—	—
枫树岭	308	18484	28	下姜、源塘、枫树岭、薛家源、上江、夏峰、丰家源、红光、陈家源、夏村、伊川、汪村、窄坑、铜山、鲁家田、木花坑、大源、横坑、衍昌、横山、知心坑、白马、乳洞山、大桥头、周家桥、凤凰庙、陈村、官川	—	—	—	—
安阳	146	11618	15	昌墅、山下、黄家源、上梧、陈家门、乌龙、红山岙、范家、下栖梧、五堡、黄川、安阳、外畈、桐川、山畏岭	—	—	—	—

备注：千岛湖镇行政区域内的马路、云村、宕里、坪山、前坞5个行政村和新城社区委托青溪新城管理委员会管理

·自然资源·

【概况】 淳安县属浙西山地丘陵区，由中低山、丘陵、小型盆地、谷地和水库组成。土壤分为4个土类、9个亚类、29个土属、40个土种，以红壤、黄壤、岩性土、水稻土为主。其中：红壤为本县面积最大的土属，全县有27.47万公顷(412.11万亩)；黄壤土3.68万公顷(55.26万亩)；岩性土6.14万公顷(92.14万亩)；水稻土1.82万公顷(27.25万亩)。土壤黏质占22.56%，砂质占28.41%，砾质占20.77%。土壤肥力中等，适宜种植水稻、小麦、玉米、六月豆等多种作物和各种经济林木。

矿产资源点多、面广、规模小。燃料矿主要有石煤、沥青煤；非金属矿主要有黄铁矿、磷矿、萤矿、耐火黏土、纬晶岩、大理岩和石英(脉)等；金属矿主要有磁铁矿、赤铁矿、锡铁矿、褐铁矿、铁铜锡矿、铜锌、铅锌矿、铜矿、锑矿、钨矿、汞矿、钒矿、钼矿、铍矿、毒砂矿等。按矿种分类，全县有燃料矿产15处、非金属矿产53处、金属矿产84处。

全县植被属中亚热带常绿阔叶林北部亚地带，为浙皖山丘青岗、苦槠林栽培植被区，全县森林覆盖率达65.00%，其中千岛湖内森林覆盖率达82.50%，生物种类繁多、资源丰富。已鉴定维管束植物1824种，蕨类植物35科69属126种，种子植物159科761属1698种。属国家保护植物18种；野生动物有兽类51种，鸟类224种，爬行类50种，昆虫类16目320科1800种；两栖类2目4科12种，鱼类有13科94种，属国家一级重点保护的野生动物有云豹、金钱豹、黑麂、中华秋沙鸭、白颈长尾雉5种，属国家二级保护的有猕猴、黑熊、穿山甲、水獭、大灵猫、金猫、河麂、鬣羚、海南鳽、鸳鸯、黑翅鸢、黑鸢、蛇雕、白尾鹞、赤腹鹰、松雀鹰、灰脸鵟鹰、普通鵟、大鵟、林雕、红隼、灰背隼、燕隼、游隼、勺鸡、白秋鹤，褐翅鸦鹃、领角鸮、斑头鸺鹠、鹰鸮、长耳鸮、仙八色鸫、雀鹰、苍鹰、白鹇、草鸮、短耳鸮、鼋、大鲵等41种。

【湖泊河流】 全县各河流统属钱塘江水系。境内溪河纵横、流向复杂、水系呈羽状。主要河流有新安江及其支流东源港和遂安港。新安江，又名徽港，1985年浙江省钱塘江河源河口调查考察确认新安江全长373千米，境内长82.69千米，主要支流有桐溪、六都源、鸠坑源、梓桐源、云源港、清平源和商家源；东原港又名进贤溪、富强溪，今流长40.90千米，主要支流有十八都源，潭头源和琅洞源；遂安港，全长80余千米，主要支流有武强溪，凤林港、浪川溪、上梧五都源、上坊溪、丰家溪、龙泉溪和龙川溪。

·气象·

【天气概况】 2019年淳安县气温偏高、降水偏多，日照正常。年平均气温18℃，年极端最低气温0.1℃(1月27日)，年极端最高气温38.3℃(7月27日)，日最高气温≥35℃的高温天数有30天，比历年平均少7天。全年总降水量1661.6毫米，比去年偏多205.1毫米(偏多14.6%)，比历年平均偏多146.6毫米。年降水日数211天，比去年多41天，比历年平均多55天，其中雪日2天。全年有6日出现暴雨天气。全年总日照时数1765小时，比去年少41.7小时，比历年平均偏少85.3小时。

1月25—28日出现了一次大雪天气过程，最大积雪深度普遍3～6厘米，千岛湖镇城区2～3厘米，最大为瑶山乡天坪村16厘米，1月30日夜间到1月31日出现了一次小雪天气过程，全县积雪深度1～3厘米，山区3～5厘米，此次长时间低温雨雪冰冻天气对交通、电力、农业等造成较大不利影响。

3月20—21日的强对流天气导致部分大棚倒塌，树木被吹倒，山体滑坡、河流猛涨，部分农业水利设施被破坏。

6月17日入梅，7月17日出梅，入出梅时间较常年偏迟，梅雨期30天，较常年(26天)略偏长。全县面雨量586.9毫米，其中千岛湖镇城区454.9毫米，最大中洲镇木瓜村837.6毫米。期间出现了7次较大范围的暴雨过程，其中7月12—13日出现区域性暴雨到大暴雨，是全年最大降雨时段。全县受灾情况：受灾人口51997人，总损失6236.27万元，无重大人员伤亡情况。其中：冲毁防洪堤292处10561米，损失1724.3万元；冲毁堰坝53处，损失505.8万元；塌方480处25460立方米，损失765.47万元；交通中断74条次，损失341万元；淹没农田32447亩，损失2120.1万元，转移群众154人，倒塌房屋正房54间，附房100间，损失865.4万元；投入抢险人员5519人。受灾较严重乡镇为梓桐镇、文昌镇、姜家镇、威坪镇、左口乡。

7月17日出梅后，出现连续13天高温晴热无雨天气，7月内高温日数达14天，8月初也出现8天的高温连晴天气，导致部分乡镇有明显旱情。高温和干旱对农作物生长产生了较大影响，部分农作物旱死，水果萎蔫，产量和品质都有所下降。

9—11月，全县晴多雨少，降雨量异常偏少。山塘水库蓄水量明显减少。全县三个大中型水库蓄水量低于50%，部分山塘水库已干涸。部分农村出现饮用水困难，农业生产受旱明显，影响生长。

2019年淳安县气象要素对照表

表2

要素／年份	平均气温(℃)	降水量(毫米)	光照(小时)	雨日(天)	暴雨次数(次)
2019	18	1661.6	1765	211	6
2018	18.1	1406.5	1806.7	170	4
历年	17.2	1515.1	1850.3	156	4

（徐雪兴）

·水文·

【概况】 2019年，淳安县水文站下辖中洲、管家、千岛湖、下洪、小毛岭、西岭、尙岭后、双溪口、仙人潭、金竹岭、百罗畈、瑶山、大墅、白马、樟村、陈家村、姜家、杜井、塔山19个雨量代办站。其中中洲水文站负责观测雨量资料的同时观测水位资料。

2018—2019年完成全县中型水库洪水预报调度系统，为全县防汛防旱指挥、决策及时传递雨、水情信息和实现水库科学调度提供准确依据。全年全县重要小流域、小型以上水库安装的雨情、水情自动采集系统运行情况良好。

【雨情】 2019年，淳安县降雨属正常偏多年份，全县年平均降雨量为2072毫米，比多年平均降雨量偏多19.7%。因受县境地域广、地形复杂的影响，时空降水分布不均，县西南部的枫树岭镇白马村雨量站降水量为2335毫米，而在县中部千岛湖下洪雨量站降水量只有1784毫米，两站相差达551毫米。全县最大24小时降水量出现在梓桐镇杜井雨量站为157.5毫米。

【水情】 2019年8月1日实测新安江水库水位105.29米，为年度最高水位，比上年度最高水位高2.06米；5月1日实测水位99.32

米，为年度最低水位，比上年度最低水位高 2.09 米；水位年变幅 5.97 米，年平均水位 102.05 米。（郑红日）

·国民经济和社会发展情况·

【经济总量】 全县实现生产总值(GDP) 254.50 亿元，按可比价格计算，增长 4.6%。其中第一产业增加值 38.14 亿元，增长 3.8%，第二产业增加值 77.96 亿元，增长 2.6%，第三产业增加值 138.40 亿元，增长 6.2%。全县按常住人口计算的人均 GDP 达到 71088 元，增长 3.9%。按国家公布的 2019 年平均汇率折算，人均 GDP 达到 10305 美元。三次产业结构比为 15.0 ∶ 30.6 ∶54.4。

【财政收支】 全县实现财政总收入 37.22 亿元，增长 8.3%，其中地方财政收入 21.09 亿元，增长 8.2%。全年地方财政支出 68.87 亿元，增长 2.5%。其中：卫生健康支出 6.13 亿元，增长 5.1%；公共安全支出 2.92 亿元，增长 2.9%；教育支出 8.12 亿元，增长 2.1%；社会保障和就业支出 7.78 亿元，增长 1.1%。

【市场价格】 全县居民消费价格总水平比上年上涨 2.8%。八大类商品和服务项目价格呈“六升二降”格局。

2019 年淳安县居民消费价格指数表

表 3

项　目	2019 年
全县居民消费价格指数(上年=100)	102.8
1. 食品烟酒类	107.7
2. 衣着类	96.5
3. 居住类	102.1
4. 生活用品及服务类	100.7
5. 交通和通信类	95.9
6. 教育文化和娱乐类	104.5
7. 医疗保健类	100.0
8. 其他用品和服务类	106.3

【市场主体】 全县共有市场经营主体 31582 户，其中企业 13140 家、个体工商户 17808 户、农民专业合作社 634 户，分别占总数的 41.6%、56.4%、2.0%。全年新增市场主体 6287 户，其中企业 3081 家，个体工商户 3192 户，农民专业合作社 14 户；新增市场主体比上年增长 0.8%，其中企业比上年下降 16.3%，个体户比上年增长 25.7%。

【劳动就业】 全县城镇新增就业 6398 人，城镇失业人员实现再就业 5212 人，其中就业困难人员再就业 253 人，城镇登记失业率为 2.64%。全年共开展各类职业培训 70 期 2409 人，其中职业技能培训 52 期 1777 人，企业自主评价 1 期 18 人，SYB 创业培训 10 期 300 人，网络创业培训 7 期 314 人。

【人民生活】 全年城镇常住居民人均可支配收入 47056 元，增长 7.9%；人均生活消费支出 26725 元，增长 10.0%。全年农村常住居民人均可支配收入 21074 元，增长 9.1%；人均生活消费支出 14596 元，增长 10.1%。

【社会保障】 全县各类养老保险应参保人数 376695 人，已参保人数 371186 人，参保率 98.5%；全县各类医疗应参保人数 457113 人，已参保人数 454857 人，参保率 99.5%；工伤保险参保人数为 91780 人，比上年底减少 159 人；生育保险参保人数为 55415 人，比上年底增加 3746 人。

【社会福利】 全县共有养老机构 28 家，其中县级公办养老中心 1 家、乡镇敬老院 23 家、民办养老机构 4 家；共有养老床位 2612 张，供养老人 1250 人。年末，全县共有在册低保户数9646户、12960人，其中残疾人单列户5474户、5594人。

【城市建设】 实施排岭南路上改下，完成火炉尖社区等10万平方米改造，安装24个既有住宅小区电梯，打造千岛湖特色休闲慢生活小区，完成卓尔大厦、嘉鸿酒店等12万平方米建而停滞项目复工，完成千岛湖镇一小消防通道改造工程、千岛湖国家登山健身步道消防工程、新安东路等堵点治理项目，全年共修补路面3.38万平方米、人行道板2373平方米，编制《淳安县水质保护生活污染防治实施方案》，完成48个污水零直排小区建设，城市污水处理率为96.13%。

【公用事业】 全年全社会用电量15.41亿千瓦时，增长7.7%，其中一产用电0.17亿千瓦时，增长10.6%，二产用电7.96亿千瓦时，增长4.3%，三产用电4.45亿千瓦时，增长13.3%，城乡居民生活用电2.83亿千瓦时，增长8.8%。

【环境建设】 完成《淳安县水功能区水环境功能区优化调整方案》编制工作，并顺利获得省政府批复，开展《千岛湖环境质量管理规范》修编，编制《淳安县工业企业污染防治实施方案》和《千岛湖生态缓冲带划分工作方案》。举办首届千岛湖论坛主峰会和环境保护分论坛，启用“千岛湖水质水华预测预警系统”。全县环境空气优良天数共331天，优良率占总有效天数(359天)的92.2%，PM2.5浓度均值23微克/立方米。集中式饮用水源地水质达标率为100%。全县84条河流88个监测点中，Ⅰ类水质59个，占67.0%，Ⅱ类水质29个，占33.0%。23个乡镇考核断面，Ⅰ类水质断面19个，占82.6%，Ⅱ类水质断面4个，占17.4%。

【农业生产】 全县完成农林牧渔业总产值54.05亿元，增长6.3%。其中，农业产值36.32亿元，林业产值7.71亿元，牧业产值6.31亿元，渔业产值2.67亿元，分别增长5.3%、6.8%、14.1%、1.1%。实现农林牧渔业增加值38.69亿元，增长3.8%。粮食总产量4.05万吨，增长0.2%；茶叶产值8.20亿元，增长8.2%；水果产值5.96亿元，增长6.9%；中药材产值4.47亿元，增长5.5%；肉类产量1.72万吨，下降3.5%。

【品牌农业】 千岛湖农产品获得省级以上金奖14个，其中2019浙江农业博览会金奖2个、义乌国际森博会金奖6个。成功举办第五届千岛湖斗茶大会、千岛湖茶博会、2019·中国杭州千岛湖生态水果采摘季推介会。2019年“千岛湖茶”区域公用品牌价值达到16.61亿元，进入全国50强，成功入选2019年全国农产品区域公用品牌目录；淳木瓜、淳萸肉、淳覆盆子、淳半夏、淳前胡5件商标获得国家地理标志证明商标；淳安苞芦粿、淳安米羹、秋莲妈妈青粿入选“杭州市十大农家特色小吃”；千岛湖绿群蔬菜专业合作社荣获杭州“十大好味稻”金奖。制订发布全国首个AAAAAA级原料茧生产标准。新增市级农业标准示范项目2个，累计有35家企业实施完成37个市级以上农业标准示范项目。新增4家农业企业的4个产品通过SC认证，累计有23家农业企业的23个产品通过SC认证。完成无公害农产品认证11个、绿色食品认证4个，新增有机农产品证书7张。有效期内“三品一标”农产品认证数321个(张)，其中无公害农产品212个、绿色食品11个、有机农产品证书96张、农产品地理标志2个。

【工业生产】 全年实现工业增加值49.77亿元，增长3.4%，其中规模以上工业增加值

31.87 亿元，增长 3.5%。规模以上工业新产品产值增长 9.8%；新产品产值率 12.2%，比上年提升 0.7 个百分点。高新技术、装备制造业、战略性新兴产业增加值分别增长 10.8%、0.4%、5.9%。

【固定资产投资】 全县固定资产投资下降 7.8%，其中项目投资增长 2.5%。按投资“4+1”结构看，交通投资增长 30.1%；生态环境和公共设施投资下降 21.2%；高新技术产业投资下降 10.9%；民间项目投资下降 28.1%；工业投资下降 26.1%。

【房地产业】 全县房地产开发投资下降 27.7%。房屋施工面积 228.88 万平方米，下降 27.3%；竣工面积 22.96 万平方米，增长 168.6%。全年商品房销售面积 25.33 万平方米，下降 51.9%；实现商品房销售额 36.51 亿元，下降 49.8%。

【贸易】 全县实现批发零售业增加值 22.84 亿元，增长 10.2%；住宿餐饮业增加值 7.23 亿元，增长 4.7%。社会消费品零售总额比上年增长 8.2%；全县实现自营进出口总额 19383 万美元，增长 1.3%，其中自营出口 15740 万美元，下降 7.3%；进口 3643 万美元，增长 68.9%。

【招商引资】 全年新引进深绿产业项目 36 个，实际到位资金 13.66 亿元；全年实际到位外资 2003 万美元。累计引进总部税源企业 1999 个，其中本年新引进 619 家，实现税收 8.74 亿元。

【交通运输】 千黄高速淳安段项目快速推进，杭淳开高速浙江段完成规划线位方案论证；G330 国道临岐至紫槽岭段和 S302 省道丰茂连接线建成通车；淳安至江山公路枫树岭至界牌段顺利推进。全县公路总里程 2801.1 千米，其中高速公路 13.02 千米、国道 89.78 千米、省道 29.26 千米、县道 721.3 千米、乡道 276.92 千米、村道 1670.82 千米；有公路桥梁 709 座，公路隧道 88 座。全年完成县乡公路大中修 35 千米、村道大中修 40 千米、联网公路 17.6 千米、农村公路安保工程 40 千米、病危桥改造 10 座、县级道路交通事故多发点整治 1 处。千岛湖镇城区现有公交线路 14 条，公交车 123 辆，其中 37 辆为清洁能源公交车，公交出行分担率为 22.7%。汾口镇现有公交线路 2 条，公交车 6 辆。继续实施农村客运乘车减免政策，本年累计优惠 205.2 万人次，共减免车费 1113.2 万元。

【安全生产】 全年共发生生产安全事故 10 起，死亡 10 人，其中工业商贸 2 起，死亡 2 人；交通领域发生 8 起，死亡 8 人。事故起数减少 4 起，下降 28.57%；死亡人数减少 4 人，下降 28.57%。全县未发生较大以上生产安全事故。

【旅游业】 全年共接待国内外游客 1884.50 万人次，实现旅游经济总收入 231.93 亿元，分别增长 10.5%和 21.1%。其中乡村旅游接待游客 1459.58 万人次，实现乡村旅游收入 14.40 亿元，分别增长 12.0%和 16.1%。成功创建首批省级全域旅游示范县；入选 2018 年中国县域旅游竞争力百强县；千岛湖景区荣获“中国高铁沿线十佳景区”称号。千岛湖银泰城一期项目建成营业，二期项目签约落地；骑龙巷休闲街、啤酒博物院、千岛湖乐蹦床乐园、石林玻璃栈道等项目建成开放；新增县委旧址、翰红墨香馆等红色旅游项目。成功举办第十届秀水节。持续推进城市大脑建设，打造全国最佳自助游目的地。

【金融业】 年末，全县金融机构本外币各项存款余额379.51亿元，增长11.9%，其中人民币存款余额377.81亿元，增长11.8%；金融机构本外币各项贷款余额311.87亿元，增长14.9%，其中人民币贷款余额311.86亿元，增长14.9%。

【教育】 全县共有学校120所，在编教职工3818人，在校学生41142人。其中幼儿园40所，在校幼儿8453人；小学57所（含19所校区），在校学生15451人；初中14所，在校学生8763人；普高5所，在校学生5510人；职高2所，在校学生2931人；培智学校1所，在校学生34人；电大教师进修学院1所。青溪小学新校区正式投入使用；第七小学新建工程8月底完工；第八小学、千岛湖镇中心幼儿园工程有序推进。投资1500万元进行校园维修改造；投资1150万元进行教育设施更新提升。高考上线率再创新高，全县共有1825名学生参加高考，一段上线661人，上线率36.2%，其中淳安中学上线率达73.4%。开展“学后托管”服务，共开设450个托管班级，参与教师2684人，惠及8423位学生。淳安中学获得“长三角”高中生科学辩论赛冠军；杭州市中小学生科技节比赛共获得一等奖4个，二等奖21个，三等奖61个；全省高校新生体质健康测试，淳安县总成绩合格率列全省第一。

【科技】 年专利申请量915件，其中发明专利216件、实用新型专利501件、外观专利198件，专利授权531件。全年新增市级以上高新技术企业10家，其中国家高新技术企业7家，新增国家高新企业家数创历年之最。新增省科技企业19家，市雏鹰企业1家。新增市级研发中心2家，省级研发中心2家。科技特派员工作再获杭州市科技特派员先进单位。紫光网络“面向5G MASSIVE MIMO基站天线及双功能射频”获市重大科技创新项目立项。

【文化】 全县共有文化馆（站）24个，公共图书馆24个（含乡镇分馆），新安书屋23个，艺术馆1个，农家书屋438个，电影院3家。全县公共图书馆拥有藏书127.4万册，业余文艺团队近千支；县图书馆、博物馆等公共文化场馆持续完善免费服务目录。县图书馆流通人次近50万，借还图书30余万册次；县博物馆年接待参观人次20余万，其中游客团队6041个。新建成新安书屋6处，对安阳等11个乡镇综合文化站进行改造提升，对第十一轮14处祠堂类农村历史建筑进行了修缮保护，为全县木结构文保单位安装智慧消防系统，实现全县公共文化场地WiFi全覆盖。全年送戏下乡200余场、送春联下乡1万余副、送书下乡3万余册，减免特殊群体有线电视视听费6000余户。全县乡镇村共组织开展文体活动2600余次、公益性讲座和培训2500余次、文化走亲800余次。成功创建首批国家革命文物保护利用片区、浙江省文化强乡镇1个、文化示范村1个、浙江省非遗旅游景区（非遗主题小镇）1个，浙江省非遗旅游景区（民俗文化村）1个、浙江省民间文化艺术之乡；非遗系列丛书《淳安传统技艺卷》编纂出版。

【卫生计生】 成功创建省级重点学科2个，省级科研立项10项，市级科研立项20项，全年县级医院开展新技术新项目80余项。引进副高以上医卫人才2人，柔性引进副高以上医学专家90人，新培养省级医学学科带头人2人、市级2人。县一医院二期、县中医院后勤综合楼项目持续推进，界首、威坪、屏门、鸠坑等5个医疗环境改善工程全部完工。率先在枫树岭下姜村卫生室推出5G远程医疗服务，刷脸就医、“舒心就医”信用就医服务实现公办医疗机构全覆盖。全县有各类医疗机构333家,医护人员2580人。全县医共体总诊疗252.94万人次,增长5.3%,其中基层门诊124.89万人次,增长4.0%;总出院5.99万人次,增长7.6%。县域就诊率88.3%,基层就诊率66.5%。全年共上报出生3974人,减少314人,下降7.32%,计划生育率达97.8%;全县办理生育登记3443例,全年新增奖扶对象1153例,新增特扶对象47例,新增并发症对象3例,全年共发放奖特扶总金额1310.66万元。

【体育】 完成村级健身公园、社区多功能运动场等29个体育场地建设项目,为46个村(社区)配送体育健身器材320件,新增体育场地总面积14.95万平方米,人均体育场地面积增长率达12.6%,增幅超过省市平均水平。培育省级运动休闲小镇1家,省级运动休闲十佳绿道1条,省级品牌赛事3项。姜家球山村山地运动探险乐园等大型运动休闲项目开工建设,石林港湾运动小镇、界首自行车运动小镇、亚运场馆建设扎实推进。组队参加市级以上举重、跆拳道、篮球等赛事,共获得金牌4枚,银牌2枚,铜牌8枚。成功举办千岛湖马拉松、环千岛湖国际公路自行车、国际泳联马拉松游泳世界系列赛、国际铁人三项赛等大型高端体育赛事18场,吸引国际国内参赛选手4万余人。

(编辑　刘东山)

中国共产党淳安县委员会

·县委全委会·

【县委十四届六次全体(扩大)会议】 会议于2019年1月14日在千岛湖镇召开,出席会议的有县委委员、候补委员,纪委委员、监委委员,县四套班子领导,法院院长、检察院检察长、人武部政委,副县级以上退休老同志,各乡(镇)党委书记、乡(镇)长,各部委办局(公司、行社)党政正职或主持工作的副职,部分党代表。会议的主要任务是回顾总结过去一年的工作,研究部署新一年目标任务,动员全县上下始终不渝推进"共抓大保护、不搞大开发",坚定不移走"保护优先、绿色发展"之路,破旧立新,担当作为,奋力推动"两山"高水平转化、康美千岛湖高质量发展,以全新姿态拥抱发展新时代。县委书记黄海峰代表县委常委会向全会作了《坚决破旧立新坚持两高发展以全新姿态拥抱发展新时代》的报告。

【县委十四届七次全体(扩大)会议】 会议于2019年8月8日在千岛湖镇召开,出席会议的有县委委员、候补委员,纪委委员、监委委员,县四套班子领导,法院院长、检察院检察长、人武部政委,退居二线的县级领导,副县级以上退休老同志,各乡(镇)党委书记、乡(镇)长,各部委办局(公司、行社)党政正职或主持工作的副职,部分党代表。会议的主要任务是深入贯彻习近平新时代中国特色社会主义思想,全面落实省市委全会精神,动员全县各级党组织和广大党员干部深化破旧立新、不断解放思想,抢抓长三角一体化发展重大机遇,全力推进特别生态功能区建设,奋力开创淳安重大历史变革新局面,积极迈向康美千岛湖高标准保护、高质量发展、高品质生活新时代。县委书记黄海峰代表县委常委会向全会作了《深化破旧立新建设生态特区奋力开创淳安重大历史变革新局面》的报告。

·县委书记专题会议·

【县委书记专题会议】 1月3日,召开县委书记专题会议,交流1月份重点工作,研究组织部提交的有关事项。

1月11日,召开县委书记专题会议,研究县级机构改革部门"三定"框架建议方案,研究组织部提交的有关事项。

1月15日,召开县委书记专题会议,研究组织部提交的有关事项。

1月25日,召开县委书记专题会议,研究组织部提交的有关事项。

2月2日,召开县委书记专题会议,交流2月份重点工作,研究组织部提交的有关事项。

2月27日,召开县委书记专题会议,交流3月份重点工作。

4月3日,召开县委书记专题会议,交流4月份重点工作,研究组织部提交的有关事项。

5月5日,召开县委书记专题会议,交流5月份重点工作,研究县纪委提交的有关事项,研究组织部提交的有关事项。

5月17日,召开县委书记专题会议,研究组织部提交的有关事项。

5月31日,召开县委书记专题会议,交流6月份重点工作,研究纪委提交的有关事项,研究组织部提交的有关事项。

6月19日,召开县委书记专题会议,研究组织部提交的有关事项。

7月3日,召开县委书记专题会议,交流7月份重点工作,研究组织部提交的有关事项。

7月5日,召开县委书记专题会议,研究组织部提交的有关事项,听取第八轮巡察情况汇报。

7月26日,召开县委书记专题会议,研究组织部提交的有关事项。

8月6日,召开县委书记专题会议,交流8月份重点工作。

8月27日,召开县委书记专题会议,交流9月份重点工作。

9月11日,召开县委书记专题会议,研究纪委提交的有关案件,研究组织部提交的有关事项。

9月25日,召开县委书记专题会议,研究组织部提交的有关事项。

10月8日,召开县委书记专题会议,交流10月份重点工作,听取县委第九轮巡察工作情况汇报。

10月16日,召开县委书记专题会议,研究组织部提交的有关事项。

10月30日,召开县委书记专题会议,交流11月份重点工作。

11月4日,召开县委书记专题会议,研究纪委提交的有关事宜,研究组织部提交的有关事项。

11月15日,召开县委书记专题会议,研究纪委提交的有关事项,研究组织部提交的有关事项。

11月20日,召开县委书记专题会议,研究组织部提交的有关事项。

11月29日,召开县委书记专题会议,交流12月份重点工作,研究组织部提交的有关事项。

12月6日,召开县委书记专题会议,研究纪委提交的有关事项。

12月30日,召开县委书记专题会议,交流2020年1月份重点工作,研究组织部提交的有关事项。

·县委常委会·

【县委常委会议】 1月3日,召开十四届县委常委会(第71次)会议,研究组织部提交的有关事项。

1月11日,召开十四届县委常委会(第72次)会议,研究组织部提交的有关事项,研究县委全会安排和工作报告,研究《2019年民生实事工程》《2019年政府投资项目》《2019年国民经济和社会发展指标》和《2019年政府投资项目资金盘子》《“四本”预算盘子》,传达学习近期上级关于巡视巡察工作精神,听取淳安县巡察工作存在的问题和下步举措建议。

1月15日,召开十四届县委常委会(第73次)会议,听取县人大常委会、县政府、县政协、县法院、县检察院党组工作和报告起草情况汇报,书面汇报《淳安县2018年国民经济和社会发展计划执行情况与2019年国民经济和社会发展计划草案的报告》《淳安县2018年财政预算执行情况和2019年财政预算草案的报告》《淳安县2018年度环境状况和环境保护目标完成情况的报告》,听取县“两会”有关日程议程和建议人选名单的汇报。

1月25日,召开十四届县委常委会(第74次)会议,研究组织部提交的有关事项,学习传达市“两会”精神和市委书记周江勇出席淳安代表团讲话精神,研究“大棚房”整治有关工作。

2月2日,召开十四届县委常委会(第75次)会议,研究组织部提交的有关事项,传达学习省“两会”精神，传达学习中纪委全会和省纪委全会精神，研究县纪委全会报告和安排，传达学习省市宣传思想工作会议、融媒体中心建设推进会和“学习强国”学习平台动员部署会精神。

2月18日，召开十四届县委常委会（第76次）会议，传达学习省委书记车俊关于临湖地带综合整治批示精神，传达学习省委常委、组织部长黄建发调研指导淳安工作时的讲话精神。

2月27日，召开十四届县委常委会（第77次）会议，研究群团相关单位有关工作，研究政法、信访、扫黑除恶有关工作，研究2018年乡镇部门大党建考核和综合考评有关事项，听取淳安县推荐杭州市“十佳”公务员有关情况汇报。

3月8日，召开十四届县委常委会（第78次）会议，传达书记周江勇在淳调研精神，传达市委巡察工作动员部署会议精神，研究全县党建工作会议暨深化“破旧立新、思想解放”大讨论活动部署会和组织部、宣传部、统战部工作，研究全县农村工作暨美丽乡村示范县创建推进大会有关事项，研究最佳“乡镇班子”、第二批“四种人”标兵人选方案。

3月21日，召开十四届县委常委会（第79次）会议，听取“担当作为好干部”推选情况汇报，研究全县“两高”发展暨“六大攻坚战”深化推进大会有关事项。

3月25日，召开十四届县委常委会（第80次）扩大会议，研究部门、乡镇“三定”规定有关事项。

4月3日，召开十四届县委常委会（第81次）扩大会议，传达省委书记车俊、市委书记周江勇关于千岛湖临湖地带综合整治相关批示精神，传达解读中央有关条例，传达全市关于开展组织工作若干薄弱环节集中整治工作会议精神，研究全县集中整治工作，研究组织部提交的有关事项。

4月15日，召开十四届县委常委会（第82次）扩大会议，传达市长徐立毅调研精神，传达解读中央有关条例，审议《淳安县专业岗位领导干部遴选操作办法》《关于进一步加强干部关心关爱工作的十条补充规定》《关于加强全县干部队伍专业化建设的实施意见》《关于进一步发挥退出领导岗位干部作用的实施办法》，研究2018年度县管干部考核等次评定问题，研究有关干部有关事项，审议《县委全面深化改革委员会等10个委员会（领导小组）组成人员名单》，审议《关于整治形式主义突出问题切实减轻基层负担》、《2019年度督查工作方案》。

4月28日，召开十四届县委常委会（第83次）会议，传达学习省委全体（扩大）会议精神，研究《中共淳安县委履行党风廉政建设主体责任整改方案》，审议《淳安县低收入农户高水平全面小康计划（2018—2022年）》，审议《淳安县媒体融合工作实施方案》。

5月5日，召开十四届县委常委会（第84次）会议，研究组织部提交的有关事项，审议《淳安县县管领导干部交流任用操作办法（试行）》和《淳安县县管领导干部家庭困难关爱交流操作办法（试行）》。

5月17日，召开十四届县委常委会（第85次）扩大会议，传达学习中央有关条例和会议精神，研究组织部提交的有关事项，研究县纪委县监委派驻（出）机构改革事宜，研究农民转移信访、转移绩效两个“回头看”工作，研究华联进贤湾项目综合整治问题。

5月27日，召开十四届县委常委会（第86次）会议，通报有关情况。

5月31日，召开十四届县委常委会（第87次）会议，研究组织部提交的有关事项，传达全市消薄增收现场会精神，研究2019年消薄增收“一村一单位、一户一干部”相关工作，研究2019年度乡镇、部门综合考评实施意见。

6月11日,召开十四届县委常委会(第88次)扩大会议,传达学习有关条例、文件和会议精神,研究区县协作、联乡结村、对口帮扶和合作、山海协作有关工作,听取千岛镇党委、政府工作检查。

6月19日,召开十四届县委常委会(第89次)会议,听取2018年市对县大党建考核情况汇报,研究2019年县对部门乡镇大党建考核实施方案,研究组织部提交的有关事项,研究华联进贤湾项目综合整治工作。

6月27日,召开十四届县委常委会(第90次)会议,研究安全生产、食品安全有关工作,研究信访有关工作,审议《中共淳安县委关于进一步严格执行重大事项请示报告制度》,传达全市廉政风险排查防控工作动员部署会议精神,审议《关于深化淳安县纪委监委派驻机构改革的意见》,研究别墅清查整治工作。

7月3日,召开十四届县委常委会(第91次)会议,传达书记车俊在淳调研精神,研究组织部提交的有关事项。

7月11日,召开十四届县委常委会(第92次)会议,审议《淳安县公务员职务与职级并行制度实施方案》,研究华赢贷网络借贷风险处置工作,听取《千岛湖环境质量管理规范》扩项修编的情况汇报。

7月26日,召开十四届县委常委会(第93次)会议,学习传达全省山海协作工程推进会议精神,学习传达省委农村工作指导员会议精神,听取有关重点改革工作汇报,研究分析淳安县2019年上半年经济形势,听取农夫山泉扩迁建坪山一期项目地块上建(构)筑物拆除的情况汇报,研究组织部提交的有关事项。

8月6日,召开十四届县委常委会(第94次)会议,传达市委十二届七次全体(扩大)会议精神,传达学习习近平总书记关于地方人大设立常委会40周年重要指示、全国人大常委会纪念地方人大设立常委会设立40周年座谈会精神,听取淳安县贯彻意见,传达学习习近平总书记6月25日在中央政治局第十五次集体学习时的重要讲话精神、7月9日在中央和国家机关党的建设工作会议上的重要讲话精神、7月15—16日在内蒙古自治区考察调研精神,7月19日全市"不忘初心、牢记使命"主题教育专项整治工作推进会精神,传达学习《中国共产党宣传工作条例》,听取关于新形势下全县宗教工作情况汇报,听取全县上半年度宣传意识形态有关工作汇报,听取县委十四届七次全体(扩大)会议安排和工作报告起草情况的汇报。

8月13日,召开十四届县委常委会(第95次)会议,传达省市委常委会议和省市抢险救灾和灾后重建工作视频会议精神,听取全县防台抗台有关工作情况汇报。

8月27日,召开十四届县委常委会(第96次)会议,传达学习《中国共产党机构编制工作条例》,传达学习省委人大工作会议精神,传达学习8月26日省委深改委会议精神,审议《关于进一步推进国有资本集聚优化的实施方案》,听取扫黑除恶和反邪教工作汇报。

9月11日,召开十四届县委常委会(第97次)会议,传达学习中央、省、市第二批"不忘初心、牢记使命"主题教育会议精神,研究"不忘初心、牢记使命"主题教育活动有关事项,审议《关于建立全县优秀中青年干部"123序列"储备库方案》《淳安县乡镇领导班子副职岗位优秀年轻干部综合比选方案》《淳安县中层干部跨单位竞岗和交流工作方案》和《淳安县中层干部跨单位调动交流工作操作办法》,研究纪委提交的有关案件。

10月10日,召开十四届县委常委会(第98次)扩大会议,传达学习书记周江勇在淳安特别生态功能区建设推进大会暨千岛湖配供水工程通水活动上的讲话精神并进行交流发言，传达学习《中国共产党农村工作条例》、《中国共产党问责条例》、《中共共产党宣传工作条例》，传达学习全省检察长座谈会和《中共浙江省委办公厅关于印发〈进一步加强检察机关法律监督工作的若干意见〉》，传达学习市委人大工作会议精神，研究县委人大工作会议安排和《中共淳安县委关于高水平推进新时代人大工作和建设的意见（送审稿）》。

10 月 16 日，召开十四届县委常委会（第 99 次）扩大会议，研究全县公安工作会议安排和《中共淳安县委关于加强新时代淳安公安工作的实施意见（送审稿）》，研究组织部提交的有关事项，传达学习中办督办落实精神，传达习近平总书记在中华人民共和国成立 70 周年大会上的重要讲话精神，观看《不忘初心学党章》专题教育片。

10 月 24 日，召开十四届县委常委会（第 100 次）扩大会议，黄海峰书记传达学习中央领导同志到淳安调研精神，研究分析淳安县 2019 年三季度经济形势，传达学习中央政协工作会议暨庆祝中国人民政治协商会议成立 70 周年大会精神和省委政协工作会议精神，研究县委政协工作会议安排和审议《中共淳安县委关于新时代加强和改进政协工作的意见（送审稿）》，研究“中央扫黑除恶专项斗争督导回头看”迎检工作，研究临湖地带综合整治有关情况。

11 月 4 日，召开十四届县委常委会（第 101 次）扩大会议，黄海峰书记传达学习党的十九届四中全会精神，研究互联网金融风险处置相关工作，研究第二轮中央生态环保督察迎检工作，研究首届“千岛湖论坛”有关工作，研究组织部提交的杭州市人大代表候选人事宜。

11 月 15 日，召开十四届县委常委会（第 102 次）会议，传达全省传统制造业改造提升现场推进会精神，传达全省深化“千万工程”建设新时代美丽乡村现场会精神，传达有关宗教工作通报精神，审议《关于深化推进城区生活垃圾分类工作（送审）》，审议《淳安县老旧小区综合改造提升工作实施方案（2020—2022 年）（送审）》，审议《关于进一步加强专职社区工作者队伍建设的实施意见（送审）》，研究纪委提交的有关事项，研究组织部提交的有关事项。

11 月 25 日，召开十四届县委常委会（第 103 次）扩大会议，传达学习贯彻省委十四届六次全会精神。

11 月 29 日，召开十四届县委常委会（第 104 次）会议，研究组织部提交的有关事项，审议《淳安县综合管理类公务员职级晋升操作办法（试行）》，审议《淳安特别生态功能区建设行动计划（2020—2021）》。

12 月 6 日，召开十四届县委常委会（第 105 次）会议，研究纪委提交的有关事项，研究组织部提交的人大代表、政协委员有关事项，研究第三批县级“四种人”标兵选树结果，传达杭州市·黄山市人大联合视察精神和周江勇书记开展“联乡结村”活动精神，传达学习全省县级社会矛盾纠纷调处化解中心建设现场推进会精神，研究淳安县建设情况，学习习总书记、省委省政府领导的相关指示和中办国办关于统计工作的文件精神，研究淳安县迎接明年统计督察工作及相关建议，研究市管干部职级晋升问题。

12 月 30 日，召开十四届县委常委会（第 106 次）扩大会议，传达学习中央经济工作会议、省委经济工作会议和市委十二届八次全体（扩大）会议精神，研究 2020 年全县国民经济和社会发展指标，传达学习 2019 年度市对县意识形态考核工作相关文件精神，审议县科协、县残联、县工商联、县文联、县社科联、县红十字会、县关工委、县计生协会等 8 个群团《改革实施方案》，研究县委十四届八次全体（扩大）会议工作报告和会议安排，研究组织部提交的有关事项。

·重要工作会议·

【重要工作会议】 2019年,县委、县政府召开的重要会议有(以召开时间先后为序):

淳安县2018年度基层党建和人才工作述职评议会,淳安县机构改革动员大会,市对县党建工作考核动员会议,全县安全生产暨春运工作会议,全县党建工作会议暨开展“破旧立新、思想解放”大讨论活动部署会,中共淳安县纪委十四届五次全体会议暨巡察整改推进会议,全县农村工作暨美丽乡村示范县创建推进会,全县“两高”发展暨“六大攻坚战”深化推进大会,2022年杭州亚运会淳安亚运分村开工仪式,全县庆祝“五一”暨社会主义劳动竞赛誓师大会,全县警示教育大会,全县“不忘初心、牢记使命”主题教育工作会议,淳安县庆祝新中国成立70周年大型诵读会,2019中国·杭州千岛湖秀水节开幕式暨国际精酿啤酒狂欢季,第七个老年节庆祝大会,淳安县教育发展大会,县委人大工作会议,县委“不忘初心、牢记使命”主题教育专题党课,全县公安工作会议,县委政协工作会议,首届“千岛湖论坛”,党的十九届四中全会精神宣讲专题报告会,淳安中学建校90周年庆典暨发展大会,淳安县第二十次“春风行动”动员大会,“2020中国·千岛湖创马”新闻发布会,第十二届淳安优秀文艺作品“秀水奖”颁奖大会。

·县委新设立的议事协调和临时机构·

【县委新设立的议事协调和临时机构】 2019年,鉴于工作需要和人员变动,县委新设立和调整了一批议事协调和临时机构:

县委全面深化改革委员会,县委全面依法治县委员会,县委国家安全委员会,县委网络安全和信息化委员会,县委财经委员会,县委外事工作委员会,县委机构编制委员会,县委审计委员会,县委县政府农业和农村工作领导小组,县委教育工作领导小组,县委巡察工作领导小组,淳安县融媒体中心建设领导小组,千岛湖国际商务度假中心综合体项目整治工作专班,千岛湖临湖地带综合整治相关工作机构,扫黑除恶专项斗争领导小组,淳安县大数据资源管理应用领导小组,县委退役军人事务工作领导小组,淳安县推进“最多跑一次”深化“四单一网”改革协调小组及专项工作推进组,千岛湖综合保护管理委员会,县委军民融合工作领导小组,千岛湖临湖地带综合整治项目后续处置工作专班,淳安县第二轮中央和省级生态环境保护督察迎检工作领导小组,县委人才工作领导小组,淳安县防范金融风险暨网络借贷风险处置工作领导小组,中共淳安县千黄高速项目委员会,县委“不忘初心、牢记使命”主题教育领导小组,淳安县建设一流营商环境工作领导小组,首届“千岛湖论坛”筹备协调领导小组,农夫山泉扩迁建工作专班,美丽淳安建设领导小组,2022年第19届亚运会淳安赛区组委会,淳安县接待工作领导小组,2019中国·杭州千岛湖秀水节组委会及其工作机构,“912”工程领导小组。

·政研工作·

【主要工作】 县委政策研究室立足服务领导决策,重大会议文稿起草两大任务,紧紧围绕县委中心工作开展调研,组织开展了特别生态功能区建设、千岛湖深绿产业发展等重大课题专题调研,参与了县委全会、县纪委全会、全县党建工作会议暨“破旧立新、思想解放”大讨论活动部署会、全县农村工作暨美丽乡村示范县创建推进会、全县“两高”发展暨“六大攻坚战”深化推进大会等重要会议文稿起草的调研工作。(吴　聪)

·组织工作·

【干部工作制度】 制度建设力度大。坚持基层、专业、干事、实绩四个导向,开展干部队伍制度体系建设,制定出台干部队伍专业化建设、专业岗位领导干部遴选、县管领导干部交流任用、县管干部家庭困难关爱交流、干部关心关爱、发挥退出领导岗位干部作用、中层干部跨单位调动交流七个制度,有效提升了干部工作规范化、系统化、科学化水平。根据制度设计,创新开展专业遴选、综合比选、巡察画像、绿色谈话、竞岗交流、关爱交流、中青年干部储备库建设等工作,选派退出领导岗位干部参与重点工作指导督查,建立"红蓝绿"三色干部教育培训体系,提升了干部工作整体水平。公务员管理开新局。机构改革公务员局并入后,首次牵头组织公务员招考录用工作,共招录公务员 59 名,整个考录过程严格程序、强化措施、规范操作,招考录用工作公平公正、平稳有序,实现全程零差错零信访投诉。根据上级统一部署,结合淳安实际,精心谋划,周密组织,严密稳妥开展公务员职务与职级并行制度工作,9 月底全县公务员职级设置方案和职级套转审批工作基本完成。深入讨论研究、广泛征求意见,制定出台《淳安县综合管理类公务员职级晋升操作办法》,为规范开展职级晋升工作提供了制度依据,截至 12 月底已完成首次晋升工作。五项整治成效好。从严规范选人用人,细化出台《干部选拔任用工作程序》,对 2016 年以来 232 份全程纪实材料逐份双人两轮检查和规范,对 65 家单位 650 名中层干部调整选任进行审核把关。抓实抓细领导干部个人有关事项报告,对分管领导一对一辅导培训,按两个 10%比例抽查比对 170 名领导干部个人有关事项,"填报不一致"情形同比下降 26.5%,得到市组充分肯定。全面核实出国境管理情况,组织全县 14687 名干部对本人持因私证件和 2016 年以来出国境情况开展自查填报、与公安查询数据逐人比对核实,8787 名干部已"应备尽备",3389 本因私出国境证件已"应收尽收",1065 次因私出国境申请"应审尽审"。

【组织建设】 创新组织设置。创新组建大下姜乡村振兴联合体、在杭流动党员、民宿行业、总部经济、千黄高速五大特色型、功能型党委,在服务保障重点区域、重点产业、重点项目、重点群体上发挥积极作用,构建起党建引领产业发展和乡村振兴的工作新机制,受到市委常委、组织部长毛溪浩批示肯定。创设比学载体。创新实施"红色筑基、绿色发展"季度攻坚专项行动,分层分类实施"党建联盟争双强、三级打擂创先锋"工程,推动乡镇部门对标先进、找准差距、补足短板,整体提升基层党建工作水平,造浓了比学赶超、创先争优氛围。夯实基层基础。持续推进党群服务中心规范化提升,从严落实村干部坐班值班、村民事务代办等各项制度,确保党群服务中心功能全、服务优、有人气。严格落实后进村党组织整转"四个一"工作机制,33 个后进村党组织均按要求整转到位。狠抓村两委干部队伍建设,对全县 2694 名现任村两委干部全部"过一遍筛子",共清理不合格不称职不担当村两委干部 19 名。实施村党组织书记县级备案管理及村两委干部"凡进必审"制度,全年累计资格联审 46 名拟新任村两委干部,8 人未通过审查被取消任职资格。推进基层减负。开展基层"七多"问题整治,取消精简工作事项 58 项;将村(社)党务公开事项由 19 项精简为 8 项;将 175 个党员人数不足 50 人的党总支降格为党支部、9 个不足 100 人的党委降格为党总支;优化党员发展工作流程,形成全县统一的《发展党员工作操作手册》,切实减轻基层负担,受到基层普遍好评。

【人才引育】 重磅活动聚才。成功举办首届“千岛湖论坛”,汇聚两院院士、联合国环境规划署官员、世界500强企业等180余名国内外顶尖专家学者和产业大咖。组建由56位“两院”院士、顶尖专家学者、上市企业高管组成的“千岛湖智库”,签约引进中科院水环境研究所、宁波大学千岛湖研究院。“千岛湖论坛”和世界休博会、云栖大会一起被评为2019年杭州市20强优秀品牌会展项目。优化政策引才。制定出台人才新政“补充意见20条”,修订高层次人才分类认定目录,大幅提升应届高校毕业生引进资助力度,政策体系更加开放有效。全年新引进高校毕业生1570人、教育卫健人才211人,同比分别增长8.4%和9.6%,创历史新高。成功申报认定“省千”1人、市“521”2人,实现了淳安高层次人才刚性引育历史性突破。选聘县特聘专家11人,增量40%,为近年来最高。同时,立足淳安现状,坚持走“差异化”人才之路,积极探索区域人才工作新机制新模式新路径,《区域人才共享机制的实践与探索》获评全国人才工作创新案例征集活动“优秀案例”,为全市唯一。立足本地育才。注重强化科技领军人才培养和科研平台创设,新增国家级、市级高新技术企业10家,省、市级企业研发中心2家。持续加强教育领军人才的培养,新培育1名“全国优秀教师”。举办“百业百匠”技能大擂台82场,培养高技能人才712人,带动岗位练兵1万余人次。培养省、市级首席技师2人,首届“杭州工匠”1人,市“百千万”高技能领军技能人才2人。40名青年企业家和11名重点企业负责人得到深造,培养五星级乡土人才20人,市级“金牌讲解员”称号1人,115人取得全国社工证,各类人才培育成效百花齐放。

【自身建设】 加强思想政治建设。作为“不忘初心,牢记使命”主题教育牵头部门,一方面认真履行牵头抓总职责,早谋划、早部署,抽调精兵强将成立“一办四组”和8个巡回指导组,精心研究制定方案、载体,加强指导督导,推动主题教育顺利开展,取得预期效果。另一方面,高标准、严要求开展部机关自身主题教育各项工作,规定动作做到位,自选动作有特色,开展“三学”“三研”“三找”“三整”,专题召开征求意见座谈会,并书面征求乡镇、部门意见建议,开展解放思想大讨论活动,认真召开民主生活会和组织生活会,基本实现了“走在前、当表率”目标。加强干部队伍建设。根据“三定”规定完成内部机构和人员调整,全年新进干部3名,3名干部从县管副职提拔为县管正职,1名干部转重要岗位,4名干部从一般干部提任中层干部,1名干部从中层副职提任中层正职,组织部权威进一步彰显,机关干部的干事积极性进一步激发,活力进一步增强。加强干部作风建设。认真落实党风廉政建设主体责任,支持派驻纪检组开展工作,未发生违纪违法问题。深入开展“走亲连心三服务”活动,联系乡镇界首乡13个行政村实现走访调研全覆盖,为基层群众解决实际问题41件。加强执行力建设,实行工作周报、月报制,营造简洁、明快、高效的工作作风,推动各项工作高效率完成。在加强工作落实的同时,注重信息宣传,全年上报中央、省、市组信息82篇,省组信息录用3篇,市组西湖先锋录用12条,其中“四种人”指数测评被省委办信息录用,并上报中办信息,“消薄增收攻坚战”及有关建议、枫树岭镇鲁家田村第一书记事迹等被省委常委、市委书记周江勇批示肯定,“大下姜”联合体党委信息被市委常委、组织部长毛溪浩批示肯定。

(周娟)

·宣传工作·

【概况】 2019年,全县宣传思想文化战线高举习近平新时代中国特色社会主义思想伟大旗帜，深入学习贯彻党的十九大和十九届二中、三中、四中全会精神，在县委的坚强领导下，守正创新、担当作为，讲好“破旧立新”背景下淳安新时代新故事，全力唱响新时代淳安发展主旋律，为推进“两山”高水平转化、“康美千岛湖”高质量发展提供了有力思想保证、精神动力、舆论支持和文化条件。

【理论学习】 紧紧抓住党委(党组)理论学习中心组“关键少数”群体，严格按照《党委(党组)理论学习中心组实施细则》，推进理论学习规范化建设。动态跟进管理学习进度、制度规范和任务落实，推动“关键少数”在理论武装上垂范引领。全年县委理论学习中心组共集中组织学习18次，依托理论学习中心组网络平台，对二级理论学习中心组开展学习情况阶段督查3次，组织理论测试4次。同时，组织开展全县优秀理论调研文章征集汇编工作，编印《学习与思考》专刊；每季度向全县征集优秀宣传文章，并汇编成《淳安宣传》季刊。

【理论宣讲】 制定实施《2019年淳安县党员干部理论学习意见》，组建乡村振兴直通车宣讲团、县讲师团和党的十九届四中全会精神宣讲团，累计开展宣讲60余场。推出“新农村 微广播”基层网络宣讲平台，先后在“学习强国”杭州学习平台、视界千岛湖、千岛湖之声等平台，推出《撸起袖子加油干》《心中有信仰 脚下有力量》《九旬党员方银汉的学习笔记》等35期，吸引社会民众纷纷点赞、反响热烈，听众达800万余人次。

【“学习强国”学习平台建设】 紧扣全县农村党员、群众占比大，外出务工人员多的实际特点，注重因地制宜、有序推进，先后建立网上学习组织2000多个，纳入学员数87116人，其中党内学员38559人、党外学员48557人，占户籍人口的18.94%。成立“学习强国”学习平台淳安供稿中心，注重专题、系列、主题活动稿件的策划报送，先后在“学习强国”杭州学习平台推出了“走读新乡村”、“为你读千岛湖”等专题系列6个，“学习强国”学习平台共录用刊发稿件277篇，其中杭州学习平台248篇、浙江学习平台17篇、学习强国总平台12篇。

【主题宣传】 中央省市三级媒体联动，全面展示了全县生态保护、绿色发展领域的先进做法和显著成效，“绿色发展”理念深入人心。新华社客户端刊播视频新闻《全面深化改革这五年|污染零容忍 “千岛湖标准”保一湖洁净》，阅读量达112万以上，《开学第一课 垃圾分类我先行》获央视高度关注。掀起“旅游+”外宣高潮，央视《新闻联播》《人民日报》头版刊播“骑龙巷开街”等报道。全面吹响大下姜“乡村振兴”号角，《新华每日电讯》刊发《“土墙房，半年粮”变身“绿富美”，下姜村和“邻居们”的共富梦》，大下姜联合党委成立、乡村振兴职业经理人招聘等新闻得到媒体高度关注。全年在中央省市级媒体共刊播报道6700余条次，其中中央级媒体320余条次、省级560余条次、市级850余条次。

【“庆祝新中国成立70周年”氛围营造】 围绕“庆祝新中国成立70周年”主题，联动省市媒体，广泛开展“绿色发展看淳安”“逐梦70年，遇见新淳安”“绿水青山看淳安，70个村书记给您当导游”等主题宣传报道活动。举办“读中国 诵淳安”大型诵读活动，讴歌祖国繁荣昌盛、赞美家乡发展变化。组织社会各界广泛开展“五星红旗升起来”“国歌唱起来”等活动，用好公益宣传阵地做好“庆祝新中国成立70周年”公益宣传。充分发挥农村文化礼堂、社区文化家园作用，广泛组织开展形式新颖、富有时代气息的“庆祝新中国成立70周年”群众性文化活动300余场次。

【媒体融合】 探索媒体融合新路径，在全市最早一批挂牌成立县级融媒体中心。通过融合机制、流程、平台、队伍，激发创新发展活力，整合提升新闻宣传队伍的能力水平。重构再造新闻“策、采、编、审、发”等业务流程，实现新闻资讯的一次采集、多次生成、多元发布、多渠道融合、多平台互动。坚持移动优先理念，做大做强“视界千岛湖”新闻客户端，推进“政务＋”“服务＋”“文创＋”全方位服务，“视界千岛湖”客户端全年推出千岛湖论坛、秀水节开幕式、乡镇部门节庆等直播活动100余场次，引起强烈社会反响。

【公民思想道德建设】 深化最美典型选树，展示“最美淳安人”6期212人，被评为浙江好人1人、杭州好人2人，帮扶慰问困难道德模范10余人。强化未成年人思想道德建设，开展青少年文明礼仪接力棒系列活动、天堂儿歌大赛、新童谣大赛等活动80余场，被评为市“美德少年”10人，获得市童谣大赛一等奖1名、三等奖2名。深化第二课堂活动基地建设，新命名基地10个，评出先进基地和优秀组织学校20个，第二课堂“淳安模式”获得市德育工作名片和案例一等奖。

【文明创建】 做好杭州市城市文明程度指数测评迎检工作，设立“不文明行为曝光台”，累计曝光40余期。开展专项督查和联合整治33次，整改重点难点问题30个。加强户外广告规范管理和提升，联合整治拆除14处，改造提升8处。深化文明细胞创建，评选县级文明村80个、美丽社区5个、爱国主义教育基地11个、“最美家庭”55个。推进志愿服务制度化常态化，开展“雷锋广场”便民志愿服务12期，提供各类志愿服务项目50余个，参与志愿服务队伍32支400余名志愿者，服务群众1万余人次。注重志愿服务项目培育，枫树岭镇下姜村被评为省“最美志愿服务村”。

【城乡精神文明建设】 积极开展“文化育和”“文化兴盛”行动，深化“礼让斑马线”“文明出行机关先行”等专项行动，开展文明交通劝导1万余人次。提前完成65个农村文化礼堂建设任务，完成省市下达任务的155%。推进社区文化家园和孝心车位建设，新建社区文化家园3个、孝心车位25个。全年开展农村文化礼堂村歌大赛、村晚等各类文化活动4000余场次，参与群众达30余万人次。鼓励文艺精品创作，长篇报告文学《心无百姓莫为官——精准脱贫的下姜模式》入选中宣部第十五届精神文明建设“五个一工程”特别奖，睦剧《锦里家园》入选市第十四届精神文明建设“五个一工程”奖。完成“中华诗词之乡”创建前期准备工作，3个乡镇成功创建省级诗词之乡。

【电影新闻出版】 做好电影、出版、印刷、软件正版化和“扫黄打非”等职能交接和日常工作，全年农村公益电影放映3800余场，完成年度任务123%。做好全县16家印刷企业和20家出版物企业年度核检，企业年检参与率和合格率均达100%。按照“最多跑一次”改革要求，规范行政许可审批，提升行政许可效率，受理核准其他印刷品企业经营许可1家，出版物零售企业经营许可15家。加强日常监督管理，结合“扫黄打非”工作，开展出版物市场专项检查10余次，全年未出现政治性非法出版物和宗教类非法出版物事件。

【文创产业平台】 加强对千岛湖新安文化创意街区的指导，督促街区进行业态更新，连续两年获评浙江省文创街区。优化全县文创产业空间布局，发挥文创街区的行业集聚、产业配套、氛围营造和窗口辐射功能，千岛湖骑龙巷、汾口文创街等3家单位入选市级文创街区。围绕创意农林、康美养生、文化旅游、教育研学主题，打造“大下姜”文创特色街区。结合下姜村杭州书房建设，打造文创成果展示平台，并顺利投入运营。同时，立足乡村产业基础和文化底蕴，培育认定10家特色鲜明、效益显著的县级文创村和文创基地。

【影视产业发展】 成功举办“康美千岛湖”全国摄影大展和《见证》——淳安县庆祝新中国成立70周年摄影图片展，举办长三角三省一市摄影家联合创作采风“走进浙江”活动，全面展现新中国成立以后全县各领域取得的巨大成就。协助影视剧组拍摄《奋进的旋律》《我们在梦开始的地方》等影视作品。精心组织亚洲美食节“千岛湖鱼头王”厨神争霸赛，取得杭州市民间组冠军的优异成绩。成功举办“创意千岛湖·赋能新农品”农产品创意设计大赛，通过文创手段，提升了农产品的溢价能力和销售水平。

【文创人才发展】 出台《淳安县文创人才三年发展规划》，设定人才发展目标和具体举措，制定年度细化任务。组织协会会员参加杭州市文创企业家高端培训班和文创企业家孵化班等各类培训，邀请文创领域专家来淳举办讲座，组织县内文创人才赴北京、深圳、温州等地学习考察文创产业先进经验，不断提高文创从业人员的思想高度和发展视野。强化政策扶持力度，鼓励符合条件的企业和项目申报县文创引导资金，发放扶持资金94万元。

【意识形态责任制】 深化意识形态工作责任制落实情况督查检查和日常指导，调整完善意识形态工作考核指标，将意识形态工作专项督查纳入《年度督查工作方案》，开展相关督查2次，及时通报全县意识形态领域情况，推动各级党委(党组)履行主体责任。强化意识形态阵地管理，出台《淳安县网络媒体导向管理办法》，对属地网络媒体进行管理；注重领导干部意识形态培训工作，在主体班次培训中安排意识形态课程；注重学校意识形态工作，组织全县中小学校党务工作者上意识形态专题党课；做好全县社科社团的团结和联系，做好日常讲座、报告会、研讨会等活动的审核和把控。

【宣传文化队伍建设】 开展“不忘初心、牢记使命”主题教育和“走亲连心三服务”活动，深入基层开展调研，引导推动宣传文化工作者接地气、知民心、懂实情。组织宣传文化系统单位开展增强“四力”教育实践活动，努力打造一支政治过硬、本领高强、求实创新、能打胜仗的宣传思想工作队伍。组织对乡镇宣传干事人选进行考察任命，培育宣传文化领域县级“五个一批”人才，开展文化礼堂“双十佳”评选，举办文创人才、网评员、村宣传文化员等各类培训活动20余次，宣传文化队伍素质再上新台阶。 (管卫亮)

·统战工作·

【概况】 2019年，中共淳安县委统战部以习近平新时代中国特色社会主义思想为指导，全面贯彻落实中央、省市县委决策部署，着力提升“基层统战、乡贤统战、党外代表人士、非公经济统战、民族宗教、侨务海外统战”六个方面的重点工作，为加快推进“两山”高水平转化，奋力谱写康美千岛湖高质量发展新篇章提供了统一战线广泛而强大的力量支持。

【构建大统战工作新格局】 推进县侨联机构改革。实施“巩固提升基层统战工作三年行动计划”,完善各乡镇统战事务服务中心建设,开展基层统战工作品牌创建,共培育市级基层统战工作示范点2个、示范项目1个,县级基层统战品牌项目25个。完善全县各类统战成员信息库。结合“三服务”活动,走访上海、南京、深圳、香港等地的乡贤100余人。建立健全乡贤联谊组织,全县已成立乡镇乡贤联谊会23家、村(社区)乡贤参事会437家,有效促进人才、项目回归。

【政治引领凝聚党外代表人士】 贯彻落实《中共中央关于加强中国特色社会主义参政党建设的意见》。召开党外代表人士情况通报会;支持民盟淳安县支部、农工党淳安县支部稳步有序完成换届,并分别升级为总支部。完善每月18日“同心行”活动日,征集党外代表人士所提的议案、提案和建议等60余项。组织统一战线成员开展“同心同行70年凝心聚力新时代”——淳安县统一战线庆祝新中国成立70周年中秋茶话会等系列活动。组织党外知识分子赴延安开展红色教育活动。新成立县知联会分会20家、县新联会分会5家,形成了“岭上知联”、“都美威坪知联”、“康·美”同心荟示范点等独具特色的统战工作品牌。贯彻落实《2019—2023年杭州市党外干部队伍建设规划》,认真落实两部联席会议制度,2019年新提拔党外县管干部或副职提正职的共有8人,有效激发了党外干部队伍活力。

【经济统战工作】 指导非公有制经济人士开展“坚定发展信心、矢志报效国家”理想信念教育实践活动。县委县政府主要领导主持召开民营企业座谈会;与人民银行建立金融服务和评价机制,为2家企业争取贷款270万元;组织25家商会企业参加全县人才招聘会。深入走访淳安本地企业、异地商会和淳商企业,帮助企业解决生产经营中遇到的困难10余个。新成立基层商会4家,实现基层商会全覆盖,威坪商会、汾口商会先后获评杭州市“四好”商会和浙江省“四好”商会。完善异地商会“规范建设、回馈家乡”为主的考核评价制度,县工商联被评为2018—2019年度全国“五好”县级工商联。开展商会系统村企结对、商会“联姻”、农产品营销三大行动,新建千岛湖品牌农产品金华馆;全年共有275家企业(商会)结对141个集体经济薄弱村,共落实40余个帮扶项目、1600余万元帮扶资金,带动就业3000余人,增加薄弱村经营性收入550余万元,销售千岛湖农产品600万元。组织异地淳安商会开展“书写希望、书送未来”爱心赠书活动,引导广大商会和民营企业家投身公益事业。2019年,各商会累计开展公益活动20余次,捐赠资金70余万元。

【推进民族宗教工作】 积极推进“淳安县千岛湖镇富泽村畲族工艺展示馆改造工程”项目,举办“传承畲乡文化走进三月三”活动。稳妥完成基督教“两会”换届;推进宗教理论“三进”和民族团结“六进”工作。指导左口乡药王寺、里商乡施姑山寺完成危房改造工作。完善县、乡、村三级宗教工作网络,以现代智能技术监督管理宗教活动。

【港澳联谊工作】 组织开展“书画缘、故乡情”中新商会艺术交流会,成功举办千岛湖国际旅游推介暨淳安旅港同乡会三周年年会。协助香港青年会、杭州青年会举办“我的中国心·骑行迎亚运”单车骑行献爱心活动。对接安排美籍华人、著名油画家俞莎菲亚女士到千岛湖采风,组织13个国家50家重点海外华文媒体机构到淳安考察。协助淳鱼、鱼子酱在香港和澳门的销售网点建设。联系中狮联3次到淳安开展济困扶贫工作,落实项目3个,实现帮扶资金80多万。完成《侨联志》的编撰和侨史撰写工作。

【统战工作成效显著】 以党建引领统战工作，加强党风廉政建设。全年共举办各类统战干部、统战人士培训班8场，参与人数达2000余人次。2019年共编发“千岛湖统战”微信90余条，编撰《淳商》杂志4期，在中央及省、市各类媒体、刊物等刊发统战工作稿件42篇，县委书记黄海峰等先后对统一战线工作批示6次，取得了良好的效果。

（范小青）

·巡察工作·

【概况】 2016年8月，县委成立巡察工作领导小组，组建“一办四组”，即县委巡察工作领导小组办公室、县委第一巡察组、县委第二巡察组、县委第三巡察组、县委第四巡察组。2019年1月机构改革后，县委巡察办单设为县委工作部门。2019年以来，县委认真贯彻落实习近平新时代中国特色社会主义思想及中央巡视巡察工作“十六字”方针，突出政治站位和政治巡察，把巡察作为从严治党的重要“利器”，全面履行管党治党主体责任。全年共开展3轮20家单位的常规巡察、22家单位的“回访”专项巡察、人防系统上下联动专项巡察以及139个村(社)巡察。

【常规巡察】 全年共开展3轮20家单位的常规巡察，共发现问题828个，移交有价值的问题线索34条。通过巡察整改，督促被巡察单位完善制度140项，清退、收缴资金310余万元，运用监督执纪“四种形态”，实施谈话提醒370人，批评教育63人，通报、诫勉、责令检查问责26人，推动立案5件，党纪政纪处分5人，留置并移送司法2人。巡察利剑震慑作用有力彰显。

【巡察整改“回访”专项巡察】 巡察整改“回访”专项巡察期间，巡察组紧紧围绕政治巡察定位，通过对照巡察反馈问题和实际整改落实情况，对县委第5～7轮22个被巡察单位党组织是否压实整改责任、真抓真改交办问题、在规定时限完成整改，以及党组织主要负责人在组织整改过程中的履职情况进行了逐项核对检查。22个被巡察单位党组织在整改工作中，提高政治站位，坚持标本兼治，取得了明显成效。22家单位，共反馈问题942个，完成整改896个，未完成整改46个，整改率为95.12%；共立案49件，给予党政纪处分22人，问责处分162人，谈话提醒486人，建章立制42项，挽回各类经济损失501.6万元。

【人防系统上下联动巡视巡察】 2019年12月，根据省委统一部署，县委组建人防系统专项巡察组开展对人防系统腐败问题的联动巡察，是首次在全省范围内启动，在一个相对集中的时间段内，开展对同一系统、同一领域的工作任务，采取省市县三级联动、分级负责、一体推进的工作模式，这不仅在实践上、更是在制度上，都具有里程碑意义。

【村级巡察暨扶贫领域专项巡察】 2019年8月，县委启动第二轮村(社区)巡察暨扶贫领域专项巡察，共发现各类问题2068个，移交线索168条，运用执纪监督“四种形态”约谈提醒132人，问责处理30人，党纪处分29人。村(社区)巡察暨扶贫领域专项巡察是县委整治“蝇式腐败”的有力抓手，通过规范化、常态化的巡察，规范基层干部权力运行，把制度的笼子扎得更紧，让监督的利剑更有震慑力，把巡察利剑直插基层，延伸到乡镇乡村街道，打通全面从严治党“最后一公里”。

【巡察成果运用】 在巡察成果运用上采取“四大举措”，推动问题标本兼治。一是实施

"问题抄告"。每轮巡察反馈后，将《巡察情况反馈意见》抄送给被巡察单位分管联系的县领导，让分管联系的县领导掌握被巡察单位的巡察情况，履行好"一岗双责"。二是探索"干部画像"。从县委第八轮巡察开始，将做好"干部画像"工作纳入巡察重要内容，形成综合评价材料与巡察报告同步呈报县委书记专题会议。县委组织部部长每轮巡察结束后专题听取"干部画像"详细评价。巡察评价已录入组织部"干部基本信息系统"，作为干部提拔任用的重要参考。三是发出"巡察建议"。结合巡察发现问题情况，每轮巡察形成若干条工作建议，分别向县委、县政府，以及县纪委、县财政局等部门反馈巡察发现各领域存在的突出问题，切实促进成果运用共通共享。2019 年 9 月份"对全县各单位二级机构财务管理开展专项检查"的建议，作为县委唯一一个自主整改内容纳入"不忘初心 牢记使命"主题教育"九＋X"专项整治工作范畴。四是推行"未巡先改"。将巡察监督关口前移，2019 年 3 月，将市委书记周江勇在市委巡察工作动员会上梳理的 10 个方面突出问题和县委巡察以来发现的 14 条共性问题下发给了全县各单位，要求对照自查自纠，防微杜渐，不断放大巡察效应。

【巡察机构队伍自身建设】 打铁必须自身硬，巡察队伍应当是"硬中之硬"，是金刚钻。一是选优配强巡察队伍。一方面筹建临时抽调"人才库"，从纪检、组织人事、财政审计等部门遴选了 100 名干部纳入了县委巡察人才库，其中专业人才 80 人，组长 20 人。另一方面配足固定岗位巡察专员，2019 年 9 月通过全县排摸、组织考察等方式挑选了 4 名巡察干部到岗补缺，11 月又通过中层干部跨单位提拔竞岗选配了 2 名中层干部，目前巡察机构满员，是机构成立以来人员力量最强的时候。二是注重学习弥补短板。结合"不忘初心 牢记使命"主题教育契机，每位巡察干部就巡察工作中存在的问题和意见建议等方面进行分析总结和交流发言，并形成专题调研报告，共组织交流学习 3 次，形成调研报告 15 篇，推动解决问题 20 件。同时利用考察助学，赴周边县市学习"取经"，及时学习借鉴其他地区好的经验做法、剖析自身问题和不足。

（方琦）

·党校工作·

【概况】 2019 年，在县委、县政府的正确领导下，在省市委党校的关心支持下，以习近平新时代中国特色社会主义思想为指导，紧紧围绕"坚定秀水富民路、建设康美千岛湖"的战略方向，坚持"红色领航秀水，智慧助推富民"的办校理念，以办学质量创优评估为契机、以"用学术讲政治"教学改革为抓手、以打造全省乃至全国的基层干部教育培训基地为目标，紧扣主业主课、咨政科研、干部教育、社会宣讲，各项工作取得了新成效。全年共完成培训班次 118 期，培训学员 33684 人次，其中大下姜培训班次 81 期培训 8327 人次，完成全年任务的 104%；完成社会宣讲 200 余场次，受众面达 12000 余人次。

【下姜基地品牌建设】 坚持特色办校方向不动摇，着力打响下姜干部教育培训基地品牌。明确定位。在下姜挂牌"杭州市基层党员干部党性教育基地"，以"领袖伟大思想的宣传点、基层干部培训的示范点、推动乡村振兴的辐射点、感恩领袖关怀的教育点"基地建设目标为统领，立足淳安、面向全省，发挥特色、打响品牌，努力办成新时代浙江干部教育一张靓丽的"金名片"。助推发展。按照"千岛湖·大下姜"乡村振兴联合体发展的要求，制定完成了培训产业实施方案，优化人员配备、完善体制机制、落实工作任务，扎实推进下姜基地干部教育培训的规范化、精准化和特色化。深挖特色。打造精品线路,依托枫树岭下姜、中洲茶山、白马红军墙等红色、海瑞祠廉政文化、文渊狮城移民文化等教学资源,形成了10余个“1+X”“红绿蓝”教学阵地。打磨精品课程,开发了“‘两山’理论的淳安实践与探索”等系列精品课程。完成了“千岛湖·大下姜”“一村一课”地方特色课程教材编写。

【办学质量创优评估】 作为第二批市县党校办学质量创优评估单位,举全校之力,早计划、早部署、早落实,确保了圆满通过。办校理念充分肯定。按照“努力把下姜建设成为省市乃至全国的干部培训教育实践基地”,以及省委党校“建设红色学府示范党校”的目标,确定了“红色领航秀水,智慧助推富民”的办校理念,把“科学的理论武装人、先进的思想解放人、坚强的党性锻炼人、高尚的情操陶冶人”作为党校的目标与追求、使命与责任,得到了省委党校评估组的充分肯定。特色办学广受赞誉。立足下姜是习近平总书记曾经的基层工作联系点、脱贫帮扶的探索地、“四种人”要求首提地等深厚的资源禀赋,2018年3月29日挂牌成立下姜基层干部学院,做优干部教育品牌,推动下姜及周边地区振兴发展,得到了时任浙江省委常委、杭州市委书记赵一德的批示肯定,被省委党校授予“红色学府讲习所下姜讲习点”。工作成效深得认同。评估组专家通过听取汇报、实地考察、核验资料、问询交流等方式,进行了一次全面的问诊把脉、诊断体检,对党校全面履行职责、教育培训、科研咨询、队伍建设、服务保障等各项工作的全面进步,给予了充分认可,并一致同意通过创优评估。

【教育教学】 坚持把教育教学作为主责主业,抓在手中、扛在肩上,打磨精品、争创特色、力求实效。扎实推进“用学术讲政治”教学改革。按照“学术研究无禁区、党校讲课有纪律”的要求,一方面是坚持集体备课和新课试讲,制定出台了《党校教师培训工作制度》《党校讲课有纪律》等规范,举行了两次新课试讲;另一方面是从突出问题导向、找准学术接口、构建学理框架三个方面入手,完成了18堂课的专题新课备课工作、11堂的现场教学课堂开发、3堂三同教育课程,着力培养“用学术讲政治”的能力。扎实推进理论教育和党性教育。按照理论教育和党性教育占比不少于70%和20%的要求,以及坚持问题、需求、适用“三个导向”,合理编制主体班次教学计划。“心无百姓莫为官”成功入选杭州地区送省委组织部的三堂精品课之一。扎实推进社会宣讲和素质提升。制定了教师素质提升计划,每月一次对组织老师进行专题学习、到高校、省市委党校进行培训,邀请两办领导解读全委会和政府工作报告起草的相关背景等。做好习近平新时代中国特色社会主义思想“进专题、进课堂、进头脑”工作。

【科研咨政】 紧紧围绕县委县政府中心工作以及社会热点难点问题,深入开展大学习大调研大抓落实活动,着力推动“两山”理论、“三农”思想、“四种人”首提地品牌研究。用制度激励。修订完善《中共淳安县委党校资政课题配套资助及优秀成果资助办法》,以期用制度提升咨政科研水平、激发咨政科研激情,提升科研综合实力。担课题重任。完成寒暑假社会调研文章13篇,上交省市党校论文5篇、入围论文2篇,其中《浅谈现代乡贤在乡村振兴战略中的价值引领》获三等奖,公开发表文章2篇。成功申报杭州市社科联课题1项,申报市委党校社科联课题6项,完成校本级课题2项。敢亮剑发声。在中央和省市县委全会、“两会”等重要时刻、关键节点,实现了电台有声音、电视有画面、报纸有文章,敢于亮剑发声,发出党校声音,更加鲜明地展现党校思想,弘扬主旋律,传播正能量。

【康美团队】 坚持“党校姓党”原则,充分发挥“党建＋”效应,坚持“党校姓党”原则,充分发挥“党建＋”效应,围绕“一二三”,狠抓学习强素质,狠抓作风树形象,狠抓管理提效率,着力锻造党校名师铁军队伍。

“一”,即深入开展“破旧立新,思想解放”大讨论。突出教育教学、咨政科研、培训管理和团队建设四个方面,围绕党校发展面临的“三对矛盾”,组织开展大讨论活动,在破旧立新中进一步统一思想、凝聚共识。“二”,即开展县委巡察反馈意见和干部薄弱环节两大整治。根据县委第二巡察组对党校党委巡察提出的六大类别44个方面的工作建议,校党委直面问题,剖析原因,逐条逐项梳理研究,细化整改举措,落实整改责任,全部完成整改。健全完善了干部人事档案,规范了在职人员出国境管理,出台了“三重一大”议事规则。“三”,即开展三项活动。一是深入开展“不忘初心、牢记使命”主题教育;二是深入开展走亲连心“三服务”活动;三是深入开展后勤服务保障质量提升大比武活动。通过活动的开展,真正形成风清气正、合力干事、富有情怀的党校大家庭,坚定不移推动党校高质量发展,在新时代展现了党校新担当新作为。

(邵瑜)

·老干部工作·

【概况】 县委老干部局是县委负责离退休干部工作的职能部门,为县委工作机关,内设办公室(挂县关心下一代工作委员会办公室牌子)、服务保健科、组织指导科3个科室。下属事业单位有老年大学和老干部活动中心。2019年,全县共有机关事业单位离退休干部(职工)5547人,其中退休干部(职工)5382人(行政1552人,事业3830人),离休干部65人。在离休干部中,有县处级离休干部30人,有13名离休干部安置在本省外地,有1名离休干部安置在外省,有1名离休干部由外地安置在淳安县,有离休干部遗孀142人;在退休干部中,有县(团)级退休干部55人(其中副县以上退休干部27人),有局(乡)级退休干部432人。

【老干部“三项建设”】 打造老干部党建阵地,加强机关离退休干部思想政治建设和党组织建设。打破支部学习的旧模式,创新活动形式,寻找和创建适合离退休党员党性锤炼阵地、基地,提高离退休党员对组织生活的兴趣和参与度。一是在里商乡村坑村建成“忆苦·思源,不忘初心”党性锤炼实践基地,吸引市县机关部门在职和离退休党员干部8批次200余人次到实践基地“感悟初心”,通过“粘土气、出汗水、悟初心”的实践活动,增强离退休党员党性意识和在职党员对担当作为的新认识。该基地引起省、市委老干部高度关注,省委老干部局副局长诸春华带队进行专题调研,对县委老干部局“嵌入发展、乡村振兴、精品路线”的理念予以充分肯定。市委老干部局副局长郑旭斌亲临实践基地进行体验调研,对县委老干部局充分利用淳安“红色”资源、淳安“元素”、淳安“特点”打造党性锤炼平台给予高度肯定;二是在下姜村新建“五彩”老党员驿站,以“红色印记、绿色创建、金色情怀、银色年华、彩色服务”五个篇章,展现老党员老干部在服务中心大局、服务社会民生等方面“老有所为”“退休不褪色”的风采,已成为汾口镇、枫树岭镇及周边乡村党员干部组织生活的新阵地;三是成立淳安县老干部艺术团,招募具有文艺功底的离退休干部,围绕县委县政府中心工作,创作精品节目,用积极向上精彩纷呈的艺术演出,宣传“不忘初心、牢记使命”主题教育,宣传淳安“两高”时代主旋律,助推特别生态功能区建设。编排精品节目14个,以巡回演出的方式到社区、学校、文化礼堂进行宣传。

【落实老干部待遇工作】 以精准精细为目标,满怀深情做好离退休干部服务管理工作。一是探索离退休干部“一人一方案”“入住式体检”“疗休养”工作机制,为离退休干部提供差异化服务,不断丰富老干部工作机制;二是组织离退休干部开展一次“破旧立新、思想解放”暨“银耀千岛湖,共抓大保护”大讨论、举行一次环湖保护调研、助力一个乡镇、联系一个项目、开展一系列宣讲活动,使老同志成为“破旧立新、思想解放”助推特别生态功能区建设的“当局者、剧中人”,不断丰富老干部工作载体,期间在消薄增收、环境整治、服务业发展、基础设施等方面进行“走、看、促”专题调研16次;三是积极推出并完成协调解决离休干部特殊治疗用药问题、老干部活动中心更新优化活动设施、增设书画创作室等“十件惠老实事”,不断丰富老干部工作内容;四是积极开展解困送温暖活动。开展走访慰问困难老干部活动,慰问困难老干部80人,发放慰问金64000元。走访慰问异地安置离休干部15人,发放慰问金3万元,及时探望住院老干部74人,慰问离休干部遗属6人,协助所在单位做好老干部善后工作,做好新中国成立70周年72名离休干部慰问金和纪念章发放工作。五是离休干部护理费调整发放到位,5位离休干部增资1500元/月,67位离休干部增资1400元/月。

【发挥老干部作用】 积极挖掘“银色人才”,搭建“正能量”活动平台,打响“银耀千岛”老干部志愿服务品牌。一是经常性地邀请老领导、老战士、老模范、老教师、老专家“五老”成员,深入农村、社区、学校为中小学生作“两史”、法制宣讲,为农民作农业技术辅导,为党员群众作时政讲座,受到普遍赞誉。期间共开展各类讲座28余场次,受益6000余人次。开展“学雷锋、做好事”“好家风代代传”“三爱”等主题实践活动12场次,受教育学生2800余人;二是积极参与庆祝新中国成立70周年系列活动,期间共举办书画、摄影展13场次,参加文艺演出8场次,以作品、表演的形式来表达对党和国家的深厚情意,宣传祖国70年来的巨大变化。老年大学合唱队参加县委宣传部组织的“庆祖国70华诞 唱响淳安”大型演唱会,一曲《四渡赤水出奇兵》广受称赞。第六届老干部金秋艺术节开幕式上“老少同台齐亮相”赢得普遍好评。8名老干部向市委老干部局开展的“庆祝新中国成立70周年”征文活动投稿,以自己的亲身经历描述新中国成立以后党和国家取得的伟大成就,展示党和国家事业新征程中涌现出来的新气象、新精神;三是以文化养老为载体,根据老同志的不同特点,充分发挥支部堡垒和党员模范作用,开展送文化下乡活动,深入农村开展“迎新春·送春联”活动,为广大村民送去新春祝福。通过参观新农村建设和企业进行实地采风创作,形成诗刊发送到有关部门和乡镇,发挥特长积极服务社会,一年来共组织相关活动60次,参加人数达6000余人;四是选树老干部优秀典型,发挥示范带头作用。向省、市推荐14名“银尚达人”、5名“红色讲师”、3个“品牌工作室”、2个“共享基地”,淳安县关工委宣讲团被分别评为浙江省、杭州市“最美银耀志愿服务团队”,淳安县在杭离退休干部临时党总支分别被评为浙江省、杭州市“最美离退休干部党组织”,离休干部张茂利分别被评为浙江省、杭州市“最美银耀志愿者”县级老领导沈建平被评为杭州市“最美离退休干部”,县级老领导胡柏木被评为杭州市“最美共和国同龄人”。

【阵地建设】 老干部活动中心立足工作实际,努力推进老干部活动阵地建设,不断满足老干部精神文化需求。一是坚持“老有所为”,开展送文化下乡活动。1月18日,组织老干部书画协会会员赴梓桐镇西湖村开展“迎新春·送春联”志愿活动,为广大村民送去新春祝福;诗词协会通过参观新农村建设和企业进行实地采风创作,形成诗刊发送到有关部门和乡镇;文娱协会发挥会员特长积极服务社会,如程苏英等到乡镇传授排舞、腰鼓等活动。二是坚持“老有所乐”,开展丰富多彩文娱活动。举办老干部乒乓球比赛、台球比赛、象棋比赛、钓鱼比赛等,举办拳、剑、排舞、唱歌等培训60次,参加人数达6000余人。三是坚持“老有所用”,充分发挥党员模范作用。活动中心临时党总支自2016年11月成立以来,各支部根据自身优势组织政治学习,开展党性教育。

淳安老年大学紧紧围绕“以人为本、创建和谐校园”这一中心,以提高学员思想政治、科学文化和生理心理素质以及生命、生活质量为目的,开展教育教学活动,取得较为丰硕的成果。一是加强师资队伍建设。积极与教育部门协调沟通,争取到学科水平拔尖的专业教师4名,优化了教师队伍年龄结构。二是科学设置课程。适时调整课程,停开了地理、英语课程,新增口琴、时装秀科目,共设置了26门课程,课程设置做到了动静结合、求知求健结合、传统现代结合、科学性思想性结合。三是搭建学员展示自我、服务社会平台。组织书画摄影班学员参加由省市县宣传、文联等部门组织的庆祝新中国成立70周年书画摄影展赛,成效明显,不少学员作品获奖或入展;6月底、12月底,开展了期末教学成果会演,展现了老有所学的夕阳风采;11月8日,与活动中心联合举办了淳安县第六届老干部金秋艺术节;11月13日,组织部分文艺骨干赴县敬老院开展慰问演出;11月14日,组织部分文艺骨干与陕西宝鸡市金凤凰艺术团开展联谊活动。

【关心下一代工作】 县关心下一代工作围绕县委中心工作,按照省市关工委工作部署,坚持服务青少年的正确方向,以培育和践行社会主义核心价值观为主线,为青少年办实事、做好事。一是积极培育核心价值观,主流思想浸润童心。组织开展“辉煌70年 我心中的祖国”的主题教育活动,深入推进“五红”教育活动。特别是中国工农红军北上抗日先遣队纪念馆,产生了较大的教育效应和影响力,得到省市关工委领导的高度重视和支持,2019年被顺利评为杭州市首批青少年教育基地。开展传统文化进校园、法治教育宣传、红色文化教育、生态环境保护、家风家教、身心健康等方面讲座28场次,受益人数达6000多人。继续开展了“学雷锋、做好事”“好家风代代传”“三爱”等主题实践活动12场次,受教育学生2800余人,在里商乡村坑村建立青少年劳动基地。以“七五”普法为契机,联合公检法司、教育等部门,结合“关爱明天、普法先行”“法在心中”等活动,健全和推进“法制副校长”制度,全年开展法制讲座、模拟法庭、法律知识趣味竞答、禁毒宣传等活动28场次,受教育青少年4500余人。二是开展各类帮扶活动,切实为青少年排忧解难。县关工委先后到大市村、茂畈村、王家源村、潭头村留守儿童俱乐部,南山学校、叶家小学等地看望慰问少年儿童。关爱团团长张志强组织老年大学南山分部的部分“五老”赴南山学校,与青少年同台演出,共展风采。5月,会同市委老干部局共同开展吟诵活动进校园,以深情朗诵,激发学生爱国热情。科技服务团蔡良良、徐金城、何观涛分别在梓桐初中、里商初中、实验小学等学校举办了林业、茶叶等知识讲座,为农村经济发展提供科技扶持。完成福彩暖万家和奋飞助学两项贫困学生资助活动,通过福彩暖万家资助活动,全县80名少年儿童受到合计16万元的资助,奋飞助学活动中，全县 42 名困难学生受到合计 9 万元的资助。确立里商村坑村、文昌幼儿园、新城小学三个点，作为留守儿童关爱项目，合计投入 12 万元。引进绍兴爱心企业家为青溪初中提供 1096 条毛毯。关工委坚持办好“留守儿童俱乐部”、“四点半学校”、假日学校等，切实为家长解难，为学生解困。县关工委、县文明办联合推进全县中小学“第二课堂”教育，成功创建淳安县第四批中小学第二课堂教育基地 9 个。（叶学俭）

·机构编制工作·

【概况】 2019 年，县委编办认真贯彻落实党的十九大以及十九届二中、三中全会精神和上级编委会议精神，紧紧围绕新时代机构编制工作的战略定位和目标任务，聚焦县委、县政府中心工作，扎实做好机构编制工作，为构建与千岛湖特别生态功能区相适应的体制机制、康美千岛湖高水平转化、高质量发展提供体制机制保障。

【党政机构改革】 淳安县机构改革方案批复后，1 月 9 日，县委十四届五次全会专门对《方案》进行了学习传达贯彻。1 月 15 日，召开全县机构改革动员大会，按照《淳安县机构改革方案》全面落实机构改革各项工作任务。在 1 月底前，完成全县 38 家涉改单位共 135 人员转隶。同时根据《淳安县机构改革方案》和《机构改革部门“三定”要素框架制定原则》要求，35 家党政部门涉及职责划转的有 24 个部门 64 项工作职责，同步调整了 27 个部门 55 名行政编制，调整了 13 个部门 111 名事业编制(收回事业编制 18 名)。在制定“三定”过程中，都一对一落实到各个部门。经过调整，淳安县党政部门行政编制数保持不变；内设科室数由 356 个减少到 336 个，减少 20 个，精简率为 5.6%；内设科室领导职数由 545 名减少到 509 名，减少 36 名，精简率为 6.6%。3 月底，全县 35 个涉改部门的“三定”规定，经县委常委会审议后印发。改革后，县委、县政府工作机构共计 35 个，比改革前减少 1 个。同时，结合淳安实际大胆探索创新自选动作，提出了一些淳安特色改革举措。如组建了县千岛湖生态综合保护局、县生态产业促进和服务局。

【乡镇机构改革】 本次乡镇机构改革原则上保持现有组织架构，并根据省市最新乡镇机构改革精神，微调乡镇机构设置和职责。为稳妥推进乡镇机构改革，2 月 26 日桐庐、建德、淳安三地就乡镇机构改革进行集中研究。3 月 3 日，淳安县乡镇机构改革方案通过市委编办初步审核。乡镇的内设机构保持 6＋X 不变，其中财政所由统一单设调整为在综合办挂牌，党群办由 7 个乡镇单设调整为统一单设，综合治理办公室更名为平安建设办公室。3 月，23 个乡镇的“三定”规定印发到位。

【机构改革回头看和事业单位改革调研】 为确保党政机构改革部署落实到位和稳妥推进事业单位改革工作，从 5 月 21 日至 6 月 30 日开展机构改革“回头看”及事业单位改革专题调研工作。

一是巩固县级党政机构改革成果。看改革落实情况，淳安县党政机构改革各项任务落实到位，如职责基本划转到位，部门间推诿扯皮现象大大减少；人员转隶到位，转隶干部情绪稳定，进入角色较快。听机构编制诉求，1 个部门提出新增行政机构，合计 3 个，相应增配股级领导职数 10 名；1 个部门提出设立合署办公的群团机构 1 个；2 个部门提出核增编制，合计 5 个；12 个部门提出增设科室，合计 18 个；12 个部门提出核增股级领导职数，合计 24 名；9 个部门提出核增编外用工指标，合计 56 名。破机构编制难题，对于部门提出的要求,完全同意5家,占比21%;部分同意8家,占比33%;暂缓4家,占比16%;不同意7家,占比30%。二是摸清事业单位改革前家底。听诉求,调研209家事业单位,收集36家单位机构编制7大方面的具体需求,待中央最新的事业单位改革政策明确后,再统筹推进全县事业单位专项改革时一并研究。收意见,10家单位对淳安县事业单位改革提出了相关意见和建议:①事业单位改革进程较慢,希望加快改革进程;②事业单位冻结,无法招聘、调动事业人员,越来越影响正常工作开展;③影响中层干部竞聘,淳安县行政编制少,机关中层干部以事业单位人员混岗为主,因事业冻结,导致大部分单位无法开展竞聘上岗;④人才引进,大部分部门提出缺少专业人员,开展工作很被动,希望以后多引进专业人才。针对收集的意见提交事业单位改革前相关工作意见。

【推进体制改革工作】 一是做好五大领域综合行政执法改革。8月22日,为落实淳安县五大领域综合行政执法改革工作。县委编办召集县市场监管局、县生态环境分局、县交通运输局、县文化广电旅游局、县农业农村局主要负责人,就淳安县"五大领域"综合行政执法改革工作进行专题讨论研究并达成共识,淳安县五大领域综合行政执法改革,按照中央省市统一要求实行"局队合一"体制。按照全市统一模式,各综合行政执法队在主管部门挂牌设置。按照抓大放小,稳步推进的总体要求,摸清执法职责范围、执法机构现状,全面梳理执法事项。共确定划转行政处罚、行政强制等权力事项1787项,锁定执法编制354名。10月下旬,淳安县市场监管、生态环境保护、文化市场、交通运输、农业5支综合行政执法队全部挂牌成立。同时,在省市相关部门的大力支持和不突破基本原则的情况下,淳安作为全市唯一,全省个案,在县农业综合行政执法队加挂了淳安县渔业行政执法队牌子。二是稳步推进县级事业单位改革。10月31日前全面完成5家生产经营类事业单位改革任务。10月31日,省里召开事业单位改革部署推进会后,积极与省市对接相关政策口径,及时成立改革专班。对县级涉改235家事业单位基础数据进行科学分析比对,结合前期调研诉求,进行改革预演,形成改革方案草案。三是继续做好外部"最多跑一次"改革。按职责分工,做好机构改革后部门权力事项和公共服务事项库的调整工作。对淳安县机构改革后各单位名称和职责变动所对应的事项进行维护更新,共转移、更新事项300余条。此外同时配合县电子政务办,在浙江政务服务网上,做好权力清单认领工作。对于权力有划转、交接的各单位,要求各单位书面上报,县委编办统一告之县电子政务办。全县各部门认领权力事项2400余条。四是抓好部门间"最多跑一次"工作。根据职责分工和省市编办要求部署,依靠部门协同,事项上报率超出预期数量的28%,特别是部门联办事项,超出预期数量的300%。县编办与县委改革办积极推动,召集相关单位对全县76家单位分四次进行联合审核,9月底正式公布第一批部门间办事事项(试行)109项以及对应的办事指南和流程图。完成第二批,共19家单位99个主项、141个子项的初步整理。经过初步统计,两批事项精简材料56.8%,节省时间49.9%,高频事项58件100%实现跑一次,跑一次事项245件,跑一次比率达到98%。 (许晶)

·史志工作·

【概况】 2019年,县委党史研究室继续推进党史基地建设,7月,中共淳安县委旧址修缮项目和威坪镇茶合村革命历史纪念馆工程建成并对外开放。9月16日,中共淳安县委旧址项目正式启用。

4月，在全县开展红色资源普查，共普查到土地革命时期、抗日战争时期、解放战争时期及解放后社会主义建设时期、改革开放时期的红色资源点54处，并对每个资源点的情况整理出详细的档案。年底，完成50万字的党史三卷初审稿并通过了市委党史研究室初审。县先遣队纪念馆全年接待参观者8万余人次。

开展红色教育。3月，邀请知名艺术家原创制作发布红色主旋律歌曲《我在红旗下成长》，展示淳安红色场馆、革命遗址、红色旧迹，宣传淳安深厚的红色文化；4月，与安徽休宁白际乡联合开展“庆祝新中国成立70周年暨徽开（茶山）古道红色行徒步活动”，数百名来自全国各地的徒步爱好者沿着徽开（茶山）古道，重走红军路，同唱红军歌，重温红军历史；5月，与有关单位联合主办“庆祝新中国成立70周年暨‘我在红旗下成长’主题征文活动”，征集到近300篇文章。并举行颁奖、诵读、红歌演唱活动；6月，在《今日千岛湖》开辟宣传淳安红色文化专栏——“红色光标”，宣传淳安地区红色旧址、遗迹，红色故事。至年底，共发布30余期；9月，在全县“不忘实心、牢记使命”主题教育中，为党员上党课70余场次。10月，与有关部门共同举办“庆祝新中国成立70周年——红旗下的讲读”首届讲解员技能比武大赛；11月，组织省内外各地红色小山村代表和从事乡村旅游研究的专家，在县委旧址纪念馆召开红色小山村发展研讨会，增进与外县山村联谊。

4月，完成省市年鉴淳安篇的撰写；11月，《淳安年鉴（2019）》出版；12月，完成150万字的《民国淳安县志》整理初稿。推进《新安文化》丛书编撰，两次赴安徽省黄山市与专家交流沟通，及时尽力为他们解决编写中遇到的问题；7月，与安徽中国徽州文化博物馆在黄山市联合举办《新安文化研究丛书》编撰座谈会，共同助推丛书编撰。

【黄海峰走访慰问县委党史研究室工作人员】

2019年2月11日，县委书记黄海峰到县委党史研究室走访慰问工作人员，县领导徐恒辉、汤燕君、管国良、余红英、占志明等陪同走访看望。黄海峰对县委党史研究室近些年来的工作给予高度肯定。

【于跃敏到县先遣队纪念馆调研】 2019年4月1日，杭州市人大常委会主任于跃敏一行到县先遣队纪念馆调研，并实地参观茶山会议旧址，方志敏、粟裕、刘英临时住所等革命遗址。县人大常委会主任董文吉陪同调研。于跃敏充分肯定淳安县在红色文化保护、开发、利用等方面取得的成绩，认为淳安作为杭州市革命老区县，对红色遗址保护工作十分重视，纪念馆作为市红色现场教学基地、市青年干部教育基地，在党性教育、廉政教育中发挥着重要作用。

【黄海峰到中共淳安县委旧址项目调研指导】

2019年5月16日，县委书记黄海峰到王阜乡板桥村中共淳安县委旧址纪念馆调研指导。黄海峰一行首先参观了淳安县委旧址展示厅、淳安解放展示厅，仔细听取了县委党史研究室负责人情况介绍，深入了解淳安县委的发展历史和淳安解放的战斗历程，察看培训教室、营房等配套设施。随后沿着村中新改造的石板路，沿途考察参观板桥村村庄建设和村容村貌。在实地参观考察后，黄海峰对该项目采取保护修缮历史建筑的做法给予十分肯定，认为建筑整体给人以“修旧如旧、建新如故”的印象，项目达到了预期效果。要以县委旧址开放为契机，利用红色资源优势，传承好红色基因，促进当地经济发展。

【中共淳安县委旧址项目正式启用】 2019

年9月16日，中共淳安县委旧址启用仪式在王阜乡闻家村板桥自然村举行，县委书记黄海峰，县委副书记、县长董毓民为中共淳安县委旧址启用揭牌，并参观县委旧址展示厅、淳安解放展示厅。中共淳安县委旧址综合保护项目，于2017年10月启动方案设计论证，2018年3月进场施工，2018年10月底完工，总投资近900万元。建设内容包括复建县委旧址房和营房；新建简易教室、进村景观大道、观景台、小型停车场和进村节点标志；改造中央广场、旧址周边农房外立面和道路；布展县委旧址和淳安解放展示厅等。在建设中，按照"原汁原味"和具有"乡土气息、乡村风味"的设计要求，入乡随俗，就地取材，做到县委旧址"原貌"保存，陈列布展"原景"呈现，周边环境"原境"营造，很好地展示了淳安早期共产党员的初心和使命。

【《新安文化研究丛书》编撰座谈会】 为促进杭黄两地文化合作，交流新安文化研究成果，2019年7月17日，安徽中国徽州文化博物馆和淳安县委党史研究室(县地方志办公室)在黄山市联合召开《新安文化研究丛书》编撰座谈会。黄山市委宣传部常务副部长胡建斌，市社科联主席杨永生，市文旅局副局长王迎春，淳安县委常委、宣传部长部汤燕君，县人大常委会副主任徐月焕，县政协副主席何建法出席会议。丛书编撰专家和淳安县有关部门负责人等30余人参加会议。本次会议是《新安文化研究丛书》编撰工作启动以来召开的第四次会议。座谈会上，丛书编撰部主任翟屯建强调了新安江文化研究的重要意义，进一步明确了丛书编撰要求。与会专家围绕承担课题，就编撰进展情况、存在困难问题、计划完成时间及最新研究成果等作了交流。

【县先遣队纪念馆被命名为省级爱国主义教育基地】 2019年12月1日，淳安县中国工农红军北上抗日先遣队纪念馆被浙江省委、浙江省人民政府命名为第十一批省级爱国主义教育基地，成为淳安县第一个省级爱国主义教育基地，实现省级爱国主义教育基地零的突破。县先遣队纪念馆在弘扬爱国主义精神、培育和践行社会主义核心价值观，进行爱国主义教育，特别是在青少年中开展爱国主义教育、理想信念教育和革命传统教育中发挥着重要作用，是淳安"红色基因"传承的主阵地。2019年，纪念馆接待参观者10余万人次，15人以上的团队500余个，举办各级"不忘初心、牢记使命"主题教育培训班100余场。

【《淳安年鉴(2019)》出版】 2019年12月，《淳安年鉴(2019)》由方志出版社出版。全书设36个类目，64.9万字，印数800册。该年鉴全面系统地记载了2018年淳安县政治、经济、文化和社会生活等各方面的基本情况，反映了淳安县三个文明建设的新特点、新成就、新经验。

(刘东山)

(编辑　徐华健)

中国共产党淳安县纪律检查委员会 淳安县监察委员会

【县纪委十四届五次全会】 县纪委十四届五次全会于2019年2月18日召开。会议回顾总结2018年县党风廉政建设和反腐败工作，部署2019年任务。县委书记黄海峰出席会议并讲话，县委常委、纪委书记、监委主任徐恒辉代表县纪委常委会作题为《忠诚履行职责使命 深化清廉淳安建设 奋力谱写新时代纪检监察工作高质量发展新篇章》的工作报告。

【强化政治监督】 把抓好“不忘初心、牢记使命”主题教育“9+1”专项整治和整改落实工作作为政治监督的重要内容，推动主题教育走深走心走实。深入开展千岛湖临湖地带综合整治监督执纪，聚焦关键环节权力风险点，共开展监督检查213次，发现问题65个，提出建议27条，出台禁止性规定6条，为高质高效推进临湖项目整治提供了强有力的纪律作风保障。深化政治巡察，对20家单位开展常规巡察，发现问题788个，移交问题线索34条。对139个村开展村级巡察暨扶贫领域专项巡察，开展人防系统专项巡察，发现问题2108个，移交问题线索168条。对22家被巡察单位开展巡察整改情况回访检查。落实“一案双查”，对4起落实“两个责任”不力问题进行追责，问责处理6人。

【推进专项整治】 牵头开展群众身边不正之风和侵害群众利益问题专项整治，会同14家职能部门确定15个集中整治项目，精准施治，狠抓落实。着力推进机关事业二级单位财务不规范问题专项整治，督促全县203家二级单位开展自查自纠，对6家单位开展专项抽查，发现问题29个，下发责令整改通知书6份，问责2人。深入推进违规房产交易、违规借贷、违规享受集体所有土地征迁安置政策、违规发放工作手机、违规招商引资、人防系统腐败等问题专项整治，下发监察建议书5份，给予4名党员领导干部党纪政务处分。

【持续正风肃纪】 严格落实中央八项规定及其实施细则精神，持之以恒纠治“四风”，共收到主动上交礼卡礼品礼金折合人民币32.956万元，查处违反中央八项规定精神问题12起，问责处理13人，其中党纪政务处分8人，点名道姓通报曝光典型案例6起。深入开展形式主义、官僚主义问题专项整治，及时发现并查纠问题，切实为基层减负。加强对扶贫攻坚、“六大攻坚战”、减税降费、“大棚房”清理整治等重点工作任务推进中“不担当、不作为、不落实”问题的监督检查，共查处“三不”问题84起，处理124人，其中党纪政务处分13人。

【落实监督首责】 统筹整合纪律监督、监察监督、派驻监督、巡察监督四种监督力量，综合运用谈话函询、提出纪检监察建议、检查抽查等方式，从严从细从实密织“监督网”。深化运用监督执纪“四种形态”特别是第一种形态，全年共处置问题线索1001件，其中“四种形态”占比分别为74.8%、18.8%、4.0%、2.4%。出台实施《鼓励担当作为建立容错纠错机制的实施办法(试行)》，严格把握“三个区分开来”要求，共为15名受到不实举报的党员干部予以澄清正名。制定村级小微权力清单，出台村级限额以下小额工程管理实施办法，建立健全运行规范、全程公开、管控有效的村级“三小”监督体系。

【深化体制改革】 认真落实监督执纪工作规则、监督执法工作规定，规范和完善线索处置、留置审批、检察机关提前介入等机制，推动纪法贯通、法法衔接更加顺畅高效。全县共对8名被调查人采取留置措施。实施新一轮纪检监察派驻机构改革，改革后，县本级设派驻机构11家，其中综合派驻8家，单独派驻3家。着力优化县纪委监委内设机构人员结构，进一步配优配强监督检查和审查调查岗位力量。探索推进乡镇监察办和村(社)监察联络员履职有效途径，进一步发挥“家门口的监委”作用。全县乡镇纪委、监察办运用第一种形态处理388人次，诫勉50人次，提出监察建议44条。完善更新公职人员清廉档案13000余份，累计调取查阅389次，推动监督更加精准高效。高质量完成审理辅助信息系统运行试点，并在各乡镇纪委、各派驻机构全面铺开应用，审理工作质效得到提升。

【高压反腐惩恶】 巩固发展反腐败斗争压倒性胜利，县纪委监委全年共受理检举控告192件次，全县各级纪检监察组织共立案234件，党纪政务处分227人，其中县管干部11人，移送司法机关6人，通过监督检查和审查调查，为国家和集体挽回直接经济损失1667万余元。严肃查处民生领域“小官大贪”腐败案件，取得了良好的政治、纪法和社会效果。把“破网打伞”和惩治基层“微腐败”结合起来，深挖彻查案件背后腐败和“保护伞”43起43人，查处群众身边的不正之风和腐败问题10起22人。严格处分决定执行情况检查，追缴多发钱款、退还多扣钱款共计37万余元。做好查办案件“后半篇文章”，推动案发单位以案促改、建章立制。改建县纪委监委新办公大楼，建设标准化谈话场所，规范留置执行和“走读式”谈话，开展办案安全应急演练，加强对审查调查工作的全程监管，确保办案安全。

【开展清廉宣教】 深入开展集中警示教育活动，编发《典型案例汇编》，共组织103批次7542名党员干部参观法纪廉政教育基地，开展218场党风廉政宣讲培训。拍摄“纪委来了”系列廉政微电影，举办“清廉淳安”摄影大赛，打造清廉文化精品点，持续营造崇廉尚廉浓厚氛围。推动全县各级各单位深入排查廉政风险，落实防控举措。大力宣传全面从严治党特色亮点工作，省级以上媒体刊登新闻稿件100余篇。

【加强队伍建设】 扎实开展纪检监察机关“不忘初心、牢记使命”主题教育，推动机关干部自我检视、整改落实。深化全县纪检监察干部全员培训，认真学习贯彻监督执纪工作规则和监督执法工作规定，参加全市纪检监察系统锻钢铸魂“大比武”荣获二等奖，派员参加全省“大比武”荣获第一名。加大全县纪检监察干部的选拔任用和轮岗交流力度，打通干部交流渠道，激发了干部队伍想干事、能干事、会干事的热情和活力。聘请首届特约监察员，主动接受各方面监督。强化内部监督管理，修订县纪委常委会议事决策制度，落实“五张清单一张网”，带头排查防控廉政风险和警示教育，严防“灯下黑”。

(方秀珍)

(编辑　徐华健)

淳安县人民代表大会

·人民代表大会会议·

【县第十六届人民代表大会第一次会议】 2019年2月15日至18日在千岛湖镇举行。大会应到代表237名，实到231名，因病因事请假6名，列席人员213名。会议听取和审议了县长董毓民所作的县人民政府工作报告、县人大常委会主任余永青所作的县人大常委会工作报告、县人民法院院长陈奇策所作的县人民法院工作报告、县人民检察院检察长杨勇所作的县人民检察院工作报告。会议决定批准以上报告，并作出相应决议。会议审查和批准了县发展和改革局《关于淳安县2018年国民经济和社会发展计划执行情况与2019年国民经济和社会发展计划草案的报告（书面）》及县财政局《关于淳安县2018年财政预算执行情况和2019年财政预算草案的报告（书面）》。

会议依法选举产生了县十六届人民代表常务委员会，选举董文吉为主任，章传强为副主任；选举徐恒辉为县监察委员会主任。会议还决定法制内务司法委员会更名为监察和法制司法委员会。

会议收到代表提出的议案、建议148件。这些议案建议中，涉及提升康美环境方面38件，发展康美产业方面43件，优化康美生活方面62件，锻造康美团队方面5件。经大会主席团研究，全部作为代表建议处理，交县政府和有关单位办理。

·人大常委会会议·

【县第十六届人大常委会第十七次会议】 1月3日举行。会议讨论通过了讨论通过了关于召开县十六届人大三次会议的决定；讨论通过了县十六届人大三次会议议程（草案）、日程（草案）；审议通过了县人大常委会2019年工作要点；审议通过了县人大常委会2019年讨论决定重大事项初步清单；书面审查了2018年县人大常委会关于开展规范性文件备案审查工作情况的报告；审议了拟提交县十六届人大三次会议的淳安县2018年度环境状况和环境保护目标完成情况的报告（送审稿），审议通过了县监察委员会主任赖明诚提请的人事任命报告，决定任命徐恒辉为淳安县监察委员会副主任；审议通过了县人大常委会主任余永青提请的关于赖明诚辞去淳安县监察委员会主任职务的议案；审议通过了县人大常委会主任余永青提请的关于副主任徐恒辉代理淳安县监察委员会主任职务的议案；审议通过了县长董毓民提请的人事任免议案，表决通过了关于接受余永青、徐晓东辞去杭州市第十三届人民代表大会代表职务的决议，依法补选董文吉为杭州市第十三届人民代表大会代表；还举行了颁发任命书和宪法宣誓仪式。

【县第十六届人大常委会第十八次会议】 1月16日举行。会议讨论通过了关于接受袁君、余慧梅、祝云祥、张家兵辞去淳安县第十六届人民代表大会常务委员会委员职务的决定，决定接受祝云祥同志辞去淳安县第十六届人民代表大会代表职务；讨论通过了县人大常委会主任会议和县人大常委会主任余永青分别提请的人事任免议案；听取了县政府工作机构调整情况说明，讨论通过了县人民政府县长董毓民提请的人事任免议案，举行了任命书颁发和宪法宣誓仪式，鲍永红、袁君代表新通过任命人员作了表态发言；审议通过了县人民法院院长陈奇策提请的关于姚黎盛等任职的报告，任命姚黎盛等100名淳安县人民法院人民陪审员；听取和审议了拟提交县十六届人大三次会议的县政府、计划、财政、法院、检察院和民生实事候选项目形成情况六个报告(送审稿)；听取和审议了2018年政府投资项目实施情况和2019年政府投资项目计划安排情况的报告、2018年财政收支预算执行情况和2019年财政收支预算安排建议及2019年部门预算编制情况的报告；按照《淳安县人大常委会关于政府重大投资项目票决的实施办法》的规定，票决通过了2019年投资额超过3000万元的7个政府新建项目；听取和审议了县十六届人大常委会代表资格审查委员会关于县十六届人大三次会议代表资格的审查报告；讨论通过了县十六届人大三次会议列席人员名单。

【县第十六届人大常委会第十九次会议】 2月26日举行。会议接受钱建柱等15名同志辞去淳安县第十六届人民代表大会代表职务；作出了关于补选淳安县第十六届人民代表大会代表的决定；邀请浙江大学城市学院城乡治理与立法研究中心主任、副教授方洁作了《行政诉讼法》专题讲座。

【县第十六届人大常委会第二十次会议】 5月9日举行。会议审议通过了县长董毓民提请的人事任免议案，决定任命徐建球为淳安县审计局局长，决定免去杨仁宽的淳安县审计局局长职务，并举行了宪法宣誓仪式；听取了淳安县扫黑除恶专项斗争开展情况的报告；邀请浙江警察学院副教授、治安系副主任陈晓济作了《治安管理处罚法》专题讲座。

【县第十六届人大常委会第二十一次会议】 7月1日举行。会议审议通过了县长董毓民提请的人事任免议案、县人民法院院长陈奇策提请的人事任免报告和县人民检察院检察长杨勇提请的人事免职报告；举行了颁发任命书仪式和宪法宣誓仪式，新通过任命的县人民政府副县长、公安局局长李浙峰向宪法宣誓。

【县第十六届人大常委会第二十二次会议】 8月2日举行。会议审议通过了县监察委员会主任徐恒辉提请的人事任免报告；听取和审议了《淳安县人民政府关于提请审议〈淳安县(千岛湖)环境质量管理规范〉的议案》；听取和审议了县审计局局长徐建球受县人民政府委托所作的《关于2018年度淳安县本级财政预算执行和其他财政收支的审计工作报告》；听取和审议了县财政局局长陆建育受县人民政府委托所作的《关于淳安县2018年财政决算草案的报告》和《关于淳安县2019年1—6月份财政预算执行情况的报告》，批准了县人民政府提出的2018年财政决算；审议了《淳安县人民政府关于提请审议2019年地方政府债务限额及新增债券资金预算调整方案的议案》，批准了淳安县2019年地方政府债务限额及新增债券资金预算调整方案。

【县第十六届人大常委会第二十三次会议】 9月6日举行。会议讨论通过了关于接受张家兵辞去淳安县第十六届人民代表大会代表职务的决定；讨论通过了关于接受王芳辞去淳安县第十六届人民代表大会常务委员会委员职务的决定；邀请杭州市生态环境局法规处处长高亦良作了《土壤污染防治法》专题讲座。

【县第十六届人大常委会第二十四次会议】 11月8日举行。会议讨论通过了关于接受钟文静辞去杭州市第十三届人民代表大会代表职务的决议，依法补选杨英英、洪余良为杭州市第十三届人民代表大会代表；讨论通过了关于接受王明清辞去淳安县第十六届人民代表大会代表职务的决定；审讨论通过了县人大常委会主任董文吉提请的人事任职议案，任命程建渭为淳安县人大常委会城乡建设环境保护工作委员会副主任，并举行了宪法宣誓仪式；听取了县政府国有资产管理情况报告；听取了审计问题整改情况报告；邀请浙江省人民检察院第八检察部副主任、四级高级检察官胡卫丽作了公益诉讼专题讲座。

【县第十六届人大常委会第二十五次会议】 12 月 3 日举行。会议讨论通过了关于接受王武杭等 10 名同志辞去淳安县第十六届人民代表大会代表职务的决定；作出了关于补选淳安县第十六届人民代表大会代表的决定，决定补选 12 名淳安县第十六届人民代表大会代表，同时确定 2020 年 1 月 3 日为选举日；讨论通过了有关人事任免事项，举行了宪法宣誓仪式；会议讨论通过了淳安县人大常委会专题调研工作办法、淳安县人大常委会审议意见问题整改销号及公开办法；审议了县人民政府关于 2019 年预算调整方案（草案）的议案，决定批准淳安县 2019 年预算调整方案。

【县第十六届人大常委会第二十六次会议】 12 月 30 日举行。会议讨论通过了有关人事任免事项，决定任命张鸿斌同志为淳安县人民政府副县长；接受董毓民同志辞去淳安县人民政府县长职务，决定由张鸿斌副县长代理淳安县人民政府县长职务；讨论通过县人大常委会主任董文吉提请的人事免职议案，免去徐文文同志的淳安县人大常委会办公室副主任职务；审议通过了县人民法院院长陈奇策提请的人事任免报告；作出了关于补选淳安县第十六届人民代表大会代表的决定，决定补选 1 名淳安县第十六届人民代表大会代表，同时确定 2020 年 1 月 13 日为选举日；讨论通过了关于召开县十六届人大四次会议的决定；讨论通过了县十六届人大四次会议议程（草案）、日程（草案）；讨论通过了关于设立县十六届人大社会建设委员会的决定（草案）、县十六届人大社会建设委员会组成人员人选通过办法（草案）；听取了县人民政府关于 2019 年民生实事项目完成情况的报告，并开展了满意度测评；书面审查了 2019 年县人大常委会关于开展规范性文件备案审查工作情况的报告；书面审查了拟提交县十六届人大四次会议的县人大监察和法制司法委员会、财政经济委员会两个工作报告。

·常委会日常工作·

【专项工作审议和视察检查】 4 月 1 日，县人大监察和法制司法委员会对淳安县居家养老服务工作情况开展专项视察，并听取了民政局关于居家养老服务工作情况的汇报；4 月 26 日，县人大常委会主任会议成员视察了乡镇及城区的部分幼儿园，并专题听取和审议了《浙江省学前教育条例》贯彻执行情况的报告；5 月 17 日，县人大常委会主任会议专题听取和审议了乡村振兴战略实施情况报告；5 月 28 日，县人大专业代表小组对淳安县城市旅游产业发展情况进行了视察，现场察看了骑龙巷、大白鲸、博物馆和啤酒小镇等项目，听取了县文化和广电旅游体育局关于城市旅游产业发展情况的汇报；6 月 21 日和 27 日，县人大常委会组织代表视察了部分重点项目，主任会议听取和审议了县政府关于全县重点项目建设情况的报告，并开展了专题询问；6 月 26 日，县人大常委会主任会议听取了县人民政府《关于我县医共体建设的情况汇报》，并在前期深入调研、广泛征求群众意见的基础上,围绕“医共体”试点建设过程中的热点难点问题,开展了专题询问;7 月 2 日,县人大常委会专业代表小组对全县农民饮水保障工程提升改造情况进行了专项视察,实地察看了界首乡严家村单村供水情况、姜家镇及浪川乡集中供水情况等,听取了县千岛湖生态综合保护局关于全县 2019 年提升农村饮用水设施项目情况汇报;6 月 28 日,县人大常委会主任会议专题听取和审议了《治安管理处罚法》贯彻执行情况的报告;8 月 7 日,县人大常委会组织专业代表小组对淳安县少数民族村发展情况进行专项视察,实地察看了千岛湖镇富泽村,听取了富泽村经济社会发展情况汇报;8 月 21 日,县人大常委会主任会议专题听取和审议了千岛湖城区沿湖生态修复与景观提升工作报告;9 月 5 日,县人大常委会组织部分市县人大代表对淳安县千黄高速等交通重点工程建设情况进行了视察;9 月 18 日,县人大常委会主任会议专题听取和审议了县人民检察院关于开展公益诉讼工作情况的报告;10 月 17 日,县人大专业代表小组对全县城市有机更新工作情况进行视察,现场察看千岛湖镇排岭南路“上改下”、塘边老旧小区改造、西园广场至明珠灯控段交通治堵、移动公司搬迁等项目,听取县住建局关于城市有机更新工作情况的汇报。

【规范性文件备案审查】 2019 年,根据《淳安县人民代表大会常务委员会规范性文件备案审查规定》的要求,县人大常委会依法对县政府报送的《关于深化“亩均论英雄”改革的实施意见》《关于进一步完善政策性农业保险的实施意见》《关于印发淳安县最低生活保障实施办法的通知》《关于印发淳安县农村困难家庭危房改造即时救助工作实施意见的通知》《关于加快发展人力资源服务业的实施意见》《关于做好当前和今后一个时期促进就业工作的实施意见》《关于进一步加强食用农产品质量安全入市管理工作的通知》《关于进一步完善淳安县被征地农民基本生活保障制度的实施意见》《关于印发淳安县国三柴油车淘汰补助实施细则的通知》《关于印发淳安优秀文艺作品“秀水奖”评审办法的通知》《关于公布行政规范性政策性文件清理结果的通知》《关于推进企业利用资本市场的实施意见》《关于印发淳安县老旧小区综合改造提升工作实施方案(2020—2022 年)的通知》等 13 个规范性文件进行备案审查,并将《淳安县(千岛湖)环境质量管理规范》报请市人大常委会备案。

【代表工作】 统筹开展代表集中培训与分散培训,组织全体县人大代表在枫树岭镇进行专题培训,学习习近平新时代中国特色社会主义思想,相关法律法规、代表行为守则,建立代表履职档案,提升代表履职积极性,进一步提高乡镇人大工作水平。创新代表活动方式,组织全体代表跟踪监督民生实事项目实施,开展代表评议部门基层站所活动,深化代表集体约见询问乡镇政府部门负责人活动,探索代表列席村级会议,助推热点难点问题解决。邀请代表参加政情报告会及审议、视察、调研、执法检查、建议督办、民生实事项目征集等活动,拓宽代表知政督政渠道。发挥代表模范带头作用,积极参与“六大攻坚战”、重点项目建设等中心工作和县域公共事务管理,协调和处理矛盾纠纷,为淳安经济社会发展贡献智慧和力量,展现代表干事创业风采。全覆盖开展代表联络站规范化建设,注重代表联络站活动开展的经常性、广泛性、多样性,将代表学习、视察调研、接待选民、述职评议、建议督办、履职考核等活动列入代表联络站活动清单,做到“月月有活动、季季有实效、年年有亮点”。深化县级领导进代表联络站工作,与县委办联合下发文件,服务和保障县级领导进站接待代表和群众,县级领导进联络站共收集意见建议 93 条次,督办代表建议

78件，推动建议解决51件。组织代表进联络站听取群众意见，解答群众疑惑，回应人民期待，全县共开展联络站接待活动176次，接待选民6340人次，收集选民意见建议1580条次。

【建议督办】 县十六届人大三次会议期间，代表共提出议案及建议、批评和意见148件，根据县人大常委会督办重点建议工作和《关于县政府领导领衔办理县人大代表重点建议的意见》的要求，为切实做好代表议案建议办理工作，县人大常委会研究决定将《关于加强农业面源污染防控力度，提升千岛湖水质的建议》等10件建议作为县人大常委会领导督办、县政府领导领衔办理的重点建议。加强建议质量把关，组织代表开展走访调研，充分听取群众意见，提高代表建议质量。坚持重点建议县政府领导领办和人大常委会领导督办制度，专题审议建议办理情况报告，落实网上公开、中期督办、不满意件重办、代表小组集体评议、办理情况督查考核等措施，强化持续跟踪，建议办理质量与效果实现新提升。县十六届人大三次会议上代表提出的148件建议均在法定期限内办结，解决率达60.1%。10件重点建议有效落实，得到群众好评。

【代表补选】 2019年依法完成了15名县代表的补选工作。

【自身建设】 始终把坚持党的领导作为做好人大工作的根本保证，提高政治站位，强化政治担当，确保正确政治方向。坚持用科学理论武装头脑，深入学习贯彻习近平新时代中国特色社会主义思想和党的十九届四中全会精神，深刻学习领会习近平总书记关于坚持和完善人民代表大会制度的重要思想、关于地方人大及其常委会工作的重要指示精神，认真贯彻落实省、市、县委人大工作会议精神，树牢“四个意识”，坚定“四个自信”，做到“两个维护”。按照县委统一部署开展“不忘初心、牢记使命”主题教育，把理论学习、调查研究、检视问题、整改落实贯穿始终，在坚持党组理论中心组学习、“人大讲坛”等制度的基础上，创新开展“早晚半小时”集中学习活动，扎实开展“破旧立新、思想解放”大讨论、“走亲连心三服务”、“六大攻坚战”等活动，领衔重点工作破难攻坚，强化问题整改落实，初心使命意识进一步增强。健全向县委请示报告制度，把人大常委会党组向县委请示报告事项具体细化为两大类16个方面，主动向县委请示报告重大问题和重大事项，每月报告当月工作完成情况和下月工作计划，年底报告全面工作情况。积极配合、精心筹备开好县委人大工作会议，对照会议精神和文件要求，逐项逐条进行细化研究、抓好落实，进一步明确人大工作的目标任务和努力方向，增强做好新时代人大工作的责任感和使命感。坚持在服务大局中实干笃行，按照县委统一部署和要求，积极参与“六大攻坚战”、临湖地带综合整治、重点工作督查、“大下姜”联合体乡村振兴等工作，在研究工作思路、确定工作方案、协调矛盾纠纷等方面，充分发挥人大职能优势和作用，有效助推各项重点工作。加强和改进调查研究工作，形成农村富余劳力家门口就业、农业面源污染防治等6个专题调研报告，为县委县政府决策提供依据。积极向上反映淳安发展的实际困难和群众呼声，争取省市在建设特别生态功能区、建立生态补偿机制、加大民生保障力度等方面给予淳安更多支持。 （向健）

（编辑　徐华健）

淳安县人民政府

·重要会议·

【县政府常务会议】 2019年1月9日,县政府召开第二十五次常务会议。会议就县政府工作报告,2018年国民经济和社会发展计划执行情况与2019年国民经济和社会发展计划,2019年度政府投资项目计划以及政府投资项目2018年县本级收支执行和2019年收支计划,2018年财政预算执行情况和2019年财政预算草案以及一般公共预算、政府性基金预算、国有资本经营预算、社会保险基金预算,2018年度环境状况和环境保护目标完成情况,2018年民生实事项目完成情况和2019年民生实事候选项目情况等进行了研究和审议。

2019年3月1日,县政府召开第二十六次常务会议。会议就龙眼岛、天鹅山EF项目综合整治方案,蚕桑种业地块、鲟龙科技地块收购方案,千岛湖壹号项目、东方海岸项目评估报告、审核报告等进行了研究和审议。

2019年4月10日,县政府召开第二十七次常务会议。会议就兴海地块项目、富文乡原初级中学商住地块(苏格拉蒂)项目、阳山岛项目综合整治方案,黄智山地块收购方案,淳安县最低生活保障实施办法,落实困难企业社保费返还政策,淳安县低收入农户高水平全面小康计划(2018—2020年),2019年度化肥农药双减实施方案,扫黑除恶专项斗争推进情况和配合督导工作流程及准备情况等进行了研究和审议。

2019年4月19日,县政府召开第二十八次常务会议。会议就秀水山庄项目整治工作方案、淳安县媒体融合工作实施方案等进行了研究和审议。

2019年6月12日,县政府召开第二十九次常务会议。会议就千岛湖环境质量管理规范(修编),淳安县工业污染防治实施方案、淳安县农业面源污染防治实施方案、淳安县林业生态安全和面源污染防治实施方案、淳安县水质保护生活污染防治实施方案,停止执行"杭州千岛湖品湖度假村"等12个项目《责令关闭决定书》相关事宜,"望千岛"地块综合整治、逸和源一杭州千岛湖颐养中心项目综合整治、千岛湖宋家渔村(陆上)项目综合整治、大千古街和碧水湾项目综合整治、启德机场项目综合整治相关事宜,2018年度考核优秀教师记三等功和给予嘉奖相关事宜,被征地农民社会保障"人地对应"实施意见等进行了研究和审议。

2019年6月28日,县政府召开第三十次常务会议。会议就望湖宾馆地块国有土地房屋征收、农村困难家庭危房改造即时救助工作实施意见、2019年相关消薄资金使用、省级食品安全县创建、淳安县行政规范性文件管理规定、淳安县行政机关负责人应诉管理办法、道路建设等项目占用水域、农村饮用水项目计划调整、农夫山泉扩迁建坪山一期项目地块上建(构)筑物拆除,冠鼎泽恒业项目、华联进贤湾项目、左口桃源居项目综合整治方案,钱龙钓吧1—5号地块收购方案,千岛湖宋家渔村项目(出让、租赁土地)综合整治专项审计情况的审核报告等进行了研究和审议,专题学习了《中华人民共和国安全生产法》,通报了别墅清查整治工作。

2019年8月9日,县政府召开第三十一次常务会议。会议就"华赢贷"网络借贷平台处置、进一步推进国有资本集聚优化的实施方案进行了研究和审议，专题学习了《综合行政执法》。

2019年8月28日，县政府召开第三十二次常务会议。会议就千岛湖坪山东南侧1#、2#地块（天鹅山房地产项目三期EF区块）前期实际投入退出补偿、淳安县睿达实验学校终止办学、淳安县人民政府重大决策出台前向县人大报告制度、淳安县原机关事业单位养老保险统筹参保人员养老保险关系衔接处理意见等进行了研究和审议。

2019年10月9日，县政府召开第三十三次常务会议。会议就陆家埠酒店项目整治、千岛湖临湖地带综合整治9个项目处置方式调整、推进全县教育高质量发展和淳安县教育发展大会各类表彰人选建议名单、国三柴油车淘汰补助实施细则、完善淳安县被征地农民基本生活保障制度、做好就业创业工作和促进就业工作、加快发展人力资源服务业、加强新时代淳安公安工作等进行了研究和审议。

2019年10月16日，县政府召开第三十四次常务会议。会议就千岛湖碧水湾酒店项目综合整治评估情况审核报告、杭州市淳安特别生态功能区管理办法（草案）、优秀文艺作品"秀水奖"评审办法、信息化建设管理办法和信息化建设技术规范要求、延续执行《推进企业利用资本市场的实施意见》、城镇小区配套幼儿园治理等事宜进行了研究和审议。

2019年11月5日，县政府召开第三十五次常务会议。会议学习了地方政府性债务管理政策，并就老旧小区综合改造提升、深化推进城区生活垃圾分类、加强专职社区工作者队伍建设、政府投资项目安防建设、行政规范性政策性文件清理结果等事宜进行了研究和审议。

·政务公开工作和电子政务·

【"互联网+政务服务"】 全县政务服务事项共2236项，其中"一证通办"实现率100%、网上办"实现率100%、"掌上办"实现率99.15%、"跑零次"实现率100%、"即办件"98.84%、诺期限压缩比99.66%。

【"互联网+监管"平台推广】 开展国家"互联网+监管"系统的省市县三级监管事项目录清单认领和实施清单编制录入工作，涉及部门39家，共认领"互联网+监管"事项586项，编制实施清单数量560项。推进浙政钉掌上执法系统应用工作，全县执法人员开通477人，开通率、激活率均为100%，累计检查总数11255次，人均检查达23.6次。

【"互联网+协同办公"应用】 全县浙政钉注册人数7162人，激活人数7162人，激活率100%，日均活跃率77%。协同办公OA、机关内部"最多跑一次"等微应用也有序接入浙政钉，用户账号融入浙政钉用户体系，实现统一登录、无缝切换，内部邮箱、公文办理、会议收发、信息报送等功能移动可办，其中使用人数6306人，收发文件54998份。

【政务数据归集共享应用】 向省市归集不动产登记、社保医保、窗口取号、用水用气等数据，涉及十余份表、数百字段。对接不动产综合业务平台、国土局系统、非现场执法系、"一窗受理"淳安平台等系统，通过数据共享平台调用接口资源38个，调用5.8万次；人社局等30部门已申请页面资源389个，查询15.7万次。推广电子证照及签章应用，全县发放电子签章（含数字证书）122个，签章达13.2万次。

【整合基础设施资源】 完成统计、卫健、人防、水利、林业、环保、人社、住建、农业农村、市场监管等垂直部门的专网整合工作，全部接入电子政务网络。全县电子政务视联网接入89家，召开视频会议62次。26家县级部门1192个事项接入“一窗受理”平台，其中复用省市级事项125项，淳安自建事项1067项，总办结办件量12013件。搭建机关内部“最多跑一次”平台，发布了39家单位250个事项的基本信息、办事指南，179个事项在PC端和手机端上线运行。全年完成60个信息化项目评审工作，共审核项目8756万元。

【落实信息系统安全】 推进信息系统安全管理工作，确保数据安全、业务系统安全，不添乱、不添堵。每季度定期开展一次信息系统巡检以及漏洞扫描和渗透测试，每半年开展一次业务系统应急演练，举办全县数据安全培训讲座2期。

·外事工作·

【概况】 2019年，淳安县共办理因公出国(境)任务30批68人次。其中，自组团8批36人次(党政团组5批30人次；教育系统暑期游学团组2批4人次；国有企业团组1批2人)，参加省市部门组团22批32人次。出访的主要内容为经贸洽谈、业务培训、交流访问和招商引资等。全年共接待重要来宾2批25人次。

【主要出访】 7月，县人大常委会主任董文吉带队赴德国、俄罗斯开展绿色生态城市建设交流、节能环保技术合作洽谈及调研体育场馆建设及运营；8月，县委常委、常务副县长赖明诚带队赴奥地利、荷兰调研乡村发展，并就乡村旅游、生态农业、传统文化等方面的交流与合作进行洽谈；同月，县委常委、统战部部长鲁连美带队赴土耳其、捷克推介淳安中小企业，搭建合作交流平台，洽谈两地企业的交流与合作。 (王淑萍)

·住房公积金管理与住房保障·

【住房公积金归集】 2019年，新增住房公积金建制职工7537人，净增正常缴存职工632人，年末建制单位2042户，建制职工44156人，其中：正常缴存职工33635人，封存停缴职工27265人(未结清人数10521人)。

2019年，住房公积金归集总额6.54亿元，比上年增长6.51%，其中：一般住房公积金6.49亿元，比上年增长6.74%；住房公积金补贴513.97万元，比上年减少10.82%；一次性住房补贴17.08万元，比上年减少73.81%；年末归集余额12.78亿元，其中：一般住房公积金余额12.57亿元，住房公积金补贴余额1275.23万元，一次性住房补贴余额88.26万元。2019年7月发文调整住房公积金缴存基数，进一步明确住房公积金缴存基数组成范围、统一标准、规范操作，根据2018年度淳安县在岗人均收入和2019年全县最低工资标准，严格执行“限高保低”政策，完善住房公积金管理系统相关信息。2019年9月公积金电子影像档案系统正式上线，实现公积金业务“精简、优化、规范、高效”工作目标。

【住房公积金提取】 2019年，住房公积金提取总额5.67亿元，比上年减少5.18%。其中，职工住房消费提取5.16亿元，比上年减少3.91%。

【住房公积金贷款】 2019年，办理住房公积金贷款1044户，发放贷款资金4.38亿元，比上年下降31.11%。全年回收住房贷款本金2.19亿元，年末贷款余额19.03亿元，存贷比149%，逾期贷款率为零。新增存量公积金贷款转商业贴息贷款4.18亿元，公积金转商业贴息贷款余额为5.93亿元。为贯彻落实“最多跑一次”改革精神,结合“破旧立新,解放思想”大讨论活动,2019年住房公积金贷款实现“一件事”办理,同年10月引进个人信用报告自助查询机,进一步优化公积金管理服务举措,缩短办事时间,方便群众办事。

【公积金增值收益】 2019年,住房公积金业务收入6606.76万元,业务支出4507.06万元,增值收益2099.70万元,比上年降低12.31%。年末分配提取个人贷款风险准备金196.07万元,提取廉租房建设补充资金1903.63万元。

【落实竞争性存款政策】 2019年分中心委托淳安千岛湖明瑞企业管理咨询有限公司于3月、4月、10月分3次开展了增值收益存款竞争性存放招投标工作。三次增值收益存款竞争性存放招投标金额共计11899万元,中标单位分别为建行、中行、农行、工行等9家委贷银行,并已于2019年12月底完成相关定期存款存放工作。

【创新委贷合作模式】 2019年4月分中心出台了《关于创新公积金(增值收益)竞争性存放,助推公积金建制扩面和“最多跑一次”改革的实施意见》,各委贷银行在继续贯彻落实《关于创新委贷合作模式,助推“最多跑一次”改革的实施意见》的基础上,分中心把建制扩面成效与“一窗受理,集成服务”“一件事”办理等工作同步考核,按季兑现增值收益存款。该举措在杭州地区首创。

【“一件事”办理工作推进】 2019年2月,分中心召集县不动产服务中心和公积金贷款委贷银行,对住房公积金贷款“一件事”办理工作进行了业务培训和部署。分中心进一步贯彻落实“最多跑一次”改革精神,重抓住房公积金贷款“一件事”办理工作,优化公积金管理服务举措,建立公积金贷款多部门联办机制。在县不动产服务中心和各委贷银行的配合与支持下,杭州市区域内住房情况查询实现数据共享,职工授权代办公积金贷款比原先缩短了10天。 (毛红萍)

·行政审批·

【概况】 2019年是“最多跑一次”改革深入深化、拓展延伸的一年,县审管办、跑改办进一步强化统筹统揽、协调指导作用,重点领域跑改和群众企业眼里的“一件事”多部门联办改革双轮驱动,改革获得感进一步增强。全年县行政服务中心受理事项总数59.82万件,办结总数59.81万件。县公共资源交易中心完成工程招投标项目321个,预算金额15.1亿元,中标金额13.68亿元,节约资金1.42亿元;政府采购项目66个,预算金额0.79亿元,中标金额0.73亿元,节约资金0.06亿元;土地招拍挂项目34个,中标金额14.9亿元;国有资产交易项目36个,交易金额0.98亿元。

【党建主题活动】 按照县委主题教育要求,自9月以来审管办党工委“以‘最多跑一次’新理念、打造服务群众新高地”为特色载体认真部署开展“不忘初心、牢记使命”主题教育,深化“破旧立新、思想解放”大讨论,进一步聚焦群众办事堵点、改革推进难点,深入检视问题、狠抓整改提升,全面推进企业群众反映的12个问题的整改落实,努力推动87项年度跑改任务顺利完成。聚焦重点工作,推进“六大攻坚”,主动为PPP、世行贷款、亚运场馆、临湖整治等项目提供行政审批、招投标服务,选派2名党员干部为驻村第一书记,帮助指导消薄增收工作,为各村筹集集体资金2万元。认真开展“走亲连心三服务”活动,组织单位党员干部分批轮流走访慰问帮扶村、结对户。

与湛川村开展支部共建,帮助建立中药材党建示范基地,提供帮扶资金5万元,助力村集体和村民消薄增收。规范化抓好日常党建工作。抓好人才工作,引进大学选调生1名。开展"同心服务行、办事我帮你"基层统战品牌创建,成立"同心服务小队"为群众服务。

【落实巡查整改要求】 2月以来审管办党工委把巡察整改作为重大政治任务来抓,成立巡察整改落实工作领导小组,履行党工委的主体整改责任,多次召开党工委会议研究制订整改方案,下发整改报告,整改落实55项具体问题,建立健全财务、请假等10项规章制度和管理办法。将巡察整改与持续改进作风、改进工作紧密结合起来,发挥整改工作对"最多跑一次"改革、规范化交易平台建设、亲清营商环境打造等重点工作的推动作用。

【深化重点领域"最多跑一次"改革】 跑改领域扎实推进机关内部"最多跑一次"改革,公布第一批17家单位73个主项109个子项部门间"最多跑一次"事项。推动"最多跑一次"向千岛湖高铁站等公共场所延伸。"移动之城"建设领域"一窗受理"平台延伸到所有乡镇便民服务中心,24小时综合自助服务机向旅游码头、高铁站等人流密集场所覆盖,全县365项民生事项实现"就近办",就近办比例达到83.14%,超过省要求完成50%以上的年度目标。数据管理领域"网上办""掌上办"等各项工作指标全部达标或超额完成省市指标。商事登记领域企业常态化企业开办全流程最快2小时办结,实行新设企业刻章政府买单,全年为1595家企业免费刻章5413枚,为企业节省资金16.10万元。投资项目审批领域应用投资项目"审批监管平台3.0",稳步推进一般企业投资项目从赋码备案到竣工验收审批"最多90天",全域推行企业投资工业项目"标准地+承诺制+代办制"制度,落实区域评估改革。工程项目审批制度改革整合人防、消防职能,提高审批效率。不动产登记改革领域实行不动产登记服务零收费,实现农房不动产登记行政村代办点全覆盖,推行不动产抵押登记"无缝续贷"服务,2019年办理"无缝续贷"业务242件,金额4.84亿元,为企业节省成本969万元。

【推进"一件事"全流程"最多跑一次"改革】 围绕公民个人和企业两个全生命周期,全面认领并落实省市规定的76项多部门联办"一件事"。积极推进淳安特色化"一件事"改革,实施"微型车管所"项目,设立汽车城机动车登记服务站,推行社会代办机动车登记业务,打破车辆上牌、车辆过户跑车管所的传统模式,解决困扰群众购车上牌"费时费力"问题;推动个人信用报告自助查询机入驻行政服务中心,避免公民个人信用查询和办理公积金业务两地跑,提高办事效率。

【审批平台服务水平提升】 深化综合受理,人社事项全部实现"无差别受理"。落实"好差评"制度,25个审批窗口全部接入"好差评"系统。增强改革整体合力,推动县委组织部选派后备干部到审管办挂职锻炼,推动"两率"指标与窗口考核挂钩、窗口工作人员与审管办捆绑考核,协助县人大组织人大代表开展"最跑一次改革"专题询问,县政协组织政协委员对"最多跑一次"改革进行专题视察,强化与县改革办互动,助推跑改工作不断深化。

【招投标领域改革】 推进全流程电子招投标建设,淳安电子招投标和远程评标工作经验在杭州市交流推广。完成新的县公共资源交易网——全流程电子招投标系统的建设和测试工作,完成首个全流程电子招投标项目——青溪新城大地至坪山取水工程二期

(监理)项目招标开标评标工作。推进杭州市招投标管理“一盘棋”改革,配合杭州市政府有关招投标改革创新制度修订工作和杭州市工程建设项目专家评委组建工作,清理、完善淳安县相关招投标管理制度,推动招投标制度上下统一。组织相关部门、各乡镇、县属国企开展招投标“一盘棋”改革新政和全市统一电子招投标系统操作培训。

【招投标活动监管】 全年共召开招管办会议4次、招管委会议3次,研究招投标事项96个,组织开展中标企业约谈15次。牵头开展工程项目招投标领域营商环境综合整治,整治问题5项。积极落实省市县招投标领域扫黑除恶工作要求,认真做好相关线索排查移交等工作,共移交相关问题线索3件。加强小额公共资源交易管理,进一步规范村级限额以下工程建设项目交易和小额交易信息发布操作管理,开展小额交易业务培训。依法开展招投标投诉处理,聘请专业法律顾问,遵循法律规定处置招投标投诉3件。

【公共资源交易服务】 深化“互联网+”服务,完善招投标业务系统网上功能,投标企业在开标时间前进行网上投标确认即可。推行新保证金缴纳系统,投标企业可通过电汇、网银等形式在线缴纳。切实降低企业交易成本,全力推进公共资源交易减负降费,县公共资源交易中心取消标前企业席位费、信息服务费、场地租赁费等费用,大幅减低投标人参与投标费用。 (钱民)

·档案工作·

【机构改革】 根据县委〔2018〕16号文件《淳安县机构改革方案》部署,档案局(馆)由“局馆合一”改为“局馆分设”,县档案局的行政职能划转给县委办公室,县档案馆作为县委直属事业单位。

【获评“全省档案系统先进集体”】 县档案馆围绕中心、服务大局、履职尽责,被省档案局、省人社厅联合授予“全省档案系统先进集体”称号。

【创建浙江省规范档案馆】 根据浙江省加强市县级国家综合档案馆规范化建设要求,通过自查自评、专家组现场核查,于11月14日顺利通过浙江省档案局的验收,创建浙江省规范档案馆。

【临湖整治档案工作被浙江省档案局选入代表性档案法治实践案例】 临湖整治档案工作被浙江省档案局选为2019年度全省代表性、专业性、新颖性的档案法治案例。

【创建爱国主义教育基地】 发挥档案馆优势,用活馆藏资源,在档案馆7楼,规划设计了两个展厅,分别展出庆祝新中国成立70周年摄影图片和名人字画,于11月份正式被县委宣传部命名为县级“爱国主义教育基地”。

【推进“最多跑一次”电子化归档工作】 及时维护权利事项库“最多跑一次”事项,实现“最多跑一次”事项全覆盖;依托数字档案馆(室)一体化平台、浙江档案服务网,实现100%就近办。积极推进杭州一窗受理平台权力事项电子化归档和“最多跑一次”事项电子档案移交进馆工作,至年底共接收13家单位共计14.7GB数据归档。

【民生档案数字化建设】 加快推进全县民生档案数据库建设,7月份完成民政局民生业务档案数字化加工项目的验收。教育局民生档案数据库建设有序推进。

【档案征集接收】 共接收全县16家单位共计284卷、35516件的文书档案;15个乡镇共计8265盒的农村土地确权档案。开展对散存社会珍贵档案资料的征集,共征集图书资料112册,其中家谱档案共计6类共42册;征集到地图3张,实物2件,电子照片644张。

【档案编研】 打造档案文化精品,利用馆藏书画资源,与县政协文史委联合编纂出版了《千岛湖书画拾粹》第二辑。

【档案宣传】 6月9日是国际档案日,以“庆祝新中国70华诞,纪念6·9国际档案日”为主题,在县档案馆门前广场开展了档案宣传专场活动。现场宣传民生档案查阅、异地查档跨馆服务、手机查档、双休日预约查档等查档方法,发放档案宣传资料400余份。利用门户网站、电视、微信、杂志、简报、查阅大厅电子屏幕等平台,加强档案文化与便民举措宣传。

【档案监督指导】 配合县委办(档案局),加强机构改革、临湖地带综合整治项目、“六大攻坚战”、重点建设项目等中心工作的档案监管与指导。开展档案年检,实现乡镇、部门、企业全覆盖,并延伸到二级单位。利用浙政钉掌上执法系统,随机抽取19家单位开展档案执法检查。指导各单位综合档案室基础设施建设及档案日常管理。现场指导教育局民生档案数字化。完成全县8家数字档案室的申报与创建。组织全县档案员参加杭州市档案岗位培训和继续教育培训2次计30余人;完成1家综合档案馆和2家专业档案馆档案消防安全检查;通过梳理办事事项、制定办事指南、绘制流程图等,服务机关内部“最多跑一次”。 (杜莹)

·信访和“12345”工作·

【概况】 淳安2019年信访工作改革创举新颖,全年信访工作平稳有序。2019年1—12月,全县共受理信访54080件(批),其中交办22939件(求决类信访电6073件,咨询建议等其他类16866件),自办31141件(批)。全年累计发生越级访163批251人次,与上年同期(190批300人次)相比,批次下降14.21%,人次下降16.33%。淳安县委、县政府被省信访工作领导小组评为无信访积案县,杭州市2019年度信访(“12345”)工作目标管理考核良好。县信访局(县长公开电话受理中心)1人获得国家及部门级先进个人荣誉,3人次获得县级先进个人荣誉。

【信访保障】 2019年全国“两会”“一带一路”国际合作高峰论坛、新中国成立70周年大庆、第六届乌镇世界互联网大会、十九届四中全会等重要会议和重大活动期间,信访服务保障工作有力有序,没有发生大规模群体性涉访事件、个人极端恶性事件和因工作不到位引发舆论负面炒作问题,受到省、市信访局的肯定。

【领导接防】 县级领导干部阅批群众来信和坐班值班,累计阅批群众来信177件,坐班值班158人次,接待和批阅来访件142批(件),涉及486人次,已办结137件,化解126件,解决率92.0%。

【打造“信访超市”】 在省、市提出的“最多跑一地”“最多访一次”信访改革要求上,建立社会矛盾纠纷调处化解中心(信访超市)。全县共设立12个接待窗口,纪委、法院、信访局、司法局、住建局、城管局6家单位常驻,人社局、市管局、民政局、农业农村局、教育局、生态环境分局、卫健局、交通局实行循环轮流轮驻。2019 年 10 月 30 日至年底，中心窗口共接待来访群众 446 批 853 人次，当场答复 405 批，当场办结率 90.8%。当场联合会商接访 96 次，召开协调会 43 次，启动访调对接 16 件，调解成功 13 件，调解成功率 81.3%。成立 23 个“信访小超市”共接待来访群众信访事项 653 件 785 人次，其中当场办结 598 件 676 人次，当场办结率 91.6%。

【“信访代办”】 在乡镇、村(社区)分别设立信访代办中心和信访代办站，实现信访“最多跑一次，干部来代办”。同时结合党建驻杭、驻京流动党支部和商会，建立“流动代办”信访代办服务站。全县成立了 319 个村(社)代办服务站，7 个驻外流动党支部代办服务站，已代办信访事项 931 件，已办结 893 件，实现乡村代办率 60.9%，代办件办结率 96%。

【前端源头减存控增】 开展组织信访积案清理化解专项行动，变“坐堂门诊”为“上门把脉”。全县共化解(办结)2 件国家信访局交督办件，办结 41 件省市交办的下山异地搬迁信访件、1 件市领导包案件和 8 件县级领导包案件。对 123 件疑难案件按照化解类和管控类分类分批进行集中攻坚(两批分别为 99 件和 24 件)。新增积案率为 2.77%，同比下降 79.12%。以“十大民生实事”工程为抓手，以“进访解”“百千万”“三服务”“不忘初心”等主题教育为载体，提升主动发现问题的能力；运用全科网格化管理模式，配备“村两委＋网格＋志愿党员”专项排查队伍，建立 100 余支网格队伍，切实加强人力情报网建设，提升情报信息收集的能力；充分运用好“四平台”这一机制优势，提升跨部门研究解决问题的能力。据主题办统计，共收集梳理 2539 个问题，已解决 2538 个，解决率 99.96%。 (金斌)

·机关后勤服务·

【概况】 2019 年，在县委县政府的直接领导下，机关事务服务中心领导班子以党建为统领，以问题为导向，以“破旧立新、思想解放”大讨论活动为契机，以“争先进位”为目标，积极开展“三服务”和“不忘初心，牢记使命”主题教育活动，广泛征求意见建议，狠抓问题建议整改责任落实，主动推进服务职能转型，在机关事务服务效率、服务质量和服务水平上均得到一定的提升。获得 2019 年度县级机关、直属单位综合考评优胜(满意)单位、党组织落实党建工作责任考核良好等次、人才工作目标责任制考核良好等次。

【机构改革】 2019 年 1 月 15 日，根据《中共淳安县委、淳安县人民政府关于印发〈淳安县机构改革方案〉的通知》，县级机关事务管理局更名为县机关事务服务中心，继续作为县政府直属事业单位设置，将公共机构节能监督管理职责划入县发展和改革局，将国有资产管理相关职责划转给县财政局。

【助推“消薄增收”】 利用部门优势，积极统筹协调，落实多项载体，合力助推“消薄增收”工作落实。一是开展“低收入农户优质农产品进食堂”系列活动。在摸清底子的基础上，利用机关事务服务中心资源优势，积极为低收入农户排忧解难，在集中管辖的 5 个食堂帮助销售优质农产品，帮助农民销售临岐覆盆子、浪川西瓜、汾口水果玉米、四季豆、里商有机大米、石林日晒面等多个品种农产品，助农增收约 40 万余元。二是承办“千岛湖品牌农产品走进市级机关”专场活动。主动对接省市机关，谋划工作载体，畅通农产品流通模式，助力优质特色农产品走出农村、走进机关、走向城市。12 月 30—31 日，牵头承办了在杭州市民中心举行的“康美千岛湖，特别生态区——千岛湖生态优质农产品走进市级机关助力乡村振兴”为主题的千岛湖品牌农产品走进市级机关专场活动，融合文创、电商、旅游产品推介等宣传形式，向近万名市级机关的干部职工集中展示了千岛湖品牌农产品。开设千岛湖有机鱼推介区、千岛湖辣酱推介区、“大下姜”联合体产品推介区、剑河扶贫专区、生鲜产品区、干货产品区、文创产品展区和美食小吃展区8个展区，组织了15家龙头企业、合作社参加，120款千岛湖优质农产品和剑河特色农产品集体亮相，以优惠促销、产品展示、品尝试吃等形式进行现场售卖，活动期间累计消费达约2000人次，助农增收约9万元。活动情况在《浙江日报》、“浙青网”、《钱江晚报》等新闻媒体上刊登。三是参与贵州剑河“黔货出山”扶贫协作活动。根据《2019年度淳安县助力剑河县脱贫工作考核指标》文件精神，进一步强化东西部扶贫协作，助推剑河县“黔货出山”，促进淳安、剑河两地农产品产销深度融合，落实剑河县农产品进超市、进市场、进食堂，积极融入黔货出山活动中。机关事务服务中心利用各种渠道宣传剑河特色农产品，引进剑河高山黄牛肉，在机关食堂首次推出剑河牛肉菜肴，管辖的5个食堂同步接受就餐人员的预定，并在食堂的春节年货中也推出剑河特色农产品礼包系列产品，全年销售额74.35万元。

【办公用房调配】 坚持“依法依规、规范保障、合理布局、分步实施、厉行节约、严肃纪律”原则，为保障涉改单位办公正常运转，结合29家单位和3.19万平方米办公用房调配需求，按“分类、分步”实施的调配办法，全面落实涉改办公用房调配工作。一是充分梳理房源。根据房产清查结果，选定规划、社保、商务8至19层、电视台、农业、林业、水利水电、森警、开发区西侧附房作为调配的存量房使用，共计面积5.77万平方米。二是合理布局使用单位。根据涉改单位需求，结合现有情况，按群众办事集中原则，制定《淳安县党政机关办公用房调配方案》。三是分类分步实施调配。参照省市操作方式和结合淳安县实际情况，采用四种类型分三批限时实施的调配方案，解决了涉改单位集中办公限时到位和调配房源不足问题，节约了“腾笼换鸟”的办公场所，减少政府开支。四是统一装修标准。根据机构改革要求，针对各使用功能的装修整改涉及面广，总体费用多，防止重复装修及规模过大的现象发生。与预算设计单位制定了节简环保的办公用房装修标准(涉及项目31个，资金636万元)，会同发改、财政简化项目审批流程，有效缩短装修改造时间，提高原有设施的使用率。五是有序推进建设。按“严控工程量、严把环保关、严抓进度、严抓生产安全”原则落实工程管理，共计完成1758万元资金6个项目建设。主要有调配房源装修、原档案馆改造、信访超市新建及综治中心改造等，于10月15日交付使用。

【服务群众】 继续深化支部共建、机关党组织和党员干部“1+X”结对帮扶、在职党员进社区服务群众、认领“微心愿”和干部返乡服务等活动，组织“服务企业服务群众服务基层”下乡活动4次50余人次，帮助群众咨询处理了独生子女家庭享受政府补贴条件和标准、残疾人补助、新建武源洞下至石林代冒交通道路、下山移民集聚丰家山农民原房子处置等问题4个，进村入社观民情听民声，主动作为解民忧帮民困，细化服务暖民心树新风。全年累计服务群众400余人次，走访群众100余户，解决帮扶奖金12.6万元。

【公务接待】 服务发展，规范接待。全年共接待来宾440余批，约1.35万人次。参与各类会议、活动的后勤保障工作30余次，服务人数2万余人次。主要有县“两会”、“杭州院士家乡行”、杭州青联会代表赴淳安考察、“海外华文媒体杭州行”、“京千高铁首发·北京乡贤回家”、“大创联盟企业家——淳安发展环境推介活动”、致公党中央文化委员会加强农村基本公共文化服务建设调研、杭州宁波商会青年分会年会暨2019淳安投资环境推介会活动、首届千岛湖乡读节及县“六大攻坚战”大比武、各地商会年会等重要会议活动。

【节能工作】 一是常态化管理稳中有升。做好公共机构能耗数据统计、上报等常态化管理工作。2019年，水、电能耗同比分别下降3.01%、3.02%。二是大力开展节能技改。在行政服务中心大楼引入光伏发电项目，并启用行政服务中心大楼杭州能耗平台管理工作，改造后节能效果显著。三是配合发改局开展节能宣传周活动。以节能图片巡展、节能低碳倡议签名、节能金点子征集、节能有奖竞答、节能宣传资料发放等系列活动，引导广大青少年及干部职工积极参与到节能降耗行动中来。四是开展业务培训。在规划大楼开展垃圾分类、消防安全集中培训，人员来自集中办公大楼各单位垃圾分类、安全生产分管领导、各科室负责人、物业公司、保安公司负责人共397人参加培训。

【物业管理】 严格执行维修审批报修程序，做好县府大院、综合楼、社保大楼、规划大楼、商务大楼、市民中心及管辖范围内楼宇的维修工作。根据房屋定期巡检制度和维修热线报修，严格按照“一修一报”制度，完成日常零星维修1.5万余件，修复率达100%。完善月、季、年度考核机制，狠抓物业服务巡查，邀请服务对象参与考核。创新实行大楼驻点服务人员每年轮流换岗，有效提高驻点服务人员的工作积极性和联动性；建立健全物业外包服务规范化、制度化、常态化管理机制，提升管辖范围内的各项物业管理水平。

【垃圾分类】 根据《淳安县机关事业单位(国有企业)生活垃圾强制分类工作实施方案》，制定《集中办公楼生活垃圾强制分类工作实施方案》，并在商务大楼试行新的垃圾分类管理和设置了垃圾分类垃圾桶，积极引导相关单位做好垃圾分类工作并在机关单位全面推行。

【食堂管理】 加强机关食堂成本管理。调整人员分工，核定岗位人数控制成本。对机关食堂主副食品进行邀请招标，通过指定让利区间、商务分和报价分综合评定等方式，确定资质良好的供货商家。二是加强托管食堂监管。完善管理考核机制，按照管理员日检、科室月检、食堂工作人员月例会、服务单位季走访方式做好监管和满意率测评工作，做好厨房设施设备维护更新工作。三是开展岗位技能比赛。组织各食堂参加“地方特色菜肴进杭州市民中心集中展示”和走进省级机关食堂活动。四是利用“国卫复评”的契机，邀请国卫迎检办进行指导，完善相关设施设备。全年机关、社保、规划、商务和市中心食堂累计保障用餐130万余人次，满意率均在80%以上。

【车辆保障】 严格把控车辆购置审批、配备标准和报废处置“三个关口”，切实加强公务用车购置管理。严格落实《浙江省党政机关公务用车管理实施办法》，统一编制年度公务用车更新方案，有序更新16辆公务用车。保障集体公务活动及全县性重要会议、重大活动、重要接待用车约300余次，全年安全行车约130万千米。公车公司组织理论知识考试和拆装轮胎技能竞赛，提高专业素质，更好地服务用车单位。

【会议服务】 落实八项规定，外租会场自带服务人员节约成本,完成县“两会”、全县农村工作会议、全县经济工作会议、机构改革动员大会、“六大攻坚战”大比武等各类大会的保障。定期召开会务人员工作会议,积极指导服务人员做好会前准备、设备调试、卫生保洁、会中服务等工作。管辖的会议室3处7个全年保障会议300余场1万余人。2019年“两会”主会场首次设在珍珠半岛水之灵新演艺中心,在组织多次考察学习的基础上,保障开会顺利召开。精心准备,制定详细方案、定制会徽、红旗、旗杆;组织现场踩点预演和召集会务保障单位负责人反复商讨,形成较为完善的吃住行等行政保障方案。真心服务,商请千岛湖旅游职业技术学院酒店管理专业学生参与主席台服务,商调团县委志愿者参与跟车保障;从酒店大堂的布置,到代表和委员房间内的温馨提示;商定每餐菜谱,主动征询代表委员的意见。诚心整改,为更好地做好会务保障工作,召集“两会”行政组工作人员及会务保障酒店负责人座谈会,收集意见建议22条,有关问题整改清单,明确整改措施、责任人和完成时限,完成整改11项。

【国有资产管理】 做好新购资产登记和资产报废工作,按照国有资产的相关规定进行资产的使用和处置,做好国有资产新老系统衔接工作,规范国有资产管理工作。对部分行政事业单位清理出的超标和富余办公家具、通用设备等进行移交入库,根据需要调剂给缺乏的单位,调和供需矛盾,减少浪费。全年,共为县委办、人大办、生态环境淳安分局、退役军人事务局、审计局、秀水节组委会、主题教育办等机构调剂闲置资产93件。

【公车公司管理】 强化对公司“三重一大”事项和财务状况的监管。实行月报告制度,公司每月定期向管委会报送上月的会计报表和财务情况说明书。以党建带工建,促进业务发展,细化日常管理和教育,增强安全意识,全年出车5300余车次,安全行驶170余万千米,实现营业收入443.7万元左右,上缴增值税13.3万元。

【破旧立新】 对照历年综合考评情况梳理出各类问题38条,在“破旧立新、思想解放”大讨论活动中梳理项目清单11项。先后7次召集集中办公大楼54家入驻单位机关事务工作座谈会,征求意见和建议,形成问题整改责任清单42项(完成整改11项,现场答复21项,列入计划8项,做好解释工作2项)。对所有问题均明确分管领导、责任科室和完成时限,并在食堂公告栏公示,有效推动全年各项工作提质增效。先后出台《编外用工薪酬管理办法》《编外用工绩效考核实施细则》,从7月1日起,对所属编外用工实施绩效考核,让被服务对象对中心基层服务人员的服务质量和水平有更多发言权,实施奖罚制度,并对保障化平台驾驶员实行了集中办公,第一、二公务用车平台统一管理。

【服务机关干部】 在不定期邀请市场监管部门对管辖食堂进行检查的基础上,结合收集的意见建议及时做好早餐面点保温、菜品和服务上的整改,实时推进开水房改造为小卖部并增设商品预订服务,在大院各楼层增设开水机,对行政服务中心食堂和停车场进行提升改造,在集中办公大楼安装电瓶车充电桩6处280余个、微公交充电桩21个,方便干部职工的生活,做好机关干部的后勤保障。

(汪定文)

(编辑　徐华健)

政协淳安县委员会

·全体会议·

【九届三次会议】 2019年2月14—17日在千岛湖镇举行。会议听取并同意县九届政协主席刘小松所作的《政协第九届淳安县委员会常务委员会工作报告》和县九届政协副主席王晓林所作的《政协第九届淳安县委员会常务委员会关于九届二次会议以来提案工作情况的报告》。与会人员列席了淳安县第十六届人民代表大会第三次会议，听取并讨论了董毓民县长所作的《政府工作报告》及其他报告。大会根据《选举办法》，以无记名投票方式补选汪雪梅同志为县九届政协委员会副主席，余运德、祝云祥、解佑星为县九届常务委员。会议审议通过了《政协第九届淳安县委员会第三次会议提案审查情况报告》和《政协第九届淳安县委员会第三次会议决议》。杭州市政协副主席叶鉴铭到会祝贺。县委书记黄海峰在闭幕式和大会发言上分别作重要讲话。

·常委会议·

【九届常委会第十三次会议】 2019年1月17日上午，县政协召开九届十三次常委会会议。会议由县政协主席刘小松主持。会议传达学习县委十四届六次全体（扩大）会议精神；讨论通过了召开县政协九届三次会议的决定（草案）；协商讨论县政协九届三次会议有关筹备工作事项；协商讨论通过了《政协常委会工作报告（讨论稿）》和《提案工作报告（讨论稿）》，确定了报告人；讨论通过了关于授权县政协主席会议审议县政协九届十三次常委会会议未尽事宜的决定（草案）；通报县政协2018年度各项考核结果；听取了部分工作组组长述职；协商通过了政协委员调整事项；协商决定了有关人事任免事项。

【九届常委会第十四次会议】 2019年2月15日上午，县政协召开九届十四次常委会会议。会议由县政协主席刘小松主持。会议协商讨论了《大会选举办法（草案）》，协商了政协常委候选人、总监票人、总计票人、监票人建议名单；听取政协各工作组对《政协第九届淳安县委员会常务委员会工作报告》和《政协第九届淳安县委员会常务委员会关于九届一次会议以来提案工作情况的报告》讨论情况的汇报。

【九届常委会第十五次会议】 2019年2月16日上午，县政协召开九届十五次常委会会议。会议由县政协主席刘小松主持。会议听取各小组对候选人建议名单和总监票人、总计票人、监票人建议名单酝酿情况，以及对《大会选举办法（草案）》讨论情况的汇报，听取了各小组对《政府工作报告》、《大会决议（草案）》、《提案审查情况报告（草案）》讨论情况的汇报，协商同意《中国人民政治协商会议第九届淳安县委员会第三次会议大会决议（草案）》和《中国人民政治协商会议第九届淳安县委员会第三次会议提案审查情况报告（草案）》。

【九届常委会第十六次会议】 2019年3月28日下午，县政协召开九届十六次常委会会议。会议由县政协主席刘小松主持。会议集体学习集体学习了全国政协十三届二次会议有关精神、十三届全国人大二次会议有关精神、习近平总书记在看望参加政协会议的文艺界社科界委员时的重要讲话精神及县委黄海峰书记在调研政协工作时的讲话精神;协商通过了《淳安县政协常务委员会2019年工作要点(讨论稿)》、《关于调整专门委员会工作组组长和副组长的建议名单(草案)》;会议同时对县政协系统"破旧立新、思想解放"大讨论活动进行动员部署。

【九届常委会第十七次会议】 2019年6月19日下午,县政协召开九届十七次常委会会议。会议由县政协主席刘小松主持。会议学习传达了汪洋主席在全国地方政协工作经验交流会上的重要讲话精神和全省政协系统开展"新时代人民政协的新样子"专题讨论活动动员部署会精神;听取了12个工作组有关"破旧立新、思想解放"大讨论活动开展情况的汇报;会议协商通过了委员调整事宜;会议听取了县政协常委会关于千岛湖沿湖108米高程下实行退耕整治课题调研情况的说明,并就调研报告《关于千岛湖沿湖108米高程以下实行退耕整治的近期工作建议(讨论稿)》开展了协商讨论。

【九届常委会第十八次会议】 2019年8月27日上午,县政协召开九届十八次常委会会议。会议由县政协主席刘小松主持。会议就继续深化学习和贯彻落实县委十四届七次全体(扩大)会议精神进行了强调部署;会议传达学习了省、市政协主席读书会精神,协商通过了有关人事任免事项。

【九届常委会第十九次会议】 2019年11月1日上午,县政协召开九届十九次常委会会议。会议由县政协主席刘小松主持。会议学习了中共十九届四中全会精神,中共中央政治局常委、全国政协主席汪洋在浙江调研政协工作时的重要讲话精神,协商通过了有关人事任免事项。

【九届常委会第二十次会议】 2019年12月27日上午,县政协召开九届二十次常委会会议。会议由县政协主席刘小松主持。会议传达学习中共杭州市委政协工作专题会议精神,会议书面审议通过了县委办《2019年党委系统政协提案办理工作情况报告》,听取并审议通过了县府办《关于县政协九届三次会议委员提案办理情况的报告》;听取"委员活动月"开展情况汇报及部分工作组组长述职;协商通过政协委员调整和有关人事任免事项。

·日常工作·

【政协常委会课题调研】 为推进淳安县高水平综合保护,3—6月,县政协常委会围绕"千岛湖沿湖108高程下实行退耕整治"课题,走访了汾口镇等8个108米以下耕作面积较大的乡镇,考察了江苏溧阳天目湖退耕还林等水源保护工作开展情况,并召集相关部门召开座谈交流,深入了解和分析淳安县沿湖108高程下实行退耕整治存在的主要问题,形成了《关于千岛湖沿湖108米高程以下实行退耕整治的近期工作建议》,得到了县委、县政府领导的充分肯定。

【重要课题调研】 3月上旬,按照县委工作部署,积极承担"淳安深绿产业发展体系构建与空间布局研究"的课题调研,与浙江大学、宁波大学组成联合调研组,先后深入乡镇、部门、企业开展了为期5个月的调研活动,在反复论证、集思广益的基础上,形成了高质量的调研成果。调研报告中所提出的"科学遴选深绿重点产业、合理确定深绿产业发展路径、积极优化深绿产业空间布局、扎实推进深绿产业发展国家级试点建设”等建议，得到了县委、县政府领导的充分肯定。

【专题视察建言】 10 月 12 日，县政协主席会议成员对千岛湖生态综合保护工作进行了视察，形成《关于进一步加强千岛湖生态综合保护工作的建议》；7 月 22 日，县政协副主席胡敏率社会法制工作组委员专题视察了淳安县“最多跑一次”改革工作，形成《关于进一步深化“最多跑一次”改革工作的建议》；8 月 27 日，县政协副主席邵文涛率城建环保组委员对淳安县省级“美丽乡村示范县”创建工作进行了专题视察监督，形成《关于省级“美丽乡村示范县”创建工作的视察建议》；10 月 17 日，县政协副主席占志明率部分政协委员开展“既有住宅加装电梯工作”专项视察督查活动，形成《关于加强“既有住宅加装电梯和老旧小区改造”工作的建议》；11 月 7 日，县政协副主席何建法组织委员就“乡村教师队伍建设”进行视察监督，形成《关于加强“乡村教师队伍建设”工作的建议》。

【委组调研视察】 县政协各委组围绕消薄增收、普高学校布局、水饮料产业发展等课题，深入调研，并通过实地走访、问卷调查、座谈交流等多种形式，积极建言献策，共形成调研报告 11 份，有关对策建议在协助党政决策科学化方面发挥了积极作用。9 月，农业科学工作组向县委、县政府提出了《关于推进我县高标准完成消薄增收任务的建议》；10 月，县政协工业交通组向县府办提交了《关于进一步推进我县“四好农村路”建设的建议》；11 月，县政协课题组向县委、县政府提出了《关于优化我县普高学校布局的建议》；县政协提案工作组向县委、县政府提出了《关于进一步扶持我县水饮料产业发展的建议》；县政协文史文化组向县委、县政府提出了《关于加快我县传统手工艺文创化市场化发展的建议》；县政协医药卫生工作组向县委、县政府提出了《关于加强我县学校肺结核病防控工作的建议》；城建环保组向县委、县政府提交《关于优化提升我县农村生活污水“零直排”工作的建议》，金融财贸组向县府办提交了《关于进一步纾解我县茶叶产业融资难的建议》；12 月，旅游工作组向县委、县政府提交了《关于进一步高质量发展我县会展业的建议》；社会法制组向县府办提交了《关于完善村级法律顾问制度推进基层依法治理的建议》。

【提案工作】 积极完善提案收集、办理、督办、反馈、评价等工作机制，扎实推进提案网上办理平台建设，不断提高提案工作水平。一年来，共提交提案 266 件，立案 198 件，26 件内容相近的意见建议予以归并。在县委、县政府的高度重视下，经过 41 个承办单位的精心办理，所有提案均已按时办复，已经解决和部分解决的提案占 87.9%，提案办理面商率、委员满意和基本满意率、办理结果上网公开率均达到了 100%，20 件提案被评为优秀提案。特别是县委、县政府领导领办的“关于构建全县信息资源共享体系的建议”“关于提升经营农村水平助力村集体经济消薄的建议”等重点提案，都得到了较好落实。

【社情民意信息】 建立健全社情民意汇集和落实机制，鼓励支持委员利用网络平台倾听群众呼声，疏导群众情绪，凝聚网络正能量。一年来，共收集政协委员社情民意信息 388 条，经整理编辑向县委、县政府编报《社情民意反映》专刊 16 期、增刊 5 期，转送部门 26 条。有关“优化司法拍卖流程”等两篇信息，得到了省政协录用并上报全国政协；有关“提升精装修交付楼盘质量”的建议，被市政协录用，并得到了省委常委、市委书记周江勇的批示肯定。

【民主评议工作】 根据政协常委会工作安排,从8月份起,县政协启动了对民主评议社会保障工作"回头看"。在积极做好与县人社局、县医保局对接工作的同时,深入乡镇、部门,广泛听取了相关部门单位、医保和社保系统干部职工和市民代表等群体,召集政协委员代表、县属医疗机构、定点医药机构、企业和社区市民代表等群体召开专题座谈会,征集各方面对社会保障工作民主评议后整改落实的有关工作情况的意见建议。从回访的情况来看,社会各界对民主评议一年来县人社局和县医保局的社会保障工作情况总体表示肯定,综合评价良好。一年来,在县委县政府的关心支持下,县人社局和县医保局抓住民主评议契机,深化思想认识,坚持改革创新,针对评议工作所反馈的问题做了大量卓有成效的整改落实工作。一年来,社会保障政策宣传更加广泛多元接地气,社会保障业务经办"最多跑一次"改革更加深入便民有实效,被征地农民生活保障新政已经出台,调整了参保缴费方式、政府筹资标准等,参保群众获得感更强;医疗保障政策方面,大病保险市级统筹,慢性病门诊长处方扩面,药店刷卡购药,第三方配送服务,意外伤害报销取消证明,开通城镇职工基本医保社区卫生服务站刷卡等一系列惠民举措相继出台,尤其是10月份医保信息市域一体化系统启用,加快了淳安与杭州市医保政策待遇的融合进度,满足了群众多年来的期盼,受到社会各界广泛好评。

【民主监督员工作】 继续向12家事关全县经济社会发展和民生事业保障的重要部门派出民主监督组,先后形成"关于深层次推进扫黑除恶专项斗争的建议""关于进一步加强'诉源治理'的建议"等9份民主监督建议书。同时,常委会还先后选派13批次68名委员参与基层党建述职评议活动,充分发挥政协民主监督的独特作用。

【专项民主监督】 围绕城乡生活垃圾分类处理、村级集体经济发展等扎实开展专项集体监督,常委会组织省市县三级政协委员、成立12个视察组,开展了专题视察监督,向县委、县政府及有关乡镇部门反馈问题123项。同时按照省市政协统一部署,深入开展城乡生活垃圾分类处理、城中村改造提升暨小城镇环境综合整治、助推生态环境保护与中央环保督查整改、"六大攻坚战"等专项集体民主监督工作,组织170多名政协委员共同参与活动,开展明察暗访活动26次,提出意见建议120多条。

【团结联谊】 加强与民主党派、工商联、港澳台侨、宗教界、新社会阶层等人士的交往交流,举办中秋茶话会、新年茶话会和卫生、教育、企业等界别委员约谈会,积极为全县中心工作寻求最大公约数、增进最大共识度。充分发挥政协之友联谊会、政协企业家联谊会、政协书画院等平台作用,深入做好政策宣传、解疑释惑、理顺情绪、化解矛盾等工作,进一步引导社会各界共同致力新时代淳安的改革和发展。继续深化主席会议成员联系异地商会机制,不断支持和服务淳商回归。深入开展以"庆祝新中国和人民政协成立70周年、淳安政协成立35周年"为主题的文艺联欢和征文活动。

【委员活动月】 继续在9—10月组织委员开展"委员活动月"活动,启动仪式在千岛湖镇举行。政协委员们积极响应,深入基层开展体察民情、汇集民声、调研献策、为民解忧等活动。期间,共举行民情恳谈、科普宣传、医疗服务、法律咨询、金融咨询、帮扶救困等便民服务活动40场次,发放相关资料3000余份,提供便民服务600余人次,收集到各类民情信息 560 余条，向县政府提炼报送民生实事项目建议 77 条。

【文史书画】 高度重视文史书画工作，精心征集、编辑《淳安村落》《淳安印迹》《当代淳商》《淳安政协志（2005—2019）》《千岛湖书画拾粹》（第二册），以及《亲历者说——纪念改革开放四十周年》等文史资料，积极支持委员编撰《风云韭菜坪》等书籍，扎实推进历年书画资料收集、整理和建档工作。加强与兄弟县市政协的联谊交流，主动宣传推介淳安。组织政协书画院先后与西泠印社等联合举办以“纪念新中国和人民政协成立 70 周年”“画出最大同心圆、建设康美千岛湖”等为主题的书画交流活动，深入开展“送书画艺术进基层”活动，进一步营造砥砺奋进的干事创业氛围。

【自身建设】 在全县政协系统深入开展“新时代人民政协的新样子”专题讨论活动，通过举办思想交流、金点子征集、主题演讲等活动，进一步引导激励广大委员和政协工作者新时代新担当。严格落实中央八项规定及实施细则，专门制定《廉政风险排查防控实施方案》，积极支持县纪委监委派驻纪检监察组履行监督执纪问责职责，多形式开展廉政教育，先后 4 次邀请县纪委监委领导为政协机关干部讲授廉政党课，营造了政协风清气正的良好政治生态；落实委员年度述职、常委履职报告、中共党员委员双重组织生活会等制度，进一步强化委员履职担当。制定下发《关于进一步深化关心关爱政协委员工作的通知》，不断健全政协委员关心关爱机制。加强政协微信公众号、委员风采等宣传阵地建设，进一步展现委员履职成果，展示委员良好形象。

（方文佳）

（编辑　徐华健）

社会团体

·总工会·

【概况】 2019年,县总工会紧紧围绕县委、县政府中心工作,立足工会特色和优势,团结带领全县广大职工破旧立新,担当作为,为奋力推进康美千岛湖高标准保护、高质量发展、高品质生活、高水平创新的目标而努力奋斗,各项工作取得新进展新成效。

【“五一”表彰系列活动】 2019年4月29日,举行全县庆祝“五一”表彰暨重点工程社会主义劳动竞赛誓师大会,全年受到全国、省、市表彰的各类先进共22名,其中全国工人先锋号1个,省劳动模范3名、市模范集体6个、市劳动模范12名。首次评选表彰25名淳安县五一劳动奖章获得者和4名五一劳动奖状获得者,捕捞一队队长叶志清被认定为第三届“杭州工匠”。“926工匠日”当天通过电视台、《今日千岛湖》头版、微信公众号等媒体,对市县两级工匠事迹进行了全方位的宣传。进一步加大了劳模工匠创新工作室建设力度,邀请劳模工匠上讲台宣讲5场。

【“百业百匠”技能竞赛】 联合县委人才办、县人力社保局举办全县一类、二类、三类技能比武活动100余场,共吸引5400余名选手参赛,带动岗位练兵1.4万余人,对182名获得高技能人才职业资格证书的职工进行了奖励,《人民日报》对比武活动进行了宣传报道。近年来,“百业百匠”比武活动已成为淳安本土技能型人才培养的“金名片”。

【重点工程劳动竞赛】 在全县10个重点基础设施建设项目中,开展劳动竞赛和“美丽村庄”建设评选活动。全年共有64家单位3000余名职工参与其中,进一步激发了广大职工的主体意识、劳动热情和创造活力,工程质量、项目水平都有显著提升,助推康美千岛湖高质量发展。

【组织建设】 扎实开展工会组建“百日攻坚”行动。以专业市场、行业协会和“两新组织”为重点,突出抓好25人以上企业建会工作,全年新建单建工会38家,其中百人以上4家;新建联合工会2家、涵盖企业45家;新发展会员1654人,进一步扩大了组织覆盖。推进基层工会规范化建设。以基层工会改革为契机,加强分类指导,推进县“五星级”职工之家创建培育,全年创建26家市县级先进职工之家,培育1家“五星级”职工之家。

【工会改革】 全年开设“淳工学堂”公益培训7期,免费为职工提供烘焙、茶艺等课程,培训学员2000余人次,社会反响良好。“最多跑一次”改革有新突破。职工服务中心窗口实现免收办事人身份证复印件,医疗互助等事项网上办结率从上年的50.4%提升到88.7%,为职工办事提供了极大方便。基层工会改革有序推进。进一步完善和优化了工会组织结构,各基层工会大力开展技能比武、劳动竞赛和各类文体活动,有效激发了基层活力,乡镇工会阵地建设明显加强。

【职工疗休养】 赴上海、合肥、黄山等地区大力推介千岛湖疗休养资源,“醉美下姜村”疗休养基地被选定为杭州市一线职工免费疗休养线路之一,仅省市总工会就安排了职工、劳模一万多人次来千岛湖疗休养。强化基地建设。对下姜村及周边地区民宿从业人员开展互联网销售、餐饮礼仪、插花茶艺培训，有效提升了从业人员的技能素质和服务水平，推动了疗休养基地建设。

【精准帮扶】 实施困难职工精准帮扶，总计帮扶 503 人次，发放救助金 67.85 万元。落实工会会员意外伤害及家财损失保障政策，救助工会会员 15 名，发放保障金 15.8 万元。为劳模办理医药费报销 150 余人次，为 38 名劳模发放困难补助金 21.3 万元。组织外来务工人员子女“小候鸟”暑期爱心班 8 个，覆盖外来务工子女 300 人次。办理职工医疗互助 2699 人次，发放补助金额 235 万余元。为 320 名省外职工提供“平安返乡”车费补助 7.05 万元。资助 15 名优秀外来务工人员上大学，补助学费 9 万元。投入资金 36 万元，为 4500 名一线职工送去防暑降温用品。组织 4 个批次 339 名一线职工参加疗休养。为 807 名一线职工送去免费体检。举办青年职工交友活动 2 场。（方哲熙）

·共青团·

【概况】 2019 年，全县有团(工)委 59 个，团(总)支 20 个，团支部 920 个。有 14～35 周岁青年 112981 人，14～28 周岁青年 68463 人，其中团员 21721 人，占青年总数的 31.7%。团课教育、志愿服务、青年创业、青年交友等工作先后得到《新闻联播》《人民日报》《中国青年报》《浙江日报》、浙江在线等中央省市主流媒体的报道肯定。团县委被评为杭州市先进团委。

【破旧立新青年行活动】 成立 24 支“青春消消团”队伍，利用暑期周末时间开展骑龙巷夜市擂台赛，采用“乡村飞地”的理念在骑龙巷充分展示各乡镇特色农产品，帮助销售农产品 30 余万元。

【“五圈”助力破旧立新青年学活动】 创新建立“青友学院”打破以往单一的青年交友模式，通过“书友圈”“文娱圈”“运动圈”“乡村圈”“IE 圈”5 个社团，全面聚焦全县青年的兴趣技能提升及交友需求，全力探索构建服务青年的长效模式和有效体系。开展“骑龙巷七夕团缘”“王阜乡仰望星空”等社团活动 3 次，吸引 600 余名青年参加。

【开展破旧立新青年观活动】 举办淳安县首届青年辩论大赛和“青年说——新时代解放思想大讨论”青年演讲大赛，引导广大团员青年树立破旧立新观念，凝聚破旧立新共识，汇聚破旧立新合力。

【推进共青团改革和少先队改革】 紧紧围绕立德树人的根本任务，指导开发特色思政教育课程，循序渐进、层层递进地把思政教育融入团课、队课建设中。淳安二中团委的“风景里的思政课”得到中央电视台《新闻联播》报道；中洲镇中心小学少先队改革成果—红色基因特色教育得到浙江电视台《少儿频道》的专题报道与肯定。

【实施“手机团建、微信支部”市级改革试点项目】 探索形成“一群一号一圈一家”运行架构，实施“中央厨房”青年服务模式，通过线上青友圈发布活动、线下青年之家互动等形式，促进在外青年感情回炉、资本回流、产业回归。

【落实新时期党建带团建工作要求】 成立淳安县“千岛湖·大下姜”区域化大团委，将枫树岭镇、大墅镇、安阳乡、汾口镇、中洲镇 5 个乡镇团委和宣传系统团工委等 11 个直属部门团组织纳入区域化大团委建设,创新基层组织方式和活动方式,探索联系和服务青年工作新机制,巩固和扩大党执政的青年群众基础。

【打造志愿服务主品牌】 整合"河小二""青小二""跑小二"等小字号青年志愿服务队,在秀水节、环湖自行车赛、马拉松赛等活动中组织志愿服务70余场,参与志愿者8000余人次。创新成立洋雷锋志愿服务队,开展高铁志愿服务,助力最美高铁建设,被《杭州日报》和"学习强国"关注报道。

【打造淳字号"青助跑"品牌】 深化"号、手、岗、队"的"集成服务"作用,打破"青"字号品牌间的壁垒。深化助推"最多跑一次"改革,指导县汾口派出所成功创建2017—2018年度全国青年文明号。

【重点青少年群体服务管理和预防犯罪工作】 大力推进未保委、预青专项组和青少年法律援助工作站工作,邀请12355专家赴淳开展青少年心理健康咨询活动,深化青少年禁毒防艾、预防暴力、平安自护等教育宣传,并持续推动"青少年维权岗"创建工作。

【校外阵地建设】 全年青少年活动中心培训总人数近13000人次,共举办主题活动120场,参与人数达6万余人次。在汾口镇等乡镇开展丰富多样的流动少年宫公益活动7场,参与人数达1158人次。稳步推进威坪镇等6个乡镇的青少年活动中心分部试点工作。 (叶其臻)

·妇女联合会·

【概况】 2019年,基层妇联组织建设得到加强,全县共有基层妇联496个,其中乡镇妇联23个、县属单位(部门)妇联35个、行政村妇联423个、社区妇联15个;评定县级三八红旗集体6家,创建县级巾帼文明岗12个。县妇联行政人员编制5名,在职人员6人;下属股所级事业单位(县来料办)人员编制4名,在职人员3人;下属股所级事业单位(县妇儿工委办)在编在职1人;妇女活动中心编外工作人员2名。是年,县妇联年度综合考评结果为"优胜(满意)单位"。

【来料加工】 正月初九,组织26名经纪人在千岛湖广场举行来料加工展示与招聘活动;年初,评选产生2018年度十佳来料加工经纪人,每人奖金1万元;举办经纪人业务培训和流动式来料加工技能培训27场,受益人数达到3240人;举办第六届来料加工技能大比武,全县200名加工高手参加服装家纺等10个项目的技能比拼,选拔产生全县30强加工能手,每人奖金2000元;召开全县来料加工推进会,兑现奖补资金380余万元;在妇女活动中心成立全县首个女性创新创业服务平台——杭州伊创联盟淳安基地"伊创园";组织乡镇来料加工分管领导、妇联主席以及有意向接单的来料加工经纪人50余人参加义博会、考察义乌市场,组织30余名经纪人考察桐庐汾水制笔、横川针织等行业市场;开展"消薄消白"专项行动,141名经纪人与141个薄弱村结对,45名协会理事与45个"空白村"结对,消灭来料加工薄弱村121个和"空白村"25个;联合农商银行、建行实施"来料加工巾帼贷"项目,发放信用贷款580万元;新官理旧账,恢复暂停加工点15个;加大对来料加工扶持资金监管,追回违规发放带动低收入农户扶持资金2.26万元。据统计,全年全县新增来料加工经纪人53名,新办来料加工企业28家,辐射带动从业人员4.5万人,发放加工费2.32亿元。

【美丽庭院】 确立以打造菜园、花园、艺园"三园"庭院为创建主题，以创建最美"三园"庭院和"最美庭院女主人"评选活动为抓手，全力打造美丽庭院升级版。围绕"三园"创建主题，在27个创建村中每季开展强强擂台赛，各乡镇同步开展户户擂台赛，同时将每季度擂台赛的结果纳入年终考核，评选出A组乡镇8个村，B组乡镇14个村，C组乡镇5个村，分别给予奖励资金15万元、10万元和6万元。依据创建结果，由乡镇推荐"最美庭院女主人"参加全县"最美庭院女主人"电视大赛活动，电视大赛设置"一主两分"赛场，由浙江传媒集团"蓝媒号"、杭州传媒集团"杭州之家"、千岛湖传媒集团视界千岛湖在线同步直播。举办寻找最美"三园"庭院活动启动仪式，召开美丽庭院暨农村垃圾分类业务骨干培训会，带领参训人员外出考察学习，全面推进美丽庭院创建，全年建成县级美丽庭院示范村27个，巩固提升百源经济示范村8个。

【特色节庆活动】 3月8日，在淳安县睦剧团(老水之灵剧场)举行"巾帼心向党·建功新时代"淳安县纪念"三八"国际妇女节大会，县管女领导(含退二线领导)、各乡镇部门分管群团工作领导、各乡镇妇联主席(副主席)、各部门妇联主席或主持工作的副主席、县妇联执委委员、各行政村(社区)妇联主席、表彰对象、市级以上"三八红旗手"和女劳模代表、历届县妇联领导、女企业家和来料加工经纪人协会理事代表共计400余人参加。活动议程分成两个阶段，第一阶段为纪念大会，第二阶段为巾帼风采展演。母亲节当天，县妇联联合市生态环境局淳安分局、千岛湖综合保护局在姜家镇举办以"母女同携手 全民共治水"为主题的"母亲节"纪念活动，部分乡镇、部门妇联主席及其母亲共计70余人参加；活动围绕"陪着妈妈看美丽乡村、我为妈妈烧碗长寿面、我和妈妈共护水"三条主线开展。"六一"节当于，淳安、拱墅区妇联携手市、县女企业家开展"同在蓝天下、我们共成长"屏门乡齐坑完小"六一"走访慰问活动，拱墅区妇联、拱墅区女企业家协会向齐坑完小捐赠了价值3万元的书包、玩具等学习体育用品，淳安县女企业家协会向齐坑幼儿园捐赠慰问金5000元。

【"最美"系列评选活动】 全年在全县组织开展淳安县"三八红旗手(集体)"、巾帼文明岗和巾帼建功标兵、"最美家庭"系列及绿色家庭等四项创评活动，评选产生淳安县"三八红旗手"6名、"三八红旗集体"6家，巾帼文明岗12个、巾帼建功标兵4名，"最美家庭"系列之廉洁自律美家庭9户、家风家训美家庭10户、创新创业美家庭9户、护水治水美家庭8户和庭院创意美家庭10户以及绿色家庭100户。同时，县妇联联合千岛湖传媒集团开展寻找"淳安县'最美庭院女主人'电视大赛"活动，通过推荐审核、评委打分，产生一等奖1名、二等奖2名、三等奖3名、组织奖6名，并命名12名获奖者庭院女主人为淳安县"最美庭院女主人"。

【"送教下乡"活动】 邀请省市县三级家庭教育讲师团老师同步开展"父母大课堂——十万家庭亲职教育知识大巡讲"送教下乡活动，共举办家庭教育知识讲座80场。编印《淳安县家庭教育系列丛书》2000本，发放到边远山区的学校、幼儿园。

【县妇联第十六届三次执委会议】 4月1日，县妇联第十六届三次执委(扩大)会议暨淳安县寻找最美"三园"庭院活动启动仪式在县妇女活动中心二楼会议中心"会议中心"举行，县妇联第十六届执委委员、各乡镇分管领导和妇联主席或主持工作的副主席、县属各单位妇联主席或主持工作的副主席参加，县委副书记郑志光参加并讲话,同时宣布淳安县寻找最美“三园”庭院活动启动并授旗。

【关心关爱困难妇女儿童】 向全国妇联争取农村妇女“两癌”补助名额1个(人),发放补助资金1万元;争取春风行动“两癌”补助对象15人,各补助3000元;争取困难女大学生“美丽基金”补助名额8个,每学年每人补助3000元;申报退任困难村妇代会主任慰问补助名额14个,各补助800元;春节期间走访慰问100名困难退任村妇代会主任,每人发放慰问金500元。向省妇联争取专项经费20万元,规范大墅镇大墅村、千岛镇城东社区儿童之家建设。

【推行乡镇妇联轮值主席联席会议制度】 深化妇联改革,继续推行乡镇妇联轮值主席联席会议制度。按照2018年会议召开时间抽签顺序,全年共召开了4期乡镇妇联轮值主席联席会议,分别在威坪镇、中洲镇、左口乡和姜家镇举行,所在乡镇主要领导或分管领导、各乡镇妇联主席、所在村妇联主席参加。

(方慧君)

·科学技术协会·

【概况】 2019年,县科协在县委县政府的领导及省市科协的指导下,以习近平新时代中国特色社会主义思想为指导,深入学习党的十九大、十九届四中全会精神,立足“四服务”职能,团结引领全县广大科技工作者,围绕中心、服务大局,深化改革、扎实工作。荣获2019年中国科协科普中国信息员队伍建设优秀组织单位和杭州市科普中国APP优秀组织单位。2019年主管15个学(协)会,会员3095名,其中老科技工作者协会和反邪教协会为直属协会;乡镇(含青溪新城)科协24个,会员6448名;企业科协7个,会员730名;全县注册科普志愿者598人。

【开展“三服务”走访】 根据县委统一部署,县科协结合消薄增收政策,每季度深入结对中洲镇畈头村、长埂村进行走访,并开展“送清凉”“送温暖”慰问活动,党组书记到村上党课1次,单位4名党员干部服务“一户一干部”农户72人次,收集问题8条,现场解决6条,研究解决2条;服务企业创新驱动,走访已建、新建、拟建院士专家工作站8家企业,宣传解读省市县人才新政11次。

【“不忘初心、牢记使命”主题教育】 按照县委第四巡回指导组要求,制定本单位具体实施方案,动员部署“不忘初心、牢记使命”主题教育,按时间节点推进主题教育各项工作,科协领导班子及成员均完成中央规定书目通读,围绕8个专题研讨3场次,开展新时代解放思想大讨论3场次,形成调研报告4篇,上专题党课3次,检视问题17条,整改14条,梳理单位重难点任务2项,完成2项;党支部及党员均通读中央规定书目,志愿服务10人次,办好事实事5件。

【积极落实巡察整改】 8月,县委第四巡察组对科协党组进行巡察,在为期20天的巡察中,科协党组积极积极配合开展好巡察检查工作,认真落实巡察组的各项工作要求,在县委巡察组反馈党的政治建设、思想建设、组织建设、作风建设和党风廉政建设方面存在的主要问题后,县科协党组对照巡察反馈意见逐条逐项进行了梳理研究,制定整改方案、建立责任清单,并按照立知立改、全面整改、对账销号、长效管理的要求,认真落实整改。

【人才工作】 协助3家院士专家工作站开展常规性考核,其中千草素院士站获考核优秀;指导企业申报院士专家工作站,新建淳味堂专家工作站；培育远算智能、佳蔚日用、环境保护监测站等单位，指导协助其与相关院士、B类人才专家签订合作协议；全程做好“杭州院士家乡行”在淳活动接待服务工作。发挥与省市科协及所属学会联系紧密的优势，根据乡镇产业发展需要，全力做好市乡村振兴学会联合体（淳安站）活动，邀请中国茶叶学会、市生态文化协会等8家学会近20名专家到汾口镇开展科技服务乡村振兴活动。注重乡土科技人才培育，召开农职评委联络员农民技术人员摸底工作布置会，对1989年以后评定的农民技术人员情况进行调查，初步建立农民技术人员数据库，动态掌握乡土科技人才现状；推荐农民技师参评农民高级技师，评定12名农民高级技师。

【服务科技工作者】 切实履行党和政府联系科技工作者的桥梁和纽带职责，引领广大科技工作者提高政治站位，充分运用主题教育、支部主题党日、“三服务”等载体，学习宣传贯彻党的十九大、十九届四中全会精神和习近平新时代中国特色社会主义思想。“全国科技工作者日”期间，召开县科技工作者代表座谈会，传达学习县委全会精神，副县长丁熠锋率县科协、生态产业局（科学技术局）负责人，专程赴千岛湖发展集团渔业中心研发部，看望慰问科技工作者。县科协班子还走访慰问了农民高级技师、省级科技示范户等一线科技工作者。主题教育期间开展了科协班子成员联系服务企业、学（协）会、科技工作者的“三个三”联系服务实践活动，共走访27名科技工作者。

【全民科学素质】 5月召开县科协十届三次全委（扩大）会暨科普和全民科学素质领导小组会议，对科普和全民科学素质工作进行部署，明确年度工作重点，形成工作合力。11月召开四大重点人群科学素质提升工作座谈会，进一步推进科学素质补短板工作。

【科普宣传周活动】 9月14—20日组织开展以“礼赞共和国，智慧新生活”为主题的全国科普日暨淳安县第33届科普宣传周活动，县科协联合千岛湖镇在秀水广场举行全国科普日主场活动。整个宣传周期间，全县共有260个单位（包括行政村）11005余人参加了活动，共举办培训班和讲座79场，培训人数6000余人，展出科普展板1281块，义诊咨询1000余人次，发放各类资料13333份。

【创新科普宣传】 利用传统和新兴媒介，开展立体式科普宣传，做到县域媒体科普宣传全覆盖。继续推进“科普中国”落地应用，在华数电视平台，设立《天天科普》栏目，将《科普中国》《科技前沿》等子栏目，适时推送到华数用户的电视终端，基本实现“科普中国”落地全覆盖。

【青少年系列科普活动】 指导千岛湖镇三小开展青少年科学调查体验活动，获全国优秀实施学校；联合教育局等单位开展淳安县第六届中小学生科技节活动；邀请中科院上海分院博士研究生、中南大学教授、中科院老科学家科普演讲团赴县实验小学、青溪小学、千中、淳二中等学校，开展科普巡讲和科普实践活动，受益学生达2400余人次；新建千岛湖初中“科学探索中心”校园科普馆；流动科普馆先后巡展6所中小学。

【推进反邪教工作】 指导县反邪教协会圆满换届；联合县政法委，在全县农村文化礼堂推送反邪睦剧小戏《醒悟》；联合文广旅体局，组织开展元宵节反邪知识猜灯谜活动；联合县卫健局，编发《健康教育科普专刊》16万份，推送反邪知识；制作20套反邪展板送至重点宗教场所和文化礼堂。

【组织队伍建设】 制定《加强直属学会监督管理工作制度》,推进学(协)会规范化、制度化建设,团结引领广大科技工作者进一步凝聚思想共识,汇集行动合力,充分发挥广大科技工作者的积极性、创造性,助力淳安“四高”发展。督促县环境科学学会、县图书信息学会等15家学会完成年检工作。出台《关于乡镇科协秘书长(副秘书长)选任工作的实施方案》,及时调整乡镇科协主席、秘书长,充实乡镇科协组织力量,举办乡镇科协秘书长和社区科普员科普能力提升培训班。完成423个行政村村级科普员培训工作。

【建言献策】 5名科协界别政协委员发挥科技工作者智力优势,踊跃建言,提交提案7个,大会发言3篇,撰写社情民意6篇。老科技工作者协会注重发挥余热,积极开展科技调研,全年撰写调研报告8篇,其中有2篇得到县领导批示,相关建议也在具体工作中得到采纳。 (徐剑锋)

·残疾人联合会·

【概况】 2019年,县残联在县委县政府的坚强领导下,以“不忘初心、牢记使命”主题教育活动为总载体,出色完成全年各项工作任务,并获省政府嘉奖一次,在县级综合考评中获“先进”单位,在市残联年度工作评估中获“优秀等次”。配齐配强县、乡、村三级残疾人工作者队伍,县级层面残联理事长主持全面工作,配备专、兼、挂职副理事长各2名;各乡镇(青溪新城)共配备24名残联理事长和27名残疾人专职委员;各行政村(社区)共配备423名残疾人工作联络员,形成“纵向到底、横向到边”的残疾人服务网络。

【残疾人概况】 2019年,淳安县有持《中华人民共和国第二代残疾人证》18136人。其中,视力残疾2088人、听力残疾3049人、言语残疾119人、肢体残疾8494人、智力残疾1546人、精神残疾1572人、多重残疾1268人。

【惠残政策】 2019年,相继出台了《关于完善残疾人两项补贴发放办法补充意见的通知》《关于贯彻落实浙江省残疾人证管理细则(试行)的通知》《关于调整重度残疾人护理补贴标准的通知》《关于贯彻落实〈进一步精准实施杭州市“光明工程”〉的通知》等5个政策性文件。

【残疾评定和残疾人证办理】 2019年,通过“集中+上门”残疾等级评定相结合方式,新办理残疾人证1266本,其中组织集中残疾评定15场,办理残疾人证1195本;上门肢体残疾评定75户,办理残疾人证71本。全年到期换证3017本,死亡注销725人,户口外迁6人,完善数据10846条。启用两个新平台,一是全国残疾人证管理平台,用于录入残疾人信息和评残结果后打印《残疾人证》;二是杭州市智慧助残平台,用于提交申请人信息并打印受理通知书。

【深化残联改革】 围绕增“三性”、去“四化”群团改革目标,2019年12月出台《淳安县残疾人联合会改革实施方案》,新增“1000名残疾人以上乡镇可配备2名残疾人专职委员和专职委员享受社工待遇”两个突破政策。落实“最多跑一次”改革要求,深入推进助残服务“一件事”、“1+X”联办机制、“机关内部最多跑一次”等举措,促进更多助残服务事项的体制机制创新。

【基本生活保障】 2019年,淳安县有10936名残疾人享受困难残疾人生活补贴、8395名重度残疾人享受护理补贴(两项补贴政策可同时享受),发放补贴金共计5696万元。提高残疾人最低生活保障标准,7月份从734元/月提高到833元,全县有7175名残疾人纳入低保(其中5594名享受残疾人单列户施保),占持证残疾人总数的39%。有123户残疾人家庭享受"普惠加特惠"危房改造补助金共计22.35万元。有640名重度一、二级残疾人(不包括低保残疾对象)及一户多残家庭减免有线电视视听费补助共计12万元。

【康复服务】 2019年,高质量完成浙江省残疾人社区精准康复服务试点工作。通过抓残疾预防基础、抓康复机构建设、抓康复人才培养、抓分层康复服务、抓康复政策保障等举措,为残疾人提供就近就便的康复服务,打通康复"最后一公里"。淳安县实施残疾人社区精准康复服务打造"三十分钟"康复圈的做法获得陈卫强副市长的批示,基层康复站建设和康复人才培养等做法得到省残联推广。全年新创建省级残疾人康复服务站6家,农村康复服务点1个、家庭康复服务点150个。选送9名医生到省级医院康复科进修,业务知识培训110人次。为54名残疾儿童开展脑瘫、听力言语等抢救性康复服务。为残疾人免费配送871件大(小)额辅助器具,为85人提供康复救助货币补贴。为717名困难家庭严重精神障碍患者提供门诊免费服药;为3090名3类重点残疾人群提供家庭医生签约服务;为125户残疾人家庭提供无障碍设施改造。全县残疾人基本康复服务率达到98.84%,辅助器具适配率达到99.57%。

【创业就业】 2019年,培育、扶持残疾人县级来料加工示范基地3个,创业能手72人。开展农村实用技术和职业技能培训24期,培训残疾人1750人;组织残疾人参加省、市相关职业技能培训22人。下拨个体就业残疾人的开办费、养老保险、贷款贴息等就业创业资金101.95万元。完成全年用人单位按比例安置残疾人就业认定,全县153家企业安置残疾人就业281人。办好省政府民生实施项目,对人口1万人以上的乡镇全部创建了残疾人之家,全县现有18家残疾人之家庇护性就业机构,实现残疾人庇护性就业288人。

【教育培训】 2019年,全县有83名残疾学生和残疾人家庭子女享受就学补助共计15.07万元;有16名残疾人大学生列入省残联减免学费住宿费对象,减免费用共计17.41万元。配合教育部门做好残疾儿童特教上门服务工作。

【生活困难救助】 淳安县第二十次"春风行动"捐款合计2.61万元,其中个人捐款1.41万元,单位捐款1.2万元;开展"送清凉"慰问活动,慰问困难残疾家庭205户,发放慰问资金10.95万元。

【医疗救助】 2019年,全县有18506名残疾人纳入重大疾病、住院医疗和意外事故理赔保险,89名残疾人享受意外保险理赔共计53万元。

【无障碍建设】 2019年,在千岛湖镇南苑社区创建第二批省级无障碍社区,经省市督查后被命名为"浙江省无障碍社区";实施无障碍设施进家庭项目,全县完成重残贫困残疾人家庭无障碍改造125户。

【宣传文体活动】 2019年,开展文化助残"五个一"活动,组织县残疾人艺术团到汾口、文昌、姜家、枫树岭、浪川、富文等乡镇开展6场慰问演出。开展了残疾人文化艺术周、残疾人健身周(全民健身日)活动。协助举办了全国第十届残疾人赛艇皮划艇比赛,于10月

22日被省政府授予集体嘉奖一次;同时,淳安县选送的优秀残疾人运动员在参加全国十残会表现突出(向华兴4金1银、汪霞红3金),两名运动员荣获省政府二等功各一次。在杭州市残疾人田径、游泳锦标赛中,淳安县参赛残疾人运动员共11名,其中田径10人、游泳1人,取得了9金8银,并获得优秀组织奖。肢协组织参加全市柔力球获得第三名。

【维权服务】 2019年,共处理各类信访68件,办结率、满意率和回访率均达100%。提供法律救助服务41人次;举办2期残疾人普法培训班。

【残疾人数据动态更新】 2019年9月12日至11月20日完成淳安县动态更新工作。残疾人底册数据18075人,完成登记17867人,完成率为98.8%。其中,入户登记17139人,入户调查率为95.93%;电话登记728人,电话调查率为4.07%;通过手机APP采集17834人,采集率99.82%;电脑采集33人,采集率0.18%。未完成登记208人,未完成率为1.2%。

【东西部扶贫和区县帮扶协作】 2019年,加强与贵州剑河县残联的对接,帮助联系淳安安厨电商公司助推农产品的营销,派残联康复部、劳服所2名业务骨干赴剑河县开展残疾人业务知识培训,并帮助落实10万元的帮扶资金。加强与上城、西湖区残联的区县帮扶协作工作,两地共落实帮扶资金80万元。其中,上城区残联帮扶资金30万元、西湖区残联帮扶资金50万元。 (程建凤)

·文学艺术界联合会·

【概况】 2019年,县文联有作家协会、戏剧家协会、音乐家协会、舞蹈家协会、美术家协会、书法家协会、摄影家协会、民间文艺家协会、影视家协会、曲艺家协会等10个文艺工作者协会,有会员759名,其中市级150名、省级83名、国家级38名。

【文艺阵地】 坚持体现淳安元素,传播淳安文化的宗旨,继续抓好《千岛湖》《千岛湖书画》杂志的编辑发行,全年《千岛湖》杂志发行6期,《千岛湖书画》发行2期。“淳安文艺”微信公众号共发布271期,在宣传文艺活动情况的同时,特别注重文艺人才的推介和文艺作品的展示,图文并茂,每期坚持推出一名文艺家的作品,为其交流展示提供平台。用好李家坞公园“文艺之家”,打造“城市文化客厅”,展厅共展出书法、美术、摄影、民间手工艺品等12个门类文艺作品430件,全年累计吸引参展者1000余人次,讲好淳安故事,弘扬新安文化。同时积极打造青少年第二课堂活动基地,以春、秋游为契机开展文艺观摩、体验等活动,累计400余名学生参与活动,并于6月被县精神文明委员会授予“第二课堂活动基地”。11月5日,县市文联、县作家协会和千中职校共同举行千中职校“水韵”文学社成立暨文学写作公开课开课仪式。同时,授予千中职校“水韵”文学社“淳安县作家协会创作培训基地”牌子。

【赛事展览】 围绕县委、县政府中心工作,通过举办文艺赛事展览,积极发挥文艺引领时代风气、弘扬主旋律,营造良好社会氛围的作用。与县委宣传部联合举办《秀水吟——画说千岛湖》纪念新中国成立70周年中国画名家作品邀请展,11月9日,在千岛湖秀水街举行开展仪式。参展画家汇集了全国31个省、市、自治区,香港特别行政区、澳门特别行政区、中国台湾地区画家的作品。展出的作品,山水画102幅,大部分是表现千岛湖山水,其中53幅直接表现千岛湖风光,还有表现千岛湖鱼和捕鱼的作品12幅，表现千岛湖人文作品9幅。6月20日至9月15日，与县农商银行和县政协书画院联合举办庆祝中华人民共和国成立70周年淳安县“农商银行杯”书画展。共收到书画作品168幅，其中书法作品102幅、美术作品66幅，并于9月30日在千岛湖艺术馆开展。与杭州市作家协会和千岛湖生态综合保护局联合举办第四届“锦山秀水”千岛湖文学创作大赛。共收到全国各地来稿140余篇，经评审，评出特等奖1名、一等奖3名、二等奖6名、三等奖10名，优秀奖20名，于12月18日下午在文艺讲堂举办了颁奖大会。与县委宣传部联合举办“淳安特色农产品图片、短文及视频短片”征集活动。三类作品各评出一等奖1幅（篇）、二等奖3幅（篇）、三等奖6幅（篇）、优秀奖10幅（篇）。与县委宣传部、县委党史研究室、县少工委联合举办“我在红旗下成长”主题征文及诵读活动。组织“我在红旗下成长”主题征文并完成评审，6月25日在珍珠半岛妇女活动中心举行颁奖暨诵读活动。举办“境由心造”安君、李卫、王犁中国画作品展，5月18日至6月18日在千岛湖艺术馆展出，共展出作品60件；举办“经纬墨翰”陈经、陈纬书画展，6月26日至7月20日在千岛湖艺术馆展出，共展出平阳籍书画家陈经、陈纬兄弟书画小品70余件。

【采风交流】 5月17—19日，组织县音乐家协会主席团成员赴国家大剧院观摩“在希望的田野上”经典声乐作品音乐会，并与乐空间文化交流（北京）有限公司座谈交流。6月29—30日，组织县戏剧家协会会员赴绍兴大剧院采风观摩。7月5日至7月7日，组织县民间文艺家协会赴温州乐清市采风交流，参观方江鸿木雕工作室，细纹刻纸、黄杨木雕等国家级非遗手工艺项目。9月9日，组织大墅镇竹编手工艺者、县文创办、县农村农业局、县市场监管局、县博物馆等单位赴余杭百丈、安吉学习竹编手艺先进经验和先进做法。10月25—26日，组织县书法家协会会员赴安徽泾县考察学习宣纸制作工艺，并与泾县书协座谈交流。11月6—7日，组织县作家协会骨干会员赴安徽池州等地开展唐诗之路采风活动，并与池州市作协开展交流。11月12—13日，组织县影视家协会会员赴上海电影博物馆、嘉兴乌镇学习中国电影拍摄史，探访电影拍摄现场。11月12—14日，组织县美术家协会会员赴汾口镇霞源山、枫树岭镇下姜村开展“美丽乡村”写生活动，创作的相关作品于年底在千岛湖艺术馆展出。11月15—17日，组织县摄影家协会会员赴安徽歙县鸡公尖、练江夜市、容溪等地拍摄农家晒柿、板凳舞、大刀灯舞、古法榨油等民俗活动。11月15—17日，组织县舞蹈家协会会员赴桐庐梅雨坞、芦茨村创作采风。

【人才培养】 在人才培训方面，注重“请进来”与“走出去”相结合，拓展多渠道学习途径，提升会员艺术眼光和文艺水准。全年共有9名会员晋升为国家级会员。其中5人加入中国摄影家协会、2人加入中国戏剧家协会、1人加入中国影视家协会、1人加入中国作家协会，实现了中国作协零的突破。4月23日和4月25日，县作协副主席江琦军、詹黎平分别赴南山学校和富文乡中心小学开展文学进课堂活动，并作了《写作的乐趣——谈谈如何爱上写作》《读懂诗歌的秘密——诗歌欣赏》主题讲座。5月18日，邀请中国作协会员、中国书法家协会会员，著名诗人、书法家赵雪松作《诗，诗人与时代》报告。6月19日，组织县书法家协会骨干会员赴余杭参加“省展、国展全省重点作品加工点评会”。8月9日，在千岛湖镇茂畈村村委大楼举办留守儿童暑期书法公益培训班，30余名留守儿童参加学习。8月14日，“寄情翰墨”——2019年走进大墅书法封闭集训活动在县委党校孙家畈教学基地举行,20余位书协骨干会员参加集训。训练活动邀请了桐庐县文联主席、中国书法家协会会员申屠保华为学员作了《南方观点:从书法的“桐庐现象”说起》的讲座。11月9日,北大博士方建勋书法讲习班在县文联文艺讲堂开班,40余名书法爱好者参加了讲习班。开展文学创作“以老带新”结对帮扶。14名作家协会会员对14名文学爱好者开展长期“一对一”结对帮扶,对新成员进行常态化的文学创作指导,培养淳安县文学创作新生力量。

【服务基层】 开展“放歌新时代,文化进万家”送福送春联活动。春节前夕,组织县书法家协会骨干会员分别赴高铁站、啤酒小镇、万城家居广场、李家坞社区、界首乡严家村、富文乡方家畈村等地写春联十余场,惠及群众3000余人。开展“放歌新时代、温暖全家福”摄影惠民活动。春节前夕,组织县摄影家协会骨干会员为下姜村群众免费拍全家福、洗照片,让群众足不出户享受家门口的文化红利。针对淳安县竹资源与产业发展不匹配的现状,积极联系县文创办、农业农村局、市场监管局机关人员到大墅镇余允省竹匠工作室进行实地了解;并带领各职能单位及大墅镇3位竹编老艺人前往余杭百丈、安吉学习考察,拓展发展思路。立足淳安实际,撰写了《关于淳安县竹产业发展的思考》,提出发展建议7条。多次召开部门协调会,谋划成立县手工艺产业发展领导小组、县手工艺产业发展协会、制订手工艺产业发展规划相关事宜。经深入挖掘和调研,帮助大墅竹匠余允省联系到了来自县外的首批来料加工订单,其手工艺得到对方的认可并建立了长期合作意向,并带动了周边一批竹匠艺人。

【文艺评奖】 11月1日,淳安县人民政府下发了《淳安优秀文艺作品“秀水奖”评审办法》,暂停了7年的“淳安文艺奖”恢复评选,第十二届淳安优秀文艺作品“秀水奖”评选工作正式开始。在协会初评和评审委办公室复评的基础上。12月4日,由县委宣传部、县文广旅体局、县文联及下属各协会、市文联专家等组成的评审委员会对申报作品进行了终评,共评出获奖作品100件:特等奖1项、一等奖14项、二等奖20项、三等奖27项、优秀奖38项,其中县外作品5件。12月11日至12月17日评审结果在县政府门户网站、淳安发布公众号和淳安文艺公众号进行了公示。12月27日下午,在县融媒中心演播大厅举行了隆重的颁奖大会。

【成立县曲艺家协会】 4月15日在县文联“文艺讲堂”召开淳安县曲艺家协会成立大会暨第一次代表大会。会议通过了《县曲艺家协会章程》和《选举办法》,选举产生了第一届理事会理事。通过第一届第一次理事会议选举,方有禄当选为县曲艺家协会主席,高烽、徐翔、包刚当选为副主席,并提名高烽为秘书长,协会共有会员41名。

【主要艺术成果】 2019年,在全县广大文艺工作者和爱好者的努力下,文艺创作取得了一定成果,主要有:围绕消薄征收攻坚战,与县农办联合开展百源故事征稿,以淳安境内的“源”为写作对象,展示县内各条源的优美环境、高效生态、繁荣业态和农民增收的良好风貌,出版书籍《源远流长》。歌颂淳安几代公安人锲而不舍,执着告破千岛湖“11·22”案件的长篇纪实文学《掘魔》出版。记录实干担当的“白开水”干部的《好人徐遂》完成编撰。作家协会詹黎平获浙江省作家协会、绍兴市委宣传部等主办的全国“清白泉杯”清廉主题诗歌散文大赛一等奖。戏剧家协会的睦剧《路遇》在浙江文化和旅游厅主办的全省稀有剧种展演中获好评。音乐家协会余远原创的歌曲《水上森林》在中国音乐家协会出版的《歌曲》刊物发表。舞蹈家协会的舞蹈《中国美》荣获浙江省文化和旅游厅主办的“2019年浙江省群众广场舞(排舞)大赛”银奖。美术家协会王竹兰的工笔国画《清莲》在浙江省美术家协会主办的“丹青悦歌·文兴中华”第十九届浙江省女花鸟画家作品展中入展。书法家协会汪银贵入选“庆祝建国七十周年书法浙军精英榜”,并在美术报专版刊发。黄裕成、刘毅的书法作品在第十届沙孟海杯全浙展中入展。摄影家协会汪黎明的《山核桃背后有“三山”》和胡建明的《水下古城》在中国摄影家协会主办的“第27届全国摄影艺术展”中入展。民间文艺家协会方江鸿制作的《秋恋》在“第十三届中国(东阳)木雕竹编工艺美术博览会工艺美术创作大赛”中荣获金奖。影视家协会拍摄完成廉政微电影《密局》、视频快闪作品《我和我的祖国》在“学习强国”展播。曲艺家协会作品淳安滩簧《乡村振兴大舞台》入选浙江省文化和旅游厅主办的“浙江省曲艺新作大赛”。 (胡慧敏)

·红十字会·

【概况】 2019年,县红十字会,认真贯彻落实新修订的《中华人民共和国红十字会法》,坚持党建引领,聚焦主责主业,强化廉政建设,统筹各类工作,砥砺奋进,勤干实干,圆满完成全年各项目标任务,红十字事业展现新作为,2019年被杭州市红十字会评为年度综合优秀单位。

【救护培训】 2019年,深入推进应急救护培训进学校、进机关、进企业、进农村、进社区,加强对旅游、交通运输、城管、旅游、宾馆、学校、养老机构、水务等行业培训力度,在教育部门的支持下,中学生急救培训持续大规模推进。在民政、电力、城管等部门的支持下,红十字救护员取证培训有序开展,2019年完成红十字救护员取证培训1523名、普及性救护培训1.9万人次。应急救护师资培养规范化。加强师资初训、复训、考核与注册等全流程管理,完善应急救护培训师分组管理,注重培育和宣传优秀师资典型人物。2019年共培训注册浙江省一级应急救护培训师3名,共培训注册二级、三级应急救护培训师79名,选派20名救护培训师作为县应急救护培训讲师团成员,这些师资成为全县开展应急救护培训普及的主力军。应急救护培训课件标准化。制定现场心肺复苏、AED操作技能、创伤救护四项技能、常见急症现场抢救、紧急避险与逃生的标准化课件和教学视频,加强标准化教学体系建设,实行教学大纲、教材课件、质量标准、发证管理“四统一”,推进救护培训规范化、标准化、基地化、专业化建设。

【救援救灾】 2019年,为弥补县红十字会救援救灾力量空白,经县民政局登记注册,成立了社会民非组织“淳安县千岛湖红十字公益救援队”,救援队共有队员60余人,来自各企事业单位及个体私营业主,下设山地救援、水域救援、医疗心理救护、后勤保障宣传4个中队,队员都各自具备一项“登山、游泳、潜水、救护、摩托艇、无人机”等一项技能特长,队员们自愿遵守“人道、博爱、奉献”红十字精神,热心支持和参加公益事业,2019年该救援队被省应急管理部门授予省政府民生实事社会化救援队伍荣誉,12月12日,千岛湖红十字公益救援队汾口中队成立,中队共23人。县应急管理局、汾口镇政府、汾口派出所领导参加授旗授牌仪式。持续强化救援装备技能。救援队拥有救援车辆3辆、冲锋舟2艘、摩托艇1艘、抛绳2副、急救箱3个、无人机2架、对讲机10部、发动机1台、抽水泵2台、潜水装备2套、声呐探测仪1台、水下无人机1架。先后参加省市红十字会技能培训4期15人。持续参与应急救援保障。本着“有灾救灾,无灾保障、培训”的宗旨,先后参加应急演练3次,参与赛事保障、活动保障、新中国成立70周年景区巡逻共109人次、“进社区、进农村、进企业、进学校”普及应急救护知识25人次、抗洪抢险10人次、抗旱供水8人次、搜救失踪人员2次、免费为社会爱心企业运送捐赠物质42人次。

【人道救助】 2019年,对上联动省市红十字会,横向联合教育、卫健、民政、残联、商会等相关部门和社会组织,对外发动爱心单位,累计开展“红十字博爱送万家”“特殊家庭关爱项目”“康恩贝健康之旅”“博爱至善”等公益项目10余个,2019年募集款物139万元,人道救助全县困难群众1700人次以上。建立志愿服务基地,吸纳70余名骨干红十字志愿者,成立了县红十字空巢老人、心理救援、救护培训、唐礼法博爱、造血干细胞捐献、人体器官(遗体、组织)捐献6支志愿服务,结合新中国成立70周年、学雷锋日、“5·8”世界红十字日、世界急救日、防灾减灾日、重阳节等重要时间节点,先后开展百岁老人、抗战老兵及空巢老人上门志愿服务和慰问52次。

【对口帮扶】 与剑河县敏洞乡高桂村、平鸟村,南明镇坡王村、台沙村,盘溪镇塘沙村等5个村签订《东西部扶贫协作结对帮扶框架协议》,通过友好交流、实地走访,有效推动两地互动合作,累计筹集对口帮扶资金16万元,为黔东南州剑河县培训红十字救护员40名,解决黔东南州剑河县三中留守学生暖心项目资金,解决落实结对村帮扶资金4万元。

【博爱驿站】 2019年,在高铁新区千岛湖站、枫树岭镇下姜村、行政服务中心大厅、千岛湖初级中学、青少年活动中心、AAAAA级旅游景区千岛湖景区等公共场所添置智慧红十字一体机、AED,搭建常态化学习平台,通过平台培训不断提高社会公共场所应急救护能力,进一步完善淳安县急救医疗服务体系,推进AAAAA级旅游景区千岛湖红十字救护站建设和枫树岭镇下姜村村级红十字救护站建设。

【博爱学校】 在里商乡初级中学、富文乡中心小学2所“杭州市红十字示范学校”建立生命安全体验分馆,为在青少年群体中普及生命安全知识搭建平台。淳安县红十字会和淳安县育才学校联合推介的“博爱校园特色文化建设”项目被评为全省红十字会系统首届十佳“红十字人道公益品牌项目”。千岛湖镇初级中学义卖持续开展,明珠幼儿园爱心义卖首期启动,让“人道、博爱、奉献”红十字精神沐浴学生心灵。

【博爱农村】 以临岐镇范村村为试点推进了红十字主题文化公园建设,在枫树岭镇下姜村游览主干线设立了红十字公益宣传牌。

【宣传传播】 2019年,牢固树立“传播先行”的思想理念,创新红十字文化传播运行机制,自觉把传播人道理念与宣传弘扬社会主义核心价值观相结合,积极开展红十字知识宣传进机关、进社区、进企业、进学校、进农村活动,通过红十字公益广告、红十字会网站、微信公众号、淳安发布、各网络信息平台及时做好宣传报道。2019年县红十字会在《中国红十字报》《人民政协报》《中国教育报》《企业家日报》等国家级报刊物发稿6篇,在省市《红十字报》、红十字网站等发稿20余篇,在《淳安信息》普刊上录用稿件4篇和专刊1篇,在“今日千岛湖”、“淳安发布”等主要媒体宣传报道红十字活动36篇次。加强红十字宣传阵地建设。结合“5.12”防灾减灾知识竞赛、现场救护普及培训、红十字广场志愿服务、科技下乡、健康素养进农村文化礼堂等活动夯实红十字基本知识、红十字精神宣传和人道传播阵地，发放宣传资料2万余份，加大唐礼法等红十字志愿者等各类先进人物、典型事例的宣传力度，大力宣传红十字工作动态，讲好红十字好故事，传播红十字好声音，弘扬社会正能量，有效扩大了红十字会的影响力。推动红十字志愿服务工作。每周四以无偿献血采血点为阵地，组织开展造血干细胞捐献、人体器官(遗体、组织)捐献、无偿献血动员宣传发动的志愿服务活动，2019年完成捐献造血干细胞采样入库56人，累计捐献造血干细胞采样入库525人，目前全县成功实现造血干细胞捐献4人，完成人体器官(遗体、组织)捐献19例。同时开展了人体器官(遗体、组织)捐献者家庭上门慰问。

【廉政建设】 2019年，县红十字会党支部始终把党风廉政建设与业务同部署、齐推进，着力营造风清气正良好氛围。“两个责任”落到实处。单位主要负责人认真履行党风廉政建设第一责任人职责，自觉履行“一岗双责”，制定了廉政风险排查防控实施方案，结合周例会和主题党日对党风廉政建设工作予以部署和强调，签订党风廉政责任书。廉政教育深入开展。党支部始终把廉政教育作为党员干部党性锻炼的基础工程，根据县纪委监委工作要求，县红十字会制订方案并认真组织开展警示教育月组织一次警示教育参观活动、参加一次警示教育会议、组织一次典型案例剖析学习、开展一次风险“排防解、召开一次专题组织生活会、开展一次清廉文化传播活动、组织一次集中学习”等“七个一”活动。筑牢拒腐防变思想政治道德防线，使党员干部“见不贤而自省”，知敬畏、明底线、重品行、正操守。作风建设持续深入。严格执行党的政治纪律和政治规矩，积极做好政治纠正“四风”，转变作风，严格遵守《廉政准则》，自觉执行个人重大事项报告等制度，统一保管出入境护照，深入贯彻中央“八项规定”、省委28条、市委30条、县委二十条规定，积极做好政治生态评估和廉情情况档案更新工作。

(方华美)

·工商业联合会·

【概况】 2019年，县工商联牢牢把握“两个健康”主题，凝聚思想共识，汇聚系统合力，狠抓工作落实，为建设生态特区做出了积极贡献，被评为2018—2019年度全国“五好”县级工商联。目前会员数为486家，其中团体会员31家，个人会员73人，企业会员382家。

【理想信念教育】 围绕“坚定发展信心、矢志报效国家”教育主题，举办了新生代企业家管理创新高级研修班、基层商会红色教育暨“不忘初心、牢记使命”主题教育培训班，70多名企业家参加培训。组织5名企业家参加市联清华大学“品质杭商”创新发展研修班，6名企业家参加市联湖南韶山、江西瑞金理想信念教育培训班。举办第二期“同心大讲堂”，邀请浙江大学经济学院教授作宏观经济形势分析与相关政策解读，140余名企业家从中获益。浙江旭光电子科技股份有限公司董事长经推荐被评为“2019年度新锐杭商”。

【庆祝新中国成立70周年】 为庆祝新中国成立70周年，反映淳安县民营企业、民营企业家在建设康美千岛湖进程中积极进取的精神风貌和健康向上的生活情趣，举办了淳安县“培生船艇”杯民营企业庆祝新中国成立70周年摄影大赛。共有120张照片参赛，评出一等奖1幅，奖励人民币3000元；二等奖5幅，各奖励人民币2000元；三等奖10幅，各奖励人民币1000元;优秀奖30幅,各奖励人民币300元。

【九届四次执委会】 3月22日下午,在枫树岭镇召开九届四次执委会暨"破旧立新、思想解放"动员会。会议认真学习贯彻习近平总书记关于民营经济发展的重要讲话精神,市委书记周江勇在杭州市工商联十三届五次执委会上的讲话精神和全县党建工作会议暨开展"破旧立新、思想解放"大讨论活动部署会精神,动员工商联系统开展"破旧立新、思想解放"大讨论活动,审议通过了有关人事事项。县工商联执委,新生代联谊会和基层商会代表共40余人参加会议。

【九届五次执委会】 12月12日下午,召开九届五次执委会暨"新时代工商联的新样子"大讨论活动部署会。主席王新华作2019年工商联工作报告,并传达了省工商联召开的"新时代工商联的新样子"大讨论活动部署会精神。执委企业家们围绕各自企业的实际情况,进行了交流,提出了一些建设性的意见和建议。会议邀请县人才办解读淳安县最新的人才政策,回应企业家提问。县工商联执委,新生代联谊会和基层商会代表等50余人参加会议。县委常委、统战部长鲁连美参加会议并讲话。

【"新时代工商联的新样子"大讨论活动】 按照省工商联"新时代工商联的新样子"大讨论活动部署会精神,县工商联立即召开班子会、九届五次执委会认真学习会议精神,围绕"六个如何"迅速展开动员部署,制定实施方案,发动执委、商会、机关层面积极参与,召开2020年工作务虚会暨"新时代工商联的新样子"大讨论研讨会,围绕自身能力提升、商会改革发展等开展集中研讨。

【副主席轮值】 举办了4期企业家副主席(副会长)轮值活动,学习贯彻县委全会精神,部署开展"破旧立新、思想解放"大讨论、"不忘初心、牢记使命"主题教育和新时代工商联的新样子大讨论活动,围绕"临湖整治、减税降费、加征关税"和生态特区建设对各自企业发展的影响开展交流,碰撞思想、凝聚共识、共同提高。

【全联第一联系调研组第四小组到淳调研】 12月7日下午,全国工商联第一联系调研组第四小组在省市工商联陪同下,到淳安开展调研。调研组一行实地走访了杭州千岛湖啤酒有限公司的千岛湖啤酒博物院和千岛湖啤酒小镇。走访中,王新华主席就工商联落实上级决策部署助推民营企业高质量发展情况、淳安民营企业发展情况、商会改革发展情况、"五好"工商联建设情况等向调研组做简要汇报,并提出了相关意见建议。县政协副主席邵文涛陪同调研。

【调查研究】 积极参与县人大关于民营经济发展情况专题调研,提出意见建议;完成全联民营企业运行状况调查,省联稳企业防风险第四次专题调研,市联民营企业社会责任、民营经济发展情况、非公企业纪检组织建设情况等调研。

【参政议政】 发挥工商联界别人大代表、政协委员作用,开展履职能力培训,组织他们深入企业、协会走访调研,反映民营企业发展诉求,当好政府的"参谋"和"助手"。24名工商联界别政协委员在县政协九届三次会议上共提交个人提案25件,集体提案2件,提交社情民意21件,8篇被采纳,其中1篇被县政协《社情民意反映》增刊录用。

【优化营商环境】 与人民银行淳安支行联合

制定《关于优化民营和小微企业金融服务的实施方案》,建立联合走访、融资帮扶、金融培训、服务评价等常态化服务机制,优化金融服务环境。10月份,组织开展了"万家民企评银行"工作。与县司法局联合开展法律服务民营企业专项活动,组织民营企业参加集中座谈、法治课12场次,发放宣传资料400余份。组织开展了宪法宣传进企业活动。与检察院、公安局等建立常态联系制度,向会员企业发出建设"清廉企业"倡议。

【融资服务】 组织县农商银行赴杭州千岛湖商会举办银企座谈会,5家企业达成合作意向,成功发放贷款200万元。联合6家金融机构进企召开现场座谈会,通过协调,为1家企业多争取贷款70多万元。举办了新四板金融知识和大学生创业基金培训,培育企业上市。

【"三服务"活动】 主动开展"走下去、走出去、请进来"等活动,班子分组走访了县内外商会、淳商企业100多家,邀请相关部门进企解读政策,征集到意见建议10余条,协调解决问题3条,向上报送2家困难企业的情况,争取省市联的支持。

【宣传推介服务】 突出典型引领和政策导向,已编发《淳商》杂志4期,宣传了20名有较大影响力的淳商,发布了4则政策信息,以及8个乡镇的50余个招商项目。"淳商"微信公众号推送56期。编印《淳安县政策摘编》,印制3000册,重点向在外淳商企业发放。

【关心关爱服务】 做好异地商会"亲商卡"发放工作,审核上报"亲商卡"44张;按月开展执常委企业家、商会会长、秘书长生日慰问。

【商会助力消薄增收】 开展淳安县商会系统助力消薄增收工作,制定实施方案,引导基层商会落实村企结对"五个一"活动,落实成效作为基层商会创建"四好"商会重要评价内容。强化异地商会千岛湖农产品营销,鼓励商会通过采购、代销、农企直通车等形式,销售淳安企业、农户的优质农产品。截至12月,已有275家商会企业结对集体经济薄弱村141个,落实帮扶项目40余个、帮扶资金1600余万,带动就业3000余人,增加薄弱村经营性收入550余万元。5月27日《中华工商时报》以《巧借"四好"商会建设探索特色增收新路子》为题进行了专题报道;同时,撰写的《县工商联发挥商会作用积极助力农村"消薄增收"》被《淳安信息》刊出,并获县长董毓民批示肯定。

【对口帮扶剑河县脱贫】 组织民营企业(商会)到剑河县开展精准帮扶活动,10家民营企业(商会)向10个结对村捐赠帮扶资金21.6万元,5家商会捐赠助学物资14.5万元,帮扶资金23万元。在杭州市"助力脱贫攻坚 杭州在行动"主题活动上,微贷(杭州)金融信息服务有限公司和杭州千岛湖啤酒有限公司被认定为热心参与"东西部扶贫"民营企业,受到表彰。

【"四好"商会创建】 扎实推进所属商会改革,3月份,召开了基层商会建设工作座谈会,布置基层商会开展"四好"商会创建工作。下发县级"四好"商会评选细则,对成功创建"四好"商会的乡镇商会进行表彰,并择优推荐1～2家商会申报省、市"四好"商会。汾口商会获评浙江省"四好"商会,姜家商会获评杭州市"四好"商会。

【商会组织建设】 新成立浪川商会、富文商会、屏门商会、金峰商会和界首商会,全县乡镇商会达到20家,实现了商会组织全覆盖。威坪、汾口、姜家商会被县民政局评为“2019年度社会组织参与社会公益慈善先进单位”。健全异地商会考核评价制度,根据商会考核量化分数兑现上年度奖励资金,召开异地淳安商会建设工作座谈会,县委书记黄海峰、县政协主席刘小松、县委副书记郑志光、县委常委、统战部长鲁连美等先后到异地商会走访调研。

【商会党建】 贯彻落实《关于促进工商联所属商会改革和发展的实施意见》(厅字〔2018〕30号)文件精神,将商会党建工作纳入县对乡镇统战考核内容,推动商会党建工作全覆盖。新成立义乌市淳安商会党支部,临岐商会、瑶山商会和枫树岭商会党支部。打造“商会+”特色党建品牌,建立“1+1+1”模式,异地商会党支部与1个集体经济相对薄弱村“联姻”,开展共建帮扶活动10余次,为“联姻”村增收50余万元。2019年,王阜乡横路村在杭州商会党支部帮扶下,经营性收入跃居全乡第一。

【公益活动】 打造商会公益品牌,服务家乡公益事业。组织异地淳安商会开展了“书写希望、书送未来”爱心赠书活动,为里商、王阜、梓桐、屏门4个学校捐赠图书6000余册,价值17万元。深圳商会举办了第三期国际教育服务爱心计划,举办免费雅思英语培训班,62名淳安学子参加培训。杭州千岛湖商会、宁波市淳安商会分别赴剑河县开展公益助学活动,捐赠助学物资18万余元,结对2名困难学生。同时,各商会通过多种形式捐资助学、关爱弱势群体,累计开展公益活动20余次,捐赠资金70余万元。

【机关党建】 创新开展“主题党日+”联动联建,以“加强和改进非公有制经济领域党建工作”为主题,推动机关党支部与非公企业党支部、商会党支部联合联动联建,先后与千啤公司行政支部、旭光公司支部、杭州千岛湖商会支部联合开展主题党日活动,探索党建工作新思路。

(方雅倩)

(编辑　徐华健)

法 治

·政法委及平安建设·

【概况】 2019年,县委政法委在省市政法委的悉心指导和县委县政府的坚强领导下,紧盯"省平安县十五连创、夺取星级平安金鼎"目标,积极推进委机关机构改革,全面打响平安创建攻坚战,深化县域社会治理现代化建设,补齐风险隐患短板,锻铸政法铁军队伍,有力维护了全县社会面持续平安稳定,切实增强人民群众的获得感、幸福感、安全感。2019年度,淳安县实现省"平安县"十五连创,捧回全省首批平安金鼎。县委政法委获评全省"平安护航建国70周年工作成绩突出集体"。

【维护稳定】 一是重点稳控到位。坚持3+X会商研判机制,常态长效开展滚动排查、信息共享、交办督办,圆满完成全国"两会"、新中国成立70周年、党的十九届四中全会等重大时段和"6.4""8.1"等多个敏感时段及重要节点的维稳安保任务,均实现了"淳安不出事、淳安人不惹事"的目标。二是源头防控到位。全面落实重大决策和重点项目等社会稳定风险评估机制,完成全县涉及临湖地带综合整治、政府投资项目、政策类项目、非政府投资等相关项目社会稳定风险评估共350个,有效保障县委县政府中心工作稳步推进。通过稳评制定1+6总分式维稳应急预案,事先解决各类问题21个,有效化解各类大小矛盾纠纷360余件次,"全链条"保障千岛湖配水工程平稳推进顺利通水。三是化解处置到位。各乡镇基层社会稳定"一体两翼"工作体系建设实现全覆盖,全面开展重大风险排摸,梳理纳入项目化监管19项已全部化解报结。对重大不稳定因素专案经营,成功举办首期法制教育暨党员党性修养提升培训班,实现了"教育一个人、帮扶一个家庭、稳定一个群体"效果。对部分非法无理信访人员依法严厉打击,以打促稳、以化固稳工作成效逐步显现,重点群体总体可控并逐步缩小,历史遗留难题处理加快,成功处置部分房地产项目维权、敏感利益群体集聚等涉稳事件。

【平安建设】 一是健全机制聚合力。建立平安建设县领导分片督平安、信访积案包案化解、"平安办+专班"合力推进、日统计周通报月会商等工作机制,细化任务清单,压实责任链条。成功举办浙皖两省毗邻县(市、区)建设平安边界论坛暨第十三次联席会议,完善边界协作机制,形成平安建设"一盘棋"的良好格局。二是常态督查补短板。突出推进"谁主管谁负责"和"属地管理"责任主体落实,完善平安建设"问题、责任、整改、督查"四张清单,县级层面全年共交办整治问题隐患9批次1483个,条块自查自纠完成问题整治2041个,网格层面累计查改问题隐患14145个。省对淳安县平安暗访通报问题数及扣分数较上年大幅度下降,第一次发现10个问题,第二次15个问题,约扣8分,系近年来最低。三是全域宣传浓氛围。固化"十个有"平安宣传工作机制,发动全县同频发力形成全媒体参与、全行业推进、全社会动员"三全"的强大声势。开展"我为大家巡一天、大家为我巡一年"、平安千岛湖微信有奖答题、致全县人民的感谢信等活动,激励全民参与,持续造浓创建氛围。组织开展乡镇部门平安办主任培训班,把平安创建内容纳入全县村社书记培训班次,培育平安创建骨干队伍。

【基层治理】 一是建好一个“中心”。按照“1+3+X”模式,投资500余万元,利用原政法大楼进行改造,建成运行县社会治理综合服务中心(信访矛盾联合调处中心),设置11个接待窗口、20个功能室以及综合信息指挥中心和视频会议系统,建立健全8项运行机制。政法、信访、司法三家单位7月开始集中到“政法小院”办公,纪委、人社、住建等13家机构照工作量分为常派和轮派,初步实现治理服务和矛盾化解“只进一扇门”“最多跑一地”。2019年,共接待来访群众信访事项202件237人次,其中当场办结185件201人次,当场办结率91.6%,开展心理辅导40人次,极大提升了矛盾积案化解率、信访矛盾吸附率和人民群众满意率。二是启动一大“工程”。开展县域社会治理现代化“六和工程”,建立组织架构、坚持党建领和、突出顶层设计,确保淳安县域社会治理无缝对接市级治理中枢。形成了“1+3”红色铁三角志愿服务工作体系、“最美”系列人物评选、下姜村“三治融合”特色基层治理模式以及全国首条法纪登山游步道等工作成果。三是优化一张“网格”。继续做强做实全科网格,突出“网格党建”,规范网格队伍管理制度,全县网格员全年累计上报各类信息30.5万条,提供服务帮助2914次。统一地址库建设同步完成。

【扫黑除恶】 一是强化依法严惩。全面推进扫黑除恶专项斗争攻坚年行动,对384名涉黑恶犯罪采取刑事强制措施,成功打掉黑社会性质组织2个、恶势力犯罪集团5个、恶势力团伙14个。二是强化打网破伞。截至目前,县纪委监委共处置涉黑涉恶腐败和“保护伞”问题线索78件,发现黑社会性质组织犯罪案件和恶势力犯罪集团案件背后的“保护伞”26人。涉黑涉恶问题查否但存在其他违纪问题被立案调查2件2人,有效净化政治生态。三是强化综合治理。围绕源头治理“七大专项课题”推进行业领域综合整治,首创高利借贷专项治理工作做法被市简报录用推广。

【司法改革】 持续抓好一体化办案系统运用,六个协同率均达100%。扎实开展协同治理民间借贷工作,2019年民间借贷纠纷下降30%以上。持续做好涉法涉诉信访化解工作,集中清理3件涉诉信访案件。积极推进诉源治理,2019年全县新收各类案件9910件,同比下降19.44%。积极构建法治为先、修复为重、预防为要的淳安县生态环境司法保护新模式,该做法被中央政法委《长安》杂志、省政府办公厅《政务信息》等刊发。

【反邪教工作】 一是强化教育转化。开展“融雪行动”,围绕“去存量、控增量、防变量”目标,通过社会帮教转化、社区矫正转化巩固、监地互动帮教转化、举办法制教育学习班等四位一体教育转化工作格局,巩固强化教育转化成果,新教育转化10人,有力维护政治安全。二是强化排摸防控。开展“雷霆行动”“金盾行动”“春蕾行动”“铁铲行动”等专项行动,强化信息数据排摸,完善6类涉邪人员数据库。三是强化反邪宣传。开创“一站式”旅游反邪新攻略,建立、串联文昌高铁小镇—穿梭巴士—旅游码头—法治游船—精神传承红色五大反邪阵地。将反邪教警示教育纳入4月25日主题党日活动,依托县委党校和下姜基层干部学院,将反邪教内容纳入基层村社干部培训、县管干部轮训和中青班培训等主体班次,受训人数达1300余人。

【队伍建设】 一是立足改革强化队伍建设。以机构改革为契机,全力加强政法委机关自身建设,配强机关班子和干部队伍,顺利承接好综治、维稳、防范相关涉改工作。在全县政法系统开展《中国共产党政法工作条例》大学习大讨论活动，实现政法系统全覆盖。发挥政法委“2个协助、4个监督”的职能作用，协管政法队伍的中层选拔任命及拟提拔干部考察，培养政法后备干部梯队，评选表彰“最美政法人”“优秀网格员”等一批先进人员。二是开展“最强党支部”建设。巩固深化“1234”基本规范，严格落实党员管理。每月有序开展集中学习、专题党课、观看廉政短片、参观红色教育基地、城乡组团竞赛等系列活动。通过抓好理论学习、调查研究、问题查摆、整改落实，做深做实“不忘初心、牢记使命”主题教育活动，共形成调研报告5篇，上专题党课4场，查摆问题29条。深入一线开展“三服务”活动，共走访农户330户，帮扶困难党员30户，收集涉及民生等问题1项，研究消薄村发展思路2次，帮助殿峰村对接润和建国酒店建立团建基地。三是推进破旧立新。认真开展“破旧立新、思想解放”大讨论，建立“破旧立新、思想解放”清单19条，集中推进“三破三立”，即围绕政法委机构改革，破解委机关条线分割人少事多难题，建立科室整合、人员整合、职能整合的新政法委高效运转体系；围绕政法领域、社会治理“最多跑一次”目标，破解条块分割、办公分散问题，建立整合集成的县社会治理综合服务中心；围绕“智慧促和”，破解基础数据分散、部门信息壁垒，建立资源整合、统一协调的“城市大脑”社会治理汇聚平台。（姜芊）

·公安·

【概述】 2019年，淳安县公安局（以下简称县局）有内设机构22个，监管场所2个，派出机构8个。有民警400人、公务员2人、职工18人、辅警553人。围绕新中国成立70周年大庆安保维稳主线，以“三能”要求为引领，秉持“解放思想、对标一流、争先进位”的总要求，较好地完成各项任务目标。全年共受理报警31497起，同比上升2.83%，全年立案1069起，同比上升33.4%，其中诈骗、盗窃刑事侵财案件分别立399起、273起，命案发1起破1起，并破获1起陈年命案，五类案件立3起，实现“发一破一”。全年移诉各类犯罪嫌疑人601人。

是年，县局荣获“2019年度全省公安机关执法质量优秀单位”“2019年度全省公安机关信访工作县级优秀单位”称号，蝉联全市扫黑除恶专项斗争优胜单位，连续三年列全县绩效评价单位综合考评第一名，连续第十一年跻身县综合考评优胜（满意）单位序列。

【王双全到淳安督导并调研指导公安工作】 3月12—13日，浙江省副省长王双全到淳安督导全国“两会”维稳安保并调研指导公安工作，省公安厅副厅长、市委常委、市公安局长金志等陪同。王双全先后赴枫树岭镇下姜村、下姜村警务室、大市派出所、大墅镇社会治理综合指挥室、千岛湖镇临湖地带综合整治点、千岛湖派出所及县局实地调研，听取工作情况汇报，开展座谈交流，听取意见建议。

【董振宇到县局考察调研】 12月3日下午至12月4日上午，公安部党建工作领导小组办公室副主任、直属机关党委副书记、机关纪委书记、巡视办副主任董振宇一行3人，在浙江省公安厅党委副书记、常务副厅长毛善恩，市公安局党委委员、机关党委书记吴胜光的陪同下，到淳安县公安局考察调研全面从严管党治警工作。淳安县委常委、副县长张海燕，淳安县副县长、公安局长李浙峰，县公安局在家班子成员，指挥中心、政治处、警务督察大队主要负责人陪同考察调研。

【金伯中到县局调研工作】 3月27日，浙江省公安厅副厅长金伯中到淳安调研指导派出所工作。省厅治安监督管理总队总队长吴益中，杭州市公安局党委副书记、副局长徐柏林，淳安县委常委、副县长张海燕，淳安县副县长、公安局长张宏光，省厅、市局及县局相关单位负责人分别随同参加调研。

【陈一行到县局检查调研】 10月24—25日，浙江省公安厅党委委员、驻厅纪检监察组组长陈一行到淳安县公安局检查调研。省厅副处级纪检监察员沈亚清，淳安县委常委、副县长张海燕，淳安县副县长、公安局长李浙峰及县局相关单位负责人陪同检查调研。

【黄海峰到县局调研工作】 7月4日上午，县委书记黄海峰在副县长丁熠锋及县委办、县府办、生态产业局负责人陪同下，到县局交警大队调研城市大脑智慧交通管理工作。县公安局领导胡国宏、王武陪同调研。

【董毓民到县局调研工作】 4月4日上午，淳安县委副书记、县长董毓民带队到县局调研扫黑除恶工作。淳安县领导郑志光、张海燕，县法院院长陈奇策，县检察院检察长杨勇，县委办、县府办、县委组织部、县财政局及政法各家单位主要负责人，县扫黑办和专班成员参加调研。

【汪劲浩到县局调研指导工作】 6月5日上午，杭州市公安局党委委员、副局长汪劲浩在经侦支队副支队长倪建良等相关人员的陪同下，到县公安局调研指导金融风险处置工作。县局领导胡金河、韩柏友，经侦、治安等部门负责人参加。

【贾勤敏到县局开展带班督察】 9月15日，杭州市公安局党委委员、副局长贾勤敏带领市局刑侦支队负责人，到淳安县公安局开展带班督察。副县长、公安局长李浙峰，局领导胡国宏、胡金河、余小阳、严澎涛参加。

【郑志光率队到县局检查工作】 4月16日，县委副书记、政法委书记郑志光，副县长、公安局长张宏光率县府办、公安局、交通局等部门负责人到汾口镇督导检查交通安全综合治理工作，汾口镇党委政府负责人陪同检查。

【围绕中心防控风险】 围绕新中国70周年大庆安保中心工作，开展维稳防控工作。共计参与大型维稳现场安保活动10次。实现新中国成立70周年庆典期间“零非访”“零进京”。全年共投入维稳警力740余人次，完成各项维稳任务。

【强化安保服务文旅】 紧盯安保目标，落实工作措施，完成各类重大活动安保，保障涉旅活动有序开展，共完成174起大型群众性活动的安全保卫工作，其中经公安机关安全许可53起，政府组织无须公安许可52起，较大型的文化娱乐活动69起，累计投入警力4343人次。

【品质治安持续巩固】 是年，全县刑事案件发案1033起，同比下降34.4%，盗窃案件发案368起，同比下降64.5%，整体发案率为历年最低，群众安全感、满意度“两升”，刑事案件、常发性案件“两降”的效果持续巩固。

【专项行动净化环境】 是年，县公安局全面部署开展“雷霆”“飓风”等系列专项行动，全年开展集中统一行动17次，出动警力1万余人次，发动群防群治力量3万余人次，处罚单位19余家，查处违法犯罪嫌疑人86人次，整治一大批隐患问题。查处烟花爆竹类行政案件36起，行政拘留18人。查处涉枪刑事案件2起，刑事拘留6人，移送起诉4人。查处涉爆行政案件2起，拘留3人。

【围绕民生保护秀水】 为保护秀水民生，县公安局对环食药领域的突出违法犯罪活动开展针对性打击，全年共查处破获环境类案件32起，移诉35人。其中以打击非法捕捞水产品和盗捕鲢鳙鱼为重点，移诉侵财犯罪嫌疑人20名，有力保护一湖秀水。

【旅游秩序有力整治】 县公安局以打造“旅游警察”品牌、建设“平安景区”为载体，以“属地管理、部门联动、行业自律、各司其职、齐抓共管”为原则，常态化推进旅游目的地联合整治，重拳打击“野导”、“黑车”、“黑艇”、欺客宰客等扰乱旅游市场秩序的违法行为。全年共开展各类专项集中整治10次，查办扰乱公共场所秩序案件3起，行政拘留3人。

【扫黑除恶成效显著】 扫黑除恶专项斗争成效明显，全县涉黑恶犯罪案件累计立214起，破197起，累计对374名涉黑恶犯罪嫌疑人采取刑事强制措施，打掉黑社会性质组织2个、恶势力犯罪集团5个、恶势力犯罪团伙14个，查封、扣押、冻结涉案资产1828.5万元，一批社会治安乱点得到整治，全县社会治安秩序不断向好。抽调精干警力150名，参与下沙“11·5”董氏家族案件集中收网，调派40余名警力共同参与侦办，为全市扫黑除恶工作的开展做出积极贡献。

【交通治理有力推进】 坚持控大防小，实施亮灯、亮眼、亮头和亮尾的“四亮”工程，开展工程运输车专项整治，8月起，全面推行“七个统一”和“六定”措施，勒令改造工程运输车辆327辆，实现违法行为查处上升，工程运输车事故下降，电动车骑行头盔佩戴率在省市历次专项暗访检查中稳居第一。是年，共受理道路交通事故接处警14247起，同比下降1.0%；上报道路交通事故100起，同比下降8.3%，受伤人数103年，同比下降11.2%，全口径死亡道路交通事故34起，死亡36人，同比减少6起5人。共查处各类交通违法行为273107起(现场查处94477起)，其中饮酒后驾驶467人，醉酒驾驶209人，行政拘留395人，立刑事案件130起，移送起诉133人。

【立足村社打造淳警精品】 围绕新时代“枫桥经验”的创新实践，全面争创“枫桥示范派出所”，主动借力资源、聚集资源，针对非警务报警多的实际，联动司法所、律师事务所、国土、市管、城管、村社干部等创新推出“组团式”工作，就近开展矛盾纠纷调解。同时打造矛盾调解淳警精品，已拥有千岛湖派出所“方贝工作室”、石林派出所“三员急递”平台、姜家镇“狮城联盟”等多个群众工作和矛盾防范化解品牌，涉及农村土地纠纷、纠纷等“老大难”问题矛盾实现联动处置、就地处置。

【科技助力保障安居乐业】 推进“智安小区”创建活动，探索实施安防基础建设与工程项目规划同步机制，在下姜村率先开展民宿民居人脸核验系统及前端设备安装试点工作，先行开展网约房专题调研，探索研究管理办法，努力为全省全市提供样板依据。是年，完成东庄、红山、茶苑等10个小区的“智安小区”建设。升级“雪亮工程”，启动重点行业、重点部位的人脸识别工程，在旅馆、车站、码头等重点部位安装455点位，保障社会面稳定。

【城市大脑支撑智慧警务】 围绕情指行中心，建立集指挥调度、信息研判、合成作战、数模应用、综合协调等功能为一体的情指行平台，依托杭州市公安局城市大脑警务操作系统核心，深入应用110接处警指挥调度、基层基础管理、执法监督、为民服务、信息研判、感知搜索等警务功能,丰富警务手段,提高一线民警信息化应用程度,充分保障一线民警在执法过程中的执法规范、人身安全、信息精准。

【开展警务职务序列改革】 坚持向改革要警力,努力打造淳安特色、全面惠及民生的警察队伍。2018年12月,出台《执法勤务警员职务晋升和警务技术职务晋升管理办法》,是年全年推进人民警察职务序列改革,突出实绩导向、基层导向、公认导向,改革和成效成为全省经验。

【深化“最多跑一次”改革】 持续推动“最多跑一次”改革工作,行政审批效率得到提升,为高效的营商环境提供服务和保障。实现329个事项“网上办”,142个民生事项“一证通办”,121个事项“就近办”。配备“可信身份认证机”,推动“无证办事”。全县星级酒店及民居民宿均已实现“刷脸入住”。创新千岛湖派出所24小时自助大厅项目。流动车管所服务车累计到王阜、梓桐等偏远乡镇服务25次,惠及2000余名群众。开通绿色通道,为企业提供加急办证服务,针对县内重点项目重点企业,实行上门办理流动人口登记及居住证,实现“零跑腿”。

【考训结合提高水平】 依托“法制大讲堂”“周一夜学”“执法一事一案一议”“钉钉掌上学堂”等平台开展日常执法办案专题培训,收集基层法制需求,定制培训内容,提高培训效率。转变测试理念,倒逼领导带头全员学法。坚持执法办案疑难案件提前介入、过程指导、事后总结工作机制,帮助一线执法单位解决实际困难。

【强化服务保障执法】 率先在全市推动交警执法管理“三位一体”建设,依托“交治合一”模式,在农村派出所建成执法办案中心、案件管理中心、物证管理中心“三位一体”区块,实现交警案件管理全过程、全要素、全覆盖。已完成县局、看守所、8个派出所的审讯指挥室建设,集成审讯、交流、查证、监督功能。与发改、物价等部门探索共建价格认定“一张网”服务,会同邮政完善“警邮共建、文书专递”机制,会同农业银行开展取保候审保证金POS机服务,确保24小时缴款无阻碍,为基层民警办案和群众办事提供便利。

【狠抓监督倒逼执法】 3月,制定推出《全县公安机关执法突出问题专项整治活动实施方案》,下发《关于进一步规范警情处置的通知》,进一步规范接处警工作。10月,创新推出《淳安县公安局伤害、寻衅滋事等案件办理问题倒查问责工作机制》,设计“证据清单”,改变通报形式,进行源头把控。实行执法质量“一票否决”制度,把法制积分纳入《民警调动管理办法(试行)》和《民警外调积分管理办法(试行)》,引领、倒逼民警多办好案、办铁案。全年检查各类警情案件2352起、财物657件、办案区人员2147人、系统应用647起,发现问题87个、整改79处,累计局规记分27分。共发布各类《执法巡查通报》共计120余份。

【三能引领】 深入开展“不忘初心、牢记使命”主题教育和“践行新使命、忠诚保平安”活动。领导班子成员及党支部书记累计开展16场专题党课。通过在明显场地悬挂“三个能”党建标语,在警营文化中融入党建文化元素,不断深厚“三个能”党建氛围。县局自主开发的党建课题《“三个能”与新时代公安总要求在淳安的重要萌发》被评为全省公安机关精品课程,并在全局范围内开展宣讲。“三能”吸引各地考察65批次1300余人次。

【从严治警】 开展全面从严治警专题教育和“以案为鉴、廉洁从警”专题警示活动。紧盯党员八小时外管理，重点整治“酒、赌、婚、贷、密”等突出问题。开展各类督察检查537次，发现和纠正各类问题367个，提出督察建议160条，编发转发督察通报24期，督察记分338人次419.25分，发放《公安督察建议书》2份，党政纪处分1人，效能问责14人。

【培训强警】 坚持问题导向、实绩导向，开展比武36次，实现比武对象全覆盖，考试内容全覆盖，获全市公安机关冬季大比武活动第三名。深化“周一固定学习日”“周一夜学讲堂”制度，采取PPT等多媒体教学，案例教学、互动教学，组织业务大队以职能为本位开展多项警务技能集中培训活动。

【从优待警】 按照“乡下一人一房，城区一人一床”的标准，完成民警公寓楼建设，解决无房民警住宿问题。出台“每月一主题”警营文化活动机制，落实民警休假制度。对妨碍公务、暴力侵害民警的案件，及时依法惩处，全年共办理民警维权案件36起，慰问被侵权民警50人。全年慰问因公伤残民警、牺牲民警家属、困难民警辅警52人，慰问生重病和困难退休干部13人，慰问遗属23人，慰问生病住院民警职工辅警70人。从严贯彻《党政领导干部选拔任用工作条例》，选拔县管副职6人，新提中层干部3名，岗位交流8人。强化奖励倾斜一线制度，基层一线实战单位和民警奖励占比89％。

【宣传育警】 通过“传统＋新媒”宣传手段，推进“千名好民警”系列宣传，“就近跑一次”工作和交通管理改革工作先后被《人民日报》报道，大市派出所践行新时代“枫桥经验”做法被《法制日报》报道。联合检察院出品的《防范非法“校园贷”》《正义者联盟》扫黑除恶普法剧刷爆朋友圈。是年，县局各项工作被《人民日报》刊登2篇，央视《今日说法》和《新闻1＋1》各1篇，国家级媒体35篇，省市媒体139篇，县级媒体485篇，公众号10万＋20余篇。全年业务工作和队伍工作先后公安部录用4条，被省厅录用9条，被市局刊发简报1篇，被市局刊发简报3期。住村工作制和网约房管理材料得到副省长、公安厅长王双全批示肯定。

【侦破“12·19”故意杀人案】 2019年12月19日11时53分，县局110指挥中心接群众报警称千岛湖镇曙光新村16幢3单元205室疑似发生命案。民警到达现场后，井锁处置发现室内两人均已死亡。快速处置查明，死者为陈某某（男，59岁，淳安县人）和陈某某（女，32岁，淳安县人），二人系父女关系，县局迅速锁定余修良（被害人陈某某丈夫）有重大作案嫌疑。案发后，省市县三级公安机关迅速组织刑侦、技侦、网安等警种警力全力投入案件侦破工作，江西省市县三级公安机关的全力支持配合，综合运用网上与网下、传统与现代、专门与群众、极限施压与明理劝投等侦查措施，于2019年12月25日22时许锁定藏匿部位并于次日凌晨5时成功抓获犯罪嫌疑人余某某。

【侦破“11·12”故意杀人案】 1998年11月12日，淳安县千岛湖镇宾馆发生一起故意杀人案，经过初步侦查，锁定犯罪嫌疑人徐某某，因案发与作案存在时间差，被犯罪嫌疑人逃脱。限于历史条件，犯罪嫌疑人始终没有归案。二十年来，历任局领导和专案组民警锲而不舍，始终没有放弃对该案的侦查。2019年11月26日，山东省临沂市公安局高新区分局开发区派出所在工作中发现一自称王某某的男子行迹可疑，且提供的身份证系假证，经人像比对后发现该男子与淳安县命案在逃的徐某某极为相似,县公安局立即指派各警种专业力量赶赴山东,经比对及审讯,化名王某某的嫌犯交代自己就是故意杀人逃犯徐志宏,并对自己的犯罪行为供认不讳。

【破获1017网络销售假冒化妆品案件】 9月中旬,县局通过阿里打假部门线索传递,发现辖区居民朱某某等人开设的淘宝店铺非法贩卖假冒知名品牌化妆品。县局立即成立专案组开展专案经营,并多次联动市局环食药支队、县市场监管局召开行动方案研讨会,部署行动方案。县局通过化妆侦查与外围调查取证相结合的方式,锁定该犯罪团伙的多个淘宝、微信等网络销售账号,根据前期测买反馈结果固定犯罪证据。县局通过多次现场踩点,确定位于千岛湖镇鼓山工业区一仓库为非法销售窝点,摸清以朱某某、徐某等五人为首的犯罪团伙组织架构和日常轨迹。在充分掌握该销售假冒化妆品的犯罪团伙的基本构架后,10月17日,县局集结30余名警力,在市局环食药大队的专业指导和刑侦、情报的信息支撑下,分成7个行动小组分赴2个窝点开展统一抓捕行动,一举抓获5名目标嫌疑人,并现场缴获假冒化妆品、涉案电脑等大批直接证据。

【查明9岁女童章子欣失踪案】 7月8日,9岁女童章子欣失踪案发生以后,引起社会各界广泛关注。8日10时许,青溪派出所接章子欣奶奶报案称其孙女章子欣(女,9周岁)被两名租客以赴上海参加婚宴为由带走,逾期未归,下落不明。接警后,县局立即组织警力开展调查,锁定犯罪嫌疑人梁某、谢某。鉴于案情重大,省、市、县三级公安机关迅速行动,组成联合专案组,省厅先后组织500余名警力分赴上海、漳州、汕头、广州、茂名、珠海、武汉等地开展调查取证工作。后查明,7月7日19时许,犯罪嫌疑人梁某某、谢某某将章子欣带至象山县松兰山至爵溪街道路上,三人随后进入松兰山景区。22时,两名犯罪嫌疑人出现在象山县松兰山至爵溪街道路上,章子欣不见踪迹。23时,犯罪嫌疑人梁某某、谢某某二人在爵溪街道东门十字路口处搭乘出租车至宁波东钱湖景一观景平台。后二人在此投湖自杀,全程均在视频监控覆盖区域。经多方力量连日搜救,7月13日,在象山县观日亭正南方向16海里处(石浦海域)发现并打捞起章子欣的遗体。(朱少哲)

·检察·

【概况】 2019年,县人民检察院在县委和上级检察院的坚强领导下,在县人大及其常委会的有力监督下,在县政府、县政协和社会各界的关心支持下,坚持以习近平新时代中国特色社会主义思想为指导,认真贯彻落实县委对检察工作的部署和县人大关于检察工作的决议,全面依法履职,主动服务大局,积极开拓创新,打造过硬队伍,检察工作稳步发展,为全县经济社会发展提供了有力司法保障。

【扫黑除恶专项斗争】 2019年,县检察院围绕扫黑除恶攻坚年各项工作要求,成立扫黑除恶专项斗争工作专班,加强与法院、公安的协作配合,完善重大案件会商机制和案件质量把控机制,形成有效的打击合力。紧盯重点领域、关键环节和群众反映强烈的案件,全年共起诉涉黑涉恶案件11件74人,重点惩治了一批盘踞在工程建设、民间借贷等领域的黑恶势力团伙。持续推进“打财断血”“破网打伞”,合力推动查封、扣押、冻结涉案非法资产1000余万元,积极向监委、扫黑办移送相关线索7件。

【生态环保检察工作】 2019年,县检察院立足特别生态功能区建设，进一步深化环保理念，依法起诉非法采矿、非法捕捞水产品、盗伐滥伐林木等案件45人。联合林业、渔业等部门出台办理破坏生态环境类案件指导意见，统一相关案件办理尺度，规范受损生态修复和赔偿标准。办理的蔡某等人非法捕捞水产品案入选全市“服务保障拥江发展六大行动”典型案例。同时，积极探索以劳代偿生态补偿办法，对因经济困难无法进行生态赔偿的当事人，与相关单位共同监督其以公益劳动方式履行生态修复责任。

【助力优化营商环境】 2019年，县检察院落实《关于依法保障和促进民营经济健康发展的意见》，不断加大检察服务保障的针对性和实效性。实地走访民营企业，帮助解决企业涉法涉诉难题，协调有关部门解决企业发展困难。坚持送法进企，到企业开展法治讲座，提供预防咨询，帮助企业防范法律风险，更好对接企业司法需求。坚持平等保护原则，在严惩侵害企业合法权益犯罪的同时，妥善办理涉及民营企业、民营企业家的案件，审慎采取强制措施，确保对企业正常生产经营的影响最小化。坚持个案延展，针对办案中发现的企业管理问题，主动提供司法建议，努力当好经济发展的“法律顾问”。

【护航平安建设】 2019年，县检察院发挥法律监督机关的职能和作用，严厉惩治严重暴力犯罪和“黄赌毒”犯罪，共批捕40人，起诉77人，依法从快办理“11·12”“12·19”故意杀人案等一批群众关注的刑事案件。深入推进反腐败工作，组建专班办理监委移送的职务犯罪案件，就证据收集、法律适用等问题加强联系沟通，共依法决定逮捕、起诉职务犯罪案件4件4人。合力整治电信网络诈骗，打击了一批冒充租车网站、炒汇平台、网贷客服、赌博中介等身份实施网络诈骗的犯罪团伙。主动参与金融风险处置，依法办理“淳生投资”“华之赢”涉嫌非法吸收公众存款案件。坚持打击与维稳并重，主动参与司法环节追赃挽损，引导当事人合理表达诉求。

【参与诉源治理】 2019年，县检察院深入践行检察环节“枫桥经验”，与司法局建立检察官、律师涉法信访联合调处机制，构建多元矛盾预防和化解体系，促成刑事和解86人次。派员入驻县社会矛盾纠纷调处化解中心，助力矛盾纠纷化解“最多跑一地”。将司法救助与精准扶贫相结合，向因案致贫人员发放司法救助金9万元。坚持贯彻“少捕慎诉”理念，对轻微刑事犯罪，不批准逮捕56人，不起诉94人。坚持将落实认罪认罚从宽制度作为助力诉源治理的重要手段，363件案件适用认罪认罚从宽程序处理，占比93%，列全市第一。细化认罪认罚案件量刑建议标准和幅度，量刑建议采纳率达到98%，被告人认罪服判率在99%以上。

【保护未成年人】 2019年，县检察院落实最高人民检察院“一号检察建议”，严厉打击侵害未成年人身心健康犯罪活动，注重对受害未成年人的隐私保护和心理复健，对涉罪未成年人开展个性化帮教。持续推进检察官法治宣讲进校园等长效机制，与关工委联合开展法治教育20场次。联合民政、团委、妇联开展留守儿童安全隐患排查工作，密切关注留守儿童权益保障情况，促进形成全社会关爱保护留守儿童的良好氛围。针对部分商户违规向未成年人出售香烟、违法使用童工等情况，向主管部门发出检察建议，共同推动行业整治，净化未成年人成长环境。

【做优刑事检察】 2019年，县检察院全年共批准逮捕刑事案件232人，提起公诉461人。充分发挥检察机关诉前主导、审前过滤作用，全年提前介入重大案件15件,监督侦查机关立案11人,追捕追诉漏犯7人。对侦查取证不规范、不到位等情形,采取纠正违法、瑕疵通报等形式,提出意见12件次,进一步优化检警协同“大控方”格局。加强刑事审判监督,提起抗诉后改判2件,有效维护法律权威。积极开展羁押必要性审查,对不需要继续羁押的情形提出变更强制措施建议21件。加强刑事执行监督,督促47名罪犯缴纳罚金等财产刑14万元,监督收监执行3名社区矫正违规人员,对18名九类服刑罪犯提请特赦进行全面全程监督。

【民事行政检察】 2019年,县检察院坚持监督与支持并重,对裁判和执行不规范的情形,发出检察建议18件,督促整改落实。经审查认为法院判决、裁定正确的,坚决维护裁判权威,并做好对当事人的释法说理工作。坚持以惩治虚假诉讼为重点,探索刑民一体办案新模式,向公安局移送虚假诉讼线索2件,向法院提出再审检察建议17件。积极推进行政非诉执行监督,针对部分非法占有国有土地行为未执行到位的情况,联合县规资局共同推动解决相关执法难题。开展行政处罚执行情况专项监督,针对执法部门作出行政决定后未执行到位,或未申请法院强制执行等情形,及时向有关部门和乡镇发出督促执行检察建议,有效避免行政决定“白条化”。

【公益诉讼检察】 2019年,县检察院共办理刑事附带民事公益诉讼案件3件,行政公益诉讼案件64件。树立双赢多赢共赢理念,先后与林业局、渔政局、人社局等部门建立协作机制,形成公益诉讼保护合力。坚持民生导向,与市场监管局联合开展网络餐饮安全、农贸市场安全等专项公益诉讼行动。针对虚开增值税发票后未补缴税款、部分服刑人员服刑期间未停发基本养老金等情况,联合有关部门及时追回100余万元,避免国有财产流失。积极稳妥探索公益诉讼新领域,主动排查消防安全、公民信息安全、文物保护等领域线索20条。结合办案开展普法活动,努力营造全社会保护公益的良好氛围。

【提升队伍素质】 2019年,县检察院突出党建引领队伍建设,开展“不忘初心、牢记使命”主题教育,聚焦自身薄弱环节和群众反映强烈的问题,打好深学、细研、真查、实改“组合拳”,全面落实意识形态工作责任制,牢牢守住意识形态阵地,不断增强“四个意识”,坚定“四个自信”,做到“两个维护”。坚持办精品案、走精兵路,与高校合作开展理论与实务研究,有效开展业务实训,全年有9个集体和个人获得上级表彰奖励。坚持从优秀青年中选拔干部,新任中层干部14人,队伍年龄结构和知识结构更加合理。严格落实党风廉政建设责任制,组织开展分层分类廉政责任签约、岗位廉政风险点排查、新提任中层干部集体廉政谈话,集中开展警示教育活动,拧紧廉政开关,筑牢廉政防线。

【规范司法】 2019年,县检察院深化检察改革,落实内设机构改革和捕诉一体化改革要求,优化机构和职能设置,推动司法办案更加有序高效。坚持员额检察官依法独立办案,领导干部带头办理疑难复杂案件112件,检察长(含副检察长)列席法院审判委员会8次。制定检察官联席会议、诉前会议等办案协调运作机制,用制度把控好办案质量与风险。依法保障律师执业权利,走访县内律师事务所,携手共建新型检律关系。加大政法一体化办案系统应用力度,推动案卷网上流转、数据共享,有效节约司法资源,提升办案效率,逮捕、起诉案件协同率达到100%。

【自觉主动接受监督】 2019年,县检察院全面落实县人大及其常委会关于检察工作的决议，严格执行重大案件和重要事项报告制度，主动报告检察工作、报备重要事项。配合县人大常委会开展公益诉讼工作专项审议，认真落实审议意见，及时采取有效措施，确保整改到位。密切与人大代表、政协委员的联系，开展多种形式的主题检察开放日活动。配合政协民主监督小组视察刑事执行检察工作，向党外人士通报检察工作，广泛征求意见建议，切实加强和改进检察工作。主动公开检察办案信息 1080 条，公开法律文书 420 件，受理申诉举报 56 件，保障人民群众对检察办案的知情权、参与权。借助新媒体宣传阵地，自制“检察官钱小牛普法系列剧”，受到社会广泛关注，被最高人民检察院评为“全国检察新媒体优秀作品奖”。（姜利丹）

·法院·

【概况】 2019 年，县人民法院在县委的领导、县人大及其常委会的监督和上级法院的指导下，在县政府、县政协和社会各界的关心支持下，深入学习贯彻习近平新时代中国特色社会主义思想，坚持服务大局、司法为民、公正司法，忠实履行宪法法律赋予的职责，为全县改革发展稳定提供了有力的司法保障。全年共受理各类案件 11482 件，同比下降 21.06%；办结 11774 件（含旧存），同期结案率 102.54%；未结案 451 件，同比下降 39.3%；法官人均结案 288.23 件。主要质效指标位居省市法院前列，其中结案率、执结率、月均存案工作量、平均执行天数等多项指标位列全省基层法院第一。

【刑事审判】 受理刑事案件 302 件，审结 321 件，判处罪犯 449 人。纵深推进扫黑除恶专项斗争，积极开展法律宣传，提高群众的知晓度和参与度。严格把好审判关，从严从快审结胡忠鹏、施建华、吴军武等涉黑涉恶犯罪案件 11 件 74 人，判处五年以上重刑 21 人，判处财产刑 48 人。严厉打击聚众斗殴、寻衅滋事、抢劫等危害社会治安犯罪案件 73 件 150 人。依法严惩非法吸收公众存款、非法经营等涉众型经济犯罪案件 11 件 41 人，涉案金额 5698 万元。严肃惩处贪污、受贿、挪用公款等职务犯罪案件 4 件 4 人。从严惩处虚假诉讼、伪造证据等妨害司法秩序犯罪案件 8 件 8 人。坚持宽严相济，依法对 140 名罪行轻微、社会危害性较小的被告人适用非监禁刑。

【民商事审判】 受理民商事案件 6855 件，审结 6974 件，解决争议标的 36.61 亿元。坚持调解优先，力促案结事了人和，以调解、撤诉方式结案 4001 件。关注民生领域群众诉求，审结人身损害、交通事故、教育医疗等与群众生产生活密切相关的案件 376 件。支持劳动者依法维权，审结追索劳动报酬案件 56 件。维护婚姻家庭和谐稳定，与县妇联联合建立家事诉调“六大员”工作机制，审结婚姻、继承、赡养、抚养等家事案件 571 件。倡导诚实守信的市场交易规则，审结买卖、租赁、承揽等合同纠纷案件 881 件。促进房地产市场健康发展，审结建设工程、房屋买卖、房屋租赁、物业服务等涉不动产案件 669 件。优化金融生态环境，审结民间借贷、金融借款、信用卡纠纷等案件 3709 件，涉案金额 6.7 亿元。完善职业放贷人名录，规制违法违规借贷行为，民间借贷案件数量同比下降 37.7%。

【行政审判】 受理行政诉讼案件 22 件，审结 24 件，同比分别下降 47.62%和 41.46%。审查涉国土等领域的行政非诉案件 24 件，裁定准予执行 24 件。贯彻落实杭州部分行政案件跨区划管辖调整要求，顺利审结首例异地交叉管辖行政案件。建立滥诉甄别机制，裁定不予立案、驳回起诉案件10件,避免行政和司法资源无端浪费。推动行政争议调解中心实体化运行,协调撤诉案件11件,促进行政争议实质性化解。推动落实行政机关负责人出庭应诉制度,行政机关负责人出庭应诉率100%。强化司法与行政良性互动,通过参加府院联席会议、发布典型案例、发送司法建议、邀请旁听庭审等方式,助推法治政府建设。

【执行工作】 受理执行案件4279件,办结4431件,同期执结率103.56%,执行到位金额5.46亿元。积极争取各方支持,深化执行联动机制建设,密切与公安、税务等部门的协调配合,协助依法征税4666.5万元。加强立、审、执兼顾,率先探索建立"执前督促"制度,在全省法院推广应用。加大线上线下查控力度,冻结资金9600万元、查封房产813套、扣押车辆166辆。加大失信惩戒力度,纳入失信被执行人名单、限制高消费、限制出入境6548人。加大打击拒执行为力度,罚款、拘留2650人,追究刑事责任1人,制裁违法率80.85%。继续在新闻媒体曝光失信被执行人信息,敦促1440人主动履行。规范执行办案流程,强化节点动态管控,平均执行天数低于全省平均值一倍以上。严格终本案件管理,定期开展回头看,恢复执行案件798件,执行到位金额2.24亿元。

【立足中心工作推进】 始终坚持"中心工作推进到哪里,法院服务保障就跟进到哪里"的服务大局理念,找准工作的切入点、结合点和着力点,积极参与华联进贤湾、啃岭半岛、千岛湖颐养中心等项目的协调会和法律论证会,妥善处理涉大千古街、万源新型墙体建材、富溪源商住房等项目的矛盾纠纷,确保依法快立、快审、快结、快执,为千岛湖临湖地带综合整治工作顺利完成提供司法智慧。配合党委政府防范化解e租宝、华之赢融资公司,千岛明月楼盘的重大风险,全力维护社会大局稳定。东方巨龙公司破产案件取得重大进展,可追回土地出让金1亿元左右。针对司法过程中发现社会治理方面存在的问题和漏洞,向有关部门发送司法建议7条,帮助完善制度、防范风险。

【营商环境优化】 紧盯世界银行营商环境评价体系中执行合同、办理破产、保护中小投资者三项指标,着力提升审判质效,治理审执拖延,平均审理天数、平均执行天数两项质效指标位居全市基层法院第一。树立审慎、善意的司法理念,推动嘉鸿酒店、卓尔大厦、汤鼎一号等一批停滞项目全面复建,尽力帮扶企业脱困重生。发挥破产审判救济功能,促成绿色世纪房地产公司成功重整,盘活企业存量资产9303.14万元,释放土地资源93.7亩、房屋面积11400平方米。关注中小股东利益,审结股东知情权等涉股权类纠纷案件17件,加大对投资者保护力度。

【特别生态区建设】 经省编办批复,在千岛湖设立全省首家环境资源法庭。深化环境资源案件刑事、民事、行政案件"三审合一"审判模式,审结环境资源刑事案件33件45人、民事案件130件、行政案件28件,两起案件入选全市法院环境资源审判十大典型案例。践行修复性司法理念,探索"补植复绿""增殖放流"等责任承担方式,修复受损生态环境。推进环境公益诉讼,审结刑事附带民事公益诉讼案件3件4人,维护环境公共利益。完善环境执法与刑事司法协调联动机制,加强与公安、检察、生态环保、渔政等部门的协作,凝聚保护合力。

【社会综合治理】 全面开展涉稳案件排查化解,层层落实维稳安保工作责任。推进信访积案化解，完善领导接访、包案化解、带案下访等制度，在法律程序内办结信访案件 65 件。县法院诉讼服务中心派出团队入驻县社会治理综合服务中心（信访超市），与党政机关形成工作合力，促进纠纷化解“只进一扇门”“最多跑一地”。常态化开展巡回审判，将法庭搬到乡镇政府、文化礼堂、田间地头，打通司法服务“最后一公里”，该项工作获《人民法院报》头版报道。

【推进诉源治理】 坚决落实习近平总书记“坚持把非诉讼纠纷解决机制挺在前面，从源头上减少诉讼增量”的重要指示，构建“社会调解优先、法院诉讼断后”的纠纷解决新模式，诉讼案件收案量同比下降 21.48%，实现 8 年来首次负增长。主动延伸司法触角，在全县所有社区和部分乡村设立首批微法庭 34 家，将矛盾化解在基层、消灭在源头。健全诉讼与非诉讼衔接机制，精准对接人民调解、行业调解、律师调解等调解组织，诉前引导调解案件 2455 件，诉前纠纷化解率 25.15%。推广应用在线矛盾纠纷多元化解平台，成功调解案件 1241 件，成功率 88.8%。

【提升诉讼服务】 深化司法领域“最多跑一次”改革，通过诉讼服务大厅、诉讼服务网、移动终端、12368 诉讼服务热线、巡回办理等多种渠道，为当事人提供优质诉讼服务。严格落实立案登记制，大力推行当场立案、网上立案、跨域立案，网上立案 6063 件，网上立案率 88.66%，跨域立案 9 件，实现诉讼立案“就近能办、同城通办、异地可办”。积极实施司法救助，为当事人缓、减、免交诉讼费 31.5 万元，向困难当事人发放救助金 36.4 万元，努力做到不使有诉求的群众因经济困难打不起官司。

【深化阳光司法】 狠抓审判流程、庭审活动、裁判文书、执行信息四大公开平台建设，构建开放、动态、透明、便民的司法公开机制。推进庭审直播常态化，网络直播庭审 3385 场。落实裁判文书上网制度，裁判文书上网率 100%。规范司法网拍，网拍率 100%，成交额 3.14 亿元，节约佣金 508 万元。拓宽公众获取信息渠道，运用官方微博、微信和门户网站及时发布信息，在省级以上媒体发表宣传报道 39 篇，构建多媒体宣传大格局。举办公众开放日活动 12 次，邀请 600 余名社会各界人士“零距离”接触法院。

【司法责任制】 稳妥推进法官员额制改革，遴选第四批员额法官 5 名，充实一线审判力量。完成法院内设机构改革，内设机构数量由 21 个缩减至 15 个，实现机构职能调整优化。实行院、庭长办案常态化，入额院、庭长办结案件 4267 件，占总结案数的 36.24%。完善绩效考核办法，充分调动了一线办案人员积极性。健全审判委员会和专业法官会议制度，推行类案强制检索制度，统一法律适用，确保案件办理质效。

【审判监督管理】 以省高院部署开展的“三个建设年”活动为抓手，加强审判流程节点管理，定期分析审判执行运行态势，平安建设考核过程性指标办案质量效率双提升工程位居杭州各县（市、区）法院第二。健全瑕疵案件评析机制，二审改判发回瑕疵率 2.35%。实施清理长期未结案专项行动，18 个月以上长期未结案清零，6 个月以上、12 个月以上长期未结案同比分别下降 24.49%和 50%。

【诉讼制度改革】 推进以审判为中心的刑事诉讼制度改革，全面实施庭前会议、非法证据排除、法庭调查“三项规程”。准确适用认罪认罚从宽制度和速裁程序，审结刑事案件 222 件 298 人，占同期审结刑事案件的 69%。推进刑事案件律师辩护全覆盖，为292名被告人通知法律援助律师到庭辩护。积极开展民商事案件繁简分流和简案速裁，提高办案效率，简易程序适用率93.9%，平均审理天数36.83天，同比缩短8.12天。

【智慧法院建设】 推进信息技术与审判工作的深度融合，为群众诉讼、律师履职和法官办案提供全方位服务。积极推广应用移动微法院，在平台上立案8897件、文书送达54766次、证据交换259件次、终本约谈236件。应用政法一体化办案系统，实现公、检、法协同办案高效规范。推行电子卷宗随案同步生成和深度应用工作，构建涵盖自助立案、移动阅卷、电子送达、智能庭审的智能化办案模式。

【思想政治建设】 始终把政治建设摆在首位，扎实开展“不忘初心、牢记使命”主题教育，通过举办“政治大学习”“理论大培训”“思想大讲堂”和“破旧立新、思想解放”大讨论系列活动，激发干警感恩奋进、担当实干的精神力量。扎实开展党建工作，大力实施组织力提升工程，将主题教育、基层党建与审判工作紧密结合起来，更好地促进审判工作开展。

【司法能力建设】 丰富教育培训形式，选派干警参加各类学习培训300余人次，提升职业素养和履职能力。实行岗位大练兵，鼓励干警多办案、办精品案，一起涉黑犯罪案件入选浙江法院指导案例，两起案件入选杭州法院打击虚假诉讼十大典型案例。提拔使用主动作为、敢于担当的优秀年轻干部，新提任县管干部3名、中层干部16名。

【司法作风建设】 持续推进从严治党、从严治院，强化“一岗双责”要求，层层压实党风廉政建设主体责任。深入开展突出问题集中整治、“十查十看”查摆问题和警示教育月活动，切实筑牢不敢腐、不能腐、不想腐的思想防线。围绕庭审规范、纪律作风、窗口行为、考勤管理等方面，运用审务督察、作风巡查、案件检查等方式，提升司法行为规范化水平。

【人大及其常委会监督】 牢固树立监督就是支持的理念，自觉把法院工作置于人大及其常委会的监督之下。配合县人大常委会对执行工作开展“回头看”，向县人大常委会专题报告法院半年工作情况，并根据审议意见抓好整改落实。及时办理人大代表意见建议，密切与人大代表联系，主动邀请人大代表视察法院、参加座谈、旁听庭审、见证执行400余人次。

【接受政协和社会各界监督】 主动向政协委员、党外代表人士通报法院工作情况，认真办理政协提案。配合县政协派驻民主监督小组开展视察人民法庭、调研诉源治理工作，将民主监督员的意见建议转化为推动法院工作的有力举措。畅通民意沟通渠道，广泛接受社会监督。支持人民陪审员依法履职，一审普通程序案件陪审率99.74%。

【接受检察机关法律监督】 支持、配合检察机关依法履行法律监督职责，认真办理检察建议，认真对待检察机关提起的抗诉。落实检察长列席审判委员会会议制度，邀请检察长列席审判委员会8次，共同维护司法公正。

（余利明）

·司法行政·

【概况】 2019年以来，淳安县司法局坚持全面贯彻落实省市县委全会精神，牢固树立中心意识、大局意识，不断深化破旧立新、解放思想，主动发挥司法行政职能作用，积极作为、干在实处，全程助力特别生态功能区建设，为千岛湖临湖综合整治等重点项目推进提供法治保障，为法治淳安、康美千岛湖建设提供强有力的法治支撑。一年来，全县司法行政系统涌现出了一批先进集体和个人。淳安县司法局被司法部评为“大排查早调解护稳定迎国庆”专项活动表现突出集体；获浙江省司法厅授予“大庆安保维稳工作”集体三等功；被杭州市司法局评为2018年度全市司法行政系统信息宣传工作先进集体二等奖。淳安县司法局“三争三创”打造司法行政铁军项目荣获2019年度全市司法行政系统“最优党建项目”。县司法局被中共淳安县委、淳安县人民政府评为2019年度县级机关、直属单位综合考评优胜（满意）单位和淳安县2019年度平安稳定工作先进集体；被中共淳安县委评为2019年度县级机关、直属单位落实党建工作责任优秀奖。县司法局临岐司法所被浙江省司法厅评为浙江省“文明规范公正”司法所；县司法局威坪司法所、临岐司法所、姜家司法所被杭州市司法局评为“文明规范公正”司法所。县司法局机关党支部被杭州市司法局评为杭州市司法行政系统“最强党支部”；浙江泽道律师事务所党支部被杭州市律协党委评为先进基层党组织。汪丽霞被杭州市扫黑除恶专项斗争领导小组评为2018年度扫黑除恶专项斗争先进个人，被中共淳安县委、淳安县人民政府评为2019年度平安稳定工作先进个人。王勤淑被司法部评为全国法律援助工作先进个人。王海源被司法部评为全国公共法律服务工作先进个人。汪向华被司法部评为2018年全国人民调解先进个人。汪信文被浙江省司法厅评为浙江省司法厅第六届“百名司法为民标兵”。项卫红被杭州市委直属机关工作委员会评为杭州市机关党员干部参与基层一线疫情防控工作先进个人。徐军被杭州市司法局评为2019年度全市司法行政“最美共产党员”。徐淑芸、卢亮被杭州市司法局评为2018年度“社区矫正能手”。童雪被县委宣传部、县委政法委评为淳安县第三届“最美平安卫士”。章献彪、张承进被杭州市律协党委评为优秀共产党员。王芳被中国农工民主党杭州市委员会评为2018年度“凝心聚力建名城”献计献策活动先进个人。

【法治政府建设工作】 1. 夯实依法治县工作基础，抓好“关键少数”学法，不断提升领导干部法治意识。2019年共组织四期县政府常务会议集中专题学法；组织48名县管领导在枫树岭镇下姜村举办了为期三天的淳安县县管领导干部法治专题培训班，推动领导干部牢固树立宪法法律至上、权由法定等法治理念，切实承担起法治建设的组织者、推动者和实践者职责。2. 强化行政执法规范化建设，抓好“三项制度”措施落地有声。依法落实行政执法公示制度。2019年淳安累计公开各类行政处罚结果信息31933条，公开数量和公开率达到100%。全面落实行政执法全过程记录。全县已登记在册并投入使用的执法记录仪约为1057台，实现了全程留痕和可回溯管理。强化落实重大行政执法决定法制审核制，明确未经法制审核或者法制审核未通过的不得作出重大执法决定。3. 加强行政执法监督与制约，抓好考核机制提升考核质效。下发《关于开展2019年度行政执法案卷评查工作的通知》，在各行政执法单位中集中抽取20家单位63件行政执法案卷进行评查，未发现因存在严重违法行为而被评为不合格案卷。将法治政府建设工作开展情况纳入县委县政府2019年度督查工作，并按期开展工作落实情况督查。4. 强化“两高一低”专项整治，突出重点，抓好规范落实。印发了《淳安县行政复议规范化建设实施意见》，进一步加强行政复议规范化建设。修订完善了《淳安县行政机关负责人应诉管理办法》，强化行政机关负责人出庭应诉制度规定。2019年全县新增行政复议案件39件，新增行政诉讼案件31件，比2018年同期下降50.8%，降幅较大。全县各乡镇、部门行政机关负责人出庭率达100%。严把源头关，印发《淳安县本级行政规范性文件制定主体清单》，明确县本级33个行政规范性文件制定主体。严把制定关，出台《淳安县行政规范性文件管理规定》，明确行政规范性文件制定、备案、清理程序规范。严把审核关，2019年共审核县政府本级、乡镇、部门出台的行政规范性文件17件，提出纠正意见20余条。严把效力关，针对县级2001年至2018年间制定的219件规范性政策性文件进行集中清理，其中181件文件予以继续保留有效，12件文件予以修改，14件文件予以废止，12件文件予以宣布失效。

【法治宣传教育】 一是扎实推进法律"六进"活动。春节期间，"普法进村居，法润暖人心"活动造浓春节法治氛围；就业赶集日，利用农民工返乡过年之际组织外出务工的农民进行集中法治教育；"法律进民企"时，组织律师等法律服务工作者帮助企业梳理诉讼、仲裁等法律纠纷；六一前后，开展"普法进校园"活动，以鲜活的实践体验方式向学生普及法治知识；"助残日"，开展以"情系残疾人，法治来护航，共筑中国梦"为主题的法律服务活动。普法形式应时应景，普法内容丰富多彩，社会全民学法氛围浓厚。二是加强基层民主法治创建。会同县纪委完善县级法纪登山步道建设，营造浓厚的遵纪守法氛围，深入推进淳安"法治+旅游"特色普法工作纵深推进。积极贯彻落实"民主法治村(社区)"建设三年行动计划，2019年已成功创建中洲镇厦山村、临岐镇新华村、屏门乡秋口村、浪川乡新桥村4个民主法治示范村(社区)。同时，省厅对淳安县2018年以来命名的9个"省级民主法治村(社区)"巩固情况开展了检查复评，9个村均通过省厅复评，巩固率达到100%。

【法治保障中心工作推进】 一是法律服务保障临湖整治顺利推进。全县23个乡镇、423个行政村以及县政府主要工作部门已实现法律顾问全覆盖。充分发挥法律顾问专业特长，积极引导政府法律顾问参与并服务于全县重点工作，全力做好临湖地带综合整治法律风险防范相关法律事务，研究既存法律问题，并按要求继续推进整治工作，有力保障了各项重点工作顺利推进，确保整治项目如期完成。二是千岛湖保护立法规章起草任务出色完成。根据市政府"千岛湖保护立法"工作部署及由淳安县政府负责立法草案第一稿的要求，县政府第一时间成立千岛湖保护立法筹备起草工作领导小组，制定实施方案，并委托专业机构协助起草立法草案工作。在草案起草过程中，司法局会同第三方机构积极沟通并多层面召开座谈会、调研会，深入各职能单位调研征集意见建议，针对前期各单位及代表100多人次提出的近300条意见建议进行归纳梳理，前后七易其稿，2019年年底前已经县政府常务会议审议并正式提交市政府审议。三是积极参与扫黑除恶专项斗争。立足2018年扫黑除恶工作基础，制定了《淳安县司法局扫黑除恶攻坚年工作方案》，建立健全攻坚年工作机制。严排查、理线索，严格落实法律服务机构和律师办理重大影响法律事务"三研究"制度、报备制度，确保法律正确实施。勤走访，强督导，严要求督查指导律所扫黑除恶的接案审查、请示报告、集体研究、检查督导、一案一档等专项工作。2019年共排查上报涉黑涉恶线索3条，律师报备涉黑涉恶类案件代理案件25起，出具辩护代理意见76份，参与案件旁听7起，未发现违法违规代理情形。

【法律服务惠民便民】 1. 完善组织架构，人民调解服务有的放矢。加强诉源治理，完善行业性、专业性人民调解组织建构，指导督促五个行业性、专业性人民调解委员会开展实体化办公；拓宽调解人才引用渠道，加大基层专职人民调解员配备力度。择优选择擅长调处不同类型纠纷的专业人员组建人民调解专家库，针对不同矛盾纠纷定向选择，精准服务。特别是加大了县调委会建设力度，配齐配强专职人民调解员。2019 年全县各级人民调解组织共配备专职人民调解员 506 名，共调处矛盾纠纷 3802 件，其中县调、医调共调处重大疑难矛盾纠纷 71 件。同时，借助人民调解贴近基层的优势，以拉网式排查到位、全方位研判到位、规范化建设到位、组团式服务到位为要求，开展各类矛盾纠纷大排查大化解活动。县域各级人民调解共组织排查并成功化解民营企业纠纷 142 件，纠纷涉及金额达 1554.8 万元。按照应调尽调、防范未然的要求，为维护国庆期间的社会面和谐稳定，全县各级调委会共排查矛盾纠纷线索 3276 件；积极参与信访化解工作，共化解涉访矛盾纠纷 51 起，协议涉及金额 256 万元。2. 深耕百姓需求，法律援助便民有声有色。采取"上门式、下乡式"援助服务，通过电话申请、上门受理、当场指派等方式办理一批典型援助案件。送服务上门，派驻专员到"欠薪办"，坚持调解优先，尽可能降低民工讨薪维权成本，及时化解矛盾、实现合法诉求。2019 年，共受理农民工讨薪案件 278 件，调解重大农民工讨薪案件 18 起。督办案件质量，实施常态化案件监管，利用发放案件质量监督卡和法律援助信息系统，对援助案件实行全程实时监督。2019 年共电话回访援助案件 130 件，旁听 48 件。同时，规范法律援助案件归档工作，对照《规范法律援助案件归档工作》改进案件中的问题，切实提高法律援助案件办案质量。全县共接待来电来访 2207 人次，办理法律援助案件 941 件，民事 438 件，刑事 271 件，法律帮助 232 件，受援人达 531 人次，比 2018 年同期增加 3.86%，为困难群众节约诉讼代理费 514.3 万元，帮助受援人挽回经济损失或者取得利益 3162.23 万元。3. 精准惠企便民，打造法治化营商环境。组建法律专业人才队伍，组团式服务"六大攻坚战"等重大项目工作推进；优化专家调解团，集约服务县内大创园、工业园区中小微企业 19 家。2019 年共举办各类法治讲座、公益咨询 20 余场次，线上线下接待法律咨询 1890 余人次，查找法律问题及漏洞 40 余个，出具法律意见书和风险提示函 23 份，协助起草或修改合同 30 余份。为更好打造淳安法治化营商环境，县司法局积极开展法律服务行业警示教育专项活动，并对律所、基层法律服务所开展"驻在式"调研和督导，全面优化法律服务行业监管，确保相关法律服务执业人员无违规情况存在。

【社区矫正】 从严从细从实做好国庆维稳安保工作，依法依规高效做好特赦实施工作。紧贴国庆安保要求修订完善了《社区矫正工作突发事件应急处置预案》，组织召开集中动员部署会和警示教育会 3 次，深入一线督导检查 2 轮。

【执法规范化示范县创建工作】 制定印发《淳安县试点创建社区矫正执法规范化示范县实施方案》，专题召开试点创建动员部署会，先后 3 次组织开展阶段工作讲评验收，凝聚抓规范防风险的共识。加大工作指导力度，组织 2 期以实操实战为主的执法规范化培训班，坚持重点突破、以点带面，推进全流程精细化质量管理。编印《淳安县社区矫正日常监管档案规范》，为一线执法提供了一套实用管用的"操作手册"。统一设计制作社区矫正执法规范三个登记簿 700 余册，扫清薄弱环节，推动制度刚性落实。建立线上线下相结合巡查机制。线上运用综合监管、“易帮矫”、下沙和达安保等平台创建“网上巡查考核”工作机制,线下不定期常态化开展“四不两直”检查,2019 年共开展各类督查检查抽查 12 次,集中专项检查 2 次,确保社区矫正监管全过程无遗漏。（钱玲）

（编辑　徐华健）

军 事

【概况】 2019年,淳安县人民武装部始终以习近平新时代中国特色社会主义思想和强军思想为引领,深入学习、贯彻党的十九届四中全会精神,贯彻落实浙江省军区、杭州警备区党委和中共淳安县委决策部署,坚决做到"两个维护",贯彻执行军委主席负责制,聚焦军事斗争准备,全面推进战备训练、民兵整组、国防动员、国防教育、兵役征集、安全管理、后勤保障、党建工作、支援地方等各项工作,着力改革创新,注重狠抓落实,圆满完成了上级赋予的各项年度目标任务。

【"不忘初心,牢记使命"主题教育】 2019年,按照浙江省军区、杭州警备区的统一部署,淳安县人武部开展"不忘初心,牢记使命"主题教育。精心谋划,周密部署。县人武部于9月2日参加杭州警备区主题教育动员会议后,第一时间成立主题教育领导小组并召开全体会议,对主题教育作出全面部署。胡拥波政委作动员讲话,详细阐明开展主题教育的重大意义和具体要求。他强调,要准确把握主题教育的任务、目标、方法、步骤,确保步骤不虚,措施不空,目标任务不打折,真正抓出成效。抓"实"学习,抓"活"教育。部党委把学习教育作为整个主题教育活动的基础,狠抓"实""活"两字,组织《习近平关于"不忘初心,牢记使命"重要论述选编》《习近平新时代中国特色社会主义思想纲要》和《习近平强军思想学习纲要》等必读书目的集中学习,共计30余课时。为提升学习效果,创新学习方式,把"不忘初心,牢记使命"主题教育与"传承红色基因,担当强军重任"主题教育结合起来,与"四个自信"教育结合起来,与廉政教育结合起来,增强活动效果。坚持标准,狠抓整改。部党委始终把解决问题、推动工作,作为检验主题教育成效的标尺,围绕事关单位建设发展的根本性、关键性和难点性问题,深入一线展开调研,形成2份调研报告。特别是将"新官理旧账"作为践行初心使命的主要内容,坚决坚定推进应急应战能力提升质效。结合军委巡视、军委国防动员部巡察反馈问题清单和省军区、警备区有关要求,进一步细化梳理对本级问题清单6个方面18条,并且按照上级要求,逐项逐条抓好整改落实。

【肃清工作"回头看"】 2019年,淳安县人武部按照浙江省军区、杭州警备区的统一部署,以"正本清源,深纠彻改"为目标,深入开展肃清郭、徐、房、张流毒影响工作"回头看"。对照上级肃清工作"回头看"实施方案,周密拟制部本级计划,进一步细化清查内容和标准,明确责任区划和完成时限。分层次组织广大党员干部学习习主席在古田全军政工会议上的重要讲话和在军委党的建设会议上的重要讲话精神,学习《全面彻底肃清郭伯雄徐才厚流毒影响凝聚起强军兴军强大能量》重要文章,提升思想摆位,增强政治自觉。党委委员之间深入开展肃清工作交心活动,进一步提升了对肃清流毒工作的认知水平。集中开展"信息资料大起底"活动,专门安排半天时间,对涉及郭、徐、房、张文件资料、书籍、讲话等信息资料进行彻底清查。召开党委会、支委会以及党小组会,深层查找郭、徐、房、张流毒在身边特别是在自身的表现,重点围绕"思想沉疴积弊""组织功能弱化""作风顽症痼疾"等方面存在的问题,强势整改,一纠到底。

【“传承红色基因，担当强军重任”主题教育】 2019年，淳安县人武部扎实开展“传承红色基因，担当强军重任”主题教育。为了取得事半功倍的效果，县人武部党委将此项教育与“不忘初心，牢记使命”主题教育结合起来进行，把学习习近平主席关于开展“不忘初心，牢记使命”主题教育的重要讲话与习近平主席阐述强军思想的系列讲话结合起来，把着力建设军事现代化与始终保持艰苦奋斗精神结合起来，组织干部职工集中学习习近平讲话原文，开展讨论交流，组织干部职工进行以“传承红色基因，担当强军重任”为主题的授课；组织部本级人员赴中洲北上抗日先遣队纪念、白马红军标语墙、王阜淳安县委旧址等县内教育基地，并开展现场教学，先后有38人次参加。

【本级首长机关和军地联合指挥部建设】 为适应现代战争需要，淳安县人武部致力于扎实开展本级首长机关和军地联合指挥部建设。一是探索研究便携式指挥箱组指挥作业训练，并且在全省比武实践中得到充分检验；二是修订完善本级“16＋1”应急处突方案，立足实用，调整战备值班分队安排；三是完善情报信息报送机制，为实现战时高效指挥，确保胜利完成上级赋予的作战任务和处突任务打下坚实基础。全年出动民兵参加环境卫生整治、平安巡防、抢险救灾、安保维稳、森林救火等行动达2000多人次。

【制定民兵应急力量纳入政府应急管理体系实施细则】 2019年，淳安县应急管理局、淳安县人武部军事科、政工科、保障科联合制定《淳安县民兵应急力量纳入政府应急管理体系实施细则》(以下简称《细则》)，并于11月12日联合下文，印发各乡镇政府贯彻执行。《细则》设“总则”“力量建设”“指挥动用”“情报共享”“装备保障”5章17条，对民兵应急力量的性质职能、组织整顿、建设维护、情报共享、装备保障、动用程序、行动指挥，对军地领导机关、业务部门的各自职能和职责权限，都作了清晰详尽的界定和说明。

【实施日常战备专项整顿】 根据省军区、警备区日常战备专项整顿统一部署，于5月下旬至6月下旬，在本级开展专项整顿活动。整顿范围包括本级指挥机构、值班值勤人员，县战备值班分队。为加强对整顿活动的组织领导，还成立本级日常战备专项整顿领导小组，由部长徐国斌和政委胡拥波担任组长，军事科科长严建文、政工科干事王朝明、保障科助理员吴丹任领导小组成员。

【军事训练成绩】 2019年，淳安县人武部超额完成军事训练目标任务，取得优异成绩。全年民兵训练任务为233人，完成395人。重点检验考评了应急分队、专业分队和专武干部训练，并组织了普考，总评成绩均在良好以上。及时组织机关首长轻武器射击训练、要图标绘、理论考核，参训6人，合格率达100％。完成部本级首长机关“参加水上搜救行动”课题带民兵分队任务行动训练，加强了县民兵应急连的作战支援能力。在县民兵训练基地集中组织杭州市民兵气象水文与爆破工程两个专业的跨区训练，参训75人，全程安全顺利。特别是7月中旬，参加警备区现役干部军事理论、轻武器射击、案例分析、动员指挥作业，文职人员军事理论、轻武器射击、案例分析、民兵班组形式岗位练兵大比武等训练，均取得好成绩，其中班组专业比武获得应急专业第一名。11月，县人武部在部本级举行以扑灭山林火灾为内容的处突能力比武活动。活动采取“民兵＋民间”“应急＋专业”的方式，迅速完成应急连100人、千岛湖公益救援队10人的集结，活动取得圆满成功。在此基础上，由县人武部部长徐国斌提出跨区救援建议，由县委常委、常务副县长赖明诚定下参加由省军区组织跨区支援抢险救灾比武的决心。集结人员及各救援要素于11月27日11时30分完成一切准备，15时50分到达海盐县预定配置地域，按时投入救援比武，并取得优异成绩。

【完成学生军训】 2019年，淳安县人武部把高质量完成学生军训作为重要年度目标任务之一，提上重要议事日程。自8月20日开始至9月27日结束，共承训县属6所高中的2777名学生，动用军训教官77人次。4月初，组织60名优秀基层专武干部和基干民兵，开展为期5天的教官集训，为其中向考核合格的45人颁发《学生军训教官证》，合格者中中共党员占了63%。根据杭州市学生军训会议提出的要求，结合本县实际，制定了《淳安县学生军训训练计划(模板)》《淳安县学生军训安全应急预案》《淳安县学生军训安全注意事项》。

【被评为全省征兵成绩突出单位】 2019年，上级赋予淳安县征兵任务201人(含直招士官5人，女兵1人)，其中，大学生比例不低于74%、大学毕业生比例不低于14%。经前期宣传发动，全县共报名1650人，通过目测初检1063人。经严格的身体检查和政治考核，按择优定兵原则确定200名征集对象，其中，大学生155人，占比77.5%，大学毕业生42人，占比21%，超额完成上级赋予的任务指标，未发生责任退兵情况。在年度考核评比中，淳安县在征兵"五率"量化考评中名列全市前列，被省政府、省军区评为全省征兵工作成绩突出单位。

【学习贯彻《民兵组织整顿工作实施办法》】 淳安县人武部把2019年视为军委国防动员部《民兵组织整顿工作实施办法》(以下简称《办法》)的实行之年、浙江省军区国防动员工作实现"卫冕"目标的关键之年，始终站在讲政治、顾大局的高度，第一时间组织本级党委班子和机关干部职工深入学习《办法》原文，学习各级领导机关有关加强学习贯彻《办法》的指示精神，并于春节前召开专武干部会议，及时传达《办法》基本内容，真正让全体干部职工和所有专武干部深刻掌握《办法》精神实质，入脑入心，为民兵整组工作打下坚实的思想基础。

【抓好民兵整组业务培训】 2019年，淳安县人武部把强化业务培训作为保证民兵整组质量的关键，积极参加浙江省军区、杭州警备区组织的政策讲解视频会议、整组训练任务对接、潜力调查业务培训等一系列活动，完整掌握上级最新要求，并组织本级人员学习掌握，确保与上级标准一致、步调一致。先后3次召开整组任务对接暨业务培训会，开展民兵潜力调查业务培训并组织潜力数据会审，利用召开民兵整组推进会的机会，组织体检、政审、装备配备、建档以及国防动员潜力统计调查等有关业务的培训，使全体参与人员熟练掌握有关业务，为高质量完成民兵整组提供可靠的智力支撑。

【高质量完成民兵整组任务】 2019年，淳安县人武部三管齐下，高质量完成民兵整组任务。一是细化任务指标，确保编制员额精准分配。针对淳安县山区村落多，人口分布广，乡镇编兵难度大等实际问题，着重加大行业、企业编兵力度，努力把队伍编实、编准、编出战斗力。先后组织全县、行业系统和应急连编兵单位整组任务对接会，将所编队伍按职能、专业、区域等进行拆分，各单位现场受领任务，现场提出困难，现场协调解决，确保人员精准定位，队伍专业对口。鼓励相对较大乡镇和重点行业承担更多任务。二是突出新质力量，确保结构布局科学合理。通过广泛开展实地调研，深入挖掘社会编兵潜力，努力提高新质力量比重和编兵专业化水平。三是深入检查督导，确保整组要求刚性落地。利用2周时间，到全部编兵单位验收整组情况，拉动点验乡镇全部应急力量和部分专业分队，重点检查人员到点、装备配备、档案建立、党组织预建、台账完善等情况，当面反馈问题，提出改进意见，督促及时整改；到编兵行业、编兵企业了解民兵整组进展情况，现场开展业务指导，帮助相关单位严格操作流程，提高工作质量，确保各项要求落到实处；对照民兵管理系统和花名册逐一核对人员信息，特别是年龄、政治面貌、服役情况等关键信息，查找错漏，及时核对，即时纠正，对指标不达标的要求相关单位立即做出人员调整；对照编制表核对装备配备情况，预征预储装备配备不到位的，要求限期解决，购置装备有缺口的，根据各单位实际，给出逐年配备的意见建议；对照档案材料名目，核查建档情况，对进度较慢的给出合理建议，抓紧推进。4月15至26日，对全县23个乡镇及相关行业系统整情况进行检查验收，拉动点验全部应急力量和部分专业分队，到点率分别为95.6%和97.2%。

【做好国防动员潜力统计调查工作】 根据军委国防动员部有关通知和省市国动委要求，3月18日，淳安县国防动员委员会下发关于做好国防动员潜力统计调查的淳动发〔2019〕2号文件。统计调查按照“筹划部署、统计调查、实践运用、总结评比”4个阶段进行。至11月10日，各单位梳理总结国防动员潜力统计调查工作全部完成，并分析存在问题，提出改进建议。12月上旬完成以数据质量为重点的综合评比。

【开展后备力量基层规范化建设】 2019年，淳安县人武部把后备力量基层规范化建设提上重要议程，着力推进县后备力量建设向标准化、制度化、体系化迈进，全面开启新一轮后备力量基层规范化建设。为使此项工作事半功倍，县人武部于6月12日，由徐国斌部长率军事科、政工科有关人员及各乡镇武装部长，赴本省海盐县参观见学。见学结束后，县人武部在全县广泛开展“评星挂牌”活动。活动按照“五星、四星、三星、未达标”四个等级进行评定。目标是3年内全县所有乡镇武装部、村(社区)民兵连达到“三星”以上标准，其中，乡镇武装部20%达到“五星级”、30%达到“四星级”，努力实现全县后备力量基层规范化建设全面达标。乡镇武装部的评比采取各单位对照标准进行自评，有参评“五星”“四星”意向的于10月底前上报请示，县人武部于11月中旬组织对参评“五星”单位进行初评，择优推荐参加警备区评审，由警备区定级。参评“五星”的采取自行报名和组织推荐相结合的方式确定村(社区)民兵连的评比采取由各单位自行组织实施，于年底党管武装考评开展前完成并上报考评结果。参评“五星”的由各单位推荐，县人武部结合党管武装考评进行定级，警备区组织抽查复核。评定为“四星”的由县人武部结合党管武装考评抽查复核。至2019年底，经过严格考评，千岛湖、文昌、临岐、姜家、枫树岭5个乡镇武装部被评为五星达标单位。

【创新专武干部培养管理模式】 2019年，淳安县人武部创新专武干部管理模式。一是在专武干部中开展向优秀专武干部徐遂学习活动，采取会议宣讲、文件通报、媒体宣传等多种形式，把徐遂的突出表现作为专武干部履行职能的新标杆，作为专武干部看齐的新榜样；二是进一步盘活人力资源，优化队伍结构，全年内部交流11人，转岗任职5人，补充新任2人，使专武干部队伍既基本趋于稳定，又更加充满活力；三是加大专武干部培养力度，一方面加强对专武干部的关心、集训、培养、考察，密切跟踪专武干部的成长经历，一方面加强与地方组织部门的沟通联系，积极向其推荐优秀人才，合力培养打造，全年提升任用 10 人，其中部长 3 人，副部长 7 人。

【2019 年度党管武装暨国防动员委员会会议】 2019 年 3 月 18 日，淳安县 2019 年度党管武装暨国防动员委员会会议召开，县国防动员委员会全体成员、县人武部干部职工、全县专武干部参加会议。会议由县委常委、副书记郑志光主持，县委常委、县人武部政委胡拥波作党管武装工作报告，全面总结了 2018 年国防动员工作，部署 2019 年工作，明确新的一年目标任务和主要工作举措。报告以习近平强军思想为引领，突出军事斗争准备，突出人民武装力量建设，突出国防动员队伍建设和制度建设。县委书记、县人武部党委第一书记黄海峰出席会议并作重要讲话。黄海峰指出，2018 年是全面贯彻党的十九大精神的开局之年，也是武装工作全面调整改革的开局之年，淳安县的武装工作在市委市府和警备区的正确领导下，坚持以习近平强军思想为引领，主动作为，强化担当，攻坚克难，争创一流，在助力实现党在新形势下的强军目标、加快推进国防动员转型升级、建设“山清水秀、绿色发展”康美淳安的实践中做出应有贡献。2019 年是新中国成立 70 周年，是贯彻落实新时代军事战略方针，深化军事政策制度改革的开篇之年，也是决胜国防和军队建设 2020 年目标任务的攻坚之年，必须坚定举旗铸魂，把贯彻强军思想作为体现忠诚的根本所在；必须坚持任务牵引，把能打仗、打胜仗作为衡量质效的唯一标准；必须持续同向发力，把深度融合发展作为转型升级的重要途径；必须弘扬优良传统，把解决重点问题作为固本强基的重要保证，不忘初心，砥砺前行，苦干实干，锐意进取，以优异成绩向新中国成立 70 周年献礼。

【国防教育日活动】 2019 年 9 月 21 日，是第 19 个全民国防教育日，会同县委宣传部、县融媒体中心，利用报刊、电视、广播、微信公众号、手机“学习强国”等新老媒体，投放大量国防教育公益广告。在纸媒刊载“八一”光荣榜，宣传淳安籍优秀军人，深入挖掘报道退役军人创业典型事迹，推出“拥军贷”，助力退役军人创新创业。

【优化武器装备管理】 及时做好武器装备保养，投入经费 9.8 万元补充购置应急连装备物资器材，协调上级调拨无人机、冲锋舟等应急救援装备，指导乡镇完善民兵装备器材库建设。重点抓好应急救援装备“三化”建设，投入 155 万元经费，率先完成便携式指挥箱组和应急救援箱组建设，在全市首家投入实战运用。按照上级要求将存放于本部仓库和建德市人武部仓库的武器装备，顺利安全地移交给警备区仓库。

【协助搞好“联勤军医老区行”活动】 2019 年 9 月中旬，淳安县人武部积极配合 903 医院到淳安开展“联勤军医老区行”活动。在为期 7 天的活动中，县人武部保障科陪同该院 9 名医务人员，纵横机动 225 千米，足迹遍布千岛湖、左口、中洲、宋村、枫树岭 5 个乡镇的 10 余个村庄。他们采取走村入户慰问、开辟场地义诊、联合开展坐诊、开展健康知识宣传、当面解答医疗问题咨询等方式，为普通村民送去健康福利，先后义诊坐诊 851 人次，并挤出时间上门看望慰问 6 名革命前辈。

（余祝华）

（编辑　徐华健）

平台·园区

·经济开发区(青溪新城)管理委员会·

【概况】 2019年,全区共实现工业总产值81.32亿元,比上年增长4.3%,占全县工业总产值的75.84%;实现工业销售产值78.04亿元,增长4.01%;实现税收收入15.52亿元,增长5.3%,占全县43.4%;实现财政收入6.26亿元,增长17.4%;完成浙商创业创新实际到位资金7亿元;完成产业类项目实际到位资金1.89亿元;完成个性化项目10个;实现固定资产投资5.98亿元,其中政府投资1.17亿元,产业投资4.81亿元;完成5000万元以上技改项目2个;实现农村经济总收入2.75亿元,增长12%;实现村集体经济总收入910万元,增长11.1%;实现农民人均收入2.43万元,增长11.5%。全区工业总产值、税收收入、产业投资等重点指标持续领跑全县,经济主平台地位和作用更加凸显。

【生态文明】 坚定不移推进临湖地带综合整治工作,14个"217清单"整治类项目全部整改到位,73.52公顷已出让未建设土地实现全部退出或禁止开发管控,13个"298清单"管控类项目按"一方案一项目"落实管控措施,4段临湖景观飘带及10个生态修复项目全部完成建设。完成2项华东环保督查项目、14项中央环保督查项目"回头看"检查。持续推进"五水共治",深化"污水零直排区"建设,更大力度推进垃圾分类工作。不断提升企业环保水平,深化第三方"环保管家"服务,实现198家企业环保大走访全覆盖,引导企业环保管理更加精细化、专业化、规范化。建立健全道路和水域日常保洁制度,加强对辖区内环境的定期巡查和问题整改。

【腾笼换鸟】 加快"低小散、脏乱差"等低效能企业退出,第一批39家生活配套类企业整治提升全部到位,腾退金科塑胶等4家企业合计11公顷闲置土地,清退露天经营废品收购企业18家占地共2公顷,拆除搭建违章建筑3121平方米。加快盘活闲置资源,苔花智能家居落地原蓝柯实业厂房,一期于3月正式投产;丹然天然饮用水入驻瑞意小微企业闲置厂房;标普健康食品(二期)完成主体工程建设;凯斯泰克制造启动施工图设计。坚持"亩均效益"导向推动企业转型升级,旭光电子、天曲生物、欣浩医疗3家企业成功申报"国家级高新技术企业";新增瑶记实业、劳兰信息、农夫山泉(淳安茶园)3家企业入规入统;千岛湖啤酒博物院顺利开园。

【创新驱动】 千岛湖科创园、科技大厦等平台启动装修,瑞淳研究院进驻科技大厦,与浙江大学、安徽工业大学等高校建立产学研基地,亿诺城科技孵化器签约落地千岛湖科创园,打造第三方科创运营平台。出台《关于进一步支持人才引育和产业发展的若干意见》《关于推进"三招三引"工程和产业高质量发展的实施意见》《关于推进"千岛湖科创园"建设的实施意见》3项新政,实现落户高端人才项目1个,完成认定高端人才3个、高级技能人才16个、市"521"人才1个、市钱江特聘专家1个、技能大师工作室1个。举办园区首次人才工作座谈会、首届千岛湖"乡读节"、2019机器人与智能制造高端论坛等活动。

【项目为王】 水饮料产业加速推进,标普健康食品二期主体完工，修正健康产业园、丹然饮用水等水饮料项目有序推进。永通迁扩建、苔花智能家居、思新环保设备生产、华恒钢结构厂房等重点在建项目主体完工。坪山银泰商业综合体、农夫山泉迁扩建等重点工程加快启动。留香园（原卓尔大厦）、阿尔法城、大白鲸等一批重点服务业项目全面复建；千岛湖镇第八小学等重点民生项目启动建设；宕里、大地农居点建设全面完工；馆南路道路及隧道建设工程等旧城区有机更新启动施工。

【强农惠农】 深化“消薄增收”助力乡村振兴，共走访8个薄弱村1500余户农户，召集乡村振兴座谈会17次、“诸葛亮会”9次，帮助村民解决各类问题310件，力促薄弱村集体经济加快转化，年度消薄增收任务顺利完成。辖区内5个行政村加快发展楼宇经济，集体经济进一步做大做强，马路村以700余万元的集体经济收入持续稳居全县第一，5个行政村农户加快发展民宿民居，共210余家民居民宿实现收入达2100万元。进一步做好保障和改善民生工作，低保、助残、医疗等综合保障功能全面提升。 （赖倩倩）

·旅游度假区·

【概况】 2019年，旅游度假区牢固树立“共抓大保护、不搞大开发”理念，深入贯彻高质量发展要求，在临湖地带综合整治、亚运场馆项目推进、总部经济招商等重点工作中奋勇担当，守初心、践使命，年度各项目标任务扎实推进、落地见效。完成固定资产投资2.7亿元，完成招商引资浙商创业创新资金2.5亿元，完成重点项目投资5.55亿元，实现地方财政收入1.3亿元。区内新增两家酒店，其中心境·诺富特度假酒店、祺悦度假村营业。度假区“污水零直排区”建设完成竣工验收。

【临湖地带综合整治】 旅游度假区按照“坚定坚决、一抓到底打好打赢临湖地带综合整治这场硬仗”的总体要求，坚定站位、认清形势，切实扛起整治主体责任，全县整治项目217个，度假区承担51个，约占全县总任务的四分之一。截至2019年6月底，51个项目按照时间节点全部完成整治任务，并已通过市专班验核。全县拆除各类生态敏感点及环境不协调建筑38.85万平方米，度假区拆除26.28万平方米，约占全县总任务的三分之二；全县整治收回土地58宗共300.82公顷，度假区收回40宗221.7公顷，约占全县总任务的75%。度假区实施生态修复项目22个，复绿面积26.97万平方米。

【亚运场馆项目建设】 2022年第19届杭州亚运会场馆之一的淳安场地自行车馆项目是杭州市区外唯一一个新建场馆，项目于2019年3月开工，年底前完成整个场馆混凝土结构施工，完成钢结构施工50%，完成投资1.3亿元，开工速度、形象进度均位列8个新建亚运场馆之首。度假区以“三服务”活动为载体，聚焦问题协调，组织县发改局、县财政局、县统计局、县规资局等部门骨干力量上门对接服务14次，现场解决问题21个，召开协调会议34次，协调项目立项、入库统计、用地和规划审批等交办重难点问题7个，妥善解决项目范围内农户拆迁、失地农民保障、已征范围监管等重大民生问题。紧密结合“最多跑一次”改革举措，优化服务，加快项目审批，一个月内完成施工许可证办理，跑出服务“加速度”；积极与省市国土部门、亚组委积极对接，完成千岛湖亚运场馆和亚运分村39.58公顷的土地出让。项目推进的阶段性成效《淳安有序推进亚运场馆及设施建设，赛事筹办工作驶入快车道》以专报形式在《浙江政务》《杭州政务》上刊登。

【总部经济招商】 2019 年,旅游度假区继续优化总部经济园这个载体,把招引税源经济作为一种新的经济形态,突破资源环境要素制约,调整优化产业结构。多次分赴杭州、上海等地外出招商,重点走访了省内知名会计师事务所,园区入驻企业达到 260 余家,总部税收达到 2.1 亿元,占全县总额的四分之一。先后与顾家、老爸评测、中生华康、杭州嘉和等企业签订投资合作协议。其中老爸评测项目,作为 2019 年秀水节新兴产业签约项目代表,公司于 9 月正式落地开票后,2019 年实现税收 1100 万元,为度假区可持续税源提供了有力保障。

【党风廉政建设】 旅游度假区坚决落实党风廉政建设和反腐败工作,以“不忘初心、牢记使命”主题教育为导向,以“临湖项目综合整治”和“六大攻坚战”为抓手,以找短板、破难题、推项目、优服务为己任,强化党风廉政建设主体责任的落实,使各项重点工作在逆势中得到推进。制定《度假区党工委 2019 年度党风廉政建设和反腐败工作组织领导与责任分工》,坚持“廉政十分钟”,落实“八项规定”。完善提升“双百分”考核办法,实行联系企业项目负责制、服务承诺制和 AB 岗制度,保障为企业项目服务不缺位、不脱档、不掉队。不打折扣完成巡察整改,在专题会议研究的基础上,对整改工作进行全面安排部署,迅速制定下发了《旅游度假区党工委关于印发〈淳安千岛湖旅游度假区落实巡察整改措施责任落实细化分解表〉的通知》,将巡察组反馈的 6 个方面问题细化为 32 个具体问题进行整改。以“党员带头进企业、克难攻坚推项目”党建品牌建设为基础,成功创建“最强支部”。深化开展“三服务”走访专项行动,全年共走访企业 30 家,参与人数 76 人次,发现问题 32 个;梳理问题 32 个,解决问题 32 个,解决率 100%。 (黄帧臻)

·江东杭千(扶贫)开发区管理委员会·

【概况】 2019 年,江东杭千开发区以“跳出淳安发展淳安”的思路,积极探索飞地经济的平台,在项目建设、项目招引、体制建设等重点工作均取得新的成效和突破。

【钱塘新区区块】 规划面积 2 平方千米,净地 100 公顷。已完成供地并开发的面积为 13.33 公顷(其中约 9.47 公顷为现前进片区明浦物流园项目,3.86 公顷为拟引进的电商园项目)。借助省市发改的支持和特别生态功能区建设背景下,积极与钱塘新区管委会各相关部门主动沟通对接累计数十次,“飞地”政策落位取得了新突破:剩余 86.67 公顷用地多点分批供地问题达成基本共识,并在钱塘对口办纪〔2019〕2 号会议纪要中予以明确;对 2019 年已经明确四址的前进片区 13 公顷用地的落位工作有新进展。经向省规资厅争取,12 月上旬,已批复并下达 1006.7 公顷新增建设用地计划指标,约 4.93 公顷耕地计划指标已经完成组件并报批;向钱塘新区以建安成本价约 1.5 亿购置的诚智商务中心 6 号楼,共 22 层 26800 平方米,完成交接工作并启动招商。

【千岛湖智谷项目】 千岛湖智谷大厦总规划占地面积 1 公顷,建筑面积 5.9 万平方米,于 2019 年 11 月 18 日举行开园仪式并投入使用。该大厦成功引进每日互动(上市公司)、远算科技等一批数字经济企业,总入驻率达 50%,致力于打造成集软件开发、成果转化卫企业孵化、技术服务、人才培训等目标为一体的数字经济产业园。

【新塘区块】 新塘综合楼引进泰山保险项目，在年初与泰山保险浙江分公司签到合作框架协议的基础上，会同泰山保险公司积极主动和省银保监沟通对接，最终省银保监批复同意设立泰山保险江干支公司，该入驻项目已进入实质性推进阶段，预计年税收可达800万。

【招才引智】 2019年，招才引智工作持续发力。一是与县相关人才部门多次主动上门对接，协助企业做好人才项目的申报。4月19日，中国科学院院士、中国科技大学博士生导师陈国良院士受聘成为千岛湖智谷入园企业远算智能首席科学家。远算CEO吴健明成功申报市“521”人才。二是通过举办主题为“数字经济引领下的绿色发展新路径”双创周活动，汇聚各领域杰出代表共同探讨数字经济企业孵化、业态催生和产业服务的实践路径。三是与微链探索建立数字经济产业合作运营模式，通过举办“智领千帆”首届中国（千岛湖）数字经济创新创业大赛，落实项目引才。

【消薄增收】 通过异地发展资本化运作，助力“消薄”目标提前完成，为村集体可持续发展、低收入农户增收“造血”。整合全县农户生态公益林资源获得淳安县农商银行贷款3.4亿元，通过资金入股千岛湖智谷大厦项目进行分红。2019年实现股权分红收入3997万元，有效缓解了项目融资和村集体消薄增收“两难”问题。 （李玲）

·姜家产业区块·

【旅游接待】 2019年，“读中国·读姜家”诗歌朗诵、“报读百年中国——翰红墨香馆开馆仪式”、“7060年轻狮城”系列活动的举办，进一步打响狮城姜家旅游文化金名片。全年旅游接待人数192万人次，比上年增长52%，旅游经济总收入1.8亿元，增长46%，旅游接待人次约占全县乡村旅游七分之一，旅游接待再创新高。

【景区建设】 2019年，龙川湾景区和文渊狮城景区推出了各自的特色主题活动。其中，文渊狮城景区推出了民俗研趣和结缘狮城两大主题活动，奇思妙想游园会、狮城民俗庆国庆、传统婚俗体验活动，引爆了“五一”“十一”假日之旅；龙川湾景区以“穿越水上迷宫，游龙川湾景区”为主题，在假期旅游市场中接待游客又创新高。新景点变身网红打卡点。招引杭州央古文化创意有限公司投资500万元将老狮城博物馆改造成翰红墨香馆。该馆是国内唯一一家以老报纸为载体，再现中国复兴之路，展现中华民族发展历程的红色博物馆，藏有珍贵老报纸7万余份，被授予杭州市基层党员干部党性教育基地、淳安县党史教育基地，成为省委党校专题班、市县两级党员干部党性教育新地标。嗨声乐园斥资500万元建成全县首个户外游乐体验项目，与墨香馆成为业态互补、动静结合的新晋网红打卡点。

【项目建设】 重点项目千岛湖山地探险公园项目，原定1.5亿元项目投资追加至2.5亿元，已实际投入1.4亿元，预计于2020年5月开园。千岛湖港湾漫游共同体项目（一期）正在完善一期项目星空树屋酒店的方案，现正在落实办公场地。千岛迷宫项目已组织相关部门召开项目专题座谈会2次，会议就土地挂牌价格、林地征占用范围、基础设施配套等问题进行了初步协商，下一步将启动土地收储工作。

【镇区联动】 为发挥技术优势，服务区域发展，区块与镇政府实行镇区联动机制。通过领导、人事、决策、信息、服务联动，加大重点工作的推进力度。2019 年，区块全体干部积极配合姜家镇做好消薄增收、国卫复评、清洁乡村、临湖整治、党群组织建设等各项重点工作，呈现 1＋1＞2 的组合效应。为全面贯彻"不忘初心，牢记使命"，深入开展百千万活动，产业区块全体干部参与联村工作，配合村干部做好村级事务管理，帮助解决村级建设难题，共计拨付 28.2 万元扶持村级经济发展。（余淑慧）

（编辑　方红娟）

农 业

·农村经济经营管理·

【概况】 2019 年,全县实现农业总产值 54.05 亿元,增长 6.3%;农村常住居民人均可支配收入 21074 元,增长 9.1%;村级集体经营性收入 9780 万元,增长 60.49%。

【农民减负工作】 2019 年,根据《浙江省农民负担监督管理领导小组办公室关于印发 2019 年全省减轻农民负担工作要点的通知》要求,按照年初确定的工作计划和工作目标,认真贯彻落实中央、省、市、县各项强农惠农富农政策,切实减轻农民负担,坚持以维护农民合法权益为圆心,强化监督检查为辅助,不断完善制度建设,严禁各种不合理收费和集资摊派,坚决纠正违反政策规定加重农民负担和不落实惠农政策的各种行为,有效维护了农村和谐稳定、促进农民持续增收。

【村集体经济发展】 2019 年,完成村级集体经济总收入 2.25 亿元,增长 26.31%;村级集体经营性收入 0.98 亿元,增长 60.49%。一是积极推进消薄抱团发展。积极推进生态公益林补偿收益权质押贷款资金 25151 万元和 2018 年、2019 年市级联乡结村帮扶资金共 5995.20 万元股权量化村后,以股权投资方式投资到大江东扶贫开发区千岛湖智谷项目,获得稳定的投资收益。启动双浦"飞地"消薄项目。安排 1.89 亿元区县协作资金投向县建设集团获固定收益。完成县乡村振兴公司增资扩股。二是推动镇村自主消薄。创新消薄"二十四"计,增强乡镇村消薄增收自主性,鼓励创新消薄方式。三是完善消薄工作各项机制。完善出台新一轮"一村一单位、一户一干部"结对方案。269 个经营性收入 10 万元以下村结对全覆盖。140 名第十一批农村工作指导员和第一书记到岗助力消薄增收。做好日常工作指导、问题解答和业务培训和督查。10 月 14—18 日,分两期对乡镇农经干部、农村集体三资管理中心会计和村报账员进行了相关业务培训。同时,委托中介对村集体两项收入完成情况进行核查,核查情况及时反馈乡镇确认。对不在统计范围内的,指导乡镇及时给予剔除,力戒"数字消薄"。

【村级三资管理】 加强农村集体三资管理制度执行情况监督力度。县农业农村局组织人员对农村集体三资管理制度执行情况、村级财务公开等内容进行督查。开展农经管理业务培训。组织全县农经干部、三资管理服务中心会计和村会计 489 人开展农经管理相关政策知识培训,组织 24 个乡镇农经干部负责人 24 人参加杭州农经业务骨干农经管理业务提升培训班培训,不断提升农经管理人员业务水平、管理能力和综合素质。开展多形式监督管理,一是对信访重点村开展专项审计及审计问题整改;二是抽调乡镇农经干部开展交叉检查,促进乡镇之间相互监督和学习交流。加强村级报账员队伍建设,出台《淳安县村报账员管理办法》,明确村报账员任职资格条件和工作职责等,提升村报账员管理能力和水平。

【土地确权登记颁证】 按省市工作要求和部署,开展二轮土地承包法宣传培训。继续做好土地确权档案整理移交、权证发放、权证信息纠错、纠纷调处等后续完善工作。按全省统一的规范要求,进一步完善土地承包经营权确权登记颁证数据库,加强承包合同、经营权流转等管理工作信息化管理,同时对接不动产登记信息平台衔接事宜。

【土地流转】 做好土地流转服务工作。在稳定完善农村土地承包关系的基础上,按照“依法、自愿、有偿”原则,积极探索土地流转途径,土地流转稳步推进。2019 年全县新增土地流转面积约 265.33 公顷,累计流转面积 5453 公顷,流转率 47.62%。同时,加强土地承包纠纷调解处理及政策咨询答复等相关工作,切实维护农民权益。推进土地流转经营权抵押融资。按《淳安县农村土地流转经营权证登记管理办法(试行)》《淳安县农村土地流转经营权抵押贷款管理暂行办法》要求,继续做好土地流转经营权登记及抵押贷款组织实施工作。累计为 70 家农业规模经营主体办理了土地流转经营权证,涉及土地流转约 547.8 公顷。其中有 59 家农业经营主体成功以土地流转经营权证抵押融资 7935 万元。

·农业产业发展·

【县院合作】 2019 年,继续推进院县合作项目,实施第二期规划。对第一批 13 个院县合作项目进行审计和绩效评价,推进第二批和第三批院县合作项目建设。积极调研,开展第二轮院县合作,制定出台新的三年合作协议,总投入资金 1000 万元。开展第二轮院县合作项目征集,初步删选建设项目 10 个,涉及循环农业、农产品加工等多个领域,努力为全县农业产业发展和乡村振兴提供高端智力支持。

【农业龙头企业】 2019 年,全县新增市级农业龙头企业 2 家、县级农业龙头企业 3 家、县级及以上农业龙头企业达到 127 家。其中,国家级 2 家(农夫山泉浙江千岛湖有限公司、淳安县茧丝绸有限公司);省级 5 家(杭州千岛湖发展有限公司、淳安县千岛湖茶叶市场有限公司、浙江淳安新洲制茶有限公司、杭州千岛湖鲟龙科技股份有限公司、杭州千岛湖妙品食品有限公司);市级 39 家;县级 81 家。

【家庭农场培育】 开展省市县示范性家庭农场创建。根据《浙江省示范性家庭农场创建办法(试行)》《杭州市示范性家庭农场评定及监测办法》和《淳安县示范性家庭农场认定管理办法(试行)》要求,通过主体自主申报、乡镇初审、部门联审,2019 年认定省级示范家庭农场 7 家、县级示范家庭农场 7 家、推荐申报市级示范性家庭农场 11 家。

【农民专业合作社培育】 按照合作社规范发展要求,深化农民专业合作社规范化建设,规范提升农民专业合作社。2019 年组织 10 家县规范化以上合作社参加全市合作社规范提升班培训。2019 年推荐申报市级示范性农民专业合作社 10 家、县级规范化农民专业合作社 5 家。

【农产品品牌建设】 千岛湖农产品获得省级以上金奖 14 个,其中 2019 浙江农业博览会金奖 2 个、义乌森博会金奖 6 个。成功举办第五届千岛湖斗茶大会、千岛湖茶博会、2019·中国杭州千岛湖生态水果采摘季推介会等推介活动。2019 年“千岛湖茶”区域公用品牌价值达到 16.61 亿元,排名全国 50 强,入选 2019 年全国农产品区域公用品牌目录,入选 2019 年浙江农业品牌百强榜推荐名单;淳木瓜、淳萸肉、淳覆盆子、淳半夏、淳前胡 5 件商标获得国家地理标志证明商标,“淳安白花前胡”已通过农产品地理标志专家评审;淳安苞芦粿、淳安米羹、秋莲妈妈青粿入选“杭州市十大农家特色小吃”，千岛湖绿群蔬菜专业合作社荣获杭州“十大好味稻”金奖。制订发布DB330127/T092—095(AAAAAA级原料茧生产标准)，填补国内空白。新增市级农业标准示范项目2个，累计有35家企业实施完成37个市级以上农业标准示范项目。新增4家农业企业的4个产品通过SC认证，累计有23家农业企业的23个产品通过SC认证。完成无公害农产品认证11个、绿色食品认证4个，新增有机农产品证书7张。有效期内“三品一标”农产品认证数321个(张)，其中无公害农产品212个、绿色食品11个、有机农产品证书96张、农产品地理标志2个。

【农村实用人才培训】 对农村素质培训项目方式进行调整，由原先多家社会培训机构投标参与的方式，调整为“农办点菜、成校组班”为特色的乡镇农办和乡镇成校共同办学的模式，充分发挥农办的产业优势、成校的办学优势，达到优势互补。全年开展农村实用人才培训83个班次，完成培训4453人。开展新一轮五星级乡土人才评鉴，经各乡镇、单位推荐、评审、政审和公示，共评鉴产生20名五星级乡土人才，并进行表彰。配合市农业农村局开展了杭州市产业技能大师、技能大师工作室的申报评审，评选出市级产业技能大师12人，技能大师工作室2个。

【博士工作站】 经县政府同意，建立淳安县农业科技博士工作站。工作站有成员17人，其中15人为浙江省农科院与淳安县院县合作的项目负责人，2人为淳安县首次公开招聘的博士。博士工作站建立后，将为各位博士专家提供办公、联络、交流的平台，为博士专家们提供更为便捷有效的服务。

【农村信息化】 新建“益农信息社——丰收驿站”新型农村信息化服务站点60个，总计120个。新建信息进村入户工程普及性站点260个。

【特色强镇建设】 临岐国家级农业产业强镇示范项目一产方面建设已完成形象进度的80%；低收入农户种子增收计划项目已实施完成；二产方面建设已完成奖励补助政策的制定；三产中医养生项目已完成中药材博物馆提升改造。威坪省级桑果农业强镇项目建设完成进度为75%。

【整乡推进】 整乡镇推进山区农业发展项目，经过县级择优遴选后，最终界首乡、屏门乡成功入围，建设计划三年，每个乡镇投入奖补资金1500万元。

【美丽农业】 杭州市级美丽农业项目立项4个，总体项目进度已经达到50%，预计2020年上半年可以验收拨付。 （商建宏）

·美丽乡村建设·

【概况】 2019年，按照杭州市委“干好一一六，当好排头兵”决策部署，淳安县以争创浙江省美丽乡村示范县和诗画浙江“大花园”先行区为目标，从村、路、河、院、田等多维度统筹推进康美环境建设；从发展“百源经济”“小镇经济”“品牌经济”和“绿道经济”等入手培育康美产业；从清洁乡村、农民建房、污水运维等载体入手营造康美生活，基本形成“点上出彩、线上美丽、面上整洁”的美丽乡村新格局。

【百源经济】 2019年，“百源经济”发展坚持环境美、产业美和生活美“三美”协同发展，积极探索加快农民增收和村集体致富举措，较好地推动了农村经济发展和村庄建设。截至2019年百源经济工程11条县级示范源政府补助项目121个子项全部完成,累计完成政府投资1.15亿元,落地社会投资8.75亿元。其中2019年百源经济工程共实施政府投资项目共29个,完成政府投资1500万元;实施社会投资项目51个,完成投资2.28亿元,其中2019年新增项目32个,完成投资1.79亿元。

【农村人居环境提升】 按照"千村示范、万村整治"工程的新要求,结合实施农村人居环境整治三年行动计划和乡村振兴战略,统筹推进农村人居环境工作。其中美丽乡村建设方面,全年共启动实施宋家坞村、西河村等12个精品村、都美威坪风情小镇和临岐镇梅茆百草源精品示范线项目,完成农村人居环境农村停车场44个,新增小型客车停车位955个;农用桥梁30个村37座;农村公厕47个村83座整治等。其中,都美威坪风情小镇获2019年度杭州市AAAA级景区镇;千岛湖镇、威坪镇、枫树岭镇获2019年度浙江省美丽乡村示范乡镇;千岛湖镇富泽村、文昌镇西河村和东树坑村、金峰乡朱家村、大墅镇孙家畈村、枫树岭镇源塘村获2019年度浙江省美丽乡村特色精品村;威坪镇茶合村、里商乡里阳村、界首乡严家村获2019年度浙江省高标准农村生活垃圾分类示范村。(丰宝华)

·帮扶协作工作·

【精准帮扶】 2019年,淳安县对新一轮低收入农户进行了调整,将县民政局2月份认定的低保户和3月份复核调整的低保边缘户作为新一轮低收入农户对象,全县共认定新一轮低收入农户13930户、22004人。低收入农户增收工作列入全县"六大攻坚战"之一,并建立"一村一单位、一户一干部、一档一方案"帮扶攻坚机制。认真整理机构改革后的干部名单,并采取"1+3"结对原则:即1名干部结对1户有劳动能力的低收入农户,结对2户无劳动能力的低收入农户,全县4889名干部全结对13890户低收入农户。通过积极开展走访慰问,政策宣讲,解决难题,建立档案工作,为低收入农户量身制定产业扶持、金融扶持、健康扶持、教育扶持、保障扶持、社会力量扶持等一系增收列举措。同时,全县充分利用"联乡结村"、区县协作、镇街协作等平台,全力整合各类帮扶资源,构建"大扶贫格局"。截至2019年12月,全县落实各类帮扶资金7034万元,区县协作资金1.11亿元,实施帮扶项目170个,很好地改善了农村基础设施和民生事业,推动了农村产业发展,促进农村农民"消薄增收"。2019年,全县低收入农户家庭人均可支配收入人均可支配收入11869元,比上年增长13.6%。低收入农户收入绝对值和增幅分别位居全省26个加快发展县第7位和第16位。

【区县协作】 2019年,杭州市第一协作组认真贯彻落实市委书记周江勇在2018年联席会议上的指示要求,全力推进与淳安县协作事业的进一步发展,全年到位协作资金1.11亿元,其中西湖区4100万元、上城区3000万元、钱塘新区4000万元,比上年增加1100万元。实施协作项目52个(其中新建项目34个,续建项目18个),向淳安转移产业协同资金5.83亿元。"三区一县"党政主要负责人及镇街一级的协作单位累计开展交流互访43批次,共商协作计划、共议重大事项、共推重点项目。深化结对帮扶活动,西湖区、上城区、钱塘新区参与协作的镇街和区属单位,通过发动辖区党组织、党员和辖区单位等形式,持续不断开展扶贫、助老、助残等各类结对帮扶活动,累计走访慰问458人次,落实帮困物资、资金约105万元。

(占建勇　张晓峰)

·农业科技·

【农业面源污染治理工作】 为推进全县农业面源污染治理工作长效运行，结合特别生态功能区建设，起草编制了《淳安县农业面源污染防治实施方案（2019—2021）》及《淳安县2019年度化肥农药双减工作实施方案》，重点围绕"九大技术、十大工程"措施，全力推进农业面源污染治理工作。2019年，全县化肥农药实名制销售已全覆盖，完成肥药双减技术培训人数1774人，推广商品有机肥3.8万吨，推广配方肥0.37万吨，异地配送液肥2万吨，全面完成种植结构调整、桑园退耕、园地经济发展任务指标，开展统防统治8100公顷，其中沿湖第一照面山1333公顷首次采用专业化防治手段，开展水土保持预防保护6860公顷，其中林业3333公顷。通过各项措施推进，全县不合理化肥使用量减少4859.89吨，减幅12.08%；农药使用量减少111.91吨，减幅13.14%；圆满完成了县委县政府提出的减量目标任务。

【世行贷款项目】 2019年是世行项目正式实施的第二年，按照《淳安县世行贷款项目2019年度目标计划》具体要求，全面推进农业面源污染治理项目实施。2019年推进实施统防统治项目面积6767公顷，水土保持预防项目面积3527公顷，推广商品有机肥2万吨，推广配方肥0.37万吨，异地配送液肥2万吨，回收废弃农药包装物39.8吨、无害化处置32.96吨，举办农业面源污染治理肥药双减技术培训班25期、培训人数达1774人，推进农药化肥质量检测项目实施，完成配方肥抽样检测19批次。同时全面启动2018年世行项目报账工作，农业项目累计完成提款报账金额1770.73万元，其中世行资金1333.79万元、县财政配套资金436.94万元。

【农业绿色发展先行县创建工作】 围绕《淳安县农业绿色发展实施方案（2018—2020年）》，积极推进"构建一个智慧平台、建成三个示范区、深化四大模式、提升七大产业、完成百家主体创建"等工程建设。2019年，完成"淳安县千岛智农中控平台"建设方案设计，完成了淳安县临岐镇中药材绿色发展先行区、淳安县威坪镇桑果绿色发展先行区、淳安县下姜农业绿色发展先行区3个农业绿色发展先行区创建申报。

【省级生态项目建设】 一是推进区域性现代生态循环农业示范项目实施，完成有机肥场改造2个，在汾口镇及浪川乡开展了绿色防控示范方建设（购置各类太阳能杀虫灯144只、色诱板3万片），完成花猪原种场智能化饮水节水和肥水绿化减排及杭州悦水农业的雨水回收和肥水同灌系统工程项目建设。二是推进农业绿色发展先行示范项目实施，购置沼液运输车4辆，新建农田氮磷生态拦截沟渠1条，新建水稻绿色防控示范方及茶叶绿色防控示范方各1个。三是在里商乡鱼泉村开展全县首个省级农业面源污染监测点建设。

【液肥配送体系运维】 液肥配送服务体系的运行，为全县畜禽养殖业排泄物的资源化利用提供有力保障。2019年为提升体系整体服务水平，购置15m^3贮液桶3只放置在淳安县郁林农业开发有限公司基地，用于液肥存贮，同时依托农业绿色发展先行示范项目，更新购置沼液运输车4辆。全年异地配送液肥2万吨，进一步优化了全县农业生产环境，实现畜禽养殖排泄物的资源化利用。

【创新农作制度示范乡镇创建项目】 2017—2019年，威坪镇列入杭州市第二轮创新农作制度示范乡镇创建名单。2019年为本项目实施收官之年,通过农业主体申报建设了香榧幼林套种前胡、桃梨基地套种牡丹模式、毛竹林下套养土鸡模式、桑园套种温郁金模式、香榧幼林套种中药材及水果模式、园地作物复种模式六大模式项目,示范面积51.67公顷。

【基层农技推广体系改革与建设项目】 2019年项目计划总投资130万元。围绕茶叶、水果、中药材、粮食、蔬菜、食用菌、畜禽7大主导产业,2019年新组建了中药材产业技术创新与推广服务团队,共有7支产业技术团队,有专家人数68人,全年推广示范主导产业14个、主导品种38个、优良品种42个、先进适用技术27项、农作创新模式11个,实施地方产业技术项目1个。新建了技术领先、设施设备先进、品种优良、生态循环的省级现代农业科技示范基地7个。选送13批72名基层农技人员到省级科研院校参加为期5天的知识更新培训,并开展各类县级技术培训68期,培训人次3680人次。

【淳安县农广校】 浙江省农业广播学校淳安分校2019年招收中药材种植专业班新生共计55人;年底,有在校生105人。2017级果树、中药材生产两专业班计81人通过全部课程学习和考试,于6月取得毕业证书。

【农业专业技术人员继续教育】 2019年,选送13批72名县乡两级农业技术人才,到省内各农业高等院校和科研院所进行为期5天的专业进修培训;组织20名县、乡两级农技人员参加了杭州市农培中心举办的农技人员知识更新和素质提升培训班学习;组织县级技术人员参加农业部举办的网络—农广在线知识更新培训6期共200余人次。

(严华建　汪　娜)

·农产品质量监管·

【农产品质量安全监测】 2019年,开展农业部、省、市、县四级例行监测,省级蔬菜、茶叶、西瓜、柑橘、食用菌、畜禽、“三品一标”等农产品的专项监测,以及省级示范合作社、家庭农场的跟踪监测。全年完成农产品定量检测1161批次,合格率99.91%,其中蔬菜529批次,食用菌12批次,粮油8批次,水果160批次,茶叶97批次,畜禽产品256批次,水产品54批次,投入品45批次。完成快速定性检测25755批次,其中果蔬类12012批次,合格率99.9%;生猪和屠宰场13517批次,合格率100%;水产品226批次,合格率100%。不合格农产品处置率100%。

【农产品质量安全认证】 2019年,新增无公害农产品11个;绿色食品4个;“淳安百花前胡”地理标志农产品1个。完成复查换证无公害农产品25个。全县主要食用农产品中绿色优质比率达到57.1%。

【农产品智慧监管体系建设】 健全“智慧监管”网格体系,优化升级农产品质量安全监管追溯平台和“智慧监管APP”,全面落实准出管理制度、智慧巡检机制。新建农产品质量安全追溯主体23家,全县农产品质量安全追溯主体已达173家,手机APP现场巡检记录796条,形成“一证一码”合格证批次6095份,打印二维码追溯合格证200733张,实现淳安县规模农产品生产者质量安全追溯基本全覆盖,上市农产品“一证一码”(合格证+二维码)全面推进,推动农产品合格证与市场准入衔接。启动2019年政府投资储备项目“淳安县农产品质量安全智慧监管”,完成试点建设方案设计,选取水果、茶叶、水产、蔬菜、食用菌等主导产业共6家农产品生产基地开展建设试点。

【杭州市农产品质量安全保障项目】 2019年，浙江淡竹生物科技有限公司、淳安县汪宅果蔬专业合作社、杭州绿润制茶有限公司、杭州千岛湖青林农业科技有限公司、浙江森康农业科技有限公司、淳安石林双岭果蔬专业合作社、淳安县汾口强龙茶厂、淳安县汾口镇惠金金银花专业合作社、淳安县鸠坑万岁岭茶叶专业合作社、淳安县千岛湖睦州茶业有限公司10家单位通过品质农业创建审核。

（潘飞云）

·植保土肥·

【2019年度市级中低产田改造项目】 全县2018年度共实施市级中低产田改造示范项目4个，实施总面积134.53公顷，项目工程总投资294.9万元，其中市县财政补助224.1万元，自筹70.8万元。项目主要完成工程措施：新建排水渠6728米，新建机耕路1582米，新建灌溉渠2803米，新建操作道1058米，新建堰坝1座。

【2019年高标准农田建设项目】 2019年建成高标准农田33.33公顷，总投资63.51万元，新建排水渠896米，生产路495米，挡土墙84米。其中，高标农建设区建成高效节水灌溉6.67公顷。

【2019年草地贪夜蛾监测防控工作】 2019年5月21日，淳安县在临岐镇吴峰村首先发现草地贪夜蛾为害玉米，全县建立草地贪夜蛾监测点110个，全年县、乡（镇）、村累计举办培训会、防控工作部署会超过100场次，印发挂图、防治技术资料2000多份。

【2019年冬绿肥种植推广】 2019年完成招标冬绿肥30吨。其中，紫云英12.5吨，黑麦草12.5吨，白三叶5吨，全县冬绿肥种植面积1600余公顷。

【2019年春季农村统一灭鼠】 春季农村统一灭鼠工作在全县的23个乡（镇）425个村范围内展开，共实施农田统一灭鼠面积8333公顷，农户统一灭鼠9.5万户，免费供应鼠药72千克，共投放毒饵7600千克。

【2019年测土配方和土壤监测工作】 开展推广农作物测土配方施肥面积34000公顷，施用配方肥3750吨。完成标准农田4个土壤肥力长期定位监测点、生态、蔬菜、钱江流域和有机肥施用22个土壤肥力动态监测点的地力监测工作。完成农业“两区”污染监测常规点9个、综合监测点2个的布局和监测工作。完成土样采集325个，化验土样325个，测试项次1950项，植株样品30个，测试项次90项。

【2019年茶叶有机肥替代化肥项目】 2019年全县实施有机肥替代化肥茶园总面积1700.8公顷，其中核心示范区105.7公顷，整乡推进区1378.5公顷，辐射区216.6公顷。完成商品有机肥配送7000余吨，培训茶农803人次。示范区开展深耕施肥面积666.7公顷，建立茶园肥水一体化示范方7.33公顷。

（唐宁安）

·农业执法·

【废弃农药包装物回收】 2019年回收各类农药废弃包装物39.8吨，完成省下达回收指标31.12吨的127.89%；无害化处理32.96吨，完成省下达处置指标28.01吨的117.67%，全年投入回收资金255万元。

【"绿剑"执法行动】 开展"绿剑"系列集中执法行动，累计出动执法人员 922 人次，共检查农业投入品经营企业 318 家次。通过执法检查和监督抽检等手段发现违法行为 18 起，立案 18 起，其中农药案 10 起、肥料案 3 起、兽药案 4 起、种子案 1 起，共缴获违法农业投入品 300 余千克，罚没款 2.96 万元。违法行为查处率 100%，结案率 100%，无行政复议和行政诉讼。

【农资质量监管】 全年抽检农业投入品 135 批次，其中种子 16 批次、农药 47 批次、肥料 32 批次、兽药 15 批次、饲料和饲料添加剂 25 批次。检测不合格样品共 8 个，其中种子 1 个、农药 1 个、肥料 3 个、兽药 2 个、饲料 1 个，均已立案查处，合格率 94.07%。

【农业法律法规宣传培训】 全年开展 2 次"放心农资下乡"宣传活动，3 月中旬、4 月中旬分别在临岐镇、石林镇开展宣传活动，共计发放资料 1000 余份，群众咨询 400 余人次，农资惠农销售 37 万余元。组织开展农资监管与服务信息化建设、有害生物监测培训，共培训 390 人次。运用现场、自媒体等形式开展植物检疫知识宣传，通过公众号发布植物检疫知识小视频 3 次，公众号宣传覆盖面达 1000 余人；运用农民信箱载体，发布植物检疫知识 8 条，推送人次达 2 万人。

【植物检疫防控】 2019 年，受理产地检疫 4 批次，签发产地检疫合格证 4 份；受理调运检疫 38 批次，检疫调运种子 11 批次 1502.5 千克、苗木 4 批次 86375 株、产品 23 批次 21950 千克(中药材)。设置疫情监测点 11 个，其中新增红火蚁监测点一个，涵盖柑橘溃疡病、柑橘黄龙病和红火蚁等检疫性有害生物。建立柑橘溃疡病综合防控示范区一个，示范区面积 40 公顷。开展加拿大一枝黄花、柑橘黄龙病、扶桑绵粉蚧、红火蚁及其他有害生物的普查和防控，全年出动普查人员 775 余人次，各级投入普查经费 11.5 万元，铲除加拿大一枝黄花 0.194 公顷。开展植物检疫专项执法行动，共出动检疫执法人员 50 余人次，检查种子经营企业 5 家，检查水稻种子 7 批次 1500 千克、玉米种子 6 批次 3100 千克、蔬菜种子 21 批次 480 千克。 (余廷贵　叶　婷)

·蔬菜食用菌·

【概况】 2019 年，蔬菜播种面积 9040 公顷，产量 24.49 万吨，产值 5.1501 亿元。全年生产食用菌 2014 万棒，产量 9730 吨，产值 1.103 亿元，其中：黑木耳 104 万棒、香菇 361.4 万棒、秀珍菇 530.2 万棒、杏鲍菇 792 万棒、平菇 49.2 万棒、金针菇 20 万棒、桑黄 55 万棒、其他菇类约为 102.2 万棒。

【杭州市"菜篮子"基地建设】 改建提升淳安千岛湖云梯田农业开发有限公司蔬菜基地，拟投入建设资金 82.8 万元。

【县生态农业产业发展基地建设】 改建提升淳安千岛湖桑都食用菌专业合作社位于威坪镇叶家村的桑黄生产基地，预计投入建设资金 185.4 万元，通过改建基础设施和更新生产设施设备，切实提高基地的设施水平和生产能力，提高产能，提升品质。

【院-县合作项目】 持续实施"食用菌产业(桑黄)食字号执行标准与中药材质量标准研究"(桑都 2017 年 6 月—2019 年 12 月)、"黄瓜、南瓜等蔬菜新品种的示范与推广"(江清 2017 年 6 月—2019 年 12 月)、"绣球菌高效栽培及高值化利用技术研究与示范"(兴宝菇业 2018 年 7 月—2020 年 7 月)。

【三新技术推广应用】 举办蔬菜、食用菌高效栽培技术培训班2期,培训乡镇农技人员及规模生产大户100余人次。组织蔬菜技术团队赴萧山第十一届中国·浙江瓜菜种业博览会学习参观,组团食用菌生产企业赴丽水国际食用菌大会培训考察。引进南瓜、黄瓜、长瓜等蔬菜新优品种5个,继续进行适栽优良品种生产技术示范。杭州市农科院秀珍菇新品种杭秀2号品种认定会及现场会在淳安举行,杭秀2号通过认定。

【产品品牌宣传】 淳安县蔬菜产业协会“千蔬”牌番茄荣获2019浙江精品果蔬评选金奖;杭州千岛湖金溢农食用菌专业合作社“金溢农”牌秀珍菇、杭州千岛湖兴宝菇业专业合作社“兴宝”牌绣球菌荣获2019年“浙江精品鲜菇”。 (杨佩贞)

·农机·

【概况】 2019年末,全县农机总动力311116千瓦,比上年略有增加。其中柴油机105704千瓦,汽油机38890千瓦,电动机166521千瓦。拥有耕作机械2663台,种植及收获机械113台,山地轨道运输车66条;新增各类农机装备8114台(套);推广山核桃采收网54.73公顷;首次引进小蚕饲养机、乘坐式深耕施肥机、双面修边机等先进适用农机具。

【创建省级茶叶产业“机器换人”示范县】 摸清全县茶叶产业布局和农机装备现状,查找短板弱项,有针对性地拉长板补短板。解决山地运输难题,加大力度推广山地单轨运输机,2019年全县新安装52条,总拥有量达66条。从茶叶加工、修剪、大宗茶采摘三大优势环节上下功夫,全面提升农业机械装备水平。名优茶加工环节和茶叶修剪环节机械化率达100%。

【农机推广与培训】 全年组织农机维修人员技能提升培训班、茶叶机械化加工技术培训班、农机管理人员素质提升培训班等培训班6期,培训相关人员420人次。

【农机监理】 联合公安交管部门重点整治拖拉机违法载人、无牌无证行驶作业等道路交通违法违规行为。2019年出动执法人员68人次,依法检查农业机械152台次,免费实地检验农机189台,签订安全生产责任书369份。建立健全农机质量监督投诉管理制度,与县市场监管局96315服务中心密切配合,切实维护农业机械所有者、使用者和生产者的合法权益。2019年共接到维权电话36起,问题办结满意率达100%。

【农机补贴】 2019年,全县补贴购置各类农业机械9108台套,享受中央及地方财政补助资金总计955.06万元。 (冯玉琴)

·农村能源·

【农村户用沼气池大出料维护项目】 项目为政府投资项目。全年完成农村户用沼气池大出料维护339只,完成计划任务。

【小型沼气工程建设】 2019年在威坪镇、浪川乡2个镇的2个农业企业基地新建小型沼气工程3处合计150立方米。

【沼气安全生产工作】 一是举办了一期沼气安全生产技术培训班,全县乡镇沼气监管员、沼气服务人员和部分沼气施工人员50余人参训。发放《淳安县沼气池大出料维护安全技术和沼肥综合利用手册》等技术指导资料3000余份。二是开展一年两次的沼气安全巡查服务。三是切实做好废弃沼气池安全处置工作。 (陈幸岗)

·茶叶·

【概况】 2019年，淳安县共生产各类茶叶5177.75吨，总产值87448.26万元，比上年产量增加240.34吨，增长4.87%，产值增加9972.67万元，增长12.87%。其中名优茶3931.54吨，产值82376.76万元，增加7.15%和13.01%，价格提高5.5%。

【低温指数保险政策】 2018年淳安县配套出台了《关于开展茶叶低温气象指数保险(2018—2020)的通知》淳政办函〔2018〕10号文。2019年县农业农村局业务部门提早部署，2019年共投保茶叶主体30个，投保茶园面积338.91公顷，比上年增长95%，投保金额达152.5万元。但由于春茶时节气候适宜，除极个别的地方外，并无低温指数触动，理赔茶农金额仅为3.9万元。

【茶产业品种结构优化】 2019年，共推广鸠坑种单株650万株，种植面积100公顷。建立鸠坑种单株繁育苗圃4.33公顷，年底可出圃优质苗木800万株。

【茶产业帮扶举措】 2019年4月，与贵州剑河县签订50万株鸠坑种单株赠送协议，县农业农村局先后2次入剑河县协调落实新发展基地情况，并计划于2020年2月初起运种植，以实现产业异地帮扶、乡村振兴的目的。

【品种加工工艺】 县茶叶技术人员充分利用茶叶加工季节，开展鸠坑种单株品种加工工艺探讨，总结加工工艺规程，制作品种审评茶样。春茶期间，共举办龙井茶炒制比武和技术交流会4期，汇集茶叶加工能手，严把把控质量节点，共同探讨龙井茶加工工艺提升。连续化生产工艺日益完善。随着茶叶加工成本日渐提高，企业对连续化生产设备的投入加大，不断完善加工工艺，提升加工品质。2019年全县共有日加工能力在300千克以上的连续化龙井、毛峰生产线14条，稳定的加工能力和加工品质，极大地促进了淳安茶产业的提质增效。

【千岛湖伏茶】 陕西泾阳县是淳安县东西合作县市，自2016年起全县积极探索利用夏秋茶开展黑茶工艺探索，睦州牌金花茯砖更是在2017年第十二届“中茶杯”全国名优茶评比中获得黑茶组第一名。2019年与泾阳县东西协作，优势互补，利用淳安县夏秋茶资源，共同探讨千岛湖茯茶发展，从而提高茶产品附加值和产业效益。

【茶叶赛事】 举办千岛湖龙井茶(里商)体验节、2019千岛湖茶博会暨鸠坑有机茶小镇推介会等活动；组织选手参加2019省龙井茶手工技能炒制大赛。5月15—19日，第三届中国国际茶叶博览会期间，鸠坑乡借助博览会商机，邀请省茶协北京、山东分会茶商代表开展茶叶产销对接活动，扩大品牌知名度。2019年千岛湖茶区域品牌价值16.61亿元，挤入全国50强，并首次进入2019全国农产品区域品牌推荐目录，成为全国最具代表性的33个茶叶区域品牌之一。（李　继）

·畜牧·

【概况】 2019年年末，全县生猪总存栏7.87万头，比上年下降26.46%；出栏21万头，增长41.03%。家禽存栏44.09万羽，下降4.88%；出栏41.37万羽，下降3.12%。牛存栏0.21万头，下降8.13%。羊存栏0.52万只，下降1.8%。兔存栏0.02万只。蜂存栏30125箱，增长1.79%。鹌鹑存栏40万羽。全年肉类总产量17633.54吨，增长38.45%，禽蛋产量4319.63吨，下降6.24%。

【重大动物疫病防控】 落实免疫、监测、流调、消毒等各项防控措施，禽流感、口蹄疫、猪瘟、高致病性猪蓝耳病和小反刍兽疫5种重大动物疫病免疫密度均达100%，下发各类疫苗182.775万头份（毫升），积极探索开展动物强制免疫先打后补试点工作。监测养殖场/点844场次，出动人员1000余人次。严密布防布控，防范H7N9流感、布病等人畜共患疫情，印发流感、非洲猪瘟防控、布氏杆菌病和小反刍兽疫防控知识告知书3000余份，将H7N9流感、非洲猪瘟防控、布氏杆菌病和小反刍兽疫防控知识宣传到场到户，保持疫病全县零输入。全县下发乡镇移动智能识读器全部联网操作，上传农业部动物标识及动物产品追溯系统防检疫信息14万条头次。下拨基层动物防疫经费26万余元，乡镇统筹购买服务在每人每年不低于3万元基础上，逐年递增，乡镇统筹购买服务达120余万元。

【动物检疫监督】 开展动物检疫证章标志管理提升行动，规范检疫管理，全面实行检疫电子出证。2019年完成产地检疫生猪1279批次61389头，活禽243批次136569羽，蜜蜂43批次5830箱，骡10批170匹。事先申请备案调入生猪219批次25667头，猪肉200批次662.56吨，活禽19批次78000羽，禽产品3批次28.87吨，畜副产品144批次34.38吨。开展“双随机、一公开”抽查工作等共计11项专项整治行动，出动检查760次，出动检查人员932人次，检查涉及规模养殖场56家，动物诊疗机构3家，定点屠宰场1个。下发责令整改通知书21份，办理动物卫生监督执法案件19起，其中一般程序案件16起，罚没款71989元，简易程序案件3起，罚没款150元。

【畜产品安全监管】 开展规模养殖场、定点屠宰场盐酸克伦特罗、莱克多巴胺、沙丁胺醇和β兴奋剂监督定性检测及专项检测，检测结果均为阴性。2019年，县内未发现非法使用“瘦肉精”及其他违禁药物的行为，有效保障了全县畜禽产品的安全供应。

【畜禽屠宰监管】 保证全县生猪定点屠宰及肉品统一配送工作有序进行，严格定点屠宰监管，强化乡镇屠宰巡查，严厉打击私屠滥宰行为，确保上市肉品质量安全，屠宰生猪产品全部统一配送，配送率100%。杭州千岛湖泰众肉类食品有限公司全年屠宰生猪39925头，屠宰检疫检验39925头，定点屠宰检疫检验率达100%，开展宰前瘦肉精自检622批次7052头，自检比率达17.7%，监督抽检387批次768头，检测结果全部为阴性，开展非洲猪瘟PCR自检1264批次，检测结果全部为阴性。监督指导无害化处理病害生猪332头及其产品20550千克，检出病害动物及产品无害化处理率100%。

【动物尸体无害化处理】 按照“政府监管、企业运作、财政扶持、区域合作”的原则，构建“统一收集、集中处理、保险联动、智慧监管”的长效监管机制。全县21个死亡动物收集暂存点（冷库）定期运送死亡动物前往杭州回利生物开发有限公司处理，无害化处理率100%，跨区域无害化处理体系运作良好。

【非洲猪瘟防控】 继续实行非洲猪瘟防控24小时专人值班制度，开展疫情隐患排查和消毒灭源工作，强化非洲猪瘟防控宣传教育。加强外来生猪及其产品的排查力度，严查不法商贩从疫区省份运入县域销售的生猪及其产品，严厉打击非法违法调运生猪等犯罪行为，持续做好调入生猪及其产品的调入前备案、调入后核查等工作，继续严格执行省外调入生猪及其产品点对点调运和提供有效非洲猪瘟检测报告制度。加大县非洲猪瘟兽医实验室建设,已上报县政府审批。按照省市安排,对调运外出的生猪全部进行非洲猪瘟病毒采样监测,及时掌握相关动态。监督指导县定点屠宰企业按照要求开展非洲猪瘟 PCR 自检,按照“批批检、全覆盖”的原则,对每批次的进场生猪在待宰圈及屠宰线采集血样,做到每头全覆盖。全年查处从疫区省份违法调运生猪案件 7 件,查获生猪 101 头,全部扑杀并无害化处理,罚款金额 57425 元。

【项目建设】 2019 年,积极开展杭州市高水平美丽生态牧场项目建设,创建万头猪场 2 家,分别是杭州千岛湖联欢农业开发有限公司和淳安郁林农业开发有限公司,年底投产,设计年出栏共计 4 万头。

【品种保护】 做好杭州市首家中华蜜蜂一级保种场淳安千岛湖千蜂郡种蜂养殖有限公司指导服务工作,积极探索、有序发展;省级畜禽遗传资源保种场淳安县茅山淳安花猪种业有限公司和杭州千岛湖蜂业科技有限公司千岛湖种蜂场,已落实保种方案,明确保种目标;浙江光大农业科技发展有限公司现代种业提升工程浙江省淳安县国家地方鸡基因库改扩建项目已完成实验仪器采购、运行等,准备启动土建工程。

【宣传培训】 为提高从业人员业务技能与水平,采取多种形式开展农技人员知识更新培训、畜产品安全、重大动物疫病防控、生态养殖技术等培训(会议)11 批次,受训人员 650 余人次。发放相关宣传资料 3100 余份。

【畜禽养殖业污染整治工作】 牵头做好千岛湖临湖地带综合整治种养殖类项目整治工作,对照整治任务清单,完成种养殖类整治项目 14 个,并全部通过自验和省市联合验收组现场验收核查,完成整治工作任务的 100%,同时做好管控项目自验和后续手续完善工作;继续推进畜禽养殖废弃物高水平资源化利用工作,全面落实“一场一策”农牧对接方案,明确养殖主体责任,坚持因地制宜、因场施策,推行农牧结合、种养对接,确保设施运行、消纳落地,实现生态消纳,加快绿色生态畜牧业发展。(刘荣平　徐勇　徐旭敏　杨小春　权普明)

·水果·

【概况】 2019 年,淳安县水果生产总面积 8612.2 公顷,总产量 12474 万吨、总产值 59597 亿元,分别比上年增长 0.36%、增 1.64%、增 6.85%。

【防灾减灾抗灾工作】 2018 年 11 月至 2019 年 3 月,降水极多、雨日极多、日照极少,呈现明显的“烂冬”特点。2018 年 12 月上旬中到大雪,2019 年元旦前后的低温冻害。6 月入梅以后的几次大到暴雨等等自然灾害给水果生产带来了严峻考验。在自然灾害面前,县水果站及时关注灾情预报,制订灾情预防和防范技术措施,通过微信工作群、农民信箱、淳安发布、康美三农、电视等媒体广泛宣传,使果农极早做好预防工作。灾情发生后,第一时间组织技术人员深入重灾区示范指导,力争使果农灾害损失降到最低。2019 年,果树站针对各类自然灾害撰写并发布灾情预防和防范技术措施 6 篇,举办各类技术培训班 21 期,受训果农 1268 人次,发放技术资料 2000 余份。

【2019中国·杭州桃产业技术高峰论坛】 7月24—26日，2019中国·杭州桃产业技术高峰论坛在千岛湖举办。中国工程院院士、发展中国家科学院院士陈剑平院士，国家桃产业技术体系首席科学家姜全，国家桃产业技术体系病虫草害防控研究室主任张帆、遗传改良研究室主任俞明亮、栽培与土肥研究室主任王志强、采后加工研究室主任叶正文等研究员，省行业主管部门领导以及淳安县各乡镇、有关单位桃产业发展负责人、企业管理员及种植大户200余人参加。淳安县人民政府副县长商松懋、县农业农村局局长方海珍一并到会祝贺。此次高峰论坛是国家桃产业发展技术高级别的一次交流盛会，也是推动淳安县桃产业高质量发展的一次良机。同时也将深化淳安县与省农科院双方合作，更好地发挥优势，不断完善合作机制，优化合作内容，拓展合作领域，推动更多的合作成果落地见效。

【水果评比活动】 2019年，县果树站破旧立新，解放思想，动员淳安县理性农业科普协会承办，北京雷力海洋生物新产业股份有限公司协办，由淳安县农业农村局、淳安县科学技术协会主办。有来自全县农业企业、家庭农场、合作社、种植大户送选的32个鲜桃样品参加评比。活动得到了省农业农村厅农业技术推广中心领导及国家桃产业发展技术体系专家高度评价。

【生态高效水果基地建设】 2019年，全县新建生态高效水果基地面积185.53公顷，其中柑橘39.2公顷、枇杷17.67公顷、桃47.66公顷、杨梅22.6公顷、梨7.53公顷、葡萄8.6公顷、猕猴桃10.2公顷、草莓10.87公顷，其他21.2公顷。水果产业基地建设、水果统防统治和水土保持等项目有序实施。

（江雪芳）

·种子·

【种子市场质量监管】 完成2019年度省市下达的市场种子质量抽检18个样品批次的检查工作，联合县农业执法大队，年出动执法人员48人次，检查种子经营企业32家，检查经营档案32个，检查标签数量65个，扦取种子样品18个，主要抽查作物有杂交玉米、杂交水稻、油菜及蔬菜种子，所抽样品合格率94.44%，完成6家企业农作物种子生产经营备案。

【农作物品种试验工作】 全年完成各项试验七组85个品种，国家区试甜玉米1组15个品种、糯玉米2组30个品种；省级区试甜玉米1组14个品种二个重复、糯玉米1组14个品种二个重复、省普通玉米联合试验1组9个品种；省救灾耐迟播鲜食秋秋大豆品种生产试验3个品种。

【救灾储备种子】 2019年，完成储备粮食作物种子6.32万千克，其中：杂交玉米种子2.9444万千克（折合常规种子5.92万千克）、蔬菜种子0.08万千克（折合常规种子0.4万千克）；圆满完成了上级业务主管部门下达的6万千克储备种子储备任务。平时认真做好储备种子的正常更新和日常管理，确保储备种子量足质优。

【农作物种质资源保护】 完成农作物品种原生境保护工作，2019年在枫树岭、王阜等11个乡镇共安排了26个点进行本地农家品种的原生境保护，涉及农作物品种有粮食、蔬菜、油料三大类作物60余个品种；在王阜、大墅、枫树岭等地对山玉米、番薯、荞麦、黑豆进行展示示范，展示面积23.33公顷；全县推广种植农家本地种大豆面积67公顷。同时，积

极与省市科研院所开展技术合作,做好全县山玉米、番薯、六月豆等地方品种的品种鉴定、提纯复壮工作。(吴东林)

·粮油·

【概况】 2019年,淳安县粮食生产面积11133.3公顷,比上年减少80公顷,下降0.7%,总产4万吨,减少0.1万吨,下降2%,单产239.5千克,减少4.5千克。

【粮食生产功能区】 2019年,淳安县粮食生产功能区提标改造146.6公顷,计划总投入400.82万元。其中枫树岭镇白马周家桥畈120公顷、浪川乡杨岭源16.6公顷、威坪镇上坑坞畈10公顷,以生产道路、渠道、泵站等基础设施为主。由杭州千岛湖种安雅农业综合服务有限公司创建市级百亩片1个,面积10.17公顷,推广中甬优、浙优、嘉丰优等优质米为主,特邀市级农技推广研究员组成的测产小组测产,达到创建目标。根据《浙江省农民政府办公厅关于制止粮食生产功能区"非粮化"的意见》(浙政办发〔2017〕84号)文件,粮食生产功能区占补调整19.95公顷,粮区办组织初步实地查看、协助乡镇测绘、联合会审等流程,以淳安县人民政府文件形式上报浙江省农业农村厅。

【淳产稻米获奖】 2019年,杭州市第二届"十大好味稻"品鉴评比活动中淳安县千岛湖绿群专业合作社"中浙优8号"荣获金奖、淳安县文昌农盛粮油专业合作社"中浙优8号"和淳安县千岛湖仙川农产品专业合作社"甬优17"荣获优胜奖。举办淳安首届稻香节,淳安县千岛湖绿群蔬菜专业合作社生产的"玉针香"获得"2019千岛湖最好吃稻米"一等奖。

【适用技术推广】 继续推广应用育秧小苗机插、水稻全程机械化、再生稻生产模式等适用生产技术。在汾口镇开展再生稻试验,安排6个品种试种,开展生育期、产量等分析,初步筛选出适宜淳安推广品种;并对再生稻的留茬高度进行观察,为下一步筛选最佳留茬高度作准备。在枫树岭镇、中洲镇开展5个加工型番薯种比品试验,并组织《番薯干加工试验品鉴会》,对加工番薯干的品像进行比较。针对现外出务工人员多,番薯干加工集种,劳动强度大等问题,查找传统手工加工与流水线加工的差异,为实现全程机械化、提升生产效率,提供生产基础。

【旱粮助力消薄】 2019年,创建红高粱省级绿色高产高效示范片,在枫树岭镇建立核心基地8公顷,平均亩产量583.57千克。全镇种植红高粱面积100公顷,加工酿酒后,年总产值约1500万元,成为淳杨线上众人的网红打卡点。梓桐镇掀起"番薯革命",扩种番薯47公顷,加工成番薯干,总产值约500万元,实现村集体纯收入30万元以上,户均增收1000元。

【扶粮政策兑现】 兑现规模种粮补贴主体16个,总面积475.34公顷,达到高产示范创建要求的主体有3个;旱粮种植直接补贴主体8个,面积52.11公顷;粮食生产贷款贴息发放1个主体、功能区粮油生产机械购置追加补贴8个主体。

【扮靓田园风光】 在大墅镇孙家畈实施农业景观建设,做好规划设计,提供荷花、彩稻的田间管理生产技术。农业景观分观荷采莲、彩稻画卷,布荷莲区种植面积1.67公顷、彩稻区种植面积2.33公顷,总面积4公顷。在田间形成彩稻图画"淳安花猪"、"建国70"、"中华蜂"、"双娃抱鱼"及"大下姜",成为淳安田园风光和大下姜美丽乡村建设的亮丽风景点，醉美游客，流连忘返，有效带动周边民宿发展和土特产销售。在汾口镇寺下村利用黄、橙、白等彩色油菜及绿色小麦，在连片平地上种植油菜与小麦，形成“田园汾口”图案，呈现美丽新画卷。“晒秋”成时尚，高粱“红”、玉米“黄”等色彩呈现在田园大地上。石林镇的西岭村、中洲镇的南庄村等，用高粱、玉米等有色旱粮在面积较大的广场、平地，进行平面摆图，利用白色大墙挂上玉米棒、水稻穗、高粱穗等进立体挂式摆图，成为展示“丰收”农民喜悦之情的新样板。 （何爱珍）

·中药材·

【概况】 2019 年，全县中药材种植面积 8800 公顷，比上年增长 9.5%；总产量 9460 吨，增长 35.8%；总产值 4.46 亿元，增长 2.8%。2019 年种植面积增加较多的有：黄精 366.67 公顷，增长 57.9%；前胡 148 公顷，增长 18.5%。

【淳安白花前胡通过农产品国家地理标志登记保护】 在 2018 年淳安覆盆子成功获农业农村部地理标志产品登记的基础上，开展淳安白花前胡的地理标志产品登记申请活动，并于 2019 年 9 月底通过农业农村部组织的专家评审。

【县人大专题调研中药材产业发展】 2019 年 8 月 20—28 日，县人大常委会组成调研组到农业农村局和临岐镇、枫树岭镇、屏门乡、瑶山乡、王阜乡等乡镇专题调研全县中药材产业发展情况。

【落实中药材产业发展政策】 2019 年组织立项了 4 个产业基地建设项目、1 万亩统联统治项目、3000 余亩联户连片发展项目和 1 个种苗繁育项目，实施 1 个农业科技项目，申报落实省中药材产业技术项目 2 项。

（张 薇）

·蚕桑·

【概况】 2019 年，16 个乡镇 172 个村 5974 户养蚕，桑园面积 3226.67 公顷（其中投产桑园 2813.33 公顷）。全县共发放蚕种 4.94 万盒，生产蚕茧 1973.16 吨，蚕茧产值 0.94 亿元，蚕桑总产值 1.09 亿元。平均盒种产茧 39.9 千克、平均茧价每千克 47.5 元。与上年相比，呈现“四减一增”：饲养蚕种减少 6329 盒，增长 11.4%；平均茧价每千克减少 8.86 元，增长 15.7%；蚕茧产量减产 161.75 吨，下降 7.6%；蚕茧产值减 2659.67 万元，下降 22.1%；张产增加 1.6 千克，增长 4.2%。2019 年，全县新种桑 140.7 万株，新发展和改造桑园 156.47 公顷；2019 年在浪川乡大联村建立新品种桑苗繁育基地 2.67 公顷，繁育“强桑 1 号”桑树优良品种桑苗 70 万株。

【技术推广】 一是认真抓好实用技术培训。蚕桑实用技术培训工作本着“立足实际、注重实效、突出实用”的原则，精心组织了蚕桑专家深入蚕桑重点乡村举办蚕桑实用技术培训班，全年共举办蚕桑培训班 331 期次，受训蚕农达 1.43 万人次；编印技术资料 195 期次，发放技术资料 7.21 万份。二是大力推广“十天养蚕法”技术模式。2019 年全县 9 个乡镇 46 个村共有 59 个标准示范点，有 9811 户次蚕农共 2.55 万盒蚕种应用“十天养蚕法”技术模式，占饲养蚕种总量的 51.6%。“十天养蚕法”示范点共配置了饲育框 7 万余只、空调 206 台、电子自动控制加温器 335 台、切桑机 103 台、补湿器 75 台。三是应用桑树病虫害绿色防控技术。应用物理方法诱杀害虫。主要是推广太阳能杀虫灯诱杀害虫，全县共建有太阳能杀虫灯700余只,覆盖2333.33公顷桑园;应用生物技术诱杀害虫。推广“食诱剂”防治技术。2019年全县应用“食诱剂”诱杀桑螟面积266.67公顷。继续开展桑螟性诱剂防治试验,在威坪镇坑下村、浪川乡马石村和枫树岭镇下姜村安排33.33公顷连片桑园,利用“性诱剂”诱捕雄蛾,取得了一定的效果。开展桑园统防统治工作。全年利用无人机和人工开展桑园统防统治4次,防治面积达到1333.33公顷。

【项目实施】 一是抓好省农业重大技术协同推广计划项目实施。主要抓好《小蚕工厂化饲育与精品AAAAAA级原料茧生产技术研究与集成推广》协同推广计划项目中“小蚕人工饲料工厂化饲育技术示范推广”和“精品AAAAAA级原料茧生产示范基地”2个子项目的建设。“小蚕人工饲料工厂化饲育技术示范推广”项目,2019年建立小蚕人工饲料工厂化饲育示范点5个(其中核心示范点2个);试验筛选确定适宜人工饲料饲养的蚕品种1对,优化饲料配方,初步制定1套小蚕人工饲料饲育技术规程,推广人工饲料育蚕种350盒。“精品AAAAAA级原料茧生产示范基地”项目,发布了4个淳安县地方标准,建成了以“界首乡燕上村、姚家村”为核心和以“梓桐镇结蒙村、卢家村和富石村”为核心的69公顷桑园示范基地,筛选467户蚕农按技术规程饲养蚕种2156张,生产蚕茧41.29吨,其中精品蚕茧39.36吨,圆满完成各项质量指标,填补了国内AAAAAA级原料茧标准空白。二是落实省蚕桑产业技术项目。按《浙江省农业厅关于印发〈浙江省水果、茶叶、蚕桑、中药材、花卉产业技术项目实施方案(2018—2020年)〉的通知》(浙农科发〔2018〕13号)文件要求,由汾口小蚕共育合作社实施的“小蚕工厂化饲育技术示范与推广”和威坪镇农业公共服务中心实施的“桑树病虫防控技术示范与推广”两个示范点项目年度建设任务已完成。“小蚕工厂化饲育技术示范与推广”示范点,2019年在宋祁建立6.67公顷桑园示范基地,引进了1台自动化小蚕饲养设备、示范自动控温控湿、叠式木框高密度饲养技术等,示范推广蚕种1119.5盒、培训技术人员和农户50余人次。“桑树病虫防控技术示范与推广”示范点,2019年在威坪镇建立面积6.93公顷桑园示范基地,示范推广预测预报治虫,引进推广食诱剂等新型实用绿色防控技术,减灾增效12%。三是抓好县蚕桑产业项目的实施。抓好县财政700万元专项资金的实施落实,做好组织项目申报、实施、检查和验收等工作。4月4日起草印发《关于申报2019年度蚕桑产业项目的通知》,立项实施2个蚕桑农场、2个种子种苗及“桑园立体循环复合种养示范”“桑园肥药双减技术研究与示范”等项目。对已实施的项目做好监管和服务工作,在项目管理上“坚守底线、不碰红线”,确保蚕桑产业项目顺利实施。

(方广生)

·渔业·

【概况】 2019年,全县渔业养殖面积41041公顷,与上年持平。全县渔业总产量13345吨,产值26510万元,分别比上年13249吨和26478万元增长0.72%和0.12%。

【渔政执法】 全年共查处各类渔业违法违规案件2053起,罚款264.38万元,其中电鱼案件28起,罚款6.77万元。追究刑事责任19起28人(其中偷捕他人养殖水产品案件3起7人,电鱼案件16起21人)。

【禁渔工作】 2019年3月1日0时起,千岛湖水域全面禁渔。根据钱塘江流域禁渔通告要求,淳安县对禁渔制度作了重大调整,不仅增加禁渔区域，禁渔水面实现100%全覆盖，且禁渔时间根据不同的禁渔水域有3个月、4个月、5个月、12个月不等。

【安全生产】 完成各级水产品质量安全监督检测62批次（其中县级25批次、市级7批次、省级25批次、部级5批次），省级定量例行风险监测39批次，快速定性监测226批次，合格率均为100%，有力保障了千岛湖水产品质量安全；开展渔船安全检查43次，出动人员1145人次，检查渔船2146艘次，检查渔民2494人次，检查渔业企业33家次，排除安全隐患12处，并限期整改到位；严把渔船检验关，检验合格渔船756艘。

【增殖放流】 2019年，累计向千岛湖增殖放流鲢、鳙等优质鱼苗5897.884万尾，超额完成年度放流任务，有效保护了水域生态环境。特别是在6月4日承办“全国放鱼日”暨浙江省水生生物增殖放流主会场活动，通过活动有力提升了千岛湖增殖放流品牌；9月20日，组织县内道德模范、劳动模范、“最美”人物等榜样人物及县内外媒体记者，共聚千岛湖金山鱼湾生态放流基地开展“秀水共护”养鱼护水生态增殖放流行动。此次活动，各大媒体争相报道，中央电视台《东方时空》栏目做《浙江淳安 以水养鱼 以鱼净水 千岛湖增殖放流6万尾鱼苗》专题报道。

（胡莉莉）

（编辑　方红娟）

生态·环保

·环境保护·

【环境空气质量】 2019年,淳安县主城区环境空气质量实际监测天数362天,优良天数为334天,空气优良率为92.3%。城区二氧化硫年均值0.004毫克/标立方米,二氧化氮年均值0.018毫克/标立方米,可吸入悬浮颗粒物PM10年均值0.037毫克/标立方米,PM2.5年均值0.023毫克/标立方米,均符合《环境空气质量标准》(GB3095－2012)二级标准限值要求。市生态环境局淳安分局办公大楼上设大气降水监测点一个,pH值范围4.52～7.83,pH年均值6.02,酸雨频率30.38%。

【水环境质量】 2019年,千岛湖总体水质符合《地表水环境质量标准》(GB3838－2002)Ⅱ类标准,整体水质状况为优且基本保持稳定。在13个监测断面中,河流断面街口符合Ⅱ类标准,湖库断面中威坪林场符合Ⅲ类标准,三潭岛、排岭水厂、航头岛、西园、小金山、百亩畈6个断面符合Ⅱ类标准,其余5个断面均符合Ⅰ类标准,所有监测断面中,Ⅰ类、Ⅱ类、Ⅲ类所占比率分别为38.46%、53.85%和7.69%。对淳安县自来水厂、坪山自来水厂的集中式饮用水源地水质进行每月一次的常规监测,全年水质达标率为100%。全年开展12次乡镇交接断面水质监测工作,23个乡镇考核断面,Ⅰ类水质19个,占82.61%,Ⅱ类水质4个,占17.39%。

【声环境质量】 2019年,区域环境噪声、功能区噪声、道路交通噪声均符合国家声环境标准要求,声环境质量较好。区域环境噪声监测覆盖面积约20.5平方千米,共设监测点位165个,昼间监测统计值54分贝,区域环境噪声昼间总体水平等级为二级,评价为较好。城区6条主干线交通噪声等效声级范围在63.7～69.8dB之间,昼间平均等效声级为66.7dB,道路交通噪声强度等级为一级,评价为好。

【临湖项目综合整治】 217个整治项目全部完成,298个管控项目中临湖1000米内40个均已通过市专班验收,临湖1000米外155个2019年底需完成的项目已全部通过自验。整治成果得到了中办督查室、主题教育中央第二指导组以及省市党委政府的充分肯定,顺利通过省市联合验收组三次阶段性验收。

【水功能区水环境功能区规划】 《淳安县水功能区水环境功能区优化调整方案》于5月10日正式获省政府批复同意。根据优化调整后的方案,全县共有水功能区13个,饮用水水源一、二级保护区面积3884平方千米,占县域总面积的87.73%,比优化前减少348平方千米,准保护区面积254.33平方千米,占县域总面积的5.74%,较优化前增加了221.71平方千米。

【千岛湖标准修编】 开展《千岛湖环境质量管理规范》修编工作,按照覆盖"全领域、全过程、全地域"的要求,提标扩面至水、气、土、废全领域和规划、建设、运维、监管全过程以及湖区、农村、城镇全地域。《修编方案》于8月获得县第十六届人大常委会第二十二次会议审议通过。

【生态环境防控治理攻坚战】 每月按时完成千岛湖库区13个断面、23个乡镇交接断面和2个县级饮用水源地水质监测工作。5—9月水质敏感期，每周开展藻类巡测，共编制《水质预警监测周报》18期。以“高频自动监测-遥感影像解译-流域水文模拟-三维水动力水质模拟”体系为核心，借助多源数据管理平台、遥感大数据平台以及高频自动监测站网，构建千岛湖水质水华预测预警系统，实现对千岛湖未来7天的水质水华预测预警。完成《淳安县工业企业污染防治实施方案》编制。启动千岛湖生态缓冲带划分和生态修复试点工作，完成《千岛湖生态缓冲带划分工作方案》评审稿。

【生态保护科研】 举办首届千岛湖论坛，聘请18位院士专家为淳安特别生态功能区高端智库专家，签定千岛湖水环境研究所项目，发布《千岛湖方案》。加强千岛湖保护科技支撑，《淳安县面源污染治理实施方案研究》、《淳安发展环水生态有机农业的政策与建议》、《浙江省千岛湖地区大气PM2.5污染状况及成因研究》和《千岛湖基于水环境安全的渔业发展模式调控及渔业管理方案研究》4个课题完成结题验收。

【大气污染防治】 全面推进“五气共治”各项工作，制定下发《淳安县打赢“蓝天保卫战”暨大气污染防治2019年实施计划》，落实大气污染防治任务。实施《淳安县国三柴油车淘汰补助实施细则》，通过补助方式鼓励国三和老旧机动车自主淘汰。机动车遥感黑烟抓拍系统项目建设完工并投入使用。组织开展加油站油气回收专项检查、企业VOCs整治，推进天然气锅炉低氮燃烧改造，并积极督促相关问题整改。印发《淳安县大气重污染应急预案》，完成48家重污染天气应急减排清单企业“一厂一策”预案编制和公示牌上墙。

【污染减排】 落实2019年COD、NH_3—N、SO_2、NO_x四项主要污染物减排减排计划(0.1%、0.2%、0%、0%)和挥发性有机物削减100吨。开展企业排污权交易，2家企业实行刷卡排污，充值率100%，数据传输有效率98.75%。完成1家企业回购排污权交易，回购金额24万元。

【环境审批】 全县共审批环保项目44个，其中报告书2个、报告表42个。业主自行登记表备案277个，发放排污许可证26个，夜间施工许可证1个。全面推进环保审批改革，18个大事项30个小事项全部实现最多跑零次，全部进驻中心集中办理。

【环境执法】 开展双随机抽查、固废专项行动、医院辐射源检查、沿湖酒店专项检查、全县工业园区排查、饮用水专项排查、“防风险保平安迎大庆”专题执法等专项行动。全年共检查企业和各类建设项目1160家次，出动检查人员3200人次，立案查处行政处罚案件17件，处罚金107.01万元，查封扣押2起。

【生态文明建设】 开展淳安县“绿盾2019”专项联合检查行动，主要对2018年上级专项督查反馈的2个问题进行回头看。启动“两山”创新实践基地建设，结合特别生态功能区建设的相关要求，做好明年“两山”创新实践基地建设工作谋划，进一步完善细化方案。根据市对县生态文明建设目标任务考核工作，结合县委县政府年度重点工作，制定《淳安县2019年度生态文明建设目标责任书》，以文件形式将生态文明建设任务发至各个相关单位，将责任一一落实到位。

【生态环境领域改革】 完成市县生态环境部

门更名挂牌,成立淳安县生态环境保护综合执法队。推进区域环评改革,完成省级开发区规划环评编制;省级乐水小镇规划环评通过专家审查会;5个县级平台区域环评有序推进。

【环境宣传】 开展“六五”世界环境日、环保文艺演出进社区等主题宣传活动。加强生态文明宣传,2019年共在市级以上新闻媒体刊登环保新闻60余篇,其中国家级媒体18篇、省级媒体13篇。推进多绿创建,创建市级绿色学校4家。 (鲁 萍)

·规划和自然资源管理·

【概况】 2019年,县规划和资源管理局围绕特别生态功能区建设、六大攻坚战、两高发展等县委县政府确定的中心工作,紧扣“利用、保护、管控”三个重点,抓住国土空间资源要素整合、统筹管理自然资源主线,开展耕地保护、多规融合、生态修复、国土调查、不动产登记、大棚房和沿湖综合整治等重点工作。

【永久基本农田划区定界和耕地保护补偿试点工作】 全县落实永久基本农田14453公顷和永久基本农田示范区5833公顷,并通过省、市两级验收。启动耕地保护补偿机制,按80~120元/亩/年标准进行补偿,全面共发放耕地保护补偿资金2861万元。通过县政府向各乡镇下达3公顷农民建房指标。

【土地整治】 2019年,完成垦造水田27.4公顷、建设用地复垦5.4公顷、建设用地复垦农用地13.13公顷。完成高标准农田立项1460公顷。

【发展空间保障有力】 2019年,县规划和自然资源管理局完成千黄高速淳安段工程、千岛湖配水工程、千岛明月、综合供能站等各级重点项目的农转用报批工作,以及枫常线、屏三线等重点交通项目的土地规划局调工作,涉及土地共316.57公顷。

【土地盘活】 2019年,恒信药业、美澳生物、华丝公司、金恒服饰等企业的低效、闲置用地被盘活,修正药业、苔花家居、永通电缆、佳伯尔等一批康美产业被引进,共盘活低效闲置用地45.53公顷。

【土地出让】 全年在三块地处置工作方面完成288.27公顷,其中批而未供土地65.87公顷、供而未用土地167.87公顷、低效用地再开发54.53公顷,完成率123%;完成盘活闲置土地和低效用地36.2公顷,占比108%;完成新增建设用地33.67公顷;完成土地出让15亿元。

【土地收储】 2019年,抓临湖综合整治“退”,已出让未建设土地类项目全部完成,共58个项目、300.82公顷,其中签订协议收回52个246.04公顷、控制开发3个24.85公顷、诉讼3个29.93公顷。

【违章整治】 2019年,立案查处违法用地16宗,面积9.97公顷,收缴罚款1082705.05元,没收违法建筑39560.00平方米,责令拆除违法建筑物16036.43平方米。年度违法占耕比0.03%,实现了耕占比在2%以下的目标。全县涉及大棚房问题65个,面积1.59公顷。建筑设施全部拆除类15个、面积0.43公顷,部分拆除整改合规类38个、面积0.97公顷,完善设施农用地类12个、面积0.18公顷。在违建别墅清查整治工作中,年度累计排查问题图斑、线索共941条。

【“三调”工作】 三调项目于2018年12月开

始作业，投入人员102人，采集图斑122355个。县规划和资源管理局提前将初步成果送至省三调办核查，乡镇抽查错误率0.84%，全县核查错误率1.39%。三调成果质量得到省、市三调办肯定，核查结果准确率排在全省前列。

【征地拆迁和回迁安置“双清”专项行动】 2019年完成集体土地征收32个项目、58个地块，共32.5457公顷。同时完成配水工程等10个项目、25个地块、15.3586公顷的国有土地使用报批工作。处理征地拆迁信访问题8起，做好行政诉讼、行政复议应诉工作4起。

【矿政管理】 2019年，关停的4家砖瓦页岩矿全部启动恢复治理，其中年内完成3家。关停的2个石料矿和3个地下矿山全部启动恢复治理工作。

【地质灾害防治】 2019年，新认定地质灾害隐患点76处，其中避让搬迁5处、应急排险44处、工程治理27处。

【信访“三来件”办理】 2019年，县规划和自然资源管理局共办理信访件303件，浙江省统一政务咨询投诉举报平台办理信访件163件(其中办理市、县12345信访105件)，网上信访预处理办理信访24件，领导信箱预处理办理信访12件、上级领导交办信访6件，群众来电来信来访办理98件。按时办结率100%，信访总量同比上升9%，回访率100%，未出现信访被重复交办、退回重办等问题。对信访积案实行领导包案责任制，全年处理化解信访积案1件。

【不动产登记】 自2019年1月1日起，全面实行不动产登记“零收费”，全年共减免登记费用175万元，办理各项登记服务56562件，其中颁发不动产登记证书26148本、证明8984张。同时通过“就近办”，将农房发证向村级延伸。

【历史遗留问题破解】 2019年陆续解决了千岛明月、715所、国企历史存量房产登记等历史遗留问题。

【规划编制】 2019年，完成《淳安县国土空间发展大纲》《森林公园、林地保护、生态公益林、风景区叠加及调整建议》《淳安县(市、区)新一轮规划期内用地需求》《淳安县工业用地情况调查梳理》《生态保护红线评估调整》《淳安县国土空间规划实施评估报告》《淳安县乡村风貌研究及引导导则》《千岛湖镇城市色彩规划研究》《淳安至杭州市域轨道规划研究》《淳安县学前教育设施专项规划(2019—2035)》。全年编制计划共计33项，其中2018年已启动、费用纳入2019年解决的10项，新增23项，均经县城规委会议审议下发。

(郑国成　钱豪婧)

·林业·

【概述】 2019年，县林业局按照“保护优先、绿色发展”方针，全力推进“两山”高水平转化，康美千岛湖高质量发展，全年实现林业总产值146.57亿元，其中一产产值35.33亿元，二产产值8.35亿元，三产产值102.89亿元。获“全国保护森林和野生动植物资源先进集体”“中国林业产业突出贡献奖”“全省公益林建设成绩突出集体”“全县综合考评优胜(满意)单位”等多项荣誉。

【全民义务植树】 广泛开展全民义务植树活动，全县完成义务植树18.94万人，植树63.25万株。3月9日，“打赢蓝天保卫战我为汽车种棵树”植树护绿大型公益行动在县姥山林场正式启动。3月11日，县党政军领导在文昌镇文屏村开展义务植树活动。

【营造林生产】 完成造林157公顷，迹地更新面积497.5公顷，完成四旁植树14.1万株，新育苗3.3公顷，四边绿化完成14.1公顷。扎实开展“新植1亿株珍贵树行动”，新植珍贵树40万株，新建成5个珍贵树种示范点建设、5个珍贵树种示范单位。

【森林城市建设】 启动国家森林城市建设总体规划编制工作，汾口、姜家、大墅3个镇成功创建浙江省森林城镇。

【美丽乡村建设】 千岛湖镇联丰村、左口乡石岭后村、屏门乡金陵村、姜家镇黄村桥村、浪川乡大联村、中洲镇南庄村、枫树岭镇横坑村7个村获评省“一村万树”示范村，新植树木7万余株。左口乡龙源庄村、屏门乡金陵村、文昌镇王家源村成功创建省级森林人家。

【森林生态修复】 全面启动世行贷款项目森林生态系统修复工程建设，完成2018年度工程形象进度的50%，完成2019年度工程12个建设标段的招投标。组织开展千岛湖森林彩化工程、“两高”入城彩化提升工程的维护管理和审计。完成“千黄高速淳安段出口森林彩化提升改造工程”。启动实施中央财政森林抚育项目775.67公顷，完成一般森林抚育1333.33公顷。

【林业产业】 山核桃、油茶等特色产业的产量、产值较上年度有所提高，山核桃年产量8827吨、产值8.25亿元，油茶年产量8480吨、产值3.65亿元。组织企业参展义乌国际森林产品博览会，常香果牌山核桃、万岁岭牌茶叶、下姜村牌山茶油、大墅底下牌竹船、下姜村牌地瓜干、瑶记牌山核桃仁等6个产品获金奖，八都佬牌山核桃、仙活石林牌石林日晒面、千岛皇子牌手剥山核桃、千岛淳味堂牌九制黄精、瑶记牌九制黄精、千岛沪阳牌杏鲍菇、森翠牌铁皮石斛等7个获优质奖。临岐镇荣膺“省级林业特色产业小镇”。全年新发展林下种植基地375块1448.67公顷。实施“一亩山万元钱”发展模式，竹荪仿野生栽培面积达到8.53公顷。

【科技帮扶】 扎实推进中央推广项目，成功申报《山核桃林下药用植物复合生态系统构建技术示范》。组织开展科技培训和科技下乡活动，完成科技培训156期，受训林农5600余人次，发放培训资料9065份。开展精准扶贫，派出4名林业科技专家赴贵州省剑河县指导林下经济种植，安排帮扶经费6.7万元。完成安阳乡红山岙村等4个行政村的“消薄增收”任务。组织开展“三服务”走访，与391户低收入户结对；派出4名党员到鸠坑乡、安阳乡任村第一书记和农村指导员，安排帮扶经费10.5万元。

【森林资源管理】 落实“互联网+监管”制度，开展“双随机”抽查，规范事中事后监管，对林木采伐许可、使用林地许可、陆生野生动物许可等7个事项开展了双随机抽查，抽检对象75个，完结率100%。推行使用掌上执法系统，应该执法检查445次，其中日常林业巡查检查380次；加强林地资源的保护与利用，全年办理林地审批172起，面积107.34公顷。开展森林督查，完成597个疑似图斑的现场核实。配合做好省对县主要领导自然资源资产任中审计工作。

【林木采伐】 落实森林资源“双增”目标责任制，继续将森林覆盖率和森林蓄积量作为生态保护指标列入县对乡镇考核。2019年县政府下达全年采伐限额 20.9643 万立方米，实际采伐林木 12.5762 万立方米，占采伐限额的 60%。积极做好森林资源动态监测更新工作，据浙江省森林资源动态监测平台公布结果，2018 年县森林覆盖率为 76.82%，森林面积 33.95 万公顷，活立木蓄积 2445.4487 万立方米，乔木林单位面积蓄积 80.7 立方米/公顷。

【野生动植物保护】 广泛开展“世界湿地日”、野生动物保护宣传月暨“爱鸟周”宣传活动。联合市管、卫健等部门，开展野生动物药用执法检查专项行动。做好野生动物疫源疫病监测防控，全年野外巡护监测 162 次，未发现死鸟和异常行为鸟类。持续做好野生动物野外监测，新布设红外相机 100 台。完成县野生动植物保护协会换届。

【森林病虫害防治】 完成山核桃干腐病、松材线虫病等 8 种森林病虫害疫情的监测调查，监测面积 157.03 万公顷次，防治作业面积 1.16 万公顷次。全县松材线虫病疫点乡镇 8 个，发生面积 397.33 公顷，全年清理枯死松木 17537.2 吨，在重点区域针剂注射防治面积 733.33 公顷。组织 8 个乡镇 28 个单位实施山核桃病虫害统防统治 1333 公顷。

【森林消防】 继续做好森林消防工作，全年未发生森林火灾，实现春节期间连续 3 年零火情、清明期间连续 4 年零火情。加强隐患综合整治，完成集中墓区清理 1254 处。开展“见烟查、见火罚、犯罪抓”的清火行动，查处野外违规用火案件 7 起。印制森林防火宣传年画 13.1 万份、《禁火令》1.4 万份。推进 2017—2019 年森林消防建设三年计划，投入资金 958 万元，新建消防水池 56 个、采购消防水桶 151 个、高压水泵 27 台、更新消防车 11 辆。

【林业执法】 坚持“以打促防”，积极开展打击非法破坏野生动物资源犯罪专项行动、雷霆行动、禁种铲毒等专项行动，依法严厉打击以非法侵占林地、乱砍滥伐林木、乱捕滥猎野生动物为重点的涉林违法犯罪。受理毁坏林地、盗滥伐、违规野外用火和野生动物等案件 306 起，其中刑事案件立案 8 起，行政案件 298 起。收缴救助野生动物 129 只，铲除罂粟 238 株，查扣木材 362.74 立方米，木材变价及罚没款 51.09 万元，其中查处外来松木案 146 起，罚款 37.6 万元。

【生态公益林建设】 全县生态公益林面积 166491.33 公顷，其中省级以上重点公益林 160556.06 公顷，市级公益林 5935.27 公顷。全年发放省级以上重点公益林损失性补偿资金 8429.1934 万元，其中国有林场（含国有单位）25 个、补偿资金 1662.437 万元；村集体（含乡林场）469 个、补偿资金 6303.3087 万元；农户个人 7224 户、补偿资金 463.4477 万元。第二期公益林监测效益公报，全县公益林生态总效益达 275.23 亿元。组织开展公益林建设 15 周年成效宣传。启动国有天然林区划落界工作，落界面积 3814.4 公顷，签订保护协议书 22 份。举办全县专职护林员业务培训。

【林权登记改革】 持续深化集体林权制度改革，推进林权抵押贷款。全年办理林权抵押贷款登记 12 宗、2834 万元。完善《林地经营权流转证》和林业股份制合作社建设工作，积极推广林业股份制合作社建设，新建林业股份制合作组织 2 家，申报省级示范性家庭林场 2 家。

【最多跑一次改革】 持续深化“最多跑一次”改革，做好事项颗粒细化梳理和事项库完善工作,细化"最多跑一次"办事事项57项。推进政府数字化转型,网上办、掌上办、跑零次、即办件、时限压缩率、材料电子化六项核心指标均达到100%。全年办理事项3729件,办结率、满意率100%。（柴文斌）

·生态综合保护·

【概况】 2019年,开展水利建设与管理工作23大类,其中各类水利建设工程15大项286处,总投资5.28亿元;经费管理类工作8大项,投资3812万元。水利工程建设内容包括:乌丝坑、长岭、琴坑、四新、西湖等5座水库除险加固;万方以下山塘综合整治2座;武强溪、郁川溪、六都源等三条中小流域综合治理26.29千米;农村河道综合整治86.6千米;河道划界148千米。新建提升分散式农村饮水安全工程141个村196处,受益人口9.29万人;续建完成王阜、枫树岭、叶家、浪川等4个水厂60%建设任务。完成新建厦山、屏门等2个水厂前期工作,具备招标条件;坪山水厂管网延伸,完成20%建设任务;实施低丘红壤治理53.33公顷;五都源、六都源、白马溪水土流失综合治理项目,治理水土流失面积15平方千米。

【水库山塘除险加固工程】 完成5座水库(威坪镇琴坑水库、西湖水库;枫树岭镇四新水库;千岛湖镇长岭水库;青溪新城乌丝坑水库)、2座万立方米以下山塘除险加固。总计完成5.8万土方立方米,石方0.7万立方米,混凝土0.3万立方米等,完成工程总投资1080万元。解决5个村计0.8万人口的水库防汛安全隐患,保护农田267公顷,解决水库下游240公顷农田的灌溉水源问题,保障和新增山塘水域养殖面积53.33公顷。

【河道整治工程】 实施农村河道整治工程85千米。在汪家源、云源港、清平源等49条河道23个乡(镇)疏浚、堤防加固86.6千米。完成投资4029万元,开挖土石方24.36万立方米、砌石4.98万立方米、砼2.54万立方米。河道整治建设取得一定的效果,超额完成河道整治的年度计划。整治效果明显,农田、村庄分别达到了五年、十年一遇的洪水标准。

【武强溪流域综合治理工程】 完成2019年度淳安县武强溪流域综合治理工程建设任务,综合治理河长7.53千米,重建、加固堤防4.72千米,重建加固堰坝5座,及疏浚河道长7.53千米。总投资4054万元。开挖土石方15.53万立方米、砌石3.82万立方米、砼3.03万立方米。

【郁川溪流域综合治理工程】 完成2019年度淳安县郁川溪流域综合治理工程建设任务,综合治理河长10.78千米,重建、加固堤防12.52千米,重建加固堰坝12座,及疏浚河道长10.78千米。总投资3454万元。开挖土石方12.72万立方米、砌石2.98万立方米、砼2.25万立方米。

【六都源流域综合治理工程】 完成2019年度淳安县六都源流域综合治理工程建设任务,综合治理河长8.61千米,重建、加固堤防10.86千米,重建加固堰坝12座,及疏浚河道长8.61千米。总投资3285万元。开挖土石方19.71万立方米、砌石3.93万立方米、砼2.42万立方米。

【河道管理范围划界】 完成2019年度淳安县河道管理范围划界工程,包括东源港流域(70千米)、枫林港流域(78千米),总计148千米。（何贵平）

【水利工程管理】 水利工程管理内容包括：完成13项水利工程标准化管理创建及150项工程的标准化运行管护、维修养护、3座水库大坝安全鉴定、66座水库沉降位移观测、34座水库视频监控租赁、15座农饮水视频监控租赁及2016—2018年创建完成的141项工程的标准化运行管护；继续开展农村饮水长效管理重点改革工作，完成全县100％农村饮水长效管理机制建设；开展节水型社会建设；实施河湖库塘清淤10.6万方；启动实施农业水价综合改革，完成全县改革面积4660公顷农业水价改革工作；开展小型水利工程“以奖代补”建设；完成实施武强溪、枫林港、东源港、云源港等4条县级河道226千米岸线管理保护实施方案编制及河道管理范围划界；开展美丽河湖创建；完成建设枫树岭、铜山、严家等三座中型水库防洪预报调度系统等。2019年淳安县水利建设与管理各项工作的圆满收官，为淳安县国民经济发展和生态环境保护作出了重要贡献。

【水利工程标准化管理】 2019年淳安县水利工程标准化管理创建完成省市考核计划数42项(包括小型水库19座、山塘10座、水文测站7座、农村水电站6座)，完成150项工程的标准化运行管护，全年完成计划投资2916万元(其中财政补助资金1811万元)，省市考核计划指标完成率为100％。

【低丘红壤治理开发项目】 完成枫树岭镇白马村和大墅镇下坑村、大墅村、孙家畈村、洞坞村低丘红壤治理开发项目，工程总投资222万元，治理面积53公顷。

【农业水价综合改革】 2019年，淳安县报省计划改革面积为4593公顷，在提前落实终端管理组织以及年度精准、节水奖励资金的有利条件下，按照“三年任务，两年完成”的整体原则，新增完成枫树岭镇等19个乡镇共6353公顷的农业水价改革任务，全面覆盖县9460公顷改革面积，提前一年完成农业水价综合改革工作。

【农村饮用水管理体制改革】 根据淳安县人民政府办公室下发的《全面推行农村饮用水管理体制改革工作的实施意见》要求，在省市水利部门的悉心指导下，完成全县农村饮用水管理体制改革目标任务。至2019年9月，完成对排摸出有问题的供水设施如水表、表箱、管网等整改工作，共计改造水表60662只、表箱63137只。2019年10月，全县共签订委托管理协议书421份，农户供水协议已签订111970户，占全县纳入农村改革户口总数的99.53％；共完成全县108481户的农村水费计量银行代缴代扣工作，水费收缴率达99.2％。

【农村饮水安全巩固提升工程】 2019年，淳安县继续将农村饮用水提升改造工程作为为民办实事工程，努力提高农村饮用水保障能力。年度计划投资6000万元，计划实施50村约3.5万人口农村饮水安全问题。根据6000万元政府投资计划，通过多方论证，在全县共安排22个乡镇98个单村和4个乡镇供水工程项目以及196个水源维修工程项目的提升改造建设，改善农村饮用水安全人口8.2万人。

【世行贷款集中式水厂工程】 世行贷款农村饮水安全提升工程2019年主要建设内容及进度任务目标：完成王阜、枫树岭、叶家、浪川等4个水厂60％建设任务；完成新建厦山、屏门等2个水厂前期工作，具备招标条件；完成坪山水厂管网延伸20％建设任务。

【水电建设】 2019年，全县建成投产的水电站共105座,装机容量149690千瓦。全年小水电发电量38256万千瓦时,较上年增加46%;发电收入19288万元,较上年增加36%。

【安全生产大检查】 5—12月,对全县水电站进行了年度安全生产大检查。从检查情况看,全县水电站总体形势平稳,但与不断提高的管理要求相比,电站日常管理中存在的主体意识不强、安全认识不到位、规范化意识淡薄、基础管理薄弱、重生产轻管理等一系列老问题仍然没有得到彻底改观。对于检查中发现的问题,均提出书面意见要求采取整改措施。

【小水电清理整改】 2018年12月6日,水利部、国家发展改革委、生态环境部、国家能源局联合印发水电〔2018〕312号文件《关于开展长江经济带小水电清理整改工作的意见》;2019年3月28日,浙江省水利厅、发展改革委、生态环境厅、能源局联合印发浙水农电〔2019〕1号文件《浙江省小水电清理整改工作实施方案》;2019年7月3日,县府办印发淳政办函〔2019〕20号《淳安县人民政府办公室关于印发淳安县小水电清理整改工作实施方案的通知》,成立了淳安县小水电清理整改联合工作组及办公室。按照上述文件要求,在全县开展小水电清理整改工作。通过公开采购程序,委托水利部农村电气化研究所开展综合评估和编制清理整改"一站一策"工作。2019年8月27日,淳安县小水电清理整改联合工作组印发淳水电组〔2019〕1号《关于印发〈淳安县小水电清理整改综合评估报告〉评审意见的通知》。2019年10月24日,县政府印发淳政函〔2019〕43号《淳安县人民政府关于同意淳安县小水电清理整改"一站一策"工作方案的批复》。2019年10月25日,县政府印发淳政〔2019〕35号《淳安县人民政府关于上报淳安县小水电清理整改"一站一策"工作方案备案的报告》。根据综合评估,全县在册106座小水电中,保留类3座,退出类2座,整改类101座。主要整改措施包括完善环评手续、核定生态流量、改造生态流量泄放设施等,在此基础上,建设全县小水电生态流量监视平台。

【水电站涉及饮用水源保护区及生态红线调整】 针对全县小水电建成时间早的历史事实,会同小水电协会,主动与相关主管部门沟通衔接,努力开展水电站涉及饮用水源保护区及生态红线调整工作。

【安全生产标准化】 2019年,全县有9座水电站开展标准化复评。通过评审,唐村、云溪一级、云溪二级、衍昌、宋家埠、林家坞、岭干为二级安全生产标准化电站,陈家坞、麟振桥为三级安全生产标准化电站。

【水政宣传】 2019年,持续深化水法规宣传,提升群众水法律法规认知水平。以3.22"世界水日"和"中国水周"主题宣传活动为载体,组织开展水利建设成果展,发放节水护水宣传资料3000余份,悬挂宣传横幅和张贴水日主题宣传画共200余张,在全县所有乡镇全面开展水日主题宣传入基层活动。

【水域动态监管】 水域保护作为生态环境保护的重要一环,动态监管尤为重要。一是将沿湖涉水在建项目纳入重点监管范围,对违规占用水域、弃渣入湖等行为严格管理、严厉处罚;二是高度重视省水利厅水域动态变化图斑复核,2019年共收到2轮水域动态变化图斑共48处。经复核,对宋村乡、梓桐镇、威坪镇三处桥梁未批先建占用水域手续进行补办;三是对杭黄高铁、千黄高速、亚运场馆项目等重点基础设施建设项目审批占用水域全程服务，全力服务保障重点基础设施建设项目顺利推进。

【水政巡查】 制定年度巡查计划，对全县84条主要河道巡查全覆盖，全年共对乡镇河道巡查96次、288人次；同时充分利用县沿湖沿线巡查管理机制，对沿湖沿线巡查办交办事项及时核实处置，全年共核实处置县沿湖沿线巡查办交办单13起。

【水政执法】 对10起超许可违规取水行为进行立案并进行行政处罚；对新增涉水违建、倾倒渣土等违规行为发出责令改正通知书7份，及时整改，防止违法行为扩大化。

【严格取用水监管】 以新时期治水方针为指导，围绕"两山"高水平转化、康美千岛湖高质量发展目标，紧密结合"五水共治"、节水型社会建设和河长制工作任务，切实抓好用水总量控制、用水效率控制和水功能区纳污控制三条红线，水资源管理水平和保障能力稳步提升。不断加强取用水日常监管，完善"一户一档"。2019年，新办取水许可49件，全部开展水资源论证和取水设施验收。根据《浙江省水利厅关于印发〈取水户年度取水计划管理规定〉的通知》(浙水保〔2016〕31号)，全县对2018年末保有的179家取水户全部下达2019年度取水计划，实现了计划取水全覆盖。

【深化节水型社会建设】 加快推进节水型社会建设，按照《淳安县节水型社会建设方案》要求，2019年通过省水利厅县域节水型社会达标建设验收。先后创建节水型载体252家，县级公共机构节水型单位覆盖率达86%，城镇公共供水管网漏损率控制在10%左右、再生水利用率接近15%，全县节水成效明显。

【加强水土保持工作】 为进一步加强千岛湖水环境保护，提升生态文明建设水平，淳安县近年来坚持预防为主、保护优先、综合治理的总体原则，多措并举，深入贯彻落实水土保持工作。一是向社会广泛宣传水土保持方案编制要求，联合发改、规划部门在生产建设项目立项阶段和方案规划审查阶段，明确告知建设单位需要办理水保手续。二是在杭州地区率先建成"生产建设项目水土流失天地一体化监管系统"。三是开展区域水评价工作，完成淳安县经济开发区和杭州千岛湖乐水小镇2个区域水土保持方案编制。四是完成淳安白马溪(岭盘等6条)小流域和五都源、六都源(妙石等8条小流域)2个水土流失综合治理项目，合计完成治理面积15.1平方千米。

(汪增辉　胡新军　何海澎　童文旭
唐逸平　俞发康　王连春)

·生态产业促进和服务·

【概况】 全县有规模以上工业企业83家(其中上市企业1家，新三板企业2家)，其中，超亿元企业21家(超12亿企业2家，超6亿元企业6家)。2019年全县规上工业增加值31.87亿元，比上年增长3.5%；规上工业企业不含税销售收入126.94亿元，增长7.4%；实现规上企业入库税金8.11亿元，增长3.61%。2019年，全县规模以上工业亩均增加值91.9万，增长46.9%。

【水饮料产业发展情况】 2019年底，全县共有水饮料生产企业24家，全年实现水饮料产业主营收入97.39亿元，增长15.27%，税金7亿元，增长2.97%。

【科技发展情况】 全县有市级以上高新技术企业47家，其中国家高新企业28家。2019

年全县规上高新增加值实现 7.96 亿元，占规上工业增加值比重 24.99%，增长 10.8%。全县 2019 年 49 家企业 199 个项目评审通过，总研发费用达 1.4 亿元。申报和实施省市各类科技项目共计 27 项，组织完成各级项目验收 32 项，拨付各级项目资金共计 412 万元。

【数字经济发展情况】 实现数字经济产业制造业增加值 2.65 亿元，增长 8.0%，占 GDP 比重 1.04%。共有 7 个工厂物联网项目入库，机器换人等技改项目 22 个，新增企业上云 663 家，培育数字经济智谷园区 1 家。

（李达）

（编辑　方红娟）

国有企业

·建设集团·

【概况】 2019年，千岛湖建设集团以“破旧立新、思想解放”大讨论活动为载体，结合“不忘初心、牢记使命”主题教育，坚决破旧立新，坚持大破大立、大开大放，全力推进改革创新发展各项工作，以更优质量更高效率实施国企改革、发展康美产业、服务康美生活、建设康美团队，实现全年经营收入3.3亿元，利润总额6532万元，较好地完成了各项目标任务。

【房产项目】 汾口杨旗广场二期“春风里”项目是千岛湖建设集团开展“镇企合作”的有益探索，建成后将有效拉动汾口副中心城镇业态提升。2019年4月初正式进场，售楼中心同步开放。2019年主体工程完成形象进度90%，幕墙工程完成形象进度60%，景观工程完成形象进度30%。项目销售10月4日首期开盘，已累计销售房源59套，金额5127万元，其中合同签约35户，合同金额3067万元。积极谋划蘭园项目，做实做细前期工作，深化规划与建筑设计方案，方案顺利通过县城规委会议。

【政府投资项目】 2019年，千岛湖建设集团共承担政府投资项目23个，其中10个项目列入“六大攻坚战”，涵盖城建、教育、卫生、环保、农林水等领域，总投资10.65亿元，年度投资2.62亿元。围绕年度目标，千岛湖建设集团班子成员领衔带队，通过细化任务分解、倒排时间节点、实施挂图作战，针对青溪小学迁建、第七小学等重点项目实行“每日分析、每周例会”推进机制和“点人工、对进度、重质量、保安全”督查机制，提前建成交付；淳安中学、南山学校改造顺利完工，9月如期开学，在2019年“六大攻坚战”两次比武中进行了展示。重点项目完成投资1.34亿元，完成年度计划的121%，全县排名第四。

【世行贷款项目】 淳安县世行贷款——千岛湖水资源与生态环境保护项目是截至年底，世界银行对中国贷款项目中涉及学科最多、内容最复杂的综合治理类项目之一。千岛湖建设集团主要承担世行项目贷款平台、实施平台和农村饮用水工程实施主体责任，在省和县项目办主导下，2019年先后完成项目签约、贷款及实施协议签订、二级美元账户建立、报账业务培训等基础工作。为顺利推进项目实施，整合工程部、财务部、资产经营部人力资源，在内部建立世行项目专项工作小组，完成了王阜、枫树岭、叶家、浪川4个水厂的概算批复、施工图设计、预算编制，并按计划陆续进场施工，完成年度形象进度任务，得到世行专家组的充分肯定。

【临湖整治】 2019年，千岛湖建设集团始终把千岛湖临湖地带综合整治作为首要任务、一号工程、头等大事，坚决快速完成半岛小镇观景平台拆除及复绿工作，得到县主要领导充分肯定。细化实施方案，引进专业人员和设备，加班加点，压实责任，比原计划提前3天完成半岛小镇观景平台拆除工作，特别是从上海调配450吨超大起重设备，在3天内完成平台所有钢结构和主体混凝土安全分解、拆除，并在4天内全面完成复绿工作，圆满完成半岛小镇全部整治工作。

【融资创新】 为缓解资金压力，千岛湖建设集团创新融资模式，通过新建停车场及收购城区部分公共停车场特许经营权，发行规模不超过10亿元、期限不超过7年的城市停车场专项收益债券。主动加强与部门、财通证券公司的沟通对接，及时完成政府批文、可行性研究报告、现金流测算报告和募集说明书等工作，2019年4月25日完成2018年度财务报表审计报告，6月12日获得上海证券所正式批文，同意面向合格投资者非公开发行总额不超过10亿元项目收益专项公司债券。7月4—5日，与机构投资者会面进行了销售路演。经过持续努力，发行城市停车场专项收益债券10亿元的任务全部完成，供县财政协调统筹使用，有效缓解了县政府的资金压力。

【城市旅游】 骑龙巷作为千岛湖从“旅游城市”向“城市旅游”转变的重要载体，项目历经3年精心打造，2019年“五一”正式开街，迅速成为千岛湖城市旅游新晋的“网红打卡点”。开街活动先后被新华网、央广网、中国网、《浙江日报》《杭州日报》等16家市级以上主流媒体报道，共刊播新闻23条，并登上《新闻联播》《人民日报》头版。开街以后，继续拉高标杆，造浓街区氛围，绘制网红打卡墙画，引进驻唱酒吧，举办月下音乐节、金秋购物节、少儿手机摄影大赛等14项活动，挖掘本地特色小吃，打造“淳安味道”、骑龙夜市，展现当地特色文化，不断丰富市民及游客节假日休闲生活，街区2019年累计客流量超20万人次，成为千岛湖旅游的新亮点。

【城市有机更新】 2019年圆满完成一家山水至浅水湾沿街立面改造。项目一改以往千篇一律的做法，实行一店一招牌一特色，致力打造城区立面改造2.0升级版。分两期开展沿街商户店牌、立面整治提升，一期浅水湾至美都商城段5月完工，二期美都商城至一家山水段7月完工，使城市大门更加靓丽。斋上单元城市有机更新取得阶段性进展。该片区城市有机更新做地经济土地征收面积17.73公顷，计划总投资2.65亿元。斋上安置点工程为城北片区征收红线范围内的迁建安置工程，7月18日进场施工，2019年土石方开挖和边坡治理基本完工。

【“污水零直排区”建设行动】 根据《淳安县“污水零直排区”建设行动方案》要求，2019年千岛湖建设集团主要承担千岛湖镇城区48个生活小区、医院和学校等其他类设施精细化雨污分流和截污纳管提升改造工作。千岛湖建设集团专门成立工作专班，统筹协调、科学安排，联合县住建局对48个小区、5家医院、6家农贸市场和16个学校精细化雨污分流和截污纳管提升改造情况进行彻底摸排，梳理细化工作目标，同时建立日巡日签、工序错时施工、进度计划公示、社区专人联系、专业技术驻场等“五位一体”工作机制，分三个标段实施，年度任务顺利完成。

【污水处理】 淳安县以特别生态功能区建设为契机，出台了高于国家限值标准的《千岛湖环境质量管理规范》，形成生态保护“千岛湖标准”，污水排放指标尤为重要。2019年在城西污水处理厂率先开展污水“清洁排放”试点，新增生物转盘及配套设施，培养优势菌种，有效降低总氮含量。经过反复调试，目前氨、氮等主要污染物指标在国标一级A标准的基础上成功下降30%以上，高标准通过“清洁排放”验收。坪山污水处理厂优化处理工艺，末端增加配套设施，提升污水处理深度，出水指标稳定达到“清洁排放”标准，标志着千岛湖迈入“清洁排放”新阶段。

【服务质量提升】 加大“最多跑一次”改革力

度，窗口办理用水业务实现“一证通办”。完成城市大脑“便捷泊车”系统升级改造，县域内率先实现“先离场后付费”。开展窗口服务人员专项培训，常态化开展“每月一主题、每月一竞赛”技能比武活动，提升公共自行车、停车收费员、水务、产权经纪窗口工作人员的工作热情和服务素质，优化水务、产权经纪窗口服务管理，降低故障率、欠费率，提高市民满意率。围绕食品安全县创建，农贸市场完善食品安全制度，明确市场准入退出、不合格产品处置办法，加大菜品检测力度，检测食品近 4 万批次，销毁不合格产品近 200 千克，确保“菜篮子”安全。工程检测推出“上门服务”，主动出击拓展业务，并围绕“简单实用”原则，全面完善和简化检测流程，推动检测服务更高效。

【党风廉政建设】 坚持把党的政治建设摆在首位，深化国企“根”和“魂”，坚决贯彻落实党中央精神和县委县政府决策部署。扎实推进 13 项经常性工作“规范化”管理，围绕“党建双强”工程，坚实支部堡垒。以周兴贵案件为契机，开展年度第三次风险点大排查，深入重点部位，共排查出党的建设、采购招标、工程建设、财务管理、业务审批、岗位履职等方面风险点 298 条，实现排查全覆盖。专题召开 2 次党员干部警示教育大会，执纪监督突出对工程管理、合同执行、应收账款等重点环节、重点岗位的专项检查，着力构筑想道德防线、权力运行风险防线、风险预警防线。

【“思想解放、破旧立新”大讨论活动】 以“五破五立、大树大创”为主题，开展“思想解放、破旧立新”大讨论活动。坚持党委统筹、支部牵头、全员动脑，重点围绕企业经营管理、项目品牌建设、城市有机更新、民生服务保障等领域，实行破立清单四级联审机制，560 条清单实现“四个层面”全覆盖，建立 20 多项破立机制，开展“破旧立新由你来说”系列宣传活动，着力破瓶颈、解难题，推动国企改革创新发展。此外，以统战“石榴荟”品牌打造为载体，组织近 30 名党外知识分子开展“同心行”破旧立新大讨论；利用“青工学堂”载体，组织 30 余名团员青年开展破旧立新“吐槽大会”，取得良好成效。

【“不忘初心、牢记使命”主题教育活动】 以“争当五个示范”载体，开展“不忘初心、牢记使命”主题教育活动。6 月份，组织全体党员干部和党外知识分子开展“初心不改、红歌传唱”迎七一、庆华诞主题教育先行预热活动，开展“我谈入党初心”系列宣传活动，做实主题教育先学先做工作。9 月份起，立足“国企担当我先行、争当五个示范生”总载体，活用“加减乘除”做实做细学习教育、调查研究、检视问题、问题整改四个环节规定动作，完成 48 项重点问题整改落实。其中，党委班子领衔企业融资难题攻克、项目历史遗留问题清理、亚运场馆配套设施推进、骑龙巷街区品质提升、南山污水厂排放提标等 8 项重点难点课题进行调研攻坚，形成有价值的调研成果，助推重点难点破解。主题教育工作，得到市委巡回指导组充分肯定。（洪彩霞）

·旅游集团·

【概况】 2019 年，旅游集团深入贯彻“共抓大保护、不搞大开发”，坚定不移走“保护优先、绿色发展”之路，聚焦企业效益、旅游供给、基层党建和全县大局四项工作，取得了较好的成效。全年实现营业收入 5.24 亿元，完成旅游项目投资 6130 万元，融资到位资金 11.4 亿元。

【旅游供给】 以游客需求为导向，积极培育特色化、融合化、品牌化项目。建成演艺中心,顺利推出新版水之灵,整合水之灵演艺中心、图书馆、博物馆、移民馆等,推出“新城体验游、老城看大戏”文化旅游线路;引进驴妈妈合作,打造“云上石林”,推出悬崖大秋千、松鼠玻璃栈道、樱桃乐园等体验项目;开通高铁站至下姜、姜家、石林等三条“乡村景区旅游直通车”,优化高铁铁游客“最后一千米”服务。

【经营管理】 坚持效益导向,探索实施创新增效、补短增效、营销增效等举措,实现经营效益稳步提升。千旅股份实施游船分舱收费,完成财务、票务、收银、分销等四大“智慧旅游”建设;对珍珠半岛酒店、36都一都店、二都店等重资产或非集团资产酒店,成功引进浙江锦港、杭州颐康等品牌合作经营或租赁经营,强化市场化运作,实现减亏700余万元;整合集团内部资源,积极开展高铁营销、网络营销、小程序营销等,其中千旅股份利用微信小程序实现销售3.5万人次,桂花岛通过客源拓展实现售票8.3万人次。

【重点项目建设】 把握投资“轻、重、缓、急”,优化投资结构,确保集团可持续稳健发展。龙川湾景区改造提升、千岛湖景区转型提升、水之灵配套用房项目等政府投资项目顺利完成年度目标任务;按照精品精作要求推进千岛迷宫开发;与西湖文旅集团组建山海文旅公司建设文化产业园。

【临湖地带综合整治】 全面完成千岛湖黄山尖景点、千汾公路沿线自驾服务点项目、鸵鸟岛餐厅、龙川湾景区改造提升工程、千岛湖桥北区块B-3-2地块、B-3-3地块等6个临湖整治管控项目整治。迎接第二轮中央生态环境保护督察,顺利通过2017年第一轮环保督察信访件的整改情况复查。

【AAAAA景区复核】 坚持问题导向,开展“大排查、大整治”专项行动,在抓实抓细省厅暗访问题整改的基础上,举一反三,逐项整改,经过集中排查整治,累计排查问题4大类共424个,全部整改完成,顺利通过AAAAA景区复核。

【助力乡村振兴】 切实做好联乡结村,落实帮扶资金80余万元。深入推进“文化下乡”工程,送睦剧下乡演出62场次,承办“7060,年轻狮城”、“渔乐无限”宋村文化旅游节、威坪镇“乡风文明润万家”活动等70余场乡村民俗文化节庆活动。打响“淳风造物”农副产品品牌,实现“农旅融合”线上交易额2.8亿元。

【基层党建】 以“走亲连心三服务”为抓手,以“做百姓致富的好帮手”为目标,创新活动载体,由党员干部策划“晒秋”扮靓村庄,让西岭村变身景区;派党员骨干老师帮助浪川乡全朴村组建竹马队,并安排多次节庆商演,获近5万经济收入;由党员结对农户,帮助销售农产品16万元。深化“党建有你、百源有我”党建品牌,“千旅之星1号”服务班组被授予全国巾帼文明岗。 (方勇飞)

·新安江生态开发集团有限公司·

【概况】 2019年,新安江生态开发集团有限公司实现营业收入9.07亿元,实现利润总额4706万元。集团公司获评全国十佳林场、中国森林康养林场、浙江省创建和谐关系暨双爱活动先进企业。

【公司制改制工作】 根据《中华人民共和国公司法》等有关法律法规和县委、县政府的统一部署,淳安县新安江开发总公司7月更名为淳安县新安江生态开发集团有限公司,下设淳安县林业总场有限公司、杭州千岛湖国家森林公园旅游发展有限公司、杭州千岛湖果蔬有限公司3家全资子公司。

【林渔资源保护】 完成267公顷世行贷款森林生态修复任务；严格按照疫区疫木管理规定完成266.67公顷致死松木砍伐处理；完成林木良种基地抚育147公顷，培育珍贵树种5.6公顷、珍贵苗木10余万株；培育和采购鲢鳙鱼种200万千克、1000万尾投放千岛湖；公司森林消防队在杭州市森林消防实战演练大比武中荣获第二名，在全县森林消防实战演练中荣获第一名。

【产学研结合】 与浙江大学签订《国际合作项目松材线虫入侵生态学研究》项目；与中国科学院水生生物研究所联合成立大水面生态净水渔业研究中心；主持的《千岛湖库区消落带植被重建技术研究与示范》项目，荣膺2019年“梁希林业科学技术奖科技进步三等奖”。

【中心工作】 完成小金山微酒店项目回收及雷迪森千岛湖度假酒店项目整治提升工作；通过杭州银行授信贷款5亿元用于县政府重点项目建设；尝试向交易所开辟新的融资产品——非公开发行公司债，20亿元于11月获上交所批文。

【项目推进】 投入800余万元，对姥山岛接待设施、沿线环境进行改造提升，全年接待松竹文化研学、中小学生自然研学团队近万人；金山鱼湾生态放流基地获批淳安县中小学生研学旅行基地，开展二期项目规划设计；龙涧温泉项目办理采矿证；东山尖开发项目与上海驴妈妈集团等知名企业进行洽谈；积极解决新能源网约车停放场地问题，在千岛湖完成150辆共享汽车投放，加快广州、武汉等10个城市布点；持续稳健做好进口木材国际贸易业务，实现营业收入1.4亿元，利润360万元。

【林业工程业务】 在巩固提升市政园林和建筑装饰业务的同时，积极“走出去”抢市场，完成千岛湖配水工程进水口涵养林改造工程、安麓酒店云水江南二期绿化工程、杭州卓越集团房产滨江、大江东绿化项目、温州洞头森林抚育工程等县内外工程，实现营业收入2950万元、利润300余万元。

【基础设施改善】 完成集团公司综合楼建设并投入使用；完成威坪、姥山林场林道、姥山登山游步道及林区道路绿化工程；完成污染源调查统计上报，对林场20个污水处理设施进行全面检查维修；投入100余万元，对老旧房屋、危旧房及配套设施进行改造提升；投入300余万元，完成小金山、燕山林场场部改造；投入500余万元，开展姥山场部改造提升。

（许梅琳）

·工贸公司·

【概况】 2019年，淳安县工贸资产经营有限公司（以下简称公司）紧紧围绕县委县政府建设康美千岛湖和加快公司创新发展新要求，以提高国有资产经营效益为核心，深化破旧立新，抢抓发展机遇，做大企业资产，全力推进公司跨越发展。公司全年实现营业收入2.06亿元，增长135%；实现利润总额685.5万元，完成年度目标任务的228.5%；圆满完成招商引资工作任务。

【资产管理】 一是提升资产效用。盘点盘活闲置营业房、仓库资产，积极探索临街传统商业业态改造提升，推动以零售为主的单一商业功能向融合销售、体验、休闲、娱乐等新型复合功能转变;二是组织清产核资。全面完成千岛湖镇资产实地测量核对、造册归档,统一资产台账,达到账实相符。

【服务中药材产业发展】 通过实施临岐中药材有机循环农业项目,构建完整的一、二、三产融合发展产业链,支撑和促进临岐中药材产业稳定发展,推进临岐中药材特色小镇建设。一是建成淳六味百草园(示范、实验基地),占地13.3公顷,种植中药材2.1万株,野生和人工品种近百种,提高了道地药材种植培育标准化、效益化水平;二是引进杭州华东医药集团公司、北京汉广中药材科技(天津)有限公司两家企业,并与其合作分别在屏门乡和临岐镇成立中药材初加工企业,依托华东医药、汉广集团的中药材加工技术、标准和市场网络优势,进一步提高县中药材加工、炮制等工艺水平,提高产品质量;三是建成中药材主题精品特色民宿——东篱菊,填补临岐高端特色民宿空缺。推进农旅融合推广工作,打造"淳六味""淳正优选"品牌,结合鲜果采摘、基地赏花、药食药膳、休闲养生等活动建设康体养生首选地。

【服务阳光大厦总部经济园区】 推进"共享经济示范产业园"平台建设,不断优化业务平台、工作模式和互动机制,做好重点项目的服务工作。利用共享经济税收优惠政策开展精准招商,实现县级平台税源集聚效应。截至2019年12月累计引进总部经济企业1470余家,实现新增税收2.66亿元。加强日常监控管理,及时发现处置苗头性问题,增强企业防控和化解风险的能力。成立县总部经济党委,积极配合开展相关工作,构建创新型"党建+发展"机制,有效管控企业运营风险,提升协调服务效率,促进县总部经济健康快速发展。

【参与大江东"飞地"项目建设】 积极对接江东杭千(扶贫)开发区管委会,与江东杭千(扶贫)开发区管委会合资组建"浙江杭千实业有限公司",完成新公司的注册登记,积极开展大楼招商工作;完成大江东诚智商务中心2号楼移交,同步推进转让协议的签订及实物资产、工程资料移交建档工作。同时组织调研分析新公司3～5年投资发展方向,争取尽快启动新的开发项目,加快淳安异地发展步伐。

【巩固拓展生猪产业全链条经营】 持续做好全县生猪定点屠宰和统一配送工作,主动适应防控非洲猪瘟新常态以及生猪生产、市场供应的新情况变化,2019年3月底启动非洲猪瘟PCR检测,4月下旬恢复从省内外调运生猪,平抑市场价格,确保全县市场供应。全年共屠宰生猪39925头,调运外地冷鲜肉10342余头,实现商品销售1.34亿元。

【推进"淳安花猪"品牌发展】 在千岛湖城区开设花猪专卖店2家、花猪品鉴馆1家。通过优化店铺经营管理模式、加大宣传营销力度、顺应消费群体需求、拓展销售渠道等形式做好淳安花猪及二代商品猪的经营业务。

【加快蛟池硫铁矿生态治理工程】 启动蛟池硫铁矿生态治理(二期)废水处理工程,正式进入实质性生态治理阶段。该治理方案已通过专家评审,废水日处理能力达200吨,经治理出水后水质达到《城镇污水处理厂污染物排放标准》(GB18918—2002)一级B标准,可基本消除矿山废水污染隐患。(方　晶)

·千岛湖农业发展集团有限公司·

【概况】 2019年,发电、水利工程、水库养护等业务累计营业总收入1.7549亿元,实现利润3519万元，税收1235万元。

【强化主业管理】 电力生产涉及库区管理、电力调度、设备检修、发电运行等多个环节，为提高企业管理水平，在达标创建和增效扩容的基础上，通过加强雨情监测、科学调度、运行管理等多点措施，确保安全效益最大化。全年完成上网电量17188万度，实现产值7219万元。

【水利工程建设】 委托第三方公开、公平招标产生施工班组，承建了农村饮用水、山塘水库，标准化项目、水毁工程等项目，涉及160个村180个项目，全面加强了工程质量、进度和文明施工的管理，工程建设的质量得到全面提升。

【山塘水库养护】 按照水利工程标准化创建要求，不断延伸养护工作职能，完成全县66座水库、18座山塘养护管理，同时对66座大坝进行沉降位移监测，84座水库山塘白蚁防治工作，逐步构建起体制顺畅、管理科学、运行规范、灵活实用的水库标准化管理体制。

【土地开发整理】 根据淳政办函〔2018〕36号文件要求，凤林公司作为土地开发整理的投资、建设、施工主体，已完成融资5亿元，委托淳安县产权经济交易中心，通过公开招标，产生了今后三年的劳务合作企业（施工班组），有利于下一步开展土地整理项目的实施。

【加强库区生态保护】 坚持管水护水和保障饮用水相结合，精心培育和管护生态公益林，提高森林植被质量，建设绿色生态屏障。按照“安全、生态、高效、美丽”的要求，严格落实中型水库、小（一）型水质保护长效机制。全力保障汾口、浪川、中洲、枫树岭等乡镇饮用水安全。

【生态放水机制】 坚持生态保护与履行社会责任相结合，为改善下游的生态环境，提升河道的净化能力，对枫树岭电站、木瓜电站实施24小时不间断下放0.87m^3/s、0.15m^3/s流量，为枫林港流域及木瓜村下游河道提供生态供水，预计全年提供生态供水3500余万立方米，巩固了最美家乡河的创建成果，提升了枫林港流域的生态环境。

【绿色电站创建】 坚持绿色电站与美丽乡村相结合，以武强公司创建国家绿色电站为抓手，按照“一站一景”的工作目标，加大投入、优化和提升所属电站的内外部环境，既保持电站原有的风貌，又独具特色，使之成为乡村一道亮丽的风景线。以浙江省评审第一名的分数完成国家级绿色电站的申报工作。

【打造平安企业】 全面完善安全生产管理体系，制定了《安全生产责任制考核实施意见》《安全生产责任追究制度》等安全管理制度，从严规范操作规程，强化预案演练。定期召开安全生产分析会，不定期进行安全生产大检查，确保企业安全运行。被评为杭州市平安企业。 （潘自鑫）

·县交通发展投资集团有限公司·

【概况】 2019年，淳安县交通发展投资集团有限公司（以下简称集团）圆满完成2019年各项经营考核目标，实现经营性收入22196万元，实现利润2193万元，上缴税金1429万元，累计融资14.9亿元。集团合并资产总额65.97亿元，净资产10.25亿元，负债55.68亿元。集团现有企业员工总数161人，其中机关员工27人，一线员工128人，青年职工（28岁以下）17名，占比10.3%，中青年职工（28～45岁）87人，占比52.7%，其中技术性专业人才74人（二级建造或中级以上），占比

44%。全年安全生产365天,无重大安全事故发生。

【国企党建】 2019年,集团深入学习习近平总书记关于国有企业强根固魂的重要论述,坚持“围绕发展抓党建,抓好党建促发展”的工作思路,以“不忘初心、牢记使命”主题教育活动为主线,常态化地开展基础工作。全年共开展党内理论学习22次,各类党建专题活动24次,专项党建督查12次,完成企业发展专题调研成果4项,新吸收预备党员7名,发展培养入党积极分子10名。

【廉政建设】 2019年,集团党委狠抓党风廉政责任制落实,严格执行一把手问责制、党风廉政一票否决、“三重一大”集体决策等制度。制定出台两项党内议事决策规范性文件,完善机关及所属公司党务、政务、财务公开制度10余项。全年共开展廉洁警示教育11次,廉政督查检查12次,发现查处案件2起,内部批评教育2人次。同时,结合干部廉政档案、监察对象廉情档案排查,干部“五项专项整治”等活动,专项排查风险点21个,廉政风险防控专项排查169条,建立防控举措12项。

【安全生产】 2019年度,集团公司未发生任何有责安全生产事故,安全形势继续保持平稳。全年组织开展各类安全生产隐患排查专项治理9次,排查整改安全隐患59起,及时消除事故隐患;通过“安全生产月”“平安宣传月”等活动,组织开展安全教育培训11次、各类应急救援演练7次,使企业干部职工的安全生产意识得到进一步提高;组织召开安全专项会议11次,部署落实做好在建项目、车站和重点时段企业安全管理工作;处置各类信访案件105起,做到人防与技防结合,隐患排查与纠纷化解结合,重点管控与基础管理结合,切实抓好全年的维稳工作。

【生产经营】 2019年,全年实现(实际控制企业)营业收入22196万元,实现利润2193万元,上缴税收1429万元,圆满完成一届二次职代会确定的“321”经营目标任务,有效完成县政府及县国资委的目标考核任务。

【项目建设】 2019年,县政府下达年度投资计划5.26亿元,共7个项目,其中省重点项目2个、市重点项目1个。省重点项目G330国道临岐至临安湍口段改建工程于8月通车;淳安至江山公路淳安枫树岭至界牌段改建工程已完成投资2.23亿元,占完成总形象进度30%。市重点S302省道丰茂半岛连接线工程于12月通车;S302省道淳安千岛湖火车站至阳光路强弱电上改下工程于12月底完工;06省道环保整改项目于12月底完工;千岛湖大桥环保整改项目于12月底完工。淳安至江山公路淳安枫树岭至界牌段改造工程(K17+330-K24+100段路面提升整治)已完成前期工作。

【企业管理】 2019年,集团始终坚持以制度建设护航集团发展,注重内部管理,修订和完善了《集团党委会议议事规程》《下属企业议事规则》《绩效考核办法》等规章制度,进一步加强公务接待、公车使用、工程管理、设备采购、重大资金使用等重点领域的监管检查,有效保障了集团重大事项决策的民主、科学、高效。重点围绕工程建设重点领域,完善劳务分包、人工工资与工程款分账管理、项目招投标、合同履约等管理规定,并实施集团化管控、标准化建设和精细化管理,不断提高防范经营风险能力,促使经营行为更加规范高效。着力推动考核机制完善,先后出台年度绩效考核、重点和特色创新工作、经营业绩等考核文件,量化指标,责任到人,确保年度任务扎实落地。

【企业发展】 2019年,以交通基础设施建设为主业延伸相关产业发展,多渠道扩大公司业务范围,推动企业从被动谋生存向主动谋发展转型。全年实现资产收益544万元,顺利完成运管处划转房产移交及权证登记,万水大酒店解约腾退,姜家车站、大市茧站等土地性质变更、不动产证登记等工作。交开公司收储千黄高速弃方石料200余万吨,产值近1亿元,与浙能源共同投资、开发建设安阳、界首、千岛湖大桥北三处综合供能服务站,并完成基础建设,全年实现利润1000余万元。交建公司迈出了"走出去"的第一步,积极参与市场竞争,先后中标鲁能集团亚运项目、安吉港山大桥和左口乡村道大中修项目,全年共计完成产值1.36亿元(其中外接项目1670万元),实现利润近1300余万元。集团控股公司民融中心积极发展产业扶贫和项目扶贫等信贷业务,为乡村发展、小微企业等领域提供资金保障,实现利润902.33万元。房产公司先后完成开发地块的勘查、土地权证办理、市场调研、初步设计方案申报等工作。

【民生保障】 2019年,集团始终将服务民生、惠及群众作为国企的责任和担当,最大限度彰显企业社会价值,树立良好的社会形象。依托交通项目建设解决农村富余劳动力家门口就业问题,探索实践"消薄+项目"劳务合作模式,带动沿线乡镇劳务用工800余人,盘活项目沿线闲置土地1.5公顷、闲置房产20余处,实现集体经营性创收156万元,全年共帮助乡镇村实现消薄增收1192万元。同时,通过对口扶贫、村企结对、消薄共建、社区结对、春风行动等结对帮扶活动,全年开展民情专项调研8次,落实帮扶项目7个,配套各类帮扶资金77.43万元,春风行动捐款14.38万元。杭黄高铁通车前,集团用最短时间、最低财务成本,回购零伍省道公司累计4.3亿元的债权,拆除了05省道淳安收费站并稳妥处理好收费站人员安置等后续问题。客运总站主动承担县政府惠民、利民政策,自高铁接驳专线开通以后,共发送高铁专线2.5万班次,累计运送旅客60余万人次。60岁以上老年人及二级以上残疾人、伤残军人享受免费乘车的优惠政策创历史新高,达32.89万人次,减免站务费收入20余万元。

【工会工作】 2019年,不断完善集团工委组织建设,提升工会干部的业务能力,引导广大职工学习技术、提高技能、奉献岗位、建功立业。2019年高质量完成淳安县"百业百匠"技能竞赛等重点工作,并取得良好成绩。同时还组织开展石林登山、啤酒小镇拓展团建等工会活动,增强了员工的团队协作意识和集体凝聚力。

【妇联工作】 2019年,是集团妇女联合会成立的伊始之年,8月13日,召开第一届妇联妇女代表暨第一届妇联选举成立大会,选举产生新一届交投妇联执委会委员和主席。一年以来,深入学习和实践习近平新时代中国特色社会主义思想,积极带领广大企业妇女职工深化"促发展,暖家园"的品牌建设,努力展现"新时代巾帼国企"的精神风貌,持续提升"娘家人"的服务水平,全年开展参与各类培训11余次,全覆盖的开展女性在岗培训,新增各类技能证书8人次,出色完成了年初制定的各项工作目标和上级妇联下达的各项工作任务。

【团委工作】 2019年,是集团共青团委员会成立的伊始之年,8月1日,召开第一次团员大会暨第一届团委选举成立大会,产生新一届交投团委委员和书记。一年以来,深入学习和实践习近平新时代中国特色社会主义思想,积极带领广大企业青年职工深化"青年促发展"的思想建设,努力展现"新时代国企青年”的精神风貌,持续提升“青年为企”的服务水平,全年开展参与各类活动12余次,高效完成消薄农产品推荐任务,完成各类在岗教育培训任务,青年职工新增各类技能证书12人次,出色完成了年初制定的各项工作目标和团县委下达的各项工作任务。

【国企统战】 2019年,以统战品牌创建为主抓手,充分发挥国企统战优势,着力强化国有企业统战工作,有效推动企业创新发展。交投党外知识分子联谊分会现共有会员22人,党外青年占比80%,全年组织开展爱心帮困、结对帮扶、献言献策等各类活动22次,募集各类捐款13余万元,解决施工技术难点7个,节约企业成本资金236万元。全年开展消薄走访14次,推动帮扶项目落地7个,慰问困难群众52人次,有效实现项目沿线集体经营性增收156万元,取得了良好的社会效益。

【人才建设】 2019年,开展各类培训12次,其中技术专业培训7次,党务培训1次,群团培训3次,人事档案培训1次。至年底,基本形成7名E类高知型人才和23名中级专业人才储备,为企业打好人才储备基础,2019年度新增高级工程师5名(入选人设E类人才库3名,待入库2名),新增工程师(中级职称)4名,其中入选杭州市交通学会会员2名,入选县级131/拔尖人才1名。

【成绩荣誉】 2019年,荣获各类县级以上荣誉10项,其中,市级荣誉3项,县级荣誉7项。集团公司2019年度县级综合考评先进单位,位列全县六大国企第一名;集团公司2019年度评为县级(部门)落实党建工作责任优秀奖;集团公司荣获县第十九次“春风行动”突出贡献奖;交投工程项目管理公司党支部荣获2019年杭州市“最强党支部”;枫常公路临时党支部荣获县级“党建双强”支部;交投运输服务有限公司荣获2019年度杭州市级巾帼文明岗;交投运输服务有限公司荣获2019年杭州市反恐工作优秀典型集体单位;交投运输服务有限公司荣获2019年淳安县精神文明建设工作先进集体;交投运输服务有限公司被授予2019年度县级先进团支部;交投运输服务有限公司被授予淳安县三八红旗集体荣誉称号。

·县供销合作总社·

【概况】 淳安县供销合作总社有基层供销社6家、独资(控股)企业6家、参股企业6家,在服务三农和促进淳安社会经济发展中发挥了积极作用。截至2019年,共培育发展中华全国供销合作总社重点龙头企业2家、省级骨干农业龙头企业2家、省三星级文明规范市场1家,县重点工业企业2家。2019年,全社实现经营总收入3.28亿元,下降3.24%,汇总利润1927.26万元,下降481.92%。2019年,县供销总社被评为全国供销社系统百强县级社、全省“三位一体”改革突出集体。

【“肥药双减”工作】 推进无人机飞防植保统防统治项目,借助系统力量,成立5个工作小组,深入乡镇、村实地对接,对23个乡镇和青溪新城,涉及90个行政村沿湖第一照面山的茶园和果园整建制推行统防统治服务。2019年,开展农作物无人机飞防植保1383公顷,通过无人机喷药作业,比农户传统防治方式减少农药使用次数1～2次,农药减量30%。相关做法在《浙江日报》报道。落实全县4000吨配方肥指标推广配供工作,通过微信联系解答问题、召开配方肥培训会、逐个上门走访等形式,推动配方肥替代传统单质肥和复合肥,助力农业面源污染防治,与全县23个乡镇进行了对接,已完成配送配方肥3500吨。

开展"肥药双减"业务培训,针对农户科学使用"肥药"意识薄弱、对农药化肥信息了解较少等问题,举办农业实用技术培训班,邀请专家为农业经营主体开展用肥用药技术进行指导,普及安全科学使用化肥农药知识。

【茶产业服务】 依托千岛湖茶叶市场、千岛玉叶公司两家龙头茶企,以茶产业农合联为抓手,为茶产业发展提供专业性、标准化服务。开办"茶叶专科医院",常年聘请17名茶叶专家,开展坐诊、网诊、巡诊,为全县茶农提供良种种植、茶园培管、茶叶加工等方面的咨询服务。加强良种推广,利用茶叶良种场,大力繁育和推广鸠坑单株等优良茶苗,推动全县茶叶品种更新换代,2019年育苗1300万株,茶叶良种场的繁育推广功能已辐射周边县市,一半的茶苗销往县外。提升市场功能,千岛湖茶叶市场通过市场整治、完善配套、开拓销路等举措,优化茶叶流通服务。千岛湖茶叶市场完成茶叶交易12.88亿元,交易量3860吨。优化包装服务,打造"千岛湖茶"区域品牌,鼓励茶农茶商在县茶叶包装服务中心统一包装茶叶,严格"千岛湖"茶包装要求和准入机制,保证茶叶品质。包装服务中心包装茶叶51285盒,12110千克,分别增长5.5%和2.6%,平均销售单价1762元/千克。

【农合联建设工作】 农合联资产经营公司实体化运作,托管、运营1个县农合联公共服务中心和7个乡镇农贸市场,威坪、姜家农贸市场完成改造提升,被评为"省级放心市场"。线上线下齐力推进农产品销售,线上发挥淳安供销安厨电商公司作为县农产品电商公共服务中心功能,开展淳安生鲜农产品电商孵化和品牌打造,多渠道对外展示、推广和销售我县优质特色农产品,累计推广上线特色农产品72个;线下发挥县农合联公共服务中心淳安国际旅游访问点功能,积极展示展销全县优质农产品。同时利用区县协作机遇,在杭州开设"千岛湖好农品展示展销中心",累计有130余种淳安农产品进杭城展示销售。注重农合联会员服务和管理,建立"1+6"县乡两级农合联代理服务中心,为会员提供会计核算、项目申报、信贷业务等代理服务,2019年共为126家农业经营主体开展了代理服务,组织会员展示展销、技能培训、赛事评选等活动,提升会员发展水平。

【破旧立新】 2019年,紧紧围绕县委县政府"破旧立新"总要求,以巡察整改和主题教育为契机,凝聚思想共识,汇聚行动合力,谋求加快发展新作为。抓重点,认真分析梳理巡察发现的6个方面48个问题,理出县委县政府关注、老百姓反响强烈的三个问题,开展三项课题调研:即做好茶叶市场改造提升调研,解决茶叶市场停车难和缺少集中交易大厅等茶农茶商反映强烈的问题;加强银泰开业对供销社的影响和冲击的调研,提出了有针对性的应对对策和建议;积极落实县领导要求,加强平价菜店调研,进一步增点扩面,提升蔬菜公司平抑菜价的能力。抓关键,对照年初确定的全年工作目标任务,一项一项进行梳理,明确了下半年20项重点工作,责任到人,把压力层层传导到底。同时切实加强制度建设,先后出台了"三重一大"事项集体决策、资产管理、关心关爱干部职工等11个制度,用制度管人,抓实干部队伍建设。抓难点,对历史遗留的老大难问题坚决克难攻坚。如为解决农信担保公司的注册资本金不到位问题,先后多次向县领导和县金融办汇报反映,协调做好财政、交投公司等相关部门的工作,统一思想,凝聚共识,最终由县金融办牵头提出了确保供销社控股、降低供销社和交投持股股份、新增一家国企分担资本金的解决办法。

(钱利君)

·县茧丝绸有限公司·

【概况】 2019年,淳安县共有16个乡镇172个村6005户蚕农养蚕。桑园面积3223.67公顷,其中投产桑园2813.33公顷,全县共发放蚕种48990张,收购蚕茧1685吨(其中收购上茧1670吨),投放茧款7783万元,平均茧价2318元/50千克,张产34.4千克。因茧丝行情低迷不振影响,与上年同期相比,蚕茧生产均呈递减趋势:即蚕种减6949张(减幅12.4%),收购茧量减263吨(减幅13.5%),投放茧款减2932万元(减幅27.4%),张产降0.4千克。2018年冬2019年春全县成片新种桑140.7万株,新发展和改造156.47公顷。2019年投保蚕种达100%,共计保费171.9万元,报案716户,损失蚕种2073张,其中中毒损失1023张,因病损失1050张,预计赔款101万元。2019年,全县平均上车茧率85.91%,解舒率68.3%,毛折281.76,净度94.07,烘折233.26千克,与上年同期相比,上车茧率提高0.6%,解舒率提高2.53%,毛折降低6.58个点,净度低0.56分,烘折降低1.42千克。

【蚕桑病虫防治工作】 2019年年初与全县各蚕桑重点村签订桑园统防统治服务协议,明确了统防统治工作各单位职责。2019年在全县8个乡镇的2万亩连户连片桑园实施白条治虫、白拳治虫、夏季防治和秋季防治使用药物统防统治共4次。在菌核病发生较严重的威坪镇坑下片和姜家的郭村片进行针对性的无人机防治各3次,防治效果明显;在原有基础上,扩大桑园病虫害绿色防控面积,新安装太阳能杀虫灯150只,对原有的杀虫灯进行维修,做好杀虫灯的日常维护管理;继续实施食诱剂、性诱剂生物防治桑螟的试验示范,逐步扩大生物防治面积。通过综合运用生物、物理、化学、农业防治措施,通过合理、适时用药,加大绿色防控面积和资金投入力度,减少农药使用量,达到既减少农业面源污染又有效控制桑园病虫害的发生的目标。

【蚕桑技术服务工作】 组织做好蚕桑技术培训工作。公司积极开展“进村入户、提质增效”活动,树立科技兴桑、质量优先,蚕农第一、服务优先的理念,加大蚕桑科技投入和技术服务。主动与重点乡镇协调,与相关部门衔接,多层次、全方位、多角度开展蚕桑技术培训。据不完全统计,生产期间开展座谈、培训110场,参培人数达2820人次,发放和张贴宣传资料2.85万份。公司有序推进蚕桑产业项目。一是推进2019年度商务部“规范化集约化”蚕桑基地项目——新型蚕桑农场建设。重点是湖塘村养蚕大棚工程、7个新型蚕桑农场建设和新型农场设施设备建设。二是抓好AAAAAA原料茧示范基地项目。发布了《AAAAAA级原料茧小蚕共育技术规程》《AAAAAA级原料茧大蚕设施饲养技术规程》等4个AAAAAA级原料茧生产地方标准,填补了国内AAAAAA级原料茧生产标准的空白。新标准对AAAAAA级原料茧使用的蚕品种、种养环节技术标准、收烘环节技术标准等都做出了规范,比如,明确推广出丝率高的雄蚕品种,明确蚕茧堆放时间不超过12小时,这在国内是首次。同时在上年东亭、里桐、中桐、南赋、夏峰茧站的基础上,新增了横双、姜家两个新示范点。并做了大棚、方格蔟、烘茧等对比试验。按技术规程生产AAAAAA级原料茧,同时实施精品茧奖励政策,对于达到精品茧指标的,给予100～200元/担的奖励。数据显示,2019年至今,县已生产AAAAAA级原料茧302.18吨,实现蚕农增收256.51万元,实现企业增效47.23万元,达到了社会效益与企业效益的双赢。三是蚕桑产业跨区域发展。淳安地区蚕桑产业产量每年逐减，传统蚕桑产业面临严峻萎缩趋势。公司尝试在江苏射阳特庸镇和湖南浏阳市社港镇发展蚕桑，2019 年共种植桑园 16 公顷，发放蚕种 160 张，收购蚕茧 69 担，茧款 17.8 万元，收购价 2586 元/担，开局良好。

【小蚕共育饲养工作】 2019 年，淳安县 9 个乡镇 46 村 59 个示范点，共 25510.33 张蚕种参加“十天养蚕法”，占饲养蚕种总量的 51.6%。各示范点共配置饲育框 69734 只，空调 206 台，加温器 335 台，切桑机 103 台，补湿器 75 台。“十天养蚕法”示范点持续推进，加快了养蚕设施更新步伐，有力地稳定了县蚕桑产业。为确保蚕作安全，在 2018 年实施的基础上继续补充完善“十天养蚕法”验收办法。三个总站始终严守规程，严格要求，让示范点生产饲养小蚕达到标准化、示范化，其中汾口总站“十天养蚕法”示范点小蚕共育率高达 92%。

【收烘管理】 通过召开收烘会议，统一思想，认清形势，提高认识，明确目标。利用下村工作大力宣传政策扶持力度，鼓励蚕农精养多养，自觉提高蚕茧质量。强化优质优价，按质论价的价格导向，最大限度的拉开价差，让人为破坏茧质者受损失，让养好蚕、售好茧者得实惠，形成正确合理的价格引导。完善规范标准。根据蚕讯情况，合理安排投售时间。总站全体员工在生产期间每期每人下村不少于 20 天，做好簇中管理的同时，提醒蚕农做好分类投售，确保了茧质的提升。总站合理安排，明确目标要求，严控人情面子茧，各站之间互相协同互帮互助，作用发挥明显，确保了公平合理性。狠抓蚕茧分类。总站采取收烘费 AA 制，蚕茧运费核定制，煤耗节约奖励制，效益执行挂钩制的办法，促使各茧站建立更科学合理的用人机制。遵循先进先烘的原则，把好铺格关，控制好烘茧温度，缩短烘茧时间，提升工作效率。

【市场管理】 一是领导高度重视，宣传及时到位。每期蚕茧上市前，组织人力加强蚕茧收烘的督查管理。利用各种形式广泛宣传，让广大蚕农了解政策，把握行情，提高蚕茧质量。二是部门依法治理，维护市场秩序。联合执法队严格按照相关规定，加强蚕茧收购市场和价格治理，维护市场和价格秩序。鲜茧收烘严格资格准入制度，严格《鲜茧收购资格证书》的复审和公示，未经鲜茧收购资格认证的单位和个人一律不得经营收购。三是执法形成合力，各部统一步调。做到了全县上下“一盘棋”，严厉打击了私收滥烘行为，市场秩序逐步好转。四是关注重点区域，重点加强监控。在外部贩子虎视眈眈的情况下，通过布控暗哨，设点拦卡，政策宣传，户户上门等措施。确保一直外流严重的威坪，2019 年“零”外流。

【党工活动】 围绕 2019 年年初确立的党建工作思路，把握方向、找准问题，结合“不忘初心，牢记使命”主题学习教育，积极参与组建蚕桑新型家庭农场建设，在夯实主业基础、创新蚕茧业务模式、优化人员结构、提高管理效能等方面取得了实效。在群团工作上，积极组队参加“财、税、企”杯淳安县首届乒乓球邀请赛，在“新城杯”淳安县第二十三届乒乓球团体锦标赛上，公司女队，奋勇拼搏，力克强手荣获团体第五名；“三八”期间组织公司女同胞赴外地学习考察。党工妇团各项工作的开展，营造了和谐的工作氛围，促进了公司持续健康发展。同时，公司高度重视安全生产和综合治理工作，深入开展“安全生产月”活动，及时做好了安全检查和消防安全隐患排查治理工作，发现安全隐患及时纠正整改，确保生产安全无事故，保障了蚕桑生产和公司

安全运行。　　(倪文进)

·淳安供电公司·

【概况】 2019年,淳安县用电量15.41亿千瓦时,比上年增长6.67%,售电量14.33亿千瓦时,增长3.22%;最高日负荷27.43万千瓦,增长3.86%;综合线损率3.46%,综合电压合格率99.998%,供电可靠率99.9657%;完成营业收入8.12亿元,利润1580.96万元,稳步增长;电费回收率100%。用电户数24.0958万户,增加0.7453万户。集体企业营业收入4.62亿元,利润2668.71万元。

【安全生产】 公司全年安全生产保持总体平稳,未发生人身、电网和设备事故,基本实现年初提出的各项安全生产目标,保障全县经济发展和人民生活安全可靠供电。截至2019年年底,累计安全日达5248天。

【35千伏云头输变电工程】 总投资2934万元,变电容量2*16000千伏安,线路长度1.86千米。大幅改善宋村区域网架结构,保障千黄高速用电。2019年3月正式开工,经过2个月的建设,于2019年5月5日竣工投产。

【规划编制工作】 启动乡村振兴示范区和鲁能亚运区块电力专项规划,深入推进电网四年提升行动,完善淳安电网网架提升规划方案,紧密衔接千岛湖生态环保的高标准,推进电网与景区景观深度融合,服务淳安特别生态功能区建设。

【企业管理】 深化"全能型"供电所建设,持续提升供电所管理水平。大力推广应用"网上国网"APP,为实现"一网通办"奠定基础。加强末端业务专业辅导,提升网格长、台区经理前端服务能力。与消防大队、县公安局签订《消电共建协议》及《警企合作协议》,有力保障淳安地区电气消防安全和社会电力盗窃治安管理。大力服务乡村振兴战略,下姜村"乡村振兴·电力先行"示范区被评为2019年度省公司级示范区。调控运行班荣获2019年全国"工人先锋号"。临岐供电所被评为省公司2019年度标杆供电所。公司被评为浙江省"AA级守合同重信用"企业。鼓励开展创新活动,公司被评为浙江省电力行业QC活动优秀单位。

【优质服务】 始终坚持"人民电业为人民"的企业宗旨,坚持"以客户需求为导向"的服务理念。深入推进"最多跑一次"改革,大力推广线上办电服务模式,累计实现线上办电14482个。围绕"五最"电力营商环境目标,落实"十大服务举措",开展"三零""三省"服务,精简办电流程,高、低压客户办电时间分别减至53.48个工作日和0.94个工作日。转变服务模式,在政府重点项目"千黄高速"、"亚运配套工程"、"千岛湖引水工程"服务中主动上门提供贴心服务。围绕服务淳安特别生态功能区建设,开展"1+3+3"调研活动,紧密对接政府、企业、农户等,摸清用电需求,开展精准服务,提升电力获得感;开展"不忘初心,牢记使命"主题教育活动和"抓整改、除积弊、转作风、为人民"专项行动,切实为民服务解难题,不断增强群众满意度。建设下姜村电力服务驿站,进一步提高用户办电便利性。落实电价下调政策,累计降低企业用电成本2248万元;积极拓展综合能源服务,全年实现替代电量4199万千瓦时。深化电能替代,建成1个"全电景区"、60家"全电民宿"。大力服务电动汽车发展,新增建成投运充电桩42个。　　(朱伟杰)

(编辑　方红娟)

商务·贸易

·县商务局·

【概况】 2019年,淳安县在全省27个服务业强县培育三类地区中名列第二,获得省政府充分肯定;在第十六届中国会展大会上,千岛湖被评为“中国最佳会展目的地城市”;成功获评国家级电子商务进农村综合示范县,是浙江省首批9个示范县之一,也是杭州地区唯一入选的区县;千岛湖农产品网销典型鱼妈妈荣获商务部国际电商中心颁发的2019年度中国农村电商致富带头人。新引进个性化产业项目36个,实际到位资金13.66亿元;总部税源企业新引进619家,实现税收8.74亿元,增长34.5%;实际利用外资2003万美元;实现社会消费品零售总额增长8.2%。实现自营进出口总额19383万美元,增长1.3%,其中自营出口15740万美元,下降7.3%;进口3643万美元,增长68.9%。实现网络销售额450669.27万元,增长26.65%;实现网络零售额388579.50万元,增长25.80%(省商务厅公布的数据);旅游类网络销售额40692.14万元,增长28.51%。目前进入全县电商统计监测平台的电商户数共2655家,其中正常经营户数1387户,2019年新增242家。

【招商考核机制优化】 不断优化深绿产业招商考核机制体制,从数量考核转为质量考核,侧重项目服务等,全面取消乡镇具体项目任务指标,实行绿色激励发展考核。着力告别招商低小散和遍地开花的局面,更加突出平台、大项目和精准。

【项目预审机制】 从项目招引源头抓起,项目逢进必审。发改局、商务局、规资局、住建局、环保局、林业局、综合保护局等单位专家在项目前期开展评估,不符合县产业导向或多规融合的产业项目不予引进,更加关注项目对地方经济的贡献度、效益和项目成长性。

【深绿产业招商】 在大旅游上,紧盯冬天和月光、运动和会展“两时两业”经济,成功引进“云上石林”山地公园项目、千岛湖汽车公园项目等体验型旅游项目,有序推进鲁能亚运场馆、姜家山地探险公园、千岛湖山洞传奇、云水瑶休闲旅居微目的地等项目建设。在水产业上,高端山泉水——谦牧山泉在第12届中国国际高端饮用水产业博览会上荣获三个组别的金奖。大力推进农夫山泉二期扩建项目、千岛湖啤酒精酿啤酒产业园项目、H3活性氢水项目等重点项目,加快产业形成集聚效应。丹然饮用水生产项目,总投资5000万元,生产线设备已进场。在绿色农业上,临岐镇引进的冠维生物科技项目,总投资3000万元,投产后预计年税收可达200万元。枫树岭镇的冷冻蔬菜种植加工项目,总投资2000万元,计划在当地建设133公顷的蔬菜种植基地,可解决富余劳动力问题,增加村民收入。成立总部经济党委,以产业发展推党建共兴。借助“一核两区多轴”总部税源平台,依托绝佳的生态环境,大力发展大金融产业。在数字信息经济上,依托江东千岛湖智谷大厦,引进浙江每日互动、远算、微链、禧越等6家企业。

【“亲商卡”服务】 丰富服务客商形式,出台了“亲商卡”制度,在教育、医疗、体检、节日问候、千岛湖游览等全方位给客商贴心服务，搭建起政府与投资客商之间的互动交流平台，充分发挥出了“以企引企”效应。

【创建国家电子商务进农村综合示范县】 获评国家级电子商务进农村综合示范县，是浙江省首批9个示范县之一，也是杭州地区唯一入选的区县，顺利争取2000万元中央专项资金支持。

【电商助农活动】 按照全年生鲜农产品的季节分别，举办电商助农产品上行系列活动。做到统一文案策划、统一包装设计、统一宣传转发、统一货源品控、统一物流合作，让农产品转为网货变得简单易行。

【培育农产品网销大军】 建立“千岛湖情结人”“农村情结人”等特定超级用户群，着力打造以千岛湖农品馆、安厨电商、千旅电商平台为支撑，以社群营销为主线的线上农产品营销体系，成功培育“秋莲妈妈、千岛湖鱼妈妈、梓桐粉丝妹、汾口村姑”等200多位农产品网销大军，直接带动基地销售近50家，受益农户超500户。2019年，实现农产品电商销售额3.18亿元，增长45.18%；实现生鲜类农产品线上销售8500万元，增长51%。

【商贸业态】 着力优化商贸业态空间布局，培育新中心，提升优化老街区，初步形成以骑龙巷、银泰城、鱼街、秀水街、万诚广场、啤酒小镇为支点，覆盖全城的主客共享消费格局，做精城市旅游。5月，骑龙巷特色街区开业；12月19日千岛湖银泰城(广场店)开业。其中千岛湖银泰城(广场店)作为县首个集购物、餐饮、休闲、娱乐、文化于一体的现代城市商业综合体，引入了一站式购物、休闲、娱乐和商务的全新理念，招引了150多个品牌业态入驻。

【餐饮美食】 县商务局多措并举打响“淳安味道”特色美食品牌，带领全县餐饮业走出一条特色发展的道路。牵头成立了安特色美食品牌建设工作推进领导小组，负责淳安特色美食品牌建设及相关重大事项和问题的组织协调工作。继续优化“名店”评选机制，鼓励“名菜、名宴”市场推广，提升餐饮行业创名店、做名菜、造名宴的积极性和创造性。先后组织开展“希尔顿杯”烹饪西点项目职业技能竞赛、亚洲美食节千岛湖鱼头王争霸赛、厨神争霸赛、亚洲特色小吃展等美食比武活动。在“舌尖上的杭州”厨神争霸赛之千岛湖鱼头王争霸上，千岛湖鱼味馆(杭州店)的宋建仁夺得了专业组“金牌鱼头王”，千发集团捕捞一队许能和赢得了民间组冠军。

【消费市场监管】 认真做好节假日期间和极端天气期间重点商贸企业监测工作，准确反映消费品市场运行情况，同时确保突发事件时生活必需品不断供；积极牵头有关部门组织商贸流通领域安全生产和消防安全检查，加强商超、市场等人流密集场所管理，督促开展宣传、培训、演练，主动消除安全隐患；明确成品油行业管理职责，主动抓好成品油市场专项整治，打击各类违法违规行为，营造良好有序市场环境。全年各类检查行动出动人员500余人次，全年商贸流通领域未发生重特大安全生产事故、暴力恐怖事件和集中哄抢现象。

【粮食安全保障】 坚持以粮食安全责任制为引领，扎实推进“放心粮油”示范企业(店)创建，联合市场监管局、财政局制定下发《淳安县“放心粮油”创建工作方案》，成立了“淳安县放心粮油”创建工作领导小组，明确各成员单位职责。走访6个乡镇，对接2家企业、7家门店，确保县示范企业、店铺布局合理，便民利民。

【应急物质储备】 自机构改革完成后，县商务局第一时间与民政局、应急管理局、财政局对接，扎实开展有关工作，在物资采购、仓储提升、保管制度等方面均走在全市前列。完善物资仓储条件，紧急调度县粮储公司战略储备仓库用于救灾物资储备，实施仓储改造提升工程，建立健全管理制度。及时足额采购防汛救灾物资、冬季救灾物资。

【会议会展】 配合规资局完成千岛湖国际会议会展中心选址研究规划，后续启动项目方案编制研究及项目主体招引。积极赴北京、广州、杭州等地招展引会，与全国卫生产业企业管理协会、中国饮料工业协会等国家一级协会对接，洽谈中国健康产业大会落户淳安事宜，争取签订战略合作协议，力争品牌会展永久落户千岛湖。成功举办2019第十一届中国(杭州)城市会展发展大会和全国机器人青少赛浙江赛等精品会展。在第十六届中国会展大会上千岛湖荣膺“辉煌70年·中国最佳会展目的地城市”殊荣和第十六届中国会展之星大奖，进一步提升了千岛湖作为休闲会议之都的知名度。 （余登辉）

·县烟草专卖局(分公司)·

【概况】 2019年，淳安烟草共销售卷烟1.48万箱，实现销售额6.7亿元。面对“三场硬仗”基层落地攻坚和高质量发展任务，淳安烟草紧紧围绕省、市局(公司)和县委、县政府的工作部署，团结奋进、实干实行，各项工作有条不紊推进，为地方财税增长和脱贫攻坚作出了积极贡献。全年无安全生产事故、党风廉政负面事件及影响企业稳定事件发生，“美丽淳烟”理念进一步深入人心。

【党建工作】 牢牢抓住政治建设这个根本，层层压实全面从严治党主体责任。一是扎实推进主题教育。研究制定《淳安烟草开展“不忘初心、牢记使命”主题教育的工作措施》，确定为民服务五项实事，切实解决一批群众所急所盼的难点问题，推动主题教育更具“淳烟味”“基层味”。二是强化党建引领作用。各支部成立党员突击队，结合“香溢家”吸粉、春供送货攻坚开展党员志愿服务活动，推进党建与中心工作融合，阵地前移。三是严肃执纪监督问责。认真传达贯彻省、市局警示教育大会精神和行业各级纪检通报文件，组织全体党员前往法纪教育基地南郊监狱参观学习，做到警钟长鸣。

【市场监管】 2019年，共查获案件174起，查扣卷烟288.29件，其中私假烟83.91件。一是突出互联网案件，打假破网保量求质。成功办结两起国标网络案。按照“查大案、打团伙、破网络”的工作思路，主动融入地区联合协同打击、一体化稽查机制。二是突出实体市场监管，真烟非流防控有力。积极开展“蓝天2号”专项治理，以屡查屡犯无证、销假、销私经营户为重点，堵源截流，联动整治，整治期间共查处案件32起。三是突出数据驱动，内部监管更加严密。强化数据分析和联合监管，提升内管工作效能。全年开展专题核查18次245户，对92户涉案的违规客户实施停供措施。

【依法行政】 深化“最多跑一次”改革，落实领导坐班制，优化网上办证服务和许可证延续监管流程，提升群众服务体验。全年共受理行政许可事项730份，网上办证率为100%，承诺时限执行率100%。稳妥有序推进中小学校100米内许可证清退工作，全年清理劝退17户。

【基础管理】 依托新综管平台应用,强化培训宣贯,企业管理质量和效率进一步提升。一是对标管理更加精准。制定营销、专卖条线岗位对标方案,激发基层员工你追我赶的工作热情。2019年对标指标排名在全省对标小组中位列第三,是杭州地区县公司中最佳排名。二是安全生产更加精细。开展安全生产劳动竞赛、"送安全进基层"、"安全生产进店堂"等活动,提升全员对安全文化的认同。2019年,淳安烟草连续第六年被评为全省系统安全生产先进集体。三是基础管理更加精实。组织开展精益管理培训,以经典案例启发创新思维,推进管理工具灵活运用。2019年,烟草行业开展质量管理小组活动30周年纪念活动,胖头鱼QC小组成为浙江烟草唯一入选的优秀QC小组。

【队伍建设】 组织营销人员开展"走查考学",搭建客户经理互相交流学习的平台,加快营销队伍转型提升;组织专卖人员开展真假烟鉴别培训和准军事化训练,进一步提升岗位技能,锻造素质过硬、纪律严明的执法队伍;持续推进"青苗计划",压担子,搭梯子,激发青年员工内生动力,进一步推动团青工作与中心工作相融合;此外,组织开展劳动竞赛、趣味运动会、兴趣小组等工会活动,进一步提高职工归属感和幸福感,增强凝聚力,提高软实力。

【规范制度】 做好严格规范重点工作,确保权力规范运行。开展常态化正风肃纪工作,集中整治形式主义、官僚主义等方面问题;严控权力运行,加强"三重一大"、议事规则等制度的宣贯,落实执行情况自查,认真做好巡察整改;规范办事公开,强化党务公开,进一步完善办事公开程序、推进民主管理,确保职工知情权实现,增强干部员工参与办事公开民主管理自觉性;落实法制建设,强化案件、合同审核,开展普法宣传活动,多种形式、多种载体促进行业法律法规得到普及。

(洪晨宇)

(编辑　方红娟)

交通运输·邮政

·交通基础设施建设·

【概况】 2019年，淳安县交通建设完成投资44.9亿元，是年度计划投资的137.7%，继续推进9个续建项目、启动11个新建项目、推动7个储备项目。开展杭淳开高速公路、G330国道千岛湖大桥至临岐段改建等项目前期研究，溧阳至宁德国家高速公路浙江省淳安段、淳安至江山公路淳安枫树岭至界牌段、屏三公路东方大桥至唐村段等工程快速推进，建成昌文公路临岐至紫槽岭段、S302省道丰茂半岛连接线。

【溧阳至宁德国家高速公路浙江省淳安段岭方线大桥合龙】 2019年10月19日，由中交二公局1标项目经理部承建的浙江省重点工程溧阳至宁德国家高速公路浙江省淳安段岭方线大桥成功合龙，是该项目淳安段第一座成功合龙的刚构大桥。该桥为左右幅分离式桥梁，全长720米，共有桥墩36个，桥位处湖水平均水深28米，主桥中跨长度75米。

【G330国道淳安临岐至临安湍口段改建工程(淳安段)建成通车】 2019年8月2日，G330国道淳安临岐至临安湍口段改建工程淳安段、临安段同步交工并通车。该项目于2016年12月开工建设，起点位于淳安县临岐镇佑口村，终点位于临安湍口镇沈头村。淳安段主线全长14.242千米，采用二级公路标准设计，一般路段路基宽度10米(900米特殊困难路段，路基宽度8.5米)，总投资37600万元。

【屏三公路东方大桥至唐村段改建工程开工】

2019年8月20日，屏三公路东方大桥至唐村段改建工程举行开工仪式，本年度完成投资8700万元。该项目起点位于威坪镇东方大桥桥头，终点位于唐村，全长10.88千米，采用二级公路标准设计(其中改建段10.51千米，路基宽度8.5米；利用已有公路并实施路面维修0.329千米)，总投资16508万元。

【威坪客运中心项目开工】 2019年8月23日，威坪客运中心项目开工建设，是首次采用PPP模式建设的交通场站项目。该项目位于威坪镇三都花园北侧，车站集长途客运、农村客运、城市客运、城市公交、出租车、旅游集散、微公交等综合功能于一体，总用地面积17865.6平方米，总建筑面积9965平方米，总投资3633万元。该项目建成后，有利于进一步凸显威坪镇的浙皖边界重镇作用。

【G330国道淳安千岛湖大桥至临岐段改建工程先行段开工】 2019年12月28日，G330国道淳安千岛湖大桥至临岐段改建工程先行段开工建设，其起点位于临岐镇浪境坞村，终点位于临岐镇佑口桥，全长8.98千米，总投资5600万元。G330国道淳安千岛湖大桥至临岐段改建工程是G330国道洞头至合肥公路的重要组成部分，起点位于淳开公路和千威公路平交口，终点位于临岐镇佑口村，路线全长约39千米(新改建段21.35千米，利用老路整治段17.65千米)，采取二级公路标准设计，总投资11.02亿元。该项目施工图设计通过浙江省交通运输厅批复。杭州市生态环境局不赞同填湖方案，除先行段外，其他路段暂缓实施。

【S302 省道丰茂半岛连接线工程通车】 2019 年 12 月 28 日，S302 省道丰茂半岛连接线工程通过交工验收并通车。该项目起点位于 S302 省道九龙湾隧道东侧，终点在浪坑坞东南侧顺接左光公路，全长 8.4 千米，采用二级公路标准设计，并配套建设绿道，总投资 65899 万元。该项目先行段于 2015 年 11 月开工建设，主线于 2016 年 11 月开工建设，本年完成投资 5899 万元。

【淳安至江山枫树岭至界牌段改建工程提前完成路基施工】 2019 年 12 月 30 日，淳安至江山枫树岭至界牌段改建工程完成路基施工。该项目起点位于枫树岭镇，毗邻下姜村，终点位于白马村，淳安段全长约 17.33 千米（其中新改建段约 17.33 千米，利用老路整治 6.08 千米），采用二级公路标准设计，总投资 69340 万元。该项目于 2018 年 11 月 28 日开工建设，累计完成投资 27800 万元。

【淳安县农村联网公路（打通断头路）项目完工】 建设里程 27.6 千米，涵盖 14 个乡（镇）16 条线路，总投资 5075 万元。2019 年计划投资 2538 万，其中县政府投资 1776 万元，乡镇自筹 762 万元。

【杭淳开高速公路杭州段工程规划线位方案通过评审】 2019 年 2 月 28—29 日，《杭淳开高速公路杭州段工程规划线位方案》通过评审，浙江省交通运输厅，杭州市发展和改革委、市规划局和自然资源局、市生态环境局、市林水局、市交投集团、市公路局、市港航局、市交通发展服务中心、衢州市交通运输局、开化县交通运输局，富阳区、桐庐县、淳安县三县（区）政府及发改、交通等部门的代表，以及特邀专家参加了评审。该项目起点位于杭州绕城高速西复线富阳富春互通附近，终点位于淳开公路淳安汾口镇与开化大溪边乡交界处。项目规划线从起点往西在富阳 23 省道北侧布设，经过新登镇、胥口镇后进入桐庐，在桐庐段延 05 省道北侧进入瑶琳镇，后进入分水镇跨越规划临金高速和分水江，后路线往南偏进入淳安，淳安段沿西经过临岐镇在左口乡与千黄高速交叉后跨越千岛湖库区，沿淳开公路往西经过浪川、汾口、中州进入开化到达终点，全程约 180 千米。

·交通行业管理·

【春运工作】 2019 年，淳安县春运形势总体安全平稳，未发生客运车船安全责任事故和客货滞留、无序竞争和重大投诉等事件。春运期间，杭黄铁路千岛湖站运输客运量 24.22 万人次；公路发送班车 3.16 万班次，加班车 1587 班次，输送旅客 66.96 万人次；千岛湖城市公交运送旅客 183.45 万人次；水路发送旅（游）客 14.85 万人次。

【运输设施建设】 2019 年，投资 440 万元，完成枫树岭镇、石林镇、里商乡、瑶山乡 4 个乡镇交通运输服务站的建设；投资 192 万元，完成程店、云林等 30 个港湾式停靠站；投资 98 万元，完成安阳虎山坪、四季香商店等 49 个村级农村物流服务点。

【完善城乡运输体系】 2019 年 4 月 22 日、6 月 10 日分别加密了 K008、K015 班次；7 月 15 日 K013 路延伸至茶苑小区；9 月 9 日 K003 路延伸进入康盛区域；11 月 1 日 K009 路延伸至丰家山二区；12 月 19 日珍珠半岛公交首末站正式启用。加快城市公交和农村客运车辆更新，2019 年，采购 51 辆新能源电动车，更新 28 辆农村客运车辆。

【优化高铁接驳方式】 杭黄铁路开通后，

2019年7月1日，以包车形式，开通杭黄铁路千岛湖站至下姜、石林、龙川湾乡村景区的旅游直通车；8月31日，开通高铁站至千岛湖城区旅游穿梭巴士。

【行业效能管理】 深化行政执法体制改革，淳安县交通运输综合行政执法队挂牌成立。依托交通信息指挥中心，推进治超"非现场"执法，依法处理超限超载运输55辆次，行政处罚16.3万元。深入开展ETC推广发行"攻坚月"活动，累计办理ETC用户3.65万辆，安装率80.3%。结合旅游目的地专项整治，查处非法营运15起、违规经营旅游包车6起；开展巡游出租车专项行动，查处违规经营出租车14起；扎实开展公路治超行动，依法查处超限超载运输264辆次，卸载10862吨，并按规定卸载后移交交警部门处理。

（胡光裕）

·邮政·

【概况】 2019年，淳安县邮政局邮政业务收入5369.70万元，比上年增长12.6%。其中，金融业务收入完成2356.33万元；寄递业务收入完成1369.43万元；电商业务收入完成596.69万元；函件业务收入完成217.22万元；集邮业务收入完成131.01万元；报刊业务收入完成350.88万元。全局有在职职工256人，退休职工75人。设有金融、寄递、渠道、集邮文化等四个专业部门，有36个营业所、7个金融网点；全县23个乡镇建有36个精品点、80组E邮柜、36个普服网点及9个警医邮网点；持续推进"农旅邮"农村电商发展模式，加快推广"千岛湖品牌农产品馆"，积极创新品牌宣传和产品营销，全力推进千岛湖农产品销售，走出了一条坚守"本乡本土、品牌品质"的"品牌兴农"之路；淳安县邮政局荣获"2019年度乡村产业振兴先进集体"称号。

【基层党建工作】 2019年，制定下发《2019年度党员先锋指数考核办法》《2019年度基层党支部堡垒指数考核办法》，根据杭州市邮政分公司下发的《党委理论学习中心组集中学习研讨计划》，制定相关学习计划，做到有方向、有计划、有落实；调整成立2019年中央巡视整改持续推进工作小组，制定下发《中国邮政集团公司浙江省淳安县分公司2019年中央巡视整改持续推进工作计划》，坚决落实中央巡视整改"回头看"工作；党委书记分别与五个党支部书记签订了全面从严治党主体责任书，严格执行党风廉政建设工作检查，做好"两个责任"情况落实工作和"三重一大"制度落实工作，2019年，召开办公会议27次、党委会议26次，集体研究决策了"三重一大"事项26项；坚持选人用人工作集体研究，确保干部选拔使用工作做到公平、公正、透明，树立了正确的用人导向；加强和规范"三会一课"制度和党员信息管理，严把发展党员质量关，2019年发展党员5人，吸收入党积极分子4人；1—12月份，收缴党费共计9845.40元。2019年，淳安邮政渠道平台部党支部在"党建联盟争双强、三级打擂创先锋"县级大比武活动中荣获决赛入围奖。

【"党建＋"主题活动】 结合"党建＋金融"、"党建＋寄递"、"党建＋农村电商"等积极开展"党建＋"主题党日活动，组织全体党员干部下基层结对挂钩重点业务、解决难点问题，开展了主题鲜明的"党员活动日"；各党支部通过每月独立开展和每季联合开展的方式，启动开展"群众出题、党员领题、逐级答题、共解难题"的主题活动，深入基层一线，以务实的工作作风办实事，着力把党员志愿服务做大做强做优，发挥党员先锋和支部战斗堡垒作用，引导党员志愿者主动投身"三个一把手工程”重点工作、重大项目等一线战场。

【金融业务】 2019 年,余额总规模 14.99 亿元,本年度净增 2.01 亿元,完成金融业务收入 2357 万元,完成率 103.5%,增长 12.61%;全年完成标准保费 1.137 亿元,完成率 120.6%;中邮期交完成 1078 万元,完成率 102.7%,其中中邮长期期交险完成 305 万元,完成率 117.3%,提前 6 个月完成全年指标;中邮长期趸交险完成 755 万元,完成率 116.1%,是地区第一个完成目标的单位。ETC 业务全年新增 778 户,完成率 124.2%,是地区首个完成确保目标和力争目标的单位;收单业务全年完成 280 户,完成率 115.2%。

【电商业务】 2019 年,电子商务业务收入 596.69 万元,完成率 139.41%。其中分销业务收入合计 408.29 万元,完成全年目标收入 116.65%;车险及代理业务收入 84.99 万元,完成全年目标收入 106.24%。车险业务 1—12 月完成户数累计 3633 户;简易险业务 1—12 月完成保费 164.28 万元;警医邮业务 1—12 月累计实现业务 13064 笔,完成计划的 107.26%;思乡月项目完成销售 64.67 万元;“粽情端午”项目完成销售 31.75 万元,完成计划的 106%。深入融合“农旅邮”,推进千岛湖品牌农产品馆二维码全覆盖,助力消薄增收,设立“千岛湖大下姜”专区参与品牌共塑,上线政采云扶贫馆满足政府采购,以“扫码有礼”活动激活高铁、游船及星级酒店客户,成功开发了 18 家次商企和会展的定制伴手礼;2019 年帮助界首、石林、金峰、鸠坑等乡镇运送农产品点对点销售配送 80 余趟,运送产品 126 吨,充分展示千岛湖品牌农产品馆公益助农的责任与担当。

【寄递业务】 2019 年,完成业务量 133.59 万件,业务收入完成 1369.43 万元,完成率 101.89%。2019 年“双十一”峰值日当天淳安邮政发件 3 万余件,总计发件量达 11 万件,完成杭州市邮政分公司目标总量的 107.50%,增长 191.19%;邮政营业部被评为“双十一”经营优秀团队。淳安邮政围绕“四好农村路”项目,整合快递行业资源,在部分合适的“邮乐购”站点叠加邮件自投自提功能,降低农村快递配送成本,提升“邮乐购”站点的边际效益。

【传统邮务】 2019 年,传统邮务类积极转型,不断探索、拓展、创新,通过专业融合发展,开发制作了千岛湖啤酒小镇、骑客驿站、摄影主题酒店、生态综合保护局、返里度假酒店等明信片,合计印制 5.5 万枚;开发了临岐、屏门等乡镇各村的墙绘和村牌项目。通过集邮与文化传媒部、金融业务部、寄递事业部三大专业部门协同,开展了《暴风行动·玫瑰金》《经典永存·巴黎圣母院》《第四套人民币》《暴风行动·亚运金》等专项行动,完成业务收入 79.17 万元。

【普遍服务】 为了全面提升全县邮政普遍服务工作,体现“人民邮政为人民”的初心和使命,淳安邮政成立邮政普遍服务项目组。主要负责邮政普遍服务标准执行,营业、投递工作日常监督检查、考核,全县邮政普遍服务营业场所设置及建设,全县营业网点业务、村邮站的运营管理等普遍服务工作;为弘扬“一封信一颗心”的服务理念,自 2019 年 5 月起,淳安邮政开展普服达标劳动竞赛活动,定期组织营业员进行业务技能竞赛,目标要求邮政网点营业员要从认识上、技能上、素质上提高服务水平;为扎实开展报刊综合整治工作,加强行业对标,淳安从客户视角、竞争视角、最佳实践视角三方面,落实“四个 100%”目标,以报刊发行中的普遍问题为切入点,从收订、发运、投递、查验、投诉等各环节加强规范操作,切实提升报刊发行整体服务水平,有效整治本县缺报少刊问题,从而提升客户满意度。

【机要通信安全】 2019年,淳安邮政认真落实"党管保密"工作要求,始终坚持"政治服务第一、通信质量第一、社会效益第一"宗旨,牢记特殊政治使命,积极践行邮政普遍服务和特殊服务主体责任。为加大支撑保障,提升机要通信服务能力,淳安邮政严格按照要求配备机要通信人员,对机要通信队伍人员进行优化,确保机要通信队伍稳定、政治可靠、业务精湛;对机要通信安防建设方面进行了优化,全程视频监控由原来的6路增加至10路,专门设置了机要安全停车交接区域,为机要通信保密安全提供了强有力保障,确保机要通信万无一失。

【优化资源配置】 2019年继续对企业房产、资金、存货和成本等资源进行梳理盘点,加大整合和盘活力度,集中优势资源重点向"三个一把手工程"倾斜。围绕构建以利润为核心的财务管理体系要求,加大对效益贡献的考核力度,指标体系突出体现以利润为核心的政策导向。严格执行欠费管理办法,规范欠费管理,最大限度保障资金回笼,缓解资金压力。

【优化人员结构】 根据省公司"三个一把手工程"经营策略,在人员结构调整上注重把青年业务骨干调整到金融、电商、寄递等部门,加大跨部门、跨专业交流力度,提升干部队伍综合能力素质,为改革发展提供人才支持;根据寄递翼改革要求,分公司在2018年成立寄递事业部,设立市场部、运营监控部,2019年根据发展实际对人员进行优化组合,明确工作职责、细化工作安排;大力培养年轻干部,持续做好年轻骨干人才培养,提供锻炼平台,优化成长路径,加速能力养成。广泛开展对外交流学习,对标行业先进做法,加快复制创新。

【安全生产质量管理】 坚持"生命至上,安全第一"的安全理念,严格执行安全月例会、部门安全周例会制度,定点定时组织召开学习培训会,针对经营发展中存在着安全生产意识淡薄、安全措施落实不到位、监督检查不够深入、责任追究欠缺等几方面问题进行警示教育;不定期组织开展节前全县安全生产通信质量大检查工作,对安全生产台账、安全例会、隐患整改、突发事件应急处置预案演练、日常履职、车辆车况、消防器材性能、监控设备运行、驾驶员行车状况等进行现场检查;专门成立安全生产检查组,以问题导向,深入各基层经营单位全面开展隐患排查,对车辆、用电、用水、消防、验视、资金设备等方面排查发现的安全隐患问题逐项进行梳理,制定了问题清单、建议清单、整改清单,明确责任岗位、责任人和整改时限。

【群团联动关心关爱员工】 淳安邮政党委、工会、团委、女职委等群众组织,积极开展形式各异的活动,加强群团联动、营造努力工作、快乐生活的氛围;继续开展为员工送蛋糕庆生、为投递员提供话费补助等工作;补助员工参加省级、县级工会职工医疗互助工作;利用办公用房现有场地进行改造,增设"妈咪暖心小屋"和"投递员休息室",使广大职工对"家"更具亲切感和依赖感,构建了和谐企业劳动关系。积极做好新春送温暖慰问活动和夏季送清凉慰问工作。

【千岛湖品牌农产品馆】 千岛湖品牌农产品馆自2018年运营以后,始终按照县委县政府的要求,坚持公益助农,围绕农产品"卖出去、卖好价、扩规模"的迫切需要,积极创新品牌宣传和产品营销，走出了一条坚守“本乡本土、品牌品质”的“品牌兴农”之路。2019年，荣获“2019年度千岛湖农产品销售和推广贡献奖”；设立“千岛湖大下姜”专区参与品牌共塑，上线政采云扶贫馆满足政府采购，与上城区、西湖区合作销售生态农产品，建立8个淳安异地商会品牌馆销售点，以“扫码有礼”活动激活高铁、游船及星级酒店客户，全年累计销售农产品1869万元，平均每天订单600余笔；成功开发了18家次商企和会展的定制伴手礼，千岛湖茯茶、钛合金小罐茶和淳安酱在2019全县农产品创意设计大赛获奖。积极融入全县农产品品牌整合，开展千岛农品系列42件商标注册，重点品类统一使用“千岛农品”标识，产品体系初步形成，积极探索千岛湖农产品区域公用高端品牌打造，提升了品牌形象；2019年帮助界首、石林、金峰、鸠坑等乡镇运送农产品点对点销售配送80余趟，运送产品126吨，充分展示千岛湖品牌农产品馆公益助农的责任与担当。

（鲍　蓉）

（编辑　方红娟）

通 信

·中国电信股份有限公司淳安分公司·

【概况】 2019 年，中国电信股份有限公司淳安分公司（简称淳安分公司）有合同制员工 98 人、联营站员工 8 人，代管外包人员 107 人，下设 4 部、1 个中心、7 个支局。全年移动用户净增 2999 户，其中 5G 用户新增 1542 户，移动用户出账总数 8.48 万户，移动用户过网份额达 22.48%；宽带出账达 5.96 万户，天翼高清用户达 5.19 万户；完成全业务主营收入 8517 万元，下降 5.19%；完成税前利润 −0.18 亿元，净利润预算完成进度 109.8%。

【内部组织架构调整】 2019 年 3 月，淳安分公司进行了内部组织架构调整，调整为 4 个管理支撑部门（综合部、市场部、政企部、网络部）和 8 个经营单元（1 个中心，7 个支局）。其中部门内形成了 5 个生产支撑中心，分别为市场部内设客户经营中心、渠道中心；网络部内设接入维护中心、设备维护中心；政企部内设 1 个政企支撑中心。组织架构优化进一步分离了管理支撑与生产运营，使管操分离进一步优化，使支撑人员更趋强化，使管理队伍呈量降质优态势。

【党建工作】 2019 年，淳安分公司深入学习贯彻习近平新时代中国特色社会主义思想和党的十九大及十九届四中全会精神，全面落实从严治党责任，坚定落实“基层党建推进年”总体目标，强化企业基层党组织建设。年初，制定了年度党建重点工作任务和工作清单，层层签订了党建责任书。着重抓好“不忘初心、牢记使命”主题教育，持续深入学习贯彻习近平新时代中国特色社会主义思想，持续推进“两学一做”。指导和督促各党支部党员集中学习，10 月份组织开展了“不忘初心，牢记使命”主题教育现场培训班。11 月份完成了届满三年党支部的换届选举工作。5 个在职党支部 100%完成支部达标创建。持续开展“消薄增收”精准扶贫工作。

【党风廉政建设】 2019 年，淳安分公司持续强化党风廉政建设和反腐败教育，积极接应省公司党委巡察及落实巡察反馈问题整改各项工作任务。年初，召开集中整治形式主义、官僚主义专题调研会。党委会在新形势下进一步深化“三转”，强化纪委对同级党委的监督和“监督的再监督”职责，及时解决“站岗式”监督问题，全力促进监督格局由“有形”覆盖向“有效”覆盖提升。落实中央八项规定精神，坚决反对“四风”，以“节日必查＋季度抽查＋日常巡查”的方式落实常态化管理。组织全体党员、入党积极分子和中层及关键岗位人员赴萧山浙江省法纪教育基地进行主题教育（现场警示）等培训教育活动。2019 年新增设了青溪支局、汾口支局廉洁文化示范点，进一步增强了党员干部和员工廉洁教育、弘扬清风正气的廉洁文化宣传阵地。

【宽带与 iTV 业务发展】 2019 年，淳安分公司宽带净增长负 2129 户，新增 9449 户；iTV 净增负 1239 户，新增 7330 户；存量宽带用户提速明显，100M 以上用户占比提升 8.1%，达到 79.4%，200M 以上用户占比提升 11%，达到 21.2%，500M 以上用户占比提升 1.8%，达到 2.4%；在宽带续包上，保持全年甲宽到期用户续包率持续每月达 70%以上；

深入推进智慧家庭切入工作,以5G应用+智慧家庭业务作为切入点,提升业务增值点和用户体验,全年共发展全屋 WiFi 共计 4663 户,天翼看家 265 户;成功协办了杭州千岛湖国际自行车比赛,利用 5G+应用,使用 5G 技术、VR 场景直播、5GCPE 热点展示和宣传了最新的 5G 应用。

【移动业务发展】 2019 年 10 月 31 日,正式启动 5G 商用服务,推出以“基础套餐+5G 权益+5G 应用”为模式的 5G 会员体系,围绕 5G 有效规模发展,聚焦“套餐规模化、终端匹配度、应用渗透率”三大关键目标展开工作,坚决落实“拿手机、领权益、强体验”标准化交付动作。为落实 2019 年政府工作报告要求,开展城市千兆宽带入户示范,改造提升远程教育、远程医疗网络,推动移动网络基站扩容升级,让用户切实感受到网速更快更稳定。11 月 28 日进入实施“携号转网工作”,严格落实携号转网服务要求,确保用户“携得了,转得快,用得好”。2019 年,聚焦融合发展的同时做好老用户升级工作,结合橙分期、充值送、亲情网、国漫包等提升用户协议绑定率。在营销规范上,要求各门店必须做好“查看比算降转”动作,熟练销讲。截至 12 月底移动业务稳中求进:移动全年累计净增 2999 户,出账用户达 8.48 万,完成年度净增目标 21.4%;移动过网份额达 22.48%;5G 用户达 1542 户;携号转网用户 75 户;橙分期新发展 2149 户,累计到达 3331 户。

【渠道建设与运营】 2019 年,渠道中心在上级公司的关心帮助和指导下,在全体同事的共同努力下,渠道建设与运营得到有效提升。门店建设商圈份额提升,新增核心商圈全网通门店 1 家,汾口、威坪、临岐共新增华为堡垒店 3 家,门店总数达到 9 家。中心厅完成了 5G 门头和智慧家庭、5G 体验区、宣传区域改造,提升了引人入厅的能力,12 个网格厅完成 5G 门头规范化改造。本年度各支局、网格和代理商共同协作配合进行外场设摊营销共 90 余场,其中千岛湖支局 25 场、青溪支局 36 场、威坪支局 15 场、大市支局 6 场、姜家支局 12 场、临岐支局 15 场。特别是“红五月、国庆、双节、电信日、双节”等重要节假日期间,各店都组织了各式各样的营销活动,现场组队 PK,现场发放个人和团队奖励,激励一线销售人员和团队士气。利用 CPC 精准派单外呼营销:外呼用户合计 3.5 万户,日均外呼 100 余户,接单率 98%,外呼率 79%,接通率 45%,成功率 5%,有力地促进了存量客户的业务保有及提升。有销网点规模提升,核心有销平稳增长,高销网点月均达到 12 家,有销网点占比 90%。

【助力智慧城市建设】 2019 年,根据杭州分公司转型业务重点营销工作计划,围绕县政府重点项目和民生项目开展工作,在项目中挖掘商机,适时将商机转化为项目和收入。至年底,ICT 项目收入 1400 万,增长 30.6%。新增小微 ICT 项目 44 个,合同前项金额共计 429 万,后项需支出 246 万,净利润 183 万。云业务收入完成 111.6 万。除县政府、县民政局、县卫健局、县档案馆、县委政法委等政务云继续使用外,还完成卫健局的 ZJCGZF 影像云、医疗云及 IDC 租赁服务项目 70 万框架单一来源采购、档案馆政务云主机租赁服务采购项目进行单一来源招标。持续开展智慧党建项目,继文昌镇之后,陆续立项并开通了安阳乡、王阜乡、里商乡、富文乡、交警等单位的翼 T 云视频会议系统,极大提高了乡镇党组织、组织与党员、党员与党员之间的协作效率。

【5G 应用】 2019 年,围绕“全省党建示范点、全县富丽乡村示范村”两大目标,建设智

慧下姜成为当地党委政府的优先目标。淳安分公司凭借多年的深耕和过硬的技术服务，在助推下姜村的信息化发展上占据了主导地位。11月成功签约《基于5G的智慧治水项目》。下姜村5G智慧治水解决方案，同时采用5G网络、物联网、云计算等先进技术，通过在水体部署水监测传感器，对水信息进行全面感知。下姜村5G智慧治水项目先后获得了浙江省5G“绽放杯”三等奖，全国赛5G“绽放杯”三等奖等荣誉称号。此外，还联合下姜村委共同开发了下姜村指挥平台综合信息系统，通过该系统能够统计景点人流量，人流属性分析，通过平台的大数据分析功能，能够很好地展示出游客的动态及喜好，为景区的规划作出判断依据。

【管控工程建设及成本】 2019年，淳安分公司对工程建设进行严格管控，全年工程建设预算分配资金共594万元，建设项目共65个，已报竣项目41个。全年线路维修费用预算分配180万元(含光缆代维80万)，维护项目91个，已报竣项目58个。土建项目完成电信大楼安全整治项目滚动性投资约40万元，支局环境改造及机房消防管道改造滚动性投资约15万元，完成电信大楼电梯改建工程的主体结构部分施工及电梯设备的安装。加快提质增效，全年完成赔补费收取290万元，完成保险理赔到账41万元，完成退铜收益140万元。完成供电转改直和续签工作9处，站点电费压降20%以上。加强固网终端利旧管理，光猫年全量工单利旧率由1月的8.39%提升至12月的54.18%，机顶盒利旧率由1月的18.37%的提升至12月的48.21%。

【网络支撑能力】 2019年，淳安分公司进一步强化资源管理，开展机房、机架、光交标签打印扫描工作，标签扫码率达到99%，完成8个局站机房ODF整治，完成18个主干光交整改，问题主光路清理率100%，虚拟光路清理率≥80%；96芯以上中继光缆整改完成率100%。完成存量城市小区覆盖地址由5级升级到7级，标准化率达到99%，光路关联及完整性达到市公司考核指标的98%。加速提升双网质量方面，一是城域网建设完成了一平面交换机替换，开通两套交换机；完成二平面交换机改万兆，并对交换机版本软件升级；完成链路扩容60G带宽，完成上联20G带宽；中兴BRAS交换机替换工程。持续优化OLT布局结构实施弱机型OLT退网，全年完成两套OLT设备开通：完成2套OLT物理双路由双上联加固；完成5套OLT上联万兆改造；完成中兴OLT－C220设备退网。二是C网建设，2019年开通L网130个RRU，C网7个RRU；开通室分L网45个RRU，C网3个RRU。站点开通率完成年计划100%。完成八期54个站点、零星增补11个站点和扶贫22个站点的建设，完成5G站点建设开通29个。荣获杭州分公司无线网络建设竞赛一等奖。至年底，全县共有L网基站817个，L网RRU 2782个，C网基站425个，C网RRU 593个。有效解决了网络覆盖和无线信号覆盖需求，增强了网络运营能力，提升了客户感知。 （王小元）

·中国移动淳安分公司·

【概况】 2019年，中国移动通信集团浙江有限公司淳安分公司(以下简称淳安分公司)内设综合部、市场部、政企部、网络部4个部门，以及千岛湖、汾口、大市、威坪、高铁5个分局，有自办营业厅4所，员工87人。通信服务收入达1.74亿元，通话用户达24.2万户，通话市场份额达78%，全年有线宽带客户净增1.18万户，市场份额达56%，成为全县第一大有线宽带运营商。

【网络通信保障】 优化4G网络覆盖，抢占5G建设先机。持续加强4G覆盖，完成梓桐镇中央屋里、界首乡东源坑村、富文乡六联村等17个老百姓关注区域站点的开通，全年共完成346个4G站点的建设开通，使全县4G整体覆盖率提升了1%。大力发展5G覆盖，全年完成千岛湖城区、高铁站、下姜村及附近区域共52个5G站点的开通，基本实现了千岛湖主城区5G全覆盖。完成枫树岭镇大源农场等70台飞蜂窝和6台双模皮蜂窝的安装，有效解决76个重要客户的无线信号覆盖需求。优化完成淳安枫树岭镇衍昌村碣路山自然村，淳安大墅镇洞坞村，淳安金峰乡下源村3个基站改造，完成屏门乡金陵村等15个femto的开通，有效解决15个区域的信号覆盖，有效提升用户感知。

【运营支撑能力建设】 2019年，传输管线工程立项180个，数量是2018年的4倍。完成34个行政村的项目建设，实现425个行政村全部覆盖。新增信息点8610个，覆盖信息点总数18.1万，实现行政村覆盖率达到95%，户籍覆盖率达到94%。

【信息化项目应用】 继续加强政府合作，深入开展信息化项目。紧紧围绕县旅游、民生、教育、政务、交通、公安城管六大领域，统筹资源，充分发挥行业优势，推进移动信息化项目在六大领域的较好应用。积极探索ICT项目发展新模式，中标县公安局人脸抓拍建设项目和县市监局阳光厨房监控项目，助力平安千岛湖建设；积极拓展乡镇一级信息化应用，在金峰、石林、宋村等3个乡镇成功推广雪亮工程和智慧党建项目。

【党建工作】 加强党建工作质量，从思想政治、党风廉政、组织效能、群团人文四个方面提升党建工作，高标准抓好“六好”党支部，真正做到党建与生产深度融合，助推企业高质量发展。组织全体党员赴龙门古镇学习，让党员感受初心与使命的分量。开展党员先锋岗，党员责任区，党员突击队活动，在三大攻坚、校园营销、小微拼抢、疑难小区攻坚等主题活动，有效解决基层痛点、难点问题，全年累计开展10余次活动，参与人次76人，服务人群近千人。组建16支亲情网格小组，收集基层问题，共解决基层问题30个。支部与王阜乡横路村以党建+扶贫为突破口，开展党建共建活动，帮助村里实现消薄增收3万多元。

【组织管理】 创新组织管理，提升员工满意度。工会活动紧抓住员工“思想”，全年活动以“精　气　神”为中心，围绕团队竞争、拓展等主题进行，鼓励班组开展个性化活动，在比拼中感受团队力量，锻造团队的战斗力和凝聚力。每季度开展“寻找优秀的你”表彰会，鼓励先进，树立标杆。丰富食堂菜品种类，举办集体生日会，推出生日点菜服务，提高员工归属感；圆满完成大楼搬迁，员工办公和活动场所的条件得到极大改善，营业环境提升，客户体验升级。

【社会帮扶】 积极组织参与县春风行动捐款，共捐助9418元。2019年，杭州移动与中洲镇木瓜村、浪川乡大塘村开展联乡结村活动，并选派第一书记派驻中洲镇中洲村。淳安移动与大墅镇栗月坪村结对，着力做好结对村的信息帮扶和平安示范村建设工作。完成千岛湖马拉松、银泰开业、淳安中学90周年校庆等大型活动的通信应急保障。全力配合政府完成小城镇整治工作。积极配合政府完成文明城市指数迎评工作。 （廖妍）

（编辑　方红娟）

财政·税务

·财政·

【概况】 2019年,淳安县实现财政总收入37.22亿元,增长8.3%,一般公共预算收入21.09亿元,增长8.2%,一般公共预算收入占GDP比重8.3%,占财政总收入比重56.7%;其中,税收收入19.49亿元,占一般公共预算收入比重92.4%。全县一般公共预算支出68.87亿元,增长2.5%。全年预算收支情况良好,财政收支平衡。

【组织财政收入】 优化协作强化管理。充分利用信息化征管技术,加强税源监管,做到应收尽收;利用信息共享机制,打通部门间涉税信息障碍,提升征管质量。优化环境培育财源。通过靠前服务上门服务精准服务,加强政策辅导,引导企业把握减税降费红利扩大投资,修正健康产业园、永通迁扩建等生态制造项目快速推进。规范非税收入监管。全年完成非税收入及其他资金15.86亿元,其中纳入一般公共预算收入管理的非税收入1.60亿元。

【服务经济发展】 扶持企业发展。审核新一轮产业扶持政策补助资金,全年兑现补助资金1.99亿元,支持企业转型升级。服务中小企业融资,全年使用中小企业转贷资金60笔金额3.61亿元,破解中小企业融资难融资贵。释放政策红利。落实增值税改革、个人所得税改革、小微企业普惠性税收减免和降低社会保险费率等政策,全年减税降费5.39亿元。推动乡村振兴。扎实推进下姜村及周边地区平台共建、资源共享、产业共兴、品牌共塑,打造“千岛湖·大下姜”乡村振兴联合体,实现“大下姜”区域联动发展、互利共赢,统筹8600余万元用于村集体消薄增收,整合拨付到村项目资金4.6亿元。

【保障民生支出】 2019年,民生支出45.07亿元,占一般公共预算支出比重65.4%。保障重点支出。统筹安排资金10.4亿元,推进枫常线、千黄高速、小城镇环境整治、老旧小区提升改造等重点项目建设,康美千岛湖环境质量不断提升。开展环境治理。统筹资金15.59亿元,努力建立“全领域、全过程、全地域”保护体系,顺利实施国家“山水林田湖草”生态保护修复工程,着力构建康美人居环境。支持教育事业发展。教育支出8.12亿元,完善教学基础设施,学后托管服务、“护校安园”工程实现小学全覆盖。促进医疗卫生事业发展。医疗卫生支出6.13亿元,主要用于城乡居民医疗保险补助、医疗救助和县级医疗机构人员和床位运行补助。实施新一轮基本医疗保障办法,逐步提高基层门诊报销比例,加大困难人群医疗救助力度,全年补助城乡医保基金3.16亿元。加快社会保障体系建设。社会保障和就业支出7.78亿元,健全社会福利体系,保障残疾人事业发展,最低生活保障标准由每人每月764元提高至833元,特困人员生活补助标准由每人每月800元提高至1085元。

【推进财政改革】 助力“最多跑一次”改革。所有行政事业性收费项目纳入统一公共支付平台。2019年通过统一公共支付平台完成交易28.84万笔,金额2.37亿元,其中移动支付占比93.7%。推进部门整体绩效预算。

落实市委改革项目,探索新的预算编制方式,持续推进部门整体绩效预算编制,在2020年部门预算编制同时,进一步扩面至20家。构建集中财力办大事体系。以政策梳理为基础,梳理涉及中央三大攻坚战和我县高水平保护生态、高标准绿色发展、高品质城乡建设和高标准民生保障等7方面23类支出政策,全面建立2019—2022年本地区财政资金支持党委政府重点工作的支出政策体系。防范债务风险。完善政府债务管理制度,出台淳安县地方政府性债务风险应急处置预案,依托全口径债务监管平台做好数据统计分析监测,落实乡镇平台隐性债务风险点防控巡查机制,政府债务规模控制在规定限额内。

【强化财政监管】 强化部门资金监管。扎实推进惠民惠农财政补贴资金"一卡通"、二级单位财务管理不规范等问题专项整治,深入开展减税降费、支持脱贫攻坚等政策落实情况督查,全年监督检查共发现问题29个,提出整改建议25条。加强政府投资项目监管。统一制定水利、国土、交通、电力、弱电等五大特殊专业的31个小项内容的参考标准,解决了九大类200多小类的材料价格不统一问题。全年完成预算审核项目607个,送审金额20.89亿元,净核减7296万元,审核调整率为6.2%,净核减率为3.5%。开展资金绩效评价。实现年初预算项目绩效评价和部门整体支出绩效评价全覆盖,资金总计约20亿元;突出重点项目绩效评价,全年选取城市运维、智慧监管等25个重点项目实施绩效评价,涉及资金4.73亿元,其中动态视频智慧监管平台在通过评价整改,统一规范租赁费标准后,平均降幅在40%以上,每年节约财政资金800余万。加强政府采购监管。首次对政府购买服务项目采购预算的合理性进行重点审核,如淳安县山区测图项目通过采购预算审核,净核减369万元,净核减率28.38%。对全县132家预算单位的支付业务7万笔金额99.53亿元进行审核,累计纠正或退回不符合规定支出2152万元。

【加强队伍建设】 按照"党建引领、业务出彩、服务提升"的总要求,认真履职,创新突破,赋予"党建+能手+绩效"的机关党建示范品牌新内涵,聚焦财政职能推动主题教育走形做实、走心做深,开办集中研讨、电视宣教、主题实践三类课堂,对标县委县政府的要求和期望找差距、抓落实。聚焦乡村振兴,专题部署研究"三服务"调研和"消薄增收"行动,实现结对农户全覆盖、无缝隙走访312户,收集意见建议45条,持续推动村集体经济壮大发展。聚焦队伍活力,深度融合财政国资队伍、全面完成机关层面机构改革,修改完善《中层干部管理办法》和《干部评优考核办法》,通过"党委搭台、干部唱戏"的模式开展中层干部竞聘上岗,中层干部平均年龄年轻5岁,全日制本科以上学历的人员比例从37.93%提高到55.21%。 (江 欢)

·税务·

【税收收入】 2019年,淳安县税务局共组织各项收入合计527854万元,比上年增加42687万元,增长8.8%,其中:组织税收收入364425万元,增长8.08%(换算成一般公共预算收入为193439万元,增长8.06%);组织非税收入10253万元,下降9.07%;组织社保基金收入153176万元,增长12.06%。

【减税降费】 2019年,减税降费工作成效明显,县税务局累计落实新增减税降费53875万元。其中:2019年新出台政策减税24910万元;2018年年中出台减税政策在2019年的翘尾新增减税15742万元;2018年到期后2019年延续实施的政策新增减税635万元;

社会保险费新增减征 8500 万元;房产税困难减免税款 1104 万元;城镇土地使用税分类分档减免 2984 万元。

【增值税】 2019 年,淳安县共入库增值税 163842 万元,增加 3635 万元,增长 2.27%。

【企业所得税】 2019 年,淳安县共入库企业所得税 90992 万元,增加 10956 万元,增长 13.69%。

【消费税】 2019 年,淳安县共入库消费税 3885 万元,增长 5.03%。

【车辆购置税】 2019 年,淳安县共入库车辆购置税 2126 万,下降 26.87%。

【个人所得税】 2019 年,淳安县共入库个人所得税 39583 万元,增加 8153 万元,增长 25.94%。其中:工资薪金所得入库 8039 万元,减少 11519 万元,下降 58.9%,全县个人所得税税改降负作用明显,六项专项附加扣除减税效应凸显。2019 年个人所得税两位数增长,主要是受部分招商引资企业一次性股息红利及股权转让所得影响。

【社保基金和非税收入】 2019 年,淳安县社会保险基金收入 153176 万元,上升 12.06%,由于城乡居民养老和医疗保险 2019 年才纳入税务征收,同期不可比,剔除此两项后,2019 年社会保险收入实际比上年同期上升 3.66%,增长较上年同期下降 14.16 个百分点,主要原因是受减税降费政策影响。非税收入 2019 年合计入库 10253 万元,下降 9.07%,主要是受减税降费增值税小规模纳税人教育费附加及地方教育费附加两项附加费费率减半影响。

【税收宣传】 2019 年,淳安县税务局通过“报、网、微、视、台”全媒体平台、电子税务局、专题培训辅导等载体,围绕小微企业普惠性税收减免政策、深化增值税改革等主题,强化政策宣传辅导,着力为纳税人讲清政策、讲解报表,确保政策及时送达,确保纳税人系统会用、报表会填。2019 年累计向 4806 户小规模纳税人及 5000 余名企业会计推送减税降费税收政策短信;发布政策解读 7 期;开展面对面政策宣讲 260 余次;举办各类讲座、座谈会 32 场次,惠及纳税人 6000 余户。

【依法治税】 2019 年,淳安县税务局完善公示平台,主动接受社会监督。按照“谁产生、谁提供、谁负责”原则,在做出行政许可、处罚之日起 7 个工作日内在网站进行公示,实现“应归尽归,应示尽示”。2019 年共公示了 1487 项行政许可事项和 36 项行政处罚事项,公开率达到 100%。

【纳税服务】 2019 年,淳安县税务局大力推进征纳沟通平台建设,平台登记企业 1.14 万户,已激活平台企业 1.04 万户,企业激活率 91.23%;共推送消息 71000 条,发布政策宣传视频 16 个,发布政策解读链接 9 条,政策文件 4 个,举办网络直播税收政策培训会 2 次。启用“新办智能一网通平台”,2019 年通过该平台新办纳税人 1914 户,平均每天业务受理量为 12.76 户;为 520 余户企业免费邮寄发票 113335 份。

【税院协作】 2019 年,淳安县税务局加强与法院的税院协作机制。一是建立个案协作机制。在法院处置被执行人资产,依法进行涉税清算时,及时提出参与被执行人所欠税(费)款分配的申请,按照优先受偿原则,保证税款及时足额入库,杜绝产生企业有财产但无法清偿欠税情况,极大缓解资产拍卖等涉税案件“执行难”现状,提高涉税案件执行效率。2019年共向法院递交协助执行税款的企业9户,入库税款及滞纳金共2220.31万元。二是建立社会保险费强制执行协作机制。针对欠缴社保费的缴费人催缴后其仍未缴纳社保费的,通过向人民法院申请强制执行费款及滞纳金。三是建立民间借贷税费征缴协作机制。对涉及自然人为申请执行人的民间借贷案件,由法院协助执行确保税款入库,2019年共协作征缴税款11.63万元。

【规范管理】 2019年,淳安县税务局持续开展规范化管理,打击涉税违法犯罪行为。通过开展专项核查,将36户问题企业纳入风险纳税人管理,90户企业作限制开票处理,21户企业移送市局稽查,共补缴税款滞纳金189.18万元。

【个人所得税改革】 2019年,淳安县税务局全面落实个人所得税改革,制定下发《2020年个人所得税汇算清缴工作方案》,明确工作任务、时间表、路线图,建立“1+7”工作体系(即成立一个工作专班,下设综合组、征管制度组、纳税服务组、宣传和舆情应对组、补退税保障组、信息化组和督导组等7个工作小组),明晰各组职责,建立应急机制,结合当前形势,深入分析可能存在的各类风险,制定专项工作应急预案,全力保证汇算清缴工作顺利开展。

【党的建设】 2019年,淳安县税务局坚持党建引领,高标准开展“不忘初心、牢记使命”主题教育,邀请原扬州税务学院副院长涂龙力教授为全县领导干部开展主题教育暨减税降费专题讲座,打开大门搞教育。通过开展庆祝新中国成立70周年“身边的先进事迹”演讲比赛和县局先进典型人物评选活动,评出10名县局先进典型人物,树立身边的典型和榜样。积极开展党建共建活动,县税务局党委与枫树岭镇党委、机关一支部与下姜村党总支签订全面战略合作暨党建共建协议,助力乡村振兴。

【执纪问责】 2019年,淳安县税务局聚焦干部党风廉政建设,运用好监督执纪“四种形态”,大力推进清廉税务建设。组织开展机关作风效能督查44次,通过微信、短信、告知书等方式开展节假日廉政提醒8次,婚丧喜庆事项提醒6人次,出国境个性化廉政提醒14人次,岗位交流廉政谈话9人次。分批组织党员干部参观“五四”宪法馆和浙江省法纪教育基地,提升干部职工底线意识。

【学习教育】 2019年,淳安县税务局开展“‘党建+业务’双融合　共提升”知识竞赛,先后组织“党建+业务”融合周二夜学活动10次,局内岗位练兵4次;依托“学习强国”APP,组建学习团队,吸收团员青年和其他干部群众加入学习,共有35名党员进入全国排名前50万,全局平均学习积分在全县机关单位名列前茅。

【争优创先】 2019年,县税务局获评县级机关、直属单位优胜(满意)单位,获评县级机关、直属单位党组织落实党建责任工作考核优秀等次,获评杭州市税务系统组织绩效第一等次。

(王键撰)

(编辑　方红娟)

银行·保险

·中国人民银行淳安县支行·

【概况】 2019年，淳安县金融系统坚持践行金融为民初心，认真开展“不忘初心、牢记使命”主题教育，聚焦服务实体经济、防控金融风险、深化金融改革，为打好“六大攻坚战”、推进特别生态功能区建设提供良好的金融环境，各项工作取得了新成效。2019年年末，淳安县本外币各项存款余额379.51亿元，比上年增加40.25亿元，增长11.86%；各项贷款余额311.87亿元，增加40.43亿元，增长14.90%。

【存款增速回升】 截至2019年年末，淳安县银行机构本外币各项存款余额379.51亿元，增长11.86%；比年初新增40.25亿元，多增16.20亿元。从结构看，主要呈现“两增两减”特征：住户存款比年初新增27.11亿元，多增17.25亿元；非金融企业存款新增19.56亿元，多增14.68亿元；广义政府存款减少4.90亿元，多减12.80亿元；非银金融机构存款减少1.49亿元，多减2.89亿元。

【贷款增速回落】 截至2019年年末，淳安县银行机构本外币贷款余额311.87亿元，比年初新增40.43亿元，少增16.09亿元。余额增长14.90%，下降11.40个百分点；增速从3月份开始持续回落，并连续7个月低于20%，换挡进入中低速增长区间。增速在杭州辖内七县(市区)排名第6位，比年初降低5个位次。贷款回落换挡，主要与房地产市场渐冷、实体经济需求减弱以及临湖整治短期负面影响和政府背景项目贷款表外化有关，其中房地产领域贷款增长11.02%，较上年同期下降35.94个百分点；比年初新增10.60亿元，少增20.13亿元，占全部贷款少增总量的125.12%。

【金融服务】 落实双支柱调控要求，金融支持实体经济力度不断加大。紧密结合“三服务”工作部署，深入实施“融资畅通工程”，积极向上级行争取政策和资金支持，确保信贷投放稳定增长。按季开展宏观审慎评估，提升法人银行稳健经营意识，防止信贷出现“大起大落”和“脱实向虚”。引导淳安农商行积极参与存单发行交易，2019年累计发行同业存单、大额存单18.06亿元。聚焦“三农”、民营、小微企业、制造业等重点领域，深入开展“金融支持康美千岛湖提升年”“万家民企评银行”等活动，推动信贷投向不断优化。引导辖内金融机构推出生态公益林补偿收益权、土地流转经营权等权益类抵质押贷款，有效缓解企业“融资难”；推出“预审制”和限时承诺审批制度，有效缓解企业“融资慢”。2019年末，全县涉农贷款余额216.14亿元，增长12.32%，新增23.31亿元；累计发放扶贫再贷款1000万元；全县小微企业贷款余额51.83亿元，比年初新增1.02亿元。坚持指导和督促金融机构建立健全尽职免责机制、严格落实收费减免政策，清理不必要的“通道”和“过桥”环节，推动县域融资成本持续下行。12月末，全县贷款利率5.16%，下降9.79%。

【普惠金融】 信用体系建设更加完善，截至2019年年末，淳安县共创建县级信用乡镇16家，覆盖率达到69.57%；县级信用村262个，覆盖率达到61.65%，建立农户信用档案120047户，覆盖率达到99.45%；指导辖内16家银行机构和4541家企业完成杭州金融综合服务平台入驻工作，撮合完成交易金融4.75亿元；在辖内新设立征信自助查询机1台。继续推进“移动支付便民示范工程”，统一聚合码支付铭牌56户，改造停车泊位收费机具80台，打通银联支付与收费系统；完成行政服务中心和3家县级医院自助设备的移动支付改造；成功创建电子支付示范村2个。规范银行卡助农服务业务发展，2019年新增五星级银行卡助农服务点12个，并筛选出81家服务点作为移动支付示范点，努力做到小额取款不出村。金融宣传更加有力，充分利用“3.15”“红五月”“6.14”“金普月”等特殊时点，常态化开展金融知识“四进”宣传活动，2019年累计开展大型宣传活动19次，发放各类宣传资料3.5万余份，咨询人数达5.5万余人次，切实提高城乡居民金融素养。

【金融管理】 金融服务质量不断优化，创新开展创建“淳安县县城(千岛湖镇)十字街现金服务示范区”活动，深入实施“五化五品”工程，督促辖内金融机构完成“六统一”标准化建设，成功创建全省首个省级城市现金服务示范区。定期开展小面额人民币流通服务暗访，健全银行间小面额人民币调剂机制。促进贸易投资便利化，助力企业应对中美经贸摩擦，深入开展“优化外汇金融服务，助推浙江外贸高质量发展”专项行动，对辖内重点外贸企业落实“一对一”政策辅导，大力推广“数字外管”平台，实现申请人“跑零次”。风险防控取得实效，加大金融风险监测分析和对不良贷款的处置力度，实现不良持续“双降”。截至2019年年末，全县不良贷款余额1.91亿元，比年初减少0.15亿元；不良贷款率0.61%，比年初下降0.15个百分点。深化存款保险制度实施，加强地方性法人投保机构日常监测。严密防范金融风险。督促银行机构落实重大事项报告制度，进一步完善可疑交易报告反馈制度，2019年，反洗钱义务机构共上报重点可疑交易报告13份。抽派专人参与县金融办互联网金融风险摸排、整治工作，开展银行业金融债权执行难情况专题调研，争取县政府对维护银行债权工作的支持。 (李思蔚)

·浙江银保监局淳安监管组·

【概况】 2019年末，淳安县银行业本外币各项贷款余额311.9亿元，比年初增加40.4亿元，增速14.9%；本外币各项存款余额379.5亿元，比年初增加40.3亿元，增速11.9%；不良贷款余额1.9亿元，比年初下降了0.2亿元；不良贷款比例0.61%，比年初下降了0.15个百分点。

【金融服务】 淳安银保监组持续以“双转双赢”主题活动为主平台，深入调研，引领创新，全面落实好党中央和监管部门关于金融服务实体经济、支持民营企业发展的各项要求。截至2019年末，全县银行业各项贷款余额311.9亿元，比年初增加40.4亿元，增长达14.9%。一是完善机制。在认真总结基础上，修订和下发了2019年“双转双赢”主题活动考评工作意见，持续引领淳安银行业转型升级助推“两山”理论高水平转化与康美经济高质量发展。二是找准痛点。带领辖内银行深入企业调查了解，查找企业融资痛点、难点和堵点，深感业主品质好、专注于主业、产品有前景的企业，却因各方面原因向社会高利融资，无异于嗷嗷待哺的中小微企业“与狼共舞”。三是攻坚克难。针对痛点，提出“驱狼行动”、联合授信、无还本续贷、中期流贷、权利抵贷、智能办贷、压大放小、完善机制等监管意见，引领银行多措并举，稳定企业授信预期，创新信贷方式方法，解决企业融资难融资贵融资烦问题。其中，为解决小微企业“与狼共舞”、高利融资问题，组织全县银行开展“驱狼行动”，督导银行研究专门“驱狼”方案与策略，设计特定信贷产品及其管理制度，对需要支持或帮扶的企业先用银行贷款资金置换出社会类金融高利融资，切实降低企业融资成本。2019 年，仅淳安农商银行就置换县民间融资中心、民间借贷以及他行高利贷款 183 笔、1.5 亿元，为企业节省融资成本 1700 万元；不断引领完善还款方式创新，推出了无缝续贷、转期、全自助循环贷、中期流贷等产品，2019 年度共办理 1809 笔 7.3 亿元，累计降低企业财务成本 1800 万元；持续推进“两跑三降”行动、“最多跑一次”和“一次都不跑”等举措，真正做到“急客户所急、想客户所想”，切实做到为实体经济“降成本”；持续推进银行房产自评、费用减免、降低利率等举措累计减免各种融资费用 6500 多万元；督导淳安农商行健全考核激励、尽职免责、不良贷款容忍度、容错机制等，积极营造“敢贷、愿贷和能贷”的良好氛围。四是宣讲政策。通过进园区集中宣讲、下乡村实地宣讲等方式进行金融政策和风险教育系列宣讲，2019 年度，面向企业累计开展宣讲会 60 场次，培训 767 人次，打通金融支持实体经济政策落地“最后一千米”。

【防控金融风险】 淳安银保监组始终将防范化解主要金融风险为重点，以县域法人银行机构监管为第一责任。一是传导监管意见。下发 2019 年淳安县银行业监管意见与“双转双赢”考评方式，全面传导以创新发展、抓住重点、强化内控的办法防风险。二是防控信用风险。一方面督导银行改进信贷精细化管理，主动提升新发放贷款资产质量。另一方面积极引导银行多措并举化解存量风险，组织开展涉险企业风险状况专题调查与分析，摸清风险底数，主动实施一企一策化解方案，2019 年度共处置不良贷款 1.4 亿元，截至 2019 年末，全县不良贷款比例 0.61%，比年初下降了 0.15 个百分点，持续 4 年实现“双降”。三是强化法人监管。以非现场监管、年度监管评级、审慎监管会谈、现场走访调查与检查等日常监管方式，重点督导完善机制保障、规范经营行为、准确反映不良贷款、降低高利主动负债，积极配合省局农村银行处开展的淳安农商银行重点业务常规检查，督促落实相关问题的整改和问责。四是实施监管提示。对非现场监测中发现的淳安中银富登村镇银行业务发展停滞、淳安农商银行逾期贷款大增、中长期贷款增长较大以及代收农村水费不审慎等问题，及时进行非现场监管问询和风险提示。五是紧盯重点领域。动态监测分析国有企业贷款，及时提示操作性风险及其隐含的地方政府隐性债务融资风险。动态监测分析部分新楼盘和部分区域二手房交易市场及其贷款，及时提示房地产高杠杆、快涨价、多违规信贷风险。动态监测分析涉及“投资”等字眼的账户资金，及时报告涉非、涉黑金融活动，严防为非法金融活动提供金融服务。六是严守网点安全。协同县公安局积极开展辖内银行业第六轮安全评估，对淳安农商银行五家营业网点进行安全检查，并持续跟踪督促全面整改 5 方面 12 点问题。

【金融监管】 进一步落实银行机构合规与案防的主体责任，积极开展“巩固治乱象成果，促进合规建设”专项工作，严防乱象反弹回潮。一是监管督导。通报辖内银行业 2018 年各种乱象与 2019 年治乱象、维秩序的监管意见，紧绷治乱象这根炫。走访辖内银行保险机构督导乱象整治政策落地，发现并要求整改保险利益违规输送等问题，有效维护年初春节期间存贷款营销市场秩序。二是内控再评价。对辖内银行业金融机构按季实施内控与案防情况进行再评价并通报，从不断完善内部控制体系源头上夯实乱象治理基础。三是社会监督。在辖内71家银行网点和35家保险网点公告银行业保险业主要行为规范与各级投诉电话，加强银行保险业行为的社会监督力量，为监管前移到银行保险第一线布设“千里眼”，为及时掌握金融消费者对银行保险业的意见与建议布设“顺风耳”。四是化解纠纷。对28起消费者投诉事项及时进行督办，既督促相关银行落实好主体责任，又始终从维护好金融消费者权益角度出发，利用专业知识与监管手段，及时、妥善处置有关纠纷，均取得投诉人的全面理解与满意。五是加强宣传。三次组织银行保险业开展多种形式的金融知识宣传活动，尤其是提示客户正确识别高利贷与非法集资性质与特征，提醒客户警惕高利诱惑、远离非法集资。六是协调配合。加强同业协作，2019年末，淳安县企业联合授信总额管理覆盖面达到95%，较好的解决多头授信、过度授信、授信不足问题。对社会金融风险信息按季监测与报告，及时配合、参谋平安金融建设、扫黑除恶与防控社会融资风险等工作。

【科学监管】 淳安银保监组始终坚持“公开、公平、公正”的监管理念，始终严守与监管对象“零物质往来、等距离交往”底线，强化党风、作风与廉政建设，进一步推进监管方式与手段创新，提升监管效能，确保在敢做善为中不胡作非为。一方面持续完善“双转双赢、非现场监管、联动监管”三大平台提效能。根据省局工作部署，结合辖内银行业运行情况及其2019年监管意见，完善2019年“双转双赢”主题活动考评机制，进一步传导辖内银行业监管意见及其落地的主体责任。全面梳理并优化优化非现场监测分析工作，及时向银行下发监管要情6期、监管问询函和风险提示单各两份，对4家银行保险机构进行监管政策落地督导。派出3人次参加省银保监局组织的现场检查。及时完成行政许可属地监管意见26次，列席两家法人机构股东代表大会、董事会和监事会等。积极参加县委县政府98人次会议，主动发出监管声音。另一方面持续加强“学习教育、内部控制、监督检查”三大管理强队伍。积极开展“不忘初心、牢记使命”主题教育，深入开展政治学习、查摆与整改问题，开展主题党日活动和集中研学15次，监管组长上党课两次，主动开展批评与自我批评和民主评议党员活动，新发展预备党员一名。深入查找制度漏洞，加强岗位制约，强化内部控制。在办公场所张贴“警示语”，在全县所有银行保险业网点公开监管行为举报电话，自觉接受监督与制约。监管组长经常组织学习，不断提醒大家遵纪守法、谨言慎行、慎微慎友，特别提醒与监管对象或监管利益相关人零物质往来，真正做到学习不断，警钟长鸣，纪律自觉，清正廉洁，尽职尽责。

（王卫国）

·中国工商银行股份有限公司淳安支行·

【概况】 截至2019年底，中国工商银行股份有限公司淳安支行(以下简称工行淳安支行)各项存款余额37.35亿元，较年初新增7.2亿元，各项贷款余额44.05亿元，较年初新增5.22亿元。发放个人住房贷款1233笔，发放金额7.23亿，全年新拓个人经营快贷86户，累计新增贷款1.08亿元；新增E抵快贷客户92户，年末余额1.22亿元；全年ETC签约客户达到5477户。

【金融服务】 2019年，工行淳安支行抓住上级行出台的有关政府项目融资的利好政策，及时走访了相关部门和企业，寻找适合支行政策的项目。在上级行的大力支持下，审批了青溪新城和高铁新区总计12亿的贷款，已发放7亿元。二是抓住E抵快贷的优势产品和营销的时间窗口，加大考核力度，全行总动员，坚守“不做小微就没有未来”的经营理念，全年新增E抵快贷92户，年末余额达1.22亿元。三是在个人按揭业务上，2019年加强了对合作楼盘的营销和合作力度，全年发放个人按揭贷款570户，累计发放额4.07亿元，新增2.2亿元。同时在ETC的攻坚战中，坚决贯彻上级行党委部署，全行员工凝心聚力，高执行地推进ETC工作，发扬白+黑、5+2的精神，全力推进ETC营销工作。

【金融安全】 面对经济下行压力和“强监管”要求，工行淳安支行高度重视各类风险防控，统筹抓好信用风险和内控案防等工作，持续发力守住风险底线，为地方金融安全做出积极贡献。截至2019年年末，工行淳安支行不良贷款余额140万元，不良率0.03%。

【风险管控】 一是结合实际修订了《淳安支行内控案防目标管理考核办法(2019年)》、《部门网点负责人内控案防履职情况考核表》；梳理《淳安支行部门网点负责人内控案防履职备忘录(201908版)》，完善了案防工作履职基础。二是抓“关键少数”。加强对管理人员的履职考评，将“一岗两责”要求清单明确到人。按季开展检查、评价，并将评价结果列入年度绩效合约考核当中。三是压实内控案防工作的主体责任。结合“压实责任年”主题教育活动，支行分别组织了操作风险和信贷风险两场“牢记合规红线　提升履职能力”讨论会。通过案例警示教育和合规文化核心理念的宣讲，查摆存在的问题、管理短板和薄弱环节，明确努力方向，使合规理念和风险意识深入人心。四是充分发挥内控案防分析会作用。明确了对案件风险排查工作的组织和职责、形式和重点、报告和考核等要求，做到全面落实、有序推进。

【企业文化】 2019年工行淳安支行组织员工俱乐部交流活动，参与分行乒乓球俱乐部预赛、“四行读书”交流活动；积极参与金融系统联合工会趣味运动会。组织全行员工团建拓展活动，广大员工在活动中享受快乐、加深互动和沟通，增强了团队凝聚力。

【社会帮扶】 按照县政府的统一部署，持续组织全行员工积极投身到各类公益活动、文明创建、交通维护、环境治理中，继续做好结对乡村的走访慰问、社区共建、春风行动的参与，为结对乡村、支部共建、社区发展贡献支行的力量，承担起国有大行的担当。

（邵翔）

·中国建设银行股份有限公司淳安支行·

【概况】 2019年，中国建设银行股份有限公司淳安支行(以下简称建行淳安支行)在上级行的正确领导和大力支持下，认真贯彻落实工作会议精神，结合实际，积极发挥党建共建优势，努力把淳安建行建设成为“员工自豪、客户满意、社会尊重、监管认可、智慧开放、同业领先”好客户的好银行。截至2019年12月底，支行各项存款余额32.38亿元，各项贷款余额27.36亿元。支行不良贷款余额5169.92万元，较年初减少517.86万元；不良率1.89%，比年初下降1.1%。

【金融服务】 2019年，建行淳安支行深化普惠金融，加大小微企业及涉农金融的支持力度，努力提升金融服务。一是通过优化税易贷、善融贷、上市贷等小微企业产品，拓宽受益群体，优惠产品利率，为企业节约了融资成本，并于年内全部完成原建信村镇银行转让对公贷款的转贷工作，支持了企业发展。二是以“工商注册通”品牌为基础，继续推动“最多跑一次”企业账户开户改革及推进企业登记全程电子化举措,安排驻点人员,为企业和个体户提供了高效便捷的服务,截至年底,支行新开户 687 户,占比 30.39%,四行第一。三是实施精准助农,通过走村入乡、跑街入区等方式,主动出击,大力宣传推广电子银行、手机银行等金融服务,着力让更多群体获得“最多跑一次”乃至“一次都不跑”的业务体验,如支行“裕农通”产品,已实现县域 423 个乡村全覆盖,借助该平台,大力宣传“文明助农贷”“好家庭信用贷”等信贷产品。四是深化“服务质量提升年”各项措施,以网点靓化工程、温馨大堂工程、服务提升工程、员工礼仪规范、公益能量传递工作等为落脚点,全面提升服务质量,拓宽服务范围。

【业务拓展】 一是继续加强对县内重点项目和优质客户的信贷支持。根据项目用款需求,为县两家医院公共医疗卫生项目继续投放 0.7 亿元,保证了项目的建设进度。继续做好重大建设项目的跟进工作,成功落地千岛湖银泰城项目、2022 年第 19 届亚运会淳安场地自行车馆工程和苔花家居定制家居及构件智能制造项目,累计投放贷款 3.22 亿元。同时,为县建设集团和千岛湖旅游集团有限公司新增和转贷流动资金贷款 2.45 亿元。以融资租赁方式为青溪新城、建设集团和高铁新区累计撮合投放融资租赁资金 4 亿元。二是加快信贷结构调整,加强高端制造和旅游项目信贷支持,助推康美产业高质量发展。稳步推进永通电缆扩建项目和苔花家居“定制家居及构件智能制造”项目,助力县重点民营企业沪千森工和永通电缆产业改造提升。三是加强住房信贷政策指导,严格审核个人住房贷款的首付资金来源,严禁消费贷款资金、信用卡资金、其他第三方信贷资金流入房市,支持房地产业健康发展。

【党建共建】 2019 年,建行淳安支行领导班子坚持“围绕业务抓党建、抓好党建促发展”,对党建+进行了有益的探索。一是与淳安县退役军人事务局举行了拥军优抚战略合作暨党建共建签约仪式,以金融力量破解社会痛点,特别是在老英雄张富清不忘初心、牢记使命的精神引导下,携手各方,共同助力实现退役军人的创业梦想。二是与杭州千岛湖发展集团有限公司共同签署了党建共建合作协议。通过党建联学、联建、联创,进一步深入贯彻落实总书记在全国国有企业党的建设工作会议上的重要讲话要求,积极探索银企党建共建新模式,创建国有企业基层党建共建新品牌。三是深化党建引领,全面贯彻落实总行“三大战略”。严格落实总行裕农通“村村通”政策,克服重重困难,在短短一个月内把建行旗帜插到了每个行政村的村口,为广大农村客户提供“金融下乡”服务,用实际行动,践行普惠金融。

【主题教育】 “不忘初心,牢记使命”是加强党的建设的永恒课题,是全体党员、干部的终身课题。一是严格按照主题教育工作内容清单要求开展各项工作。通读学习《习近平关于“不忘初心、牢记使命”论述摘编》等,领悟初心使命。二是开展张富清同志先进事迹学习活动,设立党员先锋岗(示范岗),成立“张富清党员突击队”。以学习张富清同志精神为主题,开展主题党日活动。三是召开支部党员大会,对照员工、客户提出的意见建议,以及对照党章党规等,查找党员在党性修养、担当作为、服务群众、作用发挥等方面的差距和不足,开展检视整改和谈心谈话,对存在的差距进行分析并提出改进措施。

【风险合规】 扎实有效开展合规管理工作。一是组织实施支行信贷业务的全面风险排查,统一思想,联动全行,为支行今后业务可持续发展做好保障。二是开好每月一次的联席会议，结合贷后跟踪、操作风险、合规、反洗钱等工作，做好文件学习、工作传达和案例宣讲，提高员工对合规、风险管理工作的认识，做到风险管理防范前移。三是积极落实反洗钱工作，提高客户基础信息补录工作的准确率和补录进度，提升员工反洗钱意识和客户识别能力。四是落实全员学习《中国建设银行合规必读》、《三线合规教育手册》工作，特别是对新员工，着重开展合规教育，养成合规工作的习惯。五是做好不良资产化解处置工作，加大不良催收和诉讼处置力度。全年共催收和处置不良 19 户，回收不良贷款 944 万。六是层层落实责任，抓好柜面业务、信贷业务重点环节。全年稽核差错率控制在万分之 0.41，排名杭州辖区第五，较上年进步明显。

【企业文化】 加强企业文化建设，将员工关心和关爱活动落到实处。积极做好县政府与剑河县开展公益扶贫捐款活动等工作，累计捐款 8300 元。组织开展形式多样的文体活动，丰富员工的业余生活。走访慰问困难职工，让员工感受组织的温暖和关怀。

（陈力飞）

·中国农业银行股份有限公司淳安县支行·

【概况】 2019 年中国农业银行淳安县支行（以下简称农行淳安支行）本外币各项存款 58.91 亿元，比年初上升 6.63 亿元；各项贷款 33.23 亿元，比年初上升了 7.47 亿元；实现利润 8412 万元。

【金融服务】 2019 年，支行辖属的一个中心和 4 个二级支行，全覆盖公司、个人负债、资产业务，业务经营能力不断提升；物理网点 5 家，附行式自助银行 5 家，离行式自助银行 2 家；强化党建引领，推进“两学一做”学习教育常态化制度化和“不忘初心、牢记使命”学习教育活动，有效发挥基层党建两个作用；强化客户管理、实施综合营销、强化产品拓展，持续做大信贷业务，大力支持地方经济发展；加强乡镇挂职人员及惠农通服务人员的管理，充分发挥乡镇网点的辐射作用，完善惠农通功能，提升惠农通功能，扩大农户购房贷款，持续开展普惠金融服务。

【“三线一网格”管理】 深化“三线一网格”管理模式，积极开展“三化三铁”、“三化三达标”、内控评价、安全评估等各项自查自评自纠工作，认真落实反洗钱、档案管理、保密管理、消费者权益保护等工作，强化履职检查和案防工作，提升了支行各项基础管理工作。

（管建辉）

·浙江淳安农村商业银行股份有限公司·

【概况】 2019 年，浙江淳安农村商业银行股份有限公司（以下简称淳安农商行）下辖 35 家网点，其中营业部 1 家、支行 14 家、分理处 20 家。在职员工 407 人。截至 2019 年 12 月末，公司存贷款余额分别为 123.17 亿和 96.52 亿元，净增 14.94 亿和 13.28 亿元，增长分别为 13.80%和 15.96%，多增 8.13 亿和 5.61 亿元。截至 12 月末，存贷市场份额分别为 32.46%和 30.95%，较年初上升 0.55 和 0.28 个百分点；五级不良余额 9171 万元，较年初下降 771.19 万元，不良率为 0.95%，较年初下降 0.24 个百分点；营业收入 7.6 亿元，增长 10.81%；税前利润 1.53 亿元，多增 0.13 亿元；全年共缴纳税收 7380 万元，位列全县金融系统第一。

【助力乡村振兴】 根据县委县政府乡村振兴“八八行动”计划，淳安农商行制定金融服务乡村振兴五年行动计划,在助推农业产业提升、农村改革深化、富民惠民行动、乡风文化培育等方面做好金融保障服务,切实扛起服务乡村振兴金融主力军大旗,荣获县委县政府"淳安县2019年度消薄增收工作先进单位""淳安县2019年度突出贡献服务业企业"等荣誉称号。以爱心卡为载体,向低收入农户、来料加工经纪人、种养殖大户、小微企业累计发放扶贫贷款8600万元,节约融资成本270.89万元;向贵州剑河县捐款50万元,全力支持东西部扶贫;加快提升农村基础金融服务,已完成平台注册量3526户,成功对接资金额43635万元,积极推广E融平台。

【服务实体经济】 优化信贷结构,主动走访,夯实小微企业服务基础,班子成员带头对纾困企业、困境企业实施全面走访,主动对接小微企业金融服务需求。截至2019年12月末,普惠型小微企业贷款余额47.32亿元,比年初新增6.82亿元,增长16.82%,高于各项贷款0.87个百分点;创新信贷产品,创新推出"淳厚·续贷通"业务,实现客户"零成本"转贷、"无缝隙"对接,解决客户"转贷难"问题。截至12月末,已经发放"续贷通"656笔、金额4.9亿元,为客户减少转贷成本400多万元;推出"秀水·民宿合意贷",新增民宿经营权质押的担保方式,为21家民宿发放民宿合意贷1006万元;发放股权质押贷款700万元。实行精准服务,积极对接商会、协会,对县域小微企业实行"清单式"管理;服务"三位一体"农合联升级,对农合联成员授信比例达100%,授信额度2.5亿元,提供信贷资金支持1.85亿元。降低融资成本,设置抵押登记专属窗口,实施小微企业无缝续贷业务,共为380位客户办理"无缝续贷业务",涉及转贷金额4.68亿元。

【普惠金融】 做实阵地走访,坚持农村、城市两手抓,两促进,按城乡特点,采取不同方式,分别开展农村"村村普惠"和城区"三三行动"红色大走访活动。在农村主要以普惠金融示范村建立为目标,以普惠签约率为抓手,做实做透普惠金融;城区市场以党员干部为先锋模范,实行领导负责制,以农商丰收码为抓手,侧重传播金融知识和提升金融服务,进一步夯实城区和城郊客群基础。截至12月末,淳安农商行走访有效户数736户,了解客户需求3741个,解决金融需求3266个。在乡村开展"村村普惠"行动,深入田间地头解决老百姓金融服务需求,个人普惠签约率43.03%,比年初增长6.36%;个人普惠建档信息15.52万户,比年初增加2.11万户,个人信用贷款覆盖面17.63%,比年初增长1.34%。

【政银合作】 全面推广"普惠通"移动办贷系统,实现"现场采集、线上审批、移动办贷";全面实现信贷审批无纸化,进一步简化信贷审批流程,提升办贷效率;实现授用信审批"一体化",下放贷款审批权限,简化用信审批流程,推动审批机制持续优化,提高信贷服务效率;在行政服务中心国土和公积金中心窗口派驻公司人员,实现抵押登记"一站式"服务;深化与县不动产抵押登记中心的业务合作,努力实现由不动产窗口出证到淳安农商行营业网点出证的转变,再度缩短抵押登记环节时间,提高办贷效率与客户满意度;全面应用"普惠快车""小微专车""企业直通车"三车系统,实现从原来的手工评级、手工授信录入向评级授信流程化转变,减少基础资料重复提供,实现基础资料授信及审批共享,提高服务效率。

【筑牢风险堤坝】 做好银保监现场检查自查工作,重点分三会一层"公司治理、理财、信贷、柜面、信用卡5个方面、24个环节开展自查与摸排工作，共排查出79个问题，整改同时推动共性问题的解决，真正达到即知即改的目的；积极探索“抵押＋信用”最高额融资捆绑登记，有效防范信用贷款悬空风险，提升信用贷款的风险处置实效；重新启动听证问责，听证支行12家、先后开展不良听证会四次，累计听证客户经理49名，涉及金额5699.74万元；开展业务后续评价，先后开展房地产业务后评价和信用贷款后评价机制，提高风险管控能力；坚持风险关口前移，开展支行员工行为的“飞行突击检查”，推进合规风险机制建设，上线风险限额管理系统，确定30个主干指标和100个自选指标的预警、法定和目标值设置，并根据风险管理机制建设实施意见要求；开展秋季不良贷款专项风暴活动，活动期间联合法院共执行清收案款1338万元，完成专项清收任务334.5%。

【精细管理机制】 做好高效总部建设，以专业化、流程化、集约化为发展方向，建立服务于“足额、便捷、便宜”的业务流程和组织架构；厘清部室职责边界，补充完善涉及多个部门的职责分工，及时妥善处理部门职责模糊、交叉、脱节等问题，建立部门首办制、首问负责制；进一步细化费用管理体系，实现费用预算、费用报销、费用监控、费用分析的全流程信息化管理，同时打通物资盘点和财务管理的割裂性，建立盘点、统计和分析的全流程信息化机制；合理分配FTP利润考核占网点及客户经理绩效考核权重，建立大额财务支出效能后评估机制，实现对大额费用的及时跟踪；积极应对LPR利率定价机制的变革，实现从重贷款额度管理向额度与利率管理并重转变；动态调整考核体系，探索网点独立核算体系，引导支行提升财务核算能力和水平。同时加强客户资源动态分配的管理模式，不断提升客户经理所辖价值客户的占比，强化业务做深做透的导向。

【强化党建引领】 以支部建设为主抓手，严格落实“三会一课”，规范支部组织生活，强化基层党建工作；与千岛湖镇政府开展社区共建，率先实现11个社区党建共建全覆盖；与人社局、退役军人事务局开展联盟共建，向全县1583名现退役军人发放贷款1.23亿元与县国土局携手推出柜面出证业务，共办理业务268笔、27.83亿元；加强与村级集体党建共建，与76个村集体、5个乡镇签订乡村振兴战略合作协议；与在杭州流动党委、在杭淳商开展共建联络，对1404户在杭党员进行公议授信，公议授信覆盖面达到47.3%；对在杭淳商977户发放经营性贷款2.87亿元。

【厚植淳厚文化】 提炼共同价值观，着力宣贯“淳朴、厚道、忠诚”的淳厚文化；做好检查后续整改。积极做好银保监现场检查工作，以“大范围覆盖、广角度深查、深层次揭示问题和即查即改工作”得到省银保监的高度肯定；坚持“以查代改”，提高业务自查自纠能力，目前共整改贷款资金流入房市162笔、金额5422.51万元。营造良好诚信环境，开展为期5天的“不良清收风暴行动”，活动期间共清收1338万元，签订还款计划书91份，下发催收通知单80份。首次借助司法力量约谈不良客户（担保人）98人，拘留10人，对逾期失信人员罚款21人。 （鲁慧琴）

·广发银行股份有限公司杭州淳安支行·

【概况】 广发银行股份有限公司杭州淳安支行（以下简称广发银行淳安支行）在职职工人数14人。截至2019年12月末，支行总存款2.83亿元，较年初新增0.91亿元，其中对公存款0.77亿元，新增0.12亿元，对私存款2.04亿元（含结构性存款），新增0.79亿元。支行各项贷款余额3.94亿元，较年初新增

1.13亿元，其中对公贷款余额2.06亿元，较年初新增0.055亿元；个人类贷款余额1.88亿元，较年初新增1.08亿元。存贷比方面，始终保持在140%左右，有效地支持了淳安当地的经济建设。全年未发生重大差错和安全事故。

【优势产品宣传】 广发银行淳安支行2019年信用卡业务自行发卡有效激活卡1005户，完成任务的116%，个金垂直考核条线排名第二，与各类商户开展优惠活动，如星巴克、梅地亚、欢乐牧场。积极开展金融创新，零售信贷抵押易产品，目前无还本续贷，在还款期限、无还本续贷方面(主要是贷款最长期限可达20年，可采用等额本金或等额本息方式还款，也可采用前5年只还息不还本，后15年等额本金或等额本息方式还款)；公司业务将推出税银通产品，贷款按日计息、随借随还，有效满足优质中小微企业客户小额、短期流动资金融资需求。

【案件防控】 广发银行淳安支行建立案件防控机制，强化从业人员案件防控能力。一是从支行长到员工，层层签订案防、安全、消防、风险防控等责任书，明确责任义务，并做好日常的检查和监督。二是以《广发银行案防工作管理办法》为依据，认真落实案防工作要求，定期召开案防月度会议，汇报、分析案防工作的开展情况，对发现的风险点采取整改措施。全年未发生重大违规违纪情况。

【金融消保和服务规范工作】 强抓金融消保和服务规范，厅堂转型再上台阶，支行把金融消保和服务规范工作纳入部门和员工的绩效考核。压实首办首问责任，首问责任人，必须以“责任在我”“解决在现场”的态度主动积极地处理、解决客户的一切问题，不仅要做到事事有落实，事事有跟进，事事有回应，还要把客户的投诉情绪充分化解，避免重复投诉和投诉升级。支行全年有效投诉零起。

【党建工作】 广发银行淳安支行始终坚持全面从严治党、依规治党，认真落实党风廉政建设责任制，主要负责人签订《2019年度党风廉政建设目标责任书》。一是能够按照规定履行党风廉政建设第一责任职责，细化目标任务，层层签订《党风廉政建设责任书》；二是在工作中明确各部门把党风廉政建设与党建工作、业务工作、企业文化建设等工作同部署、同落实、同检查、同考核；三是在工作中坚持“三重一大”制度，认真落实集体议事规则、党务公开、自觉接受群众监督；四是进一步加强党员干部思想教育工作，深入学习《中央八项规定实施细则》，筑牢拒腐防变的思想防线，规范员工行为，从源头上杜绝违规违纪案件发生；五是加强学习习近平总书记系列重要讲话，深入开展第二批“不忘初心　牢记使命”主题教育。活动期间共开展集中学习6次，现场学习1次，集中研讨2次，专题党课2次，社区服务2次，检视问题6个，整改问题6个，召开专题民主生活会1次，开展民主评议党员1次。

【队伍建设】 合理优化人员搭配，新老结合，切实做好“传、帮、带”工作，发挥每一位员工的长处，做到人尽其才，激发员工的工作积极性。支行实行淘汰与转岗相结合，能者上庸者下，完善考核制度，奖罚分明，提高员工营销的积极性。同时加强学习，开办各种业务培训、学习会、讨论会，提升员工的组织和学习能力，提高业务素质及开发客户能力，更进一步提高全员的综合素质。

【社会帮扶】 广发银行淳安支行认真开展“村企结对”助力乡村活动，前后三次与该村书记、村委会主任开展座谈会，研讨助力乡村经济建设，同时向上级行积极申请项目扶助资金，努力践行推进精准扶贫，实现乡村振兴。支行还积极响应淳安县政府2019年“春风行动”号召，充分发动党员领导干部争当捐款献爱心的先锋模范，全行员工累计个人捐款共计5000元，努力践行我行的社会责任。

（叶玉萍）

·杭州银行股份有限公司淳安支行·

【概况】 截至2019年末，杭州银行股份有限公司淳安支行（以下简称杭州银行淳安支行）各项存款余额19.68亿元；表内外融资余额33.78亿元。资产质量继续保持较好水平，不良贷款率0.37%。上缴各项税收549.75万元。

【金融服务】 2019年，为六家国企授信16亿元，已投放9.6亿元，其中表外用信9.5亿元。为一家国企债券授信3亿元。截至12月末，公司存款余额127729万元，较年初新增27073万元，日均111617万元，较年初增加6088万元，贷款余额84010万元，较年初下降673万元，国际结算量完成2265万美元。

【小微金融服务】 2019年，全年紧紧围绕“两增两控”活动这一主线，切实服务县内小微经营实体。截至12月末，支行小微业务各项贷款余额5.13亿元，较年初新增8807万元，小微贷款客户数达到473户，比较年初新增95户。在利率方面，全年新增贷款执行的利率比上年平均下降了50个BP，初步估算全年让利金额达到了44万元。全年结合“走亲连心三服务”活动开展“党建＋普惠金融”工作，提升小微客户的“三服务”内涵。

【个人金融服务】 零售条线以“小小银行家”活动为主线，开展社区营销网格化管理，同时持续强化“一次都不跑”的服务理念，致力提高客户的体验满意度，“公鸡贷”信用贷款通过手机扫码申请，半小时内出结果，审核通过后由支行工作人员上门面签后放款，切实为客户提供了快捷和方便。截至12月末，零售存款余额57654万元，较年初新增3633万元，零售贷款79835万元，较年初下降10972万元，理财余额132235万元，较上年同期新增28089万元。

【风险防控】 2019年，杭州银行淳安支行以两张报表为抓手夯实“双基”管理，对重点工作督办、落实，进度情况及时进行通报，对差错、问责处罚管理要求及时进行公布，对提升员工风险合规意识和提高工作效率及质量有了很大的促进作用。全年支行开展了专项检查、滚动排查、员工及亲属资金排查、员工行为排查及严格执行定期轮岗强休制度，认真开展反洗钱、征信管理基础工作，提升员工风险意识教育。2019年通过开展风险资产清收攻坚活动，清收风险贷款本息368.33万元。

【党建工作】 2019年，杭州银行淳安支行围绕“不忘初心、牢记使命”主题教育，按照“守初心、担使命、找差距、抓落实”的总要求成立了主题教育的实施小组，并制定了实施方案，内容紧扣“两深两实促发展”总载体，开展主题教育“七个一”活动，同时按照“四个对照”“四个找一找”的要求，深入查摆问题，抓好整改落实，保证了主题教育成果转化为实际工作成就。在新中国成立70周年之际，支部组织全行党员群众开展了同升国旗、同唱国歌、“杭州银行杯”党风廉政知识竞赛、志愿者先行等活动，极大地丰富党员群众的文化生活，活跃了职工的身心，增加了党员干部的集体荣誉感和凝聚力，培养了职工团结拼搏、积极向上的作风，在党风廉政知识竞赛中支行党支部取得第一名的好成绩。同时加强多层面的宣传报道，支行的“我和我的祖国合影”“我身边的雷锋”“不忘初心，志愿先行”三篇报道被总行微讯平台刊登。

【社会责任】 始终坚持“扎根一方热土、服务一方经济、造福一方百姓”的发展理念，在加快自身发展，努力为客户创造价值、为员工创造未来、为社会创造财富的同时，始终不忘回报社会特别是公益性和扶贫济困的社会责任，切实为康美千岛湖经济社会发展做出了自己应有的贡献。2019 年，向剑河县捐赠 5 万元、募集“春风行动”捐款 15230 元、联乡结村帮扶捐赠 6 万元。2019 年，支行党支部还把业务工作与农村消薄增收工作相结合，把服务农村与服务客户有机结合起来，精心打造“幸福 99 农场俱乐部”，以“党建＋消薄增收”的形式建立农副产品基地，指导帮扶农村种植有机农产品，协助村委把产品配送给本行的中高端客户。全年共销售甜玉米 900 千克、果蔬 300 千克、大米 1000 千克，累计销售资金达到 20200 元。

【企业文化】 2019 年，成功创建省级现金服务示范区，并以优异的成绩通过人总行的全国级示范区验收。成功获得县消费者协会授予的“金融消费教育示范基地”资格，并与支行的“理财课堂”、县共青团杭州市委“悦读益站”、市金融工会“户外工作者爱心网点”、市总工会“爱心驿家”以及县宣传部合作的“雷锋广场”活动日相结合，以普惠金融和社会责任为载体，打造特色“杭银驿站”服务品牌。

（余挺）

·浙江稠州商业银行股份有限公司杭州淳安支行·

【概况】 浙江稠州商业银行股份有限公司杭州淳安支行（以下简称稠州银行淳安支行）现有从业人员 31 人。截至 2019 年末，各项存款余额 81968 万元，较年初新增 703 万元，各项贷款余额 63125 万元，较年初增 1785 万元，全年总营业收入 3325 万元，实现账面利润 2262 万元。全年无经济案件和重大责任事故发生。

【党建工作】 坚持以习近平新时代中国特色社会主义思想为指导，深入贯彻落实党的十九大精神，积极组织开展“不忘初心、牢记使命”主题教育活动。以“党主题日”为抓手，建立学习型党组织，围绕年度重点工作，积极推进政治思想、组织建设、作风建设、廉政建设和队伍建设，强化推进党对金融工作的绝对领导，不断推动党建与业务“两手抓、两促进”。

【金融产品】 坚持“支持中小企业、服务个私经济”的市场定位。强化“一次都不跑”的服务理念，优化企业开户流程，提升客户体验感。积极推进“税易贷”“社闪贷”业务，无抵押、无担保，以纳税、社保的历史数据作为贷款依据，通过线上申请在几秒钟之内就能完成审批的产品，让客户足不出户即可获得融资的金融产品服务。

【金融服务】 为进一步完善标准化服务评价工作，稠州银行淳安支行开启并推进服务新模式——“行长服务日”，每月安排一天由行长亲自在营业大厅为客户服务，深入一线倾听客户的意见及建议。除此还开展了“营业厅服务质量提升季”“今天你微笑了吗?”的主题活动。旨在通过一系列的服务形式创新，使我行的优质服务水平有着质的飞跃。

【金融安全】 稠州银行淳安支行始终坚持强抓内控合规管理，开展“内控合规强化年”活动，切实有效提高员工的风险防范能力与素质。2019 年是第六轮安全评估工作年，认真组织召开专题会议，并制定了大堂保安人员服务工作要求，确保各项工作安全稳健运营。最终通过全员的努力，第六轮安全评估工作得分荣获当地金融机构排名第一。

【企业文化】 在新中国 70 华诞之际，稠州银行淳安支行开展一系列庆祝活动—“爱国·爱行·爱岗”主题座谈会、“我们都是追梦人”主题演讲比赛、寻找分行“最美奋斗者”等主题活动。全行员工畅所欲言、各显才能，增强爱岗敬业的热情，大大提高全体人员的凝聚力、向心力和战斗力，传播稠行正能量，共创美好幸福生活。

【社会责任】 稠州银行淳安支行始终坚持服务实体经济，加大绿色信贷支持力度，着力提升康美产业融资比重，助力推动农村产业金融服务乡村振兴，更高品质支持康美千岛湖建设提升。2019 年联乡结村——淳安县王阜乡何坪村帮扶款 3 万元，贵州省剑河县帮扶款 1 万元；积极组织员工参与春风行动、员工互助基金捐款 8080 元。 （方敏）

·宁波银行股份有限公司杭州淳安支行·

【概况】 宁波银行股份有限公司杭州淳安支行(以下简称宁波银行杭州淳安支行)于 2017 年 4 月 13 日开业，三年来一直以稳健的经营方式，小而精的发展方向，业务呈稳步发展态势。截至 2019 年末，各项存款余额 3.48 亿元，较年初新增 1.47 亿元；表内各项贷款余额 7.77 亿元，较年初新增 5.11 亿元；表外贷款共计投放 8 亿元，新增投放 1.5 亿元。自参加中国人民银行淳安县支行金融机构综合评价以来，已连续两年荣获“A 等行”称号。2019 年首次参加金融消费权益保护工作评估，获得 A 等评价。

【企业文化】 宁波银行杭州淳安支行始终秉承着“诚信敬业、合规高效、融合创新”的企业文化，大力倡导快乐工作、幸福生活，鼓励追求个人价值实现和幸福生活的基础上，更好地为客户和社会创造更大的价值。支行以团建、家属恳谈会等多种形式增强员工的归属感及家属的认同感，以全力以赴的心态、团结协作的作风，坚持不懈、落实有责的工作机制，赢得了可喜的业绩，同时也获得了众多荣誉。2019 年荣获宁波银行杭州分行 2019 年开门红客群建设新锐机构奖、2019 年开门红 PK 赛获胜支行、2019 年一季度重点业务考核第一名、运营条线开门红竞赛机构争先三等奖、运营条线第一季度“金名片”厅堂品牌活动优胜支行；零售条线一季度小微贷出账优胜奖、2019 年度监察保卫工作四星级支行荣誉等。

【党建工作】 宁波银行杭州淳安支行党支部始终秉承“不忘初心、牢记使命”精神，开展“党建＋”活动。一是“党建＋学习”，通过月度委员会议、季度全体党员会议、党课等形式，积极宣贯学习并落实党中央指导思想，理论联系实际，组织开展各项特色主题活动，树立好党员干部的先锋模范作用，以先锋模范为榜样，实现榜样力量，带动全体人员增强学习、服务、责任等各方面的理念。强化党建学习，在淳安县人民银行举行的“庆祝新中国成立 70 周年”金融系统党纪党规测试活动中荣获了个人二三等奖及团体二等奖的好成绩。二是“党建＋服务”，一方面是送服务上门，为企业、市民在存贷款、金融等方面提供有效的服务；为社区、学校、企业开展金融知识、金融安全方面的培训，提升其风险防范意识；在商业街、商超等人员积聚区设立金融服务点，普及金融风险等知识；另一方面是为奉献社会，勇担社会责任,开展环保宣讲,保护环境进社区,以实际行动爱护家园,为居民树立了良好的榜样。三是"党建+助农",实施联村结对,为农村提供金融服务,助推本地农土特产销售,助力淳安县消薄增收工作。

【金融产品】 宁波银行杭州淳安支行全面支持县内基础设施建设,利用支行总分支联动"项目制"的高效服务及子公司租赁、信托代销等表内外业务优势,拓宽企业融资渠道,根据国有企业融资需求,提供多渠道融资方案。全面助力小微企业发展,推出了"灵活方便,随用随还,放款快"的税务贷及"期限长、额度高"的设备融资租赁业务,有效解决小企业临时周转资金短缺、"融资难"等问题,极大地缓解了小微企业发展的瓶颈。为淳安县公职人员提供"白领通"线上信贷产品,凭借员工走得勤、线上易操作、产品额度高等优势服务,已实现渠道全覆盖,及时有效满足了客户需求,赢得了市场良好口碑。

【金融服务】 宁波银行杭州淳安支行在营业大厅投放征信查询机,为更多群众提供了方便快捷的征信查询服务,进一步提升征信服务水平。每月派驻员工在行政服务中心工商窗口一周,为前来办理企业注册的民众提供银行开户业务的咨询及办理,实现"最多跑一次"。通过网上银行,为企业客户提供外汇金管家、票据好管家、线上资金增值等服务,让客户足不出户办理业务。利用"金融下午茶"的创新个人客户服务模式,把投资教育带到客户身边,宣传资产配置的理念,为客户家庭资产保驾护航,做好老百姓身边的财富顾问。

【社会责任】 宁波银行杭州淳安支行持续开展春风行动,通过"联乡结村",对接淳安县鸠坑乡及中洲镇乘风源村,与新北社区开展共建活动,为金融扶贫工作贡献力量。2017 年开业以来累计捐款 26 万元,共建经费 2 万元。以推动精准服务为责任担当,走访了全县 23 个乡镇,不定期送知识及服务下乡,提升农村及乡镇企业基础金融服务水平。全力支持淳安县基础项目建设,为政府企业提供融资服务,为市民提供金融服务,为提升民生及实体经济服务贡献力量。

(余璐璐　童玲)

·浙江淳安中银富登村镇银行有限责任公司·

【概况】 2019 年,是浙江淳安中银富登村镇银行有限责任公司股权变更后的第一年,主发起行由中国建设银行变更为中国银行和富登金融,中银富登是全国最大的村镇银行集团,专注于服务县域小微企业和三农客户,有利于进一步增强公司支农支小、服务县域的能力。2019 年业务发展以平稳过渡为主线,完成股权变更、监管报批等一系列手续,依托中银富登系统功能逐步开通电子银行、手机银行,发行借记卡,开通第三方支付,结束了建信时期无卡无网银的单一结算方式,丰富了客户的业务办理渠道。截至 2019 年 12 月末,各项存款余额 28346 万元,各项贷款余额 31418 万元,较上年同期均有一定幅度下降。2019 年实现营业收入 2024 万元,共计缴纳税款 495 万元。年末不良贷款户数 7 户,不良余额 201 万元,不良率 0.64%,一年下来,资产质量得到进一步夯实,为下一步发展打好基础。截至 2019 年 12 月末,在职员工总数 34 人,2019 年度新招聘员工 11 人,在员工招聘上择优选择淳安县本地员工,解决当地青年人员的就业问题,吸引青年回归淳安本土建设。

【发展目标客户】 浙江淳安中银富登村镇银行的目标客户就是中小微小企业和三农客户,通过中银富登的客户情景分析模式,把目标选择在当地各乡镇，把产业确定在当地支持产业上。2019年度公司金融部重点支持县域制造加工业、农业开发、住宿餐饮业以及建筑业等，零售金融部重点支持市场经营主、新创业人员等，三农金融部重点支持信用村农户、自建房和安居房农户以及家庭农场等目标客户。截至2019年末，全行户均贷款为85.38万元/户。

【推广创业担保贷款】 截至2019年末，浙江淳安中银富登村镇银行发放的由就业处及农信担保公司共同推动的创业贷款68笔，金额1427万元。为推动创业贷款的投放，帮助创业者迟早拿到资金，公司还组织县内有关部门和企业到大型家俱广场进行“创业贷”宣传，对市场商户进行了宣传，全力支持大众创业。

【增加抵质押担保品种】 本着以“重经营而不重抵押”的风险理念，大幅度增加抵质押物种类。发放他行不愿做的二次抵押贷款400万，发放土地流转贷款310万，发放集体土地上住房抵押贷款286万。尤其是农民自建房抵押填补了农户创业经营因缺少相应的担保物的被动局面，满足民营企业在生产、经营、建设等各环节的资金需求。

【灵活还款方式】 浙江淳安中银富登村镇银行落实年审制度、无缝续贷政策。贷款提前进行年审，客户贷款到期可直接进行无缝续贷。公司推出的续贷宝产品支持续贷、增贷及产品转换，为客户提供灵活的还款方式，降低续贷成本。如某机械公司、某家庭农场共计710万贷款，因抵押物到期如重新办理耗时耗钱，浙江淳安中银富登村镇银行利用续贷宝产品，在监管指导下主动沟通有关部门完成了无缝对接。

【企业文化】 坚持中银富登文化学习，中银富登提出了三大铁律，就是不取群众一针一线、不弄虚作假、不放弃任何帮助别人和提升自己的机会，把三大铁律形成一种文化和口碑。

【内控管理】 一是加强内控制度建设，对2019年规章制度进行梳理和评估。通过归类分析，总结业务操作风险点、寻找制度、流程缺陷，对制度及时加以修正改进和优化。二是强化检查监督，实行定期和不定期检查，对发现的问题，积极整改，并持续跟踪检查整改情况，督促整改到位，与考核评价挂钩。三是构建内控“三道防线”体系，建立了对风险进行事前防范、事中控制、事后监督纠正的内控机制，使公司整体管理水平上了一个新台阶，获得了大家的认可。每月做好情景规划，按照风险可控、商业可持续原则，明确支持重点和切入点，以涉农与小微企业贷款的有序增长为基点，不断满足乡村振兴战略实施过程中出现的金融服务新需求。同时每月做好风险预警排查工作，加强重点业务、重点产业、重点客户风险状况的摸底排查、跟踪监测，及时掌握识别风险变化态势，及早做好风险应对预案，严防风险隐匿、积累和放大。

【金融布局】 2019年总部已获批浙江淳安中银富登村镇银行设立支行的计划，正在监管报批过程中，2020年将在汾口镇设立1家支行，扩大服务半径。

【党建共建】 浙江淳安中银富登村镇银行根据“不忘初心，牢记使命”主题教育要求，成立领导小组，制定和细化方案，组织和动员部署。完成集中学习4次、学习交流会2次、支部书记上党课1次。采取多种形式调研活动检视存在问题。对照党章党规找差距。开展谈心谈话活动。开展革命传统教育，组织1

次志愿服务活动和"应知应会"测试。召开了专题组织生活会。保质保量地完成了主题教育活动内容。通过活动真正发现存在的问题,举一反三,并要求每位成员整理整改措施,上报支部,监督整改。

(余倩)

·台州银行股份有限公司杭州淳安支行·

【概况】 台州银行股份有限公司杭州淳安支行(以下简称台州银行淳安支行)现有从业人员21人。截至2019年年末,各项存款余额14253.42万元,较年初新增2316.36万元,各项贷款余额16797.67万元,较年初新增6368.94万元,全年总营业收入60.62万元,利润总额60.62万元。全年无经济案件和重大责任事故发生。

【助力乡村振兴】 台州银行淳安支行一直坚持"支农支小、服务三农"的金融服务理念,将工作重心向小微企业、个体户、三农等群体的信贷资源倾斜,真正做到金融之水,灌溉实体之田。一是加强与政府部门的沟通与协作,积极响应政府部门号召,着重开展农村党员金融服务、扶贫创业工作落实、绿色节能信贷投放等工作的落地,多措并举加大涉农金融产品和服务创新,多渠道加大信贷支持,充分显示我行服务小微、服务三农的定位。二是坚持运用行内村居服务专项产品"村聚易贷·兴农卡"的优势,以批量、小额、预授信等形式更好地服务市场,扩大客户群规模,提高基层金融服务渗透率,同时持续深挖存量村居潜力,重视存量客户的维护,加大人力、物力的投放,提高产品服务覆盖率。截至2019年末,支行对56个村居,共4900户村民实现预授信,户均额度在5万元左右,整村授信金额达3.5亿元,实际信用额度稳健增长。

【服务实体经济】 台州银行淳安支行根据总分行年度工作思路,保持本行的发展特色,充分利用现有的资源,全面支持小微企业,真正发挥与客户做朋友的社区银行商业模式,做好小额信贷投放、小额储蓄发展、行业专业化和科技应用深化,业务发展稳健。一是大力发展普贷业务,优化规划设计,落实营销措施,制定重点行业准入退出标准,开展专项检辅,强化贷款三查,持续增强业务风险管控。截至2019年末,全年普通贷款日均7698万元,贷款余额10852万元,增长65.98%。二是持续做强小本业务,全面推广移动工作站,实现征信授权、申请受理、现场调查、开卡业务等环节的PAD操作,促进常规业务的持续稳步发展。截至2019年末,全年小本贷款日均1575万元,贷款余额2402万元,增长136.75%。三是做优消费贷款业务,对消费贷款进行"名单制"管理,用好浮动利率定价机制,保持同业价格竞争力,持续发挥支行高效服务优势,抢占市场先机,促进了消费贷款业务规模增长。截至2019年末,全年消费贷款日均2407万元,贷款余额2764万元,增长30.5%。

【金融服务】 不断优化网点环境和服务品质,荣获"三星级网点"荣誉称号;积极推广行内特色服务产品APP——移动营业厅,结合客户定位及实际需求推广视频柜员业务;加大创新,持续推进"两跑三降",全面实行"最多跑一次",更好地为客户提供全天候24小时掌上服务,足不出户就能便捷解决融资难题,提升客户满意度。

(江琦)

·中国人民财产保险股份有限公司淳安支公司·

【概况】 2019年,中国人民财产保险股份有限公司淳安支公司(以下简称支公司)内设总经理室、综合部/财务部,理赔部、运营支持部、政保项目部、个险业务六部、车商业务部、商业非车险业务部/重要客户业务部、农业保险部/保险扶贫部 9 个部门，外设汾口营业部、千岛湖营销服务部、威坪营销服务部、汾口营销服务部、临岐营销服务部、大市营销服务部、姜家营销服务部 7 个部门，合同制员工 119 人，农村协保员 76 人。完成签单保费 14141 万元，下降 13.97%；市场份额 12 月行业报表为 51.07%。

【干部队伍】 2019 年，按照总公司“三定”要求精简部门设置、优化人力配置，加快推进组织变革和机制创新。换届选举产生了淳安县联合党支部委员会新班子，作为区域一体化综拓队伍建设试点机构，推进产寿“一体化”销售；夯实综修厂团队，车险服务再升级；续保团队持续提升座席工作技能和综合素质，有效人力增至 19 人；夯实商非团队，着重在司控业务、招投标业务上发挥主力作用。理赔部持续开展“雷霆行动”严格落实理赔八项禁令，强化理赔合规教育，签订理赔员工《廉洁自律承诺书》。

【业务发展】 做好与卫健局、市场监管局、残联、教育局、人社局、医保局、公安交警等政府相关部门的维系工作，在时间上和服务上落实拜访频率，倾听意见建议，持续巩固全县医疗机构医责险、残疾人意外重疾险、食品安全责任险、校方责任险、大病保险阵地。新中标大门票业务，老年人意外伤害保险项目由 30%提至 50%比例共保。因地制宜成立后续理赔专业服务小组并制定农村小额意外险服务手册，多个乡镇农村小额意外险项目落地承办。家长监护人责任险实现全县统保。农险通过“提标、扩面、增品”，拓展特色枇杷险，保费首次突破千万。

【“警保联动”合作新模式】 创新服务，推动“以客户为中心”转型升级，“保险＋科技＋服务”提升客户服务新体验。启动“警保联动”合作新模式，一是派定损员进驻交警指挥中心驻点在线查勘远程定损，以及设置交通事故快处服务中心等举措深入落实快处快撤快赔；二是组建警保合作车驾管业务便民服务站；三是建设农村交通安全劝导站。深化主动服务意识，柜台服务推行综合柜员制、灾前检查、防灾提示、报案前查勘，服务前置，到点到位。加强与大客户及行业间走访互动，组织产品宣讲会。积极参与县里各类活动：围绕“信用让消费更放心”主题参加现场维权宣传咨询，组织食品安全宣传咨询、协同参加烟花爆竹经营安全管理人员培训，发放标识牌和制作安全生产技术规范海报上墙；积极参与县金融系统“不忘初心、筑梦金融”主题文艺晚会，精心排练《人保梦客服情》，弘扬积极向上的企业文化。（吕丽萍）

·中国人寿保险股份有限公司淳安支公司·

【概况】 2019 年，中国人寿保险股份有限公司淳安支公司（以下简称人寿淳安支公司）总保费达 2.28 亿元，赔款支出共 2657.72 万元，客户通过保单借款 1.29 亿元，销售人力 1000 余人。

【业务情况】 2019 年是转型升级的关键年，产品结构从十年期导向标保，从理财转向保障型。这一年保障型产品销售有了巨大突破，占比达 68%，改变了以往理财型占据 60%以上的局面，回归保险本源。大短险实现保费收入 3213.22 万元，成功突破“3000 万”，达到历史新高度。其中，人寿淳安支公司联合淳安县农业农村局共同推出的淳安县低收入农户补充医疗保险，惠及全县低收入农户共 22004 人。此外，“农村小额保险”乡镇参保率 100% 全覆盖，2019 年赔付了

287.66万元，赔付率达94.59%；人寿淳安支公司承保的淳安县移民保险2019年保费收入80万，赔付金额155.34万元，赔付率高达194.18%，为全县经济发展和社会稳定提供了强有力的保障。

【队伍建设】 2019年，公司招录应、历届大学毕业生2人，充实到公司一线岗位，并进行部门调整。年底公司有员工34人，有综合部、营销发展部、收展发展部、个险培训部、机构业务部、客户服务中心6大部门。同时积极组建营销员队伍，淳安支公司销售人力1000余人，其中2019年新增人力300余人，遍布全县各乡镇网点，为淳安县广大群众提供了丰富的就业机会。2019年共计发放代理人佣金4856万元，成为个人代理人创业、创富的优质平台，也极大地提高了公司服务客户的能力和水平。

【创新服务】 结合"最多跑一次"改革，人寿淳安支公司积极探讨研发利用大数据平台，开拓"保险理赔直付"系统，初步预估该系统可与2020年投入使用。该系统通过社保、医院等第三方数据和公司的系统对接后进行自动筛查，第一时间发现客户出险，在确保患者权益和隐私的前提下，为精准扶贫客户提供"免报案、免申请、免资料、免临柜、免等待"的"五免"服务。通过理赔直付与公司服务专员队伍相结合，基本实现保险理赔"一次都不跑"、全面实现理赔"一个不都少"。

【社会责任】 2019年，人寿淳安支公司继续为农村党代表、人大代表及农村政协委员等1000余人免费提供风险保障。同时响应政府号召，助力政府行动，在"春风行动"中捐款1.72万元，并代办2019年"春风行动"低收入农户重大疾病救助工作，帮助457户家庭成功申请救助金；公司还向淳安教育基金会捐款3万元人民币；联合举办"生育关怀　圆梦微心愿"活动，并捐款2万元人民币及所需物资，帮助困难群众圆梦。　（叶倩）

（编辑　方红娟）

综合管理与监督

·发展和改革·

【2019年国民经济和社会发展计划执行情况】 2019年,全县上下保持定力,克难攻坚,坚定推进千岛湖临湖地带综合整治,启动建设淳安特别生态功能区,不断夯实发展动能,增强经济发展韧性,经济社会发展健康平稳。

【经济发展综合实力】 2019年,全县实现地区生产总值254.50亿元,按可比价格计算,增长4.6%;第一产业、第二产业、第三产业增加值分别为38.14亿元、77.96亿元和138.40亿元,三次产业结构比优化为15.0∶30.6∶54.4。城镇居民人均可支配收入增长7.9%,农村居民人均可支配收入增长9.1%,实现了城乡居民收入与经济同步增长、社会事业进步与发展水平同步提高。

【服务经济】 全年实现服务业增加值138.40亿元,同比增长6.2%,社会消费品零售总额同比增长8.2%。全域旅游态势良好。成功创建首批省级全域旅游示范县,入选2019年中国县域旅游竞争力百强县。游客人均消费、游客人均逗留天数、国际游客人数分别同比增长10.3%、2.8%和7.8%。乡村旅游势头高涨。引进嗨声乐园、玻璃栈道、高空秋千、探险公园等体验性强、吸引力强的新项目,新增宋村纳山纳水、左口峪涧等10家精品民宿,乡村旅游接待游客及旅游收入分别同比增长12.0%、16.1%。城区旅游多点开花。千岛湖银泰城一期项目建成营业、二期项目取得用地,骑龙巷休闲街建成开街,啤酒博物院建成开放,新版《水之灵》拉开帷幕。成功举办第十届秀水节,圆满承办2019第十一届中国(杭州)城市会展发展大会、首届千岛湖论坛、千岛湖马拉松赛、国际毅行大会等。新兴产业有所突破。深化探索总部税源经济(共享经济),全县共有总部税源企业1999家,全年实现税收8.74亿元。成功获评国家级电子商务进农村综合示范县,是浙江省首批入选的8个示范县之一、杭州地区唯一入选的区县。金融运行总体稳健。存款总量稳定增长,全县本外币各项存款余额379.51亿元,同比增长11.9%;贷款总量换挡进入中低速增长,全县本外币各项贷款余额311.87亿元,同比增长14.9%。

【工业经济】 全县实现规上工业增加值31.87亿元,同比增长3.5%。大健康产业做强做实。标普健康食品项目二期主体完工,修正健康产业园、丹然饮用水等项目有序推进。谦美实业在好水中国品茶鉴水大赛中获白茶组、黄茶组、黑茶组三项第一名。数字经济产业培育壮大。千岛湖智谷大厦项目建成投用。旅游、公安、交通、环保、交警等相关数据均接入杭州城市大脑中枢。高铁接驳与数字下姜两个特色平台建设卓有成效。枫树岭镇下姜村已建成并开通5G基站3个,完成11个NB(物联网),成为全国首个5G全覆盖村。高新技术企业内培外引。完成机器换人技改项目22个,新增企业上云663家,新认定国家高新技术企业7家。瑞淳机器人研究院挂牌运营,成功举办第二届机器人和智能制造高端论坛。

【农业经济】 全年实现农林牧渔业增加值

38.69亿元,同比增长3.8%,位居四区三县市第一。省级茶叶产业"机器换人"示范县成功创建,省级农业绿色发展先行县有序开展。完成土地流转418.4公顷,培育县级以上新型农业经营主体15家,完成粮食生产功能区提标改造146.6公顷。乡村振兴深入实施。成立"大下姜"乡村振兴联合体,"1+4"规划落地实施,下姜及周边地区加快发展。雪坑源等"百源经济"持续发力,姜家等特色小镇活力迸发。品牌建设持续发力。"千岛湖茶"区域公用品牌价值达到16.61亿元,进入全国50强,位列浙江省前10。千岛湖茶亮相海外,参加中国茶致敬中国年暨浙江(海外)茶文化推广大使赠送新年礼茶活动,严家大方茶成功进驻故宫,千岛湖品牌农产品馆在杭黄高铁千岛湖号列车全年冠名宣传,实现销售额1869万元。消薄增收成效显著。全县425个村社全部实现村集体经济"3010"消薄目标,完成经营性收入9780万元,总收入22467万元,为全县1149户低收入农户发放产业发展补助资金176.56万元。

【有效投资】 2019年,重点推进基础设施补短板项目建设,全县固定资产投资同比下降7.8%,较上年同期降幅收窄6.8个百分点(2018年-14.6%),其中项目投资同比增长2.5%,房地产开发投资同比下降27.7%。从投资主体看,政府投资是拉动有效投资增长的主力军。全年累计完成政府投资额58.90亿元,完成年度计划的125.9%,超额完成年度目标任务。从投资结构看,"4+1"结构投资指标呈"一正四负"的局面,其中交通投资同比增长30.1%,主要得益于千黄高速项目的快速推进,生态环境和公共设施投资同比下降21.2%,高新技术投资同比下降10.9%,民间项目投资同比下降28.1%,工业投资同比下降26.1%。

【重点项目】 2019年,全县共安排县重点项目60个,列入省重点项目2个、市重点项目19个。省市县重点项目进度超前,60个县重点项目共完成投资82亿元,完成年度投资计划的117.7%。枫常公路改造工程、千黄高速淳安段等2个省重点项目扎实推进,共完成投资39.7亿元,完成年度投资计划的123%;19个市重点项目共完成投资57.3亿元,完成年度投资计划的120%。银泰城商业综合体等17个重点项目加速完工,永通电缆二期等16个重点项目提速开工建设,省市县三级重点项目的扎实推进,为全县经济社会发展提供了强有力支撑。

【营商环境优化】 纵深推进腾笼换鸟转型升级攻坚战。全年完成盘活闲置土地及低效用地36.2公顷,新增建设用地33.67公顷。县域存量资源招商信息平台构建完成并正式运行。修正产业园基础设施配套工程建设完成,农夫山泉搬迁基础配套项目建设形象进度过半,永通扩迁建项目有序推进,华美度假酒店、萨版纳度假酒店重启营业,燕山雷迪森酒店、嘉鸿酒店、卓尔大厦项目成功复工。强化政策制度保障。出台《淳安县2019年深化推进"最多跑一次"改革打造一流营商环境工作要点》《2019年淳安县建设一流营商环境攻坚计划》,落实淳安县投资项目在线审批监管平台(3.0版)推广应用,深入推进简政放权,提升企业投资项目审批效率,深化商事登记制度改革,推进不动产登记再提速。推广应用杭州金融综合服务平台,拓宽企业融资渠道,降低企业融资成本。全力推进信用淳安建设,深入实施守信联合激励、失信联合惩戒、重整企业信用修复等措施。落实增值税改革、小微企业普惠性税收减免和降低社会保险费率等政策,全年减税降费5.4亿元,切实减轻企业负担,换取企业效益和市场活力。出台"亲商卡"制度,共发放"亲商卡"221张,为142位持卡客商提供健康体检服务，发放旅游大门票2748张。深入开展“三服务”。“全覆盖式”走访工业企业、限上服务业企业、重点旅游企业和重点项目，推行“企业服务联席会议”“网格化走访”“组团式服务”等助企机制，创新“百名干部联百企”制度，组建企业网格服务小组，设立企业问题快速办理通道。

【康美环境打造】 牢固树立科学化、系统化、精准化保护理念，全面打好生态环境防控治理攻坚战。千岛湖出境断面水质持续保持优良。开展《千岛湖环境质量管理规范》修编工作，编制农业、林业、工业、生活等4个污染防治方案。治水工程持续推进。南山、坪山污水处理厂提标改造全面完成，翡翠岛生活污水整治工程启动，宋村乡、界首乡等12个乡镇和48个居民生活小区建成“污水零直排区”，完成450个农村治污设施提升改造，新增21个运维精品村。实施武强溪、云源港中小流域治理及农村河道综合治理。加强水质常规监测和预警预测，完成千岛湖水质水华预警平台建设。城乡环境优化提升。连续两年荣获全省小城镇环境综合整治优秀县，“无违建县”顺利通过省级复评。推进危旧房治理，加装电梯工作，完成千岛湖镇一小消防通道改造工程。汾口镇、威坪镇省级美丽城镇试点启动建设，新增市级精品村12个，市级风情小镇1个，市级精品示范线1条。临湖整治坚定坚决。举全县之力推进千岛湖临湖地带综合整治，整治成果得到中办督查室、主题教育中央第二指导组和省、市充分肯定。水功能区水环境功能区优化调整方案获省生态环境厅、省水利厅批复，国土空间规划编制、“三线一单”编制、生态保护红线勘界定标等多规融合工作有序推进。特别生态功能区启动建设。省政府批复设立淳安特别生态功能区，杭州市出台管理办法、框架方案和支持政策措施清单，县委县政府制定建设三年行动计划，特别生态功能区建设正式启动。首届千岛湖论坛圆满举办，特别生态功能区建设高端智库和专家援助团正式组建成立，千岛湖水环境研究所、宁波大学校地合作等项目成功签约。深入开展全省大花园典型示范创建，淳安县列入全省11家县级生态系统生产总值(GEP)核算试点，千岛湖配供水工程正式通水。山海协作取得新突破。省级山海协作产业园正式批复选址大下姜，西湖区双浦镇“消薄飞地”完成农转用土地组件报批，钱塘新区86.67公顷，土地明确分三年完成供地，异地发展开创新局面。

【民生保障】 全年实现城镇居民人均可支配收入47056元，增长7.9%，实现农村居民人均可支配收入21074元，增长9.1%，居民消费价格总指数上涨2.8%，总体平稳可控。就业创业深入推进。出台《关于进一步做好就业创业工作的实施意见》，积极拓展就业创业渠道，有效促进各类群体就业，全县城镇新增就业6398人，失业再就业5212人，城镇登记失业率控制在2.6%。发放创业担保贷款5792万元，新吸纳12家大学生创业企业入驻大创园。人才建设推进有力。配合制定出台《淳安县高层次人才分类目录(2019年修订版)》，成功申报市级专家工作站、省级博士后科研工作站各1个。举办“百业百匠”百场技能大擂台82场，培养高技能人才746人。社会保障继续加强。连续提高机关事业和企业退休人员养老待遇，月平均增资261元和149元，继续对企业退休人员(新中国成立前老工人)实施免费健康体检。精准落实社保降费减负政策，全年减征1.44亿元。完善被征地农民基本生活保障制度，出台机关事业改制人员养老关系衔接处理意见。实现人社一体化信息系统市级集中。成功创建省级“无欠薪县”。扩大异地就医刷卡结算范围，大病保险实现市级统筹，基金支付比例由50%提升至70%。修订最低生活保障实施办法，最低生活保障标准由每人每月764元提高至833元，特困人员生活补助标准由每人每月800元提高至1085元。

【社会事业】 教育事业优质发展，召开全县教育发展大会，开启教育发展新征程。高考成绩创新高，全县一段上线率达36.2%，淳安中学一段上线率达73.4%。青溪小学新校区正式投入使用，千岛湖镇第七小学新建工程完工，千岛湖镇第八小学、千岛湖镇中心幼儿园前期工程有序推进。小区配套幼儿园整治有序开展，学后托管服务、“护校安园”工程实现小学全覆盖，圆满完成互联网＋义务教育结对帮扶工作。医疗卫生优化提升。县一医院二期主体完工，县中医院后勤综合楼建成。深入实施综合医改，公立医院综合改革目标考核连续三年获全市第一。瑶山、安阳等12个乡镇通过国家级卫生乡镇创建省级考核，国家级卫生乡镇比例列全市第一。文体事业深入发展。推进文化书院、新安书屋、书画小镇等项目建设，博物馆、新安书屋等向游客免费开放，千岛湖镇、姜家镇、汾口镇、中洲镇获“浙江省诗词之乡”称号。成功举办毅行大会、铁人三项、公开水域游泳等赛事。

2019年淳安县居民消费价格指数情况表

表4

CPI	环比	同比	累计比
1月	100.6	102.3	102.3
2月	101.0	102.2	102.3
3月	100.0	103.6	102.7
4月	99.7	102.9	102.8
5月	99.8	102.9	102.8
6月	99.6	102.9	102.8
7月	100.5	101.8	102.7
8月	101.2	102.4	102.6
9月	101.1	102.0	102.5
10月	100.7	103.1	102.6
11月	100.1	104.1	102.7
12月	99.5	104.0	102.8

2019年淳安县八大类商品和服务价格指数表

表5

项目	同比
居民消费价格总指数	102.8
一、食品烟酒	107.7
其中：粮食	100.5
食用油	111.4
畜肉类	131.8
禽肉类	107.1
菜	106.2
在外用膳食品	103.0
二、衣着	96.5
三、居住	102.1
四、生活用品及服务	100.7
五、交通和通信	95.9
六、教育文化和娱乐	104.5
七、医疗保健	100.0
八、其他用品和服务	106.3

（汤珏琳）

·市场监督管理·

【概况】 2019年，县市场监督管理局围绕县委县政府的工作部署，以主题教育活动为契机，加速机构融合，全面深化改革，提升监管效能，服务百姓民生，进一步强化问题导向，服务淳安特别生态功能区建设和地方经济高质量发展。

【机构职能融合】 2019年1月，按照县委县政府的统一部署，县市场监督管理局新划入县发展和改革局（县物价局）的价格监督检查与反垄断相关职责、县经济信息化和科学技术局的知识产权保护协调等职责、县商务局的打击侵犯知识产权和假冒伪劣商品职责，并加挂县知识产权局牌子，统一行使市场综合监督管理职能。

【营商环境改革】 审批便利化程度提升。实现常态化企业开办办事材料从25件压缩至6件以内，开办时间从7个工作日压缩至1个工作日，最快2小时内即可办结，共为716家企业免费赠送公章、发票章等共2694枚；实现28项许可事项证照联办，推动企业准入即准营；实现杭州市范围内新开办企业跨地区“同城通办”、个体户“口述”登记，企业简易注销登记改革，提升群众获得感。全县市场主体首次突破3万户，达到31210户，市场主体总量同比增长13.24%。“互联网＋监管”覆盖取得突破。牵头落实行政监管数字化转型工作，推进执法监管平台覆盖全县28个执法部门512名执法人员，掌上执法率达到70%，基本实现“按标监管、一次到位”。持续开展餐饮阳光厨房建设，实现大型以上餐饮单位、中小学校幼儿园、医院、养老机构食堂阳光厨房建设全覆盖的基础上，新增中型餐饮单位阳光厨房69家。深入推进电梯智慧监管，全县累计安装智慧电梯248台，对不良乘梯行为开展警告提醒11万余次，营造更加安全高效的乘梯环境。

【安全监管】 落实食品安全党政同责，全年发送科普宣传短信180多万条，印制并发放各类宣传资料6万余份，组织现场咨询活动60余场，开展企业行政约谈305家次，抽检食品2442批次，全县24个乡镇（含青溪新城）实现规范化食安办建设全覆盖，成功创建浙江省食品安全县。开展保健品市场乱象整治。查处虚假宣传保健品医疗作用的大案，获得国家、省、市各级市场监管部门高度肯定。集体约谈在淳开展直销业务的11家直销企业，创新启动保健品会议营销备案工作，实现提前预判，实时监管。开展执业药师“挂证”专项整治，抽检药品医疗器械155批次，监测药品不良反应680例，医疗器械不良事件95例。同时监察特种设备重点使用单位293家，消除各类安全隐患35处。全年立案查处违法违规行为302件，罚没款449万元，移送司法机关案件4件，采取刑事措施7人，维护经济良性健康发展。

【推动企业提升】 深化“有机千岛湖”建设，助推特别生态功能区发展，全年新认证有机企业15家、认证证书16张、认证面积200公顷，全县累计有机企业67家，认证证书96张，认证数量占全市40%。打造标准化质量提升，参与编制国内首个AAAAAA蚕桑地方标准，填补了国内相关标准的空白，新增县级地方标准7项、省级以上标准3件。强化知识产权相关培育引导，新增注册商标455件、集体商标1件、地理标志商标5件；共有专利申请量915件，专利授权量531件。通过商标权质押，累计授信金额1.5亿元、获得融资贷款2000余万元。同时，开展涉企收费专项检查，查出违规收费400余万元，已逐步完成清退。

【深化满意服务】 深入开展“三服务”走访，完善“好差评”制度，积极吸纳群众意见，解决民生所需。放心消费扩面增效。开展3·15国际消费者权益日、世界计量日等活动，全年新培育放心餐饮、放心网店、放心工厂等放心示范单位130家，“无理由退货承诺单位”85家。持续实行消费投诉24小时值班值守机制，打造城区20分钟维权生态圈，出台《淳安县涉旅消费投诉信息公示办法》，搭建旅游消费投诉公示平台。全年共受理各类投诉举报2184起,为消费者挽回各类经济损失200万元。有序推进民生实事。建设送药上山进岛便民服务点6个,通过自助售药机、升级村卫生室、药店药学服务等模式让百姓用药更方便;建设省级农村家宴放心厨房5家、省级名特优食品加工小作坊8家、放心农贸市场1家,不断提升群众获得感。

【主题教育】 开展"不忘初心、牢记使命"主题教育和"破旧立新、思想解放"大讨论活动,组织专题理论研讨21次,中心理论组学习24次,开展走访调研190余人次,梳理单位和个人破立清单223条,撰写心得体会137篇,梳理并整改问题31项,形成长效机制9条,实现主题教育的成果转化。配合县委巡察工作,在巡查期间实行即知即改,切实把问题整改落实到巡查过程中,并制定整改方案,对巡查组提出的6个方面共49项具体问题逐一落实措施,确保整改工作取得实效。持续加强基层队伍建设,完成3个市场监管所规范化创建,实现星级规范化市管所全覆盖,其中三星级以上市场监管所占比达87.5%。投入200余万元,完成规范化执法办案区建设,提升市场监管执法水平。出台规范4项管理制度,开展5项针对干部管理薄弱环节的专项整治,排查77条廉政风险项目,持续保持反腐败斗争高压态势,维护风清气正的系统环境。 (汪旭敏)

·审计·

【概况】 2019年,县审计局紧紧围绕县委县政府中心工作,依法履行审计监督职责,深入开展"不忘初心、牢记使命"主题教育,着力开创审计工作新局面:4月份,配合县委成立了县委审计委员会并召开第一次会议;7—9月,协调完成省对县两位主要领导自然资源资产任中审计;12月15日完成审计署统一部署的政府投资项目审计转型工作。期间,根据县委审计委员会第一次会议的决定,全年共完成审计项目20个,查出违规金额1600余万元、追回财政资金1240余万元、移送4起、下达审计决定8起、促进完善体制机制26项;上报的各类信息被市以上信息媒体采用40篇。

【专业审计】 聚焦预算执行开展审计,推动财政资金预算管理。开展县财政局具体组织的2018年度本级预算执行情况审计和5部门预算执行审计,揭示地方政府债务存在一定的风险、预算编报不精准、未严格执行预算绩效目标管理、绩效评价实效有待提升等问题,促进县级层面出台《关于全面落实预算绩效管理的实施意见》《淳安县委托第三方机构参与绩效评价工作操作规程》等长效机制。聚焦政策落实开展审计,推动惠民政策落地见效。开展扶贫专项审计,揭示耕地地力保护补贴数据信息更新滞后、来料加工经纪人虚假申报领取补贴、村级建设项目重复结算套取财政资金等问题,将相关线索移送处理,有效推动政府部门履行扶贫职责和惠民政策落地见效。聚焦资金绩效开展审计,推动绩效政府持续锻造。开展专项审计调查,聚焦财政资金绩效,揭示部分单位政府购买服务费用结算标准不合规、部分政府购买服务未履行采购程序、城市运行方面的绿化养护和道路保洁等面积底数不清、部分国有企业建设项目劳务分包不规范等问题,推动千岛湖镇城区"窗台革命"及相关管理制度的完善。

【经济责任审计】 2019年,县审计局对3个乡镇、4个部门、3家国有企业主要负责人共13名领导干部实施经济责任审计。按照"三个区分开来"实施审计容错纠错机制运用,激励领导干部担当作为。采取与纪检监察机关巡审联动方式，以联合进点强化监督合力、以项目同步促进双向配合、以成果共享推动整改落实。通过审计，主要揭示了项目管理、重大事项未严格履行决策程序、违规出借财政资金、未履行自然资源管理责任等50多个问题；共查出违规金额398万元，管理不规范金额6903万元，下达审计决定4起；出具审计报告20份，得到县领导批示3篇；提出审计建议24条，被采纳23条。截至12月底，共追回违规资金139.16万元，上缴财政资金290.17万元，出台和完善相关制度16项。

【自然资源资产责任审计】 按照《淳安县乡镇党政主要领导干部自然资源资产责任审计实施意见(试行)》，对实施经济责任审计的3个乡镇同步开展自然资源资产审计。通过审计，主要揭示了部分乡镇未对部分工程开挖后土石和砂石方量及其用途进行现场监管，导致国有资源流失和工程款重复结算；未对回购后砂石资源落实具体管理或处置措施，造成该资源不当流失等问题。7—9月，全力保障省对县党政主要领导自然资源资产责任审计。审前，主动与省审计厅对接关于对县党政主要领导开展自然资源资产审计有关事项，做好海量数据采集、整理、核对、上报等工作；审中，做好审计组的保障服务工作，列出值班计划表，每天安排1名分管领导和中层干部全程跟踪保障；审后，及时跟进对接和反馈。

【政府投资项目审计转型】 多年来，投资审计作为县审计局的一项重要职能，在提高政府投资绩效、加强反腐倡廉、促进经济社会发展等方面发挥了十分重要的作用。随着国家“依法治国”“国家治理体系和治理能力现代化”进程的推进，特别是中央“放管服”的要求，投资审计转型的要求迫在眉睫。根据《审计署办公厅关于进一步严格规范投资审计工作的通知》和《浙江省审计厅转发审计署办公厅关于严格规范投资审计工作的通知》等文件及省厅市局相关会议精神，于12月15日完成投资审计转型工作，主要包括厘清责任，各负其责；退出事中，强化事后；打好补丁，平稳过渡；修订规章，完善制度。

【审计管理】 加强党对审计工作的领导。2019年4月18日，县委审计委员会召开第一次会议，审议通过了《中共淳安县委审计委员会工作规则》《中共淳安县委审计委员会办公室工作细则》，年度审计计划提交县委审计委员会审议决定，审计结果报告报县委审计委员会。加强审计质量管控。完成行政机构改革，新设立“法规和审理科”，由该科室主抓审计质量全程管控。加强审计内部管控。贯彻落实全面从严治党要求，通过巡察整改落实，巡察组反馈的35个问题已全部整改到位，约谈提醒18人次，建立完善《党组织生活会制度》《“三重一大”事项决策机制》等6项制度，进一步浓厚“工作环境好、班子队伍好、内部关系好”的良好氛围。

【干部队伍建设】 品牌引领炼队伍。在“临时党小组＋审计组”模式基础上，融入“党建＋审计业务”模式，以党建促审计，开辟“读书角”，打造党建、审计和统战文化墙，锻造“清廉审计”党建品牌。同时依托“三服务”“百千万”等活动载体，走访农户482户，结对帮扶76户，慰问7.22万元，落实结对村帮扶资金17万元，社区结对帮扶资金3万元。党员在活动中亮品牌、亮身份，进社区服务60余人次，办好事实事20余件，党员的服务意识进一步强化。廉洁奉公提效能。依托“警示教育月”活动，通过开展典型案例剖析、观看警示电教片、参观法纪教育基地、召开协审单位作风建设会议、重大风险隐患排查等形式，将廉政监督贯穿于审计全过程，共排查化解单位层面重大风险2个,科室层面岗位风险26个。在审计通知书中明确审计纪律“八不准”“四严禁”要求,实行审前承诺、被审计单位协助监督和审计组审前谈话、审中巡查和审后回访的机制,促使审计干部牢固树立廉政底线意识,实现审计人员违规违纪零人次目标。初心教育有收获。2019年9—12月,县审计局按照县委统一部署开展了“不忘初心,牢记使命”主题教育活动。通过主题教育活动,班子政治素质进一步提高、政治站位进一步提升、担当作为意识进一步加强、党员服务意识进一步强化,推动审计发现问题的进一步整改、重点难点问题进一步破解、全面从严治党进一步加强、干事创业氛围进一步浓厚。

(章汉胜)

·统计·

【重点指标监测预警】 聚焦经济社会发展中的热点、难点问题,对GDP核算、工业、服务业、投资、居民收入等专业开展统计监测和分析研究,积极为县委、县政府和相关部门提供监测数据。先后就GDP、能源、投资、26县发展实绩考核等工作,撰写统计监测预警。每季度主动牵头收集26县的经济数据,召开局内部专题分析会,集体把脉分析指标情况。

【统计产品宣传】 编写《国民经济和社会发展统计公报》《淳安统计年鉴》《数据看发展》等统计资料,在“淳安统计”微信公众号发布15篇,省市采用各类业务信息100余篇,及时为社会公众提供数据解读和统计咨询服务。创新统计产品和宣传途径,在淳安发布、电视台等新闻媒体开展统计宣传,以图文并茂的形式发布《一图带你读懂2018年淳安县国民经济和社会发展统计公报》;在新中国成立70周年之际,制作《统计数据带你看发展——“数说”淳安70年的历史性跨越》动漫片,用数据直观地反映淳安70年来社会经济、人民生活、民生事业等方面的巨变。

【统计决策服务】 每月及时发布《统计月报》,每季分专业撰写经济形势分析报告。撰写统计分析45篇,其中《浙江政务信息》录用1篇问题建议类信息,《淳安信息》专刊录用4篇、普刊信息5篇。

【开展“点单式”服务】 专业制定PPT业务培训“菜单”,根据企业和乡镇的切身需求,安排业务干部随时根据“点单”要求,前往相关单位开展针对性授课,实现从“套餐式”被动服务向“点单式”主动服务转身,确保做到统计培训和业务指导“零距离”对接,把服务的触角延伸到各个方面。

【统计造假专项整治】 下发《淳安县深化统计造假专项整治工作实施方案》,出台数据质量管控办法。2019年对30家企业进行统计检查,3家企业因提供不真实数据受到处罚,其中1家被列入统计失信单位。

【城乡收入调查】 每季召开辅助调查员季度例会,审核数据质量,强调注意事项,努力提高辅助调查员业务能力。强化现场走访指导,了解农户生产经营情况,发现问题现场及时纠正,有效提升数据质量和样本户的记账能力,防止账本出现漏记、错记现象,走访样本户200户,实现全覆盖。

【“大下姜”监测工作】 8月初,制定出台“大下姜”农村常住居民和低收入农户人均可支配收入调查方案;8月下旬,对下姜及周边地区8个样本村的书记、村委主任、会计等相关人员进行业务培训,并完成常规样本50户和低收入样本户30的抽取工作;9月底,完成2018年全年及2019年前三季度回忆性记账工作;10月初,组织人员到下姜开展现场指导,并召集样本点辅助调查员进行再次培训,顺利开展日常记账工作。

【民情民意调查】 按照省市营商环境调查工作的有关要求,迅速梳理调查内容,制定工作方案。2019年顺利完成2次省营商试调查工作和2次市营商环境调查工作。自行开展食品安全调查工作和“十大民生实事”满意度调查工作,并对样本数据进行整理分析,撰写调查报告。

【经济普查】 先后在全县面上召开两次业务专题会。对全县经普的重中之重——千岛湖镇采取重点跟踪和指导服务;对其他乡镇,结合“三服务”活动,分4个小分队上门进行业务指导。加强数据质量审核,在数据上传之前做好核实纠正和数据评估工作,做好平台数据的日常监控,发现问题及时研究解决。

【开展比学赶超活动】 以“破旧立新　思想解放”大讨论活动梳理的破立清单为核心,围绕提升干部专业服务水平和数据分析能力,开展“日志式”管理、自主学习、“一线统计”服务、上一堂专业课、统计业务知识竞赛、信息报道、统计分析、重点课题研究等8项活动内容评比。

【“三服务”活动】 先后走访农户450多户、企业120余家。在开展“三服务”过程中,有效结合“一线统计”党建品牌,将座谈调研、现场指导、走访慰问等紧密融入“三服务”活动中,做到服务活动有目标、活动开展有载体、解决问题有成效。 (吴旭娟)

·应急管理·

【概况】 2019年,县应急管理局紧紧围绕中央、省、市应急管理工作重心,坚持“先立后破、不立不破”的原则,努力克服机构改革和人事变动的实际困难,边组建、边应急、边防范,守住安全底线,化解重大风险,实现全县安全生产形势稳定向好,生产安全事故总量控制在较低水平。同时,努力健全防灾减灾体系,提升防汛防台能力,夯实森林防火基础,做到靠前防灾、及时报灾、积极救灾,把各项损失降到最低,努力实现“不死人、少伤人、少损失”的总目标。

【体系建设】 机构改革以后,县政府调整优化了消防安全委员会、防汛抗旱指挥部、森林防灭火指挥部等机构组织体系,进一步明确了职责分工。应急管理局一并承担了安委办、防指办、森指办、减灾办、抗震办、地质办等6大议事协调机构职责。通过一年的磨合,应急管理部门与林业局、生态综保局(水利局)、规划资源局等各机构成员单位根据各自职责分工承担责任,形成整体合力。县委第90次常委会进一步明确了“乡镇应急管理工作,由乡镇党委副书记牵头抓总,具体工作由各领域分管领导负责落实”的基层应急管理模式,确保各项应急管理工作顺利推进。

【矿山监管】 县原有12座地下矿山,已经全面停采,只有1座露天矿山。1—12月份共排查矿山隐患25条,整改25条。投资1188.48万元对杭州千岛湖矿产品有限公司三联尾矿库进行清库,截至2019年底,已完成工程设计及中转场地等配套项目选址,工程队已进场施工并完成工程量的30%。

【危险化学品监管】 通过危化品大排查和深度排查整治,发动乡镇对全县900家企业进行危险化学品进行基础排摸。最后确定,危化品经营单位有24家,储存带经营单位有2家,使用单位有74家。组织危险化学品专家和安全生产中介机构对企业进行实地走访，排查各类事故隐患。对全县101家油漆经营户进行实地排摸，重点对没有取得危化品经营安全许可证的和安全许可已过期的经营户进行整治。共出动执法人员514人次，检查241家，发现各类事故隐患261余处，出具责令整改书66余份。

【烟花爆竹监管】 根据烟花爆竹销售季节性明显的特点，开展烟花爆竹专项整治，进行联合执法、集中销毁。继续开展城区禁放、乡镇限放，连续2年实现烟花爆竹火灾事故零发生。建立烟花爆竹流向登记制度，在两家批发企业的仓库周围安装视频监控系统，接入应急局值班电脑，实现24小时及烟花爆竹售卖全程监控。

【安全生产行政执法】 到2019年底，全县23个乡镇和经济开发区、高铁新区均已全面实行安全生产委托执法。县应急管理局从三个方面为乡镇提供执法指导：明确委托范围，简易程序行政处罚及对个人处以2万元以下，对生产经营单位处以5万元以下罚款的行政处罚可以办理委托；规范执法程序，开展委托执法的单位必须具有2名以上符合条件并取得《浙江省行政执法证》的人员才可以执法，被委托单位树立“执法先送法、监管先服务”的理念，采取先提示、后检查，先警示、后查处，先沟通、后处罚的“三先三后”人性化执法措施；确定执法主体，乡镇在委托权限范围内，以县应急管理局的名义实施执法，使用规范统一的行政执法文书，业务上接受县应急管理部门的指导和监督。全年完成安全生产行政处罚107起，收缴罚款59.27万元，其中非事故执法106起，收缴罚款36.47万元，超额完成市对县非事故执法考核目标。

【隐患督办整治】 开展重大隐患暗访曝光挂牌督办整治工作。2019年，省安委办对淳安县暗访1次，暗访检查了16家企业，发现61处问题隐患，所有隐患按时整改完成。市安委办共开展暗访曝光督办活动5次，淳安县千宁运输有限公司、东方海岸二期一标项目、淳安公共交通有限公司、翠湖春晓小区等4家单位共12处重大隐患被曝光，已完成整改。县安委办制作了5期重大隐患暗访曝光片，对55家单位共计181处隐患进行集中曝光和交办督办，所有安全隐患年底前已完成整改闭环。

【防抗超强台风“利奇马”】 面对第9号超强台风“利奇马”袭击，县应急管理局全面履行县防指办的统筹指挥协调作用，落实各项防御工作，保障台风期间的全民安全。做好台风态势的实时监测，向相关分管人员及网格员发送预警23000多条次。通过移动平台发送短信预警3000条次，同时对全县343户农业大户、农家乐和民宿经营者发布预警短信提醒。强化防台宣传。8月10日，通过华数电视、农村广播发出应急广播：“广大村民台风期间避免外出，做好屋前屋后防风、防雨、防洪等防护措施”。及时转移疏散。防台期间，共转移11户37人，使用3处避灾安置点，安置群众9人。关闭1个景区(千岛湖景区)、漂流6条、水上运动项目3个，疏散游客3500余人，取消团队(含10号)120个，约6000人。全面停航停运。县防指会同港航、农业及相关乡镇要求对所有船只回港避风，航区水上水下施工作业全部停止，748艘客旅船舶停航，1145艘渔船和农用船全部回港避风。开展隐患排查。督促县城管局开展户外广告牌安全大检查，对各类户外广告、沿街商铺招牌等120余处进行及时整改。督促县住建局对城区2019年移栽的60余棵行道树进行加固。做好相关防台应急物资准备。应急船舶进入应急待命，及时处置各类突发情况。三支社会救援力量严阵以待,启动台风急救模式。协调县商务局及时储备1600件生活保障类物资、1360件生活安置类物资和587件应急救援类装备,做好物资调拨准备。

【森林防火】 摸清底数,确保应急处置到位。国庆前对全县29支半专业森林消防队、51支群众森林消防队的物资储备仓库和应急救援装备开展摸底检查,指导补充高压水泵、风力灭火器、灭火水枪等应急救援物资,确保随时做好扑救森林火灾准备。排查隐患,确保火源管控到位。针对国庆节前晴热干燥天气持续20余日、森林火险等级居高不下的情况,全面排查全县游步道、古道等森林火灾隐患点,并对已有的32只森林消防电子卡通警察进行了维护。共组织护林队伍30支、专职护林员900名开展带装巡护,巡查范围覆盖全县所有林区。在登山入口、村头村尾林缘等重点区域设立森林消防检查点1653处,增派2170人在重点区域开展防火巡查,做到进山不带火、带火不进山。营造氛围,确保宣传教育到位。各乡镇在公路沿线、森林景区、村内纳凉休憩点等人员集中处悬挂横幅410幅,张贴标语4120条,发放《林区禁火令》7000余份。出动30余辆森林消防车通过喇叭播放、扩音器喊话等方式流动宣传森林防火知识。召开24场"除火患、保平安"护航新中国成立70周年森林防火专项行动专题会议。多个中心镇举办森林防火宣传活动,向群众发放宣传资料2000余份。

【避灾场所建设】 2019年,杭州市下达给淳安县的避灾安置场所规范化建设任务为98个(全市任务总数300个,淳安占三分之一)。县应急管理局于5月上旬确定了98个避灾安置场所建设清单,通过举办防灾减灾业务培训班,对全县各乡镇灾害信息员进行培训,帮助各场所结合自身实际,合理进行功能分区规划,统一采购应急生活包、防潮垫、应急手电筒等应急救灾物资,统一避灾安置场所规范化建设台账;在建设过程中,组织人员对乡镇进行督查、检查,对规范化建设工作进行现场指导,帮助各点位找问题、补短板、抓落实;完成建设后,通过收集各乡镇采集上报的照片对避灾场所进行初步验收,确保各避灾安置场所场地整洁、功能分区合理、物资储备符合规范,最终通过了省政府督查验收。同时,在规范化建设避灾场所的基础上创先争优,不断扩大基层社区的防灾减灾示范作用。通过全年的不懈努力,大墅镇下坑村被评为"全国综合减灾示范社区",梓桐镇杜井村被评为"省级综合减灾示范社区"。

【国庆节安全工作】 以现场综合督查为基础,防范和化解风险。县应急管理局制定国庆期间综合督查工作方案,由局领导带队,分5组对全县23个乡镇和青溪新城安全生产工作落实情况进行现场督查。督查组听取各乡镇保障国庆期间安全生产情况工作汇报,并提出意见建议。本次督查共发现问题13处,全部予以限期整改,确保响应期间全县安全生产形势平稳。以关键领域督查为重点,预防和遏制事故。国庆期间组织执法人员近200余人次对全县139家矿山、烟花爆竹、危险化学和劳动密集企业开展现场执法督查,发现并落实隐患整改161处,处罚企业17家,强化有关企业主体责任意识。以暗访督查为契机,整改和消除隐患。针对9月24日省市安委会暗访发现的问题,第一时间落实整改工作,同时梳理汇总共性、典型的问题隐患,发往相关单位,要求举一反三查找问题、抓好整改。

【应急宣传】 举办宣传活动。县应急管理局联合气象、水利等部门在千岛湖广场举办"5.12防灾减灾日"宣传活动;6月,组织"安全生产月”启动仪式暨安全生产知识宣传活动，向市民发放宣传纪念品，传播安全生产知识，并深入开展“七进”活动。活用主流媒体。县应急管理局与淳安电视台、千岛湖传媒中心、鼎方传媒有限公司、千岛湖百姓网合作，在公交车、户外屏媒、淳安县电视台黄金时段滚动播放应急管理宣教片。同时，在《今日千岛湖》报上大篇幅刊登专题报道。延伸乡镇宣传。县应急管理局征订8000余份宣传挂图发放至全县各乡镇，推进应急管理知识宣传向乡镇延伸，扩大应急管理宣传的影响力；组织左口乡中心小学学生观看地震宣传片，向学生发放宣传画册，宣传防灾减灾知识。

（方鹏程）

（编辑　程中青）

城市建设与管理

·住房和城乡建设·

【概况】 2019年，县住建局按照淳安特别生态功能区建设定位，以“三美同创”(美丽县城、美丽城镇、美丽乡村)，力推城乡一体化，实现住房和城乡建设事业上新台阶。淳安县先后获得浙江省小城镇环境综合整治先进县和杭州市优秀集体、浙江省小城市试点培育考核良好等次、杭州市城中村改造工作优胜单位、杭州市交通治堵先进单位等荣誉。县住建局荣获杭州市“防欠薪工作”突出贡献集体奖、高质量高水平推进农村人居环境提升行动成绩突出集体、城乡建设工作成绩突出集体、五水共治先进单位等多项荣誉称号。

【临湖地带整治】 县住建局牵头组织完成78个综合整治项目，推进污水处理、立面整改、绿地修复等。完成千岛湖城区47个生态修复项目，修复面积100.97万平方米。

【城市有机更新】 县住建局牵头推进完成城乡基础设施攻坚战57个项目。完成千岛湖镇一小消防通道改造工程、千岛湖国家登山健身步道消防工程。实施“窗台美丽”完成20处建筑楼外立面悬挂鲜花。阳光路绿化美化提升(一期)工程完成50%。千岛湖镇中心湖区景观照明提升工程、阳光路沥青路面大修和淳杨线(宋家加油站至城西停车场)道路拓宽改造工程完成可行性研究报告。完成茶苑小区公交站供销社房屋征收、移动公司搬迁、望湖宾馆拆除、斋上区块部分房屋征收等阳光征收工作。

【老旧小区综合改造】 按照“挖掘文化、城市旅游、设施配套、主客共享”的要求，实施排岭南路“上改下”，完成火炉尖等老旧小区10万平方米改造，打造千岛湖特色的休闲慢生活小区。完成茶苑小区、圆梦家苑智慧安防小区建设。加装电梯24台。

【交通治堵】 编制《城区交通拥堵点规划研究方案》，完成新安东路、千岛湖饭店灯控等道路拓宽工程，完成地下空间开发量8万平方米，较好缓解城区交通拥堵现象。

【污水处理】 编制《淳安县水质保护生活污染防治实施方案》，完成《淳安县开发区区域范围中水回用课题研究》，创建48个污水零直排小区，建成海绵建设区域0.3平方千米，提标雨水管网3.7千米，改造雨污分流管网20千米，清淤排水管网35千米。城市污水处理率约为96.12%，城区三座污水处理厂达到省考核清洁排放标准。

【美丽城镇建设】 出台《淳安县小城镇环境综合整治长效管理督查评分办法》，巩固小城镇环境综合整治成果。完成县域乡村建设规划编制，制定《美丽城镇建设实施意见》、美丽城镇行动计划和行动方案，编制汾口镇、威坪镇《美丽城镇建设规划》，指导汾口镇、威坪镇两个美丽城镇试点规划建设。

【美丽农村建设】 出台《关于进一步加强农民建房管理的通知》。编制发放《淳安县农民建房围墙参考图集》，优化方案图纸修改程序，修改服务1600户下乡服务500次；培训农村建筑工匠735余人，实施农村建筑工匠持证上岗。农村工匠免费培训模式被《人民日报》报道。推进农房建设管理信息化建设，实现农民建房网上审批。开展“最美农居”评选，评选出45户优秀作品。推广农房用材新型化，完成农房装配式建筑22幢。完成05省道沿线高铁站至王家源村示范带创建。梓桐镇练溪村、临岐镇仰韩村、大墅镇大墅村创建省级美丽宜居示范村。完成14个省级传统村落保护与发展规划编制工作，9个村成功列入国家级传统村落保护名录；石林镇茶园村等7个村创建市级美丽宜居示范村。

【城乡危旧房改造】 改造54户D级危房，32户C级危房。出台《淳安县农村困难家庭危房改造即时救助实施意见》，改造127户农村困难家庭危房。

【住房保障】 完成30套经济适用房选房售房，茶苑小区保障房项目圆满收官，1763户家庭圆上“安居梦”，解决5500人的住房困难问题。完成262户公共租赁房配租。

【物业管理】 建立“党建引领、行业主管、基层主抓”的物业管理模式，实施“物业提供服务清单、业主按需自愿点单、企业予以快捷服务”的管家式物业服务，精准提供老旧小区改造、物业个性化服务、物业红色管家三类菜单式服务。该做法被《人民日报》二次报道。

【房地产市场】 全年完成房地产投资25.75亿元，成交商品房2329套，面积25.77万平方米，销售金额37.64亿元。制定预售资金监管操作细则，出台《房产中介从业人员行为规范》，开展中介市场和房产广告宣传整治，规范房地产市场良好秩序。完成卓尔大厦、嘉鸿酒店等建而停滞项目约12万平方米复工。

【建筑业市场】 全年建筑业产值37.51亿元，建筑业税收2.45亿元。完成全县6家预拌混凝土企业绿色转型升级，完成装配式建筑面积9.6万平方米。既有建筑节能改造10.2万方，实施可再生能源应用面积16.82万平方米，完成可再生能源应用面积40.83万平方米；开展工程建设领域专业技术人员职业资格“挂证”专项整治，强化全国实名制管理平台应用，处理民工工资纠纷129批次3010余人，涉及农民工工资和工程款1.32亿元。

【建筑工地监督管理】 建立以监督机构为主体、第三方抽测为辅助支撑的监管新模式，推行中间验收前文明施工核验制度，推进建设工程扬尘“全面清零”三年行动，打造“绿色工地、智慧工地、品质工地”共“三个工地”，全年实施行政处罚15起。全县36个项目被评为县级“双标化”工地，11个项目被评为市级安全生产文明施工标准化样板工地，1个项目获得“钱江杯”，2个项目获得“西湖杯”。

【燃气行业监管】 加快推进用气报装最多跑一次改革，实现“报送1份材料、办理环节2个、报装时间4个工作日”。完成李家坞区块、南苑新村、塘边弄等老旧小区“瓶改管”改造4000户。组织淳安胜嘉利公司联合中国银行部署自助圈存机20个，解决燃气企业下班后市民无法充值缴费的问题。

【人防管理】 推进人防巡察整改，完成人防工作职能划转。开展人防工程维护管理，新报建项目均按要求办理人防工程质量监督手续，强化防空地下室竣工备案，2016年6月1日后竣工投入使用的防空地下室均办理登记手续。

【建设工程项目审批】 所有审批事项进驻县

行政服务中心，全面运用杭州工程建设项目审批管理系统审批，优化施工许可“多合一”、电子施工图“多审合一”和“联合验收”机制，推进数字化转型，强化消防人防审批，升级管家式服务。继续推进数字档案建设，实现网上预约跨馆查询。跑零次实现100%、即办件实现94.68%、承诺期限压缩率实现96.75%、网上办实现100%、掌上办实现100%、材料电子化实现100%。全年受理办结337项审批事项。

【法治政府建设】 完成环卫职能划转，积极做好消防人防职能调整和验收管理的过渡工作，机构改革工作顺利推进。开展“双随机一公开”工作，落实“互联网＋监管”要求，开展浙政钉掌上执法工作。开展“七五普法”，其中“我和宪法”抖音视频荣获最佳人气奖。接受县人大关于生态修复景观提升和城市有机更新的视察，办理人大议案16件、政协提案30件，满意率提升至50%以上。全年办理来信来访1035件，110联动169件，网上舆情抄告单10件，《焦点时分》曝光事项督办单11件，强势开展住建领域扫黑除恶活动，全力推进平安千岛湖建设。

【主题教育】 开展“不忘初心、牢记使命”主题教育，领办“交通治堵”“物业菜单式服务”“老旧小区改造”“建而停滞项目服务”等9个重难点问题，推进180条破旧立新清单项目。强化住建行业党建引领作用，恒邦物业被评委杭州市物业行业最强党支部，打响“困难面前不低头，砥砺前行敢担当”的住建党建品牌。工地双百结对荣获杭州市建设行业“最佳结对对子”，质检站、物业办被评为县五星级党支部。（洪坤）

·城市管理·

【概述】 2019年，全年共立案查处各类案件15256起，其中，机动车违停案件12501起，序化整治处理非机动车12454辆；抓捕犬只4120只、年检办证1301只、立案201件；户外广告整治1603处，许可审批2004件；渣土运输核准审批191件，临时占道审批许可405件，道路挖掘审批许可126件，建筑垃圾处置核准3件；共拆除违法建设101处，拆除面积1.13万平方米。沿湖沿线巡查共发现问题3287件，完成处置3287件，处置完成率100%。数字城管共立案交办问题106628件，问题解决率100%，及时解决率达98.13%。受理各类市民群众信访投诉3405件，办结率100%，综合满意率92.55%。各项工作获得省、市、县领导批示17次。

【市容序化管控】 深化“一条黄线”管理机制，充分挖掘人行道停车资源，对城区1030处非机动车泊位重新进行科学规划、调整完善。同时，建立“以跑代罚”管理模式，引入非机动车搬移外包服务机制，打造人行道序化靓丽风景线。选取渔街、滨湖路、新安东路美都兰庭作为“出店经营”慢生活休闲区试点打造。坚持“共性＋个性”，推出商户自治管理、负面积分退出管理等机制，建立长效化管理。国家法定小长假及黄金周期间，对清波美食一条街等有条件区域的餐饮店实行限时性出店经营管理模式，以城市管理助推城市旅游。按照“先定业态、调查摸底、分头告知、禁止再批、编制方案、实施改造、督查总结”的步骤推进，如期完成环湖北路一家山水段、新安东路明珠灯控至浅水湾大酒店段的城市有机更新业态改造工作。

【工程渣土管理】 落实渣土运输管理“最严标准、最高要求”的精神，常抓“紧扣源头控制、过程管理和末端处置”三大环节。全年共查处工程渣土违规案件511起。建筑垃圾资源化、减量化利用项目，采用政府不带地招引企业模式启动运行,9 月 16 日开始接收主城区建筑垃圾。

【城乡燃气执法】 每季度不定期对 17 家瓶装燃气公司、2 家管道燃气公司、122 个燃气供应站及县内餐饮店开展燃气安全大检查。全年共立案查处各类燃气违法案件 18 起。

【户外广告管理】 坚持按照"四统一、一规范"要求严把户外广告、店招审批关。全面应用户外广告"二维码"管理体系,建立信用考核机制,完成户外广告专项规划编制送审稿,使户外广告实现规范化、秩序化、品质化。

【城乡规划执法】 结合住宅小区违建信息登记报告制度,将各小区划分为单元网格对小区进行网格化管理,小区违建防控工作具体落实到人,加强小区违建防控力度,做好沿街违建阳光房(棚)查处工作。全年送达责令停止违法行为通知书 126 份,立案查处一般程序案件 41 件。

【高铁城管示范区打造】 根据县政府明确的高铁新区城市化管理范围,配精配强高铁新区中队力量,坚持宣传先行、强化部门联动、突出属地管理,对文昌、文屏、潭头村等重要节点进行集中整治,全面提升以高铁站为点、辐射范围为面的整体市容环境。

【沿湖沿线综合巡查】 坚持"共抓大保护、不搞大开发",落实"清单式管理、销号制督促"要求,按照巡查"精准、精细、精致"的目标,开展沿湖沿线综合巡查特别是临湖"一千米"范围内项目建设、涉水环保、乱填乱挖、水上浮动设施、四边三化、绿化植被和湖面垃圾等六大问题的巡查。完成临湖地带项目管理信息共享平台建设,初步实现多部门、乡镇信息共享、互通。同时,常态化做好 8 个中央环保督察整改项目回头看巡查,重点关注涉水环保问题,做好沿湖沿线环境综合保护工作。

【小城镇环境综合整治】 进一步建立小城镇长效管理体系,充分发挥乡镇城管中队驻地和周边辐射作用,并构建乡镇中队、机动中队和巡查办三位一体联动联巡机制,既抓短期成效也抓长效管理。出台长效管理工作实施方案,举办小城镇环境综合整治提升专题培训班,为美丽集镇建设奠定扎实基础。全年整治共出动 946 人次,清理乱堆乱放 538 处,清理拆除违规、破损广告牌和标志牌 315 处,捕获犬只 376 只,劝导流动摊贩、出店经营 485 家,清理牛皮癣 1500 余处,规整非机动车 4000 余辆。

【餐饮油烟治理】 以中央环保督察回头看为重点,推进城区非禁开区餐饮店安装油烟净化设施补助工作,完成中央环保督察 24 家位于禁开区餐饮店的关停工作。完成千岛湖城区 789 家餐饮店准入负面清单的集中认定,并制定负面清单。以城区油烟整治领导小组名义起草下发《关于进一步加强城区餐饮油烟污染专项治理工作的通知》,强化城区油烟治理成果,形成长效机制。

【城区污水乱排执法】 为进一步巩固城市黑臭水体治理成果,出台专项整治行动方案、成立专项整治小组、及时召开专题会议,全面摸排城区 3222 处雨水管网设施及 76 处建筑工地污水排放情况。全年发现并纠正城区污水排入雨水管网 18 处,立案查处城区建筑工地污水乱排 9 起。

【环卫机构职能划转】 9 月 20 日,召开全县环卫机构划转大会,环卫整体划入县城管局。完成机构调整、事项划转和人员隶转等事宜,划转过渡期平稳有序,淳安城市管理向大城管格局迈出了新步伐。

【环境卫生保洁】 环卫处(所)在城市道路保洁、管理模式、设施设备、处置能力等方面全面提升,实施常态化、全天候保洁,全年共收集处置生活垃圾 11.08 万吨。建立了城市环境卫生“十化一体”工作模式,提升环卫精细化管理水平。完成垃圾中转站、作业基地、2 座城区公厕 AAA 标准提升改造工程,环保能源项目(光大一期)建设运营平稳有序,全年焚烧发电生活垃圾 10.49 万吨。“垃圾收集点—垃圾中转站—垃圾处理终端”三级生活垃圾无害化处理系统正式形成,有效净化了城市空间环境。

【垃圾分类】 成立工作专班,开展垃圾分类学习调研,以县委办名义下发《关于深化推进城区生活垃圾分类工作的通知》,完成 12 个定时定点分类投放示范小区的建设,开展垃圾分类主题宣传,召集社区、企业、志愿者等开展培训 120 余场,发放宣传册 50000 余份,在新安大街和南山大街部分路段试点垃圾撤桶工作。

【BOT 协议洽谈】 为进一步完善垃圾分类终端处理设施建设,补齐餐厨垃圾末端处理能力短板,有效推进全县餐厨垃圾处理项目建设,成立了由县城管局、县发改局、县财政局、县审计局、县环保局、县招管办等部门人员组成的项目洽谈小组与中国光大国际有限公司就淳安县餐厨垃圾处理项目进行协议洽谈(BOT 协议将于 2020 年 1 月份完成正式签订)。

【惠民服务品牌打响】 按照“科学规划、适度集中、规范设置、严格管理”的原则,对已有阳光自产自销点进行提升改造并在城区环湖南路龙庭酒店旁边和新安东路浪达岭朝阳小区旁边新建了两处自产自销点,并投入使用。依托自产自销点在城区阳光路、环湖南路和新安东路新建三处城管驿站,总面积 100 余平方米。城管驿站统一规划、统一标识、统一配置,在为城管、环卫、市政、停车收费等一线人员提供休憩、就餐、阅读等服务的基础上,还将服务对象拓展至普通市民和游客,为他们提供便利,进一步打响城市管理服务品牌。

【便捷泊车建设】 提前并超额完成市对县便捷泊车和先离场后付费 2877 个指标任务,实际已完成 3420 个。开发了淳安城管微信公众号“先离场后缴费”端口,市民可通过微工具中先离场后缴费端口进行注册,实现先离场后缴费便捷功能。

【“最多跑一次”】 根据省市县关于推进“最多跑一次”工作要求,为方便群众审批办事,体现城市管理服务人民的理念,创新推出“容缺受理”机制,既方便于民也提升审批办事效率。全年共受理审批 4042 件。同时,根据推进政府数字化转型工作要求,实现了互联网+政务服务事项由原先的 10 项细化、扩展到 22 项,网上办、掌上办、跑零次、即办件等几大数据指标均达到 100%,互联网+监管“浙政钉·掌上执法”系统开通率达 100%,互联网+协同办公达到目标任务。

【“街头办公”】 围绕市容管控“淳安标准”,探索“街头办公”新模式,对发现的各类城市管理问题进行专人负责、现场督办、逐项落实,邀请媒体、社会各层面群众代表和社区工作人员走上街头,共同查找城市管理中存在的问题,并第一时间交办和解决,切实提高城市管理服务水平和执法效率。

【党建品牌创建】 依托“党建双强”创建工程,树立县级十大“党建双强”支部以及杭州市城管系统“最强支部”和“最优党员”品牌；完成统战事务服务中心建设，城管“五个之家”统战品牌基本形成，得到省委常委、统战部部长熊建平的肯定；智慧城管指挥中心成为县青少年“实践基地”和“第二课堂”活动基地之一；高铁新区中队成功创建全省“最佳实践”基层执法队所。

【队伍管理】 以“五破五立——双十行动”为载体，深入开展“破旧立新、思想解放”大讨论活动，深化“不忘初心、牢记使命”主题教育活动，不断推动城市管理和综合执法从思想自觉向行动自觉纵深推进。继续深入实施队伍管理“强基础、转作风、树形象”三年行动计划，组织开展全员集中轮训、英语口语、应急救护知识等素质培训，完成7个省级规范化中队达标建设和11个星级中队创建。以“警示教育月”和“队伍风险隐患排查专项整治行动”为抓手，在城管系统开展“家访”和重点对象帮教工作，推进队伍正规化建设，严管队伍的理念和要求逐渐得到落实。

【执法规范化】 启用非税征管业务系统和杭州城管综合执法信息平台，实现罚缴分离和网上办案，进一步强化制约监督，防止恣意处罚、人情执法等情况的发生。同时，建立每月固定的法制员例会、典型案例分享会、夜学夜考等制度，通过法条解读、以案释法、问题剖析、以考促学等方式，着力培养执法队员在办案程序规范、办案水平提升、重难点问题处理等方面的综合素质。全年办理案件同比增长15.7%，未发生一起行政复议或者行政诉讼案件。

【智慧城管】 2019年，梓桐、中洲和石林镇数字城管建设完成，智慧城管建制镇三年行动任务二年完成。充分发挥非现场执法系统平台作用，引用流动摊贩人脸识别、出店经营智能监控抓拍等技术，对城市管理渣土运输等重点领域实行重点打击，有效解决城市管理反复性强、执法取证难等问题，提升执法效能。非现场执法系统平台共上报、交办问题28700件，提供执法视频证据939起，通过短信非接触性劝导整改329件，立案182件。

（汪涛）

（编辑　程中青）

教　育

·综述·

【概况】 2019年,全县有幼儿园40所,小学57所,初中15所(含民办1所),普通高中5所(含民办1所),职业高中2所(含民办1所),电大教师进修学院1所,特殊教育学校1所。在校中小学生、幼儿41142人,其中在园幼儿8453人,小学生15451人,初中生8763人,普高学生5510人,职高学生2931人,特殊教育学生34人。全县有成人文化技术学校23所,村级成人学校(教学点)425所(处),民办培训机构28所,县社区学院1所,乡镇社区教育中心23个。全县有教职工4733人,其中在职公办教职工3818人,专任教师4073人(含民办),专职成教干部55人。

·学前教育·

【概况】 2019年,全县共有幼儿园40所,其中公办幼儿园27所(下设21个分园,31个教学点),民办园13所。省一级幼儿园3所(其中公办园2所、民办园1所),省二级幼儿园30所(其中公办园22所、民办园8所),省三级幼儿园6所(其中公办园3所、民办园3所),准办园1所(民办园)。学前教育专任教师696名,其中大专学历以上692名,高中学历4人,专任教师学历合格率100%,专任教师证持证率96.8%。

·义务教育·

【概况】 2019年,全县有小学57所(含千岛湖镇三小金峰校区;不含南山学校小学部、里商中校小学部),586个班级,在校学生15451人,专任教师1610人,学历达标率达100%,其中专科毕业以上达99.57%;初中15所(含杭州千岛湖建兰中学初中部),244个班级,在校学生8763人,专任教师959人,专任教师学历达标率达100%,其中本科以上达98.02%。

【义务教育普及率巩固率】 2019年,全县小学入学率达100%,初中入学率达100%,小学巩固率达100%,初中巩固率达100%,“三残”适龄儿童、少年入学率达100%。

【解决上学难问题】 2019年,妥善解决411名(初中246名,小学165名)符合条件的进城务工人员、外来务工人员子女在城区初中小学就学问题。

·高中教育·

【普通高中教育】 2019年,全县有普通高中5所(淳安中学、淳安二中、汾口中学、威坪中学、杭州千岛湖建兰中学高中部),其中省一级重点学校1所(淳安中学),省二级普通高中特色示范学校2所(汾口中学、淳安二中),省三级重点学校2所(汾口中学、威坪中学)。

【职业高中教育】 2019年,全县有职业高中2所,其中公办职高1所(千岛湖中等职业学校,为省二级中等职业学校),民办职高1所(育才学校)。在校学生2931人,专任教师249人。千岛湖中等职业学校成功创建省二级中等职业学校、省中等职业教育改革示范校、省数字校园示范学校,育才学校成功创建省三级职业高中。千岛湖中等职业学校共设4个专业部、4大主体专业,其中电子专业为浙江省示范专业和浙江省实训基地;旅游专业为杭州市品牌专业、杭州市示范专业;机械专业为杭州市示范专业;电商专业为杭州市示范专业。

·特殊教育·

【概况】 2019年,淳安县义务教育段7～15周岁"三残"儿童少年共计207人,其中在县培智学校就读34人,随班就读118人,送教上门46人,7人跟随父母在外,2人联系不上,入学总人数为198人,入学率为95.7%。学前教育段共有"三残"幼儿39人,其中随班就读26人,送教上门5人,康复中心7人,1人联系不上,入学率97.4%。高中教育段共有"三残"少年106人,其中,培智学校6人,随班就读50人,送教上门38人,入学率88.70%。

·素质教育·

【淳安县中小学生科技节】 由淳安县教育局、共青团淳安县委、淳安县生态产业促进和服务局、淳安县科学技术学会、淳安县华数数字电视有限公司联合主办,淳安青少年活动中心承办的淳安县第六届中小学生科技节,共有比赛项目38个,其中参加市级比赛选拔项目24项,县级自行组织竞赛项目5项;科普主题活动8项,专项竞赛30项。共有230余名学生代表淳安县参加了杭州市中小学生科技节28个项目的比赛,获得4个市一等奖、22个市二等奖、64个市三等奖、2个市优秀奖,淳安中学经过预赛、复赛、决赛激烈角逐,最终入围2019"长三角"高中生科学辩论赛并一举夺冠。其中,创新项目"康美千岛湖微视频"竞赛、"节水防污玩科学"大赛等,已成为县特色项目。

·成人教育·

【概况】 2019年,全县成人文化技术学校23所,村级成人学校(教学点)425所(处),民办培训机构28所(其中营利性机构17所),电大进修学院1所,县社区学院1所,乡镇社区教育中心23个。全县专职成教干部55人。

【社会培训】 2019年,在充分对接县民政局和县农业农村局的基础上,两单位的社会培训工作全部由县教育局统筹安排,其中移民科技培训6000人次由千岛湖中职校牵头、各乡镇成校配合开展,各类农培5500人次由乡镇成校自主完成。所有社会成果均已存入浙江省终身教育学分银行系统。

【社区示范性学习型社团创建】 为贯彻落实杭州市人民政府《关于构建市民学习圈　大力推进终身教育工作的意见》文件精神,根据杭州市教育局《关于开展杭州市社区示范性学习型社团评选认定活动的通知》,积极发动各乡镇成校和社区学院开展创建工作,千岛湖镇望湖社区千岛浪花旗袍艺术团、王阜乡八都麻绣、临岐镇大姑娘组合等获得"杭州市社区示范性学习型社团"荣誉称号。

【百姓学习之星评选】 左口乡陈北京同志获杭州市2019年度"百姓学习之星"荣誉称号。

【全民终身学习】 成功举办淳安县首届市民终身学习活动周启动仪式,表彰了县级优秀学共体和百姓学习之星。老年开放大学正式挂牌。

·民办教育·

【概述】 2019年，全县共有民办学校2所、民办幼儿园13所、民办培训机构28所(其中营利性培训机构17所)。

【校外培训机构专项整治】 全年通过定期督查、接举报督查、专项督查，共查处违规办学4起，对检查中发现的五大类46个问题发放行政指导书14份，所有问题均在规定时间内整改到位。11月7日，邀请县纪委监委相关负责人、县政府特聘行政执法监督员组成检查组现场视察，视察组一致认为校外培训机构管理日趋规范。县主题教育办公室在“不记初心、牢记使命”主题教育简报第23期上刊发了《县教育局开展校外培训机构专项整治扎实推进主题教育》，对该项工作予以肯定。

【睿达实验学校终止办学】 因睿达实验学校办学规模与初始预设规模相差较大，办学效益和办学认可度未达初始预期，经睿达实验学校举办者浙江睿达教育科技有限公司与县教育局友好协商，双方一致同意睿达学校(含高中、初中和小学)从2019年秋季学期终止办学，其中初中、小学部学生分流到公办学校，高中部学生由千岛湖建兰中学接管在原场地办学。在双方共同努力下，终止办学总体平稳、有序。

·招生考试·

【高校招生】 2019年，全县普通高考报名人数为1863人；普通高校共录取人数为1844人，录取率为98.98%。三类生高职报名人数为548人，录取人数为535人(含扩招)，高职录取率为97.63%。

【高中招生】 2019年，全县各类高中招生文化考试报名人数为3060人，淳安中学提前批、第一批分别录取78人、440人。淳安二中第二批录取480人，汾口中学第二批录取402人，威坪中学第二批录取320人，睿达实验学校第二批录取52人，千岛湖中等职业学校第二批录取60人，育才学校第二批录取30人。千岛湖中等职业学校各部第三批招生计划800人。育才学校第三批招生计划350人。

【普通中专】 2019年通过中考，共录取普通中专17人。

【自学考试】 2019年全年自考毕业生1人。

【成人高考】 2019年，成人高考总报名人数为869人，其中专升本报考432人、高起点专科报考437人。

·教学研究·

【教学专题研究论文评选】 2019年3月，举行淳安县第三十一届中小学(幼)教学专题论文评选活动，共评出获奖论文349篇，其中一等奖62篇、二等奖116篇、三等奖171篇。在2019年9月杭州市中小学和幼儿园教学研究(基教)评比中，淳安县共获奖47篇，其中一等奖6篇、二等奖20篇、三等奖21篇(其中教研课题成果获奖，一等奖1篇、二等奖3篇、三等奖1篇)。在2019年浙江省教学研究评比中，淳安县共获奖2篇，其中二等奖1篇、三等奖1篇。在2019年杭州市基教教研课题立项工作中，淳安县有10个课题确定为规划课题。

【教学调研】 中学教学调研聚焦课堂，继续开展淳中命运共同体活动，完成了四所普高的高三一、二轮复习调研,认真组织每学期2所学校的初三专项调研;积极开展对汾口初中跟踪调研。小学教学调研紧紧围绕“助推小学”工作目标,继续推行教研员蹲点联盟及实验校联系制度,教学调研分门别类有针对性,讲实效,兼顾幼小衔接研究。集体调研与自主调研相结合,一学年涉及半数以上的学校,对薄弱学校、偏远学校、小规模学校、青年教师、教学质量提升明显的学校进行主题调研,提出可行性诊断建议,对经验举措进行提炼总结与推广,对学校的教学管理建议增强针对性,并为县级层面的学科活动策划提供依据与参考。

【学科培训】 中学学科,根据学科特点积极开展优质课比武、青年教师研训、初三复习研讨等活动,活动接地气,内容丰富,针对性强。抓好小学学科建设,培养一专多能的全科教师。整合资源,借力县教师进修学院、县教育工会,精准设计学科培训项目,引入省市高大上的专家团队,多渠道锻炼教师,开阔视野。

【教研活动】 中学教研活动,认真组织和指导杭州市组织的各类学科教学比武活动,科学获实验操作与解题比赛市一等奖,数学解题比赛市一等奖,高中语文、数学、历史获优质课市一等奖。中等职校教师参加全国教学能力比赛,4位教师荣获全国一等奖4项,促进教师专业素养和信息化能力不断提高。以“改变学习方式,提升学科核心素养”为课堂教学改革突破口,重点关注教学有效性、小规模学校、偏远学校、薄弱学校、新教师课堂教学、农村自然小班微班学校等,对教育教学的导向性、规范性、研究性、拓展性等做好引领与指导。学科教研评比活动丰富多彩,以研促教,以训促教,以赛促教。在杭州市2019年度“一师一优课、一课一名师”推评活动评审中,淳安县荣获一等奖4名、二等奖11名。

【课程建设】 推进普高选修课程开发,组织参加市课程建设培训。在杭州市第十五批普通高中精品选修课程征集评比活动中,淳安中学《教材中的示例生物》课程被评为精品选修课程。

·教育科研·

【教育科研活动】 举行中小学幼儿园教科室主任工作例会;举行杭州市2019年教育科研立项课题负责人培训;举行2019年结题的省市教育科研课题负责人培训;举行获得市、县教育科研优秀成果(一等奖)推介活动。结合主题教育活动,在淡竹小学、瑶山乡中心小学、瑶山乡中心幼儿园、中洲镇小学、白马小学等学校(幼儿园)开展有关小型培训。

【规划课题立项】 2019年,县级规划课题33项、教师小课题355项;市级规划课题9项、教师小课题32项;省级年度规划课题1项;县社科联课题1项。

【科研成果获奖】 2019年,县级教育科研优秀成果15项,教师小课题优秀成果108项;县社科联优秀课题成果1项;市级教育科研优秀成果8项(其中二等奖4项、三等奖4项),教师小课题优秀成果17项(其中一等奖4项、二等奖5项、三等奖8项);省级教育科研优秀成果二等奖1项。市第十六届中小学德育(含心理健康教育和家庭教育)优秀论文(成果)二等奖2项、三等奖3项。

【科研论文评审】 举行淳安县第21届教育科研优秀论文评审活动,共评出获奖论文169篇,其中一等奖29篇、二等奖53篇、三等奖87篇。参加市2019年专题征文评选,获一等奖1篇、二等奖2篇、三等奖4篇;参加市庆祝新中国成立70周年系列活动评选，获一等奖2项、二等奖5项、三等奖5项。

【科研先进荣誉】 淳安中学被评为浙江省(2017—2018)教科研先进集体；徐素珍、胡群贤被评为浙江省(2017—2018)教育科研先进个人。

·队伍建设·

【概述】 2019年，全县共有教职工4733人，其中专任教师4073人，公办在编教职工3818人。全县普高、职业学校、初中、小学、幼儿园专任教师合格学历分别为99.82%、97.59%、100%、100%、100%，高学历比例分别为4.48%、5.22%、98.02%、99.57%、99.39%，专任教师高级职称比例分别为43.72%、38.15%、36.60%、7.57%和0.30%。全县公办学校共有校级干部197人，其中校(园)长83人、副校(园)长114人、女干部48人。全县公办学校共有特级教师2人，省级教坛新秀8人，131人才工程第三层次培养人选1人，县拔尖人才12人，县级学科带头人295人，县级名师50人，县级名校长13人，省级师德楷模5人，全国优秀教师6人。

【干部考察任用】 2019年，完成197名校园长考察评议和21名机关科室、直属单位中层干部述职评议工作。全年共组织实施干部调配34名，涉及县教育局机关、直属单位和中小学幼儿园干部选拔任用、岗位调整、正常退任等内容。其中：提拔局管中层干部14名(中层副职提任正职9名，新提任中层副职5名)；交流中层干部12名(中层正职6名，中层副职3名，正职转任副职3名)；其他8名(任职年龄到限退任4名，辞职免职1名，提拔至其他单位任职2名，降职1名)。

【校长培养】 认真落实“三名工程”行动计划，9名小学副校长和1名副园长参加岗位任职培训；50名幼儿园园长(含民办)参加杭师大继续教育学院举办的专题培训；40名中小学校长赴广深研修；35名成校校长赴湖州考察学习；170名校长(含德育主任)赴富阳参加义务教育学校管理工作专题培训；157名校园长赴武汉华中师大参加暑期读书教育活动。

【教师招聘】 全县公办中小学幼儿园共招聘教师133人。其中统一招聘97人(普通高中1人、千岛湖中等职业学校5人、初中22人、小学62人、幼儿园6人、培智学校1人)；自主招聘12人(淳安二中6人、汾口中学2人、威坪中学3人、千岛湖中等职业学校1人)；幼儿园教师定向委培毕业生24人。全年共招聘硕士研究生3人。

【教师培训】 全力做好“十三五”教师专业发展培训工作，全年累计培训2963人次，其中县级项目47个，教师培训经费达1212.87万元。3名教师参加“国培计划”—示范性项目，14名教师参加省级指令性骨干培训，其中“浙派名师名校长培养工程”培训2名，中职学校教师培训10名，成校(社区学院)骨干教师业务培训2名。实施精进培训，高中语文、政治、物理共63名青年骨干教师从浙师大顺利结业；初中语文、小学语文各20名精进班学员从杭师大顺利结业；高中数学、历史、化学共62名青年骨干教师到浙师大进修；初中语文、数学、英语、科学、社会，小学语文、数学、英语共332名教师赴杭州师范大学参加培训。

【教师培养】 “浙江省特级教师章荣华工作室”共开展3次活动，15位学员有4项课题在杭州市小课题研究项目中被立项，有3项课题在杭州市规划课题研究中被立项。25个“杭州市名师乡村工作室”积极开展形式多样的教学研修活动，84位学员参加2019年暑期“名师乡村工作室”骨干学员集中培训。举办全县幼儿园青年教师五项基本功技能大赛和中小学青年教师基本技能比武活动。43名农村教师到城区中小学幼儿园委培挂职锻炼。

【县管校聘】 继续着力推进中小学教师“县管校聘”管理改革，加强全县教师的统筹管理，积极引导优秀教师校长向农村学校、薄弱学校流动，促进师资均衡配置，推进教育公平。改革共涉及59所学校、3400余名中小学教师。跨校交流教师174名，跨校竞聘上岗教师4名，组织调剂上岗1名。4所学校调整了编制方案，56所学校调整了岗位设置方案。

【教育协作】 淳安中学和杭十四中认真履行两校构建紧密型合作办学协议。浙大附中三次来淳安二中开展教学交流、高考指导、临考讲座，受益师生1300余人次；淳安二中两次安排教师赴浙大附中参加学科交流和班主任工作交流学习，提升教学研究水平与班级管理能力。根据浙江省委组织部、省教育厅等关于选派第三轮“希望之光”教育专家团队到省内加快发展地区工作的通知，柔性引进杭十四中郑国赞、尹高生、陈梅珍，浙江大学附属中学吴亦巨、周晓农等5位杭城名师援助淳安中学和淳安二中。积极开展援藏援疆援黔工作，共选派援藏教师2名、援疆教师6名、援黔教师4名。

【评优评先】 2019年共评出省市县各类先进个人165名，其中市优秀教师11名、市优秀教育工作者3名、市中小学育人工作先进个人6名、县优秀教师65名、县优秀班主任45名、县“春蚕奖”35名、县师德先进个人20名。

【人才认定】 2019年共认定人才27个，其中杭州市级B类1个、C类3个、D类10个、F类1个，淳安县级C类6个、D类6个。2019年共发放人才资金40.18万元。

【队伍建设保障】 继续实施三名工程“人无我有”激励政策，58名教师获县政府嘉奖，44名班主任享受副校长待遇，19名副校长享受校长待遇，8名同志享受退岗校长待遇，教育新政效应持续显现。县政府继续设立教师专项奖，在职教职工每人5000元，教师职业幸福感、获得感显著增强。

【职评和资格认定】 2019年职称评审初次定级196人，评定中级职称125人(申报162人)，中小学高级职称30人(申报70人)，正高级职称1人(申报1人)；全年共受理申请初中、小学、幼儿园教师资格237人，最终认定许可人数为237人，认定通过率为100%。

·经费设施·

【概况】 2019年，财政拨入教育事业费81190万元，比上年增长2.12%。生均预算内教育事业费与上年相比：普通高中增长1582.11元；职业高中增长453.3元；初级中学增长761.94元；小学增长318.2元；幼儿园增长35.35元。

【新建学校】 2019年，继续实施千岛湖镇第七小学新建工程，占地3.47公顷、建筑面积22000平方米、设置办学规模36个教学班、投资1.23亿元，2020年秋季投入使用；实施千岛湖镇第八小学新建工程，设置办学规模36

个教学班，投资1.5亿元，预计2021年秋季投入使用。

【校舍维修】 2019年，投入1500万元，实施中小学、幼儿园校舍维修改造项目29项，其中幼儿园维修改造7项、校舍维修改造22项。

【教育资助】 2019年，全县学前教育受助人数187人次，资助金额20.74万元；小学享受爱心营养餐、一类寄宿生生活费补助和非寄宿生生活补助2423人次，占学生总数的6.01%，资助金额112.1万元；初中享受爱心营养餐、一类寄宿生生活费补助和非寄宿生生活补助1790人次，占学生总数的6.8%，资助金额95.31万元；普通高中受助学生1535人次，占学生总数的9.13%，资助金额153.85万元；中职免学费人数5932人次，资助金额593.2万元，享受国家助学金人数1631人次，资助金额163.1万元。

·教育装备·

【教育装备总投入】 2019年，由省、县财政拨款和乡镇及学校自筹资金共计1132.46万元投入教育技术装备。

【教育装备建设】 2019年，县财政安排和乡镇自筹资金共计1132万元用于教育装备配置和更新，具体项目包括：36所“互联网+义务教育”结对帮扶学校互动课堂建设；更新181套教室多媒体；建设淳安中学、淳安二中等15个计算机教室；添置321台教师办公电脑；改造淳安中学、汾口中学、千岛湖初中校园网络系统；购置615套课桌椅、1532个学生床位和学生用柜；开启县教育局“雪亮工程”视频云平台建设和校车安全建设；为淳安中学教学改革引进精准教学。

【校园书香工程】 2019年，配合省教育技术中心认真实施义务教育学校书香工程建设。全县受益金额17.03万元，其中社会捐赠4万元，新增图书12232册。各校共筹措资金近8万元用于征订教育教学辅助资料。

【创新实验室建设】 组织全县中小学参加《杭州市中小学创新实验室、学科教室优秀应用案例》征集活动。经组织宣传及初评，推荐淳安中学、临岐镇中及县实验小学共三个作品参加评比。最终临岐镇中的《中草药创新实验室》及淳安中学的《融合STEM探索、拓宽创新实验室课程承载能力——一个实验室与一群课程的故事》被评为优秀案例，并将编辑成册向全市推广。

【智慧教育示范校创建】 2019年，千岛湖镇南山学校、临岐镇初中、威坪镇小三所学校通过杭州市智慧教育示范校验收。经宣传发动、学校申报、专家评审，千岛湖初级中学、姜家镇初中、梓桐镇初中、大墅镇初中、千岛湖镇一小、千岛湖镇青溪小学、梓桐镇小等七所学校列入2020年杭州市智慧教育示范校创建单位。

【之江汇教育广场应用】 2019年，省教育技术中心下发了《关于开展之江汇教育广场2019年度优秀空间征集活动的通知》（浙教技中心〔2018〕139号）。县教育装备中心认真落实，及时转发各校，做好活动的宣传发动，鼓励有意向的老师积极参与。南山学校余泽星所建空间获省精品教学空间荣誉称号，南景幼儿园余红英等15位教师的空间获省特色教学空间荣誉称号。

·教育督导·

【浙江省教育现代化县创建推进】 2019年6

月，按照省厅要求上报评估整改报告，通过了省教育厅教育基本现代化县的评估复核；完成了教育现代化县发展指数测评相关工作，发展水平较2018年有较大的进步；完成了淳安县人大对教育现代化县创建工作的调研工作，并向县人大递交了推进创建工作的报告。

【国家优质义务教育均衡县创建推进】 继续推进国家优质义务教育均衡县的创建工作，义务教育学校的七项均衡差异系数、各校达标情况均有较大幅度提升。

【省人民政府对市县政府履行教育职责评价工作启动】 按照省人民政府对市县政府履行教育职责评价工作的文件要求(浙政办发〔2018〕57号)，淳安及时启动，进行了分工，明确了工作职责。

【专项督导】 2019年，完成杭州市教育督导委员会对全县民办幼儿园专项考核工作、浙江省的等级幼儿园评估专项督查、省市对淳安小区配套幼儿园的督查工作、省厅对市县教育发展业绩考核工作、县教育局对学校幼儿园的教育业绩考核工作；完成开学工作检查、安全工作督查、中考巡视、小学体育测试、校长考核、民办幼儿园乱收费专项治理等工作。

【学校发展性督评】 2019年，完成义务教育学校第三轮第一年度、高中教育第二轮第一年度、学前教育第一轮第一年度三年发展规划的网上评估工作，公布表扬被评估的优秀学校。

【规范办学督导】 2019年，共开展3次全县规范办学行为的督导与检查，重点对学生课业负担、招生秩序、学校安全维稳，体育艺术“2+1”、阳光体育锻炼一小时等工作进行督查。

【责任督学区与督导队伍建设】 2019年，按照国务院督导委员会、浙江省教育督导体例的统一要求，把挂牌督导范围扩展到所有民办学校，实现了责任区督导全覆盖；组织专职督学全员参加省厅组织的督学培训、兼职督学赴温岭市培训学习。

【学校品牌创建】 2019年，千岛湖镇青溪小学成功创建省义务教育标准化学校，全县义务教育学校100%达到省义务教育标准化学校标准。淳安县实验幼教集团实验幼儿园成功创建省一级幼儿园、绿园幼儿园成功创建省二级幼儿园，汾口镇中心幼儿园成功创建省二级幼儿园。

·安全管理·

【安全设施建设】 截至2019年底，全县120所中小学校、幼儿园及民办学校均实现安全监控全覆盖，各类监控录像保存时间均达到30天。全年各校(园)总共配备保安人员314人。

【安全教育活动】 联合公安、消防、交警等部门在全县范围内开展校园安全整治教育工作，并结合“护校安园”、综治安全月、交通安全月、安全生产月、安全教育日等专项安全活动对中小学校、幼儿园师生职工进行安全教育。利用杭州市安全教育平台组织师生及家长开展相关专题教育活动，对课程完成率定期通报，确保安全教育课程落实到位。

【隐患排查整改】 根据“等级平安校园”创建要求及全国“两会”、乌镇互联网大会等大型活动安保要求，组织全县学校积极开展平安校园创建及隐患排查治理，并组织开展全县教育系统平安巡防行动。县教育局安保处每月、每季常态化督查，9 月及 12 月各分 6 个检查组对全县 120 所中小学、幼儿园的校园“三防”、食堂与饮用水卫生、校园周边环境、交通及消防安全等各方面工作进行全面、细致的检查，年底对申报“等级平安校园”的 81 所学校(幼儿园)学校进行考核，均被命名为“平安校园”(自 2017 年开始，乡镇幼儿园也列入创建范围)。

【安全演练】 2019 年 6 月，县教育局安保处联合县应急管理局、县消防救援中队、县巡特警大队在千岛湖镇一小开展了综合应急救援演练，共有县防汛抗旱指挥部、县消防救援中队、县巡特警大队 15 人及千岛湖镇一小师生 400 人参加演练。全县各中小学校、幼儿园也在每个学期各自组织各类安全演练，增强学校师生的应急自救及安全防范意识，提高师生面对各类灾害及安全事件的快速反应和应急处理能力。

·工会活动·

【组织建设】 2019 年，3 月举行县教育工会十一届委员会全委(扩大)会议，12 月举办基层教育工会干部业务培训班；选派 23 名基层教育工会干部参加市县总工会举行的各类业务培训。县教育局教研室、淳安中学、汾口镇初级中学、枫树岭镇中心幼儿园等 25 家基层教育工会按期换届。汾口镇中、临岐镇中 2 家基层教育工会通过市级先进职工之家复评验收，汾口镇小、威坪镇小 2 家基层教育工会成功创建市级先进职工之家，梓桐中小成功创建县级先进职工之家。9 月做好县教育工会和各基层教育工会两级智慧工会平台信息维护和完善工作，完成外县外系统和校际会员调转 198 人次。3 月举行基层教育工会经审会计业务培训会，规范工会经费管理使用，严格执行工会会计制度，同时跟进工会经审工作。12 月评选和表彰市教育系统先进工会组织 5 家、市优秀工会工作者 7 名、市优秀工会积极分子 10 名。

【活动开展】 4 月举办县中小学班主任基本功大赛，在全县中小学校级预赛和联盟复赛选拔基础上，全县 94 名从事班主任工作五年以上的中青年教师参加了县级决赛；组织开展淳安县教职工迎“五一”毅行活动。5 月举行县中小学信息技术教师技能比武，来自全县中小学 45 周岁以下 92 名信息技术教师参加了本次比武；联合县教师进修学院在浙江师范大学举办为期 4 天的县中小学气排球教练裁判员培训班；组队参加淳安县第 23 届乒乓球锦标赛荣获女子团体第一名，组队参加淳安县羽毛球锦标赛荣获男子团体第三名。9 月开展县教职工游泳比赛，来自全县中小学 33 支队伍 89 名教职工参加比赛。10 月为县教育发展大会编排展演题为“我有一支唱不完的歌”大型诗朗诵。11 月举行“不忘从教初心、牢记育人使命”县教育系统教职工合唱比赛，全县 860 余名教职工齐聚淳安中学报告厅唱响心中奋进歌；组队参加县乒乓球俱乐部甲级联赛，荣获女子团体第一名、男子团体第 7 名。11 月，举办 2019 年度淳安县“百业百匠”百场技能竞赛“大擂台”暨淳安县中小学第二届青年教师基本技能竞赛，其中综合类第一名获得者威坪中学王瑾被授予淳安县“技术能手”称号，第二名获得者瑶山乡中心小学鲍高洁和第三名获得者汾口中学洪吉艳被授予淳安县“创新能手”称号。12 月，在杭州市第 23 届青年教师基本技能竞赛中，淳安获单项二等奖 1 人次、三等奖 5 人次、综合三等奖 1 人次，在原来几乎获不了奖的基础上取得历史最好成绩。12 月举行淳安县教育系统初高中教职工男子篮球比赛，共有 22 个代表队 300 余人参加。

【关心关爱】 宣传教育系统劳模先进，千岛湖镇第六小学被评为杭州市模范集体，淳安二中校长黄康静被评为2019年杭州市劳动模范，淳安中学仇夜生老师和县实验幼儿园郑亦惠老师荣获县五一劳动奖章，开展省市级劳模慰问工作。做好省市最美教师评选工作，千岛湖镇第三小学程苏琴老师获评市教育系统2019年最美班主任。做好市县工人先锋号评选表彰工作，千岛湖镇第六小学语文组被评为市级工人先锋号，淳安中学地理组、千岛湖中等职业学校旅游与酒店专业部被评为县级工人先锋号。扎实做好教职工暑期疗休养工作，做好2019年东西部对口支援疗休养情况月报，各基层教育工会共组织1293名教职工赴贵州疗休养，同时组织好省内疗休养工作。9月初开展教师节慰问工作，对各级各类学校70名优秀教师进行走访慰问。开展援藏援疆援贵教师慰问工作，座谈并慰问12名援藏援疆援贵教师。县教育工会及各基层教育工会在“五必访”中慰问教职工636人次。开展困难教职工调查摸底，制定困难教职工慰问方案，由本级工会拨出年终慰问款10.67万元对全县87名困难教职工进行慰问。做好杭州市职工医疗互助保障工作，全县各级各类学校参保率100%。

(徐建仁)

(编辑　程中青)

文化·旅游·体育

·综述·

【概况】 2019年,全县接待国内外游客1884.50万人次,实现旅游经济总收入231.93亿元,分别同比增长10.51%和21.06%。其中,乡村旅游接待1459.58万人次,实现乡村旅游收入14.4亿元,分别同比增长12.04%和16.13%。推进体育赛事品牌打造,举办2019年中国千岛湖第二届水上(赛艇、皮划艇)马拉松公开赛、2019年全民游泳健身主题系列活动暨中国·千岛湖公开水域游泳公开赛、全国青少年国防体育专项竞赛、国际泳联/华体集团马拉松游泳世界系列赛、2019中国皮划艇巡回赛(杭州·千岛湖站)、2019中国·杭州千岛湖轮滑公开赛等赛事活动十余项。开展文化交流走亲活动18场,睦剧进校园巡演10场,睦剧下乡60场,非遗进酒店民宿活动10场;举办"唱大戏闹元宵"2019年淳安县民营剧团展演;8月2—31日,每周五、周六在骑龙巷开展"骑龙有戏"——睦剧纳凉月活动;举办读者活动162场(各类专题展览45场、讲座36场、阅读推广活动81场)、节庆活动27场。全年累计送戏下乡200余场,送春联下乡1万余幅,送书下乡3万余册。在杭州市第二十五届"三江"歌手大赛总决赛中,县文化馆荣获优秀组织奖。

【组织机构变革】 1月17日,根据机构改革调整,由原旅委、文广新局、体育局合并的淳安县文化和广电旅游体育局正式挂牌成立。9月16日,中共淳安县文化馆支部委员会成立。9月23日,中共淳安县千岛湖景区综合管理处支部委员会成立。9月24日,中共淳安县图书馆博物馆支部委员会成立。10月24日,淳安县文化市场综合行政执法队正式挂牌成立。

·文化传承·

【非物质文化遗产】 1月5日,开展第一批县级非遗传承人及第二批非遗教学传承基地评审;1月30日公布淳安三角戏余红兵等32名第一批县级代表性传承人、王阜初中等3处非遗教学传承基地。6月6日,2019淳安县"文化和自然遗产日"暨淳安县·歙县大型非遗交流活动开幕式在骑龙巷举办,活动集中展示了淳安、歙县文化遗产特色,展示区域交流合作成果,淳安、歙县两地代表还为第六批县级非遗项目负责人代表、第二批县级非遗教学传承基地负责人代表以及第一批县级非遗代表性传承人授牌、颁发证书。7—8月,开展杭州市非遗旅游景区(民俗文化村)和市级非遗传承教学基地申报工作,成功申报汾口镇赤川口村等4处非遗旅游景区(民俗文化村)和王阜乡初级中学等2处市级非遗教学传承基地。

【文物保护】 3月6日,淳安入选中央宣传部、财政部、文化和旅游部、国家文物局评定的革命文物保护利用片区分县名单(第一批)。7月2日,2019年杭州市农村历史建筑保护工作会议在淳安召开。

·旅游资源·

【全域旅游】 2月14日,根据《浙江省人民政府关于表彰全域旅游示范县(市、区)的通知》(浙政发〔2019〕4号),淳安县成功创建浙江省首批全域旅游示范县。3月20日,出台《2019淳安县全域旅游营销奖励政策》。5月19日,信息协会信用专业委员会和竞争力智库等机构联合发布《2018中国县域旅游竞争力报告》,淳安县成功入选2018中国县域旅游竞争力百强县,成为杭州市唯一入选县(市、区)。

【研学旅游】 6月,启动《千岛湖研学旅行推荐手册》编制。6月30日,联合姜家镇开展以"领略千岛风光,绘写风情小镇"为主题的文化研学活动。10月10日,中国旅行社协会研学分会会长会在千岛湖举办。10月12日,农夫山泉青少年研学中心、石林港湾运动休闲特色小镇、梓桐镇书画研学基地、千岛湖啤酒小镇被评为杭州市中小学生研学旅行基地(营地)。11月22日,"知行山水间·研学千岛湖"千岛湖研学启动仪式在千岛湖举办。

【乡村旅游】 4月9日,《以民宿产业升级助推淳安乡村振兴对策研究》课题被立项为杭州市哲学社会科学规划课题,并获2018年度淳安县哲学社会科学课题优秀成果奖。7月1日,千岛湖高铁站至乡镇的"乡村景区旅游直通车"专线正式开通。7月23日,根据《文化和旅游部　国家发展和改革委关于公布第一批全国乡村旅游重点村名单的通知》(文旅资源发〔2019〕95号),下姜村入选第一批"全国乡村旅游重点村"。9月25日,杭州文佳农业观光有限公司、杭州兰纳农业水果采摘基地被浙江省旅游标准化技术委员会评为首批金果级"浙江省采摘旅游体验基地"。12月25—27日,举办全县乡村旅游专题培训班。

【民宿发展】 2019年全县民宿接待过夜游客342.76万人次,实现营业收入4.91亿元,同比分别增长25.39%和27.49%。7月4日,中共淳安县民宿行业委员会挂牌成立。10月15日,淳安县首部民宿形象宣传片《千岛湖·宿愿》完成拍摄。

【A级景区创建】 4月30日,威坪镇被纳入全省首批AAAA级景区镇试点培育单位。7月20日,千岛湖石林风景区、千岛湖大峡谷入选浙江省100个避暑气候胜地。12月9日,啤酒小镇获评国家AAA级旅游景区。

【景区村庄创建】 12月9日,井塘村等20个村庄被评定为2019年浙江省A级景区村庄,文昌村等13个村庄被评定为2019年浙江省AA级景区村庄,进贤村等16个村庄由A级景区村庄提升为AA级景区村庄。12月16日,桐子坞村、屏湖村、西岭村、东树坑村、桃源凌家村、叶家村、源塘村、闻家村、金陵村、五堡村等10个村庄获评2019年浙江省AAA级景区村庄。

【运动休闲】 7月2日,根据《浙江省体育局关于公布第二批省级运动休闲小镇培育名单的通知》(浙体经〔2019〕212号),界首自行车运动小镇被列入第二批省级运动休闲小镇培育名单。9月5日,千岛湖绿道(05省道段)被浙江省体育局、浙江省文化和旅游厅评为"浙江省十佳运动休闲绿道"。12月29日,千岛湖国家登山健身步道获评中国登山协会2019年度推荐登山健身步道。

【特色休闲】 12月12日,千岛湖鱼味馆获评最佳特色休闲示范点,千岛湖水之灵和千岛湖半岛绿道营地获评优秀特色休闲示范点,千岛湖欢乐水世界获评标准特色休闲示范点。

·旅游服务·

【旅游宣传】 3月5日,微信公众号“千岛湖旅游发布”正式更名为“千岛湖文旅体发布”。3月31日,浙江电视台经视频道《诗画浙江48小时》播出千岛湖专题。5月2日,央视一套《新闻联播》、浙江卫视《浙江新闻联播》、杭州一套《杭州新闻联播》《新闻60分》等栏目对骑龙巷开街和城市旅游进行宣传报道。6月19日,“千岛湖旅游”微信公众号被浙江省文化和旅游信息中心评为2018年度浙江省文化和旅游系统优秀政务新媒体。9月24日,《中国旅游报》以《从湖区旅游“一枝独秀”到全域旅游“百花齐放”》为标题,刊登淳安全域旅游专访报道。11月12日,“寻旅畅游千岛湖”淳安县首届旅游美文创作大赛落幕,共评选出一等奖2篇、二等奖6篇、三等奖10篇、优秀奖22篇、优秀组织奖1名。11月21日,举办2019千岛湖秀水节抖音原创短视频大赛启动仪式暨抖音网红培训班。

【智慧旅游】 9月5—6日,杭州城市大脑文旅系统首场推进现场会暨“多游一小时”场景培训班在淳安召开。9月16日,《淳安县加快城市大脑建设,助力打造“全国最佳自助游目的地”成效明显》专报被浙江政务信息(专报)第1182期录用刊发。9月17日,淳安首批市级智慧旅游示范单位(千岛湖洲际酒店、千岛湖风景区)顺利通过复评。12月30日,淳安城市大脑文旅数字驾驶舱V1.0版正式发布。

【高铁旅游营销】 1月5日,“千岛湖号”品牌列车暨上海高铁旅游专列首发仪式活动在高铁上海站举办。3月14日,杭黄高铁暨千岛湖旅游产品及优惠政策发布会在千岛湖举办。4月11日,2019杭州千岛湖高铁旅游宁波推介会在宁波举办。

·景区管理·

【管理体制改革】 1月31日,水上旅游运输资源经营权确权,与浙江千岛湖旅游股份公司签订“千岛湖风景名胜区水上旅游运输资源经营权使用合同”。3月18日,千岛湖景区游船排航调度权转交给浙江千岛湖旅游股份公司。

【智慧景区建设】 7月10日,千岛湖景区实施实名制售检票。9月3日,千岛湖景区实施实名制分时预约入园,并对游览线路进行优化。9月4日,千岛湖景区上线支付宝面对面支付,游客可刷支付宝付款码直接入园。

【景区整治提升】 2月24日,开展千岛湖景区公共场所控烟专项行动。6月17—20日,开展千岛湖景区旅游市场秩序专项整治。7月15日—10月15日,开展千岛湖AAAAA级景区整改提升专项行动。9月6日,千岛湖景区观光游船实行上下舱分舱销售。10月18日,完成《千岛湖AAAAA级景区整改提升工作报告》,顺利通过了AAAAA级景区复评。10月24日,完成《千岛湖景区美誉度提升调研课题材料》。全年累计开展湖面巡查200余次,查处违规载客兜风游艇16艘,补齐门票22张,挽回经济损失2860元。

·行业、市场管理·

【市场监管】 注重培训、检查和演练。全年开展导游检查120次,旅游团队310次,纠正导游违规行为18件,办理各类信访投诉319起,接110社会应急联动平台任务44起,均按时完成任务并反馈。3月19日,组织全县宾馆饭店在36都酒店开展消防逃生演练,来自县内40余家酒店的安全部门负责人参加了演练观摩。5月28日,联合县华数公司开展开展广播电视安全播出应急演练,县委宣传部、周边区县华数公司负责人观摩演练。9月23日,县安全播出领导小组及网络安全工作会议在千岛湖龙庭大酒店召开,来自全县各乡镇部门和播出机构的130人参加了会议,县委宣传部常务副部长余国富主持会议,县公安局副局长余小阳、县文广旅体局党委委员陈岚分别就网络安全和广播电视安全作发言,县委宣传部部长汤燕君出席会议并讲话。

【行业审批】 全年梳理群众和企业到政府办事事项151项,向县委宣传部移交新闻出版类事项27项,指导和审核全县旅行社变更事项审批11家,新设立旅行社经营许可审批8家,旅行社注销3家,质保金备案和提取12家;审批窗口共办理事项145件,其中行政审批服务事项许可28件、其他事项65件、换证52家,杭州市企业信用联动监管平台反馈信122件,受理群众来访来电200余人次。

【队伍建设】 3月13日,联合县总工会、县人社局开展"百业百匠"宾馆饭店服务技能大赛,全县30余家宾馆的68名选手开展"客房服务""餐饮服务"技能大比拼,15名选手获奖。4月25日,联合县卫健局在阳光大酒店召开全县住宿场所负责人会议暨卫生管理员培训会,县内130家住宿单位负责人、卫生管理员参加了会议。

·节庆、赛事·

【2019中国·杭州千岛湖秀水节】 9月20日,2019中国·杭州千岛湖秀水节在千岛湖啤酒小镇隆重开幕,本届秀水节以"秀水狂欢、共庆华诞"为主题,按照"秀水共护、秀水共兴、秀水共享"三大理念,共设活动15个大项、21个小项,全面展示淳安"奋力开创淳安重大历史变革新局面"的坚定信念,还推出千岛湖"四心之旅"乡村旅游精品线路。11月29日,举办2019中国·杭州千岛湖秀水节闭幕式暨文化踩街活动,共有24个节目参加活动表演。

【2019第八届全民饮茶日】 4月20—21日,"2019第八届全民饮茶日"活动在秀水街举办,活动以"每天一杯茶,健康进万家"为主题,通过"看茶艺、品茶味、送茶包、赠茶书、亮茶技"等多种形式,宣传茶文化,普及茶知识,吸引了广大市民游客积极参与其中。

【2019千岛湖城市旅游主题周暨骑龙巷开街活动】 4月30日,举办2019千岛湖城市旅游主题周暨骑龙巷开街仪式,整合啤酒小镇、千岛湖夜游、新城体验游等城市旅游"打卡点"资源,做好千岛湖国际旅游小城市品牌打造。

【2019千岛湖乡村旅游杭州嘉年华活动】 6月26日,举办2019千岛湖乡村旅游杭州嘉年华活动,来自石林镇、姜家镇、屏门乡等8个乡镇的书记镇长在杭州万达广场为美丽家乡代言,通过乡村非遗表演、特色展示、有奖问答等多种形式,推广各自乡镇丰富多彩的旅游产品和特色活动。活动现场,县文广旅体局与浙江省旅行社协会乡村旅游分会签订战略合作协议,并举行千岛湖乡村旅游嘉年华首发团授旗仪式。

【2019中国杭州大学生旅游节】 9月18日,在下姜村举办2019中国杭州大学生旅游节,来自杭州及国内各大高校的300名在校大学生和20多个国家、地区的100余名在华留学生参加了活动。

【2019 STC 大铁联赛年度首站赛暨第四届千岛湖大铁 113 铁人三项赛】 4 月 21 日,2019 STC 大铁联赛年度首站赛暨第四届千岛湖大铁 113 铁人三项赛开幕,本次赛事由淳安县人民政府主办,淳安县文化和广电旅游体育局、上海大铁体育文化发展有限公司承办,共吸引了包括来自 36 个国家和地区的 256 名外籍选手,以及来自全国 16 个省市自治区及港澳台地区的 763 名中国选手参加。

【2019 年斯柯达 HEROS 中国自行车系列赛·鸿鲸枫度千岛湖站比赛】 5 月 12 日,2019 年斯柯达 HEROS 中国自行车系列赛·鸿鲸枫度千岛湖站比赛开赛,本次赛事由淳安县人民政府主办,淳安县文化和广电旅游体育局、上海鸿鲸体育文化发展有限公司承办,共吸引了 16 个国家和地区的 1400 余名选手参加,其中外籍选手 160 余名。

【2019 年中国千岛湖第二届水上(赛艇、皮划艇)马拉松公开赛】 5 月 26 日,2019 年中国千岛湖第二届水上(赛艇、皮划艇)马拉松公开赛,本次赛事由中国赛艇协会、中国皮划艇协会指导,浙江省船艇运动协会支持,淳安县人民政府主办,杭州市船艇运动协会、淳安县文化和广电旅游体育局、浙江培生体育文化有限公司承办,吸引了来自全国各地的 30 支队伍(赛艇 19 支队伍,皮划艇 11 支队伍),共 299 人参赛。

【2019 年全民游泳健身主题系列活动暨中国·千岛湖公开水域游泳公开赛】 6 月 2 日,2019 年全民游泳健身主题系列活动暨中国·千岛湖公开水域游泳公开赛在城中湖水域举办,本次赛事由国家体育总局游泳运动管理中心、中国游泳协会、浙江省体育局主办,浙江省体育竞赛中心、杭州市体育局、淳安县人民政府承办,来自 20 多个省市的 60 家泳协、俱乐部共 2300 余人参加 500 米、1000 米、2000 米项目的比赛。

【全国青少年国防体育专项竞赛】 8 月 12—14 日,全国青少年国防体育专项竞赛暨千岛湖国际少儿武术散打精英赛在县体育馆举办,1500 余名运动员参加了比赛。

【国际泳联/华体集团马拉松游泳世界系列赛】 9 月 29 日,国际泳联/华体集团马拉松游泳世界系列赛在千岛湖举办,来自 16 个国家的运动员参加比赛,来自荷兰选手 Ferry Weertman 摘取男子组金牌,巴西选手 Arianna Bridi 获得女子组第一名。

【2019 中国·杭州千岛湖轮滑公开赛】 10 月 19—20 日,2019 中国·杭州千岛湖轮滑公开赛在千岛湖举办,来自全国各地的 1000 余名运动员参加轮滑比赛,比赛分为场地赛八个组别和公路马拉松 5 千米、10 千米、18 千米三个组别。

【2019 中国·杭州环千岛湖国际公路自行车赛】 10 月 19—20 日,2019 中国·杭州环千岛湖国际公路自行车赛在千岛湖举办,来自 18 个国家和地区的 800 余名运动员参加比赛,比赛分为团体计时赛和公路赛。

【全国青少年电子信息智能创新大赛暨浙江省青少年创客大赛】 10 月 26—27 日,全国青少年电子信息智能创新大赛暨浙江省青少年创客大赛在县体育馆举办,赛事分智能运输器主题赛、智能太空站开源主题赛、无人机主题赛等 14 个竞赛项目,来自全国的 1400 余名选手参加了比赛。

【2019 中国皮划艇巡回赛(杭州·千岛湖

站)】 11月16—17日，2019中国皮划艇巡回赛(杭州·千岛湖站)在石林镇举办，本次赛事由中国皮划艇协会、淳安县人民政府主办，来自全国的20余支代表队共150余名运动员参加了八个项目的比赛。

【千岛湖马拉松比赛】 12月1日，千岛湖马拉松比赛开赛，本次赛事由中国田协、淳安县人民政府主办，来自全国各地的12000名马拉松爱好者参赛。 (丰爱斌)

·融媒体·

【淳安县融媒体中心成立】 2019年5月30日，淳安县融媒体中心(淳安县千岛湖传媒集团)正式揭牌成立。淳安县融媒体中心(淳安县千岛湖传媒集团)坚持党媒属性、统筹协调和创新发展“三大原则”，整合千岛湖传媒中心、县广播电视台、县政府门户网站等单位职责，对外保留“淳安县广播电视台”称号。

【平台优化】 整合关停原有11个平台。对原来两家新闻单位的19个媒体平台进行内容整合，关停淳安电视台微信公众号、淳安手机台、掌上千岛湖、语音三分钟、微千岛湖、屏媒读报、屏媒民生、图说淳安、淳安电视台新闻网、媒美购、千岛湖GO购等11个媒体平台，对重复设置的栏目予以取消，对原有平台的新闻资源进行合并、优化。

【移动端打造】 突出移动优先，打造县内权威移动端。对原“视界千岛湖”APP进行了全新改版，完善“视界千岛湖”编辑部值班、审稿、发布等流程，提升编辑新闻业务能力。“视界千岛湖”APP已经完成一期时政新闻板块建设，基本实现实时传播，二期政务、民生改版即将上线。同时，拓展推广移动端直播平台，6—12月，视界千岛湖APP移动直播平台开展视频直播50余场，用户观看数超过100万次，仅9月份一个月就进行了13场直播，一个月的直播量达到上年的直播量。

【《淳安新闻》栏目改革】 针对电视新闻时效性问题，重点对《淳安新闻》栏目进行改革，电视新闻截稿时间从当天上午延长至下午17时，并进一步提高制作环节效率，《淳安新闻》时长从15分钟提高到20分钟以上，新闻时效性、现场性、服务性更强，特别是强化了现场同期声的综合运用，注重多种题材的有机组合，提高了电视新闻的可看性。

【报纸、广播宣传质量提升】 《今日千岛湖》扩容推出周六报。主题报道强势推进，围绕“共抓大保护，不搞大开发”、新中国成立70周年、破旧立新、乡村振兴、扫黑除恶等中心工作，精心策划了一批主题报道，新开辟了乡镇特色专栏，进一步营造绿色发展氛围。广播上全新推出“新农村微广播”栏目，确保每周一期节目，并入驻“学习强国”平台；同时还推出了新栏目“我是朗读者”，社会反响很好。

【外宣工作】 向外融合，做好外宣，扩大千岛湖品牌影响力。拓展人民网、新华网、央视频、中国网、中新网、《人民日报》客户端、新华社客户端、光明网、全国党媒信息公共平台、浙江新闻客户端等10多个省级以上新媒体外宣平台。6—12月，集团记者、编辑采写刊发各类外宣稿件500余篇(包含学习强国供稿)，其中在《人民日报》、央视、新华社客户端、中国新闻网、央广等中央级媒体平台共发稿100篇，约为上年同期的三倍。在《浙江日报》、浙江卫视、浙江新闻客户端、浙江在线、浙江之声等省级媒体平台发稿170多篇(上年同期43篇)。在《杭州日报》、杭州电视台、杭十新闻、杭州网等市级媒体平台发稿240多篇(上年同期76篇)。创新栏目，做优党建外宣,突出淳安特色。7月份,广播突破传统宣传思维,创新推出“新农村大喇叭微广播——牢记习总书记的教诲”专栏,淳安因此成为全市第一个在“学习强国”平台开通音频专栏的县级媒体。该专栏在“学习强国”杭州学习平台推出24期,听众650万余人次,实现了广播媒体在新形式下的突破。这一宣传工作的创新举措被《浙江宣传信息》《浙江组工》采用,并获得省委组织部和省委宣传部肯定。

【队伍建设】 为稳定队伍,保证正常运行,并尽快培养人才,千岛湖传媒集团开展以下工作:一是建立到省市挂职学习的机制,提升整体业务素质。7月份以来,集团先后派出9批一线记者、编辑到《人民日报》、杭州电视台、“学习强国”杭州编辑部、杭州电视台挂职学习,建立了省市媒体挂职学习锻炼的长效机制。同时,与浙江新闻客户端等新媒体单位互动,建立每季度联系记者新闻采编技能学习机制,让业务学习成为常态。二是开展传媒集团首届岗位业务技能大比武,而且每周安排采、编、摄、播、制作等一线岗位人员进行换岗交流学习,全面提升新闻一线工作人员整体业务素质。建立集团“传帮带”制度,组织开展摄影、摄像、无人机、视频制作等专题培训。三是制定值班、会议、考勤、加值班等相应的管理制度。同时,出台《千岛湖传媒集团从业禁止性规定》,对在外搞副业赚外快、经商办企业、损公肥私、广告经营混乱等行为进行彻底整顿清理。四是深入开展“不忘初心 牢记使命”主题教育活动,高质量完成学习教育和落实整改等规定动作,同时打破原有的机构设置模式,成立人力资源中心,由集团纪委书记牵头负责,对制度落实、作风建设、党风廉政建设等工作进行具体指导和督促,重点强化对中层干部“一岗双责”的考核管理,切实加强党建工作和干部管理,提升工作效能。 (徐贤方)

(编辑 程中青)

卫生健康

·综述·

【概况】 2019年,全县有各类医疗机构330家,其中县级医院4家(综合性医院2家,中医院1家,妇幼保健院1家),结核病防治所1家(挂靠在县疾控中心),计生指导站1家,中心卫生院4家,乡镇卫生院17家,社区卫生服务中心2家,社区卫生服务站13家,乡镇卫生院分院32家,急救中心(站)7家,民营医院9家,民营门诊部8家,个体诊所、卫生所、厂矿学校医务室61家,村卫生室171个。全县病床数2543张,千人床位数为7.1张。全县卫技人员总数3017人,其中公办医疗卫生机构2353人(包括村卫生室171人),每千人口卫技人员8.43人。其中医生1178人,每千人口医生数3.29人,护士(师)1180人,每千人口护士(师)数3.3人。2019年,全县医疗机构(含村卫生室)门急诊355.9万人次,全县出院病人总数6.61万人次,公立医疗机构总收入10.27亿元。

2019年淳安县级医院业务情况表

表6

单位	门诊(人次)	出院病人(人次)	床位使用(%)	平均住院日	总收入(万元)
县一医院	508552	31096	100	7.7	49238.62
县二医院	176883	9468	87.85	7.4	10750.82
县中医院	429957	15265	79.86	8.5	24344.26
县妇保院	303201	6835	72.84	5.8	9354.24
合　计	1418593	62664	340.55	29.4	93687.94

2019年淳安县中心卫生院业务情况表

表7

单位	门诊(人次)	出院(人次)	床位使用(%)	平均住院日	总收入(万元)
威坪中心卫生院	102280	1416	68.98	6.3	3757.79
临岐中心卫生院	81835	1410	70.05	6.3	2611.2
大墅中心卫生院	35874	260	17.36	6.9	1127.49
姜家中心卫生院	87154	419	40.7	5.7	1531.88
合　计	307143	3505	197.09	25.2	9028.36

【深化医共体建设】 以大统筹推动大融合,持续深化医共体改革,以县级医院为龙头,加大医共体人财务事等方面的统筹统管力度,全省首个基层血透室、康复病房、胃癌早筛分中心、手术室等一批县级医疗优质资源下沉共享,医共体建设深入推进,率先在枫树岭镇下姜村卫生室推出5G远程医疗服务,改变以往基层医疗资源匮乏、人才短缺局面,县域就诊率、基层就诊率、群众满意度“三率”提升。以大联动推动大医改,持续推进“六医”联动,制定与医院薪酬和院长薪资挂钩的医共体目标绩效考核办法,推出医院职称自主评聘和全员岗位管理和聘用,建立医共体“结余留用、超支分担”机制,落实医疗服务收费结构调整,医疗费用、门诊均费、住院均费“三费”增长得到控制,不断巩固医改成效,淳安县已连续三年综合医改考核位列全市第一。

【基础设施建设】 全年安排1.4亿元用于改善医共体牵头医院和基层分院的基础设施条

件，总建筑 3 万平方米的县一医院二期工程主体已结顶；建成 6000 平方米的县中医院后勤综合楼和 5400 平方米的县二医院后勤综合楼；总建筑 3.4 万平方米的县中医院综合楼、5000 平方米的县妇保院综合楼和县二医院维修改造工程已完成项目前期；新完成千岛湖镇等 9 个乡镇基层分院的功能完善和维修改造。

【健康淳安建设】 分解落实 2019 年健康淳安建设工作任务，完成健康促进学校、健康促进医院创建申报，全年培育创建健康促进铜奖学校 19 家，组织 4 家县级医院开展健康促进医院建设。先后开展健康社区、健康单位等创建工作，通过以点带面、示范引领作用，推动群众形成健康保健理念。拍摄制作主题为“实施慢性呼吸系统疾病防治行动”的健康中国行动微视频，传播健康知识及健康技能效果明显。截至 2019 年底，辖区内建有县级健康家庭 14 户，健康单位 52 家，其中：WHO 健康单位 2 家、健康社区(村)15 家、健康促进学校 30 家、健康促进机关 2 家、健康促进企业 3 家。

【卫生乡镇创建】 卫生乡镇创建全省领跑，在全省率先开展卫生乡镇“三级联创”，已提前实现全县所有乡镇省级卫生乡镇全覆盖，其中威坪、临岐、大墅、枫树岭、安阳、中洲、汾口、浪川、梓桐、瑶山、石林、文昌等 12 个乡镇已通过国家卫生乡镇市级、省级评审，并完成社会公示，国家卫生乡镇创建率达到 60.86%。

【卫生信息化建设】 以卫生信息化建设推动医疗服务“最多跑一次”。完成县域卫生健康信息平台建设和智慧医疗服务应用建设，实现县域公立医疗机构区域诊疗信息、居民健康档案、双向转诊信息、签约服务平台信息互联互通和共享互认，先后实现分时段预约诊疗、检验检查集中预约、入院准备中心一站式服务、先看病后付费(舒心医疗工程)，医共体号源池和成员单位智慧结算，实现出生服务“多证联办”，用血服务“一站式”减免，医事服务门诊综合服务中心一站式服务等。开展了“两卡融合、一网通办”和刷脸就医及 120 市县联网“一键护航”工程建设。

·医政管理·

【公立医院改革】 四家县级医院顺利完成省政府开展“双下沉、两提升”第三方评估工作。按省市医改办要求，组织完成 2018 年公立医院综合改革效果评价考核。按月监测公立医院各项医改指标考核数据，总体可控。做好县域医共体建设重点任务清单相关工作，完成医共体成员单位法人证书和医疗机构执业许可证变更，建立县域统一药品目录，结合“优质服务基层行”开展卫生院(社区卫生服务中心)标准化建设。推进医疗卫生服务领域“最多跑一次”改革，成立“最多跑一次”改革数据监测报送组织，按时完成数据报送。

【医疗质量管理】 充分发挥县医疗质控组织的作用，制定完善各类医疗质控标准，指导医疗机构规范医疗行为。组织开展县医疗质控联合检查，分别对县级医院、乡镇卫生院和民营医院各项质控工作进行现场检查指导，促进医疗质量持续改进。开展医疗机构感染防控排查整顿工作，共完成 317 家医疗机构自查。组织开展医疗岗位技能竞赛，力推医疗质量提升，相继举办全县临床检验技能、医院药师技能、院前急救技能、青年医师急救技能和中医药适宜技术推广应用技能竞赛，并组织选拔优秀选手参加杭州市医疗岗位技能竞赛。开展“优质服务基层行”活动，全县达到基本标准以上的卫生院(社区卫生服务中心)

13家，占比56.5%，超出杭州市50%的目标要求。

【科教工作】 重点学科建设和科研立项有新突破，新增省级中医药重点专科2项，市级首批基层医疗机构特色重点专科2项。目前省级重点学科达到6个，市级重点学科5个，县级7个。2019年省级科研立项10项，省级继教项目6项，市级科研立项20项，市级继教项目22项。加强病原微生物实验室生物安全管理，完善病原微生物实验室生物安全备案工作，组织开展病原微生物实验室生物安全自查和风险评估。做好住院医师规范化培训的日常管理，协调指导培训基地年度考核，组织召开县住院医师规范培训工作会议。

【中医工作】 加强中医重点学科建设，组织申报杭州市首批基层中医特色专科(专病)建设项目，其中县中医院的肾病科和内分泌科2个项目通过杭州市专家评审，列入建设项目。落实基层中医馆建设项目，2018年基层中医馆建设项目屏门卫生院等6家单位基本完成，全县基层中医馆标准化建设率达91.3%。积极推广应用中医药适宜技术，县中医药适宜技术推广培训基地中医院2019年共培训基层中医药人员400余人；组织举办县级中医药适宜技术推广应用竞赛，选拔优秀选手参加2019年市级比武，荣获团体三等奖、护理个人三等奖。重点加强对民营医疗机构中药饮片质量监管，8月份组织县中医药质控专家对全县15家民营中医医疗机构中药饮片的采购、验收工作进行专项检查，促进中药饮片规范管理。

【无偿献血】 无偿献血与临床用血比再超100%。2019年1—12月，全县无偿献血量1441.64升，临床用血量1385.6升，无偿献血量占用血量比例104.04%。

【为民办实事】 组织实施县为民办实事项目——白内障免费复明工程，完成对全县23个乡镇的白内障手术病人筛查，筛查人数15000余人，共实施手术1758例，超额完成1200例的计划任务。

·人事管理·

【干部队伍建设】 根据县域医共体建设要求，经县一医院、县中医院医共体提名，县卫健局党委研究，对县一医院医共体界首分院、县中医院医共体文昌分院的执行院长进行调整，其中文昌分院执行院长在县中医院内部选拔产生。县中医院开展了新一轮中层干部竞聘上岗。根据县委组织部关于优秀中青年干部“123序列”选拔工作要求，新选拔产生优秀中层干部2名、优秀年轻干部4名、优秀培养苗子1名。

【人才工作】 全年组织县级医院开展了五轮11场次自主招聘高层次紧缺专业人才工作，共录用本科以上学历人才25人，其中全日制本科生19人、研究生4人、副高以上职称2人。开展县域医共体公开招聘事业人员，共录用55人。组织开展2019年定向培养基层人才工作，招生30人，其中本科生17人、专科生13人。全年共选派41名医疗技术骨干赴省内外三级医院进修培训，安排6名医疗技术骨干赴剑河县挂职。举办中医药适宜技术、妇幼保健、临床检验、院前急救等各类技能比武16场，举办“心血管病治疗”“呼吸科论坛”及儿科新技术等各级各类继续教育培训班10余场次。

【技术职称工作】 鼓励医务人员职称晋升，组织2019年度卫生初中级和高级职称报名考试工作，有294人报名参加卫生初中级职称考试，250 人取得专业技术职称资格；127 人报名参加高级职称考试，通过市级高评委及医共体自主评聘，45 人取得了高级职称专业技术资格。

·公共卫生·

【家庭医生签约服务】 以建设 3 家医共体家庭医生签约服务“示范乡镇”和 23 家“示范村”为抓手，充分发挥医共体牵头作用，建立“1＋1＋1＋X”签约服务工作机制，即 1 名签约对象、1 名签约全科医生、1 名医共体牵头医院专科医生和若干名社区护士、公共卫生医师、康复治疗师、药师、乡村医生、公卫联络员组成签约服务团队，整合医共体“医”的优势和成员单位“防”的优势，推进医防大融合，逐步实现基层以治病为中心向以健康管理为中心转变，提升管理效果。2019 年签约 17.87 万人，规范签约率达 38.78％，签约对象基层就诊率达 83.28％，比上年提高 6.86％。继续落实杭州市慢性病长处方管理，对签约居民的 16 种慢性病提供长处方服务，全年为慢性病患者提供 26.08 万人次长处方服务。强化慢性病精准化管理，提高管理效果，实现慢性病管理质量大幅提升。高血压、糖尿病规范管理率分别为 63.37％和 62.91％，控制率分别为 59.71％和 51.63％。

【基本公共卫生服务项目】 统筹推进国家基本公共卫生服务项目，2019 年 2 月，淳安县接受基本公共卫生服务项目省级考核，取得全省第 3 名的优异成绩，位列 11 个医共体试点县的第一名。推进医共体公共卫生工作。制定下发《淳安县强化医共体公共卫生工作实施方案》（淳卫健〔2019〕32 号），建立公共卫生专员和联络员派驻制度，指导团队累计下沉医共体开展培训 17 场次、593 人次，专家帮扶 39 人次。开展项目宣传月活动。将 10 月确定为全县基本公共卫生服务项目宣传月，集中组织开展宣传活动 20 余场次，发放折页 1.4 万份，开展公众咨询活动 37 场次，受益达 4837 人次，提高项目知晓度。强化服务能力提升。开展了全县预防接种、妇幼保健、县卫生监督协管、卫生应急技能竞赛，进一步提升基层业务素质和服务能力。

【城乡居民健康管理】 强化老年人健康管理，落实集中体检、上门服务体检、在千岛湖镇设立临时体检点等服务举措，同时实施县级医院体检中心数据联网工作，极大推动了城镇老年人的健康管理率。全年完成 4.88 万名 65 岁以上老人健康管理，管理率达 70.05％。规范城乡居民健康管理工作，完善电子健康档案内容，全县城乡居民规范化电子健康档案 407519 份，建档率达 88.44％。

【疾病预防控制】 2019 年未报告本地感染登革热病例，发现 1 例马来西亚游客引起的输入型登革热病例，已进行相关处置。县卫健局切实履行全县登革热防控办的工作职责，当好政府参谋，自 3 月起先后多次召开登革热防控专题会议，专题布置疫情处置、应急监测、病媒控制效果监测、评估以及健康教育、疫情分析研判及风险沟通等工作。实行县、乡、村三级联抓，广泛开展环境大清理、大整治活动。加强公众登革热防治知识宣传教育，全年发放各类登革热防治知识宣传资料 9 万 4000 余份，并通过电子显示屏、短信、微信、微博等形式发送登革热宣传信息 3 万余条。11 月初县卫健局在大墅镇组织开展 2019 年淳安县台风后救灾防病应急处置模拟演练，3 家医共体组队参加。

【青少年口腔保健】 2019 年淳安县窝沟封闭预防龋齿项目，继续采取抽调县一医院、县二医院、县中医院技术骨干组成医疗队进校服务模式,覆盖全县60所小学和16所初中,到现场进行口腔检查5298人,学生覆盖率达98.92%。实施窝沟封闭3259人7402颗牙齿,封闭率99.72%。同时对2018年封闭对象4871人进行了复查,复查率95.6%,完好率85.3%。11月杭州市口腔办联合杭州市口腔质控专家组抽查,对465余名学生封闭牙齿进行检查,完好率达96.5%。

【疫情防控】 2019年共发生7起突发公共卫生事件:较大级事件1起,为一起误食亚稀褶红菇引起的食物中毒事件,累计发病7人、死亡1人;一般级事件5起,均为学校流行性感冒暴发疫情,累计发病735人,无死亡病例;未分级事件1起,为一起学样诺如病毒急性胃肠炎疫情,累计发病12例,无死亡病例。共发生聚集性事件9起,其中8起为学校流感疫情、1起为浙江水上运动管理中心赛艇队流感聚集性疫情,累计发病192例,无死亡病例。2019年县活禽交易市场处于关闭状态,县疾控中心在全县组织了6次外环境监测,共监测11个点,其中规模养殖户2家、农村散养户9家。共采集外环境样本70份,经中心实验室采用Real-time PCR法检测,均未检出禽流感病毒核酸。

【卫生监督】 2019年完成5家集中式供水单位的每季一次水质监测和公示工作,合格率100%。完成历年119名尘肺病人随访工作,完成30家企业危害因素监测工作。创新开展卫生监督监测工作,继续推进"双随机一公开"监管模式,累计完成双随机国家监督任务361家、省级175家,监测任务305家,查处违法行为为174家,违法查处率32.46%。全县23家卫生监督协管单位全年累计开展巡查2040户次,上报违法行为信息11次。继续强化餐饮具消毒企业的监管,每月20日开展"社会开放日"活动,邀请人大、政协等委员开展"你点我检"工作,检测合格率100%。强化民宿卫生监管,全年对123家民宿开展现场监督抽检,抽检合格率达90%,合格率比上年同期提升近200%。

【食品安全风险监测】 县卫健局制定《2019年淳安县食品安全风险监测方案》,县疾控中心、县属医疗单位按要求有序开展食品安全风险监测工作,完成食品安全风险监测407件,完成率达107.1%,上报问题信息线索12条,完成食源性疾病监测818例,阳性检出率4.63%。

【重大公共卫生服务项目】 落实农村妇女免费服用叶酸、农村妇女"两癌"检查等国家和省市重大公共卫生服务项目,完成叶酸增补5052人,完成率126.30%;农村妇女宫颈癌检查14016例,农村妇女乳腺癌检查13747例,查出宫颈癌5例、乳腺癌6例。

【妇幼保健管理】 建立危重孕产妇抢救基金,县财政每年预算10万元专项资金用于危重孕产妇抢救。加强妇幼保健管理,通过发放免费服务券方式,打破乡镇辖区限制,使孕产妇、儿童在县内任何一家医疗机构均能免费享受基本公共卫生服务项目。推行动态管理和信息沟通机制,实现流动人员妇幼保健信息的"无缝对接"。2019年全县剖宫产率45.95%,与上年相比下降0.58%;5岁以下儿童死亡率控制在3.57‰;婚检率达95.00%;产前筛查率98.87%,新生儿疾病筛查率99.9%,新生儿访视率98.21%,产后访视率达98.47%。

【精神疾病管理】 全县有精神疾病患者2183人,其中严重精神障碍患者1987人,重性精神病患者发现率为45.4‰,治疗率87.64%。全年无重大肇事肇祸发生,各项指标达国家规范要求。建立应急处置机制，避免不良事件发生，建立双向转诊制度，提供无缝隙服务。全年列入特困免费治疗资助重性精神疾病患者703人，住院救助对象66人次，落实住院救助资金33万余元。协调落实严重精神障碍患者监护人以奖代补政策。自2018年6月22日起，杭州市第七人民医院与淳安县妇保院技术协作签约，每月定期派驻副主任以上职称的精神（心理）科医师前来坐诊、查房，开展睡眠障碍治疗、青少年学习障碍、精神疾病早期干预、心理创伤咨询与治疗服务，2019年上级专家门诊共接诊263人次，让百姓在家门口享受到三甲医院的医疗服务。

【社会心理卫生服务体系建设】 完成三级服务平台建设，其中县级社会心理服务中心1家、乡镇服务站23家、村级服务室431家。开通心理咨询热线，设立以来，已提供269人次心理咨询服务。成立一支由273名相关专业人员和社会工作者组成的县心理服务人才队伍，实行分片包干指导。

·计划生育·

【计生主要指标执行】 2019年，全县计生主要指标执行情况良好，全县共上报出生3974人，同比减少314人，减幅7.32%，其中：一孩出生2019人，同比减少111人，减幅5.21%，一孩率为50.81%，同比上升1.14个百分点；二孩出生1845人，同比减少223人，减幅10.78%，二孩率为46.43%，同比下降1.8个百分点；多孩出生110人，同比增加20人；违法生育89例（其中补报14例），计划生育率97.76%，同比下降0.26个百分点；当年出生上报及时率98.41%，同比上升0.58个百分点；多孩违法生育42例，多孩违法生育发生率1.06%，同比上升0.15个百分点；人口出生率8.65‰，人口自然增长率1.98‰。

【“全面两孩”政策实施】 严格有效落实“最多跑一次”改革措施，继续推行婚育情况承诺制、代办制、容缺受理制和网上办理，全面落实生育登记“一证通办”相关要求，生育登记和再生育审批流程得到进一步优化。积极推进婚育户“一件事”联办工作，及时督促乡镇核查处理，不断提升服务效率，自9月下旬启用以来，已有86对新婚夫妇享受到“婚育户”一件事生育登记联办的便利。2019年，全县共办理生育登记3443例，其中一孩1913例，二孩1530例，通过APP申请办理2792例；作出批准再生育决定155例。

【公共场所母婴设施建设】 开展公共场所母婴设施建设任务调查摸底，协调县二医院、汾口镇社区卫生服务中心、行政服务中心汾口分中心、青少年活动中心等单位落实母婴设施建设任务，其中青少年活动中心母婴室被列入市计生协优生优育指导项目。做好日常督查指导工作，协调相关单位按要求推进建设，建立健全全县性公共场所母婴设施建设清单。截至2019年底，县行政服务中心汾口分中心、县青少年活动中心、汾口镇社区卫生服务中心等3家单位完成建设任务，全县建成公共场所母婴室14个。

【计生依法管理】 依法依规做好计生涉法审核工作，2019年共审查各类先进和相关资格149批次，其中村（社区）、单位305家，个人7095人。认真做好连续两年无违法生育行政村奖励发放工作，共计奖励164个村32.8万元。

【计生统计信息化建设】 组织开展全员人口信息系统重复数据清查，2019年核查处理重复数据8127条。督促指导乡镇做好省市全员人口平台出生、怀孕、死亡等基础信息数据核查，按时保质完成统计月报表。定期对全员人口信息系统逻辑错误、户籍人口等数据质量进行督查通报，强化统计信息规范管理。2019年，全县共上报半年在孕年底待生育人数1840人，同比增加250人，生孕信息监测到位率明显提高，全员人口信息系统数据质量进一步提升。

【计划生育协会】 组织建设得到加强。落实全县乡镇协会秘书长享受中层干部待遇的政策。组织召开淳安县计划生育协会第七次理事会三次会议，调整原理事会小组成员，明确各分组组长、副组长、成员及具体分工。实施群团改革工作。将计生协改革纳入县委县政府群团改革序列，12月31日印发了计生协改革方案；启动千岛湖、文昌、临岐、屏门、瑶山等5个乡镇计生协改革试点工作。持续开展生育关怀。针对49周岁以上计生特殊家庭，开展生日、重大节日、重大疾病、突发事件"四必访"，提供一对一再生育指导、上门签约、法律援助、走访慰问等个性化服务。针对留守儿童、老人、流动人口、计生特殊家庭等人群组织开展"微心愿""走出来""做一天保姆""三送健康"等菜单式服务，帮扶600余人次，发放慰问金慰问品30万余元。强化计生特殊家庭心理援助骨干队伍建设，开展咨询、指导、团辅、再生育、健康等援助服务及"多帮一"服务。12月18日在安阳乡举办淳安县"生育关怀——圆梦微心愿"活动，共帮助全县50户计生困难家庭完成圆梦；加强与保险公司合作，开发、优化险种，强化群众"零跑腿"理赔服务，开通绿色通道，提高计生家庭抵御风险能力。组织计生系列保险公开招标，投入各类保费115万余元，将计生特殊家庭综合险提高至每人260元，计生系列保险惠及计生家庭2.5万余户。扎实推进健康教育。强化"生命之美""青春之美""健康之美""成长之美"四美基地建设，凸显主题。实施巡讲活动，组织师资到南山学校、千岛湖初中、王阜初中等学校开展青春健康教育，辐射学生6000余人。延伸"家长沟通之道"培训，在以学校青少年为主要教育对象的基础上，目标人群向家长、流动人口和特殊青少年延伸，广泛开展性与生殖健康知识教育和咨询、非意愿妊娠少女救助等服务。

【计生奖励优惠政策落实】 2019年全县共确认奖扶对象8674人，其中当年新增1153人，发放资金832.7万元；共确认可享受特扶政策对象526人，当年新增47人，发放资金449.52万元；共确认可享受并发症补助59人，其中新增3人，发放资金28.44万元；申报市级公益金18户24人，发放资金6.5万元；申报县级公益金152人，发放资金25.1万元；农保补贴享受26631人，发放金额266.31万元；发放农村独生子女父母一次性奖励和个体工商户独生子女父母奖励费共115人，发放金额3.1万元。

【性别比治理工作】 2019年度全县出生人口性别比为106.82，其中本县户籍出生男婴2021人，女婴1894人，户籍人口出生性别比为106.71；流动人口婴儿性别比为109.09，均完成市对县考核指标。县卫健局与县卫生监督所、县公安局、县市场监督管理局、县妇联等单位部门联合，每季开展打击"两非"联合督查执法，总体情况良好，未发现明显违规现象。

【计生宣教与技术服务】 完成2019年病残儿童和手术并发症鉴定工作，确诊1名病残儿童为非遗传性疾病，可安排再生育。与建德、桐庐联合组织计生并发症鉴定，1人参加鉴定，为非并发症对象。国家免费孕前优生健康检查完成情况较好，全年完成孕前优生健康检查5616人,覆盖率达87.75%。在积极提高服务率基础上,加强随访管理,提升服务质量。县计生指导站组织医疗小分队每月3天赴乡镇开展巡回优生检查服务,10月份在杭州市组织的"国免"评估案例分析讲座竞赛中获得二等奖。及时审查各类计生手术奖补和经费报销。2019年共审核支付各类节育手术费用14471人次,支付金额64.49万元;审查发放落实计生节育手术对象奖励168例,发放奖励金4.52万元。免费提供避孕药具项目,在杭州市考核中排名第一。2019年共计发放避孕套32800盒,口服短效避孕药222盒,外用避孕药1044盒,做到账物相符、账账相符,全县药具发放率接近100%。加强免费避孕药具培训指导,增设药具免费发放点,开展人流后、产后避孕药具服务和全县退出育龄妇女取环告知服务,实现生殖避孕的闭环管理。开展优生优育、生殖健康培训,2019年共计44场,接待咨询人数2000余人次,发放宣传资料3000余份,开设启蒙性教育和青春健康教育课程59场,受益学生2000余名。

·爱国卫生·

【国家卫生乡镇创建】 2019年,淳安县以"三级联创"为抓手强势推进卫生乡镇创建,全力打造卫生乡镇创建升级版。组织乡镇分管领导参加全市国家卫生乡镇创建业务培训班,邀请省市专家来淳指导。通过报纸、电视、宣传橱窗、社区小黑板等传统宣传载体和"小手牵大手,校园连家园"等形式广泛深入宣传,提升群众参与"创卫"的内生动力。充分利用干部"三认"走访进村入户宣传,《创建倡议书》《致村民朋友的一封公开信》等资料发放到农户家中。2019年底,安阳等12个乡镇"国卫"创建全部通过省级明察暗访,并完成社会公示,全县上下形成"勇立潮头、敢为人先"的卫生创建氛围。

【农村改水改厕有序推进】 根据县政府下发的《淳安县"五水共治"三年投资计划》和市下达的农村改水改厕工作任务,2019年淳安农村三格式无害化厕所改建任务100座,改水改厕工作列入全县乡镇精神文明建设考核内容,农村三格式无害化厕所改建纳入"五水共治"内容,做到统一图纸、统一施工、统一验收,同时要求新建房无害化户厕配套率100%。截至11月底,全县提前并超额完成农村三格式无害化户厕改造107座。2019年继续实施全县农村饮用水水质卫生监测,将农村日供水20吨以上的382座集中式供水厂(站)列入项目监测范围。根据《2019年浙江省饮用水水质卫生监测工作方案》要求,结合实际,县爱卫办选择农村21个监测点和城市6个监测点,开展生活饮用水丰水期出厂水和管网末梢水水质检测,6个城市监测点水样总体合格率均为100%;21个农村水监测点水样总体合格率为92%。

【爱国卫生宣传】 开展爱国卫生月宣传。4月份县爱卫会组织相关部门、单位在千岛湖广场联合举办第32个爱国卫生月大型宣传活动。通过悬挂横幅、宣传展板、发放宣传资料、健康义诊、四害防控咨询、健康知识竞答、"健康淳安"微信公众号有奖扫描等形式进行广泛宣传,共发放"公民健康素养99条"、"健康教育科普专刊"等宣传资料2300余份,接受群众咨询300多人次。开展世界无烟日宣传。2019年5月31日是第32个世界无烟日,县爱卫办组织市场监管局、烟草专卖局、卫生监督所、疾病预防控制中心、千岛湖镇社区卫生服务中心等单位,通过发放宣传资料、展示控烟宣传展板和现场咨询等形式联合开展了宣传活动;组织对千岛湖镇城区超市、汽车站、医院等公共场所控烟执行情况进行专项执法检查;组织开展杭州市无烟单位创建活动。共发放“共创无烟环境、共享健康生活”“二手烟危害儿童健康与生命”等控烟宣传资料2400余份。开展健康毅行活动。11月16日,在千岛湖秀水广场举办“健康淳安在行动,白衣天使我先行”10千米毅行活动,旨在全面贯彻党的十九大关于实施健康中国战略的重大决策部署,切实落实《国务院关于实施健康中国行动的意见》《“健康中国2030”规划纲要》,宣传倡导健康文明的生活方式,引导社会公众参与健康活动。

【举办健康淳安专题培训】 5月8日—10日,县健康办会同县委组织部、县委党校举办健康淳安建设部门、乡镇县管副职领导干部专题业务知识培训班,参与培训学员70余人,邀请复旦大学、省发展和改革委、省规划设计院、省市健康办等专家学者来淳授课,内容涵盖健康中国战略、健康政策解读、健康产业培育、个人健康素养等,培训通过课间交流、主题讨论、外出考察学习等形式举行,进一步加强全县健康淳安建设责任单位的沟通联系,进一步明确各单位工作职责和任务。

【举办首届健康家庭大赛】 9月28日,县委宣传部、健康淳安建设领导小组办公室、县卫生健康局、县总工会、县文化和广电旅游体育局、县妇女联合会在千岛湖镇联合举办以“健康进万家、幸福你我他”为主题的淳安县首届健康家庭大赛。来自千岛湖镇、青溪新城的12个家庭参赛,大赛分“健康知识答题”“健康技能演练”两个环节,新城代表队夺得冠军,施家塘社区以及李家坞社区、火炉尖社区代表队分获二三等奖。通过大赛,全面普及健康知识和技能,让广大群众在共建中共享、在共建中共创,形成人人参与建设健康淳安的浓厚氛围。

【健康素养进文化礼堂】 8月23日,县委宣传部、县人大教科文卫工委、县卫生健康局、县文化和广电旅游体育局、县红十字会、汾口镇人民政府联合举办淳安县健康素养进农村文化礼堂三年行动启动仪式。2019年全年累计组织各乡镇村开展文化活动2600余场,公益性讲座培训2500余场,文化走亲860余次,累计送戏下乡200余场、送春联下乡1万余副、送电影下乡3100场、送书下乡3万余册。举办“百姓课堂”“百姓讲堂”等公益培训和讲座70余期,为广大群众提供书法、美术、舞蹈等公益艺术培训及健康教育讲座。

·疾病预防控制·

【疫情概况】 2019年全县无甲类传染病报告,共报告乙类传染病10种828例,报告发病率231.28/10万,同比上升12.80%,前五位病种:肺结核、梅毒、淋病、病毒性肝炎、痢疾。2019年报告传染病死亡13例,均为肺结核,年死亡率3.63/10万。报告丙类传染病5种6400例,报告年发病率1787.68/10万,同比上升214.89%,报告数上升的主要病种是流行性感冒。

【卫生应急】 2019年发生7起突发公共卫生事件,其中较大级事件1起,为误食亚稀褶红菇引起的食物中毒事件,死亡1人,一般级事件5起,均为学校流行性感冒暴发疫情,未分级事件1起。全年发生9起聚集性疫情,涉及学校幼托机构8起,累计发病192例,共波及9629人,县疾控中心均及时赴现场调查处置,有效控制了疫情。11月8日,县疾控中心联合县科协和县预防医学会,在大墅镇开展了一次台风后救灾防病应急处置模拟演练。

【传染病监测】 继续开展霍乱监测,全县医疗机构肠道门诊初诊病人培养929人次,检出沙门氏菌7例、无毒力基因霍乱弧菌1例、副溶血性弧菌1例,未检出O157:H7;餐饮行业、公共场所、旅游服务及其他重点行业从业人员检测15468人次,均未检出霍乱和O157:H7阳性病例、带菌者。对手足口病人采集60份标本检测,肠道病毒总阳性率55%,其中CoxA16占21.2%。组织5次禽流感外环境监测,采集样本55份经中心PCR实验室检测均未检出病毒核酸。主动联合县出入境管理部门做好出入境人员登革热防控,把好关口开展针对性宣传。加强登革热病例监测工作,共检测医疗机构送检血样92份,发现1例马来西亚游客引起的输入型登革热病例,3月份开始继续在全县开展登革热媒介伊蚊密度常规监测。县疾控中心与乡镇联动加大病例监测和蜱虫监测力度,开展健康宣教,无病例发生。

【重点传染病防控】 肺结核:2019年登记肺结核病人387例均予以免费查治,督导管理率100%。对结核病高发乡镇开展重点人群筛查工作,同时与省市疾控中心、市职业病防治院党支部共建在结核病高发村庄开展终"结"行动。2019年度共筛查10549人次。艾滋病:继续加强娱乐场所重点人群干预和自愿咨询检测力度,共干预人数3771人次,发放宣传资料4500余份、安全套4400余个,开展HIV抗体检测2185人次。开展监管场所羁押人员和产前术前病人免费检测22928人次。对新发现及在册管理病例进行规范的治疗随访、CD4数量和病毒载量检测,免费抗病毒治疗率91.9%。

【免疫规划】 结合基本公共卫生服务项目加强督导考核,确保严格按预防接种工作规范和接种工作任务要求规范操作、安全接种,有效提高接种率。严格按规定采购一类、二类疫苗,确保在严格的冷链系统条件下运输和保存。全县疑似预防接种异常反应(AEFI)监测系统共报告个案58例,经调查判定为一般反应53个,占91.4%;诊断为异常反应5例,占8.6%。无疑似预防接种有关的死亡病例报告、无群体疑似预防接种异常反应报告。4月份围绕2019年全国儿童预防接种日主题抓重点深入宣传,6月底组织开展2019年预防接种人员技能竞赛,9月份全面开展预防接种专项整治活动,对23家预防接种门诊和4家产房接种单位进行督导检查,进一步提高预防接种工作规范化服务质量和水平。

【慢性病防治及死因统计】 2019年全县共报告死亡3253例,其中男性1851人、女性1402人。粗死亡率708.47/10万(男性796.92/10万,女性617.91/10万),平均期望寿命81.59岁(男性79.45岁,女性83.97岁)。前5位死因顺位为:循环系统疾病、肿瘤、损伤和中毒外部原因、呼吸系统疾病、消化系统疾病。前5位死因占全年死亡总数的87.83%。全年共报告糖尿病1365例、恶性肿瘤1575例、冠心病急性事件268例、脑卒中急性事件1609例。开展全国肿瘤防治宣传周、全国高血压日、联合国糖尿病日宣传活动。2019年完成慢性病监测系统升级工作,保证数据保密性能。分别在大墅中心卫生院和威坪中心卫生院设立高血压和糖尿病自我管理小组,在大墅镇举办公共卫生竞赛,通过倡导科学运动,传播健康技能,推动慢性病管理工作。

【地方病和寄生虫病防治】 继续开展碘盐监测和碘缺乏病查病工作。全县按东、南、西、北、中选取5个乡镇,抽取210名学生进行甲状腺触诊,结果肿大率为3.33%。开展孕期碘营养与子代认知能力状况调查。4月10日,在汾口镇龙川小学和茅屏村举行淳安县第十八届历史血吸虫病流行区领导干部"查螺日”活动，县地病领导小组成员单位及龙川小学师生共100余人参加活动。在茅屏村开展春季查螺活动，投工42人，共查面积16010平方米，未查到活钉螺。开展流动人口血吸虫抗体检测130份，均为阴性。

【健康危害因素监测】 开展食品安全风险监测，完成食品安全风险监测样品407份，在食源性疾病主动监测采样566例，总检出率为4.24%，其中沙门菌株14例、副溶血弧菌10例，全年报告食源性疾病事件2起，均为误食毒菌菇中毒事件，已完成调查报告上报。配合国家、省市疾控中心在大墅镇开展老年人双标水项目调查。开展农村饮用水监测，完成省卫健委等三部门下达的56个监测点及县爱卫办230个监测点饮用水水质监测任务；常规开展千岛湖镇出厂水、末梢水、二次供水水质监测。开展学生窝沟封闭防龋，进校服务76所，实施窝沟封闭3259人，封闭牙齿7402颗，封闭率达99.72%，并对上年封闭对象进行复查，对封闭后已脱落的牙齿进行重新封闭，11月杭州市口腔办组织抽查完好率达94.2%。在汾口中心小学、汾口初级中学开展学生口腔健康知识知晓率调查，小学生、中学生口腔健康知识知晓率分别为95.6%、80.47%。开展学生健康状况综合监测和学校环境监测。积极参与学生视力调查复核工作。开展职业卫生监测，完成历年尘肺病人随访119人，职业危害因素监测企业30家，职业健康监护审核报告，重点行业职业危害因素风险评估。常规开展病媒生物监测、蝇类抗性水平监测、医疗机构和托幼机构消毒质量监测、公共场所卫生监测、放射工作人员个人剂量监测。

【健康教育与健康促进】 围绕结核病宣传日、预防接种宣传日、肿瘤宣传周等一系列卫生主题宣传日，联合多部门开展30余次大型的公众宣传活动。认真编印各类健康教育资料，共发放各种宣传海报8000份、健康科普专刊16万余份，健康素养66条等健康宣传折页单页4万余份。针对输入性登革热病例，制定应急健康教育方案，并印刷发放各类登革热防治知识宣传资料16000余份、宣传折扇6000把，并通过电子屏、短信、微信、微博等形式开展宣传。健康教育服务队推动“乡村振兴”，开展健康教育讲座及义诊宣传活动，涉及急救、健康生活方式、中医、重点疾病、老年人等方面内容，共计87次，受益人数5300余人。推进健康细胞工程，加快“健康淳安”建设。

【检验检测和实验室管理】 持续改进完善管理体系，积极参与室外质控活动，2019年共参加省市疾控系统和质监部门举办的10次32项能力验证活动，参加浙西六县、市(区)疾控中心实验室1次12项、皖赣闽浙四省边际疾控室间比对1次2项室间比对活动。在完成农村饮用水监测、食品安全风险监测等专项检测任务和突发事件应急检测前提下，科学统筹安排，完成艾滋病初筛、流动人口血吸虫病抗体、盐碘尿碘监测、公共场所卫生监测、钩体监测项目检测、消毒质量监测等实验室日常检测，做好疾病预防控制及健康相关工作的技术支撑。

·卫生监督·

【概况】 2019年全县有各类监管对象1971户。全年受理办结审批办件1110件，查处投诉举报28件，行政处罚312件，罚没款30.295万元。健康相关产品(场所)抽检2749件，合格2478件，合格率90.1%；现场快检640份，合格623件，合格率97.3%。全年复议、诉讼案件各1起，无败诉，也未发生公共场所、生活饮用水污染等突发公共卫生事件。

【法制工作】 执法办案有力度。办理处罚案件334件，罚没金额共计358850元。其中一般程序180件，罚没款356950元（公共场所类处罚案件122件，罚没款134400元；医疗处罚10件，罚没款87450元；放射卫生处罚1件，罚没款6000元；传染病处罚44件，罚没款76900元；生活饮用水处罚1件，罚没款200元；职业卫生处罚2件，罚没款52000元，学校卫生处罚0件，警告0件）。简易程序154件，警告149件，罚款5件，罚没金额1900元（公共场所处罚案件55件，职业卫生处罚33件，医疗处罚20件，放射卫生处罚4件，传染病处罚31件，爱国卫生处罚1件，学校卫生处罚10件）。适用听证程序2件，实际听证0件；行政诉讼0件，行政复议0件；自觉履行334件。投诉举报案件及时查。2019年共受理投诉举报32起，查处投诉举报32起。其中公共场所卫生26起、爱国卫生1起、医疗卫生4起、消毒产品1起；交办24起，来电7起，其他1起。依据投诉举报线索立案处罚8起。双随机监管常态化。打破"日常＋专项"传统监管模式，推行"双随机一公开"监管为基本手段、重点监管为补充的监管模式。完成双随机国家监督任务361家、省级175家，监测任务305家，查处违法行为174家，违法查处率32.46%。医疗废物、集中供水、医疗器械消毒灭菌、集中消毒餐具等环节通过在线监控、在线监测等手段实施智慧监管，监管效能有效提升。

【窗口建设】 卫健窗口继续推进"最多跑一次"改革，实现审批提效。开展诊所设立全流程"一件事"5个工作日办结（不含公示时间）改革，实施二级及以下医疗机构设置审批与执业登记"两证合一"，诊所不再核发《设置医疗机构批准书》，仅在执业登记时发放《医疗机构执业许可证》。开展医疗机构校验改革。审批科联合监督所医疗科对医疗机构审批流程进行改造，把前一个校验期记分超限及在责令整改期医疗机构纳入负面清单，在负面清单内的机构仍按原流程办理，在负面清单外的机构予以即时办理。全面取消医师执业证书、护士证书补办等事项遗失证明登报要求，不再要求当事人提供营业执照、身份证等证照复印件。监督执法领域深化最多跑一次，行政处罚实行二维码扫码交款，当事人可当场交款。2019年受理办结各类卫生行政审批办件1110件，其中：公共场所卫生许可248件，医疗机构执业许可74件、校验310件，医护人员执业许可430件，放射诊疗许可14件，放射诊疗建设项目卫生审查3件，母婴保健专项技术服务许可22件，病媒生物预防控制备案5件，集中式供水单位卫生许可4件。全年无举行听证许可案件，无被依法认定为错案的案件，无行政复议、行政诉讼案件。

【监督队伍建设】 4月成立职业卫生科。至2019年12月，县卫生监督所共有在编人员19人，其中参照公务员身份18人、工勤人员1名。通过请进来、走出去等方式，从理论知识强化培训到实训基地技能培训，县卫生监督所先后组织全员执法办案实务培训4轮，外出参加省市卫生监督执法技能培训23期50余人次，执法队伍业务技能得到有效提升。郑林虎非医师行医案获杭州市2019年度卫生行政处罚"十佳案件"。开展全县第五届卫生监督协管技能竞赛活动，三个医共体六个分队参加竞赛，竞赛内容涵盖协管应急和装备、理论测试和村卫生室模拟场景操作三个部分。县一医院医共体第三分队获团体第一名，千岛湖镇社区卫生服务中心协管员叶苏月荣获个人第一名。

【环境卫生监督】 民宿卫生再提升。整合力量强化培训,依托乡镇卫生监督协管力量,加强培训指导和监管,全年共举办培训班4期,培训人数500余人。部门联动强化执法,增强与乡镇、旅游等民宿主管部门的联合执法,全年共出动执法人员400余人次,现场监督指导200余家次,行政处罚32家次。开展偏远民宿监督监测,2017—2018年,全县民宿公共用品用具抽检合格率约30%,2019年抽检合格率达90%,合格率提升近200%。病媒生物防控检。2019年,全县病媒生物防制服务单位10家。全年对病媒生物防治单位的备案情况、人员资质及相关台账制度是否符合规定、是否按规定配备预防控制鼠、蚊、蝇、蟑螂等情况开展检查,共检查480户次,责令限期改正28家。游泳场所常规检。全县游泳场所22家,A级单位3家,结合双随机工作,对22家游泳场所进行专项监督检查和监测,采集游泳池水样品74份,合格64份,合格率86.5%。18家游泳场所与口碑网绑定,绑定率100%,并在网上每日更新水质信息。举办全县游泳场所负责人及法律法规培训班,提高游泳场所卫生管理水平。全年行政处罚5家,罚款19000元。

【生活饮用水卫生监督】 全县现持有有效卫生许可证的集中式供水单位9家(1家市政水厂、8家乡镇水厂)、17家二次供水单位(5家酒店、11家高层住宅、1所学校)、3家自建供水设施酒店。全年开展饮用水卫生监督检查82家次。水质监测,全年快检水样148份,合格率100%。实验室检测二次供水水样12份,合格率100%。对1家水厂开展行政处罚,罚款200元。饮用水卫生信息公示再扩面,创新监管机制和手段,全过程管理取水、制水、供水实施,在汾口、姜家、大墅等农村水厂安装水质在线监测系统,发挥智慧卫监平台作用,在线电子监控水厂净化消毒、水质自检、水质在线监测全过程。对千岛湖镇等6个中心镇30个监测点的末梢水水质情况开展每月信息公示试点,全年共快检水样360份,合格率100%。

【学校卫生监督】 为保障校园卫生安全,全面落实校园健康安全行动。开展监督监测。开学季对全县75家中小学校和40所托幼机构重点开展传染病防控、病媒生物预防控制、饮用水卫生等检查,尤其加强学校饮用水监督抽检。全县公共供水学校有所67所,分散式供水学校有7所,二次供水1所。全年对7所分散式供水、2所村级水站供水学校采集水样并送检样品9份,合格3份,不合格6份,合格率33.3%;对1家二次供水学校采集水样并送检样品1份,合格1份,合格率100%。同时,以双随机检查为契机,对17所学校和5家托幼机构开展教学环境卫生监测,责令整改7家,对4所学校给予警告行政处罚。保障中高考。对全县4家高考考点学校、12家中考考点学校开展卫生监督保障,对4家学校现场快速检测生活饮用水,考试前期对考点所在地的7家乡镇集中式供水单位开展出厂水快速检测,检测全部合格,全力保障学生饮水安全。

【餐具及消毒产品卫生监督】 省食品安全示范县创建考核获佳绩,企业先后三次接受省市考核,满分通过。“社会开放日”再创新。每月20日由专业的县食品安全协会成员对企业进行评分检查,全年完成10次。“你点我检”继续推进。邀请人大代表、政协委员对企业餐饮具消毒流程进行视察,并现场随机抽取消毒后餐饮具60件送实验室检查。继续实行“每月一评分、每季一抽检、每季一公示”机制,全年监督采样150件,合格率100%,对评分和检测结果向社会公示4期。

【医疗与传染病卫生监督】 首次开展医疗机构消毒与灭菌效果监测。对62家医疗机构开展消毒与灭菌效果监测，共抽检样品201份，其中卫生手97份、医疗污水43份、内镜3份、内镜终末漂洗水3份、使用中消毒液3份、无菌器械包8份、牙科车针33份、手机水9、血透治疗用水2份等。不合格14份（手卫生），合格率93%。立案处罚14起，罚款4.2万元。登革热防控监督执法成效明显。对全县327家医疗机构全覆盖监督检查和指导，对预检分诊制度不落实的14家单位作出警告处罚，有力规范全县传染病预检分诊工作。规范抗菌药物使用。重点对170家村卫生室开展检查，对未经核准开展抗生素静脉输液的19家单位作出警告处罚，通过整治，160家村卫生室全部主动停止抗生素静脉输液。

【职业卫生及放射卫生监督】 开展尘毒危害专项治理。2019年对全县的矿山、冶金、化工、建材（以水泥生产、石材加工、砂石加工、砖瓦制造等企业为主）等重点行业领域开展调查摸底工作，摸排出尘毒危害治理单位25家，其中露天矿山4家、地下矿山1家、化工1家、建材19家（石材、砂石加工18家、水泥制造1家）、其他2家，开展专项执法检查10家，责令限期改正15家，行政处罚3家。开展职业病防治法宣传周活动。在县卫健局组织下，县卫生监督所联合五部门共同举行《职业病防治法》宣传周活动启动仪式，开展“五个一”活动，即举行一个启动仪式进行动员部署、开展一次企业职业病防治工作经验交流、举办一场由杭州市职业病防治宣传专家主讲的专题讲座、开展一次向企业赠送系列宣传资料和职业病防治知识宣传的送服务活动、开展一周的执法人员到企业的集中执法检查与宣讲服务活动。推进放射卫生监督工作。为切实维护放射工作人员和受检者的健康权益，结合双随机，开展《放射诊疗许可证》校验及放射信息系统监测工作，全年检查放射诊疗机构27家，行政处罚6家，罚款4500元。

·妇幼保健·

【免费婚检】 全年结婚登记5002人，检查4752人，婚检率95.00%，与上年同比上升0.85%，查出疾病1376人，疾病检出率28.96%，其中指定传染26例。

【妇保指标】 全年孕产妇死亡0例，死亡率0/10万，未超过小于6.8/10万的指标。本地户籍围产儿死亡12例，死亡率3.06‰，同比下降1.83‰。辖区医院围产儿死亡10例，死亡率3.87‰，同比下降0.70%。孕产妇管理情况：产妇总数3878人，活产数3917人，其中双胎48人，死胎死产9人，早期新生儿死亡3人；早孕建册3846人，早孕建册率99.17%，产检3873人，产检率98.88%；产检≥5次人数3853人，5次及以上产前检查率98.37%；早孕检查3854人，早检率98.39%；产后访视3857人，产后访视率98.47%，同比上升2.02%；孕产妇系统管理3815人，系管率97.40%，同比上升1.91%；住院分娩3917人，住院接生率100%；孕妇县级水平高危筛选3852人，筛选率99.33%。围产儿管理情况：低出生体重儿156人，发生率3.98%，同比下降1.56%。巨大儿162例，巨大儿发生率4.14%，同比下降0.32%；早产儿242例，早产儿发生率6.18%，同比下降0.07%。出生缺陷（户籍人口）86例，出生缺陷发生率16.05‰，同比上升8.13‰，其中<孕28周治疗性引产23例。孕产妇产前筛查率98.87%，同比上升1.34%。户籍人口艾滋病、梅毒、乙肝检测率均为100%，无艾滋病感染产妇。梅毒产妇19例，发生率0.49%。辖区医院乙肝表面抗原阳性产妇109人，活产数111人，免费注射免疫球蛋白111人，免费

注射率 100%。流动人口管理中(分娩单位),浙江省外流进活产 204 人,5 岁以下儿童死亡 1 例,死亡率 4.83‰,无孕产妇死亡情况,早期新生儿死亡 0 例,死胎死产数 2 例,死亡率 9.57‰。流入产妇建卡 162 人(服务人口),回卡 121 人,系统管理 158 人,系管率 97.53%。产科单位剖宫产率 47.67%,同比上升 2.52%。户籍人口剖宫产率 45.95%,同比下降 0.58%。《出生医学证明》当年出生发证率 100%,废证率 0.29%,在规定的范围内。20~64 岁妇女 113772 人,妇女病筛查 30693 人,查出疾病 6957 人,疾病检出率 22.67%,查出宫颈癌 5 例、乳腺癌 6 例。全县各项节育手术总例数 5360 例,发放避孕药具 206843 例,生育随访 7660 例。

【儿保指标】 2019 年,全年 5 岁以下儿童死亡 14 人,死亡率 3.57‰;婴儿死亡 9 人,死亡率 2.30‰;新生儿死亡 4 人,死亡率 1.02‰;意外伤害死亡 3 人,意外伤害死亡率 0.77‰。0~6 岁儿童 25889 人,管理 24798 人,管理率 95.79%;3 岁以下儿童 11383 人,当年系管 10907 人,当年系统管理率 95.83%。5 岁以下儿童中血色素检查人数 16048 人,其中中重度贫血患病人数 37 人,中重度贫血患病率 0.23%。6 个月内母乳喂养调查人数 1852 人,母乳喂养 1696 人,母乳喂养率 91.58%;纯母乳喂养 1222 人,纯母乳喂养率 65.98%。新生儿访视 3847 人,新生儿访视率 98.21%。全县产科单位接生 2572 人,产科听力筛查 2569 人,听力筛查率 99.88%,确诊异常病例 4 人。产科新生儿疾病筛查 2573 人,新生儿疾病筛查率 100.04%,可疑异常 83 人,召回 83 人,召回率 100%,确诊异常 8 人。开展民生实事项目——新生儿先天性心脏病筛查工作,2019 年 3 月 19 日至 12 月 31 日,县内分娩 1921 例新生儿,先心筛查 1768 例新生儿,筛查率 92.04%;初筛阳性 149 例,阳性率为 8.43%;心超检查 279 例,心超异常 226 例,确诊先心缺陷 52 例。所有筛查阳性新生儿由签约医生纳入高危儿专案管理。

【孕产妇管理】 2019 年 2 月 28 日,迎接 2018 年度浙江省基本公共卫生服务项目现场评价工作,对全县孕产妇和儿童健康管理工作给予充分肯定,获得全省第三名。规范开展"两癌"检查,2019 年完成 14016 例宫颈癌检查、13747 例乳腺癌检查,查出宫颈癌前病变 66 例、宫颈癌 5 例、乳腺癌 6 例,对"两癌"检查异常个案陆续进行召回,保障异常个案妇女的进一步诊治,为疾病的早诊早治奠定基础。制定全县妇保和儿保人员岗位轮训实施方案,已完成全县大部分妇保人员、儿保人员岗位轮训,另 2 名医生正在培训中。2019 年 8 月 24—27 日、9 月 6—7 日分别成功举办了市级继续医学教育"基层妊娠期并发症的识别和保健管理""基层医院高危孕产妇分娩管理及促进自然分娩"培训班,同时进行《母婴保健专项技术》合格证换证工作,对母婴保健技术服务执证上岗、依法执业。积极启动"出生一件事"多证联办,6 月 28 日开始,县妇保院作为全县首家试点医院正式启动"出生一件事"多证联办,全县 2019 年共完成 967 件出生一件事联办。7 月 13 日举办了淳安县妇幼保健技能竞赛,全县三大医共体在内的 23 个基层医疗卫生单位从事妇女保健、儿童保健工作的 42 名选手参加比武。积极创建"星级"妇儿保门诊,提升保健水平;继续创建星级门诊,提升基层保健质量,明确基层卫生院职责和创建目标,石林镇卫生院、枫树岭镇卫生院成功创建五星级,截至 2019 年底全县有 13 家五星级妇儿保门诊,10 家三星级妇儿保门诊。2019 年召开妇幼例会 4 次,完成全年基本公共卫生服务项目督导。自 2017 年按照国家要求建立《母子健康手册》以后,淳安县《母子健康手册》APP 扫描工作有序推进，全县 23 个乡镇妇幼医生均下载“医生助手”APP，动态管理孕产妇和儿童健康情况，并通过 APP 实现与服务对象沟通互动，宣传健康知识。（赵红香）

（编辑　程中青）

社　会

·人力资源和社会保障·

【概况】 2019年，县人力资源和社会保障局内设办公室、政策法规和劳动关系科、计划财务和基金监管科、信息化管理科、事业单位人事管理科、就业创业和职业能力建设科、人才开发科、社会保障科、行政审批科。局属单位含社会保险服务中心、就业管理服务处、人才市场管理办公室、人才市场、劳动和社会保障监察大队、劳动仲裁院、企业退休人员管理服务中心。

【就业服务管理】 2019年城镇新增就业人数6398人，失业人员再就业3277人，其中就业困难人员再就业241人；城镇登记失业率稳控在2.64%。发放创业担保贷款5792万元。截至12月底失业保险基金收入2345.01万元，支出3756.08万元，当期结余为－1411.07万元，累计结余为5927.97万元，失业保险参保人数为52243人；促进就业专项资金本年收入1198.28万元，支出998.38万元，滚存结余2413.13万元。

【人才交流会】 成功举办"'两高'助康美就业惠民生"就业创业人力资源交流大会，《浙江日报》头版进行报道。交流大会进场人数达5万人次，发放各类岗位信息、宣传资料4.5万余份，政策咨询服务11500余人次，现场报名10118人次，成功达成就业再就业、创业、来料加工和技能培训等各类意向4705人，其中达成就业再就业意向3367人。全年每月20日都举办"固定日"招聘会，提供岗位3000余个。先后组织劳务协作专场、乡镇、社区、部门协作及中等职业学校等招聘会70场，提供岗位5万余个。积极发挥官方微信、就业信息网、手机APP、QQ群和短信平台等"五位一体"平台作用，2019年累计发布就业岗位信息15000余个。举办县高校毕业生人才交流大会，大会上达成就业意向826人次，其中高校毕业生613人次。

【高校毕业生就业服务】 组团参加省内外等各类招聘会14场次，达成各类意向992人，其中硕士研究生55人、本科毕业生383人。全年引进高校毕业生800余人，其中紧缺急需专业23人。

【特聘专家选聘】 杭州千岛湖瑞淳机器人研究院有限公司的张良安、杭州千岛湖发展集团有限公司的刘家寿、浙江丰凯机械股份有限公司的何勇等3人成功入选杭州市钱江特聘专家。

【创新创业项目资助】 4月份，委托淳安永盛联合会计师事务所(普通合伙)对张树林申报的佳蔚日化产品技术研发中心(落地企业：千岛湖佳蔚日用品有限公司)、胡钢亮申报的康诺邦大健康产业化与工业4.0项目(落地企业：杭州千岛湖康诺邦健康产品有限公司)等2个项目进行审计。根据审计结果，康诺邦大健康产业化与工业4.0项目符合第二阶段资金拨付的条件，予以兑现资金40万元；佳蔚日化产品技术研发中心项目待有张树林博士研发的产品投入市场后，再给予兑现第二阶段的资助资金。

【高层次专业技术人才培养】 7月份，经申报审核将松材线虫入侵后马尾松生态系统服务功能变化及提升技术等8个培训班列入2019年度县级专业技术人才继续教育培训班计划。

【人才公共服务】 10月份,组织县紧缺专业、医学专业、师范专业30余名淳籍大学生走进淳安,实地参观千岛湖啤酒、农夫山泉、大学生创业园等地,并邀请千岛湖啤酒、农夫山泉、卫生、教育等单位与大学生进行面对面交流座谈,助推淳籍人才回归工程。

【流动人员档案管理】 完成高校毕业生档案接收、转出、开具证明等工作,共接收毕业生人事档案1726卷。

【事业人员队伍建设】 2019年,全县事业人员7692人,其中县属事业单位7236人(教育系统3866人、卫健系统2021人),乡镇事业单位456人。完成2019年度7729名事业单位工作人员和机关工勤人员考核工作。完成全县专业技术人员职称续聘7099人次,职称晋升审批368人次。完成2019年县教育局下属107家事业单位和县卫健局下属三家县域医共体岗位设置审批备案工作。全年共办理146名事业单位工作人员和机关工勤人员的退休手续。

【事业人员招聘工作】 2019年全县招聘事业单位工作人员270人,其中县教育局下属中小学招聘教师101人,县卫健局下属医院招聘74人,其他县属事业单位招聘95人。

【事业单位工资福利】 完成全县事业单位工作人员正常晋级工作,涉及7600余人次,人均增加80元/月。完成新中国成立70周年纪念章颁发工作,共计为机关事业单位新中国成立前参加革命工作的老同志颁发76枚,为新中国成立后获得国家级表彰的同志颁发3枚。建立教师与公务员工资收入调整联动机制,进一步缩小教师与公务员之间的工资收入差距。

【技能人才队伍建设】 全年共完成职业技能培训74期2790人,涉及职业(工种)14个,培养高技能人才746人。开展各类技能人才评价75场2600人,其中职业技能鉴定50场1869人,企业自主评价9场210人,专项职业能力鉴定13场474人,技能竞赛3次47人;核发职业资格证书2344本,其中初级520本、中级771本、高级560本、技师24本,核发专项职业能力证书469本。开展“百业百匠”百场技能竞赛“大擂台”活动,全年共开展各类技能竞赛92场,其中县级一类竞赛11场、二类竞赛31场、三类竞赛50场,共组织参赛选手2500余人,带动岗位练兵1万余人。新建县级技能大师工作室2个,入选浙江省首席技师、杭州市首席技师各1名,入选杭州市“百千万”高技能领军人才2名,入选参加省“金蓝领”国境外培训1人。

【大学生创业项目资助】 新评审大学生创业无偿资助项目6个,给予资助项目3个,资助总额9万元。

【社保参保征缴】 城镇职工基本养老保险参保人数为86476人,比上年底减少2903人;工伤保险参保人数为91780人,比上年底减少159人。全县城乡居民养老保险参保率达98.54%。被征地农民社会保障参保452人,城镇社会保障参保19人。全年共办理跨省养老转出1298人,跨省养老转入1469人。

【社保待遇发放】 全年新增企业退休(职)1788人,总发放23558人,月发放养老金达7254.39万元;新增企业精减、供养人员60

人,总发放2917人,月发放养老金共计231.4万元;新增机关事业退休人员225人,总发放5868人,月发放养老金共计3803.33万元;新增机关精减、供养人员44人,总发放917人,月发放养老金共计120.23万元;新增城乡居保退休人员3002人,总发放84380人,月发放养老金共计1867.82万元。各类养老待遇悉数按时按规发放到位。共受理各类工伤待遇1515人次,合计基金支出1627.55万元。

【企退人员社会化服务】 开展企业退休(职)人员和新中国成立前老工人健康体检和领取养老金资格认证工作,参加体检人数22514名,实际参检20393人,体检率高达90.58%,体检金额达407.86万元。参加认证22514人,认证通过率99.8%。

【养老保障制度修改完善】 稳妥推进机关事业改制单位养老保险衔接工作,出台《淳安县原机关事业单位养老保险统筹参保人员养老保险关系衔接处理意见》(淳人社〔2019〕17号),保证改制单位人员养老金及时足额发放到位,确保县机关事业改制单位养老保险改革工作平稳推进。完善被征地农民社会保障制度,认真落实审计整改要求及浙土规〔2018〕5号文件精神,规范被征地农民社会保障"人地对应",出台《关于进一步完善淳安县被征地农民基本生活保障制度的实施意见》(淳政办发〔2019〕24号),启动开展参保指标全面排查,加快推进被征地农民参保工作。

【社会保障缴费负担减轻】 一是阶段性下调工伤保险缴费费率,并将阶段性下调时间从2019年12月延长至2020年4月,全年将有865家企业25228人受益,全年累计减征195万元。二是对制造业、交通运输行业、建筑业等行业减征5月、6月两个月的社会保险费,将有1495家企业受益,减征金额2496万元。三是降低机关事业单位养老保险单位缴费比例,由原来的20%下降到16%,将有277家单位10681人受益,全年减征3673万元。四是调整个体工商户和灵活就业人员的缴费基数,从2019年5月开始,由原来省平工资的80%~300%之间执行缴费基数调整为省平工资的60%~300%之间选择,共有21344人受益,全年共减征4667万元,大大减轻参保人员的缴费负担。

【工伤认定及劳动能力鉴定】 全年工伤认定549人,其中死亡7人;全年共进行劳动能力鉴定4次,因工鉴定办理159人,其中完全丧失劳动能力(一至四级)1人,大部分丧失劳动能力(五至六级)4人,部分丧失劳动能力(七至十级)146人,无级8人;因病鉴定办理31人,其中26人完全丧失劳动能力办理了退休手续。

【和谐劳动关系创建】 开展百家企业"双爱"健康体检,出具体检报告100份,提出各类改进意见和咨询建议107条,有效预防和减少劳资矛盾纠纷的发生。深入规上已建工会企业开展"双爱"宣传活动,127家规上已建工会企业已全部完成工资集体协商工作,建制率达100%。打造和谐劳动关系示范样板。成功申报浙江千草素生物科技股份有限公司为杭州市民营企业和谐劳动关系现场教学点。淳安县新安江开发总公司被评为第五轮省级和谐劳动关系暨双爱活动先进集体。农夫山泉杭州千岛湖饮用水有限公司、农夫山泉浙江千岛湖有限公司、淳安千岛湖农贸市场有限公司、浙江广力工程管理有限公司、杭州千岛湖郑信建筑有限公司、淳安蓝海建设工程有限公司、淳安县城镇建筑工程有限公司等7家公司成功创建杭州市和谐劳动关系先进企业。主动协调稳定劳动关系。积极配合县国资办、县交投集团平稳有序完成05省道收费站27名职工分流安置工作；积极参与长运公司并购，当好参谋，全力维护企业和职工的合法权益。对面临生产经营困难的企业，帮助指导企业制定裁员方案，依法妥善处理劳动关系。调解组织建设有效提质。创设性地提出“劳动争议调解、劳动监察、劳动保障”三大劳动纠纷调处职能于一体的新“三位一体”模式，将劳动保障纠纷纳入纠纷调解范围，极大地方便了劳动者办事，提高了解决劳动纠纷综合能力。9月6日，《中国劳动保障报》第六版调解．仲裁专版以“织密调解网络　快速追回欠薪”为题对淳安的调解组织建设情况进行了刊登宣传。

【劳动监察执法】　响应省政府“浙江无欠薪”行动部署，成功创建“无欠薪县”。实行“六项制度”联合督查制和项目联系管理制，联合行业监管部门抓好工程建设项目开工培训，抓实工程建设项目过程监管，抓好工资支付关键环节治理，促进“六项制度”落实落细。开展书面审查、日常巡查和劳动用工执法专项检查，其中书面审查企业4676家、日常巡查企业183家、专项检查5次、专项检查用人单位192家。全年共受理举报投诉案件264件，为785名劳动者追讨工资895.39万元。

【劳动人事争议仲裁调解】　积极稳妥处理劳动人事争议。坚持“规范、便民、高效”的原则和“鼓励和解、加强调解、快速仲裁、衔接诉讼”的工作方针，坚持快立、快审、快结的办案要求，及时办结劳动人事争议案件。2019年1—12月共办理仲裁案件37件，不予受理5件，受理32件，涉案总标的326.67万元，结案标的124.93万元。受理案件中调解、撤诉案件31件、调解率96.87%，裁决1件，结案32件、结案率100%，仲裁机构案外调解48件。

（汪巧军）

·医疗保障·

【概况】　县医疗保障局坚决贯彻执行县委县政府决策部署，坚持保障基本、促进公平、稳健持续的原则和政治建局、法治立局、改革兴局、服务强局的理念，以人民健康为中心，以治理体系和治理能力现代化为目标，围绕更加公平、精准、惠民，夯基础，强监管，抓改革，着力加大保障力度，努力破解医保短板，实现了全县医疗保障事业的平稳起步，有序发展。

【县医疗保障局成立】　2019年1月17日，县医疗保障局在淳安县新安东路491号14楼挂牌成立，属县政府工作部门，主要承担三方面职责：一是县人力社保局划转的城镇职工和城乡居民基本医疗保险、生育保险、医疗救助职责；二是县发改局（物价局）划转的药品和医疗服务价格管理职责；三是县卫计局划转的药械集中采购和监督管理职责。局机关内设3个科室，分别是办公室、医保服务管理科（挂政策法规科牌子）、基金监管科（挂智慧医保科牌子），一个下属事业单位医疗保障服务中心。2019年底，全局共有21名工作人员（包括3名编外用工），其中县管干部3名、中层正职2名、中层副职4名。

【机关党支部成立】　2019年4月17日，中共淳安县医疗保障局机关支部委员会经中共淳安县委直属机关工作委员会批准成立。同年4月22日，中共淳安县医疗保障局机关支部委员会召开党员大会，全局7名党员参会，采取无候人“公推直选”方式选举产生县医保局机关第一届党支部委员会，委员会由王建平、余建妹、方圣智组成。后经党支部委员会投票决定，王建平任机关党支部书记，余建妹任机关党支部组织委员，方圣智任机关党支部宣传委员兼纪检委员。

【首届职工大会】 2019年6月6日,县医疗保障局召开首届职工大会,全局17名干部员参加会议。会议通过"公推直选"方式选举产生县医保局第一届工会委员会成员,分别为王建平(工会主席)、胡火红(工会副主席)、俞敏(经审委员)。

【职工医疗保险】 2019年城镇职工共参保104072人,共征缴城镇职工医保基金37701万元,共支出城镇职工医保基金37825万元。

【城乡居民医疗保险】 2019年城乡居民共参保283877人,共征缴城乡居民医保基金41746万元,共支出城乡居民医保基金42611万元。

【生育保险】 2019年全县生育保险共参保51195人,征收生育保险基金998万元,共报销1287万元。

【基本医疗保险新政实施】 2019年1月1日起实施《杭州市基本医疗保障办法淳安县实施细则》(淳政发〔2018〕5号)文件,城乡居民医保基层医疗机构门诊报销比例提高至50%~55%;城镇职工医保基层医疗机构门诊报销比例提高5%;将城乡居民医保住院费用年度限额提高至25万元,25万元以上的医疗费用全部纳入大病保险范围。

【大病保险实现市级统筹】 根据《杭州市基本医疗保障办法淳安县实施细则》(淳政发〔2018〕5号)文件,取消大病保险病种限制,实行大病保险市级统筹,大病保险政策规定、筹资标准、待遇水平与杭州市区统一,城乡居民和城战职工医保基金支付比例分别提高至70%和90%。2019年共有78人享受大病保险补助,补助金额771.16万元。

【慢病门诊保障制度实施】 2019年7月1日,试点开通淳安健民药店有限公司健民连锁店(总店)、威坪连锁店、临岐连锁店、鱼市连锁店、汾口连锁店5家医保定点零售药店,作为城乡居民慢病患者的直接刷卡购药点,城乡居民医保参保人员可凭定点医疗机构外配处方在定点零售药店购买16种慢性疾病药品,直接刷卡享受医保待遇。

【实施降费减负政策】 根据上级文件精神,对全县制造业、交通运输业、建筑业等行业企业实施阶段性降低职工基本医疗保险费和生育保险费,2019年5月、6月份减征企业600余户,减征职工医保费964万元、生育保险费48万元。

【全县医保管理工作会议召开】 2019年4月9日上午,全县医保管理工作会议暨"打击欺诈骗保维护基金安全"集中宣传月活动部署会在千岛湖龙庭开元大酒店三楼开元厅召开,县医保局主要领导,县人社局、财政局、卫健局、市场监管局分管领导,及全县356家医保定点机构负责人共计286人参加会议。会议通报2018年度全县两定机构年度考核情况,部署2019年全县医保工作,启动"打击欺诈骗保维护基金安全"集中宣传月活动。

【实施基金三年行动计划】 2019年5月13日,县医疗保障局印发全县医疗保障《淳安县医疗保障基金监管三年行动计划(2019—2021年)》,利用3年时间对全县所有定点医疗机构、所有定点零售药店等监管对象进行监督检查全覆盖。2019年完成县内80余家定点药店和20余家民营诊所(门诊部)的地毯式检查。

【开展定点医疗机构约谈】 2019年9月12

日，县医保局启动定点医疗机构约谈机制，对医保基金支出或医疗总费用支出同比增幅超过15%的定点医药机构进行重点约谈、限期整改。全年约谈定点医药机构负责人29名、约谈医务人员26名，医保基金不合理增长得到有效遏制。

【医保阳光执法】 2019年11月13日、2019年11月22日医保局分二批邀请7名县政府特邀行政执法监督员参加医保行政执法监督活动，分别对淳安县中医院和淳安县第一人民医院开展全过程执法监督活动。

【实现医保信息市域一体化】 2019年10月正式启用市域一体化信息系统。淳安县医疗保险的参保登记、缴费以及基本医疗保险、大病保险、医疗困难救助等医疗费用结算均在市域一体化信息系统中进行，实现信息系统、经办服务一体化。

【医保支付方式改革】 2019年1月，将4家民营医院和县域内所有公立医疗机构全部纳入医保总额预算范围，建立以医保总额付费管理为主，以按病种、按人头、按床日付费为补充的多元复合型医保支付体系。针对102个诊疗规范、费用可控的病种实行按病种付费，针对儿童康复类长期住院病人实行按床日付费，针对糖尿病等社区签约慢性病人实行按人头付费，积极探索DRGs付费，开展数据归集和梳理。

【医保“最多跑一次”改革】 2019年，基本医疗保险和生育保险划归医疗保障局管理，县医保局通过整合生育和医保业务，落实“一窗受理”服务，33项医保生育业务均在一个窗口办理。简化意外伤害报销流程，变“证明制”为“承诺制”，受益群众达到1867人次；医疗保障39个事项均实现“网上办”“掌上办”，“零跑腿”实现率100%。

【医保业务实现支付宝办理】 2019年10月1日，县医保事项实现手机端支付宝办理，医保参保、续保、缴费、个人账户历年资金家庭共济等事项均可在手机端支付宝APP办理，参保人员可一键速查参保、缴费、结算等5大类信息明细。

【医保实现上海医院联网结算】 2019年7月1日，首次实现上海市瑞金医院、肝胆外科医院等495家定点医院的门诊医疗费直接结算。

【医保年度费用清算】 2019年5月完成2018年度全县医保费用清算，2018年全县医疗总费用14亿元，列支费用11.7亿元，医保基金支付8.6亿元，同比分别增长9.63%、8.35%、9.95%。其中：城镇职工医保基金支付4.1亿元，城乡居民医保基金支付4.5亿元；三家医共体总费用7.4亿元，列支费用6.6亿元，基金支付费用4.7亿元；县一医院医共体基金支付2.6亿元；县二医院医共体基金支付0.61亿元；中医院医共体基金支付1.5亿元。

【医保待遇结算】 2019年，县医保局共完成转外就医、规定病种备案、医保待遇调整等各类就医管理备案业务5110笔，处理各类报销1.13万余人次，总金额达4992.58万元，剔除自理自费1021.15万元；支付各类医保待遇10701余笔，支付金额2534.25万元。共受理生育药费结算1263件，合计支出397.65万元；受理生育津贴结算890件，合计支出1042.97万元；办理医保转移1132人，接续1371人。

【医保协议管理】 2019年，县医保局分别于

7月、12月两次开展医保定点单位申请，全年共新增9家医药机构纳入协议管理。截至2019年底，全县共有370家医药机构纳入协议管理。

【打击欺诈骗保集中宣传月活动】 2019年4月20日，全县首次医保“打击欺诈骗保”集中宣传月活动在千岛湖广场举办，县医保局全体工作人员参加。通过广场集中宣传活动、滚动播放医保宣传片、张贴医保宣传海报等形式，集中宣传医保领域法律法规、基础政策，编印《基本医疗保险违规案例警示录》《打击欺诈骗取医保基金行为举报奖励你问我答》等宣传资料1万余份。

【医保政策业务专题培训】 2019年11月7日，县医保局举办医保政策业务专题培训会，全县各乡镇分管领导、劳动保障员共58人参加培训。培训会由县医保局局长徐夏冰主持，县医保局相关科室负责人针对医保政策、参保、经办服务等方面进行了详细讲解，同时邀请县税务局、县农商银行、县邮储银行工作人员对医疗保险签约解约、参保缴费等问题进行详细讲解。

【中层干部竞聘】 2019年5月24日，县医疗保障局召开首次中层干部竞聘会，县医保局全体干部员、县纪委监委派驻组负责人及7名合作单位工作人员受邀参加。本次竞聘岗位5个，分别为局医保服务管理科副科长、局基金监管科副科长各1名，局属医保中心主任1名、副主任2名。会议通过个人自荐、竞聘演讲、评委打分之后确定候选名单，由局班子集体讨论决定：方圣智任医保服务管理科副科长，吕卫军任基金监管科副科长，严建霞任医保中心主任，陈军、钱明娟任医保中心副主任。

【内部管理制度】 2019年4月24日，中共淳安县医疗保障局党组印发《中共淳安县医疗保障局党组议事决策制度》。2019年5月21日，中共淳安县医疗保障局党组印发《淳安县医疗保障局内部规章制度(试行)》，包含干部守则、重大事项集体决策制度、会议制度、请销假制度、印章管理制度等16项工作制度。2019年11月11日，淳安县医保局印发《淳安县医疗保障局2019年度法治建设工作施方案》《淳安县医疗保障公平竞争审查制度实施方案》《淳安县医疗保障局行政处罚案件集体讨论制度》《淳安县医疗保障局信访工作制度》。通过建章立制，规范工作程序，构建起“决策、执行、监督”三分开的管理机制，让制度管人管事管资金，真正把权力关进制度的笼子。

【内部风险防控】 2019年6月21日，县医疗保障局召开全体干部党风廉政会议，党组书记王建平上专题党课，按照局班子、中层干部、一般干部三个层次分别签订党风廉政责任状，把责任和压力传导到每一个党员干部；会议要求每一名党员干部职工认真梳理、逐一排查工作中存在的潜在风险点，并形成风险和预防清单，落实防范措施。全局共查找出风险点62个，其中高风险点7个。

（方圣智）

·民政·

【概况】 2019年，在县委县政府的正确领导和各乡镇、部门的大力支持下，县民政局以“民政爱民、民政为民”为理念，扎实履行“保民生、护民权、实民利”的基本职责，争先创优、克难攻坚，深化养老服务、社会救助、移民扶持、基层社会治理、专项事务管理、民政干部队伍建设“六大体系”建设，民政各项事业取得了新成效。

【职能调整】 根据《淳安县机构改革方案》(县委〔2018〕16号)文件规定,调整县民政局工作职能,将县民政局的退役军人优抚安置职责划归县退役军人事务局,将县民政局承担的县老龄工作委员会办公室的职责划归县卫生健康局,将县民政局的救灾减灾职责划归县应急管理局。同时,优化县民政局工作职能,将县政府直属事业单位县移民局的行政职能划转给县民政局,对外保留县移民局牌子。

【职能配置、内设机构和人员编制】 根据《淳安县民政局职能配置、内设机构和人员编制规定》(县委办发〔2019〕25号)文件规定,县民政局下设办公室(挂行政审批科、法制科牌子)、计划财务科、社会救助科(挂社会福利科牌子)、社会事务科(挂民间组织管理科、人才科牌子)、养老服务科、水库移民安置办公室6个行政科室。县民政局行政编制10名。设局长1名、副局长2名、股级领导职数7名。后勤服务人员编制1名。同时,对各行政科室负责人进行了公开竞聘上岗。

【人事变动】 根据《关于机构改革相关单位撤、建党组织及相关人员任职的通知》(县委干〔2019〕1号)文件,撤销中共淳安县民政局党组、中共淳安县移民局党组,建立中共淳安县民政局委员会,由王苏宝、宋瑞平、余春雷、陈霞、朱国新5位同志组成,王苏宝同志任书记,宋瑞平同志任副书记。根据(淳政干〔2019〕1号)文件,任命王苏宝同志为淳安县移民局局长,免去吕瑞琴同志的淳安县移民局局长、淳安县新安江库区建设投资公司经理职务。根据(县委干〔2019〕21号)文件,确定吕瑞琴同志为淳安县民政局干部(保留正局级待遇),徐厚贤同志为淳安县民政局干部(保留副局级待遇);根据(县委干〔2019〕20号)文件,确定陈霞、朱国新两位同志的职级为副局级。根据(县委干〔2019〕113号)文件,任命王武祥同志为中共淳安县民政局委员会书记,免去王苏宝同志的中共淳安县民政局委员会书记职务;根据《淳安县人大常委会决定任免名单》(淳人大常〔2019〕40号)文件,任命王武祥同志为淳安县民政局局长,免去王苏宝同志的淳安县民政局局长职务;根据《淳安县人民政府关于王武祥等同志职务任免的通知》(淳政干〔2019〕19号)文件,任命王武祥同志任淳安县移民局局长,免去王苏宝同志的淳安县移民局局长职务。

【民生实事项目】 超额完成省市政府民生实事项目,建成文昌、姜家等8家乡镇级示范型居家养老服务中心,完成率达160%。扎实推进县政府民生实事项目,7家养老服务机构和3家居家养老服务照料中心完成适老化无障碍提升改造。

【养老机构建设】 完成17家养老机构安装智慧用电系统,王阜、宋村、屏门等三家敬老院完成公建民营,截至2019年底,全县公建民营养老机构达12家。

【居家养老服务照料中心和老年食堂建设】 正常运营居家养老服务照料中心达275家,同比增长16%;提升改造居家养老服务照料中心27家。村老年协会社会化运营居家养老服务照料中心达201家。培育居家养老服务连锁企业1家。15个乡镇、78个村实施送餐服务,日均送餐达350人次。探索实施居家机构一体化模式,南山社区照料中心转型为嵌入式社区养老微机构。

【低保残保】 4月15日,推动出台《淳安县最低生活保障实施办法》(淳政办发〔2019〕13号)文件,进一步深化和完善最低生活保障制度。深入开展低保低边专项整治,2019 年全年累计新增低保对象 1527 人,退出 1864 人。截至 2019 年底,全县共有在册低保对象 9646 户 12960 人,特困对象 383 人,全年累计发放低保金 8898.4 万元。提高最低生活保障标准,由每人每月 764 元提高至 833 元。

【特困人员补助】 提高特困人员生活补助标准,由每人每月 800 元提高至 1085 元,并根据残疾等级,对持证特困对象给予每人每月 500 元、250 元、125 元不等的护理补助,集中供养对象再上浮 50%。

【临时救助】 扎实开展临时救助,共救助临时性突发性困难家庭 831 户,发放临时救助资金 162.45 万元,并对 217 户临时困难家庭实施慈善配套救助,发放救助金 92.4 万元。

【孤儿和困境儿童救助】 全面开展留守儿童、困境儿童大排查,全县共有在册留守儿童 4412 人、困境儿童 1450 人。提高孤儿基本生活费标准,由每人每月 1326 元提高至 1417 元,社会散居孤儿由每人每月 795 元提高至 850 元。全年累计为全县孤儿、事实无人抚养困境儿童、低保家庭儿童发放生活补助 72.16 万元。

【慈善救助】 召开县慈善总会第四次会员大会,选举产生新一届理事会。加强慈善精准帮扶基地建设,着力打造省级慈善精准帮扶基地。开展第十九次“春风行动”,共收到社会各界捐款 1105.11 万元,慰问困难群众 19415 户,发放慰问金 1207.99 万元。

【流浪乞讨人员救助管理】 加强无生活着落的流浪乞讨人员救助,共救助 78 人,城区流浪乞讨人员保持“零出现”。

【城乡社区推进】 有序推进农村田园社区建设,成功创建“杭州市田园社区示范村”5 个。淳安县枫树岭镇下姜村、淳安县瑶山乡何家村、淳安县姜家镇双溪村、淳安县文昌镇王家源村等 4 个村被评为首批省级农村引领型社区。积极推进城乡社区治理工作,千岛湖镇江滨社区、枫树岭镇下姜村、威坪镇茶合村等 3 个城乡社区获省委省政府通报表扬,并被评为城乡社区治理工作中作出突出贡献的集体。实施社会组织参与平安建设工程和社会治理现代化建设“社会协和”工程。孵化培育社区服务业单位 7 家。

【社会工作人才建设】 加强专职社区工作者队伍建设,出台《关于进一步加强专职社区工作者队伍建设的实施意见》。全面发动社会工作者职业水平考试,社工师(含助理)考试通过人数达 115 人。举办“国际社工周暨社会组织公益嘉年华”等大型公益服务活动,发放宣传资料 4000 余份,服务居民 3000 余人次。

【社会组织管理】 提升改造县社会组织党群服务中心。召开全县社会组织党建会议,发动社会组织为剑河脱贫帮扶捐款。加大社会组织培育扶持力度,全县行政村枢纽型(支持型)社会组织覆盖率达 50%;开展县级社会组织公益创投,发放扶持资金 70 余万。淳安县 7 家社会组织获评市级 AAA 以上等级。

【移民扶持项目】 2019 年共安排移民扶持项目 507 个,累计投入资金 1.44 亿元,资金使用效益居全省前列。并委托第三方对全县 2018 年移民项目资金实施情况进行延伸审计。

【移民科技培训】 2019 年,安排培训资金 60 万元,指导并开展全县 23 个乡镇开展移民科技培训40余场,累计培训人数达6000人次。

【困难移民救助】 2019年全年救助困难移民226户,发放救助金43.6万元。投入80万元为全县移民购买因病因灾保险,194人次因病因灾移民获得保险救助,共计获得救助金额163万元。

【区划地名管理】 全面开展不规范地名整治,加强地名审批使用管理,共整改不规范地名54个。完成淳临线边界联检。完善界线毗邻地区平安边界建设联席会议制度,加强平安边界管理。

【最多跑一次改革】 深入推进"最多跑一次改革",建立"死亡身后一件事""收养一件事""婚育户一件事"等联办机制;门牌证办理权限全面下放乡镇;老年人优待证办理接入一窗受理平台,实施全程电子化申报。

【殡葬管理与服务】 深化殡葬综合改革,建成全县首个不保留骨灰节地生态葬示范点,并成功创建为市级节地生态安葬设施示范点;大力推广骨灰堂建设,累计建成村级骨灰堂6个、县级骨灰堂1个。持续弘扬环保、节俭的绿色殡葬理念。严格落实"四免费两赠送",累计减免殡葬服务费221.6096万元。

【婚姻登记】 全年共办理结婚登记2808对,离婚登记1272对,补发婚姻登记807件,为1828对新人开展免费颁证仪式,婚姻登记合格率满意率均达100%。开展婚姻家庭辅导服务,共辅导813人次,其中通过劝导调解成功的208人次。

【中福在线】 中福在线新安大街销售厅全年销售额达1112.66万元。

【党建和群团工作】 县民政局和县移民局合并后,对基层党组织进行重新调整,成立县民政局机关党委,配备机关党委专职副书记一名。县民政局机关党委下设五个支部,选举产生一批党性修养高、业务能力强的党务干部。同时,对县民政局工会、局妇委会进行了换届,成立了县民政局团工委,分别任命新的群团组织班子成员。开展"不忘初心 牢记使命"主题教育,严格落实支部主题党日、"三会一课"等制度,充分发挥党建引领作用。开展"三服务"活动,组织干部职工到梓桐镇、界首乡开展走访服务,累计征集意见建议50余条,解决问题难点40余个。加强党风廉政建设,深入开展廉政风险排查,共排查廉政风险点53个。县民政局在2019年度乡镇党委和县级机关、直属单位党组织落实党建工作责任考核中为良好等次。

【考核工作】 县民政局2019年度全市民政工作目标考核结果为良好等次,县民政局2019年度全省移民工作考核获得优秀等次,2019年度县级机关、直属单位综合考评结果为先进单位,2019年度人才工作目标责任制考核结果良好等次。县养老服务中心获得全省民政系统先进集体、全市民政工作奋进奖等荣誉称号;县民政局获全市民政工作创新奖优秀奖。 (王振华)

·退役军人事务·

【概况】 县退役军人事务局于2019年1月17日挂牌成立。成立以来,县退役军人事务局牢固树立以"退役军人为中心"的思想,克服多种困难,坚持边组建边学习边工作,各项工作有序推进、成效明显。

【工作体系建设】 成立由县委书记为组长的县委退役军人事务工作领导小组及其办公

室,23个乡镇分别成立乡镇党委退役军人事务工作领导小组,为全面推动退役军人工作提供坚强的组织保障。建成县退役军人服务中心1个、乡镇级退役军人服务站23个、村(社区)退役军人服务站438个,配备专、兼职工作人员510人,初步形成横向到边、纵向到底的退役军人服务保障体系,其中左口乡退役军人服务站、汾口镇退役军人服务站、枫树岭镇退役军人服务站、枫树岭镇下姜村退役军人服务站、屏门乡退役军人服务站、千岛湖镇南苑社区退役军人服务站等6个退役军人服务站获评2019年杭州市"先进退役军人服务站"。

【县委退役军人事务工作领导小组第一次全体会议】 8月1日,召开县委退役军人事务工作领导小组第一次全体会议,县委书记、县委退役军人事务工作领导小组组长黄海峰主持会议并讲话,会议审议通过《中共淳安县委退役军人事务工作领导小组2019年工作要点》《中共淳安县委退役军人事务工作领导小组工作规则》《中共淳安县委退役军人事务工作领导小组办公室工作细则》。

【黄海峰调研退役军人事务工作】 5月8日,县委书记黄海峰到县退役军人事务局调研指导工作,县委副书记郑志光、副县长余飞陪同调研。

【董毓民调研退役军人事务工作】 11月12日,县委副书记、县长董毓民到县退役军人事务局调研指导工作,副县长余飞陪同调研。

【退役军人安置】 落实"阳光安置",圆满完成7名军转干部、1名随调家属、17名符合政府安排工作条件退役士兵的安置工作,实现安置人员和接收单位"双满意"。

【退役军人就业创业】 探索构建学历教育与技能培训相结合的教育培训体系,全年落实退役军人学历教育和职业技能培训105人,有培训意愿退役士兵参训率达100%、训后就业率100%。与4家银行合作推出拥军贷、创业贷、退役军人创业小额免费担保以及贴息等金融产品,助推退役军人就业创业,全年共扶持328人,发放各类创业扶持资金5000余万元。举办退役士兵专场招聘会,开发就业岗位500余个,签订就业意向112人;通过就业信息平台帮助38名退役军人实现就业,全年共有150人实现就业。

【军人退役"一件事"】 以深化"最多跑一次"改革为牵引,着力加强机制创新和工作流程优化,在县行政服务中心单设军人退役"一件事"综合窗口,安排骨干力量为退役军人报到提供"一站式"服务,实现跑一个窗口办成十件事,全年共为169名2019年度退役士兵提供了便捷、优质、高效的服务。

【拥军优抚工作】 开展春节、建军节走访慰问部队官兵、退役军人和其他优抚对象活动,全年共发放慰问金、慰问品达85万元。国庆前夕为42名新中国成立前入伍的农村老复员军人颁发"庆祝中华人民和国成立70周年"纪念章,把党和国家的关心关爱送到他们的心坎上。落实武警杭州支队800余名新兵在千岛湖镇为期3个月的训练场地,增进了军民鱼水情,得到武警浙江总队和武警杭州支队首长的高度肯定。为全县4000余名各类优抚对象发放抚恤补助金4030万元。开展信息采集和光荣牌悬挂工作,截至12月底,采集信息16925条,悬挂光荣牌15386块。

【"最美退役军人"评选】 开展全县首届"最美退役军人"评选活动,评选产生10名"最美退役军人”、9名“最美退役军人”提名奖，充分展现了淳安退役军人风采，引发了退役军人群体的强烈情感共鸣，在全社会产生了强烈反响，得到省厅市局高度肯定。

【褒扬纪念工作】 4月2日，在枫树岭镇白马村中国工农红军北上抗日先遣队纪念碑前举行“感恩·2019尊崇英烈”清明节祭扫英烈活动。9月30日，在中洲镇厦山村中国工农红军北上抗日先遣队纪念碑前举行“9.30”烈士纪念日公祭活动。

【党建工作】 开展“不忘初心、牢记使命”主题教育，引导党员干部不断增强“四个意识”、坚定“四个自信”、坚决做到“两个维护”。加强基层党建，成立机关党支部，落实支部主题党日、“三会一课”、组织生活会、民主评议、党费缴纳等组织生活制度，切实提高机关党建工作规范化、科学化、制度化水平。认真履行党风廉政建设主体责任和“一岗双责”，修订完善局党组议事规则和工作规则，制定个人廉洁自律规定、正风树纪督查工作规定等规章制度，努力推动机关各项工作有章可循、有序推进、规范高效。坚持党管干部、党管人才的原则，严格按照组织程序调配股级干部4名，选调工作人员3名；注重队伍素质提升，分3期开展全县退役军人工作培训班；大力开展群团活动，激发干部队伍活力和内生动力。

（张明华）

（编辑 程中青）

乡 镇

·千岛湖镇·

【概况】 2019年,千岛湖镇总面积356平方千米,辖20个行政村、12个社区、221个居民组、142个村民小组。全镇总户数30480户,其中,农业户4241户;总人口84553人。山林面积10505公顷;469公顷,其中,水田391公顷。

全年实现工农业总产值12.07亿元,财政总收入24532万元,全年完成税收收入10676万元,农村经济总收入112.86亿元,村级集体经济总收入1757万元,农民人均收入24572元。

推进千岛湖临湖地带综合整治,完成宋家渔村等整治类项目12个,望岛酒店等管控类项目14个,淳果小镇等大棚房整治11处,有序拆除汪家源入口库湾内鱼排6处。严格执行临湖地带"一公里"管控政策,强化生态保护红线、环境质量底线、产业准入清单基本建立,临湖临溪地带产业开发、建设管控。

加强水源地保护,完成金竹牌自然村整村搬迁,有序启动村庄环境整治提升和景观改造项目建设,着力打造"最美取水口"。着力深化"河长制""湖长制",对芹坑源、长岭水库等河湖库塘常态开展定期巡查。落实落细小微水体整治"回头看",全力做好国家黑臭水体督查迎检,完成重点整治点位9个。全面深化农业面源污染防治,有机肥使用得到大力推广,"统防统治"完成327公顷,"肥药双控"实行实名制销售,实现农药化肥使用量下降12%。"无违建"创建零容忍、零让步,完成违章和不协调建筑拆除51处2910平方米。大力开展林业生态修复,有效防治松材线虫病等森林病虫害,完成植树造林面积20.33公顷,林相改造6.7公顷。

从严规范千黄高速、配水工程等重点项目污水排放设施建设,完成宋家坞、淡竹、屏湖等6个农村治污示范村创建,长效巩固厕所革命成效,大力推动垃圾分类由"收购制"向"积分制"转换,实现农村生活垃圾"减量化、无害化、资源化"率达80%。强化考核倒逼,量化推出生态保护月度星级评定机制,有力打造"星级农户"。

撤村建居红线范围内土地征迁实现清零;顺利完成望江垄区块迁坟91穴;城北3宗地块处置稳步推进;全面启动总投资5800万元的鱼味馆至杉柏山庄段老旧小区改造项目;完成骑龙巷线路上改下,分批推进新安大街、新安北路等街区"美丽窗台"建设;48个小区"污水零直排区"创建,既有住宅电梯加装工作有效推进。

开展"环境秀美、人文善美、关系和美、服务完美、生活甜美"的五美社区星级创建行动,完成市级"美好家园"建设试点小区申报12个。逐项对照杭州市"文明指数"测评,持续开展社区环境卫生综合整治行动,着力推进320个公共充电桩建设。不断深化社区垃圾分类工作,完成11个垃圾分类示范小区先行试点创建,成功打造万寿园、七星花园等智能化垃圾分类小区。

全力改善农村人居环境,同步推进斋上、茂畈、湖坑、金竹牌4处安置点"景区化"建设。投入700余万元接续打造青溪村市级精品村项目,全面启动总投资500万元的宋家坞村市级精品村项目建设。完成美丽乡村厕所革命建设2个、移民项目建设35个、河道整治项目3个、山塘水库除险加固工程4个,获“浙江省美丽乡村示范乡镇”称号。

保障千黄高速项目建设，新增千黄高速汪宅养护工区项目征迁2.89公顷，顺利完成金小线、新斋线道路大中修项目和新长线、农芹线村道联网工程。

完成“枇杷进社区”“枇杷进杭城”等枇杷节系列活动，成功签约杭州长运远东国际旅行社、杭州公交旅游客运有限公司，有效激活乡村采摘游。发展“家门口”产业，完成新注册投资100万元以上农业企业6家，新培育特色产业基地村2个，引入来料加工企业3家，新增经纪人8名。投入3500万元建成镇村合资项目金属材料加工市场，首年实现预分红99.5万元。公益林补偿投资初尝分红喜悦，获利47.6万元，消薄增收“4025”目标实现全覆盖。

村级物流班车网点建设常态运行，全年新增电商主体36家，实现电商销售总额5.5亿元，增长32.6%，千岛湖镇成功入选中国“淘宝镇”。不断丰富以乡村旅游观光、乡村人居以及乡村农产品等为核心的旅游产品及服务，全年共接待游客118万人次，新发展民宿14家，实现旅游收入1.3亿元，屏湖村成功创建浙江省AAA级景区村庄。服务业产业全县首位度进一步巩固，新增限上服务业企业9家。

成功签约总投资4亿元的智豪集团、6.5亿元的山洞传奇等产业项目，实现招商引资到位资金4.5亿元，成功引入优企宝、芳华等税源企业12家，持续抓好银泰等产业投资项目服务，新增横店影视城等固定资产投资项目9个，完成固定资产投资超5亿元，实现全年税收超1亿元。

开展低保低边户专项整治行动，实现“应保尽保、应退尽退”，全年新增低保69户101人，清退38户56人；落实结对帮扶、社会救助等各项保障举措，“春风行动”、临时救助惠及群众149户，发放救助资金20.44万元；完成“两费”代扣代缴和失地农民保障认证；开展扶残助残服务，江滨社区争创省级社区康复站，南山社区成功创办省级二星级“残疾人之家”，南苑社区顺利通过省级无障碍社区验收，累计发放残疾人各类补贴758万元；建成验收居家养老服务项目14个，南山社区成功创建杭州市五星级居家养老照料中心，投资222万完成江滨社区、火炉尖社区居家养老照料中心无障碍设施提升改造工程；加快推进退伍军人服务保障体系建设，村社退役军人服务站实现全覆盖；有效巩固“无欠薪县”创建成果，彻查全镇18个在建项目，及时调解投诉案件10起；完成不动产登记发证2127宗，完成地质灾害点处置7处，应急排险10处，D级危房解危处置5幢，危房改造2户，新增建房审批111户；全力做好周坑村农居点矛盾化解，成功创建“美丽农居”13户。

青溪小学迁建工程、青溪初中综合楼改造项目顺利完工；“护校安园”“学后延时托管服务”等教育保障支持工作落到实处；投资80万元完成城中社区卫生服务站扩建改造工程；完成省食品安全示范城市、省市健康社区等创建，农民免费体检参与率达80%；完成总投资70万元的金家村祠堂项目修缮，淡竹小学成功创建杭州市“非遗”传承基地，联丰村文化礼堂项目建设完成；全年共开展文体活动156场次，参加全县排舞大赛、“秀水节”踩街文艺会演双双摘取金奖。农村饮用水改革深入推进，合同签订实现100%；高质量完成589名适龄青年夏季征兵体检工作，为部队输送优质兵源25人。

化解撤村建居纠纷群体17户，应诉各类行政诉讼案件5件，有效化解重大矛盾纠纷55起，攻克重点信访积案2起。深化平安创建“网格化”“信息化”两化融合，新增“雪亮工程”视频监控点位布局88个，新增施家塘、南山中型消防站2个。提升社区治理精细化水平，江滨社区被评为省级城乡社区治理工作突出贡献集体。不断完善“三治”结合的乡村治理体系，东汉村、青溪村、进贤村入选首批“浙江省善治示范村”。持续加大安全生产监管力度，实现安全生产事故“零发生”。

采纳办理人大代表建议 34 件，办结率 100%。深入推进“最多跑一次”改革，开发运行 96345 微信公众号，提升 96345 服务效能，延伸“一窗受理”服务范围，村社代办服务水平显著提高。

【青溪小学迁建工程完工】 2019 年 7 月，县重点推进项目淳安青溪小学迁建工程完工。青溪小学迁建工程位于千岛湖镇东庄区块，由千岛湖建设集团实施建设，总用地面积约 2.8 公顷，总建筑面积 17950 平方米，总投资 1.09 亿元。按 24 个班级的完全小学设计，和旧校区相比，总建筑面积大了好几倍，班级也增加了 10 个。项目主要功能分区包括主教学区、辅助教学区、室外运动区、后勤部分和宿舍等。建设内容包括五层的主教学楼、四层的行政办公楼、五层的宿舍及室内运动场、小礼堂、地下停车库等，还包括室外环形跑道和直跑道、足球场、排球场、篮球场、运动器材活动场地及其他配套设施。教学楼设计为板式建筑，在规划总体框架上，通过连廊形成围合的中庭院落空间，并利用各个连廊、开放空间、楼梯间等公共区域，连接学校建筑内部各个部分，形成便捷的步行交通体系，并满足疏散要求，学校大门入口还将设置造型为寓意“启智之门”的门型构筑物。项目建成后将进一步完善千岛湖镇办学规模和教育基础设施布局，更好地满足周边居民对更高质量教育资源的需求。 (办公室)

2019 年千岛湖镇各行政村基本情况表

表 8

村 名	村党支部书记	村委会主任	人口(人)	年人均收入(元)
屏 湖	缪发春	缪小成	651	24829
进 贤	方武中	宋小芳	731	23794
金 家	童小溪	金中秋	848	18179
茂 畈	吴卫群	方 涛	1890	21135
东 汉	郑国华	方小明	555	16981
井 塘	方 森	方建民	693	20514
青 溪	洪卫军	徐无有	920	25124
周 坑	王有根	胡勇成	880	26045
宋家坞	方 勇	方 勇	577	28556
富 城	王红星	王勇和	581	26273
汪 家	宋勇来	方竹来	1059	20328
联 丰	汪贤成	汪贤成	1387	22897
富 泽	方来山	蓝国军	722	25781
农 林	方成会	邵成有	539	25438
淡 竹	徐 斌	洪宝贵	727	25670

2019 年千岛湖镇社区领导干部名录

表 9

社区名称	党委书记	居委会主任
李家坞	潘文红	潘文红
西 园	邵双凤	鲁建军
施家塘	蒋少峰	邵庭汉
火炉尖	詹淑芳	詹淑芳
江 滨	胡海燕	胡海燕
新 北	汪泳涛	汪建红
南 山	戴学华	陈燕
南 苑	陆晓宇	叶蔚
望 湖	夏红丽	吴其敏
城 东	汪智贤	汪智贤
阳 光	孙凌翔	孙凌翔

·文昌镇·

【概况】 2019年，文昌镇总面积221平方千米，辖16个行政村、128个村民小组。全镇总户数4256户，总人口14584人。山林面积17332公顷；耕地面积428公顷，其中，水田364公顷。

全年实现工农业总产值25565万元，比上年增长6.5%；财政总收入7700万元，增长248.7%，其中，地方财政收入3700万元；上缴国税、地税4000万元。农村经济总收入44.03亿元，增长10%；村级集体经济总收入969万元，增长19.6%；农民人均收入23758元，增长12.14%。

上荷坞安置点获省级生态“坡地村镇”建设典型称号；丰茂连接线工程正式通车，昌文线改造工程顺利完成；投资30万元完成西阳村农用桥项目；投资20万元完成丰茂村停车场建设项目；投资20万元完成东树坑村农村公厕项目。加速推进富山村精品村建设；深入推进西河村美丽庭院升级版创建工作，打造“好客西河迎好客”主题村庄。全年共报批农村私人建房125户，完成不动产登记1000余户。加大农房风貌管控及示范带创建工作，抓好农民建房带方案审批，严控形态、用材和色彩，以05省道下潘村为重点进行风貌管控示范带创建，累计拆除落地阳光棚、违章建筑93处，2400余平方米。

紧盯总部税源经济招商引资，先后引进浙江不木管理有限公司、省商务厅人力资源公司、胜辉创投等税源企业落户，全年镇区税收突破7700万元，地方财政税收入3700万元。新培育产值100万元以上农业企业6家，新认定国家高新技术企业1家、小微数字经济企业1家；协助丰丽包装抓好产品销售，当年产值突破6100万元；康诺邦获婴幼儿奶粉配方国家注册证批复。新培育小微信息经济企业5家；规上企业“触网”全覆盖，企业上云完成20家。

有民宿89家，其中市级精品民宿2家（花墅集、乡非云舍）、县级精品民宿2家（慢庄、云水松涧）；2019年新增普通民宿16家，已验收11家；成立全县首个民宿联盟，助推民宿产业互联互通、抱团发展。全年共接待游客总人数15.18万人，其中接待过夜游客4.58万人，旅游经营总收入1504.2万元，实现旅游经济净收入533.5万元，带动530余人就业。

成功举办第二届高铁旅游节，在高铁通车一周年之际，邀请上海专列游客漫游文昌，体验乡村民宿。完成村级联建物业楼建设，鼓励村集体通过盘活农村闲置农房发展民宿产业、特色农业和旅居养生产业，仅东树坑村“淳尚谷”旅居养生项目就实现村集体经济收入12万元，全镇16个村集体经济总收入全部达到30万元，集体经济年经营收入全部达到10万元，其中有7个村集体经济年经营收入达到20万元。东树坑村被评为浙江省AAA级景区村庄。

深化“四清四美”村庄环境有机更新工作，通过环境整治、节点亮点打造、窗台革命、美丽庭院等行动，实现镇域环境大提升。05省道风貌管控示范带建设成效显著，西河村成立淳安县首个“衣旧换新垃圾分类”积分兑换超市，通过线上线下多种渠道收集旧衣物、塑料瓶等可回收垃圾，达到垃圾减量和废物回收利用。垃圾分类文昌经验被省市媒体相继报道。

完成文屏村外立面改造、原杭州火柴厂厂区、原龙翔化工厂区等综合整治工程项目；抓好文昌村、文屏村庭院改造和环境整治提升工程，实施老街人行道改造和房屋垂直绿化、沿路沿线整治、庭院整治；文屏村“窗台革命”获全县推广；翁家地征迁清零，6户安置点农民自建房屋结顶。

推进临湖综合整治。对34个整治任务(其中关停类项目21个,管控类项目13个),建立分类实施方案,高标准建立"一项目一方案""一项目一卡""一项目一档案"等工作机制,6月底完成21个关停项目的整改,并通过了省市整治专班联合验收;13个管控提升类项目按期完成。

优化垃圾分类收集、运输、处置等环节的基础设施建设,改造提升镇垃圾资源化处理站污水处理水平,全镇16个村全部建成具备防水、防锈等功能的收集点,先后接待30余次省、市、县及周边县市的考察团前来学习。通过对集镇住宅农户、农居点、沿街餐饮业、工业企业、十小行业等区域开展精细化截污纳管和雨污分流改造工作,完成污水全收集、管网全覆盖、雨污全分流、排水全许可、村庄全治理的"污水零直排区"创建目标。

推广全民阅读,全镇有2300余人在使用"学习强国",文昌镇10篇稿件被"学习强国"平台录用。大力开展"破旧立新、思想解放"大讨论活动,其中"深绿发展背景下农村环境治理的破题研究"课题入选县级课题。开展"道德模范"评选,初探"乡风文明"实践等工作取得良好实效,6.19洪灾的"涵洞哥"事迹在各大媒体进行宣传。富山秋千、卢家庄彩龙多次赴县级活动表演,过年的村晚已形成常态,完成市畈、栅源两村文化礼堂建设,西阳村正在评选四星级文化礼堂。《文昌彩龙》获2019中国·杭州千岛湖秀水节大型文化踩街活动银奖;文昌镇民俗文化馆获淳安县第一批非物质文化遗产宣传展示基地。

历时3年完成土地确权工作;完成化肥农药双控考核任务。完成16个村农民健康体检工作。有13家村级照料中心正常营业;10家村级老年食堂正常运营,2家推行送餐服务;实现6家村级照料中心社会化运营和10家村级照料中心投保工作,完成10家三星级照料中心复评工作,实现老年助餐服务有效全覆盖。有95人享受低保救助,338人享受残保救助,18人享受低保边缘户救助。

办好信访超市,用好64982345的镇长公开电话,由专人接听电话并记录情况,通过各村村务公开栏、华数电视等形式将电话号码进行公示。抓好"新官理旧账"工作,原生态工业园区征迁、钟岭坞关停企业等历史遗留问题得到解决。

是年,文昌镇获杭州市防台救灾先进集体、2019年度消薄增收工作先进单位,文昌镇党委获2019年度乡镇党委落实党建工作责任优秀奖。

【高铁场站运行】 高铁千岛湖站全年累计发送旅客282.224万人次,其中客发146.19万人次,到达136.03万人次,日均输送旅客7775人次,列杭黄高铁沿线四个站输送旅客量第一。该站以路地融合、联动联合为主要特点的站前管理模式,得到了铁路和地方的广泛认同,先后接待全国各地来站参观考察人员68批次。场站建设管理模式在全国铁路质量现场会上进行典型发言,"路地融合"模式在全省铁路与地方公安警务融合改革义乌现场会上作了交流。

【文昌镇王家源村获"浙江省生态文化基地"】 2019年12月,省生态文化协会、省林业局公布第九批"浙江省生态文化基地"名单,文昌镇王家源村榜上有名。文昌镇王家源村是淳安县42个千年古村落之一,由王家、丰源、塔心3个行政村合并而成,全村340户、1126人,地域面积17.4平方千米。东面与桐庐县百江镇一山之隔,南北与西河、小西坞村相毗邻,西面紧邻05省道。村口,18株古树参天蔽日,犹如"十八罗汉"守护村庄。村头,溪水清澈,流水潺潺,鱼翔浅底。村内,民居、荷花池、亭榭、廊桥与青山绿水交融,温婉而灵动。人行其间,恍若置身于水墨江南风情画卷里。

游走千年古村王家源，“浮云参野色，斜谷走溪声”的诗意扑面而来。通过对外招商引资和本村青年返乡投资创业，该村先后落户乡非云舍、花墅集等民宿8家，建立蔬菜基地5家7公顷，创建“何仙姑”高山有机水蜜桃、红心柚等水果16.7公顷，“淳安花猪”成为该村一大品牌。（陈铭元）

2019年文昌镇各行政村基本情况表

表10

村　名	村党支部书　记	村委会主　任	人　口（人）	年人均收入(元)
东树坑	方国旗	李海桃	408	24554
卢家庄	卢　飞	卢向阳	954	22574
西　河	余军华（女）	巫年发	810	23749
王家源	王归全	汪金华	1137	25493
潭　头	何社会	何宇来	1434	24536
下　潘	王成生	方红亮	866	25287
小西坞	江桥贵	江桥贵	364	22558
文　昌	何金福	何樟民	1929	24060
市　畈	林贻新	何　君	1024	23774
浪　洞	周樟林	祝湛钢	815	23881
文　屏	王建军	王建军	392	23839
西　阳	王水花（女）	方永平	841	23802
栅　源	宋登贵	张早生	1162	22372
丰　茂	王巧根	方国光	554	23752
富　山	方水有	方树全	1377	23707
光昌边	刘小华	刘克军	517	19422

·石林镇·

【概况】 2019年，石林镇总面积144平方千米，辖8个行政村、41个村民小组。全镇总户数1444户，总人口5021人。山林面积7946公顷；耕地面积174.27公顷，其中，水田53公顷。

全年实现农村经济总收入10.14亿元，增长3.5%；村级集体经济总收入408万元，增长9.1%；农民人均收入23300元，增长9.5%。财政总收入410.89万元，增长39%。

实施“村书记种田种地计划”，推广林下黄精种植138公顷；依托镇赋溪农业发展公司，精心设计日晒面、蜂蜜、无花果等农特产品的包装，打造仙面、仙蜜、仙果等系列产品，壮大“仙活石林”品牌，提升农产品附加价值。将石林日晒面、水果玉米、柑橘等农特产品转化为旅游商品，推向杭州市相关企业、县农特产品品牌馆、骑龙巷老街等平台；利用各村资源组织开展团建旅游业务，全年实现净利润60余万元，并按不低于6%的标准分红给8个村级股份经济合作社；先后完成玳瑁日晒面加工厂和镇农特产品品牌馆改建工程，启动富德日晒面仓储基地建设，为农特产品转换为旅游商品提供生产、仓储、销售平台。

促成上海景域驴妈妈有限公司和千岛湖旅游集团合作，引入社会资本共同开发以喀斯特地貌观光为主的石林景区，全年相继推出松鼠玻璃栈道、悬崖秋千、热气球、星空帐篷等运动体验项目，引爆千岛湖旅游市场，微信、抖音等网络平台点击量超160万人次，国庆期间日接待游客从往年的300人次骤升至5000人次，同比增长1667%，有效带动周边农家乐、民宿和农特产品销售，为本地村民带来旅游收入近100万元。

巩固小城镇环境综合整治效果，补齐集镇精细化管理和沿湖沿线监管短板，完成国家卫生镇创建省市验收暗访，在全县率先通过杭州市“污水零直排区”创建乡镇考核。清洁乡村、垃圾分类、治污运维三项工作均位列全县第二，空气环境质量全年保持优良，交界断面水质全年保持在Ⅰ类。

根据一村一品、一村一韵建设原则，富德村、茶园村、西岭村先后获得浙江省AAA景区村庄称号，棠高、双西市级精品村建设接近尾声，玳瑁村美丽庭院建设成效明显，水上码头修复提升、驿站改造提升、景观防洪堤串联、集镇亮灯提升、镇域导视标识标牌、白小线弱电并杆并线等工程基本完成。

投资180万元的双西和玳瑁村防洪堤,8个行政村饮用水工程全面竣工;投资360万元的白考线等道路大中修及危桥改造工程完成施工,玳瑁、双西村候车亭建成并投入使用。投资近200万元完成双西、棠高两村文化礼堂改造提升工程,双西村文化礼堂成功评定为四星级文化礼堂。

【浙江省避暑气候胜地发布会】 2019年7月20日,浙江省避暑气候胜地暨石林营地开营发布会在石林景区和运动港湾隆重举办,来自省内外200余名亲子游客共同见证了浙江省避暑气候胜地发布仪式。会上,浙江省气象局党组书记、局长苗长明正式发布全省100个避暑气候胜地,并进行授牌仪式。

【浙江省运动休闲小镇建设工作第三次交流会】 2019年10月18日,浙江省运动休闲小镇建设工作第三次交流会在石林镇召开。浙江省内国家级运动休闲特色小镇、浙江省首批运动休闲小镇共10家单位代表汇报了小镇建设工作情况,小镇导师及相关主管部门分别就小镇发展现状、未来规划及存在问题进行了点评及交流。

【2019仙活石林·和邑杯国际桨板公开赛】 2019年10月26—27日,2019仙活石林·和邑杯国际桨板公开赛在石林运动小镇进行,来自海内外21个城市的40多家俱乐部、150多名选手参加比赛。

【2019中国皮划艇巡回赛杭州·千岛湖站】 2019年11月16—17日,2019中国皮划艇巡回赛(杭州·千岛湖站)在石林运动小镇进行,来自全国20个省市的150名选手参加。本次皮划艇巡回赛分为单人2000米绕标竞速赛、12千米马拉松赛及亲子体验赛等三个赛项八大组别。

【西岭村入选浙江省AAA级景区村庄名单】 2019年12月16日,杭州市文化广电旅游局、杭州市农业农村局联合下发《关于命令名皋城村等59个村庄为杭州市2019年浙江省AAA级景区村庄的通知》,石林镇西岭村位列其中。

【石林镇入选浙江省中小学生研学实践教育基地】 2019年12月31日,浙江省教育厅、浙江省文化和旅游厅联合公布了“浙江省中小学生研学实践教育基地营地名单(第二批)”,淳安石林运动港湾研学基地被授予“省级中小学生研学实践教育基地”。石林镇依山傍水,拥有优美绝佳的山水资源,旅游业态丰富多彩,是一个具有鲜明地域特色的研学旅行基地。2019年,石林镇大力推动运动业态招商,加快体育培训、研学教育和青少年冬、夏令营等业态的培育和孵化,开发出了一批具有观赏性、知识性、趣味性的研学旅游产品。 (方仙婷)

2019年石林镇各行政村基本情况表

表11

村　名	村党支部书记	村委会主任	人口(人)	年人均收入(元)
茶　园	张福根	张福根	604	23015
千岛湖	陈开泉	陈开泉	502	20358
富　德	邵小平	邵勇忠	962	23732
棠　高	何加富	何加富	400	21927
双　西	邵建星	吴六苟	1168	19904
岭　足	方贵军	方贵军	467	22725
玳　瑁	练志洪	叶永林	535	16791
西　岭	项国昌	项德庶	383	16831

·里商乡·

【概况】 2019年，里商乡总面积276平方千米，辖16个行政村、119个村民小组。全乡总户数3399户，总人口11365人，有外来人口48人。人口自然增长率1‰。山林面积19740公顷；耕地面积250公顷。

全年实现农村经济总收入13.23亿元，比上年增长7.62%；财政总收入1440.63万元，增长92.19%，其中，地方财政收入732万元，增长96.77%。农村经济总收入13530万元，增长9.5%；村级集体经济总收入692.98万元，增长10.17%；农民人均收入21828元，增长9.51%。

全年实现农业产值1.85亿元。有茶叶面积1216公顷，年茶叶产量536吨，年茶叶产值1.13亿元，人均茶叶收入达万元；大力推广茶叶品牌，"里商"牌千岛湖红茶、龙井茶分别获2019年中国优质好茶金奖；有5330公顷经济林；农户散养猪1981头、农户散养家禽4289羽。

全乡有小型水力发电站3家，茶叶合作社10家；有服务业企业297家，以商贸服务业为主，个体经营户141家；有民宿28家，床位514个。

推进临湖整治工作，围绕8个整治任务，实行"一项目一专班一方案"。完成8处里商乡涉临湖综合整治类项目，碧水湾项目、大千古街项目完成交接；拆除临湖建筑5处，占地面积4545平方米，完成复绿1858平方米；管控类项目5处平稳有序。成功举办"六大攻坚战"大比武现场会；里阳村获评省级垃圾分类示范村。

巩固提升小城镇综合整治，提升旅游地域特色，完成商辂文化展示厅布展工程，投资89万元建成里商仁灯展示馆。依托生态环境优势，打造影视创作基地，拍摄《尖刀行动》《四大癫王》等多部影视剧；新发展民宿8家，新增床位97个，精品民宿"湖畔山舍"建成营业；全年共接待游客25.7万人，实现旅游收入3234万元。

投入280余万元完成淳三线、山村线公路大中修；投入300余万元新建堰坝、维修水源，农村饮用水工程整乡提升。乡卫生院创建中医馆，乡中心幼儿园厨房搬迁、校舍维修；继续推行中学生免费午餐和校园文化建设。

乡养老服务中心按照公建民营正常投入使用，完成里商乡敬老院无障碍设施改造提升工程，成功创建乡镇级示范型居家养老服务中心以及里商乡残疾人之家，成为全县最为完善的综合型养老服务中心之一。新增3家村级照料中心，村村有老年食堂，医养结合服务全面签订，181位老人享受政府购买居家养老服务，老年人实现在家就可以养老、就医；认真开展两费收缴，其中城乡居民医疗保险参保7558人，城乡居民养老保险3980人。临时救助、春风行动等福利发放有条不紊，低保、残保等困难家庭救助更加精准，全乡511户家庭得到社会救助；持续深化"最多跑一次"改革，完成办理证件类1436件，提升服务效能明显。

【第五届千岛湖斗茶大会暨第十一届里商乡茶文化节】 2019年3月30日，第五届千岛湖斗茶大会暨第十一届里商乡茶文化节在里商乡大千古街开幕。里商乡地处千岛湖西南，历史悠久、积淀深厚，茶是里商的主要产业，大规模的山坡茶田形成了里商独特的自然风光，茶文化也源远流长，素有"百里茶香，万亩茶海"之称。开幕进行了文艺表演出中，既有中国娃哈哈艺术团青春飞扬的舞蹈和歌曲，也有村民们自导自演的喜乐鼓舞、旗袍走秀，还有里商乡文化站原创的歌舞表演《凤鸟飞出皇后坪》；大街道两旁进行了农特产品展示，让大家能够品尝当地美食，采购土特新产品；活动现场举行了全县千岛湖龙井茶最高水平的斗茶比赛以及机械和手工茶叶炒制技能比武，通过评审团的评审，现场评出了金茶王和银茶王以及茶叶炒制能手。茶文化节的举办进一步打响“文茗里商”品牌，提高“宰相故里、皇后娘家，百里茶香、万亩茶海”的知名度、美誉度。（钱霞　凌曦）

2019年里商乡各行政村基本情况表

表12

村　名	村党支部书　记	村委会主　任	人　口（人）	年人均收入(元)
塔　山	邓满莲（女）	朱顺根	881	24312
燕　窝	解同康	汪苏明	543	20742
村　坑	方建新	方新军	555	21796
江　村	江志宏	江永龙	688	22294
里　阳	许合喜	商发庆	478	24488
架子岭	徐云凤（女）	方顺华	396	22954
向　阳	向树来	向新朝	711	24284
武　源	叶志明	於裕庭	969	20702
鱼　泉	王茂华	商向阳	551	24266
五　兴	胡胜利	杨怀栋	595	24206
里　商	商国山	叶正喜	1401	20864
郎　范	郎共伟	郎有勇	1053	19956
大　叶	叶剑锋	叶剑锋	480	19850
洞坑口	徐　杰	—	644	21019
石　门	叶世广	叶映红	656	20015
石　湾	孙玉权	解华明	764	20458

·富文乡·

【概况】 2019年，富文乡总面积151平方千米，辖10个行政村、79个村民小组。全乡总户数2475户，总人口8438人，有外来人口185人。人口自然增长率3.08‰。山林面积1.17万公顷；耕地面积290公顷，其中，水田105公顷。

全年实现工农业总产值30092万元，比上年增长12.73%；财政总收入468.14万元，增长5.36%，其中，地方财政收入219.54万元；上缴国税、地税209.63万元，下降3.73%。农村经济总收入93756万元，增长11.60%；村级集体经济总收入445万元，增长34.04%；农民人均纯收入21298元，增长12.63%。

6月，完成全部临湖地带综合整治项目整治管控并顺利通过验收。高标准完成1个市级督办和3个县级督办的大棚房专项整治设施农用地改变用途项目整治，恢复其农业用途。制定出台环境保护综合考评办法，对各村开展月度环保督查。健全垃圾积分兑换制度，推进杭州市垃圾分类达标乡镇创建。出台垃圾分类兑换积分抵扣上门清运泔水费用政策，探索实施民宿泔水有偿回收机制。开展林业、农业面源污染治理，全年推广有机肥100.6吨，完成41.3公顷茶园、33.3公顷果园统防统治。实施“肥药双控”，回收废弃农药包装物26527件。推进“污水零直排区”建设，污水处理能力提升至1054吨/天。完善小城镇环境综合整治分片包干、动态巡查、红黑榜等长效管理机制，严格落实建房带方案审批。启动城乡建设风貌管控规划编制，加强建房精细化管理和不锈钢材质管控。落实农民建房每周固定巡查，常态化推进无违建工作。

赴宁波、杭州开展乡村旅游推介，成功举办千人采摘游活动。围绕“春赏花、夏戏水、秋品果、冬赏雪”四季主题，整合雪坑源农旅项目、网红小学——富文中小、吴山仙姑洞等特色资源，推进全域旅游品牌化建设。依托富文中心小学网红效应，打造研学活动品牌，不断丰富乡村旅游内涵。

突出增强村级营收理念，重点保障可持续性消薄增收产业，逐步形成资源盘活、产业经营、土地流转、光伏发电等形式多样的消薄渠道。青田、富文两村，通过土地流转、物业楼出租等方式，提前实现“3020”目标；方家畈村的“土烧酿酒坊”即将投产；燕坑村集体办茶厂、聚璧村党建消薄基地种植应季农作物取得不错效果，全乡10个行政村圆满完成“3010”目标。

消灭来料加工“空白村”，全乡有26个来料加工点，1个来料加工专业村，带动700名妇女就业，实现加工费480万元，其中低收入人员50余人，加工费10余万元。坚持抓大不放小，通过以大带小、组团发展的模式，逐步形成以针织加工为主，套笔、工艺品“百花齐放”的加工格局。

启动杭黄高铁遗留渣石外运破损路面修补工作；投入160万元，完成全乡18处分散式供水水源维修和章坑村分散式单村供水工程；完善每周工作清单、一次性供水抢修、消毒清洗收费限时等机制，保障农村供水安全。投入81.52万元，完成富文乡敬老院无障碍设施改造提升；成立富文商会，开展爱心助学和中秋走访慰问活动，签订消薄增收帮扶项目协议书，助力消薄增收。

完成城乡居民参加各类养老保险和医疗保险率任务指标。持续推进农村低保专项治理，加强漠川、重坑、章坑、查林、燕坑5个村的居家养老服务日常管理，提升送餐服务品质。开展“庆祝新中国成立70周年”文艺会演活动，开展“送春联、迎大年”“我们的村晚”、文化走亲等多种形式的文化礼堂活动，新建六联村文化礼堂。《麦秆情土烧魂》节目在秀水节文化踩街中获金奖。成功申报“富文魁星舞”县级传承人1名，漠川村被评为市级“非物质文化遗产旅游基地”。开展富文中小“护校安园”专项行动和学后托管服务，顺利通过“杭州市语言文字规范化乡镇”评估验收。实施全民意外伤害保障和白内障患者免费复明工程，持续开展家庭医生签约、农民健康体检等工作。开展扫黑除恶、反邪教“雷霆行动”、七五普法、禁毒铲毒等专项行动，并做好重点人员的教育稳控工作，有力保障“平安护航新中国成立70周年”等重点时段的社会稳定。

是年该乡获2018年度杭州小城镇整治市级样板小城镇、市级“非物质文化遗产旅游基地”等荣誉。

【富文乡、富文村分别获得2018年度浙江省“书香城镇”和“书香村落”称号】 2019年1月，浙江省委宣传部、浙江省新闻出版局、浙江省委直属机关工委、浙江省总工会、浙江日报社等5部门联合下发《关于公布浙江省“书香城镇系列”推选活动入选名单的通报》，富文乡获2018年度浙江省“书香城镇”称号，富文乡富文村获“书香村落”称号。富文图书分馆于2015年10月投入30万元改建而成，使用面积400平方米，内设成人阅览区、少儿阅览区和电子阅览区，藏书4.5万册，电脑13台，并配置空调4台。它是县内面积最大、藏书最多，设施最全和借书最多的图书分馆。4年来，富文图书分馆坚持“以文化人、书香富文”的办馆宗旨，以制度创新、服务创新、活动创新为着眼点，充分发挥图书分馆的功能作用，坚持天天对外开放，月月开展活动。开馆至今，共外借图书3.8万册，举办“亲子阅读”“全民阅读”“征文演讲”等活动30余次；举办书画、反邪教、非遗等展览20余期；举办“道德经讲堂”“富文麦秆扇”“拉丁舞”等培训30余期；接待大学生暑期支教10批次，并与浙江工业信息化学院建立长期暑期支教基地，使大部分少儿获得课外知识，拓宽视野。2018年富文图书分馆与富文中心小学联合成立“富文麦秆扇”教学基地，聘请民间艺人传授麦秆扇的制作工艺，已开班三期，使30多名学生受到民间艺术的启蒙。该馆已成为少儿的第二课堂、村民求知求乐的精神家园。

（余美娟）

2019 年富文乡各行政村基本情况表

表 13

村 名	村党支部书记	村委会主任	人口(人)	年人均收入(元)
青田	陈长寿	邵军	712	28533
富文	王佳明	邵长根	2100	23013
漠川	方福东	方成汉	695	20187
聚壁	王竹根	王立新	553	18015
燕坑	汪贤立	刘尚清	610	18643
章坑	方有汉	方伟根	736	18551
方家畈	方田中	方永福	623	18349
查林	乐伟刚	刘金富	788	17952
重坑	宋立云	方普顺	709	18078
六联	刘樟达	胡桂香(女)	938	18536

·左口乡·

【概况】 2019 年,左口乡总面积 175 平方千米,辖 11 个行政村、136 个村民小组。全乡总户数 3306 户,总人口 11679 人,有外来人口 434 人。人口自然增长率 0.26‰。山林面积 13333 公顷;永久基本农田 454.6 公顷。

全年实现财政总收入 1217 万元,增长 37.35%,其中,地方财政收入 603.67 万元;上缴国税、地税 689 万元,增长 61.35%。农村经济总收入 63208 万元,增长 9.59%;村级集体经济总收入 497 万元,增长 9.71%;农民人均收入 19703 元,增长 9.63%。

继续推进沿湖整治,历时 200 余天,成功收回桃源居项目,提请县委、县政府确定桃源居资产盘活方案,其余各类整治项目全部完成;提前完成污水"零直排"区建设工作,全乡低矮动力机房改造提升率达 100%,11 个沿湖污水处理终端全部实现"中水回用"。以环保督察"回头看"为契机,落实环保责任,严格环保执法,抓实问题整改,配合完成科学调整水功能区、生态保护红线。深入落实河长制,巡河率达 100%,五条河道水质持续保持Ⅰ类,小微水体保持在 III 类以上,左源溪被评为"最美河道"。全面推进林业、农业面源污染治理,深化"肥药双控""统防统治"。实施"清洁乡村、美丽家园"专项行动,有效解决乱堆乱放"老大难",努力营造悦目养心的人文环境。立足"花园式菜园"主题,创建龙源庄村回口、奎星桥美丽庭院示范村。

杭州百佳园区管理有限公司、杭州企税宝园区管理公司落户阳光平台,形成稳定税源;启动国家地方种禽基因库改扩建项目;完成企业上云企业 5 家,引进高新技术企业 1 家、数字经济核心产业 8 家,淘汰落后产能企业 1 家;电商深绿产业茁壮成长,新引进电商企业 3 家,完成天猫 B 店 1 家,淘宝 C 店 10 家,农产品微商 5 家,发掘"电商创业能手"6 名,全乡电商网上销售额 8600 万元,增长 154%。

乡村旅游全域突破,编印旅游宣传折页、拍摄旅游宣传片,打造三条短途旅游路线,全年接待乡村旅游游客 46.2 万人次,实现旅游经济收入 5296.2 万元。"民宿+"红利逐渐成为农民创收增收的法宝,雅谷风林、峪涧、得舍等精品民宿相继落地,中高端民宿群发展路线日益清晰,有效地带动优质农产品的外销和周边民宿的生机。指导六大果园研发旅游产品,"线上+线下"模式发展更为精湛。茶叶、山核桃等产业抓提质增效;启动"淳木瓜"种质资源保护项目,通过"淳木瓜"种苗基地建设,引导农户扩大"淳木瓜"种植规模,并开发"淳木瓜"相关产品,注册相关商标,提升"淳木瓜"产出价值。

创设"四个一批法"推进消薄增收,各村形成持续有效消薄方案;融合 5 个村的消薄资金,新建毛岭乡村旅游服务中心。积极开展"一村一单位、一户一干部、一档一方案"行动,实现 417 户低收入农户帮扶全覆盖,全部形成精准有效的增收方式,实现低收入农户增收 15.8%。推进"家门口就业",新培育来料加工经纪人2人，新建来料加工点3个，辐射从业人员1000余人，其中低收入农户61人，发放加工费560余万元，龙源庄村方夏英被评为“杭州市创业家庭”。

实施田里、龙源庄、石岭后、雌龙源4个村饮用水提升工程，实施桥西、显后、左口、方家、塘边5个村水源改造提升工程，新建毛岭1000立方米的高位水池；完成农村河道综合整治工程9.7千米，新建和加固堤防2.9千米，河道疏浚9.7千米；完成凤新线公路大中修，交通网络日趋完善；完成敬老院无障碍设施改造提升工程。

最低生活保障做到应保尽保、应退尽退，全乡有低保户94户177人，其中新申请13户46人，有残疾人单列户173户176人，其中新申请16户16人，全面核减低保17户。创建乡残疾人之家，顺利评定一星级。动态补充全乡留守儿童、空巢老人信息档案，逐村开展关心关爱活动，相关救助政策全部到位。完成8个居家养老照料中心建设，6个老年食堂建设。全乡社会养老和医疗保险覆盖率在全县名列前茅。新建乡村两级退役军人事务服务站，建立退役军人“三有”工作机制；圆满完成秋季征兵，超额完成征兵任务。持续深化“最多跑一次”工作，办事事项全部实现要求。与2847户农户签订供水协议，完成率达99.1%。

开设“村主要干部讲坛”、开展“文明行动日”活动，进行“好家风好乡风”宣讲，打造文明宣传窗口。积极打造精神文明建设载体，坚持“建、管、用、育、融”一体化标准推进农村文化礼堂建设，在全县率先实现农村文化礼堂建设全覆盖。成功创建“语言文字规范化乡镇”，扎实做好语言文字“五进”工作。排舞《祝福祝国》融入舞龙创意，获得全县比赛银奖。五大传统庙会延续开展，庙会文化和资源获得整合发展。新建600平方米农耕文化博物馆。全年开展各类文化活动140余场次，送戏下乡4场次，文化走亲5场次，集中性文化培训3场次。

【首届心宿左口乡村体验节】 2019年10月19—20日，以“心宿左口、湖畔山乡、欢乐体验之旅”为主题的首届心宿左口乡村体验节在左口乡举行，200余名游客来自省内外游客在左口参加了“2天1晚”体验活动，欣赏乡村民居、传统戏剧表演，体验农产品展销、乡村趣味活动、乡村音乐派对及户外运动体验，品尝特色长桌宴、乡村大锅菜午宴等，体验一条龙式田园生活。活动摄影评选也贯穿体验节始终，参与者可以通过拍摄照片参加评选，在体验中更好地认识左口、了解左口、推介左口。

【瑶村、左口、田里、方家被命名为2019年度浙江省卫生乡镇卫生村】 2019年12月，浙江省爱国卫生运动委员会办公室公布了2019年度浙江省卫生村名单，左口乡瑶村、左口、田里、方家四个村被评为2019年度浙江省卫生乡镇卫生村。近年来，左口乡积极谋划、全面宣传、落实经费保障，加快了省级卫生村创建工作进度。各村积极开展环境整治、垃圾分类、厕所革命、文明素质教育等活动，不断改善乡村面貌，增强村民的文明素养和环保意识，高质量提升了农村人居环境，大大增强了群众的获得感、幸福感和安全感，营造了公共卫生全民共建、全民共享的良好氛围。

（胡亚琳）

2019年左口乡各行政村基本情况表

表14

村　名	村党支部书　记	村委会主　任	人　口（人）	年人均收入（元）
桥　西	宋锦岐	洪伟贤	764	23580
瑶　村	余华熠	余樟根	1110	21375
显　后	方　亮	方宝军	1431	18906

续表

村　名	村党支部书　记	村委会主　任	人　口(人)	年人均收入(元)
左　口	汪森娟(女)	童　磊	1504	18677
芳　桥	胡百成	夏来顺	889	20384
田　里	洪世文	—	794	19589
方　家	洪春庚	方章南	504	22606
龙源庄	洪贺平	徐来根	1873	17428
塘　边	洪有景	洪荣华	1524	18756
石岭后	方保华	方采军	536	21586
雌龙源	方子贵	刘发贵	750	20477

·金峰乡·

【概况】 2019年,金峰乡总面积150平方千米,辖11个行政村、84个村民小组。全乡总户数2010户,总人口5969人,有外来人口485人。人口自然增长率2‰。山林面积5252公顷;耕地面积258公顷。

全年完成财政总收入835万元,地方财政收入452万元;农村经济总收入58839万元,增长10.8%;11个行政村全面完成3010消薄目标,景山、蒋岭上、锦溪3个村提前完成“3020”目标,村级集体经济总收入440万元,增长55.12%;农民人均收入20194元,增幅9.8%。

开展临湖地带综合整治,完成红叶湾度假村酒店等3个项目的关停,源头坞德望实业项目整治,落实9个管控项目管控方案。开展村庄环境整治,持续做好农村治污运维和治污设施改造提升,新建牛麦坞自然村、朱峰口污水处理终端,改造提升景山阔畈污水处理终端,及时做好新建房户三格式化粪池、接户和各类抢修,农村治污运维水平不断提高。深入开展清洁乡村和垃圾分类,出台村主要干部村庄环境整治月考核制度,开展村庄环境整治攻坚月行动,完成五龙珍坞垃圾分类示范村建设,创建景山下源美丽庭院示范点,全乡各村垃圾分类积分制得到完善并有效落实。推进农业面源污染防控治理,严格落实河长制,落实农业统防统治87公顷,有机肥替代591吨,配方肥推广58.5吨,时刻关注河流交接断面水质监控,锦坑源交接断面水质Ⅰ类月数达到5个月,一举扭转了近几年来一直在Ⅱ类水质的局面。还新建了空气质量监测站,开展空气PM2.5监测,空气质量全年指标平均排名全县第8。

利用朱峰源原学校闲置楼改造茶厂,成功引进茶叶加工客商。利用锦溪村物业楼成功引进有机餐厅项目,并正式营业,成为全省第一家金牌有机餐厅认证。岭上花开、鱼妈妈等农业销售平台运行良好,安上粉皮入驻骑龙巷漫步街,百照蓝莓园列入全县3家休闲农业示范园建设点之一,“千岛金蜂”品牌效益日趋提升,成为杭州市消薄增收现场会考察参观点。景澜返里度假酒店正式开业,一经推出就成为乡村精品度假酒店的佼佼者。全年新发展线上服务业企业2家、线上个体户3家,新开设电商天猫商城2家,新发展大众民宿7家,改造提升精品民宿2家。成功举办第十届乡村摄影节,获得中国摄影家网国家级摄影创作基地称号。朱家村被认定为2019年度浙江省美丽乡村特色精品村。

新培育龙澳等规上工业企业2家,工业税收持续增长,本地实体工业经济税收完成739万元,增长24.6%;工业销售产值1.12亿元,增幅45%,并首次突破亿元大关。

全面完成了11个村的饮用水改革,投资200万元实施4个村饮用水整村提升,11个村水源点改造和入户水表水箱设施建设,强化饮用水公司的服务效能,保障饮用水供应的能力。做好农村土地确权和农房不动产登记工作,土地确权发证率达97.8%,农户档案移交率达98%,农房不动产登记发证622宗,发证率30.34%。完成3处地质灾害应急救险。完成长岭庄联村联网道路工程、农用桥整修、河道整治、千威线沿线环境整治、农业生产道路、文化礼堂等一批惠民实事项目。完成城乡居民养老保险和医疗保险参保任务，为全乡60周岁以上老年人和34周岁以下人员购买意外伤害保险。做好困难残疾人生活补贴，重度残疾人护理补贴，辅助器具发放和无障碍进家庭等助残服务，及时做好因病因灾困难家庭的低保户申领

新增40个视频监控，开展统一地址库建设，完善社会治理基础体系。加强村级网格员、巡防队、群防群治队伍建设，定期不定期开展扫黑除恶、反邪教、禁毒、流动人口管理、交通安全、森林保护、消防等巡察宣传。集中开展电动车安全专项整治23次，赠送安全头盔300顶，电动车行车安全状况明显提升。积极化解各类信访矛盾纠纷，全年共办理办结各类信访148件。

【千岛湖首家景澜酒店开业】 2019年4月28日，千岛湖首家景澜酒店——千岛湖景澜·返里度假酒店正式开业。千岛湖景澜·返里度假酒店占地面积10853平方米，总建筑面积12823平方米。建筑风格为现代中式，建筑形态为“人”字形，寓意“万物人为本”。酒店拥有湖景LOFT房、湖景庭院房、湖景大床房、湖景亲子房等各类房型；大小会议室、宴会厅、中餐包厢、烧烤区、儿童游乐区、影视厅、KTV、健身房、室外游泳池、垂钓区等功能配置。千岛湖景澜·返里度假酒店的开业，填补了金峰高端酒店的空白，对改善金峰的旅游环境、投资环境、完善旅游配套设施都具有重要的意义，使金峰旅游接待能力进一步提高。

【浙江省首家金牌全食有机餐厅落户金峰】 2019年11月28日，经过严格认证检查，南京国环有机产品认证中心向位于金峰乡的杭州千岛湖悦农餐饮有限公司颁发有机餐饮认证证书（金牌），标志着浙江省首家金牌全食有机餐厅落户金峰。杭州千岛湖悦农餐饮有限公司厚植有机餐厅从菜品设计、原辅料来源、菜肴烹制、贮存运输、清洁消毒、有害生物控制、可追溯性、餐饮环境、标识与管理等多方面进行控制，要求90％以上的食材来自有机认证的农产品，强调尊重食材本色，倡导原汁原味，制作过程拒绝采用烧烤、腌制等烹饪方式，坚持有机、安全、健康、营养理念。随着有机餐饮在金峰的落地，推动了有机农业、有机食材向有机餐饮的聚变，倡导有机生活方式，推动有机消费理念，与更多的人分享有机生活。　　　　（童昕）

2019年金峰乡各行政村基本情况表

表15

村　名	村党支部书　记	村委会主　任	人　口（人）	年人均收入(元)
金　源	吴年卿	吴奕德	480	20897
景　山	王建红	王建红	395	21273
金　峰	江学政	吴跃钊	770	20087
殿　峰	徐小勤	徐有红	598	18091
山　后	江银宝	江国升	456	20132
百　照	李建平	李发本	682	18204
朱　家	朱金万	朱永红	345	21578
安　上	李君竹	李黎明（副主任主持工作）	471	22288
锦　溪	江国新	王凤鸣	869	18069
蒋岭上	方小杜	方小南	387	21658
五　龙	吴国民	叶　辉	516	23642

·临岐镇·

【概况】 2019年，临岐镇总面积222平方千米，辖17个行政村、170个村民小组。全镇总户数6028户，总人口20060人，有外来人口376人。人口自然增长率0.2‰。山林面积18737公顷；耕地面积872公顷。

全年实现工农业总产值6.51万元,比上年增长12.4%;财政总收入3280万元,增长19.5%,其中,地方财政收入1080万元;上缴国税、地税2200万元,增长20%。农村经济总收入167274万元,增长10.9%;村级集体经济总收入1048万元,增长11.5%;农民人均收入22875元,增长10.5%。

以国家级农业产业强镇示范项目和省级循环有机农业示范试点项目创建为抓手,推动中药材深绿产业提质升级。全年配套中药材产业资金4000余万元,完成中药材林下套种公顷,中药材园地经济发展109.7公顷,连片中药材发展33.3公顷,建立药材溯源基地14个,党建示范基地20个。全年新培育农业企业6家,培育市级农业龙头企业1家,创建县级示范性家庭农场1家。

汉广中药材初加工园、"淳六味·东篱菊"精品民宿等6个项目竣工投入使用,中药材冷库等6个项目开工建设,维鼎生物、膜佳科技等6个项目集中签约,项目总投资达4.445亿元。引进山联山、中筋、回程、红枫财务、佳欣股权等5个总部经济项目,总部税收增加200余万元。丰金工程机械、盈铭深冷2家工业企业成功加入规上企业行列。

成立中药材产学研人才(博士)工作站,全县乡镇首家市级专家工作站落户杭州淳味堂生物科技有限公司,与15家科研院所开展合作攻关项目21个。成功举办中国千岛湖第五届覆盆子节暨第三届乡村振兴产业发展论坛,策划发布"淳六味"、"淳正优选"和"养你的覆盆子"品牌,推出千岛湖十大养生药膳。打造覆盆子鲜果采摘、康美养生、美丽乡村等体验式乡村旅游新业态。千岛湖中医药博物馆入选"淳安县级中小学生研学基地",淳六味·东篱菊精品民宿、崇德国医馆等三产康养旅游配套相继落地营业。中医药康养培训基地、中医药文创街区等工作正有序推进。电子商务与现代物流业持续发展,农村电商物流班车村村通的"临岐模式"在全县推广,全年电商销售总额9000余万元,其中跨境电商1000余万元,社会消费品零售总额4.01亿元,增长10%。

深化小城镇环境综合整治,完善集镇管理长效机制,全年查处市容市貌类简易案件42件,一般案件34件,数字城管问题及时解决率达到98%。持续开展交通安全综合整治,全年上牌电动车400余辆,上牌比率达90%。成功化解景月湾85户不动产登记办证和临溪山庄不动产登记办证历史遗留难题。合浦产业园区仓储、冷库项目、李时珍广场商旅综合体等项目全面推进,产城融合的小镇特色更具显现。

临岐初级中学有50人达到淳安中学高中上线分数,在同类学校中名列前茅;医共体建设、家庭医生签约服务纵深推进。举办"歌唱祖国 唱响临岐"群众性歌咏会庆祝祖国华诞,承办"淳安县第三届'文化礼堂'我们的春晚"活动,开展送戏下村3场。左源、里口、新溪3个村文化礼堂实现改造提升,成功创建范村村四星级文化礼堂和仰韩村五星级文化礼堂。

全镇两费收缴率达100%,优生两免参检完成率122.4%。完成特殊家庭意外险27人次,独生子女父母意外险1886人次,独生子女父母城乡补助1865人次。创建二星级残疾人之家,顺利通过省级康复站运行考核验收。推进养老服务综合改革和生态殡葬改革,完成新华村和吴峰村两处骨灰堂建设。深入开展省市卫生村创建,成功创建6个省级卫生村和3个市级卫生村。

【中国千岛湖第五届覆盆子节暨第三届乡村振兴产业发展论坛】 2019年5月11日,中国千岛湖第五届覆盆子节暨第三届乡村振兴产业发展论坛在临岐镇举行。临岐镇是浙江省覆盆子之乡,现有覆盆子种植面积近2000

公顷，干果、鲜果产值近亿元，是农民增收的重要途径。为了实现覆盆子从青果到红果的效益再提升，临岐镇打响“养你的覆盆子”品牌，主要内容包括打造一套覆盆子包装体系、一个覆盆子创意主题形象园、一系列覆盆子加工产品，并通过一系列渠道进行推广，以此拉伸覆盆子产业链，助推产业转型升级，带动区域经济发展，全力创建国家级特色农业强镇，努力让中药材产业带动更多百姓实现富裕，也让“百草临岐”的中药材产业更加兴旺繁荣。活动现场，临岐镇“淳覆盆子”被授予“浙江省特优级农产品气候品质”证书，浙江省中药材产业协会授予临岐镇“淳六味道地药材科普宣传站”，临岐镇中药材产学研人才(博士)工作站揭牌成立，首批10位中药材领域专家学者接受临岐镇的聘请，成为临岐中药材产业发展的智囊团。

【举行18个产业项目集中签约、开工、投产仪式】 2019年12月2日，临岐镇中药产业18个项目集中签约、开工、投产仪式在临岐镇举行，维鼎生物、膜佳科技、养生国际村、中医康养培训基地、淳恩植物工场、中药材生态气象研究及应用等6个项目集中签约，李时珍广场商旅综合体、药通网标准仓储、中药材冷库、中医药文创街区、盈铭深冷二期、紫槽岭千亩道地药材立体种植区等6个项目集中开工，汉广中药材初加工园、“淳六味·东篱菊”精品民宿、崇德国医馆、怡居康养房车营地、淳六味道地药材种植追溯基地、中医药教育实践基地等6个项目竣工投产。仪式的举办向外界展示了临岐镇推进国家级中药材农业产业强镇创建的成果，也将有助于加速中药材产业全产业链布局，提振中药材产业产业发展信心。 (宋明芝)

2019年临岐镇各行政村基本情况表

表16

村 名	村党支部书 记	村委会主 任	人 口(人)	年人均收入(元)
范 村	章建飞	王玉平	641	22982
吴 峰	何淳安	林锡民	990	21949
新 华	鲁卫东	何爱民	928	20954
左 源	童江华	童德苟	1493	19985
叶家畈	叶玉平	徐六平	769	23977
临 岐	方宝娟	程志滨	2931	22771
梅 口	王淳根	童永友	952	25054
仰 韩	童云鹏	王秋生	993	23633
高 峰	童卫建	方德财	1114	19830
新 溪	何顺平	徐祝平	487	21506
里 口	童小平	刘小牛	759	23119
夏 中	鲁结斌	童根平	1466	23149
溪 口	鲁 君	万才根	1472	23974
审岭脚	鲁普恒	童指平	1231	24728
半 夏	鲁东河	杨光陆	1541	24301
右 源	郑勇法	姜为秋	1628	20900
五 庄	汪国君	夏发义	665	23271

·瑶山乡·

【概况】 2019年，瑶山乡总面积128平方千米，辖11个行政村，90个村民小组，2814户，9706人。山林面积9970公顷，耕地面积264.3公顷，其中水田86公顷。

全年实现工农业总产值30150万元，其中工业产值10050万元，农业总产值20100万元；农村人均纯收入21748元，乡财政收入3927万元。

全乡农作物播种面积1178公顷，其中粮食677公顷，产量2573吨；油菜籽73公顷，产量144吨；芝麻26公顷，产量38吨；马铃薯42公顷，产量100吨；番薯236公顷，产量1148吨；蔬菜154公顷，产量3328吨；有茶园313公顷，产干茶70吨；其中春茶66吨，夏茶

4 吨。全年造林 16 公顷,人工更新 16 公顷,退化林修复 12 公顷,森林抚育 33 公顷,采伐木材 2944 立方米。有山核桃面积 3982 公顷,产量 1788 吨;产笋干 240 吨;柑橘、桃、梨等 35 公顷,产量 270 吨。全年生猪饲养 6557 头,出栏头数 3091 头;养蜂 3964 箱,产蜂蜜 599 吨,产蜂皇浆 5354 千克。

深化肥药双控等面源污染治理工作,在张家等 4 个村推行人工割草 913 公顷;林下经济达到 1333 公顷,为全县最多,形成了面积万亩,从业千人,基地百个的良好发展态势;创新山核桃蒲壳“三级处理”模式,实现资源的有效利用。

开展“争当三示范,干好六件事”大比武活动,将“党建引领、消薄增收、生态环保、绿色发展、和谐治理、美丽乡村”六件事作为村级大比武的中心项目,通过每季度在特色村开展比武现场会,不断营造比学赶超的良好干事氛围。探索污水精细化管理,结合集镇污水零直排区创建,为 118 户农户安装水池过滤网。

加强集镇长效管理,开展“百日攻坚暨最美商住户争创评选”活动,创新轮值街长机制,鼓励集镇商住户轮流值周当街长。共有 39 名集镇商户自愿成为轮值街长,通过“啄木鸟”“积分兑换”“大比武”等载体,确保集镇治理常态化、纵深化。小城镇管理的典型做法和工作经验先后 4 次得到市领导肯定,并被市建委推荐作为典型在全市小城镇整治会议上交流发言。

接轨临岐中药材市场,抱团发展,坚持发展林下经济不动摇,林下中药材种植面积突破两万亩。依托特色资源禀赋,做深做透“旅游+”文章,积极发展高山名宿,加快全乡景区化的步伐,天坪村和瑶山乡村旅游的知名度不断提高。全年新开淘宝店 6 家,天猫商城店 2 家,电商销售额稳步提升。

创新消薄增收方式,通过流转招商或与社会资本合作,开发生态农业、民宿民居、旅游休闲等项目,打好消薄增收攻坚战,何家村盘活闲置公寓楼,发展旅游养老产业,实现年租金 30 万元;双共村通过与市商务局对接,将销售粽子作为经营性收入增长点,20 多天共销售粽子 17340 个,总收入 13.87 万元。全乡消薄增收“3010”任务全部完成,其中有 6 个村完成“3020”工作目标。

新引入 6 家企业入驻总部经济园区,园内入驻企业总数达 84 家;主动对接杭州企业,加快形成总部经济规模效应,累计实现税收收入 635 万元,完成年度目标任务 289%。

继续实施“村村通”,路网不断完善。投资 200 万元,完成 2.2 千米佑瑶线公路大中修;投资 180 万元,完成 1.95 千米何新线大中修。

投资 34 万元对乡文化站按照省级标准进行升级提升;投资 20 余万元新建了富岩村文化礼堂;投资 10 万余元对何家村文化礼堂进行五星级提升并顺利通过市级验收;投资 10 万元完成学校的足球场地建设,丰富了学生的课余生活。深化“医共体”建设,投资 34 万元完成了卫生院的康复站建设。

投资 8 余万元,建成瑶山乡“信访超市”,有效提升反映问题的效率,实现群众矛盾纠纷化解“最多跑一地”;深化“最多跑一次”改革,将综合自助服务机安装在 ATM 机旁边,真正实现 24 小时家门口自助服务,并由乡干部员带头,广泛普及综合自助服务机使用,全年完成 1165 件办件量。

【第十一届“云溪相伴、长乐瑶山”千岛湖山核桃丰收节】 2019 年 11 月 15 日,第十一届“云溪相伴、长乐瑶山”千岛湖山核桃丰收节在瑶山乡举行。瑶山乡有山核桃、花卉苗木、中药材三大支柱产业,其中山核桃产业尤为突出,浙江省“山核桃之乡”。2019 年产山核桃 1868 吨,产值 1.2 亿元。开幕式上进行了由国际艺术团队带来的歌舞、杂技、武术和极具本土特色的《瑶山秋千》《瑶山三吹三打》等非遗项目表演。本次丰收节，还进行了乡土人才表彰、摄影采风和农民运动会等活动。

【山核桃蒲壳“三级处理”模式】 为化解环境污染，瑶山乡特创山核桃蒲壳“三级处理”模式。低山蒲壳定点脱壳、早晚分段收集；高山蒲壳机器上山、就地脱壳还林；集中堆放的山核桃蒲壳，晒干后则出售给相关的企业，做成生物颗粒，用于锅炉燃料，实现资源的有效利用。　　　　（方齐）

2019 年瑶山乡各行政村基本情况表

表 17

村　名	村党支部书　记	村委会主　任	人　口（人）	年人均收入（元）
琅坑源	方四才	方红建	1654	21820
爱　国	顾发春	方万荣	685	20282
张　家	汪小蓉（女）	唐裕杰	644	20185
琅　洞	宋仙灯	郑百贵	859	15119
幸　福	洪茂君	洪国根	1163	18351
贡　坑	胡小媚（女）	方国福	583	18765
何　家	方献花（女）	何来成	1232	20964
富　岩	占永庆	何琴书	885	18869
双　共	徐慧仙（女）	徐慧仙（女）	335	20376
天　坪	唐建鹏	唐建鹏	479	18257
岭后源	方才云	方法根	1187	21020

·屏门乡·

【概况】 2019 年，屏门乡总面积 163 平方千米，辖 15 个行政村、86 个村民小组。全乡总户数 3893 户，总人口 12420 人。人口自然增长率 0.3‰。山林面积 13099 公顷；耕地面积 371 公顷。

全年实现工农业总产值 33252 万元；财政总收入 1615 万元，增长 55%，其中，地方财政收入 788 万元。农村经济总收入 158257 万元，增长 10%；村级集体经济总收入 630 万元，增长 56.6%；农民人均收入 21115 元，增长 11.6%。

年产山核桃 1439 吨，产值 9017 万元；茶叶产量 191 吨，产值 3516 万元。发展中药材 498.8 公顷，总面积达 1333 公顷；淳安华屏中药材加工厂项目竣工投产，年加工中药材 1000 吨。成功申报杭州市农业产业整乡推进项目。

实施上西九咆界风景区、金屏峡谷景区提升工程；成功打造金陵“网红村”，建设支部展馆，打造红色教育基地；主动对接旅游市场，赴上海、杭州举办乡村旅游推介会；成功争创省级文化强乡，打造“睦剧小镇”，深入提炼王羲之文化、将军文化等元素，融入产品设计，开发“将军面”等农特产品；举办第二届睦剧文化艺术旅游节等大型活动，全年累计吸引游客 10 万余人次。

实施“污水零直排区”创建和污水运维实施提升工程。建设“环保娘子军”展馆，打响“环保娘子军”品牌，环保娘子军获杭州市“民间护水达人”称号。实施土猪养殖废弃物资源化利用。8 个临湖整治项目全部完成，大棚房整治 2500 平方米。

小城镇环境综合整治进一步深化，新增停车位 27 个，建立健全小城镇长效管理机制。实施农民建房带方案审批，整治沿路沿线不锈钢护栏 5000 余米，提升农村建筑风貌。堪头精品村建设推进顺利，累计投入 310 余万实施项目 10 个；争创童家坪，项家，秋口 3 个省级美丽乡村达标村；打造秋口、上西美丽庭院示范村。

实施秋上线公路大中修项目，探索完善公路日常养护机制，秋屏线被评为“最美乡村公路”。完善饮用水管理公司运行机制，自来水厂完成土地征用工作。

实施屏门中心幼儿园活动场所提升改造

工程,改善教学条件;实施中医馆等项目建设,卫生院功能进一步加强;开展农民健康体检3658人,家庭医生签约居民4263人;项家、金陵、小陵、屏前4村被评为省级卫生村。完成城乡居民基本养老保险征缴4066人,城乡居民医疗保险费征缴8205人。乡敬老院投入使用,供养老人20人;12家村级居家养老服务中心正常运营,日均服务200人次;乡村两级16家退役军人服务站全部投入使用。

【第二届中国·杭州千岛湖屏门睦剧文化旅游节】 2019年11月1日,第二届中国·杭州千岛湖屏门睦剧文化旅游节在屏门乡屏门村举行,活动包括睦剧专场会演、民俗文化踩街、农特产品展、第八届"中国·杭州"大学生戏剧节复决赛、杭州市民营剧团获奖剧目展演、向"祖国献礼"睦剧专场、杭州地方戏经典剧目展演、首届"杭州戏剧奖·兰花表演奖"颁奖典礼、文旅融合背景下的睦剧传承与发展论坛等十大板块。活动的开展进一步弘扬和传承屏门睦剧文化,激发广大群众的睦剧情怀,营造"睦剧之乡、文旅融合"的良好氛围,展现屏门"大有门道、养生养心"崭新形象,促进屏门山水与人文旅游结合,推进旅游产业转型发展,加快乡村振兴建设步伐。

【淳安华屏药材加工厂投产】 2019年12月13日,淳安华屏药材加工厂正式投产。近年来,屏门乡依托林下经济资源,大力发展中药材产业,在百千万结对单位杭州市国资委的牵线搭桥下,屏门乡联合华东医药集团有限公司、淳安县工贸资产经营有限公司共同组建淳安华屏药材加工有限公司,主营药材烘干、切片,生产黄精饼干、黄精绿豆糕、黄精礼盒等药食。预计可实现年销售额1000余万元,帮助药农解决销路问题。 (王旭)

2019年屏门乡各行政村基本情况表

表18

村 名	村党支部书 记	村委会主 任	人 口(人)	年人均收入(元)
将 坑	童盛华	方林贵	865	15137
屏 门	王小明	王 宏	1496	14462
秋 口	黄盘红	黄冬军	475	17177
佛岭后	郑永忠	—	1236	16859
堪 头	方蒋林	方灵高	584	17780
项 家	项文贵	项建政	445	16419
丁家畈	郑长会	郑土才	469	14538
齐 坑	方银来	方银来	759	15082
童家坪	张有财	张兴春	775	15755
金 陵	项家龙	童秀香(女)	615	17260
小 陵	童祥贵	童祥贵	733	16635
屏 前	洪曙耕	洪木兴	625	15168
上 中	章朱军	章忠根	848	17073
秋 源	章嫩荣	章美富	982	17504
隐 将	王华春	方建富	1513	18088

·威坪镇·

【概况】 2019年,威坪镇总面积301平方千米,辖44个行政村、1个社区、437个村民小组。全镇总户数18089户,总人口53337人,有外来人口5500人。人口自然增长率一7.8‰。山林面积20471.6公顷;耕地面积1040公顷,其中水田524.4公顷。

全年实现工农业总产值5.1亿元,比上年增长63.6%;财政总收入3404万元,增长16.3%,其中,地方财政收入1654万元;上缴国税、地税1678元,增长27.8%。农村经济总收入5.6亿元,增长9%;村级集体经济总收入1798 万元,增长63.6%;农民人均收入18805元,增长9.6%。

继续推进桑果强镇建设,布局"三源一中心"特色农业产业链,即打造五都源农业观光带、六都源茶叶景观产业带、七都源林下经济产业带和“威牌”特色农业产品展销中心，推进实施项目 21 个，完成投资 2500 余万元。实施桑果强镇项目 21 个，其中产业类 11 个、基础类 5 个、节点类 5 个，计划投资 1360 万元。

坚持项目为王，做优内外交通，呼应两高时代，招引社会投资入驻。投资 4.36 亿元创新实施乡镇首个 PPP 项目；投资 2000 余万的常清居精品民宿已建成运营；投资 5000 余万元的柿子树酒店已结顶；投资 3600 余万元的开元怡居云水谣项目已动工。

全年完成固定资产投资 2.35 亿元，总部经济 4 个平台总税收超 500 万元，新增德明外贸入规企业一家，明禹新能源销售产值达 1600 万元，实现规上工业企业“触网”全覆盖；新招引、培育小微数字经济企业 5 家，新发展电商主体 18 个，其中商城 5 家，个店 13 家，服务农产品电商主体 8 个。

以成功创建省级 AAAA 级景区镇为契机，推广研学基地及文创产业链，充分挖掘历史、民俗、红色等旅游资源，继续推广汪川、叶家、茶合模式，由点及面带动全域乡村旅游，着力打造“吃、住、游、玩、购”一体的特色精品乡村旅游线。

全面推广以妙石村为代表的集体土地流转合作模式、以茶合村为代表的村集体享受入股分红模式、以汪川村为代表的村集体闲置资产再利用模式，因地制宜做好“一村一策一产”，落实土地流转每村 3.3 公顷，做实消薄产业，确保全面完成“3020”消薄任务，确保全面完成 12%以上的增收任务。

集镇建设坚持从景观改造、基础完善、格局提升入手，建设“三沿两排、三桑三柿、三街四居、三港五场、三公六院”等景观文化节点；成功入选省市第四批旅游风情小镇培育单位；依托独特的“山、水、港、湾、湖、城”资源，入选省首批 AAAA 级景区镇，高分顺利通过省市验收；以调结构为主线，拆除违法建筑、梳理扩宽街巷、铺设污水管道，规范集镇长效管理。设立集镇停车收费点，划分停车位 300 余个，开辟停车场 12 处，治理车乱停、摊乱摆现象，深化城镇精细化管理。

加快推进客运中心站、千黄高速威坪出口连接线、屏三公路改建工程，完成 100 余户房屋征迁和近千户 20 公顷土地征用，支付补偿款 3000 余万元。屏三公路项目完成形象进度 30%，威坪客运中心项目完成形象进度 70%，千黄高速威坪出口接线完成形象进度 85%，第二幼儿园完成形象进度 50%。

【威坪镇被授予“2018 年省级森林文化小镇”称号】 2019 年 3 月，浙江省林学会公布“2018 年省级森林文化小镇”名单，威坪镇名列其中，是杭州市唯一入选的乡镇。威坪镇紧紧围绕“活力威坪、生态威坪、幸福威坪”建设目标，按照“一城、两翼、两片区、多带、多绿肺”的发展格局，大力弘扬森林文化，着力推进城乡绿化一体化建设，生态建设取得明显成效。2018 年森林覆盖率达 86.55%，林木蓄积量达 157.93 万立方米，主要道路、河岸绿化率达 98%。曾先后获得“浙江省森林城镇”“浙江省绿化模范单位”“浙江省小城镇环境综合整治省级样板镇”等荣誉称号。

【首届千岛湖乡读节在威坪镇安川村举办】 2019 年 4 月 20 日，在第 24 个世界读书日到来之际，首届千岛湖乡读节在威坪镇安川村举办，各界人士在乡村大舞台竞相演绎，品读乡情感念作品，畅叙浓浓乡愁情怀。活动由《乡读》平台、北京大学出版社、淳安县人民政府共同主办，以乡愁为主题、以初心感读为宗旨、以共读为特色，汇聚国内著名主播李修平、姚科，北京大学出版社总编辑张黎明、副总编辑杨立范，《孝亲三部曲》作者、科技日报社新闻研究所所长王学武等文化界知名人士，科技、互联网、投资等领域的跨界知名人士，共同感读承载初心的温暖文字，助力“乡村振兴”战略实施。县长董毓民参加活动并致辞。

【2019 浙江淳安·威坪“来了就威风”乡村文化旅游节】 2019 年 10 月 26 日，2019 浙江淳安·威坪“来了就威风”乡村文化旅游节精彩开幕，当地父老乡亲和广大游客朋友汇聚一堂，共同感受“水墨记忆，都美威坪”的诗和远方。县委副书记、县长董毓民宣布开幕。本届乡村文化旅游节由县人民政府主办，县文广旅体局、威坪镇人民政府承办，节会期间推出了地方特色文艺会演、旅游品牌形象发布、招商资源现场推介、特色美食现场品鉴、地方特产展示展销、民间艺术现场展览、农事趣味运动体验、花海露营篝火晚会等众多丰富多彩的文化旅游活动，揭秘在威坪畅享吃喝玩乐、尽享乡村美景的“正确打开方式”。活动现场还进行了杭千黄精品旅游线十个乡镇联合宣誓，共同发出“区域复兴靠齐心，区域美丽我出力”的合作倡议。 （邵潇楠）

2019 年威坪镇各行政村基本情况表

表 19

村 名	村党支部书 记	村委会主 任	人 口（人）	年人均收入（元）
旗 山	徐满法	陆 振	1072	17586
琴 坑	王东大	钱立军	1304	17680
横 塘	王红旺	王仁万	2547	17798
五 丰	陈小威	王东生	815	17778
株 林	汪红新	王卫珍	542	18080
三 洲	王小江	方 彪	1426	17598
邵 宅	邵 庐	邵光清	673	18182
方 宅	方升利	方国洪	1708	17653
青 山	钱前东	方武凤	783	17791
联 合	叶坤丙	叶成娜	781	17620
蔗 川	钱四放	钱红建	2044	17632
蜀 阜	徐建辉	徐高飞	772	18030
驮岭脚	徐江勤	徐朝晖	785	18228
杜 川	吕兆双	吕大方	1085	17931
厚 屏	余绿水	徐社论	802	17681
考 川	徐小飞	徐如夏	713	17635
黄 金	方红雨	徐晓波	741	18028
汪 川	徐有忠	徐筱华	1528	17817
屏 村	徐建凤	郑建平	761	17732
河 村	徐红辉	徐金汉	2463	18210
洞 源	唐立勤	方浏波	648	17748
茶 合	徐文礼	徐和正	1081	17895
妙 石	徐嫩玉	徐嫩玉	910	17546
贤 茂	方会明	方宗新	1017	18083
三 坦	吴鼎木	吴卫红	574	17883
叶 家	叶如红	王勤建	1952	17736
安 川	胡 翔	王玉其	898	17837
杨家畈	王洪敏	王金政	790	18290
岭 脚	王建	徐连生	517	18130
洪 圻	王朝晖	王小军	1292	18095
合 富	叶红日	方胜旺	1018	17986
黄石潭	方民辉	方民辉	435	17568
流 湘	方文庆	徐恒明	501	17613
横 石	方爱忠	方仁建	617	17703
新 茂	方文财	方亲财	797	18158
长 岭	方树林	唐爱政	1182	17445
西 山	徐红正	叶嫩良	569	17385
五 星	唐春丰	庄亚辉	1095	17753
楼 厦	方建成	唐 武	755	17688
唐 村	唐红兵	唐志来	2612	17612
新 联	唐水良	唐章新	520	17923
笔 峰	童小红	童裳大	1023	17658
坑 下	童小军	唐礼法	1089	17739
凤 凰	徐立武	邵武红	1406	18310

·王阜乡·

【概况】 2019年,王阜乡总面积168平方千米,辖18个行政村、173个村民小组。全乡总户数5873户,总人口17895人,有外来人口47人。人口自然增长率0.8‰。山林面积15620公顷;耕地面积250公顷,其中,水田118.7公顷。

全年实现工农业总产值38967万元,比上年增长9.2%;财政总收入370万元,增长28%,其中,地方财政收入170万元;上缴国税、地税370万元,增长28%。农村经济总收入12.47亿元,增长9.9%;村级集体经济总收入913万元,增长190%;农民人均收入17330元,增长9.8%。

全年新发展黄精、覆盆子、紫菊基地87公顷;集中力量打造"严家大方"乡域农产品品牌,扩大品牌影响力;启动金紫尖菊花药食同源项目,为壮大紫菊产业做准备;制定出台《关于加快推进绿色农业产业发展的若干意见》等扶持政策,推进深绿产业发展。主动抓好林农业面源治理,完成统防统治367公顷,人工林下除草433公顷,农业除草72公顷;落实4家农资经销单位实名制销售;完成有机肥替代532吨,配方肥推广77吨;完成水土保持预防项目72公顷;投入10余万元完成农药废弃包装物回收。新创建1家县级美丽田园体验区。主动开展"大棚房"清理整治,做到规范有序。新成立农业企业5家、农民专业合作社3家。

浙江敬存仁生物科技有限公司全年销售产值2600余万元,被评为市级农业龙头企业、省科技型中小企业。新引进税源总部企业5家,数字经济企业1家。严家大方茶入杭州湖畔居茶楼展销,并销往北京故宫博物馆。

建立"消薄基地"16公顷,吸收10村入股组建产业消薄公司,通过基地建设、品牌打造、农产品深加工、网上营销推广等形式,实现公司总收入320余万元,净利润45万元;继续扶持电商、微商基础,创新农产品销售模式,以淘宝直播、生态村淘、抖音宣传、网红产品打造等形式推动特色农产品销售,相关做法还获得了省领导批示,也受到企业和农民的欢迎;做好主体培育,全年培育服务业主体42家,其中社零主体28家,社零总额及服务业增加值较上年有较大幅度增长;中共淳安县委旧址正式开馆,成功举办县委常委会主题教育读书会,成为红色旅游新高地,全年共接待游客300批次6000余人,相关做法在"学习强国"平台、《杭州日报》《钱江晚报》报道;成功举办2019年仰望星空音乐节暨第五届王阜乡纳凉节、严家大方进湖畔居产业推广系列活动;完成"云上菊庐"精品民宿提升工程,"浙八味"民宿通过验收,成功创建敬存仁公司省中草药文化养生旅游示范基地

顺利完成乡政府驻地搬迁。35KV王阜输变电项目基本完工,马山精品村项目有序推进。实施2条村道大中修和2个村停车场及部分村林道项目建设,世行贷款王阜水厂项目进展顺利,完成4个村农村饮用水提升工程、新建饮水堰坝6座、修复渠道2100米,提升河道品质。龙头村、金家岙村获评第五批中国传统村落,山川村、新合村成功创建浙江省卫生村,龙头村、长川村、荷花坪村、闻家村创建2019年省级气象防灾减灾标准化村,闻家村获评2019年浙江省AAA级景区村庄,云源港获得2019年省级美丽河湖,华坪村通过2019年杭州市卫生村验收,王阜乡初级中学获评第二批杭州市非物质文化遗产传承教学基地。

开展辖区内食品安全检查20余次,查找并整改问题15个,通过加大对流动摊贩的巡查力度,顺利通过"食品安全县"省级迎检。完成残疾人康复站建设。《王阜乡志》评审完

成,《风云韭菜坪》出版,成立王阜乡书画协会和乡戏曲协会,王阜初中和八都麻绣馆分别入选市、县非遗宣传展示基地。完成校舍维修项目建设,多方筹资为3所学校学生解决了冬季热水问题,精心举办教师节表彰大会,全面提振教育信心。开展"暖心行动",关爱计生特殊家庭11户,全面落实计划生育奖励优惠政策。

有序推进两费收缴工作,确保应保尽保。做好低收入农户的兜底工作,全乡在册享受410户587人,总发放保障金3648.87万元。新申请低保户45户54人,做好低保核查工作,注销23户29人。扎实开展临时救助、春风行动工作,共计发放慰问金28.28万元。落实计生优惠政策,发放特扶金20.4万元,做好两项补贴,发放补贴金额13.31万元,为422名60周岁以上农村独生子女父母办理奖励扶助补贴,补贴金额达40.51万元。持续开展白内障筛查手术工作,排查600余名疑似白内障患者,为50名白内障患者实施免费手术。

【中共王阜乡第十五届代表大会第五次会议】
2019年12月31日,中国共产党王阜乡第十五届代表大会第五次会议召开,会议听取了乡党委书记方丽代表乡党委所作的《坚定王阜自信、主动服务"特区"、为建设别样风情的"大方王阜"而继续奋斗》工作报告,报告指出按照县委决策部署,坚定王阜自信,主动服务特别生态功能区建设,为建设别样风情的"大方王阜"而继续奋斗。

【王阜乡第十七届人民代表大会第六次会议】
2019年4月2日,王阜乡召开第十七届人民代表大会第六次会议。会议听取、审议并通过了王阜乡人民政府工作报告、乡人大主席团工作报告,通过实施6个民生实事项目的决定;大会同意徐新平辞去乡人民政府乡长职务,选举宋宏为乡人民政府乡长。

【王阜乡第十七届人民代表大会第七次会议】
2019年8月12日,王阜乡召开第十七届人民代表大会第七次会议。会议听取、审议并通过了宋宏代表乡人民政府所作的政府工作报告。报告明确指出王阜正处于三个时期:一是交通条件改善带来的观念改变期;二是红色基地建设带来的展示期;三是特别生态功能区带来的机遇和挑战期。要求与会代表和所有列席代表,要针对这三个时期,仔细思考王阜发展问题,干群齐心、踏实苦干、开拓创新,全力打造"清养八都"。大会选举王有军为乡人民政府副乡长。　　(王茗全)

2019年王阜乡各行政村基本情况表

表20

村　名	村党支部书　记	村委会主　任	人　口(人)	年人均收入(元)
金　紫	潘有福	潘有福	456	18692
龙　头	方志成	王爱国	877	17827
管　家	管辉东	管圣春	1100	17666
长　川	徐拥军	徐成华	958	17675
柳　塘	王桂林	王春四	970	18037
何　坪	翁爱新	包新华	386	18025
郑　中	邵道醒	邵元桥	1380	19166
新　畈	翁一新	翁一新	818	18514
华　坪	王传明	王树高	1120	17411
王　阜	王贤华	王来军	1901	17271
山　川	方燕红(女)	王春军	845	17858
马　山	王小英(女)	王亮庆	1154	17857
新　合	王贤军	毛积刚	1547	16293
荷花坪	王福胜	王福胜	498	16503
横　路	吕东辉	叶稳朝	1063	15804
金家岙	詹智明	詹德政	1211	15963
闻　家	闻申唐	罗贤山	1076	16050
胡家坪	罗长木	罗胜木	535	16259

·鸠坑乡·

【概况】 2019年,鸠坑乡总面积104平方千米,辖9个行政村、86个村民小组。全乡总户数2544户,总人口7698人。山林面积7578公顷;耕地面积112.5公顷。

全年实现农村经济总收入8.24亿元,增长10.2%;农业总产值1.29亿元,增长6%;农村人均可支配收入达到18082元,增长10%。财政总收入325万元、其中地方财政收入156万元。

持续开展化肥、农药"双禁"工作,划定有机核心示范区与有机化栽培示范区",组建5支"双禁"巡查队,完成核心区1229户茶农"双禁"协议签订工作;推进机器换人工作,新建15台7500米轨道车;完成茶园水土保持344公顷,统防统治273公顷,有机肥替代2000吨,实现化肥用量减少80%、有机肥用量提高60%的目标。培育市级非遗传承人1名、县级非遗传承人2名。在运河文化广场举办有机茶推介会、与杭州市203家邮政局储蓄点签订代销协议,方便杭城百姓购买"鸠坑茶";与浙江茶叶产业协会驻鲁驻京企业分会签订产销协议,打通茶叶由南向北的经销线;与陕西泾阳茯茶中心建立合作关系,签订提供110吨茯砖茶原料协议和1000吨干茶合作协议。

通过盘活村集体资源,出租原有学校、大会堂等增加村集体收入;利用茶推介会,销售农特产品25万元,并借助商会力量,建立农特产品产销一条龙服务机制;新造水田4公顷,建立"消薄责任田",销售优质大米2万余斤,收益超十万元。流转土地3.3公顷,采用村集体、村民入股方式发展猕猴桃产业园,实现"输血"向"造血"转变。全乡9个村全部完成经营性收入10万元的目标。

做好"淳商回归"工程,新引进税源企业2家;扎实推进腾笼换鸟,将收入甚微的柑橘市场进行改造,建成舍南舍北精品民宿,整体提升服务业面貌;抓好"筑巢引凤"工程,完成乳洞、金塔闲置房屋的出租工作,并引进企业达到聚人兴业的效果;加速盘活十二坝电商物流中心,争取引进一批绿色、智慧新型企业。

全力推进临湖地带综合整治,对标市县督办任务清单,不折不扣完成"环太游艇"等临湖项目整治,鑫隆矿业、星光村制砖厂2个关停拆除类项目也已通过省市验收;积极开展沿湖沿线整治,建立乡、村两级巡查网格,实现所有生态湖岸线全覆盖、全天候巡查,对12处违规的水上浮动设施和6处乱采乱挖点进行专项整治;规范农民建房,落实农民建房带方案审批和无违建巡查长效管理机制。

投资50万元,完成3座农用桥梁、1个村级停车场、1个公厕建设;突出以点带面效应,集中力量打造星光村"美丽庭院"示范村,带动其他村庭院整治工作;完成6.7公顷造林任务,四旁植树2000株,发展林下经济20公顷;开展渔业资源保护工作,全面推行河道禁渔护鱼养水活动。

实施农业面源污染治理工作,着力做好"统防统治"和"肥药双控"工作,控制农业污染源头管控,减少污染物入溪入湖;提升农村治污运维水平,金塔毛坪、常青潘店2个提升项目高质量竣工;深化"河长制"作用发挥,乡村两级河长巡河率均达100%,鸠坑溪水质类别始终保持在Ⅰ类;探索建立环保资金统筹使用机制,建立环保员考核机制,最大限度发挥资金效能,提升环保工作水平;投资160万元,完成4千米农村河道综合整治工程。

投资65万完成农村饮用水改革提升工程;推进连天岭水库除险加固和通坝道路修建工程;全长5千米的翠璜线已经全线贯通,打通了浙江鸠坑和安徽璜田两个乡镇经济、文化交流渠道。深化"最多跑一次"改革,扎实开展全程代办业务;对全乡350余户低保残保低边户进行复核,同时以近亲属备案制度落实情况作为治理重点,进行一户一档登记,新增低保、残保32户,做好3户残疾人家庭无障碍改造工程;完成乡村两级退役军人服务站建设,推进退役军人服务保障工作;关心关爱留守人群,实行留守儿童和孤寡老人的"一对一"陪伴制、关爱制;分类别做好困难群众危房改造工作,共申报改造对象1户;"两保"工作有序推进,参加新型农村合作医疗保险5123人、养老保险2311人。

全年民生事业投入500万元,占全乡财政总支出的10%。投入8万元完成学校办公环境再美化、办公设施再提升,实现"学有所教";投入12万元新增严村、翠峰老年食堂;持续开展医养结合和家庭医生工作,家庭医生签约总人数2400余人,签订"幸福养老"协议84人;投入400余万元建设严村文化礼堂,修缮并保护严氏宗祠;排舞《我爱你,中国》获县第七届广场舞大赛金奖,舞蹈《茶韵鸠坑》在秀水节踩街活动中获得金奖。

【2019千岛湖茶博会暨鸠坑有机茶小镇推介会】 2019年4月13日,由淳安县人民政府、杭州市总工会主办的2019千岛湖茶博会暨鸠坑有机茶小镇推介会,在杭州市运河文化广场举行。杭州市人大常委会副主任郑荣胜出席活动。县委副书记、县长董毓民为杭州市民介绍了淳安的好山好水好生态,并就千岛湖茶和鸠坑有机茶小镇作了专题推介。县领导章传强、商松懋、邵文涛参加推介活动。活动以茶为媒,以"品牌千岛湖·鸠坑有机茶"为主题,集开幕式文艺展演、茶文化推介、研讨交流及茶叶展销活动于一体,旨在整合茶文化资源,做强千岛湖茶、鸠坑有机茶品牌,助力茶农增收致富。为了让更多杭城市民能够一品鸠坑茶的馨香,同时也为了推进消薄增收,助力乡村振兴,鸠坑乡精心组织,借助此次推介平台,把各村的特色农特产品销到杭城,让杭州市民尝到地道的"鸠坑贡茶""山珍野菜"。推介会现场,淳安县向对口扶贫贵州剑河县捐赠了50万株"鸠坑种"茶苗;签订"鲁淳"产销战略协议,积极探索鸠坑茶打开北方市场;完成"鸠坑团茶"研发基地签约,积极做好传统茶传承与创新。举行了千岛湖"鸠坑毛尖"进杭城百家邮政银行展示推介点授牌活动,杭城200多家网点将主推"鸠坑毛尖",架起市场与茶园的桥梁,助推乡村消薄增收。

【"鸠坑毛尖"喜获"中茶杯"第九届国际鼎承茶王赛绿茶组金奖】 2019年12月12日,在深圳举行的"中茶杯"第九届国际鼎承茶王赛颁奖典礼上,鸠坑乡非遗传承人严始红所制作的"鸠坑毛尖"喜获"中茶杯"绿茶组金奖。鸠坑毛尖,因产于鸠坑源茶区而得名。2008年,"鸠坑毛尖"正式列入杭州市第二批非遗名录。2009年,严始红被评为杭州市"鸠坑毛尖"非遗传承人,此后一直致力于"鸠坑毛尖"技艺的传承和保护,熟练掌握了"鸠坑毛尖"手工制作技艺。作为茶界最高规格、最具影响力的标杆赛事,"中茶杯"首先设置了绿色"门槛",由中国农业科学院茶叶研究所提供专项检测,严格对23项农残及重金属进行检测;然后再由权威的茶品质评审团队,从外形、汤色、香气、滋味、叶底这5个因子对茶叶进行审评打分。比赛的严苛性和含金量再度提高。 (宋鹏)

2020年鸠坑乡各行政村基本情况表

表21

村　名	村党支部书　记	村委会主　任	人　口(人)	年人均收入(元)
中　联	胡万星	徐德胜	1312	18412
乳　洞	余良志	钱文威	801	18394
星　光	洪竹茂	洪　涛	667	17646

续表

村　名	村党支部书　记	村委会主　任	人　口（人）	年人均收入(元)
赋　置	余宏勤	余运彬	1194	18405
金　塔	管士勤	万卫红	1182	17200
严　村	严志峰	严金财	588	18229
翠　峰	胡社运	陆发田	570	17850
青　苗	严华翠(女)	王永光(负责人)	671	18485
常　青	徐玲玲(女)	徐新祥	713	17321

·宋村乡·

【概况】 2019年，宋村乡总面积80平方千米，辖8个行政村、60个村民小组。全乡总户数2174户，总人口6962人，有外来人口325人。人口自然增长率2.73‰。山林面积6975公顷；耕地面积218公顷，其中，水田141.7公顷。

全年实现工农业总产值15171万元，比上年增长24.5%；财政总收入366.75万元，其中，地方财政收入近177.63万元；上缴国税、地税34万元。农村经济总收入40428万元，增长4.52%；村级集体经济总收入374万元，增长15.02%；农民人均收入17198元，增长9.53%。

全面开展农药、化肥双减工作，共发放有机肥244吨、复合肥100吨，完成50公顷茶园、水果基地统防统治；完成乔木林单位面积蓄积量和森林覆盖率双增任务高度重视松材线虫病防治工作，下发《松材线虫病防治管理办法》。

镜洪生态茶厂引进云源一叶进驻，实现茶叶深加工，解决村里200余人就业问题；完成固定资产投入900余万元，完成招商引税380万，实现财政收入近200万元；新增来料加工经纪人2人，发放来料加工费600余万元，辐射带动从业人员1000余人。

民宿云港加速推进，通过高端精品民宿的打造，从产业、文化、生态、人才等多个层面引爆乡村振兴。新验收云宿、纳山纳水等民宿8家；以鱼儿的家、云里雾里等精品民宿为龙头的云港口AAA景区民宿集聚村基本成形。“渔乐”旅游产业已经成为助力宋村乡村振兴的重要手段，全年游客达9万人次，实现旅游服务经济收入3000余万元。鱼儿的家民宿还被评为全县唯一的省级白金民宿和市级优质民宿。

对宋王公路、千威公路沿线进行集中整治提升，共整改大小问题120余个，清运垃圾20余吨，拆除沿路沿线乱搭建筑物3处，整治彩钢棚1000余平方米；全乡公路两侧乱搭乱建、乱堆乱放、脏乱差现象进一步改善。建立小城镇环境综合整治长效机制，不断完善功能设施、强化重点管控、营造舆论氛围，改变小城镇“道乱占”“车难停”“摊乱摆”现象。

投资28万元对宋村小学操场、宿舍、卫生间和宋村乡中心卫生院进行提升改造，改善乡村教育条件，加快乡村卫生服务网络一体化建设。

投资136万元，完成青窄线K00－K01路段大中修工程。强化对常茶线全段1.4千米的运营维护，常茶线被评为2019年淳安县“四好农村路”。投资140万元实施青窄线两期水毁抢险工程，抢险工程量达2467立方米；投资136万元，完成全乡农村饮用水改革工程、水源改善工程及胡家畈等4个村的饮用水工程改造提升；投资144万元，完成胡家畈等4个村的基础设施提升、停车场及青山口村农村公厕改造工作。

是年，该乡获得“杭州市无邪教乡镇”“杭州市基层红十字会先进集体”称号。

【“渔乐无限”2019渔乐宋村文化旅游节】 2019年9月26日，宋村乡人民政府举办“渔乐无限”2019渔乐宋村文化旅游节。旅游节让游客欣赏到舞蹈、歌曲、武术等精彩表演，品尝了美食一条街的各种乡村美食，向外界展示宋村特有的山水景色和文化。活动旨在进一步推进"渔乐"慢生活街、镜洪旅游休闲园、青山口"渔乐一条溪"等重点经济发展项目建设，精致化打造"渔乐"元素景观，助推宋村高质量发展，丰富"渔乐宋村"内涵，让"渔乐"产业成为宋村发展的一张"金名片"。

【"鱼儿的家"民宿被评为2019年度省级白金级民宿】 2019年年底，浙江省民宿等级评定管理委员会公布了2019年度省级白金级民宿、金级民宿，淳安县宋村乡"鱼儿的家"民宿榜上有名，成为淳安县首家省级白金级民宿，代表着淳安县民宿业发展的高层次水平，对全县民宿发展起到了标杆示范作用。浙江省民宿评定严格按照《民宿基本要求与评价(浙江省地方标准)》进行。浙江省民宿评级工作开始于2018年1月，从高到低分为白金级、金宿级、银宿级三个等级，等级越高表示接待设施与服务品质越高。其中，白金级、金宿级由省里评定，银宿级由设区市评定。

(余雯)

2019年宋村乡各行政村基本情况表

表22

村　名	村党支部书　记	村委会主　任	人　口(人)	年人均收入(元)
硖　石	夏建平	夏南平	489	17834
青山口	夏达能	余翠桂	786	17690
胡家畈	宋长春	宋日生	725	18191
镜　洪	张三木	张红凤(女)	778	17662
宋　村	宋德女(女)	宋小恒	1507	16869
白云溪	王建明	王德木	1261	14504
常锦里	胡志龙	方里民	360	17522
云港口	王敏娇(女)	方国良	1056	18253

·姜家镇·

【概况】 2019年，姜家镇总面积225.6平方千米，辖28个行政村，1个居委会，132个自然村，337个村民小组。全镇总户数8483户，总人口26370人。有山林面积16691.2公顷，森林覆盖率81%；耕地830公顷，园地2267公顷。

全年实现农村经济总收入34.9亿元，比上年增长9.4%；工农业总产值21.5亿元，其中农业总产值6.64亿元，工业总产值14.86亿元；农民人均纯收入20686元，增长9.7%；实现地方财政收入3150万元；全年旅游接待人数192万人次，增长52%，旅游经济总收入1.8亿元，增长46%。

全镇实现农业总产值6.64亿元，其中农业收入3.11亿元、林业收入1.96亿元、牧业收入1.24亿元、渔业收入0.33亿元。桑园总面积287公顷，桑蚕饲养7847张，蚕茧全年总产量264吨，总产值1743万元。茶叶种植面积463公顷，总产量293吨，总产值5013万元。生猪饲养26255头，家禽年末存栏38934只。创新实施上玉泉村无堵人工生态湿地试点建设，经验做法获副省长彭佳学批示。成功创建省级森林城镇，黄村桥村"一村万树"试点工程动工，松材线虫防控处置成效获市级批示。完成2019年度"污水零直排"工程，通过市级验收。郭村立面拓展工程效果明显，双溪被评为美丽村庄，银峰、郭村节点村标品位十足。肥药双减工作全面启动，有机肥替、配方肥推广成效初显。

完成招商引资协议资金14.85亿元，新签约社会投资项目11个，实质启动8个，落成开放5个，深绿产业发展崭露头角。发展税源经济，引进税源大鳄，平安保险总部经济平均每月税收超140万元，丰源建材完成拓建，全年税收280万元；奥博电子实现当年落地、当年投产，销售产值超千万元。

总投资2.5亿元的沪马山地探险公园项目扎实推进，已投入1.4亿元，计划2020年7月份建成营运；投资500万元的翰红墨香式落成；投资500万元的嗨声乐园建成，成为全县首个户外游乐体验项目；双溪茧舍民宿投入500余万，实现百源经济示范带精品民宿零的突破；瀛山书院项目完成投资1200余万元，主体建筑、停车场、管理房基本完成，陈列布展工程进场施工；投资400余万的龙川湾千岛湖国际垂钓中心于12月底正式营业。

以“国家卫生镇”复评为抓手，全面落实网格化管理制度和集镇精细化管理，投入专项经费270万元，纵深开展镇区环境、“五小”行业、改水改厕、垃圾无害化、餐饮行业管理、除“四害”等专项整治，9月，高分通过首轮省级复审。启动“美丽窗台”建设，发动驻镇部门、民宿酒店、集镇周边民居农房先试先行，以政府小投入实现社会大效应。完成老码头景观改造和小镇VI建设，“一首诗、一座城、一个家”LOGO主题彰显博人眼球，逐步打造极具视觉体验的风情姜家升级版。新政府办公大楼10月启用。以美丽乡村建设为载体，创新启动农村环境整治“四个三”工程和环保四项“千户评考”活动，郁川溪小流域综合整治工程(二期)完成工程总量的85%，自来水厂取水口提升改造工程铺设管道整体形象进度达75%，土地全域整治生态修复工程全面启动，完成双溪口等6个村的农村饮用水改造工程，章村历史文化重点村项目竣工，木旺村骨灰堂、姜家村树葬试点项目投入使用。启动农村环境整治“四个三”工程和环保四项“千户评考”活动，全镇28个行政村完成“拆三房”208处，面积1.85万平方米；实现“治三乱”586处、1.8万立方米；实施“建三园”55处，面积5600平方米；

姜家中心卫生院迁建工程完成方案编制；完成球山、上玉泉、巨源、浮林4个农村文化礼堂建设；郭村村成功创建四星级文化礼堂；姜家商会孝爱基金捐赠30万元改造中心小学食堂。

创新启动“消薄农场”新模式，与市发改委通力合作，设立“日风定制生态农场”“绿色生态果蔬定点采购基地”“好阿姨推荐农场”等10处“消薄农场”，由村经济合作社统一管理、生产、收获、运输，实现生态农特产品向经营性收入的转化，打造成为山海协作工程的乡村振兴示范点。创新启动“消薄市场”新模式，全年实现“3020”的村数达到12个，村集体总收入1642万元，增长9.46%。村经营收入606万元，增长129.54%。

城乡居民养老保险参保人员6859人，参保率96.5%。2019年新型合作医疗参保人数16750人，完成率达102.9%。深化“最多跑一次”改革，计生、国土、残联、劳动保障等工作以服务促管理，以服务树形象，实现群众满意率100%。推进养老院提升改建工程，继续实施老年人白内障“十百千”工程，组织开展全国“助残日”等帮扶工作，落实第20次春风行动因病因灾救助对象58人，共发放救助金5.3万元。

2019年，姜家镇被评为省级森林特色小镇、杭州市基层建设标兵单位、淳安县五星级职工之家，姜家镇郭村村被评为杭州市四星级文化礼堂。

【姜家镇通过“国家卫生镇”省级复审】 2019年9月11日，淳安县首个“国家卫生镇”——姜家镇顺利通过首轮省级复审。姜家镇2014年启动“国家卫生镇”创建工作，并于2017年7月被全国爱卫会正式命名为2014—2016周期“国家卫生乡镇”，成功创建了淳安县首个“国家卫生镇”。近年来，姜家镇始终致力于“国卫”的巩固提升，将爱卫工作推向纵深，完善爱卫组织管理网络、探索环境卫生管理机制、提升干部群众健康素养，实现了基层管理水平全面提升、生态环境有效改善、居民健康水平稳步提高。复审中,专家组走访了姜家镇的街道、学校、小区、民宿、水厂、饭馆、公共厕所、农贸市场等地,严格按照《国家卫生镇标准》对各场所的组织管理、健康教育、环境卫生、环境保护、病媒生物防治、食品安全、饮用水及公共场所卫生、传染病防治等方面进行了仔细检查。

【文渊狮城举办"醒狮文渊,从心出发"三周年庆典】 2019年7月12日,在姜家镇文渊狮城对外开放三周年之际,文渊狮城举办"醒狮文渊,从心出发"三周年庆典活动。文渊狮城于2016年7月对外开放,三年来,成功创建国家AAAA级旅游景区,开辟了千岛湖文化旅游的新天地,共接待游客80万人次,在文旅市场树立了良好的品牌形象。活动进行了水上飞人、皮划艇、电动冲浪板等水上节目和舞狮、古典狮城舞、变脸绝活、反串戏曲等表演艺。庆典现场还发布了一系列全新上线的旅游产品,包括中式五星级铂瑞酒店、文渊狮城主题艺宿、十八碗、宜福春餐饮品牌等产品。 (邵航锐)

2019年姜家镇各行政村基本情况表

表23

村名	村党支部书记	村委会主任	人口(人)	年人均收入(元)
球山	章迁宝	章自军	516	21086
桂溪	姜有福	洪兆炎	1103	21066
双溪	汪红球	汪红勇	1707	21674
孙家坞	洪国发	洪国发	480	20976
上玉泉	任爱娣(女)	张平	949	21439
下玉泉	周美琴(女)	洪末明	502	21083
姜家	姜英杰	姜建勇	866	22996
狮石	—	李小平	771	20475
龙川	刘虎明	方苏建	482	20207
霞社	洪有淳	洪有财	1763	20216

续表

村名	村党支部书记	村委会主任	人口(人)	年人均收入(元)
黄村桥	城东红	洪南京	1432	20559
石颜	洪日财	胡志军	632	20675
炉形	方倩	方敦林	474	21008
木旺	唐升寿	—	580	20858
伊家坞	方明成	方明成	418	20101
银峰	徐明新	方大樟	1828	20819
巨源	方武兵	方金德	566	20218
郭村	—	洪功理	2073	20296
庄源	龚康娟(女)	汪伟利	608	20444
霞五	胡小海	方建平	1392	20533
赤城	余国红	余国文	1200	20239
浮林	占铁鑫	詹声林	1334	20306
章村	章宁汉	章华平	1414	20403
潘家	章有功	章有功	432	20682
沈畈	章红兵	章朝阳	939	20195
夫畈	章勇频	章晓明	851	20206
双溪口	汪伟文	章仙桃(女)	503	20175
白坪	章伟锋	章伟严	555	20344

·梓桐镇·

【概况】 2019年,梓桐镇总面积153.6平方千米,辖19个行政村、182个村民小组。全镇总户数6062户,总人口18835人,有外来人口204人,人口自然增长率下降4.8‰。山林面积11708公顷,耕地面积728公顷。

全年实现工农业总产值17.96万元,比上年增长6.2%;财政总收入3286.67万元,增长365.91%,其中,地方财政收入1656.33万元;上缴国税、地税1566万元,增长382.17%。农村经济总收入43.9亿元,增长13.63%;村级集体经济总收入1006万元,增长53.35%;农民人均收入2.18万元,增长10.36%。

培育农业龙头企业,钱进农业带动效益

不断显现，娘心生态农品馆完成建设。名茶收购"明码标价"，帮助全镇茶农增收200余万元。"番薯革命"扩面覆盖至11个村200余户低收入农户，村均实现经营性收入超3万元。杏富睡莲、胡江大米、叶家庄莲藕等分别为村集体增收。不断创新收售模式，卢家、结蒙、姜桐、常宁等村在茶叶和山核桃收购中，通过集体统收、赚取差价的模式，村均实现收入达5万元。探索线上销售，引入淘宝直播，帮助唐家农户销售甜玉米5万余千克，实现收入20万元。

出台政策优化营商环境，积极主动服务企业，全年开展代办相关事宜40余次。积极推进产能转换，省级科技型中小企业、市级高新技术企业、限上数字经济企业、清洁生产企业等一批新型企业实现落户。电商经济实现突破，网上销售额达6960万元，增长22%。税源招商再突破，全镇实现税收3438万元，增长411%。全镇民宿、餐饮行业快速发展，全年新增芷芦、边际、爱生之家等民宿11家。举办第五届书画文化节，吸引国内外8000余人参加。农事体验、书画观光、文化进修等主题游接待游客300余批3万余人次。

坚定深耕"大艺术"文章，持之以恒推进书画产业向文化、艺术领域延伸。艺术流量实现集聚，中国美院、宁波大学、浙江师范大学、上海水墨画院等22家高校、画院固定写生基地和中国社科院社会学研究所首个乡镇调研基地落户梓桐。开展"千名大学生进梓桐"主题写生活动、汉字水墨研学活动、中小学研学旅行活动50余次，接待艺术家、学生1.5万余人次，吸引浙江理工大学艺术博士严渊、浙师大艺术教授许忠文、中国美院艺术分院副教授单增等10余名艺术家签约入驻。蚁巢艺术馆、千岛湖汽车运动公园、千岛湖雕塑艺术园、梓桐艺术写生基地、千岛湖旅拍中心等项目相继建成营业。举办国家艺术基金"浙江美丽乡村艺术生态展"、中国美院留校作品下乡精品展等10余起主题艺术展活动。开设新农民培训营，并在上海成功举办"我们的日子——千岛湖梓桐新农民绘画艺术展"。

深化绣花式集镇管理，全面推行集镇保洁市场化、规范化，引进专业团队、规范作业标准。推行积分制、协会制和街长制，出店经营、背街小巷卫生、车辆乱停、线乱拉等问题得到有效治理。创新引入"数字城管"，成功实现管理上云，上线以来成功协助处理车乱停、乱堆放等案卷百余起，案卷处置率达100%，集镇面貌不断提升。

打响"五清五整"环境治理攻坚战，严格落实"河长制"，深化全流域小微水体整治，完成西湖治污运维示范村和集镇零直排二期工程建设，梓桐源列入全县最美河道，结蒙村小微水体被评为县级十佳最美小微水体。深化垃圾分类工作，建好垃圾分类处理"五站一房"，打造一批垃圾分类示范村。持续开展创建活动，巩固国卫创建成果，县级旅游风情小镇、黄村精品村、美丽宜居示范村、中国传统村落、省级美丽乡村、A级景区村庄等一批荣誉落户梓桐。

全力推进临湖地带综合整治，完成梓桐锑矿等3个项目关停退出，有序推进21个临湖管控项目的方案编制和整治整改。全面开展"大棚房"整治，拆除大棚房及附属设施895.82平方米，整改过程平稳有序。结合"两路两侧、四边三化"管控，扎实开展沿湖沿线彩钢棚、铝合金"清色"整治行动，共计完成彩钢棚喷涂5000余平方米、铝合金喷涂3000余平方米。持续巩固"无违建"创建成果，严格落实沿湖沿线带方案审批、农村私人建房挂牌施工和"四到场"制度，确保违建问题及时发现、及时处置，农村风貌得到有效提升。

加大教育投入，提升教学质量，"马云乡村寄宿制小学"成为网红学校，镇初中操场提升工程开工，镇小"梦丰收"足球场建成，幼儿园完成扩建。医疗助残水平实现提升，镇中医馆建成开馆,敬老院无障碍设施完成建设,成功创建省星级残疾人之家。全面推农村饮用水改革,完成集镇、黄村、叶家庄、练溪饮水设施安全提升。全面完成“两保”收缴工作,继续深化城乡低保、残保动态监管,确保“应保尽保,应退尽退”。

深入开展群众性精神文明创建活动,宣传和践行社会主义核心价值观,选树身边典型,叶家庄村书记叶光建被评为市级最美退役军人和杭州市最强领头雁。镇排舞、大头和合舞、黄村板凳龙精彩亮相秀水节并创佳绩。

落实大平安建设责任,加强专职网格员队伍建设,积极开展平安巡防活动,圆满完成护航两会、新中国成立70周年、第七届军运会等重要节点维稳工作。推进网格管理、综合治理数字化、智能化。开通梓桐人自己的民情热线,切实为民化解矛盾纠纷,全年共受理信访问题54件,热线办结率达100%。

【千名大学生进梓桐】 2019年,梓桐镇先后与浙江工业大学、中国计量大学、浙江师范大学、杭州师范大学等高校达成合作协议,成为这四所高校的共同写生实践基地,并将每年定期举办“千名大学生进梓桐”主题书画写生活动。4月8—12日,梓桐镇迎来“千名大学生进梓桐”的第一批客人——中国计量大学工业设计专业的48名学生,正式开启了高校学生写生基地模式。

【国家艺术基金“浙江美丽乡村艺术生态展”】 2019年6月1日,盛世文邦,凤栖梓桐——国家艺术基金“浙江美丽乡村艺术生态展”在梓桐镇正式启动,启动仪式邀请了来自全国18所高校近40名专家、教授参加。该活动由艺术家现场写生、采风、调研和“艺术助力美丽乡村建设”的高峰论坛等活动组成,标志着以“艺术梓桐,生态千岛湖”为主题的迎国庆系列活动正式拉开了序幕。

【千岛湖艺术生态新农民培育营】 2019年6月22日,2019千岛湖艺术生态新农民培育营启动仪式在梓桐镇西湖村举行。新农民培育营,旨在培育书画小镇的在地性,在原有的书画基础上,通过培养农民艺术家的书画才艺,引导农民直接参与文化创作,来促使艺术文创更深层次地融入其生活,以此激发隐藏在乡村的产业潜力,使全镇的书画艺术水平得到整体提升。

【“荆南杞梓,凤栖梧桐”中国美术学院专业基础教学部下乡写生作品展】 2019年7月2日,“荆南杞梓,凤栖梧桐”中国美术学院专业基础教学部下乡写生作品展在梓桐开展。此次展览旨在纪念新中国成立70周年、“五四运动”100周年,培养当代大学生家国情怀,用画笔为乡村助力。此次作品展共展示了80多幅优秀作品,是基础部第一次带着精品作品走进淳安。

【上海水墨“问水”当代水墨画会艺术邀请展】 2019年7月26日,“大梓墨道——问水”2019上海&梓桐当代水墨画会艺术邀请展在梓桐镇梓桐艺术馆正式开展,并举行了“乡情中国——第一届千岛湖·梓桐艺术乡村建设论坛”,授牌成立“上海当代水墨画会梓桐创作基地”,以及“华东师范大学美术学院教学实践基地”。

【文化江南·浙江当代油画院作品展】 2019年8月25日,由浙江当代油画院与淳安县委宣传部、淳安县文广旅体局、淳安县文联和梓桐镇人民政府主办的“文化江南、浙江当代油画院作品展”,在梓桐艺术馆开展。这是浙江当代油画院成立8年来,首次在乡镇一级艺术馆亮相,也是在书画特色小镇梓桐首次举办的专业油画展。

【艺术梓桐 生态千岛湖——迎国庆梓桐艺术活动】 2019年9月28日，梓桐镇举办“艺术梓桐，生态千岛湖”迎国庆系列活动正式开启，盛世文邦，凤栖梓桐——国家艺术基金“浙江美丽乡村艺术生态展”、汉字水墨名师艺术讲座、“严博士带你游梓桐”、梓桐采风、写生、研学、烧烤篝火艺术晚会等活动的开展向祖国深情表白，献礼新中国成立70周年。

【西湖村蚁巢艺术馆】 由梓桐镇与浙江理工大学博士、江苏昆山艺术宫艺术总监严渊达成合作协议，将在西湖村实施“蚁巢计划”，建造书画、雕塑、陶艺等名家工作室、展厅的蚁巢艺术馆，并为梓桐镇培育农民绘画人才，打造具有地方特色的农民画文化品牌。

【“望山见水看梓桐”千岛湖·梓桐镇第五届书画文化节】 2019年11月9日，望水见山看梓桐——淳安县梓桐镇第五届书画文化节开幕，此次梓桐第五届书画文化节分三个会场展开，千岛湖汽车公园作为主会场举行开幕式，其他分会场同步进行梓桐艺术馆“书画缘·故乡情”中新商会艺术交流会、蚁巢艺术馆开馆仪式等一系列相关活动，全方位展示梓桐书画小镇“艺术蝶变”的魅力。活动旨在促进梓桐文创产业发展更加繁荣，推动实现书画事业到书画产业的转型，走出一条艺术助力乡村振兴的新路。 (唐亚馨)

2019年梓桐镇各行政村基本情况表

表24

村 名	村党支部书 记	村委会主 任	人 口（人）	年人均收入(元)
西 湖	毕红春	方鑫锋	839	24428
练 溪	胡国生	余春雷	518	22835
慈 溪	方凯誉	洪 波	709	22957
富 石	邵文进	邵遵高	873	21788
并 峰	余爱生	胡新南	937	23098
叶 家	叶光建	叶月祥	809	22461
黄 村	黄笑卫	黄春祥	1192	22153
杜 井	胡跃华（10月离职）	黄爱祥	1826	23297
杏 富	胡素贵	胡金忠	742	20586
胡 江	徐红梅(女)	胡连财	1064	19980
常 宁	胡发荣	胡宝进	1571	22217
姜 桐	姜新华（11月离职）	胡洁余	821	18511
唐 家	唐海燕(女)	唐能红	1005	21666
卢 家	卢有清	卢新军	1622	22497
结 蒙	徐剑平	徐小平	1412	21282
河 联	徐中心	余上友	861	17726
三 联	姚红升	汪明祥	705	20150
程 家	程培芳	程爱民	944	20335
尹 山	严早发	严早发	385	20163

·浪川乡·

【概况】 2019年，浪川乡总面积105.1平方千米，辖19个行政村、217个村民小组。全乡总户数6120户，总人口19901人，人口自然增长率下降0.24‰。山林面积7930.5公顷，耕地面积638.6公顷，其中，水田473.5公顷。

全年实现生产总值23.72亿元，增长13.24%；财政收入372万元；工业销售产值1.3亿元；服务业增加值1.371亿元，增长10%；农业增加值0.11亿元，增长5.7%；社会消费品零售总额2.2237亿元，增长10%；农村常住居民人均可支配收入21627元，增长12%。

引进山底粮油和善农两家农业企业，注册资金共计2100万元；新增联欢和汇源两个特色产业基地村;新增水果基地 5.3 公顷,茶叶基地 38.7 公顷;蚕桑产业突破 1.1 万张,产值 2100 万元;推广林下经济模式,新增占家中药材基地 28.7 公顷。新培育市、县级专业合作社 3 家,成杰家庭农场成功创建省级示范性农场,杨建威果蔬专业合作社获杭州城市大脑“放心菜篮子”称号,进一步稳固农业强乡地位。

全年新注册企业 50 家,个体工商户 48 家,电子商城 3 家,其中杭州鸿沃肥料科技有限公司、杭州千岛湖峰川生物科技有限公司分别被评为第一批和第二批科技型中小企业。启用浪川商会大楼,与浪川商会开展资源对接,引领商会助力消薄增收及教育帮扶;深入实施“腾笼换鸟”,引入凤栖谷生态农业,对遗留项目(原邀月山庄)进行改建利用。

新增限上服务业企业 5 家,限上服务业个体户 1 家,实现服务业增加值 1.371 亿元。引进服装加工企业 2 家,新增来料加工专业村 1 个,新增来料加工经纪人 5 人,累计培育经纪人 48 人,来料加工从业人员 2325 人,发放加工费 812 万元。新增上云企业 10 家、网店 11 家,进一步完善电商公共服务中心建设,农村电商快递网络覆盖率达 85%,全年网上销售额 970 余万元,增长 31%。

推进千岛湖临湖地带综合整治,完成俊杰新型建筑、全朴食用菌合作社、鑫隆新型建材 3 家企业关停工作并通过省级验收。全面完成生态修复项目,千汾线浪川段沿线总体环境持续保持良好面貌。

推进流域治理,深化河长制,强化河道综合治理,加强水质检测,全面完成农业面源治理 459 公顷,统防统治 400 公顷,水土保持预防保护 147 公顷;水质断面检测均达到Ⅰ类地表水标准。完成大联、杨家、浯溪、峰川等“一村万树”示范村、推进村创建;完成桃源村农村治污运维示范村创建;完成大塘农居点、裕丰农居点新建农村治污管网项目;完成新桥治污整村提升项目;完成大联终端湿地提升项目;建成全市乡镇唯一的智慧化农村生活污水运维管理平台,实现农村治污建设、运行、维护一体化。

完成 3 户农村困难群众危房改造工作,完成 114 户农民建房审批,新增违建零发生,防违控违“零”纰漏;完成洪家、大塘等村 2 处地质灾害点应急排险整治;完成新桥 2.7 公顷页岩工矿用地复垦项目;完成峰川姜坞口 3 公顷旱改水和垦造水田项目,并顺利通过优良工程验收;加大卫片执法整改力度,完成大塘工业园区地块整改;土地确权工作稳步推进,农户签字确认率 98.1%;开展农房发证工作,农房不动产登簿率 93.82%。

做好省级重点项目 220 千伏浪川输变电工程无障碍施工保障工作;启动洪家精品村一期蚕桑研学基地及村庄环境整治提升项目建设;实施芹川新区三期基础配套设施建设项目,有序推进“三合一”项目施工;投资 345 万开展峰川改田造地项目;完成善农农场项目前期土地平整工作;完成峰川生物科技美丽田园建设;完成千岛湖成杰美丽农牧渔场建设;完成重点项目——沃润农业 1100 万投资,占全年投资额的 110%;积极推进大连岭军旅冰雪项目前期“多规融合”工作,完成水功能区和生态红线调整,国家森林公园和公益林调整已上报国家部委审批,景区用地规划正在编制中。

抓好农村饮水改革扫尾工作,建设洪家、鲍家、汇源等 3 个村的农村饮用水提升项目;借助世行贷款资金,提升汇源、全朴、联欢、桃源、占家、峰川、大联、大塘、新桥、鲍家等 10 个村的农村饮用水工程,总投资 530 余万元;投资 130 万元完成横宅坞、林家坞和老鼠形等 3 处水库、山塘的标准化建设;投资 105 万元实施运维提升项目,完成 5 个提升改造点;投资 400 万元实施芳梧村、裕丰村 2020 年农村饮用水提升项目建设。

以建设特别生态功能区为契机，着力引导传统村落“活态保护”，采取“政府搭台、市场运作、群众参与”模式，突出芹川古村文化及原生态特色，获批杭州市职工“劳模”疗休养基地，古村旅游突破43万人次，实现旅游经济总收入3023万元；以千汾线为依托，打造新桥“荷塘月色·廉政公园”基地，开展大塘美丽庭院创建，催生文农旅融合发展连锁效应，吸引县内外参观考察1.1万人次。注重文创产业发展，引进月山书画院和创办鲍家文化宗祠；充分挖掘和整理蚕桑非物质文化遗产，建设蚕桑文化广场和蚕桑文化馆，并成功举办桑葚采摘节、蚕桑技能比武、蚕桑研学之旅等一系列桑文化、农耕文化等特色旅游节会。

搭建“政府＋村＋商会”平台，通过“一村一品牌、一村一基地、一村一服务”，实现村集体经济的可持续发展。全年乡村集体总收入896.43万元，经营性收入271.73万元，村均收入47.18万元，村均经营性收入14.30万元，全乡19个村全部完成了“3010”目标，其中桃源村、浯溪村、洪家村、大联村4个村超额完成了“3020”目标。

办好产业区块管理、主河道提升、千汾沿线整治等民生实事工程。落实老年人白内障复明工程，完成敬老院无障碍设施改造和电梯安装项目，全力保障10个村的老年食堂正常运营，完成芹川、大塘等10个村的避灾安置场所建设。完成浪川乡初中教师宿舍楼改造和全朴、新桥、马石等5个村体育健身设施提升；完成乡文化站建设及村级文化活动培训；完成汇源村蒲桃畈钱氏宗祠修缮，顺利推进大联、联欢、峰川等村文化礼堂建设，高标准创建洪家特色精品文化礼堂；成功举办“最美浪川人”评选和2019浪川摄影大赛等活动。

完成539户低保家庭入户核查专项整治；积极开展“春风行动”，发放困难慰问金34户3.16万元；落实低保边缘户家庭增收举措，发放产业发展以奖代补资金61户17.258万元，发放帮扶资金196户12.3万元，实现低收入农户增收14%；按时足额发放民政临时救助68户18.8万元。做好统筹城乡居民养老保险和医疗保险，其中养老保险参保率96.5%，医疗保险参保率100%。组织农民健康体检4368人，其中60周岁以上老年人2823人，体检率达69.98%。精心组织开展无偿献血工作，献血量共计51520毫升。成功创建“残疾人之家”，妥善解决36户残疾人就业问题，按时足额发放残疾人困难生活补贴661户171.37万元，发放护理补贴465户124.05万元。落实农村计划生育家庭奖励扶助制度，发放奖扶金311人29.86万元，发放特扶金22人19.20万元。深化“最多跑一次”改革，推广办事综合自助机，自助办事681件，实现便民服务24小时“不打烊”。

开展食品安全、安全生产检查整治，完成农产品检测400余批次，检查生产经营场所120余次，发现隐患262处，整改262处，整改率100%。开展非洲猪瘟防疫和登革热防控工作，健全防灾减灾救灾机制，开展防火、防汛、抢险等应急演练11次。建立监控室，新增重点场所、地段高清视频监控26个，布控“技防＋智防”电子监控网络新体系。完成浪川乡劳动争议调解中心规范化建设。推进双拥优抚安置，完成信息采集688条，开展慰问700余人；建立乡村两级退役军人服务站，实现退役军人服务全覆盖。深入推进信访“四联单”机制，全年调处各类信访案件304件，调处成功率达98%，群众满意率达100%。强化矫正人员监管，落实安置帮教11人。规范化建设乡村公共法律服务站，增配专职调解员60名，全年登记化解矛盾纠纷123件，涉及人数286人，涉纠纷金额101万元，调解率100%，调处成功率95.93%。

【浪川乡商会大楼正式启用】 2019年2月，浪川乡商会大楼正式启用。浪川乡商会大楼(村级物业楼)总投资500余万元，建筑面积2830平方米，共5层。浪川商会大楼的启用，是浪川乡为回归乡贤提供的妈妈式服务的一项实质性工程，它将成为浪川乡联系服务企业、联系服务乡贤的重要阵地。通过与浪川商会开展资源对接，共引进乡贤项目3个，落实资金285万元，推动2个重点项目实施。

【新桥“荷塘月色·廉政公园”基地】 2019年初，新桥村为破除村级经济来源薄弱的难题，在乡党委政府的积极扶持下，流转土地2公顷打造“荷塘月色·廉政公园”基地，发展村集体“造血产业”。一年来，通过加工莲子、莲藕等产品共创收10万元，并带动本村及周边村百余人就业，农户增收约5万元。同时，取“莲”之谐音“廉”为突破口，融合打造廉政公园，把廉文化搬进基地，让干部群众在观景中“润物细无声”地受到廉政教育。

(胡航)

2019年浪川乡各行政村基本情况表

表25

村　名	村党支部书　记	村委会主　任	人　口(人)	年人均收入(元)
桃　源	叶　辉	叶别英	891	20067
占　家	杨建威	占苏林	1189	20421
杨　家	杨汉民	杨贤生	972	19969
峰　川	汪思建	汪旭钢	866	20785
洪　家	洪芬芳(女)	徐国良	1181	24183
大　联	孙华飞	孙华明	1540	23916
联　欢	程新宏	余贞义	1011	23046
鲍　家	郑文锋	鲍芳亮	1520	21388
马　石	毛钟玉	王建水	1533	19896
芹　川	王小高	王心庆	1623	23869
新　桥	王健淳	鲍献明	834	20276
大　塘	章宏美(女)	章裕平	1047	24346
全　朴	余苏北	—	1123	20864
汇　源	王启洋	王昌壮	965	22342
源　峰	许家瑞	—	395	20937
狮古山	—	陈军华	374	22032
浯　溪	鲍良和	鲍永彬	739	20487
裕　丰	许普弟	宋小琴(女)	731	19466
芳　梧	郑高翔	—	1367	19839

·界首乡·

【概况】 2019年，界首乡总面积121平方千米，辖13个行政村、105个村民小组。全乡总户数3017户，总人口9520人。人口自然增长率下降0.74‰。山林面积8311.5公顷，耕地面积319.5公顷，其中，水田212.2公顷。

全年实现农业总产值21680万元，比上年增长6.3%；财政总收入464.08万元，下降6.6%，其中，地方财政收入203.86万元；上缴国税、地税259.09万元。农村经济总收入91058万元，增长10%；村级集体经济总收入604万元，增长29%；农民人均收入20657元，增长9.6%。

坚决推进临湖地带综合整治，5个整治项目中有4个按时间节点完成整治任务，另有万源新型建材项目考虑到广大农户建房用砖需求，县委、县政府同意予以保留，项目的环境整治提升工作顺利通过市级验收。周家、云濛、姚家、松源等4个村605名失地农民补偿款发放，全面办结失地农民补偿款发放；完成玛璜村200余户近2000万元的集体园地林地分配款发放。

以亚运小镇建设和自行车运动小镇创建为契机，加快推进村庄环境建设，突出美丽庭院改造和配套设施改善，完成严家渔事码头改造提升和安置点整村环境整治；成功打造桐子坞村县级农村治污示范村；完成姚家污水零直排区创建；成功创建严家村省级高标准生活垃圾分类示范村；有序推进周家村以“骑遇”为主题的精品村建设，深度改善村庄环境状况和庭院颜值。

围绕“百姓富、生态美”的发展要求，构建村庄整治、村容焕发、村民自觉的三位一体美丽乡村建设体系，统筹推进生态保护、环境整治、美丽乡村等系统工程建设，从农村污水运维、清洁乡村、垃圾分类、美丽庭院四个维度，开展村庄环境综合整治专项行动，以科室负责制启动美丽庭院集中村建设，桐子坞村成功创建省级AAA级景区村庄。

成功争取山区农业产业整乡推进项目三年1500万元资金支持；扶持推广中药材联片发展50公顷；新建橘园17.3公顷、改造低产果园56公顷，提升鳌山、界橘园区美丽果园2个；成功申报严家、桐子坞2个县级特色产业基地村建设；投资150万元引进国内先进的高精度水果分选流水线，全面提升界橘品控。强化界橘品牌效应带动，加快四季果园建设，初步打造一条“花期看花、果期采果、平时观园”的果香经济飘带。创新柑橘节举办方式，采用杭州—千岛湖两地主、分会场直播连线方式，构建起“实景感受、实地体验、实物品尝”等场内场外连线、线上线下互动的新节庆模式，进一步打响界橘品牌，提升知名度和附加值。

成功入选浙江省第二批运动小镇的培育单位，全面启动自行车运动小镇创建。深挖严家渔事码头、鳌山渔事体验基地渔文化，实现休闲渔业、美丽农业与乡村旅游的融合发展。成立子陵遇乡村旅游开发公司，引导民宿行业规范运营，带动新发展民宿20家，全乡民宿模范达67家（其中精品名宿3家）。打通绿道产业末梢，绿道沿线50余家民宿、6处农业观光园全方位融入骑行产业共建共享，实现骑行串联果园、民宿、农渔事体验等多产业融合发展。全年接待游客超38万人次，实现旅游总收入3000余万元。

实行“村社牵头、农户参与”模式，切实增强村集体经济发展的内生动力，孕育了西瓜基地、小蚕共育、劳务服务等消薄新项目；继续提升“界橘公司”抱团经营示范效益，2019年实现分红130余万元，13个村全面完成“3010”目标，6个村提前一年完成“3020”目标，其中严家村自主经营性收入超过60万元。投资60余万元建成全县首家乡级来料加工服务中心，实现村村都有点，带动全乡632人（其中低收入农户56人）在家门口就业，解决农村妇女“务工”与“务农”“钱袋”与“后代”兼顾问题。

开展低保专项整治工作，新增15户22人；实施残疾人两项补贴动态管理，发放残保金114.5万元；开展兜底服务，为全乡353户566名低收入人群购买人身意外伤害保险。推进市级联乡结村项目建设；启动界首车站果蔬自产自销市场建设；实施卫生院中医馆项目、桐子坞分院维修改造工程、中心小学改造等项目；完成松源村、玛瑱村文化礼堂建设；举办淳安县第二届村晚，开展各类自主文化活动235场。

以项目化清单全面化解界首区块征迁清零、605名失地农民保障、玛瑱村集体园地林地款分配、施家坪农民集聚区等重点领域问题和市组三服务交办的57个问题。优化代办服务。按照“门开人在、服务常态”的高标准，全覆盖推进党群服务中心建设，实现群众办事最多跑一次、一站式办结。创新助老服务。全覆盖组建“暖心蒲公英”助老服务队，建立一对一帮扶机制，为困难老人提供优质服务1000余人次，2000余小时。提质就业服务。开展全乡剩余劳动力就业意向摸底，组织专题培训12场次2000余人次；举办人力资源专场招聘会，成立严家人力资源劳务公司,带动50余人就业。

【界首区块征迁工作完成】 2019年5月10日,界首乡完成严家、玛瑱两村最后6户征迁农户的房屋拆除工作,至此,界首区块征迁工作全面完成。界首区块征迁工作于2011年启动,涉及严家村章家、洪畈2个自然村和玛瑱村叶塘湾、上宅湾、观音塘3个自然村整村征迁,共土地征用600公顷。

【界首乡第五届乡村旅游节暨第十二届柑橘文化节】 2019年11月17日,以“橘红界首·亚运小镇”为主题的界首乡第五届乡村旅游节暨第十二届柑橘文化节在杭州和界首同步举行。本次活动由淳安县人民政府主办,界首乡人民政府和千岛湖传媒集团共同承办,县文化旅游和体育局、县农业农村局、县商务局、县农业发展集团、县农村商业银行等单位协办。旨在秉承“文化搭台、经济唱戏”的宗旨,通过以新媒体为主,传统模式为辅,构建起“实景感受、实地体验、实物品尝”等场内场外联线、线上线下互动的新节庆模式,将界首的优质农特产品、山水旅游资源、民宿经济等推介出去,将五湖四海八方来客吸引过来,进而推动消薄增收、群众致富。活动分农产品进城推介、主题文艺演出、自行车骑行赛、柑橘采摘、渔事体验、特色小吃展示6个系列项目,开幕式分杭州运河广场主会场和严家广场分会场两个会场同步展开。杭州会场主要通过现场屏媒直播,将严家会场柑橘文化节主体文艺演出、自行车骑行赛、柑橘采摘、渔民生活体验、特色小吃展示等内容传递到运河广场的现场观众,同时与分会场实时连线,实现橘乡与杭城市民同频共振、同景体验;并通过剥橘皮、吃橘子、猜成语等有关界橘的互动性游戏让市民切身感受界橘的“果香之甜”。现场还展销以界橘为主,绣球菌、秀珍菇、鱼干为辅的界首农特产品。在严家会场则以具有界首地域标识的主题文艺演出、界橘采摘、渔事体验、骑行等多个参与式体验活动集中展示当地的传统文化。

【施家坪农民集聚区一期完成摇号选房】 2019年12月,施家坪农民集聚区一期独栋45幢完成验收并顺利摇号选房。施家坪农民集聚区建设事关施家坪村近120户农户下山移民,2019年界首乡依托后进村整转和“三服务”走访,较好的化解历史遗留问题,保障了集聚区建设进度。 (项亚星)

2019年界首乡各行政村基本情况表

表26

村 名	村党支部书记	村委会主任	人口(人)	年人均收入(元)
姚 家	姚建君	姚东华	1147	20754
松 源	周约君	周洪平	1240	21987
洋 田	姜小生	姜彩强	701	17072
康 源	姚桂平	王东波	440	17277
燕 上	余有华	严政兵	934	17660
新 燕	王建德	洪国平	481	15789
鳌 山	章新军(1—6月)	章景棋	727	21009
玛 瑱	周本建	周忠移	668	24740
周 家	周春煌	周中生	538	21450
严 家	严宏芳	严宏武	1057	21520
云 濛	胡玮民	胡纯来	623	21219
桐子坞	程新明	徐根法	426	22285
施家坪	余 洁	张武朝	538	21394

·汾口镇·

【概况】 2019年,汾口镇总面积237平方千米,辖51个行政村、1个社区、499个村民小组。全镇总户数15579户,总人口55855人。人口自然增长率1.1‰。山林面积14510公顷,耕地面积1542公顷。

全年实现工农业总产值16.5亿元,与上

年持平；财政总收入7115.6万元，其中地方财政收入3443.8万元；上缴国税、地税3879.8万元。农村经济总收入80.4亿元，增长5%；村级集体经济总收入2490万元；农民人均收入18904元，增长10.5%。

全年流转土地950公顷，生产各类茶叶190吨，比上年增长6.7%；新增种植优质水稻67公顷，本地产“淳山淳水”牌大米量价齐升；投资8000万元建设集种植、生态猪养殖、旅游、拓展为一体的农旅融合项目，已完成土地流转、农业设施用地审批和猪舍改造。“茶、蔬、果”等农业产业规模化经营程度更深，其中李宇农业正式通过欧盟BCS有机认证，10月底获准欧盟BCS会员身份，为千岛湖茶拓宽欧美市场踏出了坚实一步。“科技兴农”有序推进，被评为全市“第七批科技特派员工作先进单位”。

加强消薄基地建设，与省农科院合作，成功打造茅屏蚕桑、程店瓜田等16个亮点基地，新发展淳六味中药材67公顷、香榧67公顷。汾口村物业仓库全年收入近百万元，天林庄村玉米基地、祝家村物业基地、湛川村元胡基地收入均达10万元。全镇51个村全部完成消薄任务，低收入农户收入增长18.9%。

新引进西湖畈华腾农旅融合项目、先锋厂区块塑料加工项目和晶杰税源总部公司等3个特色招商项目；帮助企业申请发明专利1件、实用新型专利12件、外观专利2件；指导企业申报省级科技型企业1家；重点对外推介汾口城乡统筹示范区、千啤地块、红星厂地块、先锋厂地块等招商资源。

对汾口商贸城商业综合体项目进行整体包装和项目招引，联华超市入驻开业；杨旗广场一期文创街装修工程完工；“到汾口淘宝去”成为精品民宿主、古玩爱好者、收藏家、业内人士的新风尚；成立乡村旅游协会，整合汾口及周边各类旅游资源，实现旅游产业的标准化、规模化、规范化运作；深度挖掘农耕文化、祠堂文化，成功打造全镇首家研学基地——马小奇驿站；“美食街”雏形初现，赤川口村被评为省级“民俗文化村”。引入天猫旗舰店5家、京东专营店1家、淘宝店7家；整合落实村级电商物流服务新模式，重点打造电商＋农业、公司＋农户发展路子，在9个村试点，配套农产品深加工、协议收购和多线推广，形成特色农业产业链；施行“农产品＋社区＋电商”模式展销汾口农家辣酱、水果玉米、四季豆等特色农产品。

以“试点推进、统筹完善”为原则，通过政府引导、部门参与、全民共建，重点打造文创街、美食街等“抬眼赏景，推窗闻香”的富有汾口特色的美丽窗台；按照“居美、田美、景美、食美、文美”等要求，启动东入口、西入口、南入口、桥头、镇政府对面、加油站等6处绿化提升改造；对淳杨线、千汾线等7条主干线沿线村庄进行集中整治与节点提升。美丽窗台、田湖线、武强溪等组团入围“美丽淳安”系列，武强溪还被评为省级“美丽河湖”。

投资1500万元，完成集休闲、游玩、健身为一体的湖德塘公园项目；与千岛湖建设集团共同开发杨旗文化广场二期项目，并引入蓝城集团进行代建与销售，已开盘82套，出售59套；杨旗坦村股份经济合作社投资4500万元开发建设的综合性农产品展示交易中心，于2019年底投入使用，一楼拍租实现交易额303.8万元。

完成龙川小学、龙山幼教点等教育基础提升项目，完成综合文化站提升项目，完成7处历史建筑修缮项目和13个文化礼堂建设项目，成功创建浙江省诗词之乡，赤川口村文化礼堂打造成为省五星级文化礼堂。举办稻香节、“读中国、爱汾口”等群众性文艺活动；国卫创建获全省免检。

全年新增低保审批139户，196人，核准取消低保124户。临时救助131人，发放补助资金23.7万，完成全镇1123户的低保补录和549户的低边补录工作。进一步梳理“最多跑一次”事项清单，推进居家养老照料中心提升改造和低保审查工作，启动汾口敬老院前期工作，完成汾口、荷塘等13个村的农村饮水安全提升，新建水库12座，实现农户饮用水统一供水全覆盖，农饮水达标人口5.4万人。全年新增6个、提升改造2个居家养老照料中心。

【第三届“汾情万种”民俗文化体验节暨首届稻香节】 2019年10月19日，由县农业农村局主办，汾口镇党委、汾口镇人民政府、县传媒集团、县邮政局承办的第三届“汾情万种”民俗文化体验节暨首届稻香节在汾口举行，活动包涵全县首批“优质大米”大比拼、趣味运动比赛、特色农产品展示、赤川口草龙表演、村宴大赛等一系列丰富多彩的内容，让市民、游客在无际的稻田里感受丰收的喜悦。举办此次活动，是汾口镇紧紧围绕县委、县政府部署，助力乡村振兴之举；是坚持“高标准打造生态田园汾口、高质量建设绿色产业基地”发展道路之举；是充分发挥田园汾口特色优势，做深做细做精“一粒米”，使之成为山区“米袋子”工程典范之举。同时，活动也对外呈现了汾口独特的旅游文化、民俗文化、美食文化和淳朴民风，对集聚文化优品，打造民俗文化体验旅游目的地，实现文旅融合发展具有重要意义。

【汾口农产品交易市场揭牌】 2019年12月31日，汾口镇汾口农产品交易市场揭牌。汾口镇汾口农产品交易市场由杨旗坦村股份经济合作社建设，集农产品市场、超市、零售为一体，总投资4500万元，村民通过土地和现金形式入股，旨在打造集农产品商铺、农贸市场、超市及家私批发为一体的特色文化商业街区。仪式上，杨旗坦村还与县供销总社签订了托管协议，与经营户签订了入驻协议。

【汾口镇开通管道天然气】 2019年12月4日上午，汾口镇畹墅集聚区景溪苑小区正式开通管道天然气，555户居民用户用上了“安全、方便、绿色、经济”的天然气。汾口镇天然气利用工程是淳安杭燃公司在淳安县建设的第五个“镇镇通”工程，于2019年7月开工建设，12月4日正式启用。项目占地约0.72公顷，储气总容量为600立方米，供气规模为40Nm^3/h，主要功能为LNG接收、储存、气化。管道天然气的开通，为汾口镇进行新一轮的能源升级注入绿色新鲜血液。目前具备向附近的近600户居民用户以及公商用户供气的能力，远期将为汾口镇以及周边区域用户提供绿色能源天然气。 （汪晓宇）

2019年汾口镇各行政村基本情况表

表27

村 名	村党支部书记	村委会主任	人口（人）	年人均收入（元）
交 界	郑新建	郑新建	578	16007
宏 鲍	余洪中	鲍芳金	699	16353
山 头	姜生生(女)	程良军	651	16282
赤川口	余文斗	余 佼	1643	15460
龙 门	夏祯理	张礼圣	1000	16988
汪家桥	汪双春	汪继富	927	17744
汪家村	余文吉	余雄华	520	16813
三 渡	余本亚	余文权	830	17441
富占源	郑 伟	—	930	17356
三 底	姜立顺	姜立顺	655	20525
经 门	郑名诚	郑家仁	891	20350
简 门	郑家义	郑衍法	581	18690
郑 家	郑顺成（副书记、主持工作）	郑建军	1818	19680
天林庄	宋庆美	汪爱民	864	19039

续表

村 名	村党支部书 记	村委会主 任	人 口（人）	年人均收入（元）
舒 翠	郑名树	郑武祥（村委委员、主持工作）	1053	20812
杨旗坦	郑军建	郑新华	784	21844
宋 祁	余文信	余利富	1633	20471
祝 家	祝泽华	祝泽永	850	25164
汾 口	汪国平	余建平	2336	17334
寺 下	余志富	余春来（村委委员、主持工作）	1268	16763
章 姚	陈国富	蒋樟林	983	17157
仙 居	张凯华	张良伟	1591	16892
石 畈	余伟军	余红艳	904	17257
翁川源	余家军	余仕来	1658	16606
龙 山	徐建权	徐衍军	1240	17328
射 墩	余学良	余尚成	1172	20203
西 村	徐杭南	徐顺建	942	17857
三 畈	余善平	余海淳	527	15831
茅 屏	汪文映	汪成钢	1187	20262
程 店	程和平	程金泽	665	17720
云 林	余来泳	余建良	1530	16513
鲁 村	詹君建	卢湖顺	1746	16626
巧 塘	卢建财	—	564	16525
桃林畈	童世红	程樟锋	913	17192
龙 姚	许文军	许彩意（女，主持工作）	570	16996
强 川	汪菊银（女）	余荣杨	687	17207
红 星	余新忠	周恒发	802	16279
栗园里	余长岭	—	1179	15583
毛 家	杨苏华（女）	毛善忠	1546	16075
百亩畈	汪国平	汪秋卫	1213	18537
岭 后	汪 军	余绍忠	821	15902
荷 塘	卢 鹏	卢海平	1019	15869
横 沿	余君毅	—	930	21087
陆 乡	蒋建林	—	997	18325
龙 源	姜贤飞	姜文明	1168	16951

续表

村 名	村党支部书 记	村委会主 任	人 口（人）	年人均收入（元）
红 旗	余竹花（女）	高赐洪	1529	14984
宋 京	余生雨	余必亮	1274	16627
湛 川	余钱起	余上海	1232	16003
富 塘	汪建伟	蒋有生	710	16355
石 峰	郑田军	郑红忠	1060	15860
峰 溪	汪小明	汪炳春	735	16771
杨旗社区	洪 琛	洪 琛	2250	695

·中洲镇·

【概况】 2019年，中洲镇总面积166平方千米，辖19个行政村、224个村民小组。全镇总户数5979户，总人口20473人。人口自然增长率下降0.03‰。山林面积8446.67公顷；耕地面积602.53公顷，其中，水田467.6公顷。

全年实现农村经济总收入16.35亿元，比上年增长12.3%；地方财政总收入202万元；村级集体经济总收入998万元，增长45.06%；农村人均纯收入17558元，增长10.51%。

有序推进林中线大中修、樟村桥异地新建、念柒坞村道拓宽等交通项目，33条村道常态化养护，安装完成入镇口处来车预警系统。完成樟村桥异地新建，林中线大中修等四好农村路建设；完成余家、樟村、乘风源、苏家畈村分散式集中供水项目建设，水质进一步优化；投资3000万元，推进叶村、徐家、左川、樟村河道综合整治工作；完成乘风源水库除险加固标准化改造；武强溪成功创建省级美丽河湖。

完成农业统防统治163公顷，实现降肥减药214.4吨，推广有机肥1000吨、配方肥150吨，收集农业废弃物25吨。管控建房风貌、建筑材质、景观节点建设。南庄省级、徐家市级美丽宜居示范村高分通过专家现场评审。洄溪楹联精品村、中洲清廉村、苏家畈美丽庭院村逐步成型；累计建成垃圾兑换超市19个，发放垃圾分类宣传手册6000余份。实施生活垃圾资源化处理，累计收回可腐烂垃圾216吨，产出有机肥15.8吨。

主动对接大下姜联合体，积极打造一条红色教育研学、美丽乡村展示、民俗文化体验为一体的精品线路。联合社会资源，相继举办全国红色旅游摄影大展起航仪式、南庄桃花节、丰收节、战地医院揭牌、浙皖两省共祭英烈等主题活动，该镇相继被授予全国红色旅游摄影根据地、省爱国主义教育基地、省社科联基地、市关心下一代工作先进基地、县“可爱的中国”研学培训教育基地称号。以“爱国、清贫、创造、奉献”为核心的方志敏精神研究会获批，并同步启动配套产业项目建设。先后完成纪念馆研究中心、红色时光咖啡吧提升项目，新审批民宿12家。全年累计接待培训教育人次、过夜游客、人均消费均实现30%以上增长。全年接待游客21.73万人次，旅游收入2300余万元。

深化“政企校”合作共建模式，引入浙江农林大学教授团队，深度参与白金芽母本茶科学培育，全年新发展21公顷；实施“两干”(笋干、菜干)基地建设，创建毛竹专业合作社，建设蔬菜基地。精心策划“中洲两金茶”、“红星下·放心味”“中洲味·十三道”等农产品品牌，提升农产品品质和市场竞争力。县级重点投资项目千龙生态源实现投资超千万元，完成园区堰坝、凉亭、道路等配套设施建设，种植中药材、金丝皇菊等特色产品；全年新增流转土地72公顷，新增茶叶、水果、珍贵树种等产业基地97公顷。

依托联乡结村、村企结对等资源，各村农副产品纷纷组团闯杭城、进社区、送餐厅，全镇各村与结对单位、乡贤餐厅签订购销协议超100万元。集镇小微企业产业园建成投产，并招引落地企业2家，可实现增收40余万元，解决就业300余人。新培育来料加工经纪人9名，实现加工费1155万元，带动低收入农户增收124人。木瓜、樟村、叶村等6个村光伏发电项目实现并网，徐家、霞童等6个村自办企业助力消薄；全面完成“3010”消薄年度任务，其中中洲、徐家、南庄等8个村提前完成“3020”目标。

完成镇级综合文化站改造提升和洄溪、木瓜、长埂、乘风源村文化礼堂建设，南庄村成功创建四星级文化礼堂。全年开展各类文体活动293次，文化走亲48次，举办“村晚”15场。新建中洲、长埂老年食堂，全镇老年食堂覆盖率达到63.2%。完成枫林坞、左川、苏家畈、乘风源等村避灾场所规范化建设，先后新建残疾人康复馆、中医馆，残疾人之家。全年投入帮扶资金558万元，实施重点帮扶项目8个。

开展城乡低保核查整治工作，镇级层面入户核查低保150户，新办54户，清退66户，发放低保金50251元。中洲商会慈善基金会募集资金32.4万元用于帮困助学工作，其中10万余元已用于改善中小学基础设施。开展企退、新中国成立前工人健康体检及养老金认证工作，相关体检率达到79.8%，认证领取养老金228人。完成农民健康体检4493人，妇女两癌筛查1771名。全镇19个村全部签订农村饮用水托管协议。

开展信访最多跑一地、服务最多跑一次和走亲连心三服务工作，“64954321”镇长热线上线运营，全年累计受理群众信访220件，初访化解率93%。化解三服务问题51项，化解率100%。成功创建市无邪教乡镇，厦山村成功创建省级民主法治村、市无邪教示范基地。

【中国工农红军北上抗日先遣队战地医院(展示馆)揭牌仪式】 2019年4月9日,中国工农红军北上抗日先遣队战地医院(展示馆)揭牌仪式在中洲镇厦山村举行,这是中继中国工农红军北上抗日先遣队纪念馆、"茶山会议"旧址、红兵坟、方志敏、粟裕、刘英临时住所等开放以来,新增的又一处红色旅游访问点,对进一步丰富红色旅游资源,促进红色旅游发展起到积极作用。

【"星火传扬,光影旅程"军旅摄影系列活动启动仪式】 2019年7月,"星火传扬,光影旅程"军旅摄影及红色文化为主题的摄影系列活动在中洲镇启动。军旅摄影家聚焦红色旅游摄影根据地是中国摄影报社按照"以人民为中心"的创作导向,精心策划推出的全国性系列活动,首批选取了全国15个红色根据地,并组织军旅摄影家进行重访和拍摄,淳安县中洲镇则被列为整个活动的首站。中洲镇地处浙皖两省三地四县交汇之地,是杭州最偏远的镇之一,生态环境得天独厚,红色旅游资源丰富,中国工农红军北上抗日先遣队纪念馆就坐落于此。启动仪式上,中洲镇被授予全国首个红色旅游摄影根据地。中洲镇将以此为契机,努力打造全国红色旅游摄影文化的高地,树立起中洲独具特色的红色旅游摄影品牌新形象。

【"桃缘南庄"第二届民俗文化节】 2019年3月23日,中洲镇南庄村举办了"桃缘南庄"第二届民俗文化节。桃花是南庄村最为响亮的乡村旅游金字招牌,200多亩的桃花遍布田野,像极了陶渊明笔下的世外桃源,数十位汉服爱好者身着古装以古礼祭祀"花神"、陶渊明省亲探姑父姑母等情景一一再现,南庄村民再次用自编自导的方式来举办民俗文化活动,将中洲秀美的自然山水和厚重的历史文化、多彩的民俗风情融入其中,进一步打响了中洲镇以红带绿乡村旅游品牌。活动还进行了姑丈带"陶渊明"看十三锅厨艺展,品十三道"乡饮宴",参加"十三都行酒令"的比赛,将浓浓的中洲民俗、美食展现得淋漓尽致,让游客在踏青赏花之余一饱眼福和口福。

(余挺　余慧斓)

2019年中镇各行政村基本情况表

表28

村　名	村党组织书　记	村委会主　任	人　口(人)	年人均收入(元)
叶　村	余建华	余旭明	2747	16162
徐　家	徐承福	徐宗杰	1595	15580
苏家畈	余新师	吴北生	542	17144
乘风源	李诗军	余昌根	639	15773
中　洲	翁来凤(女)	程建军	2414	19576
畈　头	汪礼淳	汪中武	805	16678
霞　童	童益平	—	1396	14262
李家畈	郑苏英(女)	李小河	710	14650
长　埂	胡远军	程运烟	1069	14169
余　家	程名山	余名要	1509	18187
双　许	许多件	姜仁福	533	16923
南　庄	汪华北	—	594	19030
洄　溪	汪正杰	汪正军	531	19415
厦　山	汪亨敏	汪苏州	777	19638
樟　村	方爱社	方为军	1637	14809
左　川	唐民芝	宋忠兴	772	15126
札　溪	吴良华	李庆林	857	15729
木　瓜	洪　飞	洪祝万	624	15693
枫林坞	吴家伟	吴明生	499	14444

·大墅镇·

【概况】 2019年,大墅镇总面积163平方千米,辖17个行政村、120个村民小组。全镇总户数4273户,总人口13855人,人口自然增长率下降2.16‰。山林面积11611.27公顷;耕地面积628.4公顷,其中,水田521.13

公顷。

全年实现财政收入970万元,比上年增长24.36%,税收收入1863.48万元,增长32.41%。农村经济总收入58.11亿元,增长10.45%;村级集体经济总收入801.75万元,增长46.53%;农民人均纯收入22880元,增长11.81%。

深度融入大下姜建设。大墅村物业楼改建民宿项目基本完工,劳务服务、农产品电商等已形成品牌特色;桃源凌家村大下姜洗衣坊建成并投入使用,兰纳农业园区启动新一轮改造;县委党校孙家畈村教学基地运营正常,彩色稻田项目与市种业集团合作,实现美丽升级;洞坞村云野西溪里精品民宿二期建成投用,典藏精品民宿进入扫尾阶段,蜂产业主题展示馆完成规划。

新兴纺织基本完成零地技改,喷水织机从136台增加到336台,累计总投资9000万元,预期产值增加7000万元;道景建材项目异地搬迁前期工作基本完成;卓越建材新增投资加气砖生产线项目,实现传统矿山企业向循环经济转型;谦美实业公司生产的谦牧天然水在中国国际高端饮用水大赛上获三个组别的梅花雪奖,与苏宁易购签订100万瓶订单;千济方公司投资240万元完成中药饮片车间改造,已提交GMP生产线审核。全镇有来料加工经纪人45人,创办来料加工企业14家,辐射带动来料加工从业人员2100余人,全年实现加工费600余万元。

通过盘活资产资源、鼓励村集体联建、为村提供劳务服务、依托当地特色发展经济等措施扎实推进消薄增收工作。成立"墅上花开"文旅公司、洞溪源农产品公司及农业合作社等经营实体,积极参与"有机下姜"品牌运作;西园、下坑等村大米及洞坞村蜂蜜已采用"墅上花开"品牌包装,组织开展"书记进城卖山货"活动;投资170万元的小微孵化园二期光伏发电项目建成并网发电,每年产生经营性收入30万元。

全力抓好临湖整治,全镇3个整治类项目于3月底全部完成并通过验收,提前3个月完成任务,9个保留提升项目全部按照要求整改到位;7个大棚房整治任务在规定时间完成。加强沿湖沿线日常巡查,加强"无违建"后续管理,全年共拆除、整改违规建筑7处,调处土地信访纠纷10件。加大农贸市场、背街小巷等重点部位的保洁力度,建立全天候保洁机制,健全集镇管理机制。凤山村美丽庭院成为大墅美丽乡村的又一个展示窗口,4个核心村的美丽庭院提升工作成效初显,孙家畈村被评为省美丽乡村特色精品村。全面提升淳杨线沿线7个村的农村生活污水运维工作,打造可看可学可示范的农村生活污水运维示范带,孙家畈村农村污水运维项目完成。

开展自由野园区开园、长三角青年生物多样性夏令营活动,形成了良好的人气和知名度;文创园区一期宿舍、餐厅、浙江农林大学设计实训和创意基地及浙江传媒大学产学研基地、研学课程设计等项目进展顺利,新世界国旅等企业进驻。举办"稻花香里话初心——我和我的祖国"、儒洪"赶十八"民俗节等活动,全年新发展民宿4家,桃源凌家村成功创建AAA级景区村庄,千岛湖大峡谷入选全省100个避暑气候胜地,全年乡村旅游人数14万余人次,增长20%。中央电视台、浙江卫视、《浙江日报》《杭州日报》等先后20余次聚焦大墅农文旅融合发展,深入挖掘大墅农文旅融合助力乡村振兴工作成效。

投资2736万元的淳杨线至大积线接线工程;投资359万元的工业园区外环道路建成通车;投资650万元新建镇文体活动中心基本建成。全县第一家乡镇新安书屋完工并向公众免费开放,卫生院住院楼扩建工程前期工作完成,凤山村文化礼堂顺利通过验收,儒洪村文化礼堂和大墅村文化礼堂分别被评为四星级、五星级文化礼堂；完成大墅村、岭干村停车场建设，完成7座公厕改造或新建，完成西园村、儒洪村饮用水管网提升改造；投资930万元完成低丘红壤、农村河道整治等水利项目；投资770万元完成栗月坪村庄整治、岭干村老年活动室修缮等移民项目；农民建房审批83户，农房不动产登记发证1884户，新垦水田1.72公顷，高标准农田建设196.27公顷；农民转移集聚剩余86套房源面向社会销售。

完成1座森林消防水池、2个粮食功能区建设项目建设，新发展中药材8公顷、林业基地造林20.2公顷、林下经济37.67公顷、茶叶基地17.33公顷，实施农业统防统治337公顷，水土保持项目163公顷，有机肥推广3000吨。新注册发展农业企业2家、家庭农场1家，实施完成农业推广项目1个；培育特色农产品生产基地村3个，创建美丽田园体验区1个，美丽农牧渔场1个；完成寺林村和儒洪村的“一村万树”推进村的创建；完成栗月坪村环境提升工程和茶叶种植改造提升及基础设施配套工程；组织农民培训7期720余人；组织参加第12届义乌国际森林博览会，参展的“大墅底下”系列竹制品获得金奖。

全镇16个行政村居家养老服务正常化运营，桃源凌家村居家养老服务中心预计年初启动运营。按时完成残疾人“两项补贴”的发放，有效做好残疾人、低收入群体等弱势群体救助和保障工作。高标准、高质量完成镇、村两级退役军人服务站建设工；开展优生优育宣传倡导和走访慰问计生困难家庭活动以及“慈善一日捐”“春风行动”等慈善活动；成立县中医院医共体大墅分院病区。

是年，大墅镇获得2019年度“浙江省森林城镇”称号、获得杭州市法治乡镇(街道)创建先进单位，大墅留守儿童俱乐部被评为全国优秀儿童之家殊荣，下坑村获国家级综合减灾示范村称号，儒洪村、洞坞村被评为浙江省卫生村，大墅村文化礼堂获杭州市十佳农村文化礼堂。

【千岛湖大峡谷——2019中国长三角青年生物多样性夏令营】 7月21—27日，千岛湖大峡谷——2019中国长三角青年生物多样性夏令营在大墅镇千岛湖大峡谷开营。该夏令营长三角地区规模最大的生物多样性保护大学生夏令营，吸引了来自清华大学、浙江大学、复旦大学、浙江工业大学、浙江理工大学、浙江中医药大学、南京农业大学、重庆医科大学、英国科罗拉多州立大学等十多所高校50余名青年学子参加。此次夏令营活动分为培训和科学考察两个环节。在培训阶段，邀请了生态环境部宣教中心、清华大学、浙江大学、同济大学、安徽农业大学、复旦大学、浙江理工大学等部门和高校的专家为营员授课。内容包括环境教育、生物多样性与生物入侵、生态修复中的生物多样性、城市中提升生物多样性的规划思路以及标本制作、视频拍摄制作等实用性很强的内容，还探讨了NGO如何参与社区生态保护等问题。在科学考察环节，各组根据事先拟定的方向开展生态治理调研、植被调查、昆虫调查、生物多样性资源经济调研等。本次夏令营产生了十多篇高质量的论文、调研报告等相关成果，这既为高校丰富生物多样性学术研究提供了有力的支撑，也将为下阶段生物多样性保护和动植物的培育发展提供了有利的政策支持。同时，进一步推动了大墅镇研学产业发展，促进生态优势转化为产业发展优势，打造生物多样性可持续发展利用公众体验式教育基地，为中国生物多样性保护提供淳安实践案例。

（王鸿钢）

2019年大墅镇各行政村基本情况表

表29

村名	村党支部书记	村委会主任	人口(人)	年人均收入(元)
大墅	方华祥	方江华	1797	25392
孙家畈	余苏明	余千祥	644	25620
桃源凌家	凌海	凌银生	823	25259
大坞	王有明	张苏建	790	21053
凤山	胡青田	余其日	545	21051
西园	聂继扬	储运联	694	23635
殊塘	郑文清	郑文清	446	21686
高山	余世新	王香球	532	24372
下坑	余小平	余麦兰(女)	707	24517
洞坞	王金仙(女)	王金仙(女)	380	23690
上坊	胡西凉	翁发祥	857	22235
寺林	余利民	魏江龙	622	23049
老岭	郑双龙	郑双龙	391	21600
桃林	余英杰	方孝英	924	20901
岭干	余常春	余顺海	1025	21782
儒洪	余先书	余海建	1542	21867
栗月坪	王丰蓉	王立飞	1136	21037

·枫树岭镇·

【概况】 2019年,枫树岭镇总面积308平方千米,辖28个行政村、188个村民小组。全镇总户数5619户,其中农业户5619户,农业人口18297人,山林面积22717公顷,耕地面积902公顷,水田面积51公顷。

实现财政收入464万元,税收收入达到1059万元;农业总产值3.1亿元,增长6.3%,服务业增加值3.1亿元,增长18%;农民人均可支配收入29834元,增长16.02%,招商引资4000万元。

加快布局夏峰红高粱、铜山野生中药材、白马特色农产品、枫树岭乡村旅游4个产业区块,鼓励片区共建共享、抱团发展。其中夏峰片区种植红高粱104公顷,高粱产量90余万斤,产值近1500万元;铜山片区新发展林下野生中药材110公顷;白马片区笋干产值达到400万元,地瓜干产值约1800万元;枫树岭片区落地莫岛智能生态蜂业基地,在全镇布局5200桶智能蜂箱,着力发展"甜蜜事业",年租金收入200万元。建成丰家源共享酒厂、夏峰共享榨油厂、官川共享地瓜干加工厂,完成白马烘房设备改造升级,推进大桥头2000平方米农特产品深加工消薄园和夏峰3300平方米产业消薄园建设,积极招引凤凰庙冷冻蔬菜加工厂基地。巩固拓展入股联营、乡村职业经理人、村企合作等消薄新模式,其中下姜、大桥头实现村民股份分红。全镇28个村均完成"3010"任务,其中27个村完成"3020"目标。

全面落实省委、市委主要领导指示精神,加快实施"1+4"规划。建成农业综合服务中心,完成下姜三大园区、栀子园改造提升;探索与淳安农商银行乡村振兴战略合作,吸引33名青年人才返乡创业;先后建成运营上泉凤林居、麦浪二期、淳和之路等民宿,落地伊川振兴发展、沿店公社文旅体、隐熙叠翠山居、抹茶庄园等项目;新增之江新语馆、下姜人家、杭州书房、姜小馆、新凯旋等业态。大下姜全年共接待游客110.3万人次、住宿游客5.76万人次、旅游经济收入5541.9万元,比上年分别增长55.2%、10%、51.7%,其中下姜村接待游客73.37万人次,住宿游客5.22万人次,旅游收入4451.43万元,分别增长58.8%、11.3%、47.7%。下姜村被评为全国首批乡村旅游重点村,大下姜成功创建国家AAAA级旅游景区。

深化农村治污运维,完成枫常线红线内6个污水终端选址重建,集镇"污水零直排区"示范工程高分通过市级验收;建成源塘村、薛家源村市级精品村,启动伊川村市级精品村和枫树岭村省级美丽宜居示范村建设。源塘村被评为浙江省美丽乡村示范村,上江村入选第五批中国传统村落名录。

完成10个临湖项目整治,其中6家工业企业、3家畜禽养殖类项目均已关停并全部拆除,1家企业完成异地搬迁。完成5处大棚房整治,并通过省级验收。加强临湖地带日常管控,全年共发现、处置问题7处,完成薛家源、郑家庄村庄整治和沿雪线道路整治,优化临湖环境。推进全域综合整治,全镇共垦造水田2.17公顷,完成建设用地复垦0.58公顷。

建成4家农村文化礼堂,新建7家养老照料中心,全镇正常运行的养老照料中心达到23家;完成7个村避灾安置场所、3个村生态公墓建设;集镇自来水厂项目顺利推进;基本完成4个村饮用水提升和22处分散式供水水源改造。枫常公路改建工程完成基础路基铺设,桥梁隧道基本完工;完成铜笋线1.2千米大中修;建成大下姜天然气集中供气点,完成大下姜移动5G基站布点;完成22处危房改造,81宗农民建房审批,农村不动产确权登记发证5505本;完成324户低保户核查,246户低边户核查,清退不合规低边户56户;安排25万元帮扶资金用以保障低收入农户子女就学,为计生特殊家庭发放扶持资金19.2万元,持续推进残疾人助行、助听、助视工程,推进五保供养中心电梯加装,成为全县第一家安装电梯的农村敬老院;全面完成丰家源村省级地质灾害点剩余房屋搬迁治理。

积极探索"一体两翼"基层社会治理体系,新成立民兵巡防队、枫树岭镇民安救援中队,充实网格力量。落实"最多访一次"信访代办改革,打通信访便民服务"最后一千米",实现"群众动嘴,干部跑腿"的目的。推出"64848890"镇长热线,着力提升信访化解率。

2019年,枫树岭镇先后获得杭州市法治乡镇(街道)创建示范单位、杭州市基层妇女工作先进集体、2018年度全市政务信息工作先进单位等荣誉称号,下姜村团支部被评为2018年度"浙江省五四红旗团支部"。

【淳安千岛湖下姜实业发展有限公司首次分红】 2019年12月20日晚,下姜村召开首届股东分红大会,共计分红66万元,入股的村民第一次拿到了分红。2018年8月,淳安千岛湖下姜实业发展有限公司成立,下姜村786名村民以人口股、现金股和资源股3种方式成为股东,实现"人人当股东、个个有股份"。2019年3月,下姜村面向社会公开聘请乡村振兴职业经理人,负责实业公司运营管理。公司成立后,村民自力更生,着手将村东口的闲置用地改造成餐厅——下姜人家。职业经理人与杭州的设计公司合作打造特色文创产品,打响下姜人家特色品牌。杭黄铁路开通后,下姜村又自筹资金36万元,开通千岛湖高铁站至下姜村接驳车。后又在杭州成立下姜营销公司,促进"大下姜"民宿产业和乡村旅游经济发展。2019年,淳安千岛湖下姜实业发展有限公司总收入184.23万元,净利润76.23万元。

【大下姜沿店公社文旅项目正式开工】 2019年8月13日,大下姜沿店公社文旅项目正式开工。该项目位于枫树岭镇薛家源村沿店自然村,占地4172.5平方米,其中建筑面积约3492.1平方米,规划设计红高粱文化区、沿店公社区、新农村文化区、户外运动体验区、水上游览观光区共五大区块,将通过特色乡村旅游综合体+特色"红高粱"产业模式,打造全县首例改革开放40年成果展示的现实版教育、学习、参观基地,助力乡村振兴。项目建成后,将与下姜村及周边地区实现业态互动、资源互通,以其独特的历史文化、完善的配套设施,有力带动老百姓发展文旅产业,为大下姜乡村振兴发展增添一张靓丽的名片。

【“千岛湖·大下姜”伊川村振兴发展战略合作签约仪式举行】 2019年12月18日,“千岛湖·大下姜”伊川村振兴发展战略合作签约仪式在下姜村举行。县委书记黄海峰,浙江省金融控股有限公司党委书记、董事长章启诚参加并致辞,浙江省金融控股有限公司副总经理倪一冰等领导参动。“筑梦伊川”项目是以乡村田园风貌为基础、以“环境共生”为特色,集科技体验、田园研学、民宿休闲、养生度假、婚庆摄影等功能于一体,融合田园式的数字体验区、幸福原乡区、乡村童玩区、休闲度假区、智慧农业区,打造凸显乡村味道、“三生”高度融合、创客来乡创业、市民向往旅居和村强民富业美的未来村庄。仪式上,还签订了《伊川村振兴发展战略合作协议书》《贡河农业伊川村合作协议书》。

(余雅琛)

2019年枫树岭镇各行政村基本情况表

表30

村名	村党支部书记	村委会主任	人口(人)	年人均收入(元)
下姜	姜浩强	姜排岭	789	36090
源塘	陈文平	陈文平	487	24964
枫树岭	胡彩信	胡忠源	524	23419
窄坑	凌露明	王淳生	784	18740
横坑	吴苏北	汪带相	447	18816
铜山	余建苏	余自荷	1231	18561
鲁家田	汪文权	汪南洋	821	22642
木花坑	徐开妹(女)	徐开妹(女)	296	19965
大源	余金威	余南军(副主任、主持工作)	724	22813
薛家源	王华明	汪华洋(副主任、主持工作)	541	23145
上江	童利军	江平忠	1068	22933
夏峰	余日有	丰新生	791	18515
丰家源	丰龙华	丰奕建	586	18687
红光	汪明代	余礼贵	573	18967
夏村	刘丽萍(女)	王传建	820	18817
陈家源	余小勇	余建平	507	19377
伊川	余站明	丰兴贵	389	18725
汪村	—	王红昌(主持工作)	1256	25015
衍昌	胡志新	程明平	904	21668
横山	魏桂花(女)	夏智民	531	19950
知心坑	毛志新	蒋治富(副主任、主持工作)	391	22708
白马	俞竹青	李新建	719	20522
乳洞山	吴约木	吴约木	309	22803
大桥头	廖贤良	余苏平	705	19978
凤凰庙	廖龙建	方卫国	416	21283
周家桥	俞如文	姜关胜	525	21021
陈村	唐爱平	赵平舟	489	18082
官川	王敦平	余海元	674	19791

·安阳乡·

【概况】 2019年,安阳乡总面积146平方千米,辖15个行政村、125个村民小组。全乡(镇)总户数3560户,总人口11565人,有外来人口168人。人口自然增长率5.86‰。山林面积10251公顷;耕地面积514公顷,其中,水田425公顷。

全年实现工农业总产值4.35亿元,比上年增长7%;财政总收入1082.09万元,增长24.38%,其中,地方财政收入531.35万元;农村经济总收入14.2亿元,增长12.2%;村级集体经济总收入684万元,增长58.7%;农民人均收入21694元,增长12.3%。

全年实现茶叶产值7540万元、毛竹产值2450万元、油茶产值950万元、水果产值630万元,分别增长31.2%、11.6%、14.8%、12.5%。新引进杭州岐明康养文化园项目,注册资金2000余万元，集中流转土地93公顷，发展铁皮石斛、黄精等中草药种植。推进千屿农业规模化种植，流转土地10公顷；实现大棚蔬菜销售160余万元；做好莲玉有机葡萄及维果生态园水果产业品牌化、市场化经营路子；鼎佳农民专业合作社，年饲养家禽45万羽，为全县最大的鹌鹑养殖基地，年产值800余万元。

淳安千圣实业有限公司实现平稳生产，销售额稳步增加；原三阳选矿厂腾笼换鸟，成功引进杭州千岛湖惠祥实业有限公司落地；新引进培育数字核心经济企业2家，高新技术产业企业2家。杭州岐明康养文化园项目顺利落地安阳，淳安千岛湖百仙谷景区旅游项目顺利通过方案预审，安阳半岛精品民宿项目完善规划方案。新增来料加工经纪人6人，共有来料加工经纪人36人，带动就业920人（低收入农户60人），实现来料加工费510万元，来料加工点实现全覆盖；成功承办淳安县第六届来料加工技能比武大赛现场会，发展电子商务13家，新增限上服务业个体2家、企业2家。

加强旅游产品研发包装，以国家级登山步道为圆心，将安阳集镇、崀岭古道、乌龙三井尖、红山岙生态沟、维果采摘园、千岛湖水源保护研学基地、莲玉葡萄园、五堡AAA级景区村庄、铁皮石斛基地等旅游资源串联起来，打造吃、住、游一条龙服务，树立旅游小镇品牌。全年共接待游客达38万人次，实现旅游经济总收入1800余万元。

投资46万元对综合文化站进行改造，完善功能布局，设置展示厅、电子阅览室、图书室、排练厅、会议室、书画创作室等功能室，延伸基层文化需求；结合安阳乡登山文化社科基地的创建，进一步丰富综合文化站整体内涵。举办安阳乡庆祝新中国成立70周年文艺会演，组织各村开展形式多样，主题鲜明的庆祝活动；安阳竹马表演在2019年杭州千岛湖秀水节闭幕式暨文化踩节活动中获得金奖，并多次赴周边县市开展竹马文化艺术交流。乡贤储杨广先生投资50万元，成立“淳安县安阳乡阳光教育奖励基金会”，支持安阳教育事业，并向陈家门村捐赠200万元建设物业楼等。

全乡有低保家庭223户283人，低边家庭97户214人；有居家养老服务中心15家，其中9家建有老年人食堂，每月正常对老年人实行开放；对全乡97名失能老人由第三方进行上门开展居家服务；投资30余万元，新建安阳乡居家养老服务中心和残疾人之家；做好残疾人技能培训，对86名有劳动技能的残疾人进行职业技能培训；对残疾人发展生产和来料加工企业分别给予贴息和资金扶持。

是年，安阳乡千岛湖水源地保护自然教育学校获得中国林学会自然教育学校（基地）称号；安阳乡五堡村获得2018年度浙江省美丽乡村特色精品村称号；安阳乡五堡村获得杭州市2019年浙江省AAA级景区村庄称号。

【领导考察调研】　2019年1月初，杭州市政协原主席叶明在县政协主席刘小松的陪同下到安阳乡考察小城镇建设。2019年3月，浙江省政协副主席周到安阳乡调研骑行绿道、环境整治、小城镇建设等工作。2019年12月30日，杭州市副市长胡伟率市第34帮扶集团赴淳安县安阳乡开展“联乡结村”活动并开展党的十九届四中全会精神宣讲。

【2019年安阳乡登山文化节暨第二届农民运动会】　2019年11月16日，安阳乡登山文化节暨第二届农民运动会开幕，本届文化节共设置美食体验、垃圾分类、拔河、登山等多个项目，成功吸引了来自各地的登山爱好者及观众1500余人参加。　（余奇峰）

2019 年安阳乡各行政村基本情况表

表 31

村　名	村党支部书　记	村委会主　任	人　口（人）	年人均收入(元)
昌　墅	吴伟民(兼)	王玉胜	888	21817
山　下	吴英富	吴英红	722	21808
黄家源	余银池	叶武顺	529	21382
上　梧	吴红明	余根华(女)	908	21454
陈家门	—	陈日敬	628	21441
乌　龙	罗乾平	徐长富	534	21699
红山岙	占高华	占高华	484	21373
范　家	余贤军	舒明生	526	21369
下栖梧	余美琴(女)	吴崇峻	988	21622
五　堡	林连生	陈小鹏	714	21835
安　阳	余的华	余金祥	1066	22128
黄　川	陈志鹏	余发金	1060	22283
外　畈	王仙宝	吴金城	752	21287
桐　川	王朝有	余高飞	846	21451
崑　岭	余家茂	吴胜平	920	21772

（编辑　刘东山）

重要名录

·2019年淳安县党政机关、群众团体主要负责人名录·

【县委和县委机关】

县　委

书　记　　黄海峰
副书记　　董毓民（～2019年12月）
　　　　　张鸿斌（2019年12月～）
　　　　　郑志光
常　委（书记、副书记均为常委，略）
　　　　　赖明诚
　　　　　姚伟明
　　　　　徐恒辉
　　　　　鲁连美（女）
　　　　　宋立新
　　　　　许海波
　　　　　张海燕（女，省下派挂职干部）
　　　　　费林建
　　　　　胡拥波
　　　　　汤燕君（女）
　　　　　吴克青（山海协作挂职干部，2019年12月～）
委　员（书记、副书记、常委均为委员，略）
　　　　　董文吉
　　　　　刘小松
　　　　　余永青（～2019年12月）
　　　　　章传强
　　　　　张宏光（～2019年6月）
　　　　　商松懋
　　　　　陈奇策
　　　　　杨　勇
　　　　　王跃平
　　　　　洪余良
　　　　　方必盛
　　　　　钱立华
　　　　　胡红宝
　　　　　徐军飞
　　　　　张飞燕
　　　　　毛善智
　　　　　方开银
　　　　　姜小旺
　　　　　王苏宝
　　　　　江灵强
　　　　　何宇富
　　　　　何小林
　　　　　黄红婷（女）
　　　　　方　阳
　　　　　邵全胜
　　　　　汪爱祥
　　　　　商建军

纪律检查委员会（监察委）

书　记　　徐恒辉
主　任　　赖明诚（～2019年1月）
　　　　　徐恒辉（2019年2月～）
　　　　　副书记、副主任
　　　　　徐军飞
　　　　　方爱民

县委办公室（政研室、保密办、机要局、档案局）

主　任　　徐新勇

台湾工作办公室（政府台湾事务办公室）

主　任　　徐新勇（2019年1月～）

组织部（公务员局）

部　长　　费林建

直属机关工作委员会

书　记　　胡红宝（2019年6月～）

新经济与新社会组织工作委员会

书　记　　江灵强（～2019年6月）

胡红宝(2019 年 6 月～)

宣传部(新闻出版局)

部　长　　汤燕君(女)

政府新闻办公室

主　任　　余国富(2019 年 6 月～)

精神文明建设委员会办公室

主　任　　张志鹏(～2019 年 1 月)
　　　　　余国富(2019 年 6 月～)

互联网信息办公室(网络舆情监测应急中心)

主　任　　管海波(～2019 年 1 月)

社会科学界联合会

主　席　　余国富(～2019 年 7 月)
　　　　　胡炳君(2019 年 7 月～)

统战部

部　长　　鲁连美(女)

民族宗教事务局

局　长　　童友军(～2019 年 1 月)
　　　　　陆红伟(2019 年 6 月～)

政府侨务办公室

主　任　　方为宾(～2019 年 1 月)
　　　　　解佑星(2019 年 6 月～)

政法委员会

书　记　　郑志光(兼)

机构编制委员会办公室

主　任　　徐国建(2019 年 1 月～)

县委巡察机构

办公室主任　胡晓明(～2019 年 6 月)
　　　　　　胡正阳(2019 年 7 月～)
第一巡察组组长　方肇兴(～2019 年 1 月)
　　　　　　　　谢吉荣(2019 年 1 月～)
第二巡察组组长　方拥军(～2019 年 11 月)
第三巡察组组长　邵群英(女，～2019 年 6 月)
　　　　　　　　叶建乐(2019 年 11 月～)
第四巡察组组长　杨武军

县委县政府信访局

局　长　　王武祥(～2019 年 11 月)
　　　　　徐建明(2019 年 11 月～)

老干部局

局　长　　方　辉(～2019 年 1 月)
　　　　　方朝晖(2019 年 1 月～)

党校

校　长　　费林建(兼)
党委书记　商建军(～2019 年 11 月)
　　　　　邵红卫(2019 年 11 月～)

行政学校

校　长　　赖明诚(兼)

党史研究室(县志办)

主　任　　朱华民

【县人大常委会和人大机关】

人大常委会

主　任　　余永青(～2019 年 2 月)
　　　　　董文吉(2019 年 2 月～)
副主任　　徐月焕
　　　　　章传强(2019 年 2 月～)
　　　　　管国良
　　　　　洪永鸿
　　　　　叶春晖
　　　　　毛夏平
党组书记　董文吉
委　员(主任、副主任均为委员，略)
　　　　　王　芳(女，～2019 年 9 月)
　　　　　王武杭(～2019 年 12 月)
　　　　　王昌迪
　　　　　袁　君(女，～2019 年 1 月)
　　　　　余慧梅(女，～2019 年 1 月)
　　　　　余小兰(女，～2019 年 12 月)
　　　　　余龙飞
　　　　　余国富
　　　　　余樟来
　　　　　汪建敏
　　　　　张家兵(～2019 年 1 月)
　　　　　陈汉康
　　　　　陈国法(～2019 年 12 月)
　　　　　姜玉梁

姜作军
洪明亮(～2019 年 12 月)
祝云祥(～2019 年 1 月)
钱贤君(～2019 年 12 月)
童火忠(～2019 年 12 月)
缪宝根(～2019 年 12 月)

人大常委会办公室

主　任　王武杭(～2019 年 12 月)
徐明主(2019 年 12 月～)

法制工作委员会

主　任　童火忠(～2019 年 1 月)
王昌迪(2019 年 1 月～)

农业和农村工作委员会

主　任　余樟来

城建环保工作委员会

主　任　姜作军

代表工作委员会

主　任　陈国法(～2019 年 1 月)
汪英健(2019 年 1 月～)

教科文卫工作委员会

主　任　洪明亮(～2019 年 12 月)
王苏宝(2019 年 12 月～)

财政经济工作委员会

主　任　姜玉梁

【县人民政府和政府机关】

县人民政府

县　长　董毓民(～2019 年 12 月)
代县长　张鸿斌(2019 年 12 月～)
副县长　郑志光(～2019 年 1 月)
赖明诚(2019 年 1 月～)
张海燕(女,省下派挂职干部)
吴克青(山海协作挂职干部,2019 年 12 月～)
章传强(～2019 年 1 月)
张宏光(～2019 年 6 月)
商松懋
余红英(女)
丁熠锋
余　飞(2019 年 1 月～)
李浙峰(2019 年 6 月～)

县政府办公室(外事办)

党组书记　徐宗政
主　任　徐宗政

档案馆

党组书记　邵吉明
馆　长　邵吉明

机关事务服务中心

主　任　方文贤(2019 年 1 月～)

发展和改革局(对口支援和区域合作局)

党委书记　毛善智
局　长　毛善智

教育局

党委书记　洪余良(～2019 年 1 月)
鲍永红(2019 年 1 月～)
局　长　洪余良(～2019 年 1 月)
鲍永红(2019 年 1 月～)

公安局

党委书记　张宏光(～2019 年 6 月)
李浙峰(2019 年 6 月～)
局　长　张宏光(～2019 年 6 月)
李浙峰(2019 年 6 月～)
政　委　胡国宏

民政局(移民局)

党委书记　王苏宝(～2019 年 11 月)
王武祥(2019 年 11 月～)
局　长　王苏宝(～2019 年 11 月)
王武祥(2019 年 11 月～)

司法局(行政复议局)

党组书记　方四雷
局　长　方四雷

财政局(国有资产监督管理办公室)

党委书记　陆建育
局　长　陆建育

人力资源和社会保障局

党委书记　袁　君(女,2019 年 1 月～)

局　长　　袁　君(女,2019 年 1 月～)

规划和自然资源局

党委书记　　钱立华(2019 年 1 月～)

局　长　　钱立华(2019 年 1 月～)

住房和城乡建设局(人防办、民防局)

党委书记　　何宇富

局　长　　何宇富

交通运输局

党委书记　　何小林

局　长　　何小林

农业农村局

党委书记　　方海珍(女,2019 年 1 月～)

局　长　　方海珍(女,2019 年 1 月～)

林业局

党委书记　　陈东来(～2019 年 1 月)

　　方　阳(2019 年 1 月～)

局　长　　陈东来(～2019 年 1 月)

　　方　阳(2019 年 1 月～)

商务局(招商局、粮食和物资储备局)

党组书记　　黄红婷(女)

局　长　　黄红婷(女)

文化和广电旅游体育局

党委书记　　方必盛(2019 年 1 月～)

局　长　　方必盛(2019 年 1 月～)

卫生健康局

党委书记　　邵全胜(2019 年 1 月～11 月)

　　商建军(2019 年 11 月～)

局　长　　邵全胜(2019 年 1 月～11 月)

　　商建军(2019 年 11 月～)

退役军人事务局

党组书记　　姜建明(2019 年 1 月～)

局　长　　姜建明(2019 年 1 月～)

应急管理局

党组书记　　童丰平(～2019 年 11 月)

　　方文田(2019 年 11 月～)

局　长　　童丰平(～2019 年 11 月)

　　方文田(2019 年 11 月～)

审计局

党组书记　　杨仁宽(～2019 年 4 月)

　　徐建球(2019 年 4 月～)

局　长　　杨仁宽(～2019 年 4 月)

　　徐建球(2019 年 4 月～)

市场监督管理局(知识产权局)

党委书记　　汪爱祥

局　长　　汪爱祥

统计局

党组书记　　徐宗强(～2019 年 11 月)

　　王建民(2019 年 11 月～)

局　长　　徐宗强(～2019 年 1 月)

　　吴立新(2019 年 1 月～)

医疗保障局

党组书记　　王建平(2019 年 1 月～)

局　长　　徐夏冰(女,2019 年 1 月～)

城市管理局(综合行政执法局)

党委书记　　汪新明

局　长　　汪新明

千岛湖生态综合保护局(水利水电局)

党委书记　　陆发平(2019 年 1 月～)

局　长　　陆发平(2019 年 1 月～)

生态产业促进和服务局(经济和信息化局、科学技术局)

党委书记　　姜小旺(2019 年 1 月～11 月)

局　长　　姜小旺(2019 年 1 月～11 月)

环境保护局

党组书记　　徐建球(～2019 年 1 月)

　　方肇兴(2019 年 1 月～2 月)

局　长　　徐建球(～2019 年 1 月)

　　方肇兴(2019 年 1 月～2 月)

市生态环境局淳安分局

党组书记　　方肇兴(2019 年 2 月～)

局　长　　方肇兴(2019 年 2 月～)

供销合作总社

党委书记　　邵爱群(～2019 年 5 月)

　　王建才(2019 年 5 月～)

主　任　　邵爱群(～2019 年 5 月)

　　王建才(2019 年 5 月～)

行政审批管委会办公室
党工委书记　赖明诚
主　任　方开银
千岛湖传媒集团有限公司
党委书记　方振华(2019 年 5 月～)
总　裁　方振华(2019 年 5 月～)
总编辑　张志鹏(2019 年 5 月～)
千岛湖旅游集团有限公司
党委书记　王光贵(～2019 年 10 月)
　方震凡(2019 年 10 月～)
董事长　王光贵(～2019 年 10 月)
　方震凡(2019 年 10 月～)
总经理　管三平(～2019 年 10 月)
千岛湖建设集团有限公司
党委书记　柯尚逵(～2019 年 10 月)
　王光贵(2019 年 10 月～)
董事长　柯尚逵(～2019 年 10 月)
　王光贵(2019 年 10 月～)
总经理　童德根
交通发展投资集团有限公司
党委书记　缪宝根
董事长　缪宝根
总经理　钱贤君
千岛湖农业发展集团有限公司
党委书记　滕建平
董事长　滕建平
总经理　余世明(～2019 年 10 月)
新安江开发总公司
党委书记　方震凡(～2019 年 10 月)
　柯尚逵(2019 年 10 月～)
董事长　方震凡(～2019 年 10 月)
　柯尚逵(2019 年 10 月～)
总经理　徐小忠
工贸资产经营有限公司
党委书记　方南民(～2019 年 10 月)
　管三平(2019 年 10 月～)
董事长　方南民(～2019 年 10 月)
　管三平(2019 年 10 月～)
总经理　张盛剿(～2019 年 11 月)

【县政协和政协机关】
县政协
主　席　刘小松
副主席　王晓林
　何建法
　占志明
　胡　敏
　邵文涛
　汪雪梅(女,2019 年 2 月～)
党组书记　刘小松
秘书长　汪林星
常务委员(主席、副主席、秘书长均为常务委员,略)
　王建军
　王根标
　王新华
　方为宾
　方伟文
　方红星
　方武彬(～2019 年 1 月)
　方爱民
　方新女
　方福水
　叶斌英
　刘志贵
　江灵强(～2019 年 12 月)
　严旭兵
　李　斌
　吴　梅(～2019 年 6 月)
　吴立新
　吴雪源
　何　婧
　余利归(～2019 年 1 月)
　余运德(2019 年 2 月～)
　汪书芬
　陈田飞

陈华进
郑　斌
郑晓峰
祝云祥(2019 年 2 月～)
姚樟树
钱尼万(～2019 年 12 月)
倪苏俏
徐香枝
徐夏冰
翁永忠(～2019 年 1 月)
唐淑芳
鲁耀华
雷　平
解佑星(2019 年 2 月～)

政协办公室

主　任　方武彬(～2019 年 1 月)
　　　　余运德(2019 年 1 月～)

提案委员会

主　任　王根标

委员工作委员会

主　任　余利归(～2019 年 1 月)
　　　　祝云祥(2019 年 1 月～)

经济科技委员会

主　任　姚樟树

城建和人口资源环境委员会

主　任　徐香枝(女)

社会法制和港澳台侨委员会

主　任　翁永忠(～2019 年 1 月)
　　　　方为宾(2019 年 1 月～)

文史和教文卫体委员会

主　任　钱尼万(～2019 年 11 月)
　　　　徐宗强(2019 年 11 月～)

【法院、检察院机关】

人民法院

党组书记　陈奇策
院　长　陈奇策

人民检察院

党组书记　杨　勇
检察长　杨　勇

【军事组织】

人民武装部

部　长　徐国斌
政　委　胡拥波

【群众团体】

总工会

党组书记　王昌迪(～2019 年 1 月)
　　　　张飞燕(2019 年 1 月～)
主　席　叶春晖
常务副主席　王昌迪(～2019 年 1 月)
　　　　张飞燕(2019 年 1 月～)

团县委

党组书记　余慧梅(女,～2019 年 1 月)
　　　　徐晓晶(2019 年 1 月～)
书　记　余慧梅(女,～2019 年 1 月)
　　　　徐晓晶(2019 年 1 月～)

妇联

党组书记　余小兰(女,～2019 年 1 月)
　　　　王红娟(女,2019 年 1 月～)
主　席　余小兰(女,～2019 年 1 月)
　　　　王红娟(女,2019 年 1 月～)

科协

党组书记　余建成
主　席　余建成

文联

党组书记　邵红卫(～2019 年 11 月)
主　席　邵红卫(～2019 年 11 月)

残联

党组书记　祝云祥(～2019 年 1 月)
　　　　周光华(2019 年 1 月～)
理事长　祝云祥(～2019 年 1 月)
　　　　周光华(2019 年 1 月～)

工商联

党组书记　王新华

主　席　　　王新华

侨联

主　席　　　方为宾(～2019 年 1 月)

红十字会

专职副会长(主持工作)

　　　　　　吴　潇

【事业单位】

经济开发区

党工委书记　许海波(兼)

管委会主任　许海波(兼)

管委会常务副主任

　　　　　　王跃平

青溪新城

党工委书记　许海波(兼)

管委会主任　许海波(兼)

管委会常务副主任

　　　　　　王跃平

千岛湖旅游度假区

党工委书记　宋立新(兼)

管委会主任　宋立新(兼)

管委会常务副主任

　　　　　　汪荣富

千岛湖传媒中心

党组书记　　宋士和(～2019 年 1 月)

主　任　　　宋士和(～2019 年 1 月)

广播电视台

党组书记　　王建才(～2019 年 5 月)

台　长　　　王建才(～2019 年 5 月)

淳安姜家产业区块

管委会常务副主任

　　　　　　方必盛(～2019 年 1 月)

江东杭千(扶贫)开发区

管委会主任　胡　敏(兼)

管委会常务副主任

　　　　　　王建民(～2019 年 11 月)

　　　　　　姜小旺(2019 年 11 月～)

杭州住房公积金管理中心淳安分中心

主　任　　　邵万贤(～2019 年 11 月)

　　　　　　方拥军(2019 年 11 月～)

【其他行政事业机构】

税务局

党组书记　　邬文伟(女，～2019 年 2 月)

　　　　　　陈宇岗(2019 年 2 月～)

局　长　　　邬文伟(女，～2019 年 2 月)

　　　　　　陈宇岗(2019 年 2 月～)

邮政公司

党委书记　　高　星

总经理　　　高　星

电信公司

党委书记　　王　刚

总经理　　　王　刚

国网浙江淳安县供电公司

党委书记　　杨　峰

总经理　　　雷徐嵩

气象局

党组书记　　李　倩(女)

局　长　　　李　倩(女)

中国人民银行淳安县支行

党组书记　　王云祥(～2019 年 9 月)

　　　　　　戴茂青(2019 年 9 月～)

行　长　　　王云祥(～2019 年 9 月)

　　　　　　戴茂青(2019 年 9 月～)

浙江银保监局淳安监管组

组　长　　　吴传海

中国工商银行淳安县支行

党总支书记　余　彬

行　长　　　余　彬

中国农业银行淳安县支行

党委书记　　丁　伟(～2019 年 4 月)

　　　　　　许伟坤(2019 年 4 月～)

行　长　　　丁　伟(～2019 年 4 月)

　　　　　　许伟坤(2019 年 4 月～)

中国建设银行淳安县支行

党总支书记　余武平

行　长　　余武平

浙江淳安农村商业银行股份有限公司

党委书记　闻　渊(～2019年9月)
　　　　　徐　峻(2019年9月～)
董事长　　闻　渊(～2019年9月)
　　　　　徐　峻(2019年9月～)
行　长　　王敏军(2019年3月～)
副行长　　王敏军(～2019年3月)
(主持工作)

中国银行淳安县支行

党总支书记　杜蕴博
行　长　　杜蕴博

中国农业发展银行淳安县支行

党支部书记　严　寒
行　长　　严　寒

中国人民财产保险公司淳安县支公司

党支部书记　陈　伟
总经理　　陈　伟

中国人寿保险公司淳安县支公司

党支部书记　邱纪君
经　理　　邱纪君(2019年5月～)
副经理　　邱纪君(～2019年5月)
(主持工作)

烟草专卖局(公司)

党组书记　傅建国
局长(经理)傅建国

【乡镇负责人名录】

千岛湖镇

党委书记　余　飞(～2019年1月)
　　　　　洪余良(2019年1月～)
人大主席　张家兵(～2019年1月)
　　　　　吴家有(2019年1月～)
镇　长　　王红娟(女,～2019年1月)
　　　　　张家兵(2019年1月～10月)
　　　　　王丽娟(女,2019年11月～)

文昌镇

党委书记　罗宝华
人大主席　梅丽军
镇　长　　方胜杰

石林镇

党委书记　钱　江(～2019年6月)
　　　　　方立华(2019年6月～)
人大主席　王伟霞(女)
镇　长　　徐　涌

里商乡

党委书记　方朝晖(～2019年1月)
　　　　　唐　敏(2019年1月～)
人大主席　滕淑燕(女)
乡　长　　唐　敏(～2019年1月)
　　　　　余金刚(2019年1月～)

金峰乡

党委书记　黄永平
人大主席　宋　宏(～2019年1月)
　　　　　夏祯富(2019年1月～)
乡　长　　汪鹏飞

富文乡

党委书记　何小武(～2019年11月)
人大主席　钱建柱(～2019年1月)
　　　　　徐文文(2019年1月～)
乡　长　　方　丽(女,～2019年7月)
　　　　　何钰杰(2019年7月～)

左口乡

党委书记　谢吉荣(～2019年1月)
　　　　　储菜仙(女,2019年1月～)
人大主席　章新华(～2019年1月)
　　　　　余　涛(2019年1月～)
乡　长　　储菜仙(女,～2019年1月)
　　　　　徐新平(2019年1月～)

临岐镇

党委书记　方振华(～2019年5月)
　　　　　钱　江(2019年6月～)
人大主席　管香花(女,～2019年1月)
　　　　　张宏斌(2019年1月～)

镇　长　　徐娟芳(女)

屏门乡

党委书记　　程剑明

人大主席　　徐红星(～2019年1月)

　　洪永流(2019年1月～)

乡　长　　王慧英(女,～2019年1月)

　　徐红星(2019年1月～)

瑶山乡

党委书记　　叶俊军

人大主席　　王圣祥

乡　长　　叶孔军

威坪镇

党委书记　　徐明主(～2019年11月)

　　徐建强(2019年11月～)

人大主席　　余龙飞

镇　长　　徐建强(～2019年11月)

　　陈　君(2019年11月～)

王阜乡

党委书记　　方立华(～2019年6月)

　　方　丽(女,2019年7月～)

人大主席　　闻云发

乡　长　　徐新平(～2019年1月)

　　宋　宏(2019年1月～)

鸠坑乡

党委书记　　徐国建(～2019年1月)

　　徐宗祥(2019年1月～10月)

　　张盛剿(2019年11月～)

人大主席　　王华强

乡　长　　陆红伟(～2019年1月)

　　章新华(2019年1月～)

宋村乡

党委书记　　方文田(～2019年11月)

人大主席　　方旭峰

乡　长　　徐毅鹏

姜家镇

党委书记　　方必盛(～2019年1月)

　　王何勇(2019年1月～)

人大主席　　余维初(～2019年1月)

　　叶利剑(2019年1月～)

镇　长　　王何勇(～2019年1月)

　　王伟东(2019年1月～)

梓桐镇

党委书记　　钱红建

人大主席　　季小飞

镇　长　　牟　剑(～2019年1月)

　　程王镇(2019年1月～)

浪川乡

党委书记　　徐建明(～2019年11月)

　　严国栋(2019年11月～)

人大主席　　程王镇(～2019年1月)

　　洪鹏飞(2019年1月～)

乡　长　　严国栋(～2019年11月)

　　张　杰(2019年11月～)

界首乡

党委书记　　张日军

人大主席　　钱江锋(～2019年6月)

　　徐金飞(2019年7月～)

乡　长　　章伶俐(女,～2019年6月)

　　钱江锋(2019年6月～)

汾口镇

党委书记　　余顺明

人大主席　　方加余(2019年1月～)

镇　长　　徐宗祥(～2019年1月)

　　蒋　鑫(2019年1月～)

中洲镇

党委书记　　陆新辉

人大主席　　章迁新

镇　长　　汪巧明

大墅镇

党委书记　　胡红宝(～2019年1月)

　　牟　剑(2019年1月～10月)

　　张俊华(2019年10月～)

人大主席　　章旭华(～2019年6月)

　　王成良(2019年7月～)

镇　长　　余旭权

枫树岭镇

党委书记　汤燕君(女,～2019年1月)
　　　　　程　军(2019年1月～)
人大主席　王顺民(～2019年1月)
　　　　　姜华军(2019年1月～)
镇　长　　程　军(～2019年1月)
　　　　　余慧梅(女,2019年1月～)

安阳乡

党委书记　汪发通
人大主席　方有根
乡　长　　余文武

(王卫华)

·2019年淳安县先进名录·

【国家及国家部门级先进集体】

2019年淳安县获国家及国家部门级先进集体情况一览表

表32

获奖单位	奖项名称	授奖单位
浙江千岛湖旅游股份有限公司	2019年春运“情满旅途”成绩突出集体	交通运输部、公安部
县渔政渔港监督管理局	全国渔业执法工作先进集体	农业农村部
县应急管理局	2019年度全国综合减灾示范社区	国家减灾委、应急管理部、中国气象局、中国地震局
威坪中心卫生院	优质服务基层单位	国家卫健委
千岛湖茶苑幼儿园	2019全国足球特色幼儿园	教育部
枫树岭镇下姜村	全国乡村旅游重点村	文化和旅游部
国网浙江淳安县供电有限公司调控运行班	全国工人先锋号	全国总工会
“千旅之星”1号服务班组	全国巾帼文明岗	全国妇联
汾口派出所团支部	全国青年文明号	共青团中央、公安部
县工商联	2018－2019年度全国“五好”县级工商联	全国工商联
县第一人民医院	中国红十字基金会成长天使基金合作医院	中国红十字会
大墅留守儿童俱乐部	全国优秀儿童之家	中国关心下一代工作委员会
新安江生态开发集团有限公司	梁希林业科学技术奖科技进步奖	国家林业和草原局、中国林学会
县林业局	中国林业产业突出贡献奖	国家林业和草原局、中国农林水利气象工会全国委员会
县林业局野生动植物保护管理总站	全国保护森林和野生动植物资源先进集体	国家林业和草原局
大墅镇下坑村	全国综合减灾示范社区	中国地震局

【省及省属部门级先进集体】

2019年淳安县获省及省属部门级先进集体情况一览表

表33

获奖单位	奖项名称	授奖单位
淳安县	2018年度平安县	省委、省政府
县千岛湖生态综合保护局	2018年度五水共治工作成绩突出集体	省委、省政府

续表33

获奖单位	奖项名称	授奖单位
千岛湖镇江滨社区	全省城乡社区治理和服务成绩突出集体	省委、省政府
威坪镇茶合村	全省城乡社区治理和服务成绩突出集体	省委、省政府
县财政局	财政管理绩效先进县	省政府
县残疾人联合会	嘉奖单位	省政府
县住建局	浙江省小城镇环境综合整治行动突出贡献集体	省政府
县林业局	全省国土绿化美化工作成绩突出集体	省政府办公厅
县应急管理局	浙江省防台救灾先进集体	省委“不忘初心、牢记使命”主题教育领导小组办公室、省委组织部、省委宣传部、省政府防汛防台抗旱指挥部
淳安县	2018 年度万元 GDP 用水量考核全省第三名	省委组织部、省农业农村厅、省统计局
大墅镇大墅村	2018 年度五星级文化礼堂	省委宣传部、省文化礼堂建设工作领导小组办公室
临岐镇	首批省级农村产业融合发展示范园	省发改委、省农业农村厅、省经济和信息化厅、省自然资源厅、省商务厅、省文化和旅游厅
淳安县	全省农村饮用水达标提标行动成绩突出县	省水利厅、省发改委、省财政厅、省生态环境厅、省住建厅、省卫健委
县人力社保局	2019 年全省人社系统绩效考评优秀单位	省人社厅
县养老服务中心	全省民政系统先进集体	省人社厅、省民政厅
杭州市生态环境局淳安分局	全省生态环境系统先进集体	省生态环境厅、省人社厅
淳安县	浙江省农产品质量安全放心县	省农业农村厅、省市场监督管理局、省林业局
淳安县	浙江省茶叶产业“机器换人”示范县	省农业农村厅
杭州千岛湖成杰家庭农场有限公司(浪川乡)	2019 年省级示范性家庭农场	省农业农村厅
临岐镇农业公共服务中心	2018 年度浙江省农业丰收奖	省农业农村厅
汾口镇	机器换人省级示范乡镇	省农业农村厅
淳安县	2018 年度全省市县水利工作综合考核优秀	省水利厅
淳安县	2019 年全省水利农业水价综合改革工作绩效评价优秀县	省水利厅
淳安县	全省水利农业水价综合改革示范县	省水利厅
淳安县	浙江省实行最严格水资源管理制度成绩突出市县	省水利厅、省人社厅
淳安县	2019 年度通过国家县域节水型社会达标建设验收县	省水利厅
淳安县云源港(王阜乡、宋村乡)	2019 年美丽河湖	省水利厅、省治水办
瑶山乡何家村	首批省级农村引领型社区	省民政厅
文昌镇王家源村	首批省级农村引领型社区	省民政厅
县园管处	2018 年度浙江省照明行业协会先进集体	省住建厅

续表33

获奖单位	奖项名称	授奖单位
县城市管理局	浙江省智慧城管工作绩效评价优秀	省住建厅
县公安局	2018年度全省公安信访工作考核县级优秀单位	省公安厅
县公安局	执法质量优秀单位	省公安厅
县司法局	“大庆安保维稳工作”集体三等功	省司法厅
县司法局临岐司法所	浙江省“文明规范公正”司法所	省司法厅
大墅镇孙家畈村	2018年度省级“民主法治村”	省司法厅、省民政厅、省普法办
鸠坑乡金塔村	浙江省省级“民主法治村(社区)”	省司法厅、省民政厅、省普法办
屏门乡	浙江省文化强乡	省文化和旅游厅
屏门乡金陵村	浙江省AAA级景区村庄	省文化和旅游厅
县第二人民医院内一科	浙江省癌痛规范化治疗示范病房	省卫健委
临岐镇初级中学	浙江省中小学劳动实践教育项目试点单位	省教育厅
实验幼儿园	省一级幼儿园	省教育厅
实验幼儿园绿园分园	省二级幼儿园	省教育厅
临岐镇中心小学	浙江省示范家长学校	省妇联、省教育厅
枫树岭镇下姜村团支部	2018年度“浙江省五四红旗团支部”	团省委
汾口商会	2019年度浙江省“四好”商会	省工商联
县红十字会	2019年全省红十字会系统首届十佳“红十字人道公益品牌项目”	省红十字会
育才学校	“博爱校园特色文化建设”获浙江省首届十佳“红十字公益品牌项目”	省红十字会
县公安局	浙江省2016—2018年度无偿献血促进奖	省健康委、省红十字会
浪川乡鲍家村	省卫生村	省爱卫会
浪川乡芹川村	省卫生村	省爱卫会
富文乡查林村	省卫生村	省爱卫会
大墅镇儒洪村	省卫生村	省爱卫会
大墅镇洞坞村	省卫生村	省爱卫会
临岐镇左源村	省卫生村	省爱卫会
临岐镇右源村	省卫生村	省爱卫会
临岐镇审岭脚	省卫生村	省爱卫会
临岐镇夏中村	省卫生村	省爱卫会
临岐镇溪口村	省卫生村	省爱卫会
临岐镇范村村	省卫生村	省爱卫会
威坪镇洞源村	省卫生村	省爱卫会
威坪镇驮岭脚村	省卫生村	省爱卫会
威坪镇蔗川村	省卫生村	省爱卫会
威坪镇方宅村	省卫生村	省爱卫会

续表33

获奖单位	奖项名称	授奖单位
威坪镇安川村	省卫生村	省爱卫会
鸠坑乡乳洞村	省卫生村	省爱卫会
鸠坑乡星光村	省卫生村	省爱卫会
鸠坑乡赋置村	省卫生村	省爱卫会
王阜乡新合村	省卫生村	省爱卫会
王阜乡山川村	省卫生村	省爱卫会
左口乡瑶村村	省卫生村	省爱卫会
左口乡左口村	省卫生村	省爱卫会
左口乡田里村	省卫生村	省爱卫会
左口乡方家村	省卫生村	省爱卫会
鸠坑乡金塔村	省气象防灾减灾标准化村	省气象局
鸠坑乡青苗村	省气象防灾减灾标准化村	省气象局
鸠坑乡星光村	省气象防灾减灾标准化村	省气象局
大墅镇洞坞村	省气象防灾减灾标准化村	省气象局
大墅镇凤山村	省气象防灾减灾标准化村	省气象局
大墅镇殊塘村	省气象防灾减灾标准化村	省气象局
大墅镇孙家畈村	省气象防灾减灾标准化村	省气象局
大墅镇桃源凌家村	省气象防灾减灾标准化村	省气象局
浪川乡大联村	省气象防灾减灾标准化村	省气象局
浪川乡大塘村	省气象防灾减灾标准化村	省气象局
浪川乡芳梧村	省气象防灾减灾标准化村	省气象局
浪川乡联欢村	省气象防灾减灾标准化村	省气象局
王阜乡荷花坪村	省气象防灾减灾标准化村	省气象局
王阜乡龙头村	省气象防灾减灾标准化村	省气象局
王阜乡闻家村	省气象防灾减灾标准化村	省气象局
王阜乡长川村	省气象防灾减灾标准化村	省气象局
文昌镇西阳村	省气象防灾减灾标准化村	省气象局
县档案馆	全省档案系统先进集体	省档案局、省人社厅
姜家镇	省级森林特色小镇	省林业局
县林业局临岐林业中心站	全省林业科技推广突出贡献集体	省林业局
淳安县	2018 年浙江省小城市试点培育考核良好等次	省中心镇发展改革和小城市培育试点领导小组办公室
淳安县	2018 年浙江省小城镇环境综合整治先进县	省城乡环境整治工作领导小组
汾口镇	小城镇省级样板镇	省城乡环境整治工作领导小组
浪川乡	小城镇环境综合整治省级样板乡	省城乡环境整治工作领导小组
王阜乡	浙江省小城镇环境综合整治工作省级样板	省城乡环境整治工作领导小组

续表33

获奖单位	奖项名称	授奖单位
威坪镇	2019年度浙江省美丽乡村示范乡镇	省“千村示范万村整治”工作协调小组办公室
界首乡	浙江省千村示范万村整治美丽乡村示范乡镇	省“千村示范万村整治”工作协调小组办公室
文昌镇东树坑村	2019年度浙江省美丽乡村特色精品村	省“千村示范万村整治”工作协调小组办公室
文昌镇西河村	2019年度浙江省美丽乡村特色精品村	省“千村示范万村整治”工作协调小组办公室
界首乡严家村	2019年度浙江省高标准农村生活垃圾分类示范村	省“千村示范万村整治”工作协调小组办公室
浪川乡新桥村	2019年度浙江省高标准农村生活垃圾分类示范村	省“千村示范万村整治”工作协调小组办公室
威坪镇茶合村	2019年度浙江省高标准农村生活垃圾分类示范村	省“千村示范万村整治”工作协调小组办公室
界首乡鳌山村	浙江省善治示范村	省乡村振兴领导小组办公室
浪川乡鲍家村	浙江省善治示范村	省乡村振兴领导小组办公室
富文乡富文村	浙江省善治示范村	省乡村振兴领导小组办公室
屏门乡秋口村	浙江省善治示范村	省乡村振兴领导小组办公室
屏门乡金陵村	浙江省善治示范村	省乡村振兴领导小组办公室
千岛湖镇东汉村、进贤村、青溪村	浙江省善治示范村	省乡村振兴领导小组办公室
鸠坑乡赋置村	浙江省善治示范村	省乡村振兴领导小组办公室
县城市管理局高铁新区中队	省级“最佳实践”基层队所	省综合行政执法指导办公室
县城市管理局城东中队、城南中队、青溪新城中队、姜家中队、城西中队、机动中队、高铁新区中队、汾口中队、威坪中队、大墅中队、临岐中队	省级文明规范公正基层队所	省综合行政执法指导办公室
县应急管理局	2019年浙江省综合减灾示范社区	省减灾委
临岐镇吴峰村	2018年浙江省综合减灾示范社区	省减灾委
县人力社保局	2019年贵州省脱贫攻坚先进集体	贵州省扶贫开发领导小组
淳安县	2019年度浙江省水库移民工作考核优秀	省水库移民安置办公室
淳安中学	浙江省2017—2018年度教科研先进集体	省教育科学规划领导小组办公室
县交通运输局	省春运工作成绩突出的单位	省春运工作领导小组办公室
淳安县	全省万里美丽经济交通走廊达标县	省综合交通改革与发展领导小组办公室
屏门乡秋口村	浙江省民主法治村	省普法办
千岛湖建设集团	2018年度全省“污水零直排区”建设考核优秀集体	省治水办(河长办)
姜家镇章村村	浙江省五星级文化礼堂	省文化礼堂建设工作领导小组办公室
姜家镇双溪村	浙江省五星级文化礼堂	省文化礼堂建设工作领导小组办公室

【市及市属部门级先进集体】

2019年淳安县获市及市属部门级先进集体情况一览表

表34

获奖单位	奖项名称	授奖单位
浪川乡政府	杭州市"无邪教乡镇(街道)"创建工作先进单位	市委
千岛湖镇第六小学	杭州市模范集体	市委、市政府
青溪派出所	2019年杭州市模范集体	市委、市政府
浪川乡政府	杭州市征兵先进工作单位	市政府、市警备区
王阜乡	2019年杭州市征兵工作成绩突出单位	市政府
大墅镇	2019年度政务信息工作考核乡镇(街道)直报点先进单位	市政府
威坪镇	2018年度杭州市高质量高水平推进农村人居环境提升行动成绩突出集体	市政府
威坪镇	2018年度杭州市政务信息工作乡镇直报点	市政府
县住建局	杭州市"防欠薪工作"突出贡献集体奖	市政府
县住建局	高质量高水平推进农村人居环境提升行动成绩突出集体	市政府
县住建局	杭州市城乡基础设施建设成绩突出集体	市政府
左口乡	2019年度基层武装部标兵单位	杭州警备区
临岐镇	基层武装部标兵单位	杭州警备区
临岐镇	五星级基层武装部	杭州警备区
姜家镇	基层建设标兵单位	杭州警备区
淳安县	杭州市2019年度乡村振兴战略实绩考核优秀县	市委办公厅、市政府办公厅
左口乡	2018年度杭州市"无邪教乡镇(街道)"创建工作先进单位	市委办公厅
界首乡	杭州市"无邪教乡镇(街道)"创建工作先进单位	市委办公厅
界首乡	2018年度杭州市高质量高水平推进农村人居环境提升行动成绩突出集体	市政府办公厅
汾口镇村镇建设办公室	2019年杭州市高质量高水平推进农村人居环境提升行动成绩突出集体	市政府办公厅
枫树岭镇	2018年度全市政务信息工作先进单位	市政府办公厅
临岐镇	2018年度全市政务信息工作先进单位	市政府办公厅
威坪镇	2018年度全市政务信息工作先进单位	市政府办公厅
石林镇	2019年度政务信息工作先进单位	市政府办公厅
县人力社保局	2018年度"杭州无欠薪"行动成绩突出单位	市政府办公厅
县农业农村局新农村建设工作站	2019年度杭州市高质量高水平推进农村人居环境提升行动成绩突出的集体	市政府办公厅
县交通运输局	杭州市建设高品质"四好农村路"工作成绩突出的集体	市政府办公厅
威坪镇政府	2018年度杭州市征兵工作先进单位	市政府征兵办公室
界首乡	2018年杭州市征兵工作先进单位	市政府征兵办公室
汾口镇	杭州市第七批科技特派员工作先进单位	市委组织部
县公安局交警大队党支部	杭州市级"最强党支部"	市委组织部

续表34

获奖单位	奖项名称	授奖单位
淳安中学	杭州市“最强党支部”	市委组织部
县卫生健康局	2019年“我为七一献热血”活动	市委组织部、市委宣传部等
金峰乡金峰村文化礼堂	杭州市四星级农村文化礼堂	市委宣传部
鸠坑乡星光村	杭州市四星级农村文化礼堂	市委宣传部
文昌镇西阳村	杭州市四星级农村文化礼堂	市委宣传部
县委宣传部	2018年度全市宣传思想文化工作“创新鼓励奖”	市委宣传部
县委宣传部	杭州市第十四届精神文明建设“五个一工程”组织工作奖	市委宣传部
大墅村文化礼堂	杭州市十佳农村文化礼堂	市委宣传部、市文化礼堂建设工作领导小组办公室
姜家镇郭村村	杭州市四星级文化礼堂	市文化礼堂建设工作领导小组办公室
汾口镇退役军人服务站	杭州市先进退役军人服务站	市退役军人事务局
屏门乡	市级农业产业发展乡镇	市农业农村局
千岛湖杨建威果蔬专业合作社(浪川乡)	杭州城市大脑“放心菜篮子”基地	市农业农村局
淳安县	市级平安渔业示范县	市农业农村局、市应急管理局
新安江生态开发集团有限公司	杭州市森林消防实战演练二等奖	市林水局
淳安县	2018年度最严格水资源管理考核优秀	市林水局等11部门
淳安县	2018年度农村饮用水达标提标行动计划市级复评第一名	市林水局、市发改局、市财政局、市建委、市卫健委、市生态环境局、市城管局
王阜乡闻家村	2019年浙江省AAA级景区村庄	市文化广电旅游局、市农业农村局
石林镇西岭村	2019年浙江省AAA级景区村庄	市文化广电旅游局、市农业农村局
文昌镇东树坑村	浙江省AAA级景区村庄	市文化广电旅游局、市农业农村局
浪川乡芹川村	杭州市非物质文化遗产旅游景区(民俗文化村)	市文化广电旅游局
王阜乡初级中学	第二批杭州市非物质文化遗产传承教学基地	市文化广电旅游局、市教育局
县城市管理局城南中队党支部	杭州市城管系统最强支部	市城管局(执法组)党组
县城市管理局环卫处(所)	杭州市市容环卫先进管理集体	市城管局
县城市管理局环卫处(所)党支部	杭州市建设行业系统“最强支部”	市建委党委
县建筑工程质量监督站	2018年市建设行业系统“百个支部结对百个工地”活动“最佳结对对子	市建委
石林镇茶园村	2019年市级美丽宜居示范村	市建委
县房管处	2018年度房产交易管理优秀单位	市住保局
县房管处	2018年度住房保障优秀单位	市住保局
县征收办	2018年度房屋征收管理先进单位	市住保局
县物业办	物业行业最强党支部恒邦物业	市住保局

续表34

获奖单位	奖项名称	授奖单位
县旅游集团客运有限公司	杭州市 2019 年度道路运输企业安全管理目标考核“优秀单位”	市道路运输管理局
汾口镇小学	杭州市绿色学校	市生态环境局、市教育局
安阳乡中心小学	杭州市绿色学校	市生态环境局、市教育局
石林港湾运动休闲特色小镇青少年研学旅行基地	2019 年杭州市中小学生研学旅行基地	市教育局、市文化广电旅游局
临岐镇初级中学	杭州市智慧教育示范校	市教育局
杭州千岛湖建兰中学	2019 年度杭州市体育、艺术、科技特色学校	市教育局
威坪镇小学	2019 年度体育特色学校	市教育局
千岛湖茶苑幼儿园	2019 年杭州市足球特色幼儿园	市教育局
千岛湖镇第六小学	杭州市棋类项目进课堂先进共建学校	市教育局　中国棋院杭州分院
县养老服务中心	2019 年度餐饮食品安全示范店	市市场监督管理局
青溪新城小学	学校食品安全示范食堂	市市场监督管理局
县中医院	2018 年度杭州市医疗器械不良事件监测先进基层监测单位	市市场监督管理局
千岛湖鱼味馆	金牌千岛湖鱼头王	市商务局、杭州文化广播电视集团、杭帮菜研究院
县医疗保障局	2019 年度全市医疗保障系统政务信息和宣传工作先进单位	市医疗保障局党组
县医疗保障局	2019 年度杭州市无烟单位	市卫办公、市卫健委
县卫生健康局(县中医院辛彦萱、余丽霞代表参赛)	杭州市中医药适宜技术推广应用比武活动三等奖	市卫健委、市总工会
县中医院	2016—2018 年对口帮扶黔东南医疗卫生工作先进集体	黔东南州卫健局
鸠坑乡严村村、常青村	杭州市卫生村	市爱卫会
石林镇玳瑁村	2019 年杭州市卫生村	市爱卫会
石林镇西岭村	2019 年杭州市卫生村	市爱卫会
左口乡显后村	2019 年杭州市卫生村	市爱卫会
左口乡龙源庄村	2019 年杭州市卫生村	市爱卫会
千岛湖镇东汉村	杭州市卫生村	市爱卫会
千岛湖镇进贤村	杭州市卫生村	市爱卫会
千岛湖镇宋家坞村	杭州市卫生村	市爱卫会
王阜乡华坪村	2019 年杭州市卫生村	市爱卫会
浪川乡洪家村、杨家村、汇源村、源峰村	杭州市卫生村	市爱卫会
大市派出所党支部	2018—2019 年度杭州政法系统最强党支部	市委政法委
县人民检察院第一党支部	最强党支部	市委政法委
县公安局“9.13”专案组	三等功	市公安局
千岛湖派出所	三等功	市公安局
县公安局治安管理大队	三等功	市公安局

续表34

获奖单位	奖项名称	授奖单位
临岐派出所	三等功	市公安局
县公安局文艺汇演创演团队	三等功	市公安局
汾口派出所	三等功	市公安局
青溪派出所	三等功	市公安局
大市派出所	三等功	市公安局
县交警大队	三等功	市公安局
县公安局“部分新安江移民规模性赴淳集聚维权活动”处置工作组	三等功	市公安局
县公安局看守所	全市公安优秀基层单位	市公安局
县公安局	2019年全市公安机关特色政治工作	市公安局
千岛湖派出所	2018年度全市110接处警工作优胜派出所	市公安局
青溪派出所	2018年度全市110接处警工作优胜派出所	市公安局
县公安局	2018年全市三类地区扫黑除恶专项斗争优胜单位	市公安局
县公安局刑侦大队	2018年度全市刑侦工作绩效优胜单位	市公安局
青溪派出所党支部	2018年度全市公安系统先进基层党组织	市公安局
大市派出所党支部	2018年度全市公安系统先进基层党组织	市公安局
县公安局交警公路巡逻四中队	全市公安机关清廉所队示范点	市公安局
淳安农商银行	全市银行业金融机构第六轮安全评估成绩突出优秀单位	市公安局
淳安农商银行	2019年全市经济文化保卫工作先进集体	市公安局
汾口中学	2019年度全市经济文化保卫工作先进集体	市公安局
千岛湖镇南山学校	2019年度杭州市经济文化保卫工作先进集体	市公安局
千岛湖建兰中学	2019年度杭州市经济文化保卫工作先进集体	市公安局
县中医院保卫科	2019年度杭州市经济文化保卫工作先进集体	市公安局
县第一人民医院	2018年度杭州市经济文化保卫工作先进集体	市公安局
威坪镇人民调解委员会	全市人民调解参与信访矛盾化解专项活动先进集体	市司法局
千岛湖镇	全市人民调解参与信访矛盾化解专项活动先进集体	市司法局
县司法局机关党支部	杭州市司法行政系统“最强党支部”	市司法局
县司法局	2018年度全市司法行政系统信息宣传工作先进集体二等奖	市司法局
“三争三创”打造司法行政铁军项目	2019年度全市司法行政系统“最优党建项目”	市司法局
县司法局威坪司法所	“文明规范公正”司法所	市司法局
县司法局临岐司法所	“文明规范公正”司法所	市司法局
县司法局姜家司法所	“文明规范公正”司法所	市司法局
县建筑工程质量监督站	杭州市先进职工之家	市总工会
千岛湖镇第六小学	杭州市工人先锋号	市总工会
千岛湖发展集团有限公司捕捞一队	杭州市高技能人才(劳模)创新工作室	市总工会
县人力社保局	杭州市示范妇女之家	市妇联

续表34

获奖单位	奖项名称	授奖单位
枫树岭镇	杭州市基层妇女工作先进集体	市妇联
汾口镇小学	杭州市师范妇女之家	市妇联
富文乡中心小学	杭州市三八红旗集体	市妇联
县文化馆	杭州市三八红旗集体	市妇联
屏门乡环保娘子军	杭州市三八红旗集体	市妇联
县第一人民医院儿科护理组	杭州市巾帼文明岗	市妇联
汾口镇社区卫生服务中心	2018年度杭州市级青年文明号	团市委
县水务有限公司千岛湖供水营业厅	2018年度杭州市级(未全行业)青年文明号	团市委
团县委	2019年度杭州市先进团委	团市委
淳安第二中学	2019年度杭州市先进团委	团市委
县中医院团委	2019年度杭州市先进团委	团市委
临岐镇初级中学	杭州市第二批少先队改革试点单位	团市委、市教育局、少先队杭州市工委
威坪镇小学	杭州市少先队“示范队室”	少先队杭州市工委
县工商联	杭州市工商联系统综合先进单位	市工商联
县姜家商会	杭州市工商联系统“四好”商会	市工商联
县社会科学界联合会	2019年度杭州市社会科学普及工作先进单位	市社科联
育才学校	杭州市红十字应急救护大赛团体优胜奖	市红十字会
县红十字会	2019年杭州市红十字会系统年度综合优秀单位	市红十字会
威坪镇	杭州市关心下一代工作五好关工委	市关工委
千岛湖镇李家坞社区党委、宋家坞村党支部	市级“最强党支部”	市委“不忘初心、牢记使命”主题教育领导小组办公室、市委组织部
文昌镇	杭州市法治乡镇(街道)创建先进单位	市委全面依法治市委员会办公室
威坪镇	杭州市法治乡镇(街道)创建先进单位	市委全面依法治市委员会办公室
临岐镇	杭州市法治乡镇(街道)创建先进单位	市委全面依法治市委员会办公室
县第一人民医院	2018年度平安示范单位	市委创建“平安杭州”领导小组
县委政法委	2018年度全市扫黑除恶专项斗争先进集体	市扫黑除恶专项斗争领导小组
临岐镇	2018年度杭州市“五水共治”(河长制)先进集体	美丽杭州建设领导小组
临岐镇	2019年度杭州市“五水共治”二十佳镇街	美丽杭州建设领导小组
石林镇	2019年度杭州市“五水共治”(河长制)“二十佳”镇街称号	美丽杭州建设领导小组
县住建局	杭州市五水共治(河长制)工作先进单位	美丽杭州建设领导小组
县千岛湖生态综合保护局	2018年度杭州市“五水共治”(河长制)工作先进集体	美丽杭州建设领导小组
石林镇富溪源	杭州市2019年度乡村美丽河湖名单	美丽杭州建设领导小组“五水共治”(河长制)办公室

续表34

获奖单位	奖项名称	授奖单位
淳安县	2018年度殡葬改革工作目标考核优胜单位和名列前茅的地区	市殡葬改革工作领导小组
县民政局	杭州市第二次全国地名普查“先进集体”	市第二次全国地名普查领导小组
淳安县	2018年度水土保持目标责任制考核优秀	市水资源管理和水土保持工作委员会
屏门乡	市级样板小城镇	市小城镇环境综合整治行动领导小组
富文乡	2018年度杭州小城镇整治市级样板小城镇	市小城镇环境综合整治行动领导小组
县治水办(河长办)	2018年全市治水督查竞赛活动中表现突出集体	市“五水共治”领导小组办公室　市河长制办公室
威坪镇茶合村和屏门乡童家坪村	杭州市2019年度生活垃圾分类工作优胜村	市生活垃圾分类工作领导小组
临岐镇	2019年度杭州市田园社区示范点	市和谐社区建设领导小组
县行政服务中心人社窗口	杭州市“巾帼文明岗”	市巾帼建功和双比活动协调小组
汾口镇小学	杭州市“巾帼文明岗”	市巾帼建功和双学双比协调小组办公室
汾口镇小学“汾小益学”工作室	杭州市“巾帼文明岗”	市巾帼建功和双学双比协调小组办公室
县就业管理服务处窗口	杭州市“巾帼文明岗”	市巾帼建功和双学双比协调小组办公室
千岛湖望湖社区便民服务大厅	杭州市“巾帼文明岗”	市巾帼建功和双学双比协调小组办公室
县一医院儿科护理组	杭州市“巾帼文明岗”	市巾帼建功和双学双比协调小组办公室
县中医院检验科	杭州市“巾帼文明岗”	市巾帼建功和双学双比协调小组办公室
千岛湖旅游咨询服务中心	杭州市“巾帼文明岗”	市巾帼建功和双学双比协调小组办公室
千岛湖水之灵文化发展公司庆典工作室	杭州市“巾帼文明岗”	市巾帼建功和双学双比协调小组办公室
千岛湖西南景区旅游有限公司餐饮部前厅服务岗	杭州市“巾帼文明岗”	市巾帼建功和双学双比协调小组办公室
千岛湖汽车客运总站行车组	杭州市“巾帼文明岗”	市巾帼建功和双学双比协调小组办公室
县中国工农红军北上抗日先遣队纪念馆讲解岗	杭州市“巾帼文明岗”	市巾帼建功和双学双比协调小组办公室
千岛湖西南景区旅游有限公司餐饮部	杭州市“巾帼文明岗”	市巾帼建功和双学双比协调小组办公室
县中医院检验科	杭州市“巾帼文明岗”	市巾帼建功和双学双比协调小组办公室
淳安县	杭州市治理城市交通拥堵与综合交通建设工作专项考核优秀单位	市治理城市交通拥堵工作领导小组
淳安县	2018年度交通治堵工作考核良好	市治理城市交通拥堵工作领导小组

续表34

获奖单位	奖项名称	授奖单位
县住建局	2018年度交通基础设施建设先进单位	市治理城市交通拥堵工作领导小组
淳安县	2018年杭州市小城镇环境整治优秀集体	市小城镇环境综合整治工作领导小组
淳安县	2019年杭州市城中村改造工作优胜单位	市城中村改造工作领导小组
淳安县	2018年度杭州市城中村改造优秀集体	市主城区城中村改造五年攻坚行动领导小组
县住建局	2018年城中村改造工作优秀单位	市主城区城中村改造五年攻坚行动领导小组
县卫生健康局	杭州市“学习强国 学习组织之星”	市建好用好“学习强国”学习平台工作领民小组办公室
千岛湖秀水街经营有限公司	千岛湖新安文化创意街区	市文化创意产业指导委员会
金峰乡山后村	杭州市第四次经济普查先进集体	市政府第四次经济普查领导小组办公室
石林镇	第四次全国经济普查市级先进集体	市政府第四次经济普查领导小组办公室
安阳乡	第四次全国经济普查市级先进集体	市政府第四次经济普查领导小组办公室

【县委　县政府表彰2019年度平安稳定工作先进集体】

县纪委监委
县委宣传部
县公安局
县法院
县检察院第一检察部
县司法局
县农业农村局
县应急管理局
县信访局
县教育局
县林业局
县卫生健康局
县交通运输局
县市场监督管理局稽查大队
县文化和广电旅游体育局
县退役军人事务局
县商务局
千岛湖生态综合保护局
千岛湖旅游集团有限公司
千岛湖传媒集团(融媒体中心)

【县委　县政府表彰2019年度平安稳定(整治)先进集体】

县发展和改革局
县消防救援大队
县交通发展投资集团有限公司
县反邪教协会
金峰乡
瑶山乡
威坪镇
界首乡
汾口镇
大墅镇

【县委　县政府表彰淳安县精神文明建设工作先进集体】

县市容环境卫生管理处(所)
县市政园林管理处
县援鄂医疗队
县关工委“三团”志愿服务队
县法律志愿服务队
县文化市场综合行政执法队
县中国工农红军北上抗日先遣队纪念馆
捷城物业管理有限公司
县融媒体中心
共青团淳安县委员会
县人力资源和社会保障局
县医疗保障局
威坪镇
文昌镇
屏门乡
王阜乡王阜村
汾口镇茅坪村
富文乡中心小学
杭州银行股份有限公司淳安支行
浙江淳安中银富登村镇银行有限责任公司

【县委　县政府表彰淳安县乡村产业振兴先进集体】

千岛湖镇
临岐镇

汾口镇
枫树岭镇
富文乡
鸠坑乡
里商乡
界首乡
王阜乡
邮政局

【县委　县政府表彰淳安县农业农村改革创新先进单位】

县农业农村局
千岛湖生态综合保护局
文昌镇东树坑村
枫树岭镇卜葑村
千岛湖岭上花开科技有限公司

【县委　县政府表彰淳安县消薄增收工作先进单位】

江东杭千(扶贫)开发区管委会
淳安农商银行
千岛湖镇
枫树岭镇
威坪镇
梓桐镇
文昌镇
瑶山乡双共村
大墅镇孙家畈村
宋村乡云港口村

【国家及国家部门级先进个人】

2019 年淳安县获国家及国家部门级先进个人情况一览表

表 35

单位	获奖人	奖项名称	授奖单位
浪川乡中心小学	徐素珍	全国优秀教师	教育部
县司法局	汪向华	2018 年全国人民调解先进个人	司法部
县千岛湖生态综合保护局	俞发康	全国水利系统先进工作者	人力资源和社会保障部、水利部

【省及省属部门级先进个人】

2019 年淳安县获省及省属部门级先进个人情况一览表

表 36

单位	获奖人	奖项名称	授奖单位
杭州千岛湖发展集团有限公司捕捞一队	叶志清	浙江省劳动模范	省委、省政府
瑶山乡	叶俊军	全省小城镇环境综合整治行动突出贡献个人	省委、省政府
西湖风景名胜区资产经营集团有限公司	应满红	浙江省突出贡献农村工作指导员	省委、省政府
县委政法委	汪仁发	平安护航建国 70 周年工作成绩突出个人	省委、省政府
县委政法委	罗德华	平安建设先进个人	省委、省政府
县林业局	李红俊	省公益林建设成绩突出个人	省政府
县林业局	黄世国	省公益林建设成绩突出个人	省政府
梓桐镇	肖金平	浙江省公益林建设成绩突出个人	省政府
县畜牧兽医局	刘荣平	全省非洲猪瘟防控工作表现突出个人	省政府
汾口镇	余顺明	浙江省小城镇环境综合整治行动突出个人	省委办公厅
临岐镇	钱　江	浙江省小城镇环境中和整治行动突出个人	省委办公厅、省政府办公厅
县林业局	李红俊	省优秀农村工作指导员	省委办公厅、省政府办公厅
县林业局	唐陆法	省国土绿化美化工作成绩突出个人	省政府办公厅
县林业局	夏俊勇	省国土绿化美化工作成绩突出个人	省政府办公厅
左口乡政府	徐新平	省防台救灾优秀党员干部	省委“不忘初心　牢记使命”主题教育领导小组办公室、省委组织部、省委宣传部、省政府防汛防台抗旱指挥部
淳安县委	宋立新	浙江省担当作为好干部	省委“不忘初心　牢记使命”主题教育领导小组办公室、省委组织部
县人民检察院	王小娟	2017—2018 年度全省政法系统先进个人	省委政法委、省人社厅
大墅村	方平尔	第二届浙江省“最美文化礼堂人”	省委宣传部
汾口派出所	倪　颖(女)	2018 年度“千名好民警(辅警)”	省公安厅
临岐派出所	方功勋	2018 年度“千名好民警(辅警)”	省公安厅
威坪派出所	余豪俊	2018 年度“千名好民警(辅警)”	省公安厅
石林派出所	林　萃	2018 年度“千名好民警(辅警)”	省公安厅
千岛湖派出所	周建有	2018 年度“千名好民警(辅警)”	省公安厅
县交警大队	徐晓瑜	全省“创文明交通、治秩序乱象”系列行动成绩突出个人	省公安厅
县公安局经侦大队	徐海军	2018 年浙江省打击整治假币违法犯罪专项行动成绩突出个人	省公安厅
县公安局经侦大队	王碧聪	2018 年破获重大外汇违法犯罪案件中表现突出个人	省公安厅
县人力社保局	徐胜元	2019 年度全省劳动人事争议案件处理成绩突出仲裁员	省人社厅

续表36

单位	获奖人	奖项名称	授奖单位
临岐镇	邵敏越	2018年度中小微企业培育工作成绩突出个人	省经济和信息化厅
县农办、县农业农村局	方海珍	2019年度全省农业农村系统突出贡献个人	省农业农村厅
县水利水电局	陆发平	全省农村饮用水达标提标行动成绩突出个人	省水利厅、省发改委、省财政厅、省生态环境厅、省住房和城乡建设厅、省卫生健康委
县林业局	汪继斌	省林业科技推广突出贡献个人	省林业局
县林业局	程建斌	省林业科技推广突出贡献个人	省林业局
县林业局	傅顺龙	省林业科技推广突出贡献个人	省林业局
县林业局	张旭君	省林业优秀信息员	省林业局
县水利水电局	毛双军	浙江省千岛湖及新安江利于水资源与生态环境保护项目年度工作目标考核优秀个人	省城建环保项目领导小组办公室
杭州市生态环境局淳安分局	鲁　萍	2019年联合国世界环境日主场活动和中国环境与发展国际合作委员会年会筹办工作中表现突出个人	省美丽浙江领导小组生态文明示范创建办公室
县住建局	方伟红	2018年度全省“污水零直排”建设考核优秀个人	省治水办(河长办)
梓桐镇	严敢飞	浙江省第四次经济普查省级成绩突出个人	省政府第四次经济普查领导小组
大墅镇中心小学	郑爱荣	“四比四创”活动效率奖	省援疆指挥部
县农业技术推广中心果树技术推广站	刘灵敏	贵州省脱贫攻坚先进个人	贵州省扶贫开发领导小组

【市及市属部门级先进个人】

2019年淳安县获市及市属部门级先进个人情况一览表

表37

单位	获奖人	奖项名称	授奖单位
县水务有限公司	童苏标	2019年杭州市劳动模范	市委　市政府
淳安第二中学	黄康静	2019年杭州市劳动模范	市委　市政府
县公安局刑侦大队民警	胡立新	2019年杭州市劳动模范	市委市政府
杭州市生态环境局淳安分局	李　俊	三等功	市政府
里商乡政府	陆　健	2018年市级征兵工作先进个人	市政府
汾口镇	邵兴华	优秀专武干部	杭州警备区
浪川乡政府	王　俊	杭州市征兵工作先进个人	杭州警备区
大墅镇中心小学	郑爱荣	优秀援疆支教教师	阿克苏地委、行署
汾口中学	唐升红	第九批浙江省对口支援新疆阿克苏地区工作被评为“优秀援疆人才”	阿克苏地委、行署
县农业技术推广中心果树技术推广站	刘灵敏	脱贫攻坚优秀援黔东南干部	黔东南州政府
县农业农村局	章兆忠	2019年度杭州市高质量高水平推进农村人居环境提升行动成绩突出个人	市政府办公厅

续表37

单位	获奖人	奖项名称	授奖单位
县农业农村局	章小平	2019年度杭州市高质量高水平推进农村人居环境提升行动成绩突出个人	市政府办公厅
大墅镇政府	刘彩娟	2018年度杭州市高质量高水平推进农村人居环境提升行动成绩突出个人	市政府办公厅
县千岛湖生态综合保护局	杨约顺	2019年度杭州市高质量高水平推进农村人居环境提升行动成绩突出个人	市政府办公厅
县交通运输局	何小林	杭州市建设高品质“四好农村路”工作个人三等功	市政府办公厅
淳安县政府	钱江华	杭州市建设高品质“四好农村路”工作个人嘉奖	市政府办公厅
县交通运输局	何　仁	杭州市建设高品质“四好农村路”工作个人嘉奖	市政府办公厅
县公路段	程　军	杭州市建设高品质“四好农村路”工作个人嘉奖	市政府办公厅
安阳乡	余奇峰	2019年度杭州市政务信息工作先进个人	市政府办公厅
大墅镇政府	童勇敏	2018年度杭州市政务信息工作先进个人	市政府办公厅
临岐镇	徐明星	2019年度全市政务信息工作先进个人	市政府办公厅
石林镇政府	方仙婷	2019年度全市政务信息工作先进个人	市政府办公厅
县千岛湖生态综合保护局	方志发	2019年度杭州市治水工作有功人员给予行政奖励	市政府办公厅
县人大常委会	方亚平、沈高锋	杭州市第二十八届人大好新闻二等奖	市人大常委会办公厅、市委宣传部
瑶山乡何家村	方献花	杭州市“最强领头雁”	市委组织部
威坪镇小学	方芝华	新时代杭州市十大杰出青年	市委宣传部、团市委
县委政法委	吴易鸿	杭州市“平安卫士”	市委政法委
县水利水电局	毛双军	2019年度杭州市林水系统信息宣传工作优秀信息员	市林业水利局
市生态环境局淳安分局	方雅恒	2019年度杭州市生态环境保护执法大练兵信访案件查处能手	市生态环境局
县城市管理局青溪新城中队	袁林林	杭州市城管系统2019年度“最优党员”	市城管局(综合执法局)党组
县城市管理局环卫处(所)	方彩娟	杭州市市容环卫工作优秀城市美容师	市城管局
县城市管理局环卫处(所)	童桔元	杭州市市容环卫工作优秀城市美容师	市城管局
县城市管理局环卫处(所)	徐丽娟	杭州市市容环卫工作优秀环卫工作者	市城管局
杭州千岛湖发展集团有限公司捕捞一队	许能和	民间千岛湖鱼头王	市商务局、杭州文化广播电视集团、杭帮菜研究院
千岛湖鱼味馆	宋建仁	杭帮菜技术标兵	市商务局、杭州文化广播电视集团、杭帮菜研究院
里商乡政府	李保华	2019年度杭州市治保先进个人	市公安局
王阜乡龙头村	王爱国	2019年杭州市治保先进个人	市公安局
	全代梅	2019年杭州市治保先进个人	市公安局
县公安局刑侦大队	童军强	三等功	市公安局
县公安局国保大队	徐建社	三等功	市公安局
县公安局巡特警大队	方春华	三等功	市公安局

续表37

单位	获奖人	奖项名称	授奖单位
县公安局预审大队	向　俊	三等功	市公安局
大市派出所	王　丹	三等功	市公安局
千岛湖派出所	邵勇红	三等功	市公安局
汾口派出所	王昌华	三等功	市公安局
县公安局反恐大队	胡志章	三等功	市公安局
县公安局交警大队	唐红波	三等功	市公安局
县公安局经侦大队	许丽彬	三等功	市公安局
县公安局刑侦大队	邵　威	三等功	市公安局
县公安局青溪派出所	徐　林	三等功	市公安局
县公安局拘留所	翁进生	三等功	市公安局
县公安局交警大队	童献国	三等功	市公安局
县公安局刑侦大队	胡宇飞	三等功	市公安局
县公安局旅游警察大队	方华春	三等功	市公安局
县公安局刑侦大队	余　勇	三等功	市公安局
县公安局政治处	解宏强	三等功	市公安局
县公安局刑侦大队	项永清	三等功	市公安局
千岛湖派出所	姚　路	三等功	市公安局
青溪派出所	洪学进	三等功	市公安局
县公安局指挥中心	何　旭	三等功	市公安局
县公安局治安管理大队	叶　翔	三等功	市公安局
汾口派出所	童未黎	三等功	市公安局
县公安局汾口派出所	洪　斌	三等功	市公安局
县公安局威坪派出所	江伟彬	三等功	市公安局
县公安局警务督察大队	陈保勇	三等功	市公安局
县公安局预审大队	纪　会	三等功	市公安局
县公安局水上警察大队	童永宝	三等功	市公安局
县公安局交警大队	郑苏华	三等功	市公安局
县公安局	韩柏友	三等功	市公安局
千岛湖派出所	邵勇红	全市优秀人民警察	市公安局
青溪派出所	徐　林	2019年全市优秀政工干部	市公安局
千岛湖派出所	黄　敏	2018年度“全市公安机关执法办案能手”	市公安局
县公安局交警大队	童财君	2018年度“全市公安机关执法办案能手”	市公安局
千岛湖派出所	胡伟军	2018年度全市公安机关优秀法制员	市公安局
县公安局指挥中心	汪启明	2018年度全市优秀指挥长	市公安局
姜家派出所	章其斌	2018年度全市公安机关“十佳警辅人员	市公安局
县公安局情服信息大队	金建良	2018年度全市十佳情报先锋	市公安局

续表37

单位	获奖人	奖项名称	授奖单位
青溪派出所	张秀芳	第九届全市公安机关“优秀警嫂”	市公安局
县公安局	刘　丰	第二届杭州公安“青年五四奖章”	市公安局
县公安局交警大队	方新祥	全市公安机关“优秀警辅人员”	市公安局
县公安局刑事科学技术室	胡立新	2019年杭州市劳动模范	市公安局
县公安局交通警察大队	方琴景	2018年度全市公安系统优秀共产党员	市公安局
千岛湖派出所	王建来	2018年度全市公安系统优秀共产党员	市公安局
县公安局刑侦大队	胡泽全	2018年度全市公安系统优秀党务工作者	市公安局
县公安局治安大队	叶　翔	全市公安机关清廉民警	市公安局
威坪派出所	陈怡俊	全市公安机关清廉民警	市公安局
县公安局刑事科学技术室	胡　琦	第八届全市公安机关破案能手(刑侦专业)	市公安局
青溪派出所	倪万里	第八届全市公安机关破案能手(刑侦专业)	市公安局
千岛湖派出所	马晓旭	第八届全市公安机关破案能手(刑侦专业)	市公安局
县公安局刑事科学技术室	沈雁冰	第八届全市公安机关破案能手(刑侦专业)	市公安局
县公安局重案中队	姜骏伟	第八届全市公安机关破案能手(刑侦专业)	市公安局
县公安局预审大队	骆柳杰	第八届全市公安机关破案能手(刑事案件审查专业)	市公安局
淳安农商银行	吴晓云	全市银行业金融机构第六轮安全评估成绩突出优秀个人	市公安局
淳安农商银行	章黎明	2019年全市经济文化保卫工作先进个人	市公安局
淳安农商银行	方小成	2019年全市经济文化保卫工作先进个人	市公安局
淳安农商银行	李　斌	2019年全市经济文化保卫工作先进个人	市公安局
汾口镇中心幼儿园	潘露霞	杭州市经济文化保卫工作先进个人	市公安局
千岛湖景区旅游有限公司	缪利军	治保先进个人	市公安局
县司法局	徐淑芸、卢亮	2018年度“社区矫正能手”	市司法局
县司法局	方雨昕	2018年度全市司法行政系统优秀微信编辑	市司法局
县司法局	童　雪	2018年度全市司法行政系统信息宣传工作先进个人	市司法局
县司法局	徐　军	2019年度全市司法行政“最美共产党员”	市司法局
县医疗保障局	方圣智	2019年度全市医疗保障系统理论学习先进个人	市医疗保障局党组
县医疗保障局	严建霞	2019年度全市医疗保障系统理论学习先进个人	市医疗保障局党组
县医疗保障局	陈　军	2019年度全市医疗保障系统理论学习先进个人	市医疗保障局党组
县医疗保障局	王慧艳	2019年度全市医疗保障系统理论学习先进个人	市医疗保障局党组
县医疗保障局	俞　敏	2019年度全市医疗保障系统理论学习先进个人	市医疗保障局党组
县民政局	洪素花	2019年杭州市“最美摆渡人”	市民政局
淳安中学	胡满莲	杭州市优秀教师	市教育基金会、市教育局
淳安第二中学	胡卫军	杭州市优秀教师	市教育基金会、市教育局
千岛湖中等职业学校	钱国才	杭州市优秀教师	市教育基金会、市教育局
威坪中学	方德祥	杭州市优秀教师	市教育基金会、市教育局

续表37

单位	获奖人	奖项名称	授奖单位
千岛湖初级中学	王玉芳	杭州市优秀教师	市教育基金会、市教育局
屏门乡中心小学	章军来	杭州市优秀教师	市教育基金会、市教育局
汾口镇畹墅小学	宋华磊	杭州市优秀教师	市教育基金会、市教育局
枫树岭镇初级中学	余绍建	杭州市优秀教师	市教育基金会、市教育局
千岛湖茶苑幼儿园	毕毅彬	杭州市优秀教师	市教育局
淳安第二中学	谢　灵	杭州市第17届中小幼、中职教坛新秀	市教育局
威坪中学	徐　霞	杭州市第17届中小幼、中职教坛新秀	市教育局
威坪中学	王　堃	杭州市第17届中小幼、中职教坛新秀	市教育局
临岐镇中心小学	郑　懿	杭州市第17届中小学幼儿教坛新秀	市教育局
千岛湖镇第一小学	郑晓露	杭州市第17届中小学幼儿教坛新秀	市教育局
千岛湖镇第一小学	洪　迪	杭州市第17届中小学幼儿教坛新秀	市教育局
千岛湖镇第一小学	张笔耘	杭州市第17届中小学幼儿教坛新秀	市教育局
中洲镇中心小学	周莉平	杭州市第17届中小学幼儿教坛新秀	市教育局
浪川乡初级中学	余慧娟	杭州市第17届中小幼、中职教坛新秀	市教育局
浪川乡初级中学	余诗毓	杭州市第17届中小幼、中职教坛新秀	市教育局
汾口镇初级中学	丰学兰	杭州市第17届中小幼、中职教坛新秀	市教育局
千岛湖初级中学	程　倩	杭州市第17届中小幼、中职教坛新秀	市教育局
千岛湖初级中学	徐慧华	杭州市第17届中小幼、中职教坛新秀	市教育局
千岛湖初级中学	方丽琴	杭州市第17届中小幼、中职教坛新秀	市教育局
千岛湖镇南山学校	徐　艳	杭州市第17届中小幼、中职教坛新秀	市教育局
大墅镇中心小学	王意茱	杭州市第17届中小幼、中职教坛新秀	市教育局
梓桐镇中心小学	商淳贞	杭州市第17届中小幼、中职教坛新秀	市教育局
里商乡中心学校	方　芬	杭州市第17届中小幼、中职教坛新秀	市教育局
实验幼儿园	徐　玫	杭州市第17届中小幼、中职教坛新秀	市教育局
千岛湖茶苑幼儿园	吴洁璐	杭州市第17届中小幼、中职教坛新秀	市教育局
淳安第二中学	戈　靖	杭州市中小学育人工作先进个人	市人民教育基金会、市教育局
中洲镇中心小学	余诗华	第六届“最美杭州人—感动杭城十佳教师”	市教育局、市文明办
淳安中学	仇夜生	杭州市优秀教育工作者	市人民教育基金会、市教育局
淳安中学	吕兆显	杭州市中小学育人工作先进个人	市人民教育基金会、市教育局
中洲镇中心小学	余月娥	第十届杭州市“十佳少先队辅导员”提名奖	团市委、市教育局、市少先队工委
千岛湖镇第三小学	童红波	杭州市星星火炬事业功臣	市教育局
千岛湖镇第六小学	胡胜平	杭州市“市长杯”校园足球联赛“优秀教练员”	市教育局、市青少年校园足球活动领导小组办公室
汾口中学	李谨君	2019年杭州市中小学育人工作先进个人	市人民教育基金会、市教育局

续表37

单位	获奖人	奖项名称	授奖单位
浪川乡初级中学	洪敏凤	2019年杭州市中小学育人工作先进个人	市人民教育基金会、市教育局
汾口中学	王　濛	优秀援藏教师	那曲市教育局党组、那曲市教育局
县第一人民医院	余　丹	2019年全市卫生健康系统技能竞赛三等奖	市卫健委
县第一人民医院	蔡茂华	杭州市百名最美医师	市卫健委
县第一人民医院	章才干	杭州市百名最美医师	市卫健委
县第一人民医院	余美红	杭州市百名最美医师	市卫健委
威坪中心卫生院	章才干	“杭州市百名最美医师”	市卫健委
县第一人民医院	徐建梅	2019年杭州市营养配餐技能竞赛个人二等奖	市卫健委、市总工会
县第一人民医院	洪翠柳	2019年杭州市卫生健康系统中药炮制调剂鉴定技能比赛团体三等奖(代表参赛)	市卫健委、市总工会
县第一人民医院	余　丹	2019年全市卫生健康系统技能竞赛三等奖	市卫健委
县中医院	朱腾燕	杭州市卫生健康系统微党课二等奖	市卫健委党委
县中医院	余丽霞	杭州市中医药适宜技术推广应用比武活动三等奖	市卫健委、市总工会
县中医院	张红艳	黔东南州卫生健康局优秀对口帮扶医师	黔东南州卫健局
县纪委监委	解　峰	杭州市纪委杭州市监委机关优秀共产党员	市纪委监委机关委员会
浙江泽道律师事务所	王　芳	2018年度“凝心聚力建名城”献计献策活动先进个人	农工民主党杭州市委
县中医院	童桂秀	民盟杭州市2018—2019年度优秀盟员	民盟杭州市委
县农业农村局畜牧兽医局	刘荣平	杭州市机关党员干部参与基层一线疫情防控工作先进个人	市委直属机关工委
县纪委监委	商贵华	杭州市机关党员干部参与基层一线疫情防控工作先进个人	市委直属机关工委
县卫生健康局	商建军	疫情防控先进个人	市委直属机关工委
县卫生健康局	吴振威	疫情防控先进个人	市委直属机关工委
杭州千岛湖发展集团有限公司捕捞一队	叶志清	杭州工匠	市总工会
千岛湖鱼味馆有限公司	王金生	杭州市劳动模范	市总工会
县总工会	周丽君	杭州市优秀工会工作者	市总工会
县第一人民医院	李奕萍	杭州市劳动模范	市总工会
淳安县亮光照明科技有限公司	洪红连	杭州市三八红旗手	市妇联
枫树岭镇栖舍民宿	姜丽娟	杭州市三八红旗手	市妇联
千岛湖旅游集团文化传播有限公司	徐丽萍	杭州市三八红旗手	市妇联
淳安县妇幼保健院护理部	洪兰仙	杭州市三八红旗手	市妇联
杭州市生态环境局淳安分局	王玉珍	杭州市三八红旗手	市妇联
临岐镇梅口村	方红霞	杭州市三八红旗手	市妇联
千岛湖旅游集团文化传播有限公司	徐丽萍	杭州市三八红旗手	市妇联
共青团淳安县委员会	叶其臻	2019年度杭州市优秀共青团干部	团市委

续表37

单位	获奖人	奖项名称	授奖单位
县志愿者工作指导中心	章镇波	2019年度杭州市优秀共青团干部	团市委
枫树岭镇	程玉珺	2019年度杭州市优秀共青团干部	团市委
梓桐镇政府	唐亚馨	2019年度杭州市优秀共青团干部	团市委
县育才学校	方莎莉	杭州市红十字系统先进工作者	市红十字会
县社会科学界联合会	汪红军	2019年度杭州市社会科学普及工作先进个人	市社科联
王阜乡王阜村	王贤华	杭州市"最美敬老爱老助老模范人物"	市老龄委
县应急管理局	洪永友	防台救灾优秀党员干部	市委"不忘初心、牢记使命"主题教育领导小组办公室、市委组织部、市委宣传部、市政府防汛防台抗旱指挥部
金峰乡安上村	李君竹	杭州市"最强领头雁"	市委"不忘初心、牢记使命"主题教育领导小组办公室、市委组织部
确汾口镇	黄晓萍	2018年"五水共治"先进个人	美丽杭州建设领导小组
县千岛湖生态综合保护局	洪志峰	2018年度杭州市"五水共治"(河长制)工作先进个人	美丽杭州建设领导小组
屏门乡童家坪村	项桂香	杭州市五水共治先进个人	美丽杭州建设领导小组
枫树岭镇	童利军	杭州市2019年度优秀基层河(湖)长	美丽杭州建设领导小组"五水共治"(河长制)办公室
汾口镇	蒋　鑫	2019年优秀基层河长	美丽杭州建设领导小组"五水共治"(河长制)办公室
梓桐镇政府	钱红建	杭州市2019年度优秀基层河(湖)长(河道警长)	美丽杭州建设领导小组"五水共治"河长制办公室
王阜乡	宋　宏	杭州市2019年度优秀基层河(湖)长(河道警长)	美丽杭州建设领导小组"五水共治"(河长制)办公室
住建局	王　正	2019年度"海绵之星"	市海绵城市建设领导小组办公室
住建局	谢吉全	2018年杭州市小城镇环境整治工作优秀个人	市小城镇环境综合整治工作领导小组办公室
富文乡	何小武	2018年度杭州市小城镇环境综合整治工作优秀个人	市小城镇环境综合整治行动领导小组办公室
界首乡政府	胡懿鹏	2018年度杭州市小城镇环境综合整治工作优秀个人	市小城镇环境综合整治办行动领导小组办公室
县城市管理局	童　骏	杭州市小城镇环境综合整治工作优秀个人	市小城镇环境综合整治行动领导小组办公室
威坪镇政府	宋旭英	2019年春运志愿服务优秀志愿者	市春运工作领导小组办公室、市志愿者协会
文昌镇政府	王丽萍	杭州市巾帼建功标兵	市巾帼建功和双学双比协调小组办公室
千岛湖镇青溪小学	徐慧红	杭州市巾帼建功标兵	市巾帼建功和双学双比协调小组办公室

续表37

单位	获奖人	奖项名称	授奖单位
左口乡龙源庄村	方夏英	杭州市巾帼建功标兵	市巾帼建功和双学双比协调小组办公室
县第一人民医院	陈春华	杭州市巾帼建功标兵	市巾帼建功和双学双比协调小组办公室
县住建局	宋杰华	2019度杭州市"最美加梯人"	杭州市既有住宅加装电梯工作领导小组办公室
县城市管理局	胡东明	杭州市"三改一拆"、"无违建县"创建及"四边三化"专项整治行动优秀个人	市"三改一拆"行动领导小组
梓桐镇政府	沈　洋	杭州市第四次全国经济普查成绩突出个人	市政府第四次经济普查领导小组
金峰乡金峰村	胡喜萍	杭州市第四次全国经济普查先进个人	市政府第四次经济普查领导小组
石林镇政府	王丛丹	杭州市第四次全国经济普查先进个人	市政府第四次经济普查领导小组
县民政局	陈文娟	杭州市第二次全国地名普查先进个人	市第二次全国地名普查领导小组
浪川乡政府	洪文娟	杭州市第二次全国地名普查先进个人	市第二次全国地名普查领导小组

【县委　县政府对部分公务员给予奖励】

一、记三等功名单(72名)

千岛湖镇:刘　恺　江　帆

文昌镇:余林凤　占晔飞

石林镇:方立华　吴晓军　李红星

里商乡:金华娃

金峰乡:吴新君

富文乡:章银美

临岐镇:管丽雅

屏门乡:徐红星

瑶山乡:叶俊军

威坪镇:余龙飞　胡佳俊　林张亮

姜家镇:韩志宏　汪鹏程　洪周焱

汾口镇:江明霞

中洲镇:洪之满

枫树岭镇:姜浩强　张　盛　余泽慧

县法院:孙　婷　余永忠　方　林

县检察院:王小娟

县委办公室:余　春　吴　聪

县委政法委:汪仁发

县政协机关:邵全胜　余运德　杜翠娣　王拂明

青溪新城(开发区):宋坚军
县发改局:王舟燕
县公安局:叶　翠　唐建兵　葛幼海　刘晓彬　郑国平　张　峰　王丽君　汪彭飞　徐建平
　　祝明炜　宋飞腾
县民政局:朱丽琴
县司法局:姚志刚
县财政局:姜启军　江　欢
县人力社保局:严卫华
县规划资源局:甘　锋
县住建局:徐文明
县交通运输局:方腾华　方建东
县农业农村局:郑智华　余廷贵　王向红　章灵华　沈　鹏
县林业局:王锡宏
县文广旅体局:潘金均
县市场监管局:邵永忠　胡建恒　王廷明　吴轶成
县城市管理局:余洪波
县生态综保局:邵继樟　章根秀
公积金中心:郑丽君

二、嘉奖名单(475 名)

千岛湖镇:何来仙　管士建　洪运明　程胜利　许　昱　何如星　丰笑梅　王　亮　徐　康
　　汪智贤　沈　中　胡中印
文昌镇:徐大立　汪　斌　宋跃华
石林镇:徐玉美　王建军　王丛丹　余　乐
里商乡:唐　敏　钱　霞　应巧群　陈以壮
金峰乡:詹胜春　宋玲妹
富文乡:汪书芬　方梦婕
左口乡:储莱仙　宋志军　谢吉荣　汪淑兰　胡亚琳　方　骥
临岐镇:钱　江　徐娟芳　张宏斌　王勇芳　方晓生　刘玲燕　徐明星
屏门乡:王金明　方飞鸿　王　旭　夏金花
瑶山乡:叶孔军　王圣祥　刘三明　洪晓龙
威坪镇:徐建强　徐高鹏　汪顺有　王明升　邵　兴　徐建新　郑知廷　吴贤斌　王　建
　　郑春艳　陈雯婷
王阜乡:郑勇俊　洪晓珍　王　彬　邵玉燕　方　明
鸠坑乡:方新民　管丽梅　余良志
宋村乡:唐章泽　方　慧　夏广云　王　敏
姜家镇:王伟东　王卫民　方　靓　姜文杰　王　超　王俊杰　汪建祖
梓桐镇:钱红建　欧阳小英　肖金平　邵　菲　钱永航　马靓颖
浪川乡:陈立明　鲍善平　洪文娟　姜　洁

界首乡:方琳飞　方建勋　方光清　鲍　静　项亚星
汾口镇:蒋　鑫　郑苏坤　蒋利洪　吴有建　邵兴华　章建飞　汪腾飞　冯湘婷　任佳彩　谢航凯　余晓庆　陈显锋　严　鑫
中洲镇:陆新辉　姜向勇　方为平　杨武军　方炳莲　陆桂圆　余　挺
大墅镇:余旭权　陈贤成　刘　政　范建钢　倪观鸿　方　芳　宋鼎鸿
枫树岭镇:余慧梅　凌丽英　余青平　周　成　徐丽君　方　琳
安阳乡:方有根　陆　颖　汪彦宏　汪文明
县纪委县监委:方爱民　王华军　商贵华　毛勇锋　杨柳青　余树来　唐为民　邵群英　王卫胜　王富设　余思一　何钢锋　方丽华　方　睿　严承优　万玲娟　胡　俊　金　璐　徐虹娟
县法院:蒋烟明　詹鹏飞　田　丰　占　炜　费水芳　汪　珊　方　娉　陈秋兰　洪来兵　程俊霞　余晓峰　方　莹　吴　洁　虎高峰　邵智峰　叶元聪　余鹏飞　廖卫国　汪　睿
县检察院:洪友良　黄凤英　商　珺　鲁晓坪　吴琦倩　黄笔奇　章　晨　洪晓亮　陆云婷　钱文武
县委办公室:何小武　童金成　叶光华
县委组织部:江灵强　胡红宝　王卫华　周　娟　方玄琴　黄人杰
县委宣传部:余国富　胡炳君　管海波　吴勇昌　林进立
县委统战部:解佑星　汪志红
县委政法委:罗德华　姜　芊
县委编办:徐国建　詹思君
县委巡察办:余秋玲
县委老干部局:方朝晖　傅绍兵
县人大常委会机关:徐明主　王爱珍　何智燕　程建法　方亚平　沈高锋　姜海仙
县政协机关:鲁杭春　余新亮　徐香枝　严黎琳
青溪新城(开发区):章　涛　王曙光　方永华　胡鹏飞　何建峰　方照平　吴爱忠
县政府办公室:钱江华　吴　敏　余伶子　郑圣奇　郑红军　唐　曦
县档案馆:何巧英　方文飞
县机关事务中心:徐开颜
县发改局:毛善智　汪慧敏　周楚乔　郎佳汝　徐枫琳莉　徐厚权　叶其强
县教育局:管社平　郑苏娟　潘思玉
县公安局:胡金河　李金宝　胡泽全　王陈平　余小平　何腾云　郑　玮　鲁为富　凌丽琳　方红平　方开平　余　进　万　漪　汪启明　余永璟　王　雁　王国辉　汪美玉　徐宝林　王银泉　徐　亮　金建良　夏利新　童利建　方小淳　张　健　倪　颖　廖杨樟　包建勇　王　捷　王碧聪　王国锋　方爱圆　方严州　余德文　余金成　叶世力　洪石畈　葛克平　汪　洋　余俊飞　程贤勇　高　军　吴建新　姚壮名　廖文芳　包淑伟　胡建忠　徐　毅　徐曙光　黄　锋　朱雯婷　江　欧　倪万里　徐旭辉　夏晨枫　林　萃　童一春　陈宏亮　余豪俊　胡炜剑　宋子涛　徐　晖

鲁晓峰 刘 勇 严志梁 童立荣 王浩锋

县民政局:王武祥 宋瑞平 朱国新 严利民 罗仙水 鲁霜良 方 强 王振华

县司法局:方四雷 汪丽霞 项卫红 徐 英 徐 军 童 雪 汪信文 詹 敏 童 昱 黄志梅 何 芳

县财政局:陆建育 万海卫 余德贵 潘沁弘 程启明 汪鸿飞 鲍毅刚 徐晓辉 郑巧巧 胡继武 王传民 王 强 汪丽华 叶方鹏

县人力社保局:袁 君 詹 浩 钱 驽 杨建朝 朱 华 徐 奋 陈卫刚 郑志军 徐亚平 王日根 唐渊东 余春鸿 叶 红

县规划资源局:徐贤清 洪祝军 商有明 宋世美 倪裕根 倪云龙 胡筋鸣 龙华黛惠

县住建局:方伟红 朱玉荣

县交通运输局:鲁金牛 方建泓

县农业农村局:方海珍 徐田祥 汪 强 姜国良 项卫民 张有来 吴菊琴 徐 波 王应平 王知荣 王小锋 徐 勇 叶 婷 钱志冲 洪 亮 廖敢雷

县林业局:方 阳 叶少平 王建琴 虞晓蔚 王晓东 邰新东 曹红娟

县商务局:方红星 郑文涛

县文广旅体局:方必盛 徐跃进 唐 军

县卫生健康局:商建军 王红丽 李建华 郑 频 邵喜英 吴小妹

县红十字会:吴 潇

县退役军人事务局:姜建明 鲁慧珍

县应急管理局:严旭俊 徐 晋 余秀玲

县审计局:何 伟 章汉胜

县市场监管局:王中华 徐梦淑 李国平 唐曙卿 汪旭敏 胡晓波 黄书华 徐德星 夏仁军 钱建民 姜维杰 张赤华 方陆平 徐晓阳 方 茜 詹伶俐 龚国飞 胡红俊 毛仲鑫 钱卫华

县统计局:吴立新 王晓燕

县医疗保障局:王建平 方圣智 陈 军

县城市管理局:汪新明 程运和 余 弦 罗春贵 姜 磊 洪 晨 张剑飞 童日平 叶 振 方超群 方有政 余丽斌 陈慧娟 袁林林 吴益志 柴琳曦 宋瑞珑 余霞锋 王 婷 汪 智

县生态综保局:陆发平 方志发 童文旭 鲁志文 方 辉 章 律

县生态产业局:姜礼元 叶丽琴 方雪隽 杨中华

市生态环境分局:吴志旭 汪红赞 郑文婷 王玉珍

县供销合作总社:钱利君

县总工会:张飞燕 叶世平

团县委:叶其臻

县妇联:王红娟

县文联:吴俊彪

县残联:周光华

县委党校：卢合理
县审管办：方开银
公积金中心：王美琴

【县委　县政府表彰2019年度平安稳定工作先进个人】

王新鑫　（县委办）
方亚平　（县人大办）
郑智忠　（县政府办）
方文佳　（县政协办）
方爱民　（县纪委）
江灵强　（县委组织部）
管海波　（县委宣传部）
陆红伟　（县委统战部）
吴易鸿　（县委政法委）
汪正武　（县公安局）
唐　高　（县人民法院）
陆云婷　（县人民检察院）
汪丽霞　（县司法局）
余　双　（县司法局）
金　斌　（县信访局）
毛善智　（县发改局）
叶柏富　（县人社局）
方腾华　（县交通运输局）
汪戈军　（县生态产业局）
方卫红　（县经济开发区）
钱晓涛　（县住建局）
徐高建　（县规资局）
余维初　（县城管局）
程志平　（县卫健局）
胡继武　（县财政局）
廖前明　（县教育局）
余子健　（县文广旅体局）
吴有建　（千岛湖旅游度假区）
宋瑞平　（县民政局）
吴福建　（县农业农村局）
黄红婷　（县商务局）
何海澎　（县生态综保局）
余绍彬　（县统计局）

余荣茂　　（县平安创建工作专班）
许心怡　　（县平安创建工作专班）
吴水雷　　（县扫黑除恶工作专班）
胡小燕　　（县扫黑除恶工作专班）
洪余良　　（千岛湖镇）
胡奕锋　　（文昌镇）
方立华　　（石林镇）
李保华　　（里商乡）
朱永康　　（金峰乡）
何勇军　　（富文乡）
詹　佳　　（左口乡）
汪讨横　　（临岐镇）
王金明　　（屏门乡）
洪晓龙　　（瑶山乡）
徐高鹏　　（威坪镇）
宋　宏　　（王阜乡）
徐　弘　　（宋村乡）
王　鹏　　（鸠坑乡）
姜文杰　　（姜家镇）
欧阳小英　（梓桐镇）
姜崇平　　（界首乡）
严国栋　　（浪川乡）
王国宏　　（汾口镇）
洪之满　　（中洲镇）
方雪华　　（大墅镇）
方旺盛　　（枫树岭镇）
汪发通　　（安阳乡）

【县委　县政府表彰淳安县精神文明建设工作先进个人】

余鲜艳　　（援鄂医疗队）
程建设　　（交警大队志愿服务分队）
项五莲　　（县盲人协会志愿服务队）
洪爱英　　（雷锋广场志愿服务队）
鲁林平　　（千岛湖镇 96345 志愿服务队）
胡　迅　　（县妇幼保健院志愿服务分队）
林进立　　（县志愿服务总队）
叶青槐　　（县中医院学雷锋志愿服务分队）
王　文　　（县博物馆）

徐华健　　（县北上抗日先遣队纪念馆）
叶志清　　（开发集团捕捞一队）
郑丽君　　（县行政服务中心公积金窗口）
方　茜　　（县行政服务中心市管窗口）
程志英　　（县城管局）
余绵池　　（建设集团）
江晓华　　（县融媒体中心）
胡光裕　　（县交通局）
程建祥　　（县委政法委）
王慧英　　（县妇联）
姜建军　　（县信访局）
宋坚明　　（县供销总社）
胡　俊　　（县纪委县监委）
张志华　　（团县委）
洪余良　　（千岛湖镇）
胡仙贵　　（屏门乡）
黄月秀　　（安阳乡）
汪祥瑛　　（临岐镇）
方　园　　（界首乡）
汪　婷　　（宋村乡）
汪逢生　　（汾口镇）
胡国锋　　（梓桐镇）
黄兴超　　（县住建局质监站）
余剑锋　　（县农发集团枫树岭电站）
方　莹　　（威坪法院）
童云鹏　　（临岐镇仰韩村）
邓智英　　（里商乡塔山村）
管辉东　　（王阜乡管家村）
方志红　　（文昌镇王家源村）
戴学华　　（千岛湖镇南山社区）
陆力明　　（威坪镇虹桥社区）

【结对县(市)表彰的先进个人】

新疆维吾尔自治区阿克苏市表彰的先进个人一览表

表 38

单位	获奖人	奖项名称	授奖单位
威坪中学	王永建	优秀援疆教师	阿克苏市政府
汾口中学	唐升红	第九批杭州市对口支援新疆阿克苏市工作被评为“优秀援疆人才”	阿克苏市委、市政府
汾口中学	唐升红	被评为“2018－2019 学年优秀教师”	阿克苏市委、市政府

·各类获奖成果·

【国家及国家部门级】

2019 年淳安县获国家及国家部门级各类成果奖一览表

表 39

获奖单位(姓名)	获奖作品	奖项名称	授奖单位
县委宣传部	《心无百姓莫为官——精准脱贫的下姜模式》(图书)	第十五届精神文明建设“五个一工程”特别奖	中共中央宣传部
临岐镇农业公共服务中心(郑平汉)	《中草药的栽培与加工》课题	科研成果一等奖	农业农村部“十三五”国家科技支撑计划重点课题《农产品创新深化改革探讨标准研究》总课题组
县人民检察院	《钱小牛花式普法再度来袭,让你立马识破“校园贷”套路》	全国检察新媒体作品二十强	最高人民检察院新闻办公室、检察日报社正义网
邢银权	《潜心聚力　深耕普惠　践行“两山”理论　助力浙江淳安乡村振兴》	首届全国党政干部创新论坛有奖证文二等奖	人民日报、人民周刊杂志社
邢银权	《那股春风更护花》	全国“农信银杯”纪念改革开放 40 周年征文优秀奖	中国农村金融杂志社、农信银资金清算中心有限公司
鲁慧琴	《光影里的青春　改革发展的见证》	全国“农信银杯”纪念改革开放 40 周年征文优秀奖	中国农村金融杂志社、农信银资金清算中心有限公司
千岛湖初级中学(王爱刚)	基于小型动力模型的学校科技创新课程开发与实施研究	第 34 届全国青少年科技创新大赛科技辅导员科技教育创新项目二等奖	中国科协办公厅,教育部办公厅
县千岛湖生态综合保护局(杨约顺)	新闻作品《风雨中的“逆行者”》	“水故事”征文二等奖	中国水利报社

【省及省属部门级】

2019 年淳安县获省及省属部门级各类成果奖一览表

表 40

获奖单位(姓名)	获奖作品	奖项名称	授奖单位
临岐镇农业公共服务中心	淳安县特色中药材生态优质生产技术示范推广	2018 年度浙江省农业丰收奖三等奖	省农业农村厅
县人民检察院	《检察官钱小牛之防范非法校园贷》	优秀微电影微视频	省人民检察院

续表40

获奖单位(姓名)	获奖作品	奖项名称	授奖单位
县人民检察院	《钱小牛花式普法再度来袭,让你立马识破"校园贷"套路》	优秀微信作品	省人民检察院
童建新、李韩英、郑凯予	《刑事检察调查核实权制度化探究》	《关于通报2019年全省检察理论研究年会优秀论文的决定》三等奖	省人民检察院
胡红舟	书法作品《学而时习之》	《关于第四届沪苏浙皖检察官书法绘画摄影艺术作品展评评选结果的通报》优秀奖	省人民检察院
淳安农商银行		2019年度杭州辖内银行业金融机构非现场监管报表考核三等奖	中国银保监会浙江监管局办公室
千岛湖初级中学(周红斌)	构建问题简约之美孕育核心素养之果	浙江省中小学幼儿园教学论文评比三等奖	省教研室
县实验幼儿园(孙萍、方早琴)	《建构游戏中的"桃子哥"》	入选浙江省幼儿园优秀游戏活动案例征集活动	省教育厅办公室
梓桐镇中心小学(方星)	《用实践检验我们的道德——〈钓鱼的启示〉》入选2019年浙江省中小学学科德育典型案例	《用实践检验我们的道德——〈钓鱼的启示〉》入选2019年浙江省中小学学科德育典型案例	省教育厅教研室
淳安县	淳安县农村饮水安全县级统管长效机制	2019浙江省改革创新"优秀实践案例"	省委全面深化改革委员会
淳安县	农村饮用水"县级统管"机制	全省水利改革创新2018年度典型经验	省水利厅
淳安县	小型水库管理体制改革	2019年全省水利改革创新项目	省水利厅
淳安县	云源港、武强溪	2019年全省美丽河湖	省水利厅、省治水办
县千岛湖生态综合保护局(洪志峰)	补齐生态水利短板的思考与对策	2019年全省水利系统调研报告一等奖	省水利厅
县住建局	秀水广场、珍珠广场	浙江省优质公园	省住建厅
县住建局	阳光路	浙江省绿化美化示范路	省住建厅
县住建局	景湖花园、紫荆花园小区	浙江省节水型居民小区	省住建厅
县住建局	梓桐镇练溪村、临岐镇仰韩村、大墅镇大墅村	浙江省美丽宜居示范村	省住建厅
千岛湖石林景区	国家4A级旅游景区		省旅游区(点)质量等级评定委员会

【市及市属部门级】

2019年淳安县获市及市属部门级各类成果奖一览表

表41

获奖单位(姓名)	获奖作品	奖项名称	授奖单位
宋旭英、郑晓军、严旭	淳安县威坪镇青少年综合服务点:小手拉大手,垃圾分类宣传进校园	2019年"青年之家"主题活动季杭州市级示范项目	团市委
县委党校(王新波)	《中共特色社会主义制度的最大优势是中国共产党的领导》	三等奖	市委党校
县人民检察院	丰某某、王某某故意伤害案	2018年度全市检察机关践行'枫桥经验'优秀案例	市人民检察院

续表41

获奖单位(姓名)	获奖作品	奖项名称	授奖单位
县人民检察院	未成年人黄某、李某等五人强奸案监督撤案	2018年度全市检察机关未成年人检察精品案(事)例	市人民检察院
县人民检察院	《似“是”而“非”的寻衅滋事》	检察精品微课	市人民检察院
县人民检察院	不动产超期查封民事审判程序、民事执行监督系列案	民事检察精品案列	市人民检察院
吴晓敏、陈啸天、胡浩然	《“捕诉合一”机制员额检察官面临的困境与对策》	《关于2019年度全市检察机关优秀调研成果的通报》三等奖	市人民检察院
童建新、李韩英、郑凯予	《刑事检察调查核实权制度化探究》	《关于2019年度全市检察机关优秀调研成果的通报》三等奖	市人民检察院
旅游度假区	2022年第19届杭州亚运会淳安亚运场馆建设项目	亚运场馆建设立功竞赛活动二等奖	市总工会
余琴	浅析商业银行内部审计协作机制的探索	杭州市2019年度内部审计论文三等奖	杭州市内审协会
余莉萍	浅析内部审计的定位与协作	杭州市2019年度内部审计论文三等奖	杭州市内审协会
方绍艺、叶少前	创新审计模式　狙击异常行为——关于淳安农商银行千岛湖支行内控评价审计的案例分析	杭州市2019年度内部审计案例三等奖	杭州市内审协会
县医疗保障局	医疗保障是最大的民生福祉	“礼赞新中国　医保新时代”诵读会	市医疗保障局
县工商联	淳安县水饮料产业发展情况的调研	2019年度杭州市工商联系统调研文章二等奖	市工商联
王振华	《浙江省淳安县实施“‘机关＋农村’党建综合体模式”推动党员参与乡村振兴的探索与实践》	获得2018年度杭州市机关党建理论论文二等奖，2019/3/1颁发发	市机关党建研究会(杭州市机关党工委)
临岐镇中心小学(程忠明)	庆祝中华人民共和国成立70周年系列活动板书作品——陋室铭	市一等奖	杭州市教育学会
千岛湖镇第一小学(郑晓露)	“1＋n 微?? 词?? 汇”:农村六年级语文词语理解力提优的实践研究	杭州市小课题成果评比一等奖	杭州市教科所
千岛湖镇第一小学(钱华建)	三关三基:研学旅行学生活动评价的重点载体设计	杭州市论文评比一等奖	杭州市教育学会
中洲镇中心小学(周莉平)	DIY宣传册在小学道德与法治课堂中的运用	杭州市小学道德与法治、品德与社会学科教学论文评比一等奖	杭州市基础教育教研室
千岛湖镇第三小学(汪菊华)	基于“懂　会　创”三级跳数学思维的板块题组设计与实施研究	杭州市2019年教育科研优秀成果一等奖	市教育局
千岛湖镇青溪小学(占汉娟)	转变目标　巧搭支点　创新方法	杭州市小班化论文一等奖	杭州市基础教育研究室
王阜乡初级中学	“八都麻绣”精品拓展课程	杭州市第二批非物质文化遗产传承教学基地	市文化广电旅游局、市教育局
千岛湖初级中学(方成勇)	初中数学青年教师解题比赛	杭州市一等奖	杭州市基础教育研究室
千岛湖镇第六小学	少先队暑期实践活动	优秀组织奖	团市委、市教育局、少先队杭州市工委
千岛湖初级中学(翁旭辉)	庆祝中华人民共和国成立70周年征文评选《师到中年》	庆祝中华人民共和国成立70周年征文评选杭州市一等奖	杭州市教育学会
杭州千岛湖建兰中学(陈蔚)	《以周记为载体的初中生心理分析与干预研究》	杭州市学校心理健康教育优秀论文一等奖	杭州市学校心理健康教育指导中心办公室

续表41

获奖单位(姓名)	获奖作品	奖项名称	授奖单位
县实验幼儿园(孙萍、雷鸣)	缫丝织造染整——大班《大自然的密语》主题审议的实践研究	杭州市中小学和幼儿园教学研究(基教)评比一等奖	杭州市基础研究室
威坪中学(徐霞)	以错题解析为抓手,提高高中信息技术试卷讲评课的针对性	杭州市中小学和幼儿园教学研究(基教)评比一等奖	杭州市教研室
县梓桐中心小学(方星)	《"占课+体罚"事件处置前后的考量》	"黄浦杯"长三角城市群"关键教育事件"征文市一等奖	上海市教育科学研究院 杭州市教育科学研究院
杭州千岛湖建兰中学(熊一舟、林子杰)	《PISA测试机制下的初中语文整本书阅读校本拓展课程实施策略探究》	杭州市中小学和幼儿园教学研究评比一等奖	市教育局
梓桐镇中心小学(方星)	《敲响警钟,重塑价值》,杭州市教育学会2019年专题论文评选	杭州市教育学会专题论文评选市一等奖	杭州市教育学会
梓桐中心小学(商淳贞)	《线上线下　双线教学——乡村小班化课堂学教变革的新探索》	杭州市小班化教育优秀论文评比一等奖	杭州市基础教育研究室
淳安第二中学(钱爱平)	《基于史料实证的历史学科核心素养培养的实践研究——以《明末清初的思想活跃局面》为例》	市一等奖	杭州市基础教育研究室、杭州市中学历史教学委员会
淳安第二中学(余毅)	《巧用时间轴教学,体悟史事意义》	市一等奖	杭州市基础教育研究室、杭州市中学历史教学委员会
淳安第二中学(宋东军)	杭州市高中数学课堂教学展示评比活动	市一等奖	杭州市基础教育研究室
县司法局(作者徐英)	《浅谈基层司法行政干部队伍专业化建设》	2018年度全市司法行政系统优秀调研成果优胜奖	市司法局
富文乡等9个乡镇	雪坑源等9条流域	2019年度杭州市乡村美丽河湖	美丽杭州建设领导小组、市五水共治办、市林水局
县委宣传部	《心无百姓莫为官——精准脱贫的下姜模式》(图书)	杭州市第十四届精神文明建设"五个一工程"奖特别奖	市委宣传部
县纪委监委		杭州市纪检监察干部"锻钢铸魂"大比武二等奖	市纪委监委
县住建局	石林镇茶园村,中洲镇徐家村,文昌镇文屏村,威坪镇妙石村,鸠坑乡乳洞村	市级美丽宜居示范村	市建委
县计划生育宣传(技术)指导站(唐渊霞)	杭州市国家免费孕前优生健康检查评估报告案例分析竞赛获二等	杭州市国家免费孕前优生健康检查评估报告竞赛	杭州市计生指导站
县卫生监督所(管元芬、洪勇民)	郑林虎非医师行医案	杭州市2019年度卫生行政处罚"十佳案件"	市卫健委
威坪中心卫生院(高欢)	医院药师技能竞赛	一等奖	市卫健康委员会
威坪中心卫生院(徐发科)	杭州市"最美敬老签约医生"	提名奖	市卫健委
徐晓晶	《关于农村留守儿童家庭教育问题及对策的探究》	2019年度杭州市共青团优秀调研论文(二等奖)	团市委、市青年研究会
县中医院	"小队伍　大举措"健康管理的践行者　健康促进服务队播撒阳光惠民生	浙江大学医学院第十二届杭州生活品质·健康生活点评普惠大众健康生活最佳现象	市发展研究中心、市卫健委、市科协、浙江大学医学院